《移民文化及其伦理价值协商学新视点——深圳作家作品研究·30年30家》
《社区管理实务指南——深圳社区工作实务研究》
《迈进三十年的特色经济——中国经济特区产业结构演进与创新》
《未来三十年的中国经济》
《中国经济特区创新发展（1980—2010）》
《深圳传第二十年》
《未来三十年的中国经济》
《深圳文化三十年——文化产业改革与创新》
《中国经济特区年论》

《移民文化及其伦理价值协商》
《中国经济特区史要》
《中国经济特区导论》
《中国经济特区的和谐之路》
《未来三十年的中国经济》

《中国经济特区史要》
《深圳文化及其伦理价值》
《深圳图鉴三十年》

《深圳改革三十年》
《中国经济特区产业结构演进与创新》

纪念中国经济特区成立 **30** 周年丛书

纪念中国经济特区成立30周年丛书

中国经济特区史要

陶一桃 主编
鲁志国

商务印书馆

2010年·北京

图书在版编目(CIP)数据

中国经济特区史要/陶一桃,鲁志国主编.—北京:商务印书馆,2010
(纪念中国经济特区成立30周年丛书)
ISBN 978-7-100-07223-6

Ⅰ.中… Ⅱ.①陶…②鲁… Ⅲ.经济特区—经济史—研究—中国 Ⅳ.F127.9

中国版本图书馆CIP数据核字(2010)第108058号

所有权利保留。

未经许可,不得以任何方式使用。

中国经济特区史要

陶一桃 鲁志国 主编

商 务 印 书 馆 出 版
(北京王府井大街36号 邮政编码 100710)
商 务 印 书 馆 发 行
三河市尚艺印装有限公司印刷
ISBN 978-7-100-07223-6

2010年9月第1版　　开本787×1092 1/16
2010年9月北京第1次印刷　印张 41¼
定价:74.00元

"纪念中国经济特区成立30周年丛书"编委会

主　　任：章必功
副 主 任：陶一桃　李凤亮
委　　员：（按姓氏笔画为序）
　　　　　刘志山　李凤亮　吴予敏　吴俊忠　苏东斌　陈家喜
　　　　　姜　安　相南翔　郝　睿　钟　坚　钟若愚　袁易明
　　　　　章必功　陶一桃　黄卫平　鲁志国　魏达志

主　　编：李凤亮
副 主 编：苏东斌　姜　安
组织策划：王　瑜

总序

2008年是中国改革开放30周年，2010年是中国经济特区创办30周年。相隔有岁，但特区之建立与改革开放之推行有如孪生弟兄，相继着力，共推中国走向现代文明。若言中国新一轮现代化自改革开放始，其坚实之第一步，则从建立经济特区起。1980年，党中央、国务院以非凡勇气建立经济特区，30年过去，如今各级各类经济开发区已遍地开花，与当年的先行者——经济特区一道，映射中国经济发展之跫然足音。其中，尤以深圳经济特区最具代表性。特区的价值难以尽数，最重要莫过于其试验性。"摸着石头过河"，社会之变革无法在电脑上模拟，任何不慎都可能导致不菲的代价。特区之试验性，上至决策者的政令，下至创业者们义无反顾地"南下"，热血满腔，而前途难知。所幸家国有幸，大事得成。今日，经济特区的建设已是成绩斐然，堪称伟业。凡此种种，无须赘言。

先贤语："三十而立。"30年中，特区在争议声里昂然前行，以速度迅捷与财富累积彰显优势。30年之后，昔日之茁壮少年已成长为成熟稳重的青年，提高城市现代化水平、注重社会综合协调发展成为摆在特区建设者面前新的课题。年岁的增加给了我们盘点的机会，角色的转换更需我们多加理性审视。回顾30年来之成就与缺陷，斟酌当下纠结之矛盾与困境，对于特区而言，此种反思与审视，大有裨益。30年历程，固非一帆风顺，个中甘苦，非回顾，无以显其曲折与别致，面对当今，则无从知晓成就与困顿之所由来。"疏通知远，书教也"，贯通30年历史，恰可观其中之丰赡与缺漏，正可作今天与明日之风帆。而此举，于深圳大学，更是当仁不让之责任。

深圳大学作为深圳经济特区目前唯一一所综合性大学，本身即改革开放之产物。建校虽略晚于特区，但深圳大学自创立始，即秉承"脚踏实地、自强不息"之精神，与特区之发展同声气，为特区之进步尽心力。大学诸君虽身处"滚滚天下财富，岁岁人心浮动"之境地，但能力戒浮躁、潜心向学，自觉加强学养、恪守学范，以做真学问为研究之精义，以追求独立思想为著述之信仰，以回馈社会、造福人民为修学之旨归。历时二十七载，孜孜不倦，本套丛书即为研究成果之一束。

丛书以"纪念中国经济特区成立30周年"为统摄，既宏观中国，又微观深圳，以特区经济研究为主，兼及政治、文学、文化、传媒等社会发展诸方面的论述。各位著者均为学林翘楚，术有专攻，又多在深圳特区工作、生活有年，耳闻目睹鹏城扶摇之历程，切身感知特区变革之硕果，可谓学界中有实力亦最恰当之发言者。丛书之编纂，既为展示深圳大学特区研究这一特色学科之部分成果，更乃致贺深圳特区而立嘉年之薄仪寸礼。丛书本欲涵盖特区教育、法律、艺术等诸方面，但因另有他述，或限于条件，未能周全，亦存憾意。

雄关漫道，迈步从头。特区发展30年为一节，30年之后亦为一始。年初汪洋书记曾三问深圳：而立之年，立起了什么？迎接30年，深圳要做什么？未来30年，深圳要干什么？诚然，30年之中，成绩彪炳，但年岁日增，积年必有陈陋。如何总结过往，破旧立新，谋大格局，成大事业，领航未来，任重道远。

期冀本套丛书能引起关注、批评，并为特区之继续发展略尽薄力。

是为序。

章必功
2010年5月

目录 Contents

新版序　经济特区与中国道路 ········ 1
前言　必由之路 ········ 9

第一篇　深圳经济特区史

第一章　深圳经济特区成立的前期 ········ 19
　　第一节　自然与人文概况 ········ 19
　　第二节　社会经济状况 ········ 22
　　第三节　开放前夜的深圳 ········ 25

第二章　深圳经济特区的初创时期 ········ 27
　　第一节　深圳经济特区的建立 ········ 27
　　第二节　深圳经济特区的定位 ········ 35
　　第三节　深圳经济特区早期发展规划 ········ 37

第三章　深圳经济特区的奠基时期（1980—1985） ········ 42
　　第一节　大规模的城市基本建设 ········ 42
　　第二节　产业结构的形成 ········ 46
　　第三节　改革的理论与实践 ········ 49
　　第四节　遭遇挫折 ········ 51

第四章　深圳经济特区的发展时期之一（1986—1995） ········ 56
　　第一节　前期开拓（1986—1990） ········ 56

第二节　经历曲折（1991—1992）……… 63
　　第三节　提高发展（1993—1995）……… 68

第五章　深圳经济特区的发展时期之二（1996—2000）……… 74
　　第一节　"二次创业"的提出 ……… 74
　　第二节　走向支柱产业的高新技术产业 ……… 75
　　第三节　国退民进 ……… 80

第六章　深圳经济特区发展的新时期（2001—2009）……… 84
　　第一节　深圳经济发展 ……… 84
　　第二节　2001—2003年的低迷与调适 ……… 88
　　第三节　2004—2009年的重大政策调整与实施 ……… 94
　　第四节　寻找新定位 ……… 101
　　第五节　回归政务本源——关注民生问题 ……… 105

第七章　深圳经济特区的成就与未来发展 ……… 110
　　第一节　深圳经济特区的发展成就 ……… 110
　　第二节　深圳经济特区的未来发展 ……… 140

第二篇　珠海经济特区史

第八章　创办珠海经济特区的独特时空背景 ……… 157
　　第一节　珠海经济特区的区位特点及自然、人文简况 ……… 157
　　第二节　孕育特区的独特历史：从偏远的社会末端到开放的前沿 ……… 160
　　第三节　改革开放前的条件 ……… 172

第九章　珠海试办特区的初期：谨慎探索和艰难突破 ……… 176
　　第一节　试办出口基地与升级为珠海市 ……… 177
　　第二节　试办特区后的初步探索 ……… 184

第十章　珠海经济特区的经济发展 ……… 195

   第一节　初期对发展综合性经济特区的摸索阶段（1980—1983）……… 195
   第二节　以工业为主导的、外向型经济的高速发展（1984—1990）……… 201
   第三节　以高新技术为主导的超前发展（1991—2000）……… 206
   第四节　重新补足工业化，经济成就与挑战（2001—2009）……… 211

第十一章　珠海对社会经济和谐发展的探索 ……… 219

   第一节　基础设施的超前发展 ……… 219
   第二节　人与环境的和谐发展 ……… 224
   第三节　珠海经济特区的未来：危机与机遇并存下的发展 ……… 225

第三篇　汕头经济特区史

第十二章　经济特区成立之前的汕头 ……… 231

   第一节　汕头人文地理概况 ……… 231
   第二节　近代汕头经济的发展 ……… 232

第十三章　汕头经济特区的创建（1979—1984）……… 237

   第一节　经济特区的诞生 ……… 237
   第二节　龙湖出口加工区 ……… 240
   第三节　突破出口加工区的局限 ……… 245

第十四章　汕头经济特区快速发展（1985—1995）……… 249

   第一节　特区范围的两次调整 ……… 249
   第二节　综合性经济体系的建立 ……… 251
   第三节　深化改革，扩大开放 ……… 255

第十五章　汕头经济特区发展遭遇挫折（1996—2000）……… 257

   第一节　东南亚金融危机的影响 ……… 257
   第二节　遭遇信用危机 ……… 259

第十六章　艰难中奋起、再创优势阶段（2001—2009）……… 263
　　第一节　重建信用、重塑形象 ……… 263
　　第二节　经济复苏 ……… 269
　　第三节　新的发展机遇 ……… 274

第十七章　汕头经济特区建设的总结与未来展望 ……… 280
　　第一节　特区建设所取得的成就 ……… 280
　　第二节　汕头经济特区建设中存在的问题及反思 ……… 290
　　第三节　对未来发展的规划 ……… 295

第四篇　厦门经济特区史

第十八章　厦门经济特区概览 ……… 301
　　第一节　厦门的自然环境 ……… 301
　　第二节　厦门的人口和行政区划 ……… 302

第十九章　经济特区成立前的厦门：1980年以前 ……… 306
　　第一节　厦门的历史沿革 ……… 306
　　第二节　厦门经济特区的历史起点 ……… 307

第二十章　厦门经济特区的早期建设：1981—1990 ……… 310
　　第一节　厦门经济特区的创建 ……… 310
　　第二节　厦门经济特区的早期发展历程 ……… 313
　　第三节　厦门经济特区的初步崛起 ……… 316

第二十一章　厦门经济特区的全面发展：1991—2000 ……… 326
　　第一节　厦门经济特区在建立社会主义市场经济体制中的发展历程 ……… 326
　　第二节　厦门经济特区的全面崛起 ……… 331

第二十二章　进入新世纪的厦门经济特区：2001年以后 ……… 350
　　第一节　厦门经济特区进入新世纪的发展战略 ……… 350

第二节 厦门经济特区进入新世纪的发展历程 ……… 354

第三节 厦门经济特区进入新世纪的持续发展 ……… 359

第五篇 海南经济特区史

第二十三章 海南经济特区成立前的经济考略 ……… 371
第一节 地理概览 ……… 371

第二节 历史经纬 ……… 372

第二十四章 海南经济特区的酝酿与诞生 ……… 377
第一节 早期酝酿 ……… 377

第二节 海南经济特区的诞生 ……… 380

第三节 海南经济特区的初创 ……… 382

第二十五章 海南经济特区初期发展战略模式探索 ……… 383
第一节 社会主义市场经济体制的构建 ……… 383

第二节 "小政府、大社会"政治体制的建立 ……… 385

第三节 "外引内联"招商引资 ……… 387

第四节 海南经济特区发展模式的探讨 ……… 389

第五节 海南经济特区发展战略的确定 ……… 391

第二十六章 海南经济特区初创十年的潮起潮落 ……… 394
第一节 初期建设热潮 ……… 394

第二节 第二次发展浪潮 ……… 401

第三节 "泡沫经济"时期 ……… 409

第四节 成立十年的成就 ……… 415

第二十七章 1998—2009年海南经济特区的发展 ……… 419
第一节 恢复性增长时期 ……… 419

第二节 快速发展的"十五"时期 ……… 421

第三节　黄金发展的"十一五"时期 ········ 428
　　第四节　海南经济特区 20 余年的成就 ········ 430

第二十八章　海南经济特区的未来展望 ········ 433
　　第一节　新时期经济发展战略 ········ 434
　　第二节　建立海南自由贸易区 ········ 435
　　第三节　建设国际旅游岛 ········ 437

第六篇　上海浦东新区史

第二十九章　浦东新区开发前的概况 ········ 443
　　第一节　浦东新区概况 ········ 443
　　第二节　开发前的浦东地区经济 ········ 446
　　第三节　浦东开发的优势 ········ 452

第三十章　浦东新区的建立 ········ 455
　　第一节　浦东新区建立的历史背景 ········ 456
　　第二节　浦东新区的创立历程 ········ 461
　　第三节　浦东开发的战略定位、思路和意义 ········ 466

第三十一章　浦东新区开发的特殊政策和战略 ········ 475
　　第一节　浦东新区的特殊政策 ········ 475
　　第二节　浦东新区的开发 ········ 488

第三十二章　浦东新区的社会经济发展和展望 ········ 502
　　第一节　浦东新区社会经济发展的概况 ········ 502
　　第二节　浦东新区的金融业的发展 ········ 509
　　第三节　浦东新区工业及服务业的发展 ········ 517
　　第四节　浦东新区未来发展的展望 ········ 524

第七篇　天津滨海新区史

第三十三章　天津滨海新区的战略定位及条件基础 ……… 531
第一节　天津滨海新区与环渤海经济圈的战略考量 ……… 531
第二节　滨海新区开发开放的条件和基础 ……… 537

第三十四章　天津滨海新区的创立及发展历程 ……… 541
第一节　滨海新区诞生 ……… 541
第二节　政策优势与新区发展 ……… 542
第三节　新区发展历程大事记 ……… 545

第三十五章　天津滨海新区经济现状和结构转变 ……… 550
第一节　新区概况与特色 ……… 550
第二节　新区现阶段产业结构的总体考察 ……… 559
第三节　高速增长的可持续性和新区结构转变的经济评价 ……… 564

第三十六章　天津滨海新区未来发展的思考 ……… 574
第一节　发展优势 ……… 574
第二节　制约因素 ……… 576
第三节　未来规划及发展 ……… 578

第八篇　成渝全国统筹城乡综合配套改革试验区史

第三十七章　成渝试验区诞生的历史背景 ……… 587
第一节　成渝试验区的诞生 ……… 587
第二节　成渝试验区诞生是改革开放向纵深推进的必然结果 ……… 590
第三节　设立成渝试验区是统筹城乡发展、促进社会和谐的需要 ……… 593

第三十八章　成渝试验区自然历史条件和优劣势分析 ……… 596
第一节　成渝自然历史概貌 ……… 596

第二节　成渝试验区的优势与劣势 ········ 599

第三十九章　成渝试验区发展的难题及挑战 ········ 605
  第一节　成渝试验区的功能定位 ········ 605
  第二节　成渝试验区发展的难题和挑战 ········ 608

第四十章　统筹城乡发展：目标与展望 ········ 615
  第一节　统筹城乡发展的目的和任务 ········ 615
  第二节　进行统筹城乡综合配套改革试验，探讨城乡和谐之路 ········ 620

附录　《中国经济特区史论》书评

当代中国改革开放的一个缩影 ········ 629

历史的天空 ········ 631

《中国经济特区史论》简评 ········ 635

后记 ········ 642

新版序
经济特区与中国道路

陶一桃

呈现给读者的这部《中国经济特区史要》是由《中国经济特区史论》改写、精选而成的,其中的基本思想没有太多的不同。

《中国经济特区史论》(以下简称《史论》)是在中国改革开放30周年的时刻出版的。作为转型中国的制度变迁的编年史,我们深知《史论》出版的意义、价值与分量。但是,《史论》出版后所引起的反响和得到的肯定,还是超出了我们的预料与期待。《史论》出版当年,2008年,就被中宣部列为向全国推荐的"改革开放35本书目之一";2010年,《史论》又被列入国家社科规划项目——"中华外译项目"。同时,中外学者也对《史论》给予了充分地肯定与令人鼓舞的评价。这些肯定与评价在让我们深感欣慰的同时,更激发起我们探索的热情和思辨的理性。

2010年正值深圳经济特区创办30周年,为了给30年的辉煌历程一个完整的记载,为了给这个特殊的时刻以历史的记忆,我们对《中国经济特区史论》进行了比较大的改写,形成了展现在读者面前的《中国经济特区史要》。

可以说,以市场经济体制确立为主线的中国社会的制度变迁,构成了经济特区成长、发展的艰辛而灿烂的历程。以深圳为典型代表的中国经济特区曲折然而成绩卓越的改革开放的实践,不仅揭示出了一条实现现代化的有特色的中国道路产生的独特路径、主要特征以及未来发展态势,同时也以其路径选择的正确和发展的辉煌,掷地有声地促进了马克思主义的中国化、时代化。

我所说的"中国道路"就是指在中国选择创办经济特区这条道路来完成体制转型,实现经济发展。更确切地说就是在一个已有30年计划经济的历史,同时传统意识形态又毋庸置疑地占据经济地位的计划经济的大国里,以创办经济特区作为冲破传统体制为目标的制度变迁的突破口，旨在全国范围内逐步完成计划经济向市场经济的转型，使中国在一段时间里全面走上市场经济的道路，真正成为一个经济繁荣、制度昌明的法制的社会主义市场经济的国家。

关于中国现代化道路问题，不仅为学者们所普遍关注，更是几代政治家和有志之士为之终生奋斗的理想所在。我们曾有过"师夷之长以制夷"的真诚与无奈，更有过"超英赶美"的狂热与尴尬，但目标与实现目标道路的南辕北辙，让穷怕了的中国人不得不反思已选择道路的正确性。有的学者比较了19世纪和20世纪主要国家现代化特点后指出，19世纪资本主义现代化道路，是以私有产权和市场竞争相结合，经历数百年自然形成的。私有制、市场导向、逐渐变革是这一模式的基本特征。20世纪一些落后国家走上社会主义道路，通过激进的政治革命为先导的、自上而下的强制工业化进程，企图在纯粹公有制基础上通过国家计划和激进改革的苏联模式，快速实现现代化。这一模式在短暂的成功后便遭遇危机。[1] 学者们普遍认为，中国直到20世纪90年代，才找到一条被实践证明是正确的现代化道路。这就是邓小平所规划的以改革开放为宗旨创办经济特区，走一条中国特色的社会主义现代化道路。[2]

"中国道路"应该是一条体现中国特色的实现现代化之路。"中国特色"所表明的是国别性、民族性、历史性与国际性，而不是对现代化本质内涵与固有价值判断的否定。所以"中国特色"只能特在实现目标的道路上，特在达到目标的路径选择上，而不是目标本身。"中国特色"是对人类普世价值认同的过程，而绝不是对国际惯例的否定。深圳经济特区已不是作为一座城市，而是作为一个民族迈向现代化的模式，写进中国改革开放的编年史中。

从更广泛的意义上说，尤其是针对计划经济时期传统体制和发展方式来讲，创办经济特区是走向科学发展的关键抉择，它开启了中国社会科学发展的道路。深圳经济特区的成长与发展，正是在教训与挫折中不断调整发展战略，优化产业结构，转变发展方式，探索由经济增长型社会逐步走向全面发展的福利型社会的过程。科学发展的理念已经把"发展观"从增长方式的转变拓展到了社会发展，从经济领域扩展到了社会生活的各个领域。深圳以其自身发展的历程，诠释着中国道路的路径与内涵。

由计划经济向市场经济的转型，正是中国社会由超赶战略向非均衡发展战略的转

---

[1] 罗荣渠：《20世纪回顾与21世纪前瞻——从世界现代化进程视角透视》，《战略与管理》1996年第3期。
[2] 张艳国：《毛泽东邓小平现代化思想比较研究论析》，《武汉大学学报》（哲学社会科学版）2004年第3期。

型。相对于计划经济时期的"盲目发展观"而言，创办经济特区无疑开启了中国社会通往科学发展的正确道路；针对一些地区、一些人片面理解"发展是硬道理"的正确判断，以牺牲环境和削弱公民福利为代价谋取发展的"片面发展观"而言，科学发展观的提出无疑确定了可持续增长的发展道路。科学发展观不仅仅是对"人定胜天"这一极左思想的否定，对"不惜一切谋发展"的盲目发展观的彻底矫正，更重要的是确立了"发展是硬道理"的这一体现人类生存、生活重要动力与目的的正确发展理念。科学发展观的本质是发展，而不是不发展，科学发展观绝不是针对"发展是硬道理"这一正确判断而言的，它强调的是社会发展方式、方法、模式、路径选择的科学性与正确性，而绝不是要不发展的争论。可以坚定地说，只有确立了科学发展的理念，才有中国经济特区的产生，才有亿万人民对普遍富裕的追求，才有中国经济30年的辉煌。

纵观深圳经济特区发展的历程，正是在教训和挫折中不断调整发展战略、优化产业结构、转变经济发展方式，探索由经济增长型社会逐步走向全面发展的福利型社会的转变过程。深圳经济特区的起步是从"三来一补"开始的。选择这样的发展方式是由当时的要素禀赋所决定的。改革开放初期的深圳，只是一个计划经济比较薄弱的名不见经传的小渔村。那个时期的深圳所拥有的相对优势的生产要素就是低廉的劳动力和土地，而缺乏的则是资金、技术和管理。时逢香港经济的产业更新换代与结构调整，以加工业为主体的劳动密集型产业在开放政策的引导下，及时而又恰如其分地落户于亟须制造业的深圳，并在转移产业的同时把资金、技术、管理和现代企业制度一并渐进转移到了成长中的深圳。承继市场经济发达地区和国家的产业更新链条，深圳不仅降低了经济发展的起步成本，同时也大大降低了向市场经济学习的成本，确定了外向型经济的特征。同时，"输入"的加工制造业，还以其派生需求催生了第三产业的兴起于发展。到了1993年，深圳对外贸易的87%来自三资企业的净出口和"三来一补"的征费收入；第三产业占深圳GDP的46%，吸收劳动力占深圳从业人员的32.2%。[1]

当深圳经济踏上高速增长的轨道时，自身自然资源先天不足的约束很快显现出来，并引起决策者们的切实关注。自然资源的先天不足，意味着任何以自然资源要素消耗、使用为增长方式的选择，都会在稀缺规律的作用下，使人们不得不为财富的创

---

[1] 参阅陶一桃、鲁志国主编：《中国经济特区史论》，社会科学文献出版社2008年版，第99页。

造和发展支付较高的价格，从而经济增长的代价也会由于财富创造成本的高昂而一同提高。同时，深圳作为率先赶上市场经济的新兴城市，既不能重复传统工业的发展模式与道路，更有责任去探索、尝试一种崭新的经济增长方式与财富创造途径，并以此示范全国。

从以"三来一补"为主体到以高新技术产业为支柱，深圳不仅适时选择了一条可持续发展的道路，同时以制度变迁中的政府决策的主导力量（专项资金设立和政策优惠等），解决了初期高投入的资金缺口问题，减轻了高新技术企业独担风险的压力；以改革者的特有的宽阔胸怀营造了高新技术产业落户、成长、发展、创新的制度环境，吸引了一大批国内外著名高新企业落户深圳；以变革者的远见卓识为高新技术产业的后续发展提供了扎实的智力保证，一些著名大学和各类科研机构在深圳生根筑巢。到 2000 年，深圳计算机磁头产量居世界第三位，微电子计算机产量占全国的 25%，程控交换机产量占全国的 50%，基因干扰素占全国的 60%，同时还是全国最大的打印机、硬盘驱动器、无绳电话的生产基地，并已形成了电子信息、生物技术—新材料、光机电一体化和激光五大高新技术支柱产业。[1]

可以说，在相当长的时间里，模仿一直是高新技术产值增长的主要途径。然而对于一个国家来说，真正的国际竞争力不可能长期来自模仿所带来的快捷与急功近利。产业自身的创造力，即原始创新能力、集成创新能力、引进消化吸收再创新能力，才是企业永久生命力和国家持久竞争力的根本源泉。于是，自主创新作为一种充分体现可持续发展理念的战略思考，被现实地提了出来。

从理论上讲，自主创新是高于模仿的一种创新活动，它是一种新的生产函数的建立，或者说是将一种从来没有过的生产要素和生产体系的"新组合"引入生产过程中。它强调的是发明在经济活动中的应用，并给生产的当事人带来利润。因此，自主创新强调的是对核心技术的自我研发与拥有，强调的是在价值创造过程中的技术附加值和专利附加值。从这个意义上说，自主创新即是经济增长方式转变的必然要求，又是这一转变的重要途径。因为无论自主创新采取"中性技术进步"（要素投入比例不变）、"劳动节约型技术进步"，还是"资本节约型技术进步"的方式，都是在不增加或减少要素使用的前提下增加产出，从而提高资源的使用效率。这意味着我们不能仅满足于对国外先进技术的简单"模仿"，更不能只停留在改革开放初期的以设备进口

---

[1] 参阅陶一桃、鲁志国主编：《中国经济特区史论》，第 99 页。

为主的粗放、低级的技术引进的模式上,而要重新来思考、确定经济增长模式,实现"软技术"出口,提高自主创新(核心技术创造)对GDP的贡献率。

如果说从以劳动密集型为特征的"三来一补"加工制造业的形成,到以资本、技术密集型为特征的高新技术产业的发展和自主创新理念的形成,还是在经济领域中,以经济增长方式的转变来实现社会经济的发展的话,那么科学发展理念的提出则把"发展观"从增长方式的转变拓展到了社会发展,从经济领域扩展到了社会生活的各个领域。可以说,经历了成功的辉煌与财富的积累,以科学发展的认知和和谐发展的理念来解决、矫正发展中存在的问题,已经成为深圳这座城市为了前进的思考与反思。

今天,三十而立的深圳已经步入稳步增长的成熟时期。在过去的多年里,深圳经济一直保持着15%以上的增长速度,经济总量也从始建之初的1.96亿元上升到2009年的8201.23亿元;人均GDP也从1979年的606元上升到2009年的9.3万元。[1] 可以说,深圳是沿着一条高速增长的轨道,把财富和富裕带给奋斗着的人们。我们知道,GDP是社会发展的物质基础,但绝不可能是社会发展的最终目标。没有伴随着社会福祉提升的GDP和人均GDP的增长,只能是一个缺乏灵魂和人文关怀的单纯物质的增长。

如果说,劳动密集型经济让深圳收获了由低成本带来的抢占市场的价格优势的竞争力,那么全球金融危机则不仅将劳动密集型经济所固有的产品资本、技术附加值低,缺乏核心竞争力这一源于经济增长方式本身的问题进一步突显了出来,同时也把转变经济发展方式作为走向科学发展的必然的战略选择,郑重地提了出来。

"比较优势"是不同国家和地区谋得经济发展的一个重要原则。所谓的"比较优势"是由要素相对稀缺程度所决定的要素价格的比较优势。当一个国家或地区劳动力资源比较富裕,从而劳动力的成本或价格比较低廉时,在没有资本和技术要素禀赋优势的情况下,首先使用自身所特有的低廉劳动力,就成为经济起步时期最佳的,同时也是最低发展成本的自然选择。可以说,后者的比较优势状况,正是深圳乃至全国改革开放初期经济起步和最初发展的主要选择。

稀缺性是经济学的基本前提和一般原理。经济学研究的就是一个社会如何利用稀

---

[1] 1979—2008年的GDP、人均GDP数据来自《深圳统计年鉴(2008)》,2009年的GDP、人均GDP数据来自深圳统计网站(http://www.sztj.com/pub/sztjpublic/tjsj/tjyb/default.html)。

缺资源以生产有价值的物品、劳务，并将它们在不同的人中间分配。但是，大多经济落后的发展中国家所面临的并不是自然禀赋意义上的资源缺乏问题，而是要素结构意义上的资源约束问题。所谓要素结构意义上的资源约束，是指"要素禀赋结构低下"，即在一个国家或地区的经济发展中，缺少如资本、技术、教育、管理、法制等较高级的要素，而没有受过教育或受教育程度不高的一般劳动力则较为丰富。所以经济结构低下的根本原因不在结构本身，而在于"要素禀赋结构"的低下。结构低下不是结构低下的原因，而是"要素禀赋结构"低下的结果或现实表现。如果一国家的要素存量中只有简单的劳动力，那么劳动密集型经济就是自然的选择。任何经济都不能只凭愿望人为地改变经济结构，因为"改变要素的质量和结构，才是提升产业结构的现实的、逻辑的前提"[1]。尼采说："在哲学家中，没有比理智的诚实更为稀罕的了。"[2] 人类社会的前进不仅需要勤奋与热情，更需要思考与理性。

改革的目的是为了解放生产力，给社会经济的主体——人以"享受有理由珍视的那种生活的可行能力"。当人的经济价值提升时，我们的社会就会处于一些新的、更好的机会领域。政府不能一相情愿地主导社会经济，而应该在尊重市场的同时创造制度环境，完成公共物品的供给，营建社会福利机制。发展是改革的结果，又是深化改革的物质前提，但发展不能取代改革。没有与经济体制相适应的政治体制的改革，经济体制改革就不可能真正成功。在实现现代的特殊的"中国道路"上，在法制的公民社会的营建的历程中，深圳作为一个率先发展的城市还应该担负起明天的希望。

舒尔茨认为："任何经济的长期变动对制度改变所产生的影响会比工资相对于租金变动的影响都更为深远。"[3] "人的经济价值的提高产生了对制度的新的需求，一些政治和法律制度就是用来满足这些需求的。"[4] 由于人力资本在寻求自身的参与权时要求表明社会制度的状况，所以许多制度作为经济增长的激励结果而被创造出来；比如，在一个成熟的市场经济中，人们对货币的便利需求已转向对权利的需求；随着经济增长日益依赖于知识的进步，人们对那些能够生产、分配那些知识的制度的需求会转向对其权利的需求；随着人类生活档次的提高，每个人对其免于事故的额外保障性

---

[1] 樊纲：《中国经济特区研究》，中国经济出版社2009年版，第19—20页。
[2] 尼采：《权力意志——重估一切价值的尝试》，商务印书馆1991年版，第590页。
[3] T.W.舒尔茨：《制度与人的经济价值的不断提高》，《美国农业经济杂志》第50期，1968年12月。
[4] 同上。

需求转向对权利的需求，对健康与人身保险的需求也是如此；随着社会的进步，人们对个人权利所附加的法律保障的需求（如免受警察的侵犯，损失个人的隐私），也转向对权利的需求，正如人们对公民权利的需求一样；人作为生产的一个要素，在获取工作方面需要更大的平等，尤其对那些高技术的工作，人们希望通过在职培训和高等教育，使社会在获取高技术的工作方面要求有更小的歧视。[1]

人力资本的非物质性决定它的生存、生长是需要生活制度环境的。它在为社会创造财富，也向社会提出对自身具有保障性的制度要求；它在促进着社会经济的增长，也在完成着自身经济价值的提升，并且这种源于经济发展和制度绩效的人的经济价值的提升，又会以激励的方式促进更有利于人力资本生存的社会制度环境的生成。良好的社会制度环境不仅有利于人力资本的形成与再创造，而且更有助于提高人力资本投资的报酬率。同时，相应于人的经济价值提高的制度变迁，呼唤新的经济模式和增长方式。从这个意义上说，经济发展方式转变的真正力量不是主观愿望，而是构成经济社会内在机制与动因的人的经济价值的提升。

阿玛蒂亚·森在其《以自由看待发展》一书中指出："发展可以看做是扩展人们享有的真实自由的一个过程。聚焦于人类自由的发展观与更狭隘的发展观形成了鲜明的对照。狭隘的发展观包括发展就是国民生产总值（GDP）的增值、或个人收入的提高、或工业化、或技术进步、或社会现代化等观点。……但是，自由同时还依赖于其他决定因素，诸如社会的经济的安排（例如教育和保健设施），以及政治的和公民的权利（例如参与公共讨论的检视的自由）。……发展要求消除那些限制人们自由的主要因素，即：贫困以及暴政，经济机会的缺乏以及系统化的社会剥夺，忽视公共设施以及压迫性政权的不宽容和过度干预。"阿玛蒂亚·森以学者的良知、道德和智慧，回答了人类社会发展的目标问题：以人为中心，社会发展的最高目标和价值标准就是自由。财富、收入、技术进步、社会现代化等固然是人们追求的目标，但它最终只属于工具性的范畴，是为人的发展、人的福利服务的。

中国社会改革是在较低的人均收入水平上展开的，一方面尚未形成庞大的中产阶级，另一方面贫富差距日益显著并分化。因此，经济增长中的贫困现象和经济繁荣中的低福利问题，"过早"地成为政府必须用制度安排来解决的社会问题。应该肯定地说，政府必须把社会福利制度的营建作为实现普遍富裕的保障，而不是作为普遍富

---

[1] T.W. 舒尔茨：《制度与人的经济价值的不断提高》，《美国农业经济杂志》第 50 期，1968 年 12 月。

裕的结果来看待。对任何社会来说，创造财富的同时制造着贫穷，实现繁荣的同时降低着部分人的幸福感，比普遍贫穷更为可怕。福利制度不是经济发展的奢侈品，她本身就构成了发展的重要内容和实质自由的组成部分。其实，无论改革之初提出的解放生产力的口号，还是今天倡导的以人为本、和谐社会的发展理念，本质内涵都是解放人，给社会经济的主体——人以"享受有理由珍视的那种生活的可行能力"。在创造财富中获得权利，在增长财富中获得尊重，在贡献社会中分享社会的剩余，在正常的社会机制中感受做人的尊严。

市场与人的基本自由具有内在的关联性，人们仅仅从效率出发赞美市场机制是不全面的。或许市场失灵又成为人们否定市场的重要依据，但市场失灵并不是对市场机制的否定，而是对市场机制的坚守——市场只能去做市场能做的事，政府则应该去做市场无法做到、做好的事。在以自上而下的授权为特征的强制性制度变迁中，政府权力的作用是不可缺少的。但是，面对市场规律的政府权力的任何强势，就不再是对市场失灵的矫正，而是对市场规律的破坏。政府不能一相情愿地主导社会经济，而应该在尊重市场的同时创造制度环境，完成公共物品的供给，营建社会福利机制。

中国社会的改革是从经济改革入手的，这无疑是一条最佳路径，但同时也使社会大环境不配套、缺乏有效的制度环境支撑等"先天不足"的问题很快突显出来，并构成了深化改革的制度与体制"瓶颈"。制度总是镶嵌在制度环境之中的，没有制度环境支援的制度变迁是无法真正完成的。同理，没有与经济体制改革相适应的政治体制改革，经济体制改革就不可能真正成功。现今许多社会问题和矛盾的存在从根本上说是政治体制改革滞后的结果。

对于转型社会而言，崭新的社会运行机制的营建过程，既是政府官员的权力和既得利益被削弱、剥夺甚至丧失的过程，又是服务型政府的形成、培育、成长的过程。在政府的权力还必须用政府的权力来剥夺的体制中，政府的文明程度和远见卓识对社会的制度绩效而言是至关重要的。

2010 年 6 月 13 日
于深圳大学

前言
必由之路

陶一桃

  这里记录了深圳、珠海、汕头、厦门、海南经济特区，上海浦东新区，天津滨海新区，成渝全国统筹城乡综合配套改革试验区从无到有，从发轫到发展，从成长到成熟或较为成熟的前进历程。尽管从成立的时间上来看，上述的"特区"、"新区"和"试验区"分别产生于中国改革开放的不同历史阶段：深圳、珠海、汕头、厦门作为中国社会最早的由计划经济向市场经济转型的试验区域，已经走过了30年艰难而辉煌的奋斗历程，而上海浦东新区则比最早的经济特区晚了10年的时间，天津滨海新区又比上海浦东新区晚5年的历史，成渝全国统筹城乡综合配套改革试验区不过是近两三年的产物。但是在这里，岁月并不是由时间来书写的。30年在一个民族的发展历程中的确不过是短短的一个瞬间，而一个只有30个365天的城市也的确不免有些稚嫩并缺乏历史感。然而，当我们把一座城市或一个区域的成长历程与一个民族谋求富裕的历程联系在一起时，当我们把一座城市或一个区域发展的历史与一个国家的一个时代联系在一起时，时间就不再是历史的分量，30个365天同样可以年轻得很有历史，30载时光同样可以稚嫩得很厚重，因为它们都在中国社会制度变迁的不同时期，以其自身的产生预示着一个时代的开始和另一个时代的结束。

  这里记录的不仅仅是中国经济特区的发展历史，更是中国社会改革开放的编年史。可以说没有改革开放的政策，就没有经济特区的产生，而没有经济特区的实践，就没有市场经济在全国范围内的确立与发展，也就不会有改革开放的深入。因此，无论是以"经济特区"冠名的深圳、珠海、汕头、厦门、海南，还是以"保税区"形式创建的上海浦东新区、天津滨海新区，旨在完善城乡结合的成渝全国统筹城乡综合配套改革试验区，本质上都是要在中国社会逐步完成由计划经济向市场经济的最终转型，完善市场经济体系，以开放促改革，并把改革开放所创造出来的制度绩效真正转变为亿万人民生活福祉的提升。如果从改革开放之初的政策背景来看，经济特区无疑是中国社会由"计划"走向"市场"的最佳的体制上的突破口；如果从中国社会制度变迁的道路选择来看，经济特区无疑是中国社会制度变迁的必由之路；如果从制度绩效的角度来看，经济特区无疑是转型中国的一个令人欣慰的美丽而又温暖的缩影。改革虽然首先写入特区成长的历史，但同时必然写进中国社会改革开放的编年史。

经济特区作为特殊政策的产物是一个划时代的标志，它标志着中国社会由计划经济向市场经济转型的开始，标志着国门的开放，标志着思想的解放与观念的更新。可以说，32年前开始的改革开放，是从在中国这样一个计划经济的汪洋大海中，创立市场经济的"绿洲"开始的。深圳、珠海、汕头、厦门作为计划经济最薄弱的地方，凭借着地理位置的优势（或毗邻港澳，或远离计划经济中心）首先成了这块"绿洲"。回顾历史，32年前，当中国改革开放的总设计师，中国制度变迁的思考者、发轫者邓小平同志第三次复出时，他所面临的最严峻的挑战与考验就是，如何在一个社会经济已经走到"崩溃边缘"的大国里，全面实现现代化。数十年盲目而狂热的社会主义实践，尤其是当时中国社会经济的现状都已清楚地证明，盲目地赶超发展战略是不行的，而小农经济的平均主义也不行。在一个落后的有计划经济下的平均主义维系着的普遍贫穷的国度里，摆脱贫穷的唯一出路就是打破体制内部造成普遍贫穷的制度机制，走一条非均衡的发展道路，这条非均衡的发展道路就是邓小平所说的："只能让一部分人先富起来。"也就是叶剑英曾对谷牧所说的："计划经济不行了，你去搞特区，也许是一条出路。"由计划经济向市场经济的转型，正是中国社会由赶超战略向非均衡发展战略的转型，这一转型是科学发展的重要举措，甚至可以说，建立经济特区本身，就是科学发展观的关键抉择和重要内容。只有确立了这一科学发展的现实，才有中国经济特区的产生，才有中国改革开放的辉煌。

建立特区作为一种充分体现科学发展观的强制性制度安排，不仅打破了传统体制下的一般均衡状态，而且还使非均衡的社会变革成为中国社会最佳的制度变迁的路径选择，使中国这个历经了近半个世纪计划经济的大国，能在一个较短的时间里开始由普遍贫穷的"计划"，走向"部分人先富"的"市场"。如果说，幅员辽阔、人口众多是中国社会改革开放的大背景，那么普遍存在着的区域之间、城乡之间的经济发展水平的不平衡，则是中国社会制度变迁的最严重的社会资源约束。建立特区作为一种自上而下的正式制度安排，不仅大大减少了在传统意识形态占主导地位的情况下制度变迁的阻力，降低了传统体制占支配地位的情形下制度创新的成本，而且还成功地规避了改革的风险，从而使制度变迁的绩效在短期内就能迅速显现出来，并卓有成效地示范全国。32年后的今天，当我们从制度安排的角度来研究特区时，当我们把非均衡增长引入我们的研究视野时，特区就不仅仅是特殊政策，而且还是适合中国国情、具有中国特色的制度变迁的必由之路。因此，对经济特区的肯定，应该理解为实践科学发展观的伟大成果，理解为对中国社会制度变迁选择路径的高度认同。

经济特区作为特殊政策的产物，它的主要功能就是在计划经济的体制中率先完成市场经济的实践，并在全国范围内推动市场经济体系的确立。然而，经济特区作为中国制度变迁的必由之路，它不仅要以自身的实践促进市场经济体系的形成，而且还要以自身的发展来完善市场经济体制，推动中国社会的改革开放向纵深发展。1992年邓小平同志就说："到本世纪末，上海浦东和深圳要回答一个问题，姓'社'不姓'资'。两个地方都要做好标兵……要用实践来回答。……实践这个标准最硬……实践不会做假。"[1] 在审阅十四大报告第四稿时邓小平同志又说："我赞成使用社会主义市场经济体系这个提法，实际上我们是在这样做，深圳就是社会主义市场经济。"[2] 经济特区作为率先实践市场经济的典范，它的成功将会以路径依赖的方式为中国社会的制度变迁提供一条可仿效的发展道路。应该说，这才是邓小平同志要求"特区"做好"排头兵"的真正用意。

制度是镶嵌在制度环境之中的，没有完善的制度环境，就不会产生有效的制度安排。同时，原本有效的制度安排，在无制度环境支持的情况下，也会丧失制度的原有功能。如，没有完善的法制环境，就不会有公平有效的市场交换，没有诚信体系的确立，就不会有良好的市场经济秩序，没有完善的市场运行规则，就不会有经济的增长和社会的繁荣。因此，从完善市场经济体系的角度看，经济特区的制度变迁效应丝毫不亚于其成立之初的体制改革效应。因为改革本身并不是目的，以改革促发展才是改革的目标所在。历经30年改革开放实践的积累，经济特区在市场经济体系营建上已具有了相当的经验、能力和实力。尽管30年后的今天，特区并不是中国市场经济最发达的地区，但率先走向市场经济的经历和身处对外交流窗口的区位优势，使特区能够学习、借鉴成熟、完善的市场经济体系，从而完善自身，示范全国。尤其应该指出

---

[1] 中共中央文献研究室编：《邓小平年谱》，中央文献出版社2004年版，第1340页。
[2] 同上，第1347页。

的是，深圳所处的地缘优势，使今天的深圳依然具有对外开放最便捷的窗口的地位。30年前人们希望通过这一窗口了解世界、走向世界。今天这个窗口在把中国引入经济全球化的同时，也把国际惯例和市场经济通行的规则带入了中国人民的生活之中。以开放促改革，已经成为今天的深圳特区制度创新的坚定的选择。从这个意义上说，经济特区从初创到今天，其制度变迁的功能已发生了改变。如果说初创之时主要是以示范效应在全国确立市场经济体系，那么今天则更是要以制度创新的方式"以开放促改革"，即推动改革的深化。经济特区这种内在功能的变化，正是中国社会从以突破传统体制为目标的强制性制度变迁，向以收获潜在利益为动机的诱致性变迁演变的标志。尽管市场经济已经在全国范围内实现，但经济改革还没有真正完成，改革的道路依然很漫长，经济特区——这一具有中国特色的制度变迁路径应该一如既往地在制度创新中发挥示范作用。

尽管中国社会的改革开放是从经济领域中展开的，但改革从来都是整个社会的改革，它必然涉及政治、经济、制度、法律等方方面面。甚至可以说，没有政治文明和制度文明的保障，真正的市场经济体系就无法确立。因此，经济特区还必须在政治文明和制度文明建设上，走在全国的前列。

中国社会的改革是以社会制度转型为特征的。因此，政府职能的转变必然构成制度变迁的重要内容。纵观中国社会由计划经济向市场经济转型的历程，正是"全能"政府逐渐走向"守夜人"政府的历程，也正是"权威"政府逐步走向"公仆"政府的历程。政府是自上而下的制度变迁的发轫者，也是强制性制度变迁的倡导者，同时还是制度这一公共物品的最大、最有效率的供给者。政府的文明程度决定了制度的文明程度，从而决定了一个社会政治生活的文明程度和开明程度。正如穆勒所说："虽然国家不能决定一个制度如何工作，但是它有权力决定什么样的制度将存在。"明智的政府可以在强制性制度变迁中有效地降低社会的变革成本，而政府的低效率、理性的有界性和认识上的局限性，则会增加社会变革的成本支付，甚至会使社会失去最佳决策和机会的选择，从而丧失收获社会变革的最大收益的可能性。没有政治文明和制度文明做保障，市场经济是根本建立不起来的。在政府的权力还需要政府的权力来剥夺的体制里，政府的文明决定了社会规制的文明，而文明的社会规制是自由民主的市场经济发展的保证。

中国社会的制度变迁，是沿着一条实用主义路线进行的。尽管如此，它也不会向诱致性制度变迁那样，仅仅由于潜在获利机会的存在而自然发生。因为强制性制度变迁往往会改变在原有社会集团之间的利益分配，甚至会带来一部分人的利益丧失（尤其是作为改革主体和实施者的政府官员自身利益的丧失）和一部分人的利益获取。所以，"从原则上，对于一个正处于发展之中的市场经济来讲，一个保护性政府可以在培育和支援内在制度上做出巨大贡献。在限制转型过程中高得不成比例的信息成本和交易成本方面，政府能大有作为。"[1] 可以说，在大规模的制度转型中，政府的职能和作用"具有规模经济"[2] 的效应。然而，政府政策的失效，会降低或阻碍制度变迁的效益和进程，从而增加社会改革的成本。从一般意义上说，维持一种无效的制度安排，和国家不能采取行动来消除制度不均衡，都属于政策失效。

诺斯认为："国家的存在是经济增长不可少的，然而，国家又是导致人为经济衰退的缘由。"[3] 中国社会的制度变迁过程，就是对官僚和官员削弱权力的过程，而权力的丧失即是既得利益的丧失。正因为此，并不是所有人都支持这一制度变迁的，而且从某种意义上说，百姓比官员对制度变迁更具有热情。因为，在制度变迁中，权力和利益的再分配走向，决定了不同阶层对制度变迁本身的热衷程度。

对一个民族的经济增长而言，比资源更重要的是政府的政策。由于政府提供的是经济社会赖以建立的社会秩序的构架，所以从理论上说，没有政府提供的社会秩序的稳定性，人类的理性行为也不可能发生。因此，政府对一个社会经济增长的重要性，是怎样强调也不会过分的，对于处在社会转型时期的国家更是如此。改革开放的历史功绩不仅仅使中国人普遍富裕起来了，而且更重要的是随着改革开放的深入所引发的一系列的制度变迁，使一个文明、高效的社会管理的制度框架在中国社会逐渐形成并日臻完善。深刻的制度变迁比财富增长本身对中国社会的影响更深远。

32年前的中国社会的改革开放，是从解放思想开始的。如果说改革开放是中国制度变迁的内容，那么解放思想则是这一制度变迁的前提。不解放思想就不可能有改革开放，而改革开放又把解放思想从观念变成实践。32年后的今天进一步解放思想的口号在经济特区被再度提了出来，这是改革社会的一种自我醒悟，它告诉人们："改革"远没有完成，"开放"还必须深入，社会经济发展中所出现的问题，仅靠经济增长本身是不可能真正解决的。经济发展会带来社会一时的繁荣，然而繁荣本身并不会

---

[1] 柯武刚、史漫飞：《制度经济学——社会秩序与公共政策》，商务印书馆2000年版，第527页。
[2] 同上，第527页。
[3] North, Douglass C., *Structure and Change in Economic History*, New York: Norton, 1981. p.20.

带来社会的文明。经济的繁荣、制度的文明、社会的昌盛必将共同构成中国社会制度变迁的最终目标。

进一步解放思想意味着彻底摆脱传统意识形态的束缚，这对今天的中国社会来说，并不是一件已经完成了的事情，而是一个尚未根本解决的问题。尽管历经32年改革开放的实践，市场经济体系已基本确立，但与计划经济相适应的传统的意识形态，并没有随着市场经济体系的确立而一同彻底消除。尤其当摆脱传统意识形态的过程与权力的剥夺及既得利益的丧失相伴随时，人们不仅会本能地以对传统意识形态的留恋来维护个人的既得利益，而且还会以对传统意识形态的坚守来捍卫手中的权力。32年前，由于不解放思想，不打破计划经济体制，任何人就都无法收获制度创新的好处，所以官员较之今天更容易成为传统意识形态的批判者和社会改革的推动者，然而，32年后的今天，当进一步改革的个人收益小于社会收益时，僵化、保守便成为了既得利益者们，尤其是某些官员们的必然的选择。约束经济发展的不仅仅是资源，还有比资源更严重的人的思想和观念。无论是32年前的改革之初，还是32年后社会得以长足发展的今天，观念更新，从而进一步解放思想都是中国社会真正实现改革开放的前提与保障。观念不能直接改变社会，但观念能够改变人，而人则能够改变社会。

进一步解放思想意味着政治体制改革和制度文明建设必须被提到中国社会制度变迁的日程上来。国与国之间的竞争说到底是制度的竞争。如果说没有文明的政府将不会有文明的制度，那么没有制度的文明也将不会有社会的文明。制度不仅约束人，制度也能改变人；有什么样的制度安排，就会有什么样的人的选择行为。因此，竞争并不是简单的经济指标的对比和赶超，任何经济指标都不是结果的原因而是原因的结果，指标的背后是社会规制，财富不会自发地创造价值，经济主体永远是制度约束下的人。所以进一步解放思想要求我们，打开国门引进的不能仅仅局限于先进的技术，也不能仅仅局限于资金和设备，还应该包括理念、思想和规则。中国特色绝不应该是对国际惯例的否定，而应该是对独特发展路径的一种表述。对人类普世价值观的接受和认同，是社会真正走向富裕与文明的理性选择。

进一步解放思想意味着政府要真正转变职能，成为一个为社会提供公共物品和制度环境的服务型政府。中国社会进行的是自上而下的强制性制度变迁，这种制度变迁的特点就是需要一个强有力的政府。所以，政府的认知能力和认知能力的提升，政府的观念和观念的开放，政府的行为和行为的文明，对转型社会来说不仅关系百姓的福利感，更决定社会发展的政策制定与选择。

进一步解放思想，要求政府首先应该是一个学习型政府和服务型政府。在向人类文明学习的过程中，政府不仅应该是这种学习的倡导者，而且还应该是一个坚定的实践者。学习型的政府是社会福祉和进步的前提与象征。

而服务型政府则要求政府把包括制度在内的公共物品和公共政策的供给，把维护社会公平和消除贫穷，把预防财富增长的同时两极分化的发生作为工作重心。政府的职责并不是参与市场，而是以制度和法规来规范市场，对任何社会而言，政府对私有财产权力和竞争秩序的保障与维护，比单纯的管理更有意义。

当我翻阅完全部书稿，而前言亦近尾声时，不免思考这样一个问题：在市场经济体系已经普遍确立的今天，中国经济特区的新使命到底还有没有？如果有，又是什么？我以为，从严格意义上说，经济特区是特殊政策的产物，当特区政策不复存在时，经济特区也就不存在了。同时，邓小平同志创办经济特区的初衷就是要使经济特区成为中国制度变迁的突破口、市场经济的试验田。30年后的今天，经济特区已经很好地完成了这一最初使命，星星之火，早已燎原。但是，由此我们就说经济特区可以光荣地走进历史博物馆了，又未免太短视或缺乏历史责任感了。如果说还存在着经济特区的新使命，那么这个使命，就是要把这场关乎中国命运的改革开放大业推向深入，进行到底。从这个意义上说，中国经济特区将贯穿于中国改革开放的全过程。经济特区作为最早实践市场经济的地方，它不仅拥有30年改革开放的物质财富积累，还拥有30年改革创新的精神财富积累，更有在向国际惯例学习的过程中积累下来的良好的社会规制和法律环境的积淀，这一切都将成为经济特区完成新的历史使命的得天独厚的物质与政治资本。但是，经济特区要完成新的历史使命，还需要具备某些特殊的品质：如特区领导者坚持改革的勇气、深化改革的魄力、实现改革的智慧、实施改革的艺术等等。当然，毫无疑问，最重要的还是要拥有承担改革风险的大无畏精神。

我们的社会不会因为缺少奇迹而枯萎，但会因为缺少创造奇迹的思想而失去生命力。经济特区作为奇迹和创造奇迹的思想的特殊标志，不仅给中国社会带来了无限生命力，而且还给这个民族带来了创造奇迹的无限期望。

2010年3月于深圳彩田村

第一篇

深圳经济特区史

深圳，东临大鹏湾，西连珠江口，南接香港新界，北邻东莞、惠州。沿深圳湾形成狭窄的丘陵、台地与冲积平原，本是延续千年的农耕渔牧之地，而一河相隔的香港在20世纪七八十年代则为繁华的国际航运中心、国际金融中心及新兴的国际制造业基地。

巨大的经济发展落差与地缘之便早已纳入了领导者们的深邃视野，成为深圳崛起的契机。1980年8月，深圳特区建立。作为改革开放的试验田，最初的政策目标不过是为探索市场经济的发展模式，突破计划经济体制束缚，寻找中外产业资源及其他经济要素循环与交流的平台。

特区在争论中发展，在发展中争论。特区建设的得与失、特区姓"资"与姓"社"的争论，特区是否要"特"下去、特区"被谁抛弃"、特区主导产业选择的争论，如此等等，影响之大波及海内外炎黄子孙，事关信仰与方向。实事求是，求真务实，深圳的建设者给出了圆满的答案。发展中有困惑，争论中有思想，实践中有检验。回顾30年的历程，早已是沧海桑田，一座现代化大都市屹立于南海之滨。

特区及至整个深圳市的发展成就有目共睹。以信息技术为核心的产业体系，跨越了西方上百年才能完成的工业化进程和城市化进程。国企管理体制改革垂范全国，资本市场次第建立，法纪逐步完备，人口汇聚，民生改善，城市扩张与更新已具国际性区域中心的雏形。

香港回归后，尽管国家发展的战略重心已转移到浦东及西部地区，然深港融合的趋势再次为深圳提供了发展后劲。而综合改革试验区的政策，让深圳再次有机会去检验发展思路、发展策略的正确与否。在挫折中奋起，在实践中提升，深圳特区必将承担起更加沉重的历史责任。

第一章
深圳经济特区成立的前期

当时任国务院副总理的谷牧视察深圳时，曾针对"逃港"现象说，现在是往那边跑的多，将来一定是往我们这边来的多。我们大家共同努力奋斗吧。

谷牧实际已经意识到，边民往哪儿逃，取决于哪儿有吸引力。制止偷渡，最根本的办法是发展生产力，真正提高人民生活水平。对饥饿中的群众谈"社会主义优越性"，是没有说服力的。

第一节 自然与人文概况

一、地理气候

深圳市地处广东省南部沿海，位于北回归线以南。陆域位置东经113°46′至114°37′，北纬22°27′至22°52′。深圳东临大鹏湾，西连珠江口，南与香港新界接壤，北接东莞、惠州两市。深圳经济特区是深圳市的一部分。东起大鹏湾背仔角，西连珠江口之安乐村，南与香港新界接壤，北靠梧桐山、羊台山脉，东西长49公里，南北宽平均7公里，陆地面积1952.84平方公里，其中经济特区395.81平方公里。

全境地势由东南向西北倾斜下降，地形多样，山地、丘陵、台地、阶地、平原相间分布，其中山地占5%，丘陵占44%，台地占22%，平原占27%，水域占2%。境内被多个山系（梧桐山、七娘山、羊台山、鸡公山等）绵延分割，形成西部平原地区、中部丘陵地区、东南部山地丘陵地区等三大地理区域。区内最高山峰梧桐山海拔

943.7米。

深圳海岸线总长229.96公里，西部海岸线75.27公里，滩涂开阔，岸线平直。东部岸线154.69公里，海岸线曲折多变，海岸山高坡陡，地形地势复杂，有多处大型港湾，湾内分布着沙堤和潟湖平原，港口条件优越。

深圳属亚热带海洋性气候，雨量充沛，日照时间长，热量充足。由于濒临大鹏湾，从东北和东南吹来的冬、夏季候风影响深圳的气温和降水。太阳年辐射量平均5225兆焦耳/平方米，一年之中以7月份太阳辐射量最大，2月份太阳辐射量最小。深圳日照时间长，年日照时数达1933.8个小时，日照时数夏季多，春季少。太阳辐射量和日照时数的季节分布基本决定了深圳地区各季的气温变化。深圳地区气温年平均为22.5℃，最高气温为38.7℃（1980年7月10日），最低气温为0.2℃（1957年2月11日），无霜期约为355天。深圳年平均降雨量为1966.3毫米，降雨量空间分布不均，从东南向西北和北部逐次减少；降雨量季节分布亦不均匀，夏多冬少，干湿季节分明。每年5—9月为雨季，降雨量占全年的78%。10月到第二年4月为旱季，降雨量占全年的22%。年平均相对湿度在77%左右。深圳地区易受来自南海台风的吹袭，绝大多数年份5—10月要受热带气旋或台风的影响，台风在造成工农业生产破坏的同时，也会带来大量的降水，缓解夏季旱情。

二、自然资源

深圳市有耕地（水田、菜地）1.1万公顷，果园1.43万公顷，林地8.1万公顷。盛产龙岗三黄鸡、南头荔枝、南山桃、石岩沙梨、金龟橘、龙华方柿等农副产品。深圳西部和西南是珠江口、伶仃洋，东部和东南是大亚湾、大鹏湾，海岸线长达229.96公里，海岸资源极为丰富。据考察，可建深水港的主要有盐田、妈湾、赤湾、大梅沙、土围、西涌、大鹏湾；可建中型港的有蛇口、塘仁涌等；可建小型港的有10多处。由于海域辽阔，水产资源极为丰富。深圳是枕山面海、风光秀丽的海滨城市，曲折蜿蜒的大鹏湾海岸线70多公里长，分布着大梅沙、小梅沙、溪冲、迭福、水沙头、西涌等水碧沙白的海滩。梧桐山雄伟险峻，山上溪涧纵横，有深不可测的梧岭天池；深圳湾畔70多公顷的红树林是候鸟迁徙的中转站，可观赏到品种诸多的候鸟。

三、人文景观

深圳市人文景观资源丰富，名胜古迹、人物典故众多，地方特色鲜明，蕴涵着丰厚的中华历史文化底蕴。主要景观有赤湾天后宫、文天祥祠、大鹏古城、新安古城、东门老街等。

（一）赤湾天后宫

赤湾天后宫是深圳历史上最负盛名的人文景观之一，俗称妈祖庙，坐落于深圳小南山下，面向赤湾港。赤湾天后宫创建于宋代，明清两代历经重修，规模宏大，香火绵延数百年，在港澳台及东南亚地区声誉日隆。从天后宫往西约500米处，掩映在松涛林海中的是南宋的末代皇帝宋少帝陵。民间流传当年陆秀夫负少帝跳海，遗骸漂至赤湾，群鸟飞遮其上，被一老僧安葬于小南山腰。后人立碑以祭祀，"崖海潜龙，赤湾延帝"八字让人抚今思昔。天后宫周边还有明清烽火台和古炮台，虎视伶仃洋面，是扼守通往广州水道的要冲。鸦片战争时期，林则徐曾重修赤湾炮台广东水师提督关天培利用炮台，在伶仃洋对抗英军舰队。赤湾天后宫沉积着中华民族御侮不屈的精神。习习海风，帝陵古刹，烽火炮台，碑林石刻，构成深圳独特的人文景观。

（二）大鹏古城

大鹏古城遗址位于深圳市大鹏镇鹏城村。大鹏古城原为边防军事要塞，明洪武十四年（1381）设大鹏守御千户，洪武二十七年筑城。"内外砌以砖石。沿海所城大鹏为最，周围三百二十五丈六尺，高一丈八尺"，清初改为大鹏防守营，康熙年间（1662—1722）又改为大鹏水师营，管辖珠江外洋，是清代南部沿海重要的海防军事基地。城内建有三条主街道，为东门街、南门街和正街，主要建筑有左营署、参将府、守备署、军装局、火药局、关帝庙、赵公祠、天后庙等，是深圳地区保存完整的明清两代建筑。

（三）东门老街

东门老街原为深圳墟的主体街道，是深圳有名的商业街，融汇了一百多年的南方商业文化和建筑艺术。东门老街现在的范围包括深南东路以北、立新路以南、新园路以东、东门中路以西17.6万平方米范围内的17条街道。东门老街可上溯至明代中期的贸易集市，至广九铁路通车（1913）和罗湖车站启用后，车站附近的商业街迅速崛起，店铺林立，谷行街（今解放路）的农产品、维新路（今人民北路）的小吃和杂货很出名。东门一带的建筑体现了岭南民居特色，骑楼、庙宇、书院、祠堂、古钟、石板路，古色古香。在特区成立前，东门老街街道狭窄、弯曲、潮湿，商业主要是为本地村民和往来香港的旅客服务。

第二节　社会经济状况

深圳因深圳河得名，深圳市的前身为宝安县。因此追溯深圳经济特区建立之前的历史实际上就是追溯宝安县发展史。

一、人口分布

新中国成立后，1949年宝安县全境建立了19个乡政权，共计有310个行政村，总人口为184700人。1958年在人民公社化改造中，宝安县建立了深圳、南头、松岗、光明、观澜、布吉六个公社，41个生产管理区，1961年行政区划再次调整为南头、松岗、布吉、横岗、葵涌5个大区，下辖22个公社和7个农（林）场。根据1953年宝安县第一次人口普查数据，全县常住人口190012人，其中男性91078人，女性为98934人。到1964年第二次人口普查时，全县人口数增至262228人，其中男性121262人，女性为140966人。1979年宝安撤县建市前，全县常住人口约31.41万人，其中男性约14.26万人，女性约17万人，户籍人口31.26万人，暂住人口0.15万人。[1]

宝安县在特区建立前的30年间，年平均人口增长率为2.34%，人口增长缓慢，且由于"逃港"人数的增加，宝安县在1961年和1979年曾出现两次总人口绝对数下滑。在宝安县总人口的构成中，农业人口占绝大部分，1953年农业人口占总人口的94.5%，到1979年农业人口依旧占91.72%左右。因此特区成立前，宝安地区是典型的农业经济社会。

---

[1] 深圳市统计局：《深圳统计信息年鉴1998》，中国统计出版社1998年版。

二、经济发展

从 20 世纪 50 年代到 70 年代后期，宝安县的行政隶属关系多次变动，1949 年属东江专员公署管辖，1952 年属粤中行政公署，此后曾分属惠阳专区和佛山专区管辖，1963—1979 年属惠阳地区管辖。经济发展是以农业为主，自给和半自给的自然经济在新中国成立后经历了整整 30 年的改造、调整、巩固和瓦解的历史过程。

20 世纪 50 年代初，在完成农工商业的社会主义改造后，宝安县的农业生产得到迅速的恢复和发展，到 1955 年，全县农业总产值达到 3008 万元，粮食播种面积为 775666 亩，总产量达到 1540763 担（平均亩产量 413 斤），比 1952 年增加 24.6%。其中稻谷总产量达 1429208 担，平均亩产量 219 斤。全县种植荔枝 8550 亩，当年产量为 6.5 万担。从 1967 年起，宝安县每年上交国家商品粮都是 1 亿多斤，人均上交 400 余斤，高于珠三角各县，是广东粤东地区重要的商品粮生产基地。主要农作物为水稻、花生、大豆、蔬菜、蚝、荔枝等。1979 年主要农产品产量为：稻谷 127559 吨，薯类 4285 吨，花生 6877 吨，蔬菜 8639 吨，水果 2401 吨，牛 25633 头，生猪存栏 11.69 万头。主要海产品产量为：海水产品 6068 吨，淡水产品 971 吨。[1]

特区建立前夕，宝安县的工业基础相当脆弱，根据《宝安县志》记载，1978 年全县的工业企业，省属 5 个，市属 1 个，县属 266 个，镇属 60 个，村属 185 个，其中轻工业为 242 个，重工业为 30 个，全民所有制 27 个，集体所有制 245 个，基本属于封闭型的县镇工业，设备陈旧，技术落后，大部分为农机厂、石灰厂、砖厂等与农业配套的粗加工型小厂，仅能生产化肥、小农具等初级产品。1979 年，主要工业产品为：发电量 609 万千瓦/时，水泥 2.15 万吨。[2]

1979 年，宝安县生产总值只有 19638 万元，第一产业总产值为 7273 万元、第二产业的总产值为 4017 万元，第三产业的总产值为 8348 万元。三次产业分别占全县生产总值的 37.04%、20.46% 和 42.51%，显然，宝安由于具有毗邻香港的地缘优势，商业贸易的发展快于第一、第二产业。这种经济结构与同期的广东经济结构差异较大。

1979 年，全县农业耕地面积 53.21 万亩，农业总产值 13106 万元，其中，种植业 6494 万元，占 49.6%，林业 85 万元，占 0.6%，牧业 1598 万元，占 12.2%，副业

---

[1] 深圳博物馆编：《深圳特区史》，人民出版社 1999 年版，第 16 页。
[2] 宝安县志编委会：《宝安县志》，广东人民出版社 1997 年版。

4496万元，占34.3%，渔业433万元，占3.3%；工业总产值7128万元，其中轻工业5240万元，占73.51%，重工业821万元，占26.49%。社会消费品零售总额11259万元，进出口总额1676万美元，协议利用外资额2984万美元，地方预算内财政收入1721万元。[1]

从经济发展总量上看，宝安地区工、农业基础薄弱，发展迟缓。1978年农业总产值比1950年仅增长了2.5倍多。工业总产值比1952年增长了5.2倍，而同时期全国工业总产值1979年比1949年增长了32倍，[2] 主要原因是宝安作为一个与资本主义世界仅一河之隔的边防重镇，国家在当时的历史条件下不会投入过多的资金进行建设。从1950年到1955年，国家在宝安县农业生产的投资共38.53万元，发放各种贷款198.43万元。1979年基本建设投资合计4988万元，其中农林牧渔业投资976万元，制造业投资824万元。由此可见，宝安地区在特区设立前的30年间，获得的国家投资太少，经济发展是依赖于产业的自然增长，宝安地区的边防功能强于经济发展功能，导致其长期的落后和贫困。

三、国民收入

1979年末，宝安县劳动者合计13.95万人，其中全民所有制企业3.37万人，集体所有制企业0.65万人，城镇个体劳动者0.41万人，农村劳动者9.52万人。当年地方财政收入人均53元，农民年人均纯收入是152元，口粮303公斤；职工年平均货币工资收入769元，月均工资为64元，城乡居民储蓄余额为3713万元。城乡居民收入处于相当低的水平，且在当时城镇居民年均收入高于农村居民5倍，收入分配严重不均。在整个70年代统收统支的财政体制下，居民收入来源单一，城镇居民依赖于工资收入，农村居民依赖于生产队工分收入，人民生活贫困，生产资料和生活资料均依赖于国家供给。

四、鹏城旧貌

在1949年以后的宝安县建制期间，深圳（镇）因县政府于1953年将县城从南头

---

[1] 深圳市统计局：《深圳统计信息年鉴1998》。
[2] 深圳博物馆编：《深圳特区史》，第16页。

迁入，而成为宝安县的政治、经济和文化教育中心。

深圳（镇）位于深圳湾内河谷盆地一侧，地势北高南低，布吉河和泥岗河流经其间，向南汇入深圳河后，注入深圳湾。明代中期，罗湖一带相继出现了赤勘村（今蔡屋围）、罗湖村、隔塘村（今水贝村）、湖贝村、向西村、黄贝岭村和南塘村等多个宗族聚居村落，族人在村落之间择地而市，开展集市贸易，名为"深圳墟"。由"墟"而"镇"，至明末清初时，深圳镇已是当地有名的商业墟市。《宝安县志》记述："自鸦片战争后，深圳成为中国与英租地港九相毗邻的边陲小镇。"

1979 年深圳的旧城区面积不足 3 平方公里，整个城区建筑面积仅 10 万平方米，城区人口 2.3 万人。街区道路总长约 8 公里，全城高层建筑是一幢 5 层楼房。城内百业杂陈。从城南至罗湖桥头一带均为农田，城东至深圳水库及城北至布吉均为荒丘荒地，城西至福田一带为农田或荒地，上埗、八卦岭一带是大片荒丘。[1] 可见这时候深圳城区的大小就是一个镇的规模。

宝安县在新中国成立后的 30 年间，在经济建设方面没有值得大书特书的业绩。特区建立之前在行政上受惠阳地区管辖，自足的农业生产形态是维持本地城镇居民和农村人口生存的必然选择。在国有土地所有权与经营权分离的制度性变革出现前，大部分人口被户籍和粮食供应关系等制度固定于出生所在的土地上。城镇和农村经济增长缓慢，人民生活贫困，个人才智受先赋性的身份束缚。而宝安县计划经济体制的瓦解就是围绕土地问题，在政治权力的推动下，以特别的经济组织形式（经济特区而不是政治特区），实现从计划经济到探索市场经济，进而推动中华大地全面改革开放的历史进程。

第三节　开放前夜的深圳

深圳于 1949 年 10 月 19 日解放。由于国际关系紧张，自 1951 年便封锁了边界。"偷渡"现象便随着封锁而产生了。偷渡在深圳不断蔓延发展，并先后于 1957、1962、1972、1978 年形成过四次偷渡高潮。外逃行动共计 119274 人次，其中已逃出港的有

---

[1] 广州地理研究所主编：《深圳市自然资源与经济开发图集》，科学出版社 1985 年版。

60157人。[1]建国30多年来，偷渡一直是缠绕深圳的痼疾。

1977年11月11日，邓小平到广州视察工作。这时，深圳这个人口不足3万的边陲小镇闯入了邓小平的视野。深圳一带的"逃港"热潮，作为重大的恶性政治事件，自然是广东省委向中央汇报的重要内容。邓小平听后，却敏锐地指出，这是我们的政策有问题。邓小平走后，中共广东省委书记吴南生赴深圳进行实际调查，一个耐人寻味的现象跃入他的眼帘：深圳有个罗芳村，而深圳河对岸的新界也有个罗芳村。深圳罗芳村的人均年收入是134元，新界罗芳村的人均年收入是13000元。更具有讽刺意味的是，新界原本并没有一个什么罗芳村，居住在这里的人竟全是从深圳的罗芳村逃过去的。1979年初，祖籍宝安县的袁庚首次考察深圳，准备兴建蛇口工业区。当他驱车返回阔别二三十年的家乡时，看到的却是令人心酸的景象：深圳只有一两座旧楼房，一排排凌乱、破旧的黑瓦平房。袁庚回到家乡大鹏岛，却看不到当年的乡亲。解放初的2万乡亲，到20世纪70年代末，只剩下5000多人。大多数人都逃往香港，甚至流落英国、美国、荷兰。

1979年4月，深圳市委发布《关于制止偷渡外逃和整顿社会秩序的通知》。但收效甚微，偷渡的浪潮仍旧无法遏制。5月14日，谷牧视察深圳时，针对"逃港"现象说，现在是往那边跑的多，将来一定是往我们这边来的多。我们大家共同努力奋斗吧。

实际上，谷牧当时已经意识到，边民往哪儿逃，取决于哪儿有吸引力。制止偷渡，最根本的办法是发展生产力，真正提高人民生活水平。在20世纪70年代末，贫穷是中国社会的普遍现象。而这种"普遍现象"，在深圳这个"边陲小镇"，就导致了一种特殊的社会现象——"偷渡"。偷渡不能被片面地说成是群众没有觉悟或是对方的拉拢诱惑。偷渡的根在"贫穷"，只有根除了贫穷这一祸根，才能根除偷渡。

在与偷渡无休止的斗争中，在对贫穷徒劳无功的反抗中，深圳悄然走到了改革开放的前夜。

---

[1] 黄也平主编：《中国大决策纪实》（上），光明日报出版社1998年版，第180页。

第二章

深圳经济特区的初创时期

邓小平同志一直密切注视着中央工作会议。他对广东即将划出的那块区域的性质早有自己的考虑，所以当谈到该区域的名称时，他说："就叫特区嘛，陕甘宁就是特区。"而当习仲勋提到想向中央要一些配套资金时，小平同志说："中央没有钱，你们自己去搞，杀出一条血路来。"[1]

第一节 深圳经济特区的建立

建立深圳经济特区作为对外开放的窗口，是中国在国际舞台上被封锁和自我封闭30年后，以"摸着石头过河"的独特的中国式智慧所开展的一场全面变革经济建设模式的试验。这场试验存在诸多国际和国内互相交织的原因，当我们把设立特区这一宏伟壮举置于时代背景之下时，可清楚发现其历史发展脉络。

一、时代背景

（一）国际大背景

1. 20 世纪 70 年代以后的国际分工格局

国际分工是国际生产体系在世界各国之间的劳动分工和生产专业化，是一国经济

---

[1] 毛毛、邓林：《我的父亲邓小平》，中国文献出版社 2004 年版，第 461 页。

产业部门的内部分工超出国家疆域,在国际生产市场上形成的生产供应链条。国际分工体系包括国际垂直分工、国际水平分工和混合分工。

自 18 世纪以后,西方资产主义国家通过以蒸汽机的发明为标志的第一次工业革命和以电力和电动机的发明与使用为标志的第二次工业革命,奠定了殖民地时代的国际分工体系的基础,即形成以发达的工业国家生产工业产品和落后的农业国家供应原材料的国际垂直分工体系,并随国际垄断资本的输出和帝国主义国家在领土和经济上瓜分世界得到强化。二战以后,西方殖民体系瓦解,经过战后 50 年代的经济恢复期,国际分工格局由于以电子计算机为标志的第三次工业革命到来发生了深刻的调整。从以垂直分工为主向水平分工和混合分工转变。根据产业的组织形式,水平分工可分为产业内部分工和产品生产分工两种。产业内部分工是某一产业依据产业链环节的分解,将不同的产业要素置于不同的国家和地区,一般而言,发达国家从事价值高的产业环节,控制核心技术和上游关键原材料的供给环节,以及经营管理技巧,技术标准、商业规则的制订等等,掌握产业链条中的价值实现;而发展中国家从事产业链条的加工、制造、装配环节,实现产业链条中的价值生产功能。产品生产分工是依据产品的生产工序而进行的国际产品生产分工,发达国家一般掌握技术含量高和附加值高的工序,低附加值的生产工序通常转移到发展中国家,利用其低廉的人力成本来实现。在这个过程中,跨国公司既是旧的国际分工格局的摧毁者,又是新的国际分工格局的建设者。

20 世纪 70 年代以后,布雷顿森林体系所确立的美元霸权地位受到严重挑战,美国一方面通过迫使日元升值,转嫁其国内经济危机,另一方面,通过产品、技术和资本输出,转移国内过剩的生产能力,刺激国内经济需求。在战后 20 多年间,美国以大规模经济援助和军事援助方式,将钢铁、化肥、纺织、机械、造船等传统重工业转移到日本和西德,本国内部则着重发展半导体工业、计算机、通讯和生物医药等高附加值的产业部门。日本和西德等国家在巨额美元的援助下,迅速完成了工业化进程。

日本等西方国家在完成工业化后,为促进其产业结构向高级化发展,颁布了一系列旨在促进产业升级的政策,将大规模集成电路、机械制造、精细化工、家用电器、汽车制造、航天航空、光电子、新材料等产业部门作为未来国民经济的支柱产业来培育,而将纺织、制革、食品制造等劳动密集型产业转移到东南亚地区。东南亚国家和地区的经济在吸纳国际产业转移的基础上,逐步扶持和发展了化学合成纤维、石油化工、汽车、钢铁、机械、家电、玩具制造等工业,实现了从进口替代型到出口加工型的产业转换。新加坡、韩国、中国台湾和香港地区成为新兴的工业化国家和地区。国际分工格局由于亚洲"四小龙"的崛起发生了变化,东亚和东南亚地区也加入到比较先进的制造业的国际分工链条中来。

20世纪70年代后期,国际产业水平分工继续深化,劳动密集型产业在东南亚地区由于人力资本和土地成本的增加,导致其国际竞争力下降,迫切需要寻找生产成本更加廉价的区域将部分产业或生产工序迁出,为产业结构调整和产业结构升级腾出空间,实现资本、劳动力、土地和企业家才能等产业要素的重新配置。国际产业分工格局当时孕育着新的变动契机。

关于我国对外开放的历史起点,有学者后来认为,"经济开放深层次的、基础性的、长期的动因在于国际分工和开放的、全球化的世界经济的客观要求。而不在于你是发达国家还是不发达国家。经济尚不发达、资金之类的要素缺乏等因素,属于我国对外开放的现实直接原因和作为发展中国家的特殊需要"[1],因此融入国际分工体系,发挥资源的比较优势,顺应全球化发展的要求,是启动我国对外开放首要和持久的动因。

2. 和平与发展成为时代主题

20世纪70年代后期随着国际形势的缓和,东西方国家有了更多的相互交流、相互学习的机会,邓小平在1978年9月16日听取中共吉林省委常委汇报工作时说:"我们现在要实现四个现代化,有好多条件,毛泽东同志在世的时候没有,现在有了。中央如果不根据现在的条件思考问题、下决心,很多问题就提不出来、解决不了。比如毛泽东同志在世的时候,我们也想扩大中外经济技术交流,包括同一些资本主义国家发展经济贸易关系,甚至引进外资、合资经营等等。但是那时候没有条件,人家封锁我们。后来'四人帮'搞得什么都是'崇洋媚外'、'卖国主义',把我们同世界隔绝了。毛泽东同志关于三个世界划分的战略思想,给我们开辟了道路。我们坚持反对帝国主义、霸权主义、殖民主义和种族主义,维护世界和平,在和平共处五项原则的基础上,积极发展同世界各国的关系和经济文化往来。经过几年的努力,有了今天这样的、比过去好得多的国际条件,使我们能够吸收国际先进技术和经营管理经验,吸收他们的资金。"他说:"世界天天发生变化,新的事物不断出现,新的问题不断出现,我们关起门来不行,不动脑筋永远陷于落后不行。"邓小平精辟地分析了20世纪70

---

[1] 王天义:《中国经济改革的理论与实践》,中共中央党校出版社2005年版,第342页。

年代末到80年代初的国际形势,认为超级大国的霸权主义仍然在扩张,但世界上的和平力量也在壮大,在较长时间内不发生大规模的世界战争是有可能的。他高瞻远瞩地指出:"现在的问题是要注意争取时间,该上的要上。大战打不起来,不要怕,不存在什么冒险的问题。"到20世纪80年代中期,他更简明扼要地指出:"现在世界上真正大的问题,带全球性的战略问题,一个是和平问题,一个是经济问题或者说发展问题。"[1] 他明确提出,当今世界的主题已经由"战争与革命"转变为"和平与发展"。

和平与发展成为时代主题,标志着中国共产党对国际形势认识的根本转变,是我国政府制定内外政策、抓住机遇、加快发展的基本理论立足点。

(二)国内背景

20世纪70年代末,中国终于从"文化大革命"的十年动乱中解脱出来。当中国人从持久的狂热与盲动中重新冷静下来时,惊异地发现,自己正被世界越来越远地抛在后面。新中国成立将近30年了,中国仍旧有两亿以上的农民生活在温饱线以下。而同时,不用说欧美等发达国家的经济发展早已是一日千里,即使是在亚洲,曾经和中国内地一样贫穷落后的中国台湾与香港地区、新加坡、韩国,也抓住20世纪60年代发达国家产业升级,世界市场调整的机会,一跃而成为四条生机勃勃的亚洲"小龙",进入了"新兴工业国(地区)"的行列。1960年和中国国内生产总值基本相等的日本,此时不仅早已愈合了战争的创伤,其国内生产总值已相当于中国的四倍。

中国人不得不开始反思,中国该何去何从?传统的体制明显已走入死胡同,高度集中的计划经济体制并没有带来理论上预想的"国民经济有序发展"。"一大二公"所有制形式,没有给我们架起通往共产主义的桥梁,却使生产者丧失了积极主动性。平均主义的分配原则没能带来共同的富裕,只使"共同贫穷"成了普遍现象。"关起门来搞建设"似乎避免了受"帝国主义"剥削,我国却没能赶上世界经济和科技发展的大潮。

穷则思变,改革旧体制已势在必行。党的十一届三中全会果断结束了"以阶级斗争为纲"的口号,把工作的重点转向了经济建设。但在改革之初,人们对旧体制的弊端没有深刻而理性的认识,也不可能设计好未来新体制的模式。任何改革的措施都是一种尝试,改革的过程就是"摸着石头过河"的过程。正如邓小平所言:我们要进行

---

[1] 中共中央党史研究室著:《中国共产党简史》,中共党史出版社2001年版,第213页。

的改革,"马克思没有讲过,我们的前人没有做过,其他社会主义国家也没有干过,所以没有现成经验可学"[1]。

十一届三中全会后,改革开放终于成为不可逆转的趋势。但开放必须是审慎的,不可能一蹴而就,这是因为:一是"左"的思潮不可能随"文化大革命"的结束轻易退出历史舞台。此时若进行全面而激进的改革,势必遇到巨大障碍,引起社会动荡。二是我国幅员辽阔,各地地理、历史及现实条件差异极大,改革开放不可能同时在全国全面铺开。而"对外开放"又往往比"对内搞活"的改革更为敏感。因为中国一百多年来与外国的交往历史,就是一部"割地赔款,丧权辱国"的历史。中国人民浴血奋战,才赶走帝国主义,现在又回过头来和他们打交道,许多人思想转不过这个弯,无法接受那些"夹着尾巴逃跑了"的"帝国主义"又"夹着钱包回来了"这一现实。而且,我国又缺乏对外开放的经验,对国际市场的游戏规则也不熟悉。谁都无法预言国门打开后,会产生什么后果。在这种两难情况下,把设立"经济特区"作为改革开发的突破口,不失为富有智慧的创举。

二、深圳经济特区的诞生

(一)赴西欧及港澳代表团的出访

1978年,中国高层领导人掀起了一股出国考察热潮。这一年中,有13位副总理和副委员长以上的领导人,先后20次访问了50个国家。其中邓小平一人就4次出访了日本、美国、法国等8个国家。[2]1978年4月,国家计委和外贸部组织了港澳经济贸易考察组,前往香港、澳门进行实地考察。5月,国务院副总理谷牧则亲自率领庞大的中国对外经济考察团,访问了西德、英国、法国、瑞士、丹麦、比利时等国。

港澳经济贸易考察组在向国务院提交的《港澳经济考察报告》中,表达了强烈的改革开放的意向。报告提出要把靠近香港、澳门的宝安、珠海划为出口基地,力争三五年内建成具有相当水平的对外生产基地、加工基地和吸引港澳客人的游览区。刚从西欧回来的谷牧副总理,也深感对外开放已刻不容缓。6月3日,中共中央、国务院主要领导人在听取考察组报告后,总体上表示同意,并要求说干就干,把它办起来。

---

[1] 《邓小平文选》第3卷,人民出版社1993年版,第258页。
[2] 董滨、高小林:《突破——中国经济特区启示录》,武汉大学出版社2000年版,第17页。

（二）"杀出一条血路"

1979年4月5日至28日，中央在北京召开各省、市、自治区党委第一书记及主管经济工作的负责人和中央党政军负责人参加的中央工作会议。广东省委第一书记习仲勋在会上明确提出"希望中央给点权"，习仲勋接着讲了广东的经济现状，谈了广东开放、搞活的设想，这其中最主要的是谈到了广东省委要求中央在深圳、珠海、汕头划出一些地方实行单独的管理，作为华侨、港澳同胞和外商的投资场所，按照国际市场的需要组织生产，初步定名为"贸易合作区"。习仲勋的汇报得到了中央政治局的赞许和支持，广东可以先走一步，中央、国务院下决心，想给广东搞点特殊政策，与别的省不同一些，自主权大一些。

也就在这次中央工作会议期间，习仲勋在叶剑英的授意下，在邓小平家中，向小平同志汇报了广东省委的想法。邓小平同志一直密切注视着中央工作会议。他对广东即将划出的那块区域的性质早有自己的考虑，所以当谈到该区域的名称时，他说："就叫特区嘛，陕甘宁就是特区。"而当习仲勋提到想向中央要一些配套资金时，小平同志说："中央没有钱，你们自己去搞，杀出一条血路来。"

（三）"蛇口模式"的诞生

香港招商局由李鸿章创办于1872年，是中国最早最大的轮船航运企业的一个分支机构，后成为新中国交通部驻港的商业机构。但新中国成立后长期的对外封闭，使驻港的中资机构长期处于停滞的状态。中央开发靠近香港的出口基地的决定，恰好给一家陷入困境的公司带来了转机。

作为国家交通部驻香港商业机构的招商局，是新中国伸向外部世界的一个触角。1979年的元旦刚过，时任交通部香港招商局董事局常务副董事长的袁庚，就将一纸提议呈到时任中共中央副主席、主管经济工作的国务院副总理李先念的手中，提出要在靠近香港的蛇口兴建一些船坞、码头，发展招商局与香港的贸易关系。袁庚想到，如果利用毗邻香港的广东的土地和劳力，利用香港和国外的资金、技术、图纸、资料、专利和全套设备，将这两者结合起来，就会同时拥有内地和香港两方面的有利因素。

袁庚先与广东省委交换意见。当时的广东，经济上正陷入困境。20世纪50年代和江浙等省经济水平持平的广东，此时却落后了一大截。正急于找一条出路的广东，对袁庚的设想正是求之不得，很快就联合交通部向国务院上交了这份报告。

先念副总理并国务院：

　　……我驻港招商局要求在广东宝安县邻近香港的沿海地带，建立一批与交通航运有关的本土企业。经我们研究，一致同意招商局在广东宝安境内邻近香港地区的地方建立工业区。这样既能利用国内较廉价的土地和劳动力，又便于利用国外的资金、先进技术和原材料，把两者现有的有利条件充分利用并结合起来，对实现我国交通航运现代化和促进宝安边防城市工业建设，以及对广东省的建设都将起到积极作用。

李先念、谷牧不久召见袁庚。准备周全的袁庚在汇报的同时，呈上了一张地图。

李先念显然非常清楚袁庚的意图，在听完汇报后，随即用铅笔在地图上的南头半岛画了一条横线，笑着说："给你们一块地可以，就给你们这个半岛吧。"

李先念的慷慨大大出乎袁庚意料，他没敢要整个半岛，只要了其中2.14平方公里的弹丸之地。于是，李先念作出批示：

　　拟同意。请谷牧同志召集有关同志议一下，就照此办理。

先念

1979年1月31日

就这样，经李先念亲自批示，香港招商局蛇口工业区便先于深圳特区，于1979年初早早成立了。在香港招商局主持下，1979年夏季，蛇口的大规模开发全面展开。

邓小平曾经指出，蛇口快的原因是给了他们一点权力。也就是这一点权力，使得蛇口模式在中国经济舞台上闪亮登场了。蛇口模式的主要内容有：工业区机构精简，减少层次，因事设人，不搞上下对口；实行严格的经理负责制，企业定岗位、定成本、定利润；干部不划级别，被招聘者原职位只能存档，根据需要和能力重新聘用；废除干部职务终身制，各级干部每年接受一次群众信任投票，票数不够者，自然淘汰；允许员工和人才合理流动，工厂可以解雇工人，工人也可以辞职。此外，在工资、住房制度等方面，蛇口的改革也颇为前卫和成功。

（四）经济特区的诞生

1978年4月，在中央工作会议期间，邓小平同志听取了广东省负责同志的汇报后，提出了"办一个特区"的意见。同时，福建省也提出创办特区的要求。会后，谷牧副总理即率国家计委副主任段云、甘子玉，国家进出口委员会副秘书长李灏等组成工作组，赴广东、福建两地展开调研考察。工作组随后向中央递交了调查报告。党中央、国务院经讨论研究，于1979年7月15日，发出"50号文件"，即《中共中央、国务院批转广东省委、福建省委关于对外经济活动实行特殊政策和灵活措施的两个报告》。中央决定在广东的深圳、珠海、汕头和福建的厦门，划出部分地区试办"出口特区"，以吸引外资。文件强调：要重点把深圳办好。中央还决定把"试办出口特区"的工作交给副总理谷牧亲自领导。

1979年12月11日，国务院召开第一次特区筹建的专题汇报会——京西会议。会议由谷牧主持，吴南生汇报了深圳、珠海、汕头自"50号文件"发布以来的筹建工作。在这次会议上，"经济特区"的概念首次被提出。按吴南生的说法，"经济特区"这一概念的提出，是"摸到了一块大石头"，使人们对"特区"的性质有了进一步的理解。1980年5月，中共中央和国务院发出"41号文件"，明确指出要积极稳妥搞好特区建设，正式将"出口特区"改为"经济特区"。从此，深圳特区的性质正式定为"经济特区"。同时，为了加强对深圳的领导，广东省委决定：吴南生同志担任深圳市委第一书记。

1979年9月下旬，谷牧在江泽民陪同下赴广东，再次考察深圳、珠海、汕头等地，把广东特区筹办工作推向纵深。广东省委决定由刘田夫、王全国、吴南生三位书记组成三人小组，负责落实"50号文件"。从8月开始，吴南生与港澳和海外朋友们一起，收集、讨论和研究国际上有关自由贸易区、出口加工区的资料、条令和法律，着手起草《特区条例》。在12月的京西会议上，"经济特区"的称谓被肯定后，酝酿中的《特区条例》也就被称为《广东省经济特区条例》（以下简称《条例》）。

《条例》经历了激烈的辩论，作出了勇敢的突破。《条例》从起草到1980年8月26日公布，经历了整整一年，先后修改13次。最终，改革的呼声战胜了保守的思想。《条例》赋予了经济特区充分的自主权，使特区跳出了旧体制的束缚。这部仅2000字的《条例》的意义，远远超过了一般的地方法令。它的诞生过程一直在党中央、国务院的关注之下。叶剑英亲自主持了中华人民共和国第五届全国人大常委会第15次会议。在这次会议上，《条例》得到了批准。《条例》的公布，成了"深圳经济特区"诞生的标志。8月26日，从此成为深圳经济特区的生日。

第二节 深圳经济特区的定位

1547年，意大利里窝那被宣布为自由港，这被公认为世界上的第一个经济特区。二战前共有26个国家（地区）设立了75个经济特区；二战后，经济特区有了突飞猛进的发展，不仅发达国家继续兴办经济特区，新的民族独立国家，为尽快促进民族经济增长，也大力创建经济特区。据统计，当今世界上的经济特区有1000多个。国外经济特区的性质、职能千差万别，但大体上可分为自由港、自由贸易区、出口加工区和科技工业园区等四类。它们的共同之处就是：特区减免关税、所得税，以优惠的办法吸引外商投资，发展本地经济。但我国的经济特区无论在面积上，还是在功能地位上，都远远超出了国外的经济特区。江泽民在"深圳经济特区建立20周年庆祝大会"上的讲话，对我国经济特区的职能作用进行了高度概括："经济特区，在由过去的计划经济向社会主义市场经济转变的历史进程中发挥了重要的试验场作用，在实行对外开放的历史进程中发挥了重要的窗口和基地作用，在我国各地区共同发展的历史进程中发挥了重要的示范、辐射和带动作用，在完成祖国统一大业的历史进程中对香港、澳门的顺利回归并保持繁荣稳定发挥了重要的促进作用。"[1] 而具体到深圳经济特区，其职能发挥得怎么样呢？

一、经济转轨的试验场

邓小平同志曾说过："我们最大的试验是经济体制的改革。"[2] 深圳这个"排头兵"最为重要的功劳，也就是在经济体制上的创新。早在1980年5月，特区的筹备阶段，党中央转发的《广东、福建两省会议纪要》就提出："经济特区的管理，在坚持四项基本原则和不损害主权的条件下，可以采取与内地不同的体制和政策，特区主要是实行市场调节。"这比党的十四大正式确立以建立"社会主义市场经济"为经济体制改革的目标，早了12年之久。在当时许多人的观念中，市场经济等于资本主义，计划经济才是社会主义。但深圳用实践证明了市场调节在我国不仅能够行得通，而且具有计划调节不能比拟的效率与效益。1992年，党的十四大终于确立，我国经济体制改革的目标是要建立社会主义市场经济。这也意味着，在深圳实验了12年之久的"市

---

[1] 《深圳经济特区建立20周年庆祝大会在深圳举行》，《光明日报》2002年11月15日。
[2] 《邓小平文选》第3卷，第130页。

场调控"从此将推广到全国。

特区内的"市场调节",无疑是全国推行"市场经济"的前奏。深圳多年的探索,终于为全国的改革开放开辟了崭新的天地。在这场建立"社会主义市场经济体制"的"最大试验"中,深圳一马当先,充分展示了"排头兵"的风采!

二、对外开放的窗口

"窗口"作用,是我国经济特区区别于国外"自由港"、"自由贸易区"、"出口加工区"和"科技工业园区"等的一个明显特征。对于开放的经济体系,由于本来就不存在封闭,也就没有什么打开"窗口"的必要。因此,国外各种经济特区的主要功能仅仅是出口创汇或吸引外资。而我国长期处于对外封闭状态,在开放过程中采取了渐进的步骤。在真正开放国门之前,首先打开的只是深圳、珠海、汕头和厦门这几扇"窗户",再以此为基地,把改革开放推向纵深。由特区开放,到沿海14个城市开放,到沿海开放,再到后来的沿江、沿边、省会城市开放,形成全方位、多层次的开放格局,用了十几年时间。在这个过程中,最先开放的经济特区,就自然充当了"窗口"的角色。

邓小平同志曾这样评价特区的作用:"特区是个窗口,是技术的窗口,管理的窗口,知识的窗口,也是对外开放的窗口。特区可以引进技术,获得知识,学到管理,管理也是知识。特区成为开放的基地,不仅在经济方面、培养人才方面使我们得到好处,而且会扩大我国的对外影响。"[1] 邓小平同志在这里把外国的"管理"经验作为一种可以学习的知识,已是对传统理论的一大突破。而紧随"技术"和"管理"两个窗口的,就是"知识窗口"。小平同志并没有限定"知识"的范围,这客观上为特区的改革开放开辟了更广泛的空间,使特区能大胆实验、学习和借鉴国外一切能促进生产力发展的政策、措施。

三、示范地与辐射源

经济特区对全国的发展毋庸置疑地起到了巨大的促进作用,深圳对内地发展的示范、辐射和带动作用更是不可低估:20世纪80年代,深圳先后与中央27个部委,全

---

[1]《邓小平文选》第3卷,第52页。

国 28 个省市、自治区加强合作，采用多种形式办起 3900 多家内联企业。[1] 这些设在深圳的企业，不能仅仅看成是内地对深圳的资助。这些企业是内地在开放窗口所设下的前哨，通过这些企业，内地能了解经济特区的企业运作，感受到国际市场的脉搏。这些企业在特区自由的空间里，勇敢探索，率先突破了内地僵化体制的束缚，在用工制度、工资制度、企业管理制度上进行大胆的改革，初步建立起一套适应市场经济、符合国际惯例的运作机制。这些企业在经营上有更多的自主权，弱化了对内地政府的依赖。它们为繁荣特区经济作出了重要贡献，但更为深远的意义在于，这些企业是经济改革从深圳向内地辐射的桥梁、纽带。为内地经济改革积累了翔实的第一手资料。以深圳为"基地"，与市场经济相适应的新观念、新思维也在向全国扩散。

四、促进香港、澳门的繁荣稳定

深圳凭借毗邻香港的独特优势，更发挥了其他"窗口"无法比拟的作用。即使在封闭的年代，人们也能从这里看到香港的高楼大厦。从深圳这个窗口，人们甚至可以感性地认识到"外面的世界很精彩"。通过深圳这个窗口，可以具体而深入地了解香港。而香港作为重要的国际金融中心，掌握着世界经济的大量信息。香港又是我们瞭望世界的另一扇窗口。随着开放的加深，人们对香港乃至国外的认识，也在不断地加深："外面的世界"远不止是我们隔着深圳河就能看到的楼宇、车流。从这个窗口，我们更了解了国际资本的流动和运作，世界科技的发展，国际贸易的规则和技巧，跨国公司的管理……

我国经济特区的四大职能，在深圳都得到了淋漓尽致的发挥。诚然，深圳经济特区刚刚成立的时候，人们就对其寄予了厚望。但深圳的实际成就还是远远超越了人们最初对它的预料。深圳充分发挥了经济特区应有的一切职能，不愧为改革开放的先锋。[2]

第三节 深圳经济特区早期发展规划

从深圳建市到 20 世纪 80 年代中期，深圳市先后制定了三个指导城市发展的总体

---

[1] 李梦梅、罗清和：《香港经济概论》，广东高等教育出版社 1995 年版。
[2] 本节内容参照苏东斌编：《中国经济特区史略》，广东经济出版社 2001 年版。

规划。与第一个规划相比，第二和第三个规划在城市的功能定位、片区规划的范围、市政基础设施体系的配置、城市绿化、港口机场建设等方面均有重大改进。

一、深圳第一个城市规划——《深圳市城市建设总体规划》

1979年3月，中央和广东省委决定把宝安县改为深圳市，组建深圳市委，同年7月中央下发文件，明确在深圳试办"出口特区"，市委根据中央的决策精神，认为深圳将建成为一个面积10平方公里，有10万居民工作与生活的小型城市。为此，成立了基本建设委员会负责城市建设和城市规划，由李新亭担任建委主任。

1980年5月，中共深圳市委成立了以市委书记张勋甫为主任、市长贾华为副主任的深圳市城市建设规划委员会，5月中旬，广东省派出一个广东省建委牵头，省建筑设计院、省测绘局、地质局等多家单位参与的城市规划工作组到深圳进行城市规划工作。此外，兄弟省市许多规划设计单位也派人参加这项工作。经过一个多月的紧张工作，市规划办公室制定了《深圳市城市建设总体规划》的方案和总图，并依据总图进行道路、桥梁、给水、排水、防洪、园林、电力、电信、煤气、口岸等各项专业规划设计。该总体规划由广东省城乡规划设计院的祝其浩和邓赏两位工程师共同主笔。

> 深圳市第一个城市规划总面积为50平方公里，近期（1990）人口50万，发展目标以工业为主，同时发展贸易、农业、旅游业。在道路交通方面，规划将主干道深南路和笋岗路的宽度定为50米，罗湖区的道路基本是在老城的基础上改建、补建和扩建，上埗新区的道路则是按方格网形式设计的路网。在工业方面，规划提出了以电子工业为主，并规划了上埗工业区和八卦岭工业区，在笋岗货运站旁边规划了清水河仓库区。规划还对罗湖、上埗、深圳水库、文锦渡口岸等小区建设作了详细说明，各区功能明确，服务设施配套齐全。8月26日，深圳市委经过研究，通过了该总体规划，并以此来指导特区初期的建设工作。[1]

---

[1] 深圳市史志办公室编：《中国经济特区的建立与发展：深圳卷》，中共党史出版社1997年版，第83页。

二、深圳第二个城市规划——《深圳经济特区社会经济发展大纲》

1981年5月底，国务院在北京召开深圳、福建两省经济特区工作会议，提出一定要把经济特区建设好，特区的规划和建设一定要因地制宜。深圳特区要建成兼营工、商、农、住宅、旅游等多种行业的综合性特区。8月，广东省决定将深圳市作为副省级城市，与广州市的级别待遇相同。

随着改革开放新形势的发展和党中央、国务院对特区提出更高的要求，深圳市委和市政府意识到一年前制定的《深圳市城建总体规划》的设计目标与功能无法体现综合特区的发展要求，有必要重新制定一个包括城市规划在内的特区社会经济发展大纲。

深圳市委、市政府再次决定，由市委政策研究室牵头，规划局等单位参加，对全市人口和自然资源状况进行比较全面的调查摸底并作出预测，在原有城市规划的基础上，由深圳市规划局的董日臣和唐凌两人拟写大纲初稿。初稿完成后向市委作了详尽的汇报，市委书记梁湘提出了进一步修改的指导性意见。1982年初，市委召集全市县以上干部进行讨论，各方面的领导提出了许多中肯的修改意见。同年4月，市政府邀请北京、上海、广州等全国的经济、计划、城建、外贸、农业、社会科学等各方面的专家、教授、工程技术人员共73人到深圳参与评审大纲初稿。7月，市政府又邀请香港工商界知名人士座谈深圳社会经济发展规划。9月中旬，再次邀请国内专家学者32人对修改过的大纲进行评审。市政府政策研究室对大纲先后八易其稿，最后制定了一个比较系统和具有一定前瞻性的《深圳经济特区社会经济发展大纲》（以下简称《大纲》）。

《大纲》共分12章，第一章是规划的指导思想，提出深圳的工业以电子工业为主，产品主要面向国际市场，农牧业"主要为特区建设服务，同时为出口服务"；协调发展商业、住宅、旅游业。第二章是人口规划，规划特区人口至2000年达到100万。第三章是土地规划和功能分区，提出特区适于建设面积为118.6平方公里，将其分为东片、中片、西片三个片区18个功能区；第四章是工业，提出特区要建设现代化工业，要求技术是先进的，设备是现代化的，管理是科学的，经济效益是最好的。第五章是农业，规划粮食生产区面积到2000年减至20万亩，单产达到全国最高水平。第六章是交通运输，规划市区道路采用方格网布置，东西走向为主，南北走向为辅。第七章，规划建设4个大型仓库区，占地400公顷，均有铁路、公路相通。第八章，除在罗湖、南头、上地建立商业区以外，规划在福田新市区中心地段建特区的商业、金融、行政中心。第九章，对市政公用事业的规模按特区终极100万人口进行规划。第十章是旅游业，预计至 2000 年，每年游客超过 100 万人次。第十一章，规划普及中小学教育。第十二章，规划深圳在 20 年内投资约为 220 亿元人民币。[1]

《大纲》制定后，深圳市委、市政府并没有停止对其继续修订。1983 年，市委书记梁湘带访问团出访新加坡，对新加坡优美的城市建设及城市园林绿化印象极为深刻。回国后，决心吸收新加坡的城建经验，扩大城市绿化带，决定所有主干道两侧尚未建筑的房屋，一律从红线退后 30 米，留出绿化带。从上海宾馆到深大电话公司以西留出宽度为 800 米的绿化带（现已开辟为中心公园）。这一远见卓识，为日后深圳城市道路的历次扩建和市容整改留出了发展空间。

三、深圳第三个城市规划——《深圳经济特区总体规划》

随着深圳成为全国改革开放的前沿，国内大批劳动者被吸引并加入到了建设深圳的行列中。到 1984 年，深圳市常住人口已达 74.13 万人，比 1979 年增加了 42.72 万人，增长 136%。深圳市第二个发展规划所确定的到 2000 年特区总人口为 100 万的目标，在 1986 年即轻松超越，达到了一个中等城市的规模。当时罗湖、上埗工业区和蛇口已初具城市规模，但盐田、沙头角、福田和南头等片区尚未开发，工业发展如何布局，城市中轴如何确定，公交、电力、自来水、煤气等供应系统如何合理布置，城市建设如何协调地形地貌等环境因素，如何通盘考虑短期发展和长期发展的关系，如何在城市建设方面加强与香港的联系等等问题是摆在深圳市决策者面前的难题。中央根据国内改革开放的新形势，进一步要求深圳发挥技术窗口、管理窗口、知识窗口、对外政策窗口和对内、对外两个扇面辐射的作用，深圳在改革开放中排头兵和探路者的作用和地位进一步上升。

尽管已有了《大纲》规划的基本发展思路，但新形势要求深圳特区制定更完善、更科学的发展规划。1984 年至 1986 年，深圳市政府在原《大纲》的基础上组织编制了《深圳经济特区总体规划》，将城市规划定为 122.5 平方公里用地，这是特区城市建设的里程碑。这个规划由广东省人民政府批准实施。

《深圳经济特区总体规划》（以下简称《总体规划》）共 19 万字，分 23 个专题，并绘制专业图纸 64 张。《总体规划》对城市发展规模和城市建设布局作了合理的、弹

---

[1] 深圳博物馆编：《深圳特区史》，人民出版社 1999 年版，第 52—54 页。

性的安排和设计。规划标准按照低于香港、高于内地的标准实施，城市建筑容积率以新加坡等先进国家作为参考。《总体规划》对深圳市未来的发展分近期（1990年前）、中期（1995年前）、远期（2000年前）三个阶段进行设计。1989年，根据特区发展的新形势，又对《总体规划》进行了局部修改。

《总体规划》对深圳的城市建设和发展产生了深远的影响。明确了"工业为重点的综合性经济特区"的城市性质，并作了相应的部署；确定了城市的发展规模。土地利用以全特区为基点，规划建设用地面积达122.5平方公里，并留有足够的发展余地；人口规模确定为110万人；构筑了"三横十二纵"的道路网络；在用地结构上，规划了15个工业区、179片居住区、22个市级公园、9个旅游区、1个风景区和总长140公里的道路绿化带，同时给城市中心区的规划构想留足了发展余地；提出了深圳城市建设的标准为国际先进水平。

第三章
深圳经济特区的奠基时期（1980—1985）

1984年6月29日，邓小平同志会见外宾时，再次谈到经济特区。他说："深圳特区对我们来说，也是一个试验。现在还有一些问题没有解决。不过，特区开始才三年多一点时间，再过三年总会找出办法解决这些问题的。"[1]

第一节 大规模的城市基本建设

一、"酵母"的由来

1980年，深圳特区的基本建设全面展开了。特区开发面临的第一个问题，就是通电、通水、通车、通电信，平整土地。建设者们面临着这样的难题："四通一平"，每平方米投资最少也要90元，加上电信、煤气、公共交通和各种服务性设施，还有接通特区外的交通公路等等，第一期开发4平方公里面积，最少也要投资10亿元。钱从哪儿来？正当建设者们忧心忡忡之时，一场暴雨又突然降临，着实给了人们一个下马威。

1980年7月27日，吴南生刚到深圳不久，一场瓢泼大雨把住在新园招待所的市领导及城市规划专家都浸泡在齐腰深的水中。工程师们呕心沥血绘制的规划设计图也被洪水冲走了，香港旅客也不得不卷起裤腿，在漂浮着粪便的车站跋涉。整个罗湖区

---

[1] 毛毛、邓林：《我的父亲邓小平》。

的低洼地带一片汪洋。

吴南生意识到再不能犹豫，"四通一平"刻不容缓！

吴南生找到谷牧说："谷牧同志，没有酵母，做不成面包。深圳现在还没条件向国外贷款，能不能给点国家贷款，作为酵母。"

谷牧很同情，他说："可以。但贷款是要还的，你能说点怎样用和怎样还的办法吗？"

吴南生说："能，深圳特区原来有先开发上埗的方案，有先开发福田的方案，都是'老虎吃天，无从下口'。这回，一场大水使我们更加认识了深圳。工程师们都认为应该先开发罗湖。我和他们谈过多次，觉得老总们的想法是正确的。这样，可以一下改变国门的面貌，解决年年为害的水灾；罗湖最接近香港，最能吸引投资者；又可以节约开发的投资。我们准备第一步先开发面积为0.8平方公里的罗湖小区，每平方米投资90元，要7200万元。但开发后，除去通路、绿化和公共设施用地，可以拿出40万平方米土地作为商业性用地。土地收入每平方米都在5000港元左右，总计可以收入20亿港元左右。"

谷牧是城市建设的行家，一直支持这种做法："我先帮助贷3000万元，估计今年你们还用不完。"

吴南生喜出望外，他说："有了酵母，特区建设可以做到不用国家的投资了。"[1]

二、首战罗湖

首批资金终于有了，然而人们在战略重点的选择上，却意见纷纭，相持不下。当一位年轻的工程师建议首先从罗湖开挖第一铲土时，立即招来一些"老深圳"、老革命的反对，因为罗湖有两个山包，周围都是洼地，年年都要发大水，应该先开发地势平坦的上埗。但是市委第一书记吴南生很支持工程师的意见，认为罗湖是外商进入国门后的第一站，关系到深圳乃至中国的形象。要成功地进行招商引资，就一定要先拿下罗湖。而且搬掉罗湖山的土方正好可以用来填平那些洼地。

在吴南生的支持下，分管基建的罗昌仁和舒成友迅速行动起来。但反对者不肯让步，他们把"状"告到了省里。恰巧国务院分管特区工作的国家进出口委员会副主任

---

[1] 吴南生：《经济特区是怎样"杀出一条血路来"的》，《南方日报》2008年4月7日。

江泽民同志来到广东。1980年12月12日在广州召开的省委常委会上，有人就请他拿个意见。江泽民说："发挥利用香港的作用，首先是深圳。我们叫经济特区，也是特别的。不完全是出口加工区。"[1]

江泽民的发言与广东省委、深圳市委的意见产生了共鸣。也平息了一场持久的争端。大家一致认为，要建设好深圳，首先得"搬掉罗湖山，填高罗湖区"。

搬山填洼、筑路建楼的战役终于得以顺利进行。千军万马，日夜奋战，不到一年，蹲踞在罗湖关口附近的罗湖山消失了。它变成130万方土，把0.8平方公里的低洼地整体垫高了1.07米。这一带日后就成为著名的高楼林立的罗湖小区。

三、基本建设成就

1979年，深圳经济特区建立之前，深圳城区面积仅3万平方公里，城镇人口两三万人，建筑物总面积只有29万平方米，城里街道简陋狭窄，马路总长只有8公里，连交通指挥岗和红绿灯都没有，最高的建筑是一幢5层楼房，市容陈旧破烂，人均居住面积2.74平方米，当年完成基建投资不到5000万元，房屋竣工面积13万平方米。而当时深圳自身的基建力量，也十分薄弱，只有一家500人的建筑公司和一个十几人的规划设计队伍。

为了承担起特区建立之初繁重的基建任务，深圳市政府采取了灵活的措施，向国内外开放了深圳的建筑市场。这一阶段建设成就的一个代表作就是当时被誉为"神州第一楼"的国贸大厦。国贸大厦高160米，共53层，总建筑面积10万平方米，由中国建筑三局一公司负责施工。从1982年10月动工，到1985年12月29日竣工，历时仅37个月。1984年3月15日，新华社报道深圳国际贸易中心大厦施工单位创造了三天建成一层楼的我国建筑史上的新纪录。从此"三天一层楼"成为享誉中外的"深圳速度"的象征。

四、以地引资和以地生财的城市建设模式

特区创建初期，令城市建设者最棘手的问题是资金。当时，中央政府只给政策，不

---

[1] 卢荻：《江泽民与中国经济特区的早期建设》，《广东党史》2003年4月。

给资金。如何筹集城市建设资金是前几任市领导必须解决的难题。突破口就在土地管理和土地利用方式上。经过不断的探索，深圳市走出了一条从土地资源管理到土地资产管理的路子，率先实行土地使用权的有偿转让，创造了以地引资和以地生财的发展模式。

20世纪80年代初期，政府作为城市建设的投资主体，先后成立了5家开发公司：城市住宅开发公司（前身为基础工程工作组）、工业发展服务公司、信托投资公司、广东核电服务总公司、南海石油深圳开发服务总公司。城市住宅开发公司和工业发展服务公司是城市建设的主力军。它们的发展壮大，基本上是采用同一模式，即先从政府取得无偿划转的土地，然后从银行取得启动资金，通过土地开发形成积累，实现滚动发展。

上埗工业区是深圳城市建设的重点工程。由工业发展服务公司负责开发。上埗工业区规划占地12万平方米，征地、拆迁，实现"七通一平"、建造标准厂房都需要巨额资金。1982年，工业发展服务公司先向银行贷款300万元，用于征地和拆迁，然后广泛进行宣传。当客商洽购厂房、签订合同时，收取40%的预付款，厂房盖到第三层时再收取50%的货款，厂房交付使用时，剩下10%的款项全部付清。[1] 这样工业发展服务公司先后用4000万元的贷款就建起了大批标准厂房，顺利完成了上埗工业区的开发任务。

深圳市房地产公司是1980年1月成立的直属市房地产管理局的单位，负责开发、建设、经营涉外房地产业务。公司成立时的所有资本是市政府划转的3平方公里的土地。公司开发的第一个项目是东湖丽苑，与香港妙丽集团合作开发。香港妙丽集团在项目设计图纸出来后，即在香港以每平方米2730港元的价格进行预售，266套房源被5000多人抢购，迅速回笼了所需的建设资金。此后，房地产公司先后与港商合作开发了翠竹苑、湖滨新村等三个生活住宅区，均采用房地产公司出地、港商出资金的方式进行合作开发。从1980年到1989年底，市房地产公司通过合作、合资、独资、自营等形式为深圳市建起花园式住宅新村10个，完成建筑面积133万平方米，18层以上高层建筑43幢，多层住宅楼宇415幢，别墅321幢，还有医院、学校、幼儿园等配套设施和旅游设施。[2]

到20世纪80年代中期，深圳在城市建设上形成了一套成熟的土地有偿使用管理办法，1981年市人大通过了《深圳经济特区土地管理暂行规定》，1987年对暂行规

---

[1] 深圳博物馆编：《深圳特区史》，第62页。
[2] 同上。

定进行了修订，形成《深圳经济特区土地管理条例》，规定"特区国有土地使用权，由市政府垄断经营，统一进行有偿出让"，"市政府有偿出让国有土地使用权可采取下列方式：（一）协议；（二）招标；（三）公开拍卖"。从 1988 年起，深圳取消了行政划拨用地，所有土地供应均以有偿有期的形式出让，并规定："出让土地使用权价款（以下简称用地价款）、土地使用费和土地使用权转让费的收入，作为特区土地开发基金，由市政府管理，用于土地的开发、保护，不得挪作他用。"土地开发基金于当年正式成立、运作。自 1988—2000 年，深圳土地开发基金累计收入 400 余亿元，运用基金征收土地 2.8 万余公顷，在特区内开发工业、居住及综合片区 19 个，开发面积约 4000 万平方米，修建城市主、次干道约 50 条，立交桥数十座，基本实现了政府城市建设资金的良性循环。[1] 以地引资和以地生财的城市建设模式和管理经验在深圳实践成功后，迅速在全国得到推广。

第二节 产业结构的形成

在深圳经济特区兴建初期的头五年，其经济发展的最明显特点就是大量投入和大规模建设。这五年的建设，为日后特区的经济、文化和社会各项事业的迅速发展奠定了坚实的基础。到 1985 年，深圳市经济已发生质的变化，在这五年间基本上形成了健康的产业结构，三次产业在地区生产总值中所占百分比如下表所示：

表1-3-1 三次产业在地区生产总值中所占百分比（%）

年份	地区生产总值	第一产业	第二产业	第三产业
1979	100	37	20.5	42.5
1980	100	28.9	26	45.1
1981	100	26.9	32.3	40.8
1982	100	23	38.1	38.9
1983	100	17.2	42.6	40.2
1984	100	11.1	45.5	43.4
1985	100	6.7	41.9	51.4

资料来源：《深圳统计年鉴（2000）》，第 85 页。

---

[1] 郑捷奋、刘洪玉：《活力来自创新——回首深圳市土地管理风雨历程》，《中国土地》2001 年第 12 期。

从上表可以看出，在这五年里，深圳第一产业所占比重逐年下降，第二产业稳步上升，而第三产业波动幅度不大。这三者的比例关系在以后的 15 年内，基本上保持了稳定，到 1999 年，三者所占比例分别为 1.2%、50.6% 和 48.2%。可见，深圳经济特区在建立的头五年，就奠定了经济结构的雏形。

一、打破单一农业型产业结构

深圳市的前身宝安县，原本是一个边境小县，其经济状况和产业结构与我国内地许多县大致相同。农业在整个国民经济中占支配地位，是经济中的主要成分；工业、交通运输、建筑、商贸服务业和科学教育事业都很薄弱，产业结构基本上是单一的农业结构。

1980—1985 年，经过短短的五年，深圳经济特区的产业结构发生了很大的变化。农业在不断发展的同时，在整个国民经济中的比重却迅速下降，工业和商贸服务业等第二、三产业都得到了迅速发展，打破了原先单一型的产业结构，引起了深圳产业结构的变化。1985 年，深圳特区的生产总值中，第一产业产值为 26111 万元，占总产值的 6.7%，第二产业为 155477 万元，占 41.9%，第三产业为 150857 万元，占 51.4%。深圳经济特区已经由 70 年代的农业县变成了一个初具规模的现代化工商业城市。

二、传统农业向创汇农业转变

从 1979 年开始，深圳的农业与全国的农业一样，经历了一场重大的变革。不过，在这个变革过程中，深圳农业的发展变化仍然有它自己的特点。宝安县的农业一方面要保障特区内人民的生活需要，另一方面，它还要为香港市场提供部分农产品。而深圳耕地面积的逐年减少，特别是种植业生产的明显减少，以及香港市场对农、副、鲜、活商品需求的不断增加，促进了深圳经济特区以出口创汇为目的的养殖业、畜牧业等副业的发展，并带动了农副产品加工出口的增加以及"三来一补"加工业的发展。

因而，在这一阶段，深圳农业发展的特点是：由传统式自然经济向外向型商品经济转变，由单一经营型农业向综合经营型农业转变。1979—1985 年，深圳的种植业每年平均增长速度大约为 10%，由于深圳地区耕地面积的减少，与其他行业相比，增长速度偏慢。1979—1985年，深圳进行了大规模的基本建设，耕地减少了约4万亩，占深圳特区耕地面积的一半以上。特区以外的耕地也由于基本建设占用土地和农民改种为养等原因而减少了10万余亩，从而造成种植业生产的明显减少。这几年农业增长主要来自养殖业、畜牧业等副业的增长。从产值看，1979年深圳农业总产值中农业所占比重最大，几乎占农业总产值的一半，而牧业、渔业所占比重较小，林业产值仅占农业总产值的3%。随后几年，养殖业、畜牧业有了较大的发展，1985年仅畜牧业产值一项便接近农业总产值的1/3，而农业产值则在其绝对数增大的同时，相对比重由1979年占农业总产值的一半下降到只占1/3左右。

三、第二、三产业发展迅速

这一阶段，深圳的工业发展得很快，特别是建筑业和电子工业发展特别迅速。深圳经济特区成立之前，宝安县在以"农业为纲"的方针指导下，工业发展十分缓慢，工业基础十分薄弱。1979年，全县仅有224家以生产日用品和农具为主的工业企业，工业总产值仅6061万元。创办特区以来，工业有了迅速的发展，工业基础也迅速加强。1985年，全市工业企业907家，比1979年增长4倍多，工业总产值达26.74亿元，是1979年的44倍。到1985年，深圳工业产业已有冶金、电力、化学、机械、建材、食品、纺织、皮革、造纸、缝纫等13大类。深圳第二产业的比重已由1979年的第三位上升到第一位。以工业为主导产业的经济结构已经初步形成。

1985年，深圳市第三产业生产总值为150857万元，是1979年的18倍以上。在特区工业迅猛发展的同时，特区第三产业的总产值在特区生产总值中所占的比重仍然有所上升，由1979年的42.5%上升到51.4%。在第三产业中，商业的发展尤其迅速。1985年，社会商品零售额由1979年的1.27亿元上升到26.46亿元，增加了约20倍。[1]

奠基阶段的深圳，已从根本上打破了原有单一以农业为主的生产结构。虽然其各次产业结构内部还存在许多不尽如人意的地方，但毕竟已取得了重大突破。深圳已为其进一步发展打下了牢固的基础。

---

[1] 张敏如等著：《特区经济教程》，广东高等教育出版社1993年版，第167页。

第三节 改革的理论与实践

一、实践中的改革

从1980年至1985年,奠基阶段的深圳经济特区开始了具有开创性的改革与探索。遵照邓小平和中共中央对经济特区建设的要求,当时中共深圳市委、市政府提出的改革思路是:跳出计划经济体制之外,以市场为主导同时允许多种经济成分存在,积极吸引外资,引进先进技术,扩大对外开放。主要特点是以基建体制中的价格体制为突破口,大胆地对传统的计划经济体制进行局部的改革。

深圳经济特区的开发是以大规模的基建为先导的。而深圳对旧体制进行大胆冲击的第一个突破口,也是在基建体制上找到的。深圳人率先在基建中引入了市场机制,开放建筑市场,允许内地乃至国外设计、施工队伍进入深圳,并逐步开放了建筑材料市场。招投标制度给基建市场引入了强有力的竞争机制。如成立于1980年的深圳特区房地产开发公司,1984年便打入了香港市场。基建体制改革的成功,为在深圳全面引入市场机制开辟了道路。

深圳引入市场机制的另一突破口就是价格体制改革。特区建立以后,深圳还大胆闯价格改革关,灵活运用"调"与"放",稳步推进,逐步实现由市场决定价格。第一步,放开农副产品如蔬菜、禽、蛋、鱼等价格。第二步,放开粮油价格,取消所有定量配给的票证,从而在全国率先告别了已有30年历史的计划经济限量配售制。第三步,放开工业品价格,让商品由国家定价改为由生产企业和大市场根据市场供求关系定价,分步理顺价格关系。

在财政与投资体制改革方面,深圳特区冲破传统的财政思想的束缚,大胆采用了由政府财政担保,向银行贷款,以财政举债投资的方式,将银行的信贷资金用于特区基础设施和公共设施的建设。筹资方式的变通促进了财政体制改革,增强了资金自筹、自我积累、自我发展的能力,使基础设施建设进展较快,有效地改善了投资环境,成功地走出了一条"边投资、边建设、边引进、边生产、边收益"的快速开发、快速发展的道路。

深圳还对劳动、工资制度进行了一系列改革试验。在劳动制度改革方面,引进竞争机制、风险机制,变单一的固定工制为合同工、固定工、临时工并存的多种形式的用工制度。从1983年起,深圳的国有企业突破了统一工资标准和统一的调资制度,实行企业工资总额与经济效益挂钩、职工个人工资与劳动生产率挂钩，具体分配方式由企业自行决定，国家用工资调节税和个人收入调节税进行调节。1984年8月16日，深圳市机关和事业单位进行工资改革，基本操作方式是：基本工资＋职务工资＋年终工资。这一改革为1985年7月全国实行结构工资制提供了经验。

深圳的上述改革试验，冲破了传统计划经济体制的束缚，初步形成了以市场调节为主、计划调节为辅的管理体制和运行机制。

二、有关经济特区的理论争执

深圳的改革令人耳目一新，但同时也引起了一些思想保守者的不安。有人指出深圳是在向"资本主义"改革！这种指责是有历史渊源的。新中国成立以来，由于受"左"的思想的影响，人们似乎养成了一种思维定式：即对任何事物都要去"定性"、"贴标签"。当深圳作为全国第一个经济特区诞生时，"贴标签"的争论又自然而然地产生了。而在深圳经济特区创立之初，从中央到地方，从理论界到普通百姓，对经济特区的性质也都有不同的观点，迟迟未能达成共识。这也造成了姓"资"姓"社"之争持久不休的局面。20世纪80年代初，一方面深圳人在热火朝天地创业，另一方面，"左"的思想还时不时地发难，有人指责经济特区是资本主义的复辟、帝国主义的入侵。而特区的支持者也往往认为，特区虽然姓"资"，但它只是社会主义国家内部微不足道的一小部分资本主义成分，不会改变国家性质。

特区在纷纷议论中，走过了五个春秋。

小平同志也想亲自了解一下五年来特区的发展情况。他说："经济特区是我的提议，中央的决定。五年了，到底怎么样，我要来看看。"[1]

1984年初，中共中央警卫局的一名特使向深圳市委接待处处长张荣口授了一项重要通知："告深圳市委，邓小平及杨尚昆、王震等中央领导同志，将于1月24日抵达深圳。"

这是特区自成立以来，小平同志第一次视察深圳，也是中央领导对深圳的一次"综合考试"。邓小平同志虽然在深圳前后不到三天，只看不问，心里却是有"底"了。[2]

---

[1] 毛毛、邓林：《我的父亲邓小平》。
[2] 童怀平、李成关编：《邓小平八次南巡纪实》第五卷，解放军文艺出版社2004年版。

离开深圳，小平同志并没有直接亮出分数，但他继续视察了刚刚起步的珠海、厦门。在视察的过程中，小平同志脸上始终浮现着笑意。他在刚落成的珠海宾馆挥毫写下"珠海经济特区好"七个大字。又在厦门题下："把经济特区办得更快些更好些"。消息传到深圳，深圳市委的领导们沉不住气了。他们连夜安排市委接待处处长张荣去广州请小平同志为深圳题词。

1984年的除夕，张荣带回了小平同志为深圳的题词："深圳的发展和经验证明，我们建立经济特区的政策是正确的。"

邓小平给的高分意义非同小可。小平同志此时虽然还没有给"姓资""姓社"的问题下一个定论，却给深圳的继续发展开了绿灯。第一个经济特区不仅没有被保守的理论射杀，改革开放还得要深化和推广。

第四节　遭遇挫折

一、灿烂的光环

1984年，种种光环笼罩着深圳，深圳成了中国的"明星城市"。年初，邓小平视察了特区，并留下了"深圳的发展和经验证明，我们建立经济特区的政策是正确的"的题词。3月，在专题研究14个沿海城市对外开放的中央书记处扩大会议上，袁庚成了众人瞩目的焦点，他是作为改革的先行者的代表出现在大会上的。

1984年5月，中央决定进一步开放14个沿海城市，并委托深圳举办沿海开放城市的经济研讨会。深圳开始系统化和理论化地总结和推广自己的经验。同年5月，南斯拉夫南共联盟中央主席马尔科维奇到深圳访问，这是特区接待的第一位外国领导人。当年，还有坦桑尼亚总理、缅甸总统、挪威首相、苏联部长会议第一副主席访问特区。中国的经济特区，已引起世界的关注。

10月20日，党的十二届三中全会作出了《中共中央关于经济体制改革的决议》。《决议》明确指出："社会主义经济，应当是有计划的商品经济。它既不是僵化的计划经济，也不完全是市场调节的市场经济。"这是世界上所有社会主义国家中，第一次以中央决议的形式，承认了市场的作用，反对将计划经济和市场经济对立起来。当深圳人得知决议的内容时，他们的第一反应就是，这不正是我们已经做的、正在做的和将要做的事情吗？

但在重重耀眼的光环之下，隐藏着深刻的危机。一个阴影正悄然向深圳走来。

二、深圳的问题在哪里？

就在深圳沉浸在不绝于耳的赞歌声中的时候，1985年5月出版的香港《广角镜》杂志第152期发表了香港大学亚洲研究中心陈文鸿博士的文章——《深圳的问题在哪里？》。陈文鸿的文章是经过周密的调查研究之后写就的，他对一系列问题提出了自己的见解。[1]（见表1－3－2）首先，深圳的发展速度是靠大量的基建投资才产生的。其次，1979年建立特区以来，深圳的社会商品零售总额比工农业总产值大，而且越是往后，两者的差别也越大。如此现象起码反映了深圳的经济结构不是如官方报道的那样是以工业为主，而是以贸易为主，或是以贸易—工业—农业依次而下的比例。接着，文章又对转口贸易在深圳的特殊发展进行了分析，认为深圳的经济是依赖贸易，而在贸易中又主要是对国内其他地方的转口贸易。因此，深圳特区并没有做到所说的三个"为主"（即资金以外资为主，产业结构以工业为主，产品以出口为主）；特区赚了内地的钱。

表1－3－2 深圳市经济统计

（单位：亿港元）

指标\年份	1978	1979	1980	1981	1982	1983
工农业总产值	1.7	1.6431	1.8924	3.4—3.7	—	8.7041
工业总产值	0.6	0.6061	0.8444	2.4282	3.6212	7.2041
农业总产值	0.87009	0.8570	1.048	—	1.35/1.41	1.5
基本建设投资	—	0.4988	1.2487	2.7039	6.3265	8.8593
实际投入外资	—	1.2	2.5	5.9	8.8	11.3
地方财政收入	0.2	0.35	0.55	1.18/1.3	1.63	2.96
地方外汇收入	—	0.28	0.4747	0.4—0.6	0.5638	0.67
社会商品零售额	1.17	1.47	2.2	3.5	5.54	12.51

---

[1] 以下资料引自董滨、高小林：《突破——中国经济特区启示录》，第230页。

表1-3-3 深圳市经济统计

指标＼年份	1979	1980	1981	1982	1983
工农业总产值（亿元人民币）	1.7	1.87	3.41		
工业总产值（亿元人民币）	0.56	0.84	2.2499	3.741	6.73
基本建设投资（亿港元）			5.7 6.3	8.3	

由于陈文鸿的文章数据翔实，分析透彻，因而颇具说服力。他的文章犹如"当头棒喝"，震撼了沉浸在喜悦中的深圳人。

陈文鸿的观点很快在国内外激起了一场关于深圳特区的大论战。香港及东南亚的《镜报》、《信报》、《成报》、《南华早报》、《华人日报》、《百姓》，甚至美国的《美洲华侨日报》都纷纷发表文章，对深圳评头论足。

三、三年时限

对深圳存在的问题，中央其实早有察觉。

陈文鸿的文章发表后，中央对经济特区存在的问题给予了更高程度的重视。1985年6月29日，邓小平同志在会见阿尔及利亚民族解放阵线代表团时说："深圳经济特区是个试验，路是否对，还要看一看，总之，它是社会主义新生事物，搞成功了是我们的愿望，不成功是一个经验嘛。"

1985年8月1日，小平同志在会见日本公明党第13次访华代表团时，又发表了重要讲话，他说：

"我们特区的经济从内向转到外向，现在还是刚起步，所以能出口的好的产品还不多。只要深圳没有做到这一步，它的关就还没有过，还不能证明它的发展是很健康的。不过，听说这方面有了一点进步。"

12月，小平同志会见外宾时，再次谈到经济特区。他说："深圳特区对我们来说，也是一个试验。现在还有一些问题没有解决。不过，特区开始才三年多一点时间，再过三年总会找出办法解决这些问题的。"[1]

小平同志的讲话及时澄清了中央对特区的态度，使许多没有根据的猜测、谣言不

---

[1]《邓小平文选》第3卷，第133页。

攻自破。同时，小平的讲话也交给了深圳一个新的任务——在三年内解决现有的问题。

四、形势严峻的1985年

20世纪80年代初，深圳经济迅速发展，惊人的速度使人们一度忽视了发展过程中存在的许多问题。而到了1985年，这些问题终于成为人们议论的焦点。这一年，中央终于决心对深圳进行全面整顿。但整顿力度之大，超乎人们的预料，也使深圳一时间陷入了泥潭。

最初，深圳人似乎低估了问题的严重性，他们说整顿措施，"只影响速度，但不影响生存"。但很快，他们就意识到"影响速度，也影响生存"了：几千家公司关门倒闭，昔日宾客盈门的酒店宾馆如今门可罗雀，繁华的城市一夜成为一潭死水。

首先，按照国家的统一计划，银行的贷款大面积收缩。深圳基建投资，一下子被砍去了10个亿。随着基建投资的压缩，基建队伍也全面缩减，17万人的基建队伍只留下了9万人，20幢18层以上的高楼被停建。

其次，许多特殊政策、优惠措施也被收了回去。一份新文件说要实行"全面许可制度"，即：不论是"三来一补"企业，还是三资企业，都要实行许可制度。而且每签署一份进出口合同，要申请、领取一张许可证。这种许可证，只能用一次，叫做"一次有效证"。

再次，国家对特区控制商品的数量也发生了很大的变化：1983年，由省、部、中央控制的出口商品129种；1984年，由省、部、中央控制的出口商品152种；1985年，由省、部、中央控制的出口商品244种（其中部和中央控制的235种，省控制的9种）。244种出口商品，占全部出口商品的80%，比党的十一届三中全会以前还多！特区按照省里为香港服务的要求，建立了生猪、水果蔬菜、淡水鱼和"三鸟"生产基地，不料生产出来了，出口却成了问题。

五、承前启后的人事变动

1985年8月12日，国务院批准李灏为深圳市长；8月29日，广东省人民政府在8月29日发出通知，免去梁湘深圳市长的职务；8月31日，新华社发布了李灏出任深圳市长的消息，与此同时，广东省六届人大四次会议选举李灏为广东省副省长，中共广东省委任命李灏为深圳市委副书记。1986年5月，李灏又接替了梁湘的市委书记的职务。

李灏赴任，香港的报刊登出大号标题："京官南下，力保特区。"而此前，香港的报纸早已报道说将由邹尔康接替梁湘的职位。李灏回忆起当年临危受命的情景时说："当时的心情可真是有点风萧萧兮易水寒的感觉呀！这是真的！但我当时还是有信心的，用两三年是可以搞好的。"

李灏说的两三年，正好与邓小平说的三年时限相符。

新市长李灏对深圳的形势作了客观估计。正是在这种认识的指引下，深圳开始了大规模的调整，调整的目标，按李灏的说法就是："要从商贸为主的特区转向以工业为主的外向型经济，从初期的铺摊子奠基础抓投入，转变到抓生产上水平求效益上来。"[1]

伴随着这次承前启后的人事变动，深圳前一阶段的发展告一段落，而新的发展思路也正在酝酿之中。[2]

---

[1] 以上引文来自董滨、高小林：《突破——中国经济特区启示录》，第254页。
[2] 本章部分内容参照苏东斌编：《中国经济特区史略》，广东经济出版社2001年版。

第四章
深圳经济特区的发展时期之一（1986—1995）

1992年1月19日，邓小平在深圳市迎宾馆接见了深圳市"五套班子"的负责人，并发表了重要讲话。他说："社会主义的本质，是解放生产力，发展生产力，消灭剥削，消除两极分化，最终达到共同富裕。"他指出，改革开放胆子要大一些，敢于试验，不能像小脚女人一样。看准了的，就大胆地试，大胆地闯，"深圳的重要经验就是敢闯"。1月23日，邓小平离开深圳。当汽车到达蛇口港码头后，邓小平同前来送行的深圳市负责人李灏、郑良玉、厉有为等一一握手话别，然后向码头走去。但刚走几步，他又转回身来，叮嘱李灏等深圳市几位负责人说："你们要搞快一点！"[1]

第一节　前期开拓（1986—1990）

一、全国特区工作会议的召开

1985年关于深圳经济特区的大规模论战、深圳经济特区首脑人物的重要更替和经济特区大力度的整顿，使人们对深圳的前途充满了忧虑。究竟该如何评价特区过去五年的经验和教训？特区又将何去何从？人们迫切地想知道这些问题的答案。

正是在这样的背景下，国务院于1985年12月25日至1986年1月5日在深圳召开了"全国特区工作会议"。国务院29个部委的负责人以及广东、福建两省和深圳、

---

[1]《邓小平同志在深圳纪实》，《深圳特区报》1992年3月26日。

珠海、汕头、厦门四个特区的负责人参加了会议,谷牧主持会议并作了重要讲话。

全国经济特区工作会议认为,虽然在当前特区建设方面还存在着一些问题和遇到一些困难,但过去五年总的来说是成功的。深圳、珠海、汕头、厦门四个经济特区,在党中央和国务院各项方针政策指导下,建设进展很快,成绩显著,在中国对外开放和经济体制改革中开始发挥作用,为国内外瞩目。经济特区的实践也证明,中央关于建立经济特区的决策是正确的。经济特区经过五年的艰苦奋斗,已为今后的发展打下了较好的基础。特区面临的任务是要把微观搞活和宏观控制结合起来,从前几年的"铺摊子、搭架子、打基础"转到"抓生产、上水平、求效益"方面,实现建立外向型经济的目标。要实现这一目标,仍旧需要付出巨大努力。

1986年2月7日,国务院批转了《经济特区工作会议纪要》。(以下简称《纪要》)强调,在"七五"期间,特区应坚决贯彻中央和国务院的指示精神,进一步做好外引内联工作,努力建立以工业为主、工贸结合的外向型经济,充分发挥"四个窗口"和辐射内地的作用。《纪要》明确要求,特区产业结构应以具有先进技术水平的工业为主,工业投资以吸引外资为主,引进应以先进技术为主,产品以出口为主,根据国际市场的要求开拓一批竞争力强、稳定适销的拳头产品,工业制成品60%以上外销,外汇收支平衡并有节余等。《纪要》强调指出,要达到以上目标,关键在于特区领导的指导思想和工作重点要放在建立以工业为主的外向型经济上,要从前几年铺摊子、打基础转到抓生产、上水平、求效益方面来。围绕这个工作重点,特区要认真进行改革,切实加强管理,使各项工作更上一层楼,实现发展战略重点的转变。

二、产业结构的变迁

全国经济特区工作会议召开之后,深圳总结了奠基阶段的经验教训,制定了一套完整的经济发展规划。新的措施在"七五"期间得到了有效的贯彻执行,仅仅用了五年时间,深圳的产业结构就再次发生了根本性变化。

1986年,在宏观政策指导下,深圳市开始全面进行产业结构调整,并在以后几年里逐步走上整体经济持续、稳定、协调发展的轨道。深圳市政府从1986年开始,加强了宏观控制,并在投资工业和技术引进政策等方面进行了调整。这些调整主要包括:调整投资政策,为了摆脱当时的困境,消除特区经济过热现象,市政府按照中央的意图采取紧缩投资的政策,同时配以有力措施,压缩基建规模,使过高的增长速度逐渐减缓下来，经济结构初步得到改善；调整工业政策，在仍然采取发展劳动密集型产业与发展技术密集型产业相结合的方针的同时，还采取了扶持出口企业、出口产品和高新技术产品生产和开发的倾斜政策；调整技术引进政策，利用税收、贷款、原材料和能源供应以及土地使用等经济杠杆，促使企业努力提高产品质量，改进生产技术。

以上三种政策的调整，对深圳产生了深远影响。

首先，传统工业向现代工业转变，工业的外向型程度显著提高。从1986年至1990年，深圳IT业总产值逐年迅速增长，1990年深圳工业总产值为220.22亿元，是1986年的6.5倍。深圳的工业行业已经从1986年的13个增加到33个，其中，轻工业门类较为齐全，技术比较先进。深圳工业生产已初步形成了由低到高三个层次的生产水平。第一层次是以"三来一补"为主的劳动密集型生产，以乡镇工业为主；第二层次是以电视机、收录机、钟表、电子元器件、纺织、自行车、卷烟、家具、新型建材等产品生产为主，形成了一批骨干企业，当前这类企业构成了深圳工业的主体；第三层次是生产中空玻璃、浮法玻璃、精密仪器、磁性材料、尖端电子元器件等产品的高科技工业。这类生产填补了我国工业的空白，代表着深圳工业未来的发展方向。

从1986年至1990年，深圳工业对外资的利用和深圳的工业品出口比重都有大幅度增加。1990年，工业实际利用外资额迅速增加到了3.2亿多美元。由于外资利用不断增加，外资工业在全市工业中的比重也不断增大。1990年，外资企业增加到643家，产值占工业总产值的比重增加到66.3%。至1990年，深圳已建成出口商品生产基地，并且在出口商品生产中，又有了新的发展和转变。出口货源由收购内地产品为主转为自产产品为主，经营方式由来料加工转为进料加工。深圳已成为我国出口商品生产加工的重要基地之一。

其次，第三产业迅速发展的同时，比重有所下降。从1986年至1990年，深圳特区的第三产业有了长足的发展，其中，商业和对外贸易发展最快。1990年深圳市的社会商品零售总额从1986年的26.6亿元增长到66.7亿元，短短5年间增长了1.5倍。商业和贸易的繁荣产生了丰足的利润，为深圳的工业现代化积累了必不可少的资金，提供了迅速扩大生产建设规模的基本前提。对外贸易的增长使深圳市的外汇收入增加，从而为深圳的技术引进和工业现代化提供了必要的条件。1989年和1990年，全市进出口贸易总额分别为37.5亿美元和54.7亿美元，其中出口总额分别为21.74亿美元和29.96亿美元，进口总额分别为15.78亿美元和24.75亿美元。与1985年以前相比，进出口额都有了大幅度的增长。深圳市人均外汇收入自创办特区以来持续上升，1985年人均外汇收入从1981年的130美元增加到200美元，1989年又增加到2230美元。[1]

再次，第一产业不断发展，农业中出口创汇生产迅速扩大，与此同时，第一产业在国民经济中所占比重明显下降。从1986年至1990年深圳的第一产业逐年增长。1986年，深圳第一产业的生产总值为2.32亿元，1990年增至2.98亿元。在第一产业产值不断增长的同时，它在深圳国民经济中的比重则呈现不断下降的趋势。1990年，农业总产值在地区生产总值中所占比重由1986年的7.9%下降到了4.1%。[2] 另外，在农业增长的同时，农业中的出口创汇迅速扩大。

经过五年的调整，深圳的三次产业之间的结构比例虽然没有大的变化，但三次产业的内部结构都有了本质的飞跃。深圳走上了成熟健康的发展道路。

三、主要改革

（一）转变政府职能

国有企业如何适应市场经济一直是中国经济界关注的焦点。而作为中国市场经济实验场的深圳，不得不最早面对这一问题。深圳人很早就认识到，国企改革不仅仅是一个经济问题，国企改革的难点在"国"而不在"企"。因此，"政企分开"成了国企改革的必然思路。

沿着这个思路，深圳对政府职能进行了大刀阔斧的改革。1987年7月，深圳成立了市投资管理中心，作为国有控股公司，负责管理企业中的国有资产，它具有管理、监督、投资、服务四大职能。为了使国有资产得到安全增值，他们提出"以投资经营者为龙头，层层参股控股，层层间接管理，产业不断优化，企业自主经营"的基本构想。这是对国有企业的所有权与经营权分离的尝试，也是对国有企业所有权的"人格化"的尝试。

这一改革措施很快得到中央的肯定并在全国推广。1988年，国务院设立了国有资产管理局作为独立的国有资产代表，使我国国有资产管理进入了一个崭新的阶段。

---

[1] 以上资料来源于深圳市统计局：《深圳统计年鉴（2007）》，中国统计出版社2007年版，第44、45、209页，以及根据上述数据计算而成。
[2] 张敏如等著：《特区经济教程》，广东高等教育出版社1993年版，第181页。

（二）成立第一个外汇调剂中心

1980年代初，深圳进出口贸易迅速发展。在奠基阶段，深圳需要从国外引进大量机器设备，而自身可供出口的产品并不多，因而造成进出口总量的严重失衡。（见表1－4－1）

表1－4－1　深圳1979—1985年进出口总额

（单位：万美元）

年份	进出口总额	出口总额	进口总额
1979	1676	930	746
1980	1751	1124	627
1981	2807	1745	1062
1982	2534	1597	937
1983	78642	6230	72412
1984	107247	26539	80708
1985	130632	56340	74292

资料来源：《深圳统计手册2000年》，第91页。

进口的膨胀使外汇变得十分紧缺，人民币面临贬值的压力。一位记者曾对深圳特区市场作过一个调查：当时内地外汇券牌价是1：1，而特区却高达1：13甚至1：15！但在当时的单一外汇管理制度下，官方汇率仍被死死定在1美元兑换3.2元人民币上。外汇的黑市交易随之猖獗起来。

1985年9月30日，李灏在市长办公会议上正式提出建立外汇调剂中心的举措。11月9日，深圳市政府正式颁布了《深圳经济特区外汇调剂办法》。12月12日，深圳外汇调剂中心办理了第一笔外汇交易，成交100万美元。就这样，深圳外汇调剂中心在没有得到国家有关部门正式批准的情况下，成立并运作了。

特区成立外汇调剂市场，如同一股强大的冲击波，猛烈地冲击到全国各地，由此催生出全国各地100多家外汇调剂中心。1988年3月10日，中国人民银行以"银发489号文"下达了《国家外汇管理局〈关于外汇调剂的规定〉的通知》，这时，已诞生两年之久的深圳外汇调剂中心，才得到合法的地位。

（三）深圳证券交易所的诞生

中国第一张股票是1983年7月8日由深圳市宝安县联合投资公司向社会公开发

行的。7月25日，宝安县联合投资公司在《深圳特区报》上刊登招股启事："欢迎省内外国有集体单位、农村社队和个人（包括华侨、港澳同胞）投资入股，每股人民币10元。实行入股自愿，退股自由，保本付息，盈利分红。"

联合投资公司向社会公开发行股票的消息传开后，全国20多个省市均有人入股，一些华侨、港澳同胞也做了股东。县财政投入200万元，作为国家控股资金。联合投资公司最终募集450多万元资本，并由此起家。1991年，该公司更名为宝安企业（集团）股份有限公司，同年6月25日，宝安股票在深交所公开挂牌上市。总股本2.64亿元，是当时全国最大的上市公司。

联合投资公司打破了"股票是资本主义的专利"的旧观念，是中国证券市场的先行者。在联合投资公司发行股票后的第三年，它的经验真正开始推广起来：

1987年，由特区六家信用社组成的深圳发展银行成立，这是国内第一家按照规范方案搞的股份制企业；

同年，"深圳原野"（即现在的深圳世纪星源股份有限公司）由五家股东组建而成，这是一家中外合资股份制企业；

1988年，深万科改制为股份制企业，《深圳特区报》为其免费刊登了整版募股广告，这是国内首份上市公司的募股广告；

1989年2月，深金田上市，但这是上级公司为了应付特区关于股份制改造任务而勉强成立的一家公司。

这五家公司的股票，即是深圳人现在仍熟悉的"老五股"：深发展、深万科A、深金田（已退市）、深宝安、深原野。

这五只股票在80年代就出现在深圳。人们对它们的反应却是复杂的。许多人对这种新出现的"旧事物"充满恐惧，敬而远之。"深发展"1987年发行股票时，即使动员各级领导干部带头买，也只卖了49.9%，有一半以上股票卖不出去。

最初的深圳股市，市场上只有两三个营业部，搞的都是柜台交易，光顾者寥寥可数。但深圳股市还是顽强地坚持了下来。1989年11月15日，深圳市政府正式批准筹建证券交易所。筹备工作由来自深圳发展银行的王健和禹国刚负责，香港新鸿基公司董事会主席冯永祥先生任顾问。

12月1日，深圳证券交易所正式开业。虽然此时的深圳股市仍旧存在许多漏洞与不足，但证交所的开业仍然极大地促进了深圳股市向规范化、法制化的方向健康发展。深圳证券交易所的成立是深圳股市发展过程中里程碑式的事件。

（四）深化价格管理体制改革

深圳的价格管理体制早在 20 世纪 80 年代初就展开了。到 1984 年底，已完全放开了包括粮、油在内的生活用品价格。但放开以后，物价持续几年上涨，甚至出现连续几年两位数的通货膨胀率。1985 年，深圳零售物价指数 123.2，比上年增加了 18 个百分点。1988 年，全国物价上涨 18.5%，深圳却上升 30%。

深圳特区物价管理部门经过调查研究，总结多年来的经验教训，终于逐渐找到了通过控制购销差价来控制物价的思路，这套办法被称为"差率控制法"。实行这个管理办法之后，在全国物价节节上升的背景下，深圳物价指数反而逐渐回落。1988 年底，零售物价指数开始出现负增长。同时，对生产资料市场的改革也在逐步展开。1988 年，深圳市计划局提出建立"社会主义的国家宏观指导下的自由生产资料市场"，允许任何单位、个人依法以任何方式经营任何生产资料；取消价格"双轨制"，其差率归市财政等。

到 1990 年，深圳的生产资料市场基本全面放开，主要生产资料 90% 以上已由市场调节。生产资料价格的放开，既避免了"双轨制"下的"寻租"行为，更为建立健全我国生产要素市场体系铺平了道路。

（五）推行公务员制度

1987 年，党的十三大指出，我国干部人事制度改革的重点，是建立国家公务员制度。国家公务员制度的建立，对于克服传说干部制度的各种弊端、加强和改善党对人事工作的领导、提高政府工作效率和管理工作的稳定性、树立清正廉明的政风等都有着重大的意义。

深圳经济特区决心走在前面，在全国率先提出要建立国家公务员制度。1988 年初，深圳市委、市政府组织力量进行有关调查研究，提出了《深圳经济特区建立国家公务员制度的初步方案》，又进行多次讨论、修改。同年，深圳市选择市税务局、审计局为试点，试行公务员制度。在公务员的录用、考核、培训、回避、纪律约束等方面进行试验、改革，为公务员制度的更大规模试验打下了基础。1990 年，国家正式批准深圳成为国家公务员改革城市。1990 年底，深圳举办了第一期公务员制度培训班，有 100 名局、处级人事领导干部参加了培训。

（六）加强法制建设

法制是市场赖以存在的最重要的"软环境"，深圳经济特区的诞生就是通过全国人大立法确认的。在经济特区的发展过程中，深圳的法制环境也在不断改善。深圳在发展过程中，坚持一手抓建设，一手抓法制，一手抓改革开放，一手抓严厉打击经济犯罪，加强公、检、法队伍建设，狠狠打击各种犯罪活动，维护了社会治安，初步为特区的发展提供了比较健全的法律法制环境和良好的经济社会秩序条件。

为了搞好廉政建设，1987年5月，深圳成立监察局。1988年3月又成立了经济罪案举报中心。同年，深圳市成立了第一家合伙制律师事务所。

深圳充分利用了"特事特办"的原则，为适应经济建设，根据自身情况，颁布了许多地方性法规。如1987年12月1日，深圳在没有法律保障的情况下，冒险进行了新中国第一次土地拍卖。12月29日，广东省第六届人大第13次会议就通过了《深圳特区土地管理条例》，确立了特区国有土地所有权和使用权分离，在使用权方面实行有偿转让制度。随后，我国宪法也做了类似修改。深圳经济特区进一步向中央争取地方立法权。1988年，深圳市向国务院呈递报告，请求授予深圳市立法权，并最终于四年后获得了立法权[1]。

第二节　经历曲折（1991—1992）

一、东欧剧变与"左"倾思想

20世纪80年代末到90年代初，国际社会处于急剧变化之中。苏联的解体，使旧的世界格局开始打破，世界开始向多极化发展，但新的格局又尚未建立起来。1989年以后，西方国家加紧了对中国的制裁，中国经济发展的国际大环境急剧恶化。在国内，"左"倾的思想在20世纪90年代初又活跃起来。对改革如何深化，一些人产生了怀疑和困惑，他们担心改革开放会滑向资本主义。一些人还对十三大提出的"计划与市场内在统一体制"和"国家调节市场，市场引导企业"的新的经济运行机制提出了质疑。还有人对"市场取向的改革"的说法提出批评，认为搞市场经济就是搞资本主义。经济特区的各种改革更是颇受非议。关于经济特区姓"资"还是姓"社"的争

---

[1] 1990年，深圳市人大及其常委会成立。1992年7月1日，七届全国人大常委会第26次会议通过了《关于授予深圳市人大及常委会和深圳市政府分别制定法规和规章在深圳经济特区实施的决定》，深圳从此有了立法权。

论在1984年邓小平视察深圳后一度沉寂下去，但在90年代初又成为争论的焦点。

中国的经济增长率落到了十一届三中全会以来的最低点，徘徊在5%左右。与此同时，中国的周边国家经济却都在迅猛发展。除日本以外的亚洲国家和地区，1991年经济平均增长6.2%，增幅都比较大。"四小龙"仍保持着较高的经济发展速度，连马来西亚、泰国等一度落后的国家此时也都展现出蓬勃的经济活力。

在这种背景下，小平同志一再强调"发展才是硬道理"。1991年1月到2月间，正在上海视察的小平同志发表了令大家鼓舞的讲话，他对上海人提出希望："希望上海人思想更解放一点，胆子更大一点，步子更快一些。"他在上海时多次提到经济特区。他说："那一年确定四个经济特区，主要是从地理条件考虑的。深圳毗邻香港，珠海靠近澳门，汕头是因为东南亚潮州人多，厦门是因为闽南人在海外经商的很多，但没有考虑到上海在人才方面的优势。"看到全国最大的工业城市上海发展相对滞后于深圳等经济特区，小平感慨道："浦东如果能像深圳那样，早几年开发就好了。"

1990年2月，国务院又一次在深圳召开了全国经济特区工作会议。时任国务院总理李鹏主持会议并做了重要讲话。会议部署了经济特区今后两三年的工作，强调经济特区还要继续"特"下去，要深化经济体制改革，调整产业结构，提高产品档次，经济发展速度应该更高一些。7月，江泽民同志为深圳经济特区题词："继续办好深圳经济特区，努力探索有中国特色的社会主义路子。"同年11月26日，江泽民同志在庆祝深圳经济特区建立10周年的招待会上发表讲话，要求经济特区"提高水平，增进效益"。并"不断总结经验，不停顿地把各方面工作推向前进"。

面对机遇与挑战，深圳也不失时机地制定了新的发展战略。1990年12月，深圳市政府制定了《深圳市"八五"计划及2000年国民经济和社会发展规划纲要（草案）》。1991年10月，该纲要在深圳市人大一届二次会议上通过。该《纲要》规划深圳到2000年，地区生产总值达600亿元，工业总产值800亿元，出口贸易总额130亿美元，财政收入73亿元。届时达到或接近中等发达国家80年代末的经济水平，成为"外向型、多功能的国际性城市"。

二、1992年"8·10"风波

20世纪80年代股份制企业已在深圳初露端倪，但到了90年代才在深圳大量出现。90年代，为促进企业转换经营机制，深圳狠抓了企业内部改革。1992年制定《深圳市贯彻〈全民所有制工业企业转换经营机制条例〉实施办法》，落实企业经营自主权；加快股份制改革步伐，在全国率先颁布了《深圳市股份有限公司暂行规定》，完成了 80 家企业实行内部股份制的筛选和改组的筹备工作，新批准 7 家股份公司股票上市，加强了对股份公司的监管；兴办企业产权交易市场，进一步推动企业产权转让，1992 年共有 22 家企业实行整体产权转让；建立优胜劣汰机制，对资不抵债、严重亏损企业依法实行强制破产。

然而，由于中国股市还没有发育成熟，超前的企业股份制改造却给深圳带来了意想不到的冲击。1992 年 8 月 10 日，深圳在股份制改革探索中经历了一次重大挫折。

1992 年春季以后，新的经济发展前景，促使股票价格上升，股市能赚钱的"神话"不胫而走，股民纷纷入市，股票变得供不应求。股市扩容，势在必行。怎样让想买新上市股票的投资者都能买到股票？市里决定发放抽签表 1000 万张，每张 100 元，摇号抽签，中签率为 10%，即每买 10 张，必有 1 张中签。消息传开后，股民均想一搏，很多人借来居民身份证四处买；成千上万的内地人赶到深圳。预定 8 月 10 日出售抽签表，但从 8 日晚开始，全市 300 个发售网点都排起了长龙，总共有 120 多万人。

8 月 10 日上午 11 时左右，抽签表仅卖了两个多小时，多数网点就亮出表已售完的牌子。但是很多抽签表被人从后门拿走了。排了几天几夜而买不到表的股民们不愿离去，人群中有人不满而起哄，秩序十分混乱。

市政府召开紧急会议，决定突击加印 1000 万张抽签表（兑换券）以满足市场需求。次日，许多排队投资者都买到了，事态才平息下来。事后，执法部门对走后门拿抽签表的违纪违法人员进行了查处。

三、小平同志1992年南方视察

20 世纪 90 年代初，全国改革开放的步伐减慢了，已是 88 岁高龄的小平同志按捺不住迫切的心情，再次到南方视察。1992 年 1 月 19 日，小平同志又一次踏上了阔别 8 年之久的深圳的土地。到达深圳的当天，在广东省委书记谢非、深圳市委书记李灏等的陪同下，邓小平参观了深圳的市容。看到深圳繁荣的景象和充满现代化的气息，邓小平高兴地说："八年过去了，这次来看，深圳发展得这么快，我没有想到。"在参观市容的过程中，邓小平与陪同人员交谈，他一开始就把多年来困扰他的问题提出来并做了明确回答。他说:"对办特区,从一开始就有不同意见,担心是不是搞资本主义。深圳的建设成就,明确回答了那些有这样那样担心的人。特区姓'社'不姓'资'。从深圳的情况看,公有制是主体,外商投资只占1/4,就是外资部分,我们还可以从税收、劳务等方面得到益处嘛!多搞点'三资'企业,不要怕。只要我们头脑清醒,就不怕。我们有优势,有国有大中型企业,有乡镇企业,更重要的是政权在我们手里。有的人认为,多一份外资,就多一份资本主义,三资企业多了,就是资本主义的东西多了,就是发展了资本主义。这些人连基本常识都没有。"[1]

1月20日上午,邓小平来到曾创下"三天一层楼"纪录、成为80年代"深圳速度"象征的国贸大厦参观。在听完深圳市委书记李灏的汇报后,邓小平在这里做了长达半小时的讲话。他说:"要坚持党的十一届三中全会以来的路线、方针、政策,关键是坚持'一个中心,两个基本点'。不坚持社会主义,不改革开放,不发展经济,不改善人民生活,只能是死路一条。基本路线要管一百年,动摇不得。"

1月21日上午,邓小平参观了中国民俗文化村、"锦绣中华"微缩景区。参观完毕后,邓小平在返回住所的途中谈起了共同富裕的问题。他说:"走社会主义道路,就是要逐步实现共同富裕。共同富裕的构想是这样提出的:一部分地区有条件先发展起来,一部分地区发展慢点,先发展的地区带动后发展的地区,最终达到共同富裕。"

1月22日,邓小平在深圳市迎宾馆接见了深圳市五套班子的负责人,并发表了重要讲话。他说:"社会主义的本质,是解放生产力,发展生产力,消灭剥削,消除两极分化,最终达到共同富裕。"他指出,改革开放胆子要大一些,敢于试验,不能像小脚女人一样。看准了的,就大胆地试,大胆地闯。"深圳的重要经验就是敢闯。"

1月23日,邓小平离开深圳时,再次高度评价了深圳的改革成就。更重要的是,他终于给经济特区定了性——这里是很好的社会主义。这就给持续了10多年的姓"资"姓"社"之争画上了句号。经济特区从此摆脱了长期以来一直困扰着自己的一条绳索。

---

[1] 《邓小平文选》第3卷,第372—373页。

四、南方视察冲击波

1992年2月28日,中共中央下发了中央"2号文件",向全党传达了邓小平同志的南方重要讲话。南方重要讲话像强烈的冲击波,震撼了中国大地。

南方重要讲话首次对社会主义的本质作了科学论述,即解放和发展生产力,并提出了以"三个有利于"作为标准检验改革开放的成败得失。南方重要讲话实际上是对十一届三中全会以来改革开放基本经验的总结,明确回答了束缚人们思想的许多重大问题。南方重要讲话的发表被认为是继1978年真理标准大讨论之后的又一次思想解放。南方重要讲话吹响了改革开放的进军号,中国迎来了更深刻的巨变。

(一) 全国形成全方位开放的格局

改革开放之初,我国谨慎地在四个边远的小城镇建立了经济特区;初步成功后,又建立了海南大特区,继而又把开放地区扩大到沿海14个城市。使我国东部形成一条从南到北,充满活力的"黄金海岸"。但1992年以前开放的步伐总是走走停停,充满犹豫与迟疑。

以小平同志南方重要讲话为契机,1992年5月,中共中央制定了《关于加快改革,扩大开放,力争经济更快更好地上一个新台阶的意见》(简称《意见》)并作为中央"4号文件"下发。《意见》根据邓小平"抓住时机,加快经济建设和改革开放步伐"的精神,提出了一系列进一步加快改革和扩大开放的新措施。从此,中国加大改革力度,扩大了开放的范围和领域,改革开放事业进入了快车道。20世纪90年代重要的开放措施有:1992年3月,国务院批准海南省吸收外商投资,开发建设30平方公里土地的洋浦经济开发区。上海浦东新区是90年代我国开发开放的重点。1992年3月,国务院批准黑河、绥芬河、珲春和满洲里作为边境地区新的开放城市。3月中旬,国务院批准在温州市设立经济开发区。到4月底,我国对外开放海陆空一类口岸已达162个。至此,沿海、沿边、沿江、内陆,东、西、南、北、中,一个全方位大开放的战略格局已经初步形成。

(二) 建立社会主义市场经济体制目标的确立

以邓小平同志南方重要讲话为依据,"市场经济"一词终于在我国取得了合法的地位,不用再躲躲闪闪、在正统理论的边缘悄悄生存。1992年6月9日,江泽民总书记在中央党校对省级干部的讲话中说:"我个人的看法,比较倾向于使用'社会主义市场经济体制'这个提法。"10月12日,江泽民同志在党的十四大报告中第一次郑重宣告:"我国经济体制改革的目标,是建立社会主义市场经济体制。"1993年11月14日,党的十四届三中全会通过了《中共中央关于建立社会主义市场经济体制若干问题的决定》,该决定进一步明确市场经济改革的目标和路径。确定了政府职能、宏观调控、企业制度、价格机制、分配机制等多方面改革的方向,规划出了社会主义市场经济的初步轮廓。

改革以社会主义市场经济为取向,也就等于是把深圳经济特区过去最"特"的一点推广到了全国。已经在市场的大潮中搏击了十余年的深圳,此时市场经济的框架已经基本确立,并且将其归纳为十大体系:以公有制为主体,各种经济成分公平竞争、共同发展的所有制体系;以资本为纽带的国有资产监督管理和营运体系;以市场为基础的价格体系;以商品市场为基础、要素市场为支柱的市场体系;与国际惯例接轨的国民经济核算和企业财务会计体系;以中介组织为主体的社会监督服务体系;社会共济与自我保障结合的社会保障体系;以按劳分配为主,效率优先、兼顾公平的分配体系;以间接手段为主、面向全社会的经济管理调控体系;适应社会主义市场经济体制需要的法规体系。

深圳对社会主义市场经济十大体系的归纳,成为我国建立社会主义市场经济的重要的借鉴依据。市场经济体制才是深圳的无价之宝,对这一体系的探索,正是经济特区对中国改革开放的最大贡献!

第三节 提高发展(1993—1995)

一、面临新挑战

邓小平同志的南方重要讲话,在全国掀起了改革开放的新高潮。新的形势也给深圳带来了新的挑战。在理论上和现实中,深圳经济特区都受到了前所未有的冲击。

(一)来自理论界的冲击

党的十四大确立了社会主义市场经济目标,形成了全国全方位改革开放的格局。"市场经济"已经不再是经济特区的专利。人们自然要问:既然现在全国都开放了,都搞市场经济了,特区的特惠政策已普及到沿海和内地城市了,特区的区位优势也因近年各地特别是广州珠江三角洲和沿海城市交通、电信事业的迅猛发展大大弱化了,特区还有必要再"特"下去吗?

1994年1月,国家推行了新税制,新税制的核心内容:一是统一税赋,以建立统一的国内市场,二是中央与地方分税,以建立中央政府权威。据此,有学者呼吁:特区不能再"特"了,并认为:(1)公平竞争是现代市场经济制度的基本原则,特区的经济特权有破坏公平竞争、阻碍市场改革的消极作用,因此,中央政府要建立权威,统一国内市场。(2)在中国内地改革过程中,国家机器内部已经出现了各种特殊的独立的经济利益集团,这些特殊利益集团自己也知道,他们是少数人,需要从政府或最高决策层那里获得保护,他们采取的主要手段一是经济寻租,公开贿赂"京官",二是政治寻租,获得某种"优惠政策"。(3)特区政策等于是享受其他地区的"输血",从而间接获得一种"租金"。(4)对特区的优惠政策,是人为加剧地区间的矛盾。(5)特区政策只有利于少数地区,却损害大多数地区,它只刺激局部市场繁荣,却破坏国内市场统一。因而应该"创造公平竞争的市场经济环境,取消各种减免税和优惠政策,取消不利于缩小地区差距、优惠于某些地区的经济特权"。[1]

(二)现实中的挑战

所谓政策趋同,是指各地特殊的优惠性经济开放政策差别正在缩小,并趋于消失。中国改革已经无可选择地从区域先行过渡到整体推进阶段。随着改革的普遍深化和开放的全方位推进,特区经济发展对内地产生了巨大的示范效应。内地许多城市不仅采取了类似经济特区的改革措施,甚至在某些方面实行了比特区更灵活、开放,力度更大的政策措施。1993年下半年,朱镕基总理主持"宏观调控"工作,1994年即开始了税制、外贸及其他经济制度的全国性的统一化改革,使经济特区原先独享的许多优惠,实实在在地变成了一种普惠制。

与"政策趋同"相伴随,更深刻的是特区与内地的"体制趋同"。经济特区在一开始建立时,就明确了市场在经济发展中的作用,并在经济体制上进行了大胆的创

---

[1] 胡鞍钢:1994年以内参形式递交中央的一篇调研报告,转引自皇甫平:《突破重围》,http://www.101ms.com/lunwen/zz/c/200704/lunwen_42119_3.html。

新。"市场经济制度"在80年代作为一种稀缺资源被首先配置在经济特区。这使它们可以在20世纪80年代初能利用体制落差加速本地的发展。然而,1992年党的十四大后,建立社会主义市场经济体制的改革开放目标已经确立,经济体制改革在全国范围内深入展开。在特区试点的许多内容,如政府机构的改革,企业经营机制的转换,价格改革,生产要素市场的建立等,均已在以"沿海—沿江—沿边—内陆城市"为龙头的全国各地推广。"市场经济制度"已不再是为特区所垄断的稀缺资源,特区的体制优势也在弱化。

此外,改革开放的重点向浦东新区转移。1990年4月,党中央、国务院正式宣布开发、开放上海浦东,这是比经济特区更大气魄、更高层次、更"特"的开放。早在1991年2月,邓小平到上海考察时就指出:"浦东开放比较晚,但起点可以更高,我相信可以后来居上。"事实上,浦东的确是做到了"更特"和"更高"。浦东不仅拥有特区和开发区的全部优惠政策,而且还有比特区更特,比开发区更优惠的五条优惠政策。

二、调整发展战略

巨大的挑战使深圳人意识到,深圳必须进一步提高自身经济发展水平,才能继续保持优势,继续领导改革开放的潮流。深圳发展进入了一个"提高时期"。

1992年11月21日,中共深圳市委一届五次全体会议召开,市委书记李灏代表市委常委作了题为《全面落实党的十四大精神,把深圳的改革开放和建设事业推上新台阶》的重要报告并得到全会审议通过。在李灏的报告中,第一次明确提出了新时期深圳经济特区的跨世纪的战略目标,并作出了加快改革开放和现代化建设步伐的部署。

深圳新时期跨世纪的战略目标是:把深圳建成综合性的经济特区和多功能、现代化的国际性城市,力争20年赶上亚洲"四小龙",尤其是以新加坡、香港地区为追赶目标,为基本实现现代化多作贡献。具体的发展目标分两个阶段:第一阶段是1990—2000年,第二阶段是2001—2010年。在第一阶段力争全市生产总值达到900亿元人民币,赶上新加坡1990年水平。人均生产总值达到2.57万元人民币,接近当时的"四小龙"水平。在第二阶段,深圳的经济发展速度大体上要比"四小龙"高出一倍,即每年平均增长15%左右。人均生产总值超过我国台湾及韩国当年的水平,接近新加坡、我国香港当年的水平。同时,劳动生产率、技术进步贡献率、产业结构、人民生活富裕程度、科技教育综合能力和医疗卫生基本达到现代化水平。

1994年6月15日到21日，江泽民总书记视察广东时，强调中央对发展经济特区的决心不变，中央对经济特区的基本政策不变，经济特区在全国改革开放和现代化建设中的地位不变。"三个不变"的提出极大地鼓舞了深圳人的信心。

三、优化产业结构

中共深圳市委一届五次全体（扩大）会议，特别是1993年6月广东省委、省政府在深圳召开的"珠江三角洲地区发展高新技术产业座谈会"之后，深圳高新技术产业的发展进入了一个新阶段，大力发展高新技术产业已成为全社会的共识。

继深圳科技工业园建立之后，1994年5月13日，深圳市政府高新技术工业村成立，9月23日，评审出首批30家以电子信息产业为主的企业成为工业村的第一批"村民"。1994年11月28日，中国第一个民间科技工业村——深圳京山民间科技工业村首期工程正式开工，又为深圳增添了两个高新技术产业基地。各区、镇也相继设立了高新技术园区。1995年2月，为加快高新技术产业的发展，市政府成立了市高新技术园区领导小组，这标志着深圳市高新技术园区的开发建设进入了统筹规划、统一管理的新阶段。

第三产业也迎来了新的机遇。1992年，深圳市委、市政府颁布实施《深圳市第三产业发展纲要》（以下简称《纲要》）。《纲要》按照"以金融、证券、信息为龙头，商业贸易、交通运输、通信为主干，响应发展房地产和旅游业"的总体思路，对深圳市第三产业的发展重点、目标、策略、措施等作了比较详细的规定。在第三产业发展纲要的引导下，在市委、市政府倾斜政策的扶持下，深圳第三产业发展迅猛。1990年第三产业占深圳从业人数的24.1%，到1995年，第三产业已吸收了深圳从业人员总数的32.2%。在第二产业飞速发展的同时，第三产业在1995年仍维持了占全市生产总值46%的比例。这一比例虽然较1990年的49%有所降低，但其绝对值却有天壤之别：1990年深圳第三产业产值87.7亿元，到1995年已达365.8亿元。[1]

四、推行现代企业制度改革

深圳的国企改革经历了"责任制、承包制、租赁制、劳动合同制、股份制"等阶

---

[1] 深圳市统计局：《深圳统计年鉴（2000）》，中国统计出版社2000年版，第84页。

段。深圳市政府经过多年的实践和研究后提出,解决"产权责任主体缺位"的关键是建立现代企业制度,以真正实现政企分开和资产所有权与经营权的分离。

1994年初,深圳市先后选择28家企业进行建立现代企业制度试点。8月16日,由市国有资产管理委员会向17家市属国有企业颁发了《国有资产授权占用证书》。与此同时,在把市投资管理公司改造为国有资产经营公司后,又改制成立了建设控股和商贸控股两大国有资产经营公司。三大资产经营公司使全市所有的市属一级企业全部被纳入了资产经营管理体系,形成了市国资委(负责行政管理)—资产经营公司(专事资产运作)—国有企业(专事生产经营)三个层次的国有资产分级管理新体系。政府产权部门向企业颁发《国有资产授权占用证书》,以产权管理取代了行政干预。企业法人财产权的形成,为企业成为独立的市场主体创造了前提。同时,深圳真正落实了早在1988年就已经颁布的《破产法》。

为了配合企业改革的进行,20世纪90年代初,深圳就进一步深化了政府职能、市场体系及社会保障方面的改革。在转变政府职能方面,深圳围绕由直接管理向间接管理转变的目标,着重抓了调整政府机构,进一步落实"三定"(即定机构、定职权、定人员),抓紧准备推行公务员制度和理顺市、区(县)两级政府职能,简政放权,简化办事程序,提高效率等工作。这些措施明显提高了政府的办事效率,明确了政府职能,弱化了政府对企业的行政领导,扩大了企业自主权。

为进一步给企业"松绑",改变"企业办社会"的状况,1992年8月1日,市政府召开了全面实施《深圳市社会保险暂行规定》动员大会,从此,这项以社会共济与自我保障相结合,把养老保险、医疗保险和住房公积金等三个方面的内容统为一体的新型社会保险制度的重大综合改革举措开始在深圳市全面实施,这也标志着深圳在深化改革方面又迈出了重要的一步。各项配套措施的出台,使深圳的企业改革在90年代初就获得了突破性进展。

五、实施"三点一线"战略

1993年6月23日,时任深圳市委书记的厉有为在市委工作会议上明确指出,要抓住当前有利时机,利用内地资源丰富、实力雄厚、技术力量较强的优势,同特区的优势充分结合,开展多种形式的合作,形成国际市场—深圳—内地"三点一线"的经济格局。"三点一线"战略的提出,为深圳横向经济联合指明了方向。

"国际市场"是"三点一线"战略目标之所在。在这一战略的指引下,深圳对外出口迈上了新台阶。1993年深圳的外贸出口总额达83.3亿美元,占全国外贸出口总额的15%。深圳出口最多的产品有计算机、收录机等数十种产品,其中的手表、自行车、电脑软盘等14种产品出口量均居全国第一,电话机出口达1850万部,占全国出口总量的一半以上。1993年,三资企业净出口56.5亿美元,加上"三来一补"的工费上缴,总额达65.3亿美元,占出口总量的87%。从1993年至1999年,深圳市外贸出口冠军的纪录连续保持了7年。

内地是"三点一线"战略的另一个端点。在外贸获得飞速发展的同时,深圳加强了"内联"。截至1994年底,深圳市已有内联企业近万家,其中1993—1994年兴办的就达6000多家,是前13年总和的1.5倍;内联企业工业总产值及出口总值占深圳市这两项指标总额的1/2左右,成为深圳经济的重要支柱之一。此外,深圳已有2000多家企业到内地80多个城市和地区开设分支机构或投资兴办实业,实际投资达20多亿元,相当于历年内地来深圳投资的总和。深圳还利用扶贫与对口扶持等办法,从1992年至1994年,累计向全国部分贫困地区投资2.72亿元,共建83个"造血型"项目,受到这些地区的好评。[1]

---

[1] 廖月晖编:《中国经济特区发展史》,海天出版社1998年版。

第五章
深圳经济特区的发展时期之二（1996—2000）

中共深圳市委书记厉有为在深圳市第二次党代会上第一次提出了"二次创业"的口号，意思就是指在原来15年创业的基础上，再搞15年的"第二次创业"，努力拼搏，增创新优势，使经济特区建设再上一个新台阶。也就是说，"第二次创业"的时间界定是1996年至2010年，这个时间段同党的十四届五中全会提出的"九五"计划和2010年的远景目标相吻合。

第一节 "二次创业"的提出

1995年是深圳经济特区发展史上极为重要的一年。这一年4至5月，深圳先后召开了"党代会"和"人代会"，对1992年制定的2000年发展目标作了大幅度修订，提出到2000年，深圳地区生产总值达到1650亿元，出口总值280亿元人民币，地方预算内财政收入达到130亿元人民币。高新技术产业产值要占到工业总产值的35%，城区面积达到380万平方公里，总人口达到400万；要把深圳建成"社会主义现代化的国际性城市"，使深圳成为一个"高新技术产业基地和区域性金融中心、信息中心、商贸中心、运输中心及旅游胜地"。

中共深圳市委书记厉有为在深圳市第二次党代会上第一次提出了"二次创业"的口号，即在原来创业的基础上，再搞15年的"第二次创业"，这个时间段同党的十四届五中全会提出的"九五"计划和2010年的远景目标相吻合。"第二次创业"也是深圳经济特区在党的十四届五中全会以后，为适应新的形势和落实自身新的发展目标而提出的新战略。

"第二次创业"的新战略很快得到中央的肯定。1995年12月5—7日,在深圳"第二次创业"帷幕拉开的前夜,江泽民总书记又一次来到深圳。江泽民总书记先后来到了中华自行车、康佳、长城计算机、长科国际电子等公司和莲花北村。他详细地询问了企业经营、高新技术发展以及职工、居民的生活等情况,对深圳高新技术产业的迅速发展表示满意。江总书记希望深圳更快地发展高新技术。他指出,从全世界范围看,经济发达的地方,高新技术都在不断增长。12月6日晚,江泽民总书记为深圳经济特区成立15周年题词:"增创新优势,更上一层楼"。他说:"去年来时已经讲过了,这次我还是要讲这句话。这句话很简洁,而且含义很明确,表达了我的心意。"

1996年4月,国务院在珠海市召开了"全国经济特区工作会议"。"第二次创业"成为会议的热点议题。李鹏总理在讲话中明确指出:经济特区今后必须把思想和工作重点真正从主要依靠优惠政策,转到依靠两个根本性转变上来,以二次创业的精神,充分利用现有的基础、自身优势和现行政策,增创新优势,更上一层楼。这次全国经济特区工作会议之后,由深圳提出的"第二次创业"口号传遍了各个经济特区。在深圳的带动下,其他几个经济特区都开始着手指定新的发展策略,开始了新一轮"创业"。

第二节 走向支柱产业的高新技术产业

一、高新技术产业的兴起

深圳高科技产业的起步,最早要追溯到20世纪80年代颁布的一系列富有远见的政策措施:1986年11月28日,深圳颁布了《关于加强科技工作的决定》,要求全市提高对科技工作的认识,充分利用特区的优势,加快技术的引进和消化吸收,大力开展科学研究、技术开发和产品开发工作,大力开拓技术市场,改革科技经费拨款制度,造就一支高素质的科技队伍,充分发挥科技人员的作用。1987年2月4日,深圳又颁布了《关于鼓励科技人员兴办民间科技企业的暂行规定》,规定科技人员可以以现金、实物、个人专利、专有技术商标权作为投资入股的资本,并可取得相应的股息和红利。

然而，深圳的高新技术在 20 世纪 80 年代并没有在深圳的整个产业结构中占据重要地位。1988 年，深圳高新技术产业产值只有 4.5 亿元，占当年全市工业总产值的 4.5%；1992 年升至 47.32 亿元，占 12.2%。1995 年 10 月 5 日，深圳市颁布了《关于推动科学技术进步的决定》。1998 年 2 月 9 日，深圳又颁布了《关于进一步扶持高新技术产业发展的若干规定》。在原有的对高新技术产业的诸多优惠政策基础上，对高新技术产业从政策上和人力、物力上给予更有力的扶持。市政府对科技的推动既坚决又持久，深圳的高科技之花终于结出了丰硕的果实。从 1995 年到 1999 年，深圳高新技术产业产值从 146 亿元增至 1064.46 亿元，增长了 7.3 倍，高新技术产业产值占全市工业总产值的比例也从 1992 年的 15.2% 升至 2000 年的 34.66%。[1]2000 年，高科技产品中，拥有自主知识产权的占 50.22%。[2]

当深圳最初提出发展高科技产业时，许多人提出过疑问：深圳没有名牌大学，没有知名科研院所，"年龄"只有 20 岁。在一些人眼中，深圳只是一个靠"三来一补"和内地涌来的廉价劳动力发展起来的城市，或者只是香港的生产基地。深圳真的能成为科技城吗？事实摆在了人们的面前。高新技术产业已成为深圳的骄傲：20 世纪 80 年代，深圳市领导在会见外宾时，常常不无自豪地说：全世界每四块手表中至少有一块出自深圳，每四辆自行车中就有一辆是深圳造的，深圳的眼镜产量世界第一。2000 年时，当有人问起深圳的情况时，深圳市领导更愿意告诉你这么一组数字：深圳计算机磁头产量居世界第三位，微电子计算机产量占全国的 25%，程控交换机产量占全国的 50%，基因干扰素产量占全国的 60%。深圳还是全国最大的打印机、硬盘驱动器、无绳电话的生产基地。深圳现已形成电子信息、生物技术、新材料、光机电一体化和激光五大高新技术支柱产业。

二、绩效因素

深圳在发展高新技术上取得的巨大成就已成为不争的事实。那么，深圳取得成功的秘诀究竟是什么呢？

---

[1] 根据《深圳统计年鉴（2001）》相关数据计算。
[2] 深圳市统计局：《深圳统计年鉴（2007）》，中国统计出版社 2007 年版，第 317 页。

（一）大力引进高科技企业

深圳市千方百计吸引高科技企业，努力使深圳成为科技成果产业化的沃土。联想集团 1989 年进入深圳。深圳方面与联想取得联系，联想总裁柳传志到深圳考察了三次，最后把华南总部和研发中心搬到了深圳。柳传志说：哪里的"草"好就到哪里吃。深圳的有关领导说：政府就是要种好适合你们吃的"草"。TCL 和联想一样，起家和成功都不是在深圳，却将研发中心、信息产业基地和一个彩电生产基地建在了深圳。创维集团研发中心也是在深圳动工兴建的。

深圳为高新技术产业创造的良好环境，也引来了大量的跨国公司。至 2000 年，在深圳的外国高科技大公司数量呈明显上升势头，成为深圳高新技术产业的重要组成部分。2000 年《幸福》杂志列出的世界 500 家大公司中，已经有 70 多家落户深圳。IBM、日立、飞利浦、杜邦、惠普、三星、东芝等 15 家公司已在深圳投资高新技术产业。其他著名跨国公司还有希捷、友利电、爱普生、奥林巴斯等。

国内外著名企业的涌入，为深圳高科技产业的发展注入了无穷动力。至 2000 年，在深圳的 521 家研发机构中，属于企业创办的有 477 家，占 91%。全市 90% 的研发人员集中在企业，研发投入的 90% 来自企业，[1] 高新技术企业成为研发的绝对主体，使得深圳在科技成果转化方面走在了前头，大大提高了深圳高新技术产业进入国际市场的能力。为跟踪世界尖端技术的发展，深圳十几家实力较强的企业还在硅谷设立了研发机构或企业。

（二）成功举办"高交会"

为了给高新技术成果向实际生产力转化开辟道路，深圳从 1999 年开始每年举办深圳高新技术成果交易会。朱镕基总理很快批准了有关报告，高新技术成果交易会定名为"中国国际高新技术成果交易会"（简称"高交会"）。首届高交会于 1999 年 10 月 5 日至 10 日举行，国家 4 个部，全国 31 个省、市、自治区及港澳台，还有北大、清华等 22 所著名高校组团参加。美国、加拿大、澳大利亚、日本等 26 个国家的 402 家高科技企业、大学、研究所、金融机构和一批风险投资机构齐聚深圳，共 2856 家企业的 4150 个项成果参展，1459 项目成交，总额 64.94 亿美元[2]。首届高交会是深圳乃至全国

---

[1] 《深圳市高新技术产业统计公报（2000）》。

[2] 深圳市中国国际高新技术成果交易中心网：http://www.chtf.com/。

发展高新技术产业的一个里程碑。

从1988年深圳首次举办荔枝节,到1998年荔枝节停办和1999年开办"高交会",这一耐人寻味的过程表明,经过短短的10年时间,深圳的产业结构已迈上一个新台阶,科技产业的主导地位已初见端倪。

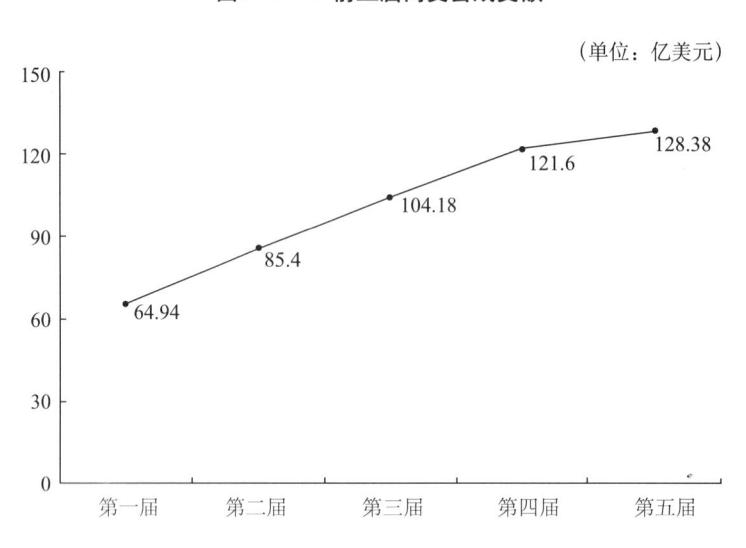

图1-5-1 前五届高交会成交额

（单位：亿美元）

届次	成交额
第一届	64.94
第二届	85.4
第三届	104.18
第四届	121.6
第五届	128.38

资料来源：南方网，www.southcn.com/.../gjhxg/200410120618.htm。

（三）引进智力资源

深圳早就意识到,如果不利用国内外著名大学和各类科研机构的智力资源,深圳的发展必然缺乏后劲。为此,深圳有一批企业在上海、北京、南京、西安、合肥的大学里设立了研发中心,与大学紧密结合,同时辐射周边地区。国内外著名大学纷纷瞄准深圳,借这里良好的市场环境和资金优势实现产业化。清华大学斥资19亿元,在深圳建设深圳清华信息港,是清华在北京以外最大的产业基地。哈工大、北京理工大学、西南交大等学校,也将产业基地放到了深圳。1999年8月16日,深圳市政府与北京大学、香港科技大学签署协议,联合在深圳高新技术园区建立深港产学研基地。

但光靠同外地高校及科研机构合作,深圳充其量只能成为科技成果转化基地,缺乏自主创新能力。因此,深圳一方面努力发展本地高等教育,另一方面千方百计地使国内外名校或其他科研机构扎根于深圳。在深圳建市不久的1983年,深圳就在北大、清华等国内一流学府的帮助下,兴建了深圳大学。深圳大学着力在教学体制和管理体制等方面进行了一系列探索和试验，许多教改措施被写进《中国教育改革与发展纲要》，在全国推广。

1999年，深圳在全国率先提出了"深圳虚拟大学园"的概念。这种把著名学府直接移植到深圳的别出心裁的做法，相对于建立新大学来说，见效更快，投资更少，起点更高。1999年9月10日，深圳虚拟大学园破茧而出，北大、清华、南开、中国科大等22所名牌高校会聚于深圳高新区。虚拟大学园俨然是中国名牌大学的展览馆。深圳虚拟大学园的建立，奏响了深圳与全国各高校的合作新篇章。

"深圳虚拟大学园"的建立是深圳高等教育发展史上里程碑式的事件。但深圳并不满足于"虚拟"大学的引入，而是在此基础上把引入"实体"大学纳入了议程。2000年7月，在深圳市政府常务会议上，《关于创建深圳大学城的总体方案》（以下简称《方案》）获原则性通过。该《方案》提出，创建深圳大学城的基本思路是"统一规划，资源共享，政府引导，自主办学，多元开放，体制创新，汇聚优势，争创一流"，通过"高标准引进，多渠道投入，全新的体制，产学研一体"的运作，力争用五年左右的时间，使大学城具有一定的水平，成为我市高层次创新人才的培养基地和聚集平台、科技创新和高新技术产业发展的重要依托、高等教育开放办学和国际合作的实验场。

（四）尊重和吸引人才

人力资源的创造性，人力资源的本体性和创造力的无限性构成了人力资源的三大特点。人力资源所具有的创造性以及这种创造性的无限性和本体性特点，必然导致它的另一个更加重要的特点，即人力资源的自由性。人力资源的自由性必然首先导致排他性的产权要求。这就是说，人力资源的首要经济要求就是承认其产权。[1]

对人力资源的产权承认，正是深圳高新技术产业获得成功的一大秘诀。深圳通过多种方式来确认人力资源的产权。其中最成功的一条经验就是：允许技术作为生产要素参与分配，形成了技术人员的技术联合和资本联合。1985年开发科技公司成立时，中方投资200万美元，占66%股权，外籍华人谭文言以其生产技术和国际营销渠道折价入股占34%的股权。1997年9月23日，党的十五大刚刚闭幕不久，深圳爆出一条轰动全国的新闻——沈浩博士以技术入股的形式参与组建的汉德胜化工涂料有限公司宣告成立。汉德胜公司由深圳市建材集团、深圳市投资管理公司和沈浩博士三方组成，公司投资总额

---

[1] 苏东斌：《中国经济特区前沿专题》，中国经济出版社2000年版，第22页。

3000万元，沈浩以技术入股17%，作价510万元。到如今，科技人员技术入股的方式已在深圳的高新技术企业中被推广开来，华为、中兴等骨干企业都采用了这套办法。

高新技术的竞争，归根结底是人才的竞争。深圳市政府采取了许多有效措施，吸引留学人员来深圳创业。2000年6月，市政府颁布了《关于鼓励出国留学人员来深创业的若干规定》，为吸引海外留学人员来深创业提供了政策保障。市政府还牵头建立了深圳市留学生创业园，逐步完善了市、区两级留学人员孵化基地。回国从事科研的留学人员可获一次性启动经费10万元至15万元。深圳市在引进人才方面也做了卓有成效的工作。1999年9月中国工程院院士牛憨笨及其领导的课题组20余人集体落户深圳，实现了深圳院士"零"的突破。深圳还成立了企业博士后工作站13个，进站30人，政府给予每人每年5万元补助，由博士后自行支配。

第三节　国退民进

一、国有企业改革的深化

（一）推进国有企业改革

"九五"期间，深圳市对35家国有企业进行了现代企业制度改造试点，并摸索出一套国企改革的可行方案：完善公司法人治理结构，改革市属国有企业领导干部管理体制，深化分配制度改革，试行经营者年薪制和企业内部员工持股，强化了企业内部的民主、科学决策机制和激励、监督、约束机制；建立国有资产三个层次的管理与营运体系，按照产业性质和资产规模构建了三家资产经营公司，赋予资产经营公司以出资人的地位和权力，形成了有深圳特色的国有资产管理体制。到1998年，试点工作基本成功。这35家试点企业为深圳全面推行现代企业制度提供了宝贵经验。

（二）实施大集团战略

20世纪90年代后期，深圳特区所处的历史环境发生了重大变化，即特区特殊政策优势逐渐消失，内地改革开放格局形成后出现新的市场压力；亚洲金融危机使深圳的外向型经济面临愈来愈大的压力。新形势下，深圳企业暴露出许多弱点：集团规模总量不小，但单个企业小而散，主导产业和主导产品不清晰，企业集团链条过长，管理幅度过宽。在这种情况下，深圳市政府于1995年提出了"三个一批"战略，其核心之一是在"九五"期间发展一批大型企业集团，创造一批名牌产品。实施大集团战略，标志着深圳的经济发展进入了一个新的阶段。

大集团战略很快显示出效果：到1997年，上述35家企业总资产就达到1637.11亿元，比1996年增长20.6%；销售收入805.42亿，增长23.26%；利润总额76.51亿，增长34.39%。其中19家市属重点企业的总资产、国有净资产、销售收入和利润总额分别占市属国有企业的61.5%、62.37%、53.65%和70.26%。1997年市重点扶植的18家工业集团总产值占全市的41.72%，利润总额占全市独立核算企业的58.63%，出口交货值占全市的36.32%。[1]

（三）深化对外开放

20世纪90年代后期，受亚洲金融风暴的冲击和随后周边国家币值降低的影响，我国外贸出口面临严峻挑战。在亚洲金融危机最严重的1998年，深圳的进出口总额增长率由1997年的15.3%猛降到0.6%。[2]在这种情况下，深圳出台了一系列政策措施，以各种形式鼓励和协助企业调整产品和市场结构，实施多元化战略，努力拓展远洋市场。深圳还充分利用国家有关提高出口退税率的政策，积极刺激外贸出口的发展。深圳对机电、信息产品和服装、鞋、钟表、玩具等重要出口产品的退税率已达到或超过13%。这些措施取得了显著效果。2000年，深圳进出口总额较1999年增长了15.4%。在20世纪90年代后期的困难阶段，深圳的大型企业显示出了顽强的生命力。一批"亿字号"企业成为了深圳外贸出口的顶梁柱。

到2000年为止，深圳市到境外投资设厂、开展境外加工贸易的主要有：中兴通讯公司在巴基斯坦建立程控交换机组装厂、在美国建立产品贸易公司和研究中心，华为公司在俄罗斯建立程控交换机生产组装厂，康佳集团在印度建立彩电组装厂、在美国建立技术研究中心，佩奇公司在南非建立毛毯加工厂，益豪集团在巴西建立摩托车组装厂等。

到2000年，已有100多家跨国公司、国际知名大企业在深圳投资，投资项目达180多个。截至2000年，深圳累计批准外商直接投资合同项目25443项，实际利用外

---

[1] 深圳市委：《跨世纪发展的历史使命》，广东经济出版社，第413页。
[2] 深圳市统计局：《深圳统计年鉴（2000）》，第261页。

资 230.14 亿美元[1]。其中 500 强投资企业实际利用外资 21.32 亿美元，占全市 20 年实际利用外资总额的 1/10。世界 500 强在深圳的投资分布在制造业部门的最多，约占企业数的 63.2%，其中一半以上又投向电子、信息行业；其次分布在服务业部门，涉及行业广泛，有零售、外贸、房地产及银行、保险。由于投资规模大，技术、管理水平先进，跨国公司在深投资企业普遍经营状况良好。在 1998 年度"全国外商投资十大高出口创汇企业"中，深圳希捷、广东核电、开发科技、三洋华强、爱普生五家企业榜上有名。

经过 20 年的发展，深圳成为了一块全球知名的"投资胜地"，现在，深圳的企业也在走向海外。深圳正越来越深地融入世界经济的循环，全球的资本、信息、人才等生产要素越来越自由地在深圳流动和配置，深圳的对外开放已达到了前所未有的高度。

二、民营经济的腾飞

20 世纪 90 年代的最后阶段，深圳民营经济获得了前所未有的发展。到 2000 年，非公有制经济产值已占全市经济总产值的 85% 以上，成为深圳经济的重要支柱。截至 2000 年底，深圳市已有 4.3 万多家私营企业，外商和港澳台投资企业近 1.3 万家，"三来一补"企业 8000 多家[2]，其中不少是深圳市的纳税大户和先进企业，也是经营规模上水平、上档次、质量过得硬的企业。

理论界发展民营经济的呼声和 20 年市场经济改革的实践，使人们重新认识了民营经济在我国的地位与作用。1999 年初，全国人大九届二次会议上把"公有制为主体，多种所有制共同发展"确定为中国社会主义初级阶段的一项基本经济制度，并把"非公有制经济"判断为"中国社会主义市场经济重要组成部分"。这是一次意义深远的理论突破，它为所有制的多元化与合理化扫清了道路。非公有经济终于在我国取得了应有的地位。

国有企业改革的深化也为民营经济发展带来了新的机遇。党的十五届四中全会提出，到 2010 年基本完成战略性调整和重组的任务，建立起比较完善的现代企业制度。国有企业在战略调整和重组中采用了"有进有退，有所为，有所不为"的思路。

---

[1] 根据深圳市统计局：《深圳统计年鉴（2007）》，第 269、277 页数据整理而成。
[2] 《深圳特区报》网络版。

国有经济的撤退给我国经济格局带来深远影响：一方面，国有经济的后撤，给民营经济的发展让出了巨大空间；另一方面，只有迅速壮大民营经济实力，填补国有经济撤退后留下的空白，才能保证国有经济撤退战略的成功实施。

深圳民营经济的腾飞，就发生在这样的时代背景下。深圳民营经济的发展不仅为自身的经济增长提供了强大的动力，更为全国所有制结构调整探索了道路。[1]

---

[1] 苏东斌编：《中国经济特区史略》，广东经济出版社2001年版。

第六章
深圳经济特区发展的新时期（2001—2009）

第一节 深圳经济发展

一、经济发展阶段

深圳的发展历史实际上是现代中国改革开放和经济腾飞历史的缩影。20多年的发展总体上保持了持续、快速的增长。大体上，深圳的经济发展可分为三个发展阶段。（见图1—6—1）

第一发展阶段是从1980年至1986年，这一时期是深圳特区大规模进行城市基础设施建设、铺摊子、上项目、经济高速增长的时期。从1980年到1985年，全市生产总值年平均递增52.3%，1984年达到峰值，GDP较上年增长了78.469%。从1985年开始，国家收缩信贷，实行宏观调控，对特区建设构成重大冲击，到1986年全市经济滑入谷底，GDP仅比上年增长6.72%。

第二个发展阶段是从1987年至2001年，这是一个发展跨度较长的时期，经历了国民经济和社会发展的"七五"、"八五"和"九五"三个计划时期，历时15年左右，是深圳改革创新熠熠生辉的时期。前五年，深圳初步建立了比较完整的道路交通、港口设施、电信、水、电、煤气等城市基础供应体系，重点发展了"三来一补"的外向型工业，第三产业得到迅速发展。"七五"时期尽管国家在1989年为抑制固定资产投资过快增长和物价的上涨，进行了整顿治理，但深圳的工业基础已比较牢固，受到的影响有限，第二产业年均增长33.1%，第三产业年均增长16.2%，工业和第三产业增加值占GDP的比重分别平均达到40.2%和45.9%。1992年邓小平南方重要讲话之后，深圳开始建立高新技术产业园,推进国企改革。"九五"时期又进行了"二次创业",深圳的经济发展从高速增长进入了快速平稳发展时期,期间经历了东南亚金融危机的冲击。第二、第三产业年均分别增长16.5%与15.42%。经济增长在1990年达到峰值,GDP比上年增长48.43%,到2001年回落到谷底,GDP增长了13.49%。

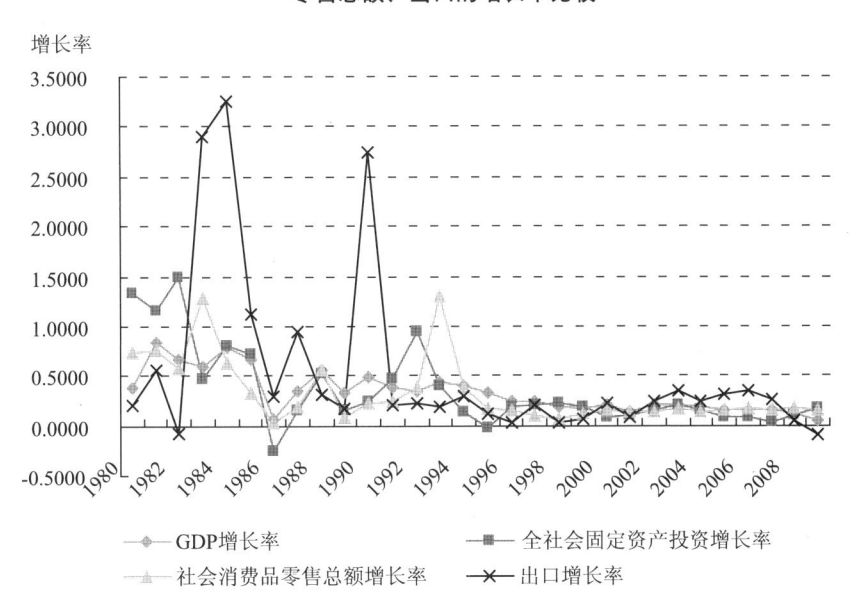

图1-6-1 深圳GDP发展周期与全社会固定资产投资、社会消费品零售总额、出口的增长率比较

资料来源:根据历年《深圳统计年鉴》整理而成,2009年数据来自深圳统计局2009年12月《深圳统计月报》。

第三个发展阶段是从2002年到现在,这是一个调整、适应国内外环境变化和提高经济增长质量的时期。2002年以后,中国香港地区、新加坡、泰国等地区和国家已从金融危机中缓解过来,并出现恢复性增长,出口需求大增。国内经济在加入世贸组织后顺利度过了调整期,开始新一轮的强劲增长,固定资产投资和消费均有所回升。"十五"时期,深圳由于成功承接了国际电子信息产业的转移而使国民经济的综合实力大幅上升,加上金融和物流业的发展壮大,经济结构得到一定程度的优化,深圳第二产业的年均增长速度为19.0%,第三产业的年均增长速度为13.6%。GDP的增长率在2003年达到小峰值,增长了20.75%,2009年增长速度回落到10.7%。尽管经济总量在持续增长,但经济发展中各种深层的矛盾纠结在一起,制约了经济发展质量的提高。

二、三套马车的带动作用

固定资产投资、出口、消费是拉动国内经济发展的三套马车,这种作用在深圳的经济发展中尤其明显,2005年投资、消费、出口对本地GDP的贡献率分别为33.2%、39.2%和27.6%。从波动周期上看,固定资产投资的波动周期基本与GDP的周期一致,出口的增长受外贸形势的影响,多次大幅起伏。最终消费尽管对GDP的增长影响最大,但存在一定的时滞。社会消费品零售总额的增长由于国内居民住房、教育、医疗成本的上涨,波动相对平缓。出口与消费的波动步伐与GDP的波动不完全同步,对GDP的影响或先于投资或滞后于投资,其拉动效应均不如固定资产投资来得直接。全社会固定资产投资高的年份,GDP的增长也快,全社会固定资产投资回落的年份,GDP的增长就放缓(见表1-6-1)。

在当前所处的第三个发展阶段里,从2002年开始,全社会固定资产投资止跌回升,到2003年达到近年的增长高峰,增长了20.42%,此后,全社会固定资产投资总额的增长整体呈现回落态势,2007年下滑到5.71%,2008年开始回升,至2009年,上升至19.46%。基本建设投资和房地产投资在全社会固定资产投资中所占的比例大,2009年此两项累计占全社会固定资产总额的86.65%。(见表1-6-1)

表1-6-1 固定资产投资及其主要构成

年份	全社会固定资产投资总额 总额(亿美元)	增长率(%)	基本建设投资 总额(亿美元)	增长率(%)	房地产投资 总额(亿美元)	增长率(%)	两项合计占比(%)
2002	788.15	14.83	286.11	0.60	388.44	23.06	85.59
2003	949.1	20.42	359.92	25.80	412.66	6.24	81.40
2004	1092.56	15.12	500.92	39.18	434.24	5.23	85.59
2005	1181.05	8.10	599.83	19.75	423.69	-2.43	86.66
2006	1272.26	7.70	639.68	6.60	460.68	8.70	86.49
2007	1345	5.71	714.05	11.63	461.04	0.00	87.36
2008	1467.6	9.78	827.82	15.90	440.49	-4.45	86.42
2009	1709.15	16.46	1043.63	26.06	437.46	-0.69	86.65

资料来源:《深圳统计年鉴2009》,深圳统计网,2009年数据来自深圳统计局2009年12月《深圳统计月报》。

基本建设投资从2003年开始即大幅增长,主要是政府投资大幅增加所致,2003

年以后，政府为改善深圳的投资环境，应对人口日益膨胀、资源瓶颈日益显现的困境及国内区域龙头城市奋起追赶的局面，在制造业、电力、煤气及水的生产和供应业、信息传输、计算机服务和软件业、公共管理和社会组织、水利、环境和公共设施管理业、文化、体育和娱乐业等行业加大政府投资力度，基本建设投资保持快速增长态势，2005年完成基本建设投资599.83亿元，比上年增加了98.91亿元，增长了19.75%。当年实施的重点项目有机卡分离数字电视接收机、平湖垃圾发电厂二期、平湖物流基地、华翰科技工业园、6英寸0.35微米锗硅集成电路芯片等；当年竣工的项目有地铁一期、会展中心、赤湾港13号泊位、罗湖口岸和火车站综合改造、招商银行金融电子研发中心、福华德电厂扩建等项目。

深圳房地产投资增幅近年呈不断下降的趋势。从2003年开始，深圳房地产投资增幅迅速下降，到2005年已出现负增长。房地产投资放缓与深圳市土地供应有密切关系。由于深圳土地资源短缺，政府严格控制一级市场土地供应，房地产开发商通过招、拍、挂方式取得的土地成本大幅上升，商品住宅的土地供应基本上集中在龙岗和宝安两区，适宜成片开发的用地皆被万科、金地、中海等实力强大的房地产开发公司收入囊中，中小房地产企业取得开发用地的难度增大，加之2003年之后推动的城市化改造，原集体土地大部分被政府收回，新开工项目大幅减少，导致房地产投资出现萎缩。

加入WTO以后，深圳的外贸出口增长比较强劲，到2007年达到1684.93亿美元，比上年增长了323.85亿美元。2008年进出口贸易总额高达2999.55亿美元，2009年受经济危机影响有所下降。其中2009年的出口总额为1619.79亿美元，占全国出口总额的13.5%，进口总额为1081.76亿美元。2008年，深圳"三资"企业出口总值为1110.91亿美元，占全部出口的61.81%，独撑一方天下。市内国有企业的出口增幅较慢，2008年仅增长了12.7%，而民营和集体企业的出口则呈现高速增长态势，2007年增长了43.2%，连续两年以接近翻番的速度增长，但2008年只增长了1%。[1]社会消费品零售总额近年的增幅比较平稳，从2002年到2007年，年平均增长14.97%，到2009年全社会消费品零售总额为2598.68亿元，比上年增长346.86亿元。[2]

总体看来，固定资产投资、出口、消费推动了深圳经济总量的快速增长，但从

---

[1] 深圳统计信息网：http://www.sztj.com/pub/sztjpublic/tjsj/tjyb/default.html。
[2] 深圳市统计局：《深圳市2009年国民经济和社会发展统计公报》，2009年数据来自2009年12月《深圳统计月报》。

20多年来GDP的变动周期看，增幅存在下降趋势，与内地一些新兴城市的增长速度的差距日益缩小。政策的瓶颈、资源的瓶颈和产业存量结构的瓶颈导致经济发展的瓶颈，而固定资产投资一直是深圳经济扩张和收缩的最直接原因。时至今日，深圳的发展已从特区建立之初的依靠市政铺摊子的外延式发展模式，走向完善城市基础设施和投资环境、改进产业发展的硬性和软性条件的综合构造模式，但是产业结构和环境问题、社会和谐发展问题亦日益突出。移民城市固有的缺乏归宿感、认同感的状况在近年不仅没有改善，反而，因为随房价的飙升所带来的生活、居住成本的上升而恶化，繁华的都市却掩盖不了社会人文精神的贫乏。随着固定资产投资的周期性下降，深圳未来经济发展的动力将更多地来自居民消费升级的推动和出口需求增长的带动，而深圳市综合实力的提升将更多地依赖于社会结构与经济结构的共同改善。

第二节　2001—2003年的低迷与调适

一、新股停发带来的危机

证券市场是金融资源配置的交易性市场。沪、深证券交易所是我国两大全国性的证券交易平台，自建立以来就存在着合作和竞争的复杂关系，尽管是在国家证监会的统一领导下，但是彼此之间对上市资源的争夺，则是心照不宣的事情。

1997年，中国证监会决定，在企业发行新股（IPO）上市问题上，不再由企业自主选择在深圳还是上海上市，而采取"上海先上一家，深圳再上一家"的做法，从行政上制约了深圳依靠务实做法和创新体制在市场上与上海的直接竞争。1998年，随着国务院领导人的更换，中央对金融发展的思路发生了变化。这之后，在全国进行金融调控的背景下，从上海到北京不时传出要合并两个证券交易所的消息（当然是将深交所并到上交所），上交所的成交额也在1998年后超越深交所。2000年，为了仿效纳斯达克促进美国高科技产业发展的做法，增设创业板的说法开始升温，最后，国务院拍板在深圳设立创业板，不过条件是深圳的主板要停发新股。但事实是，2000年9月深交所新股停发的命令立刻被执行了，而设立创业板的动议却迟迟未能兑现。于是，深圳的金融业陷入了重大危机。与新股发行有关的投资银行、基金等金融机构的总部大量迁往上海。[1]

　　事实上，新股停发意味着深圳证券市场筹资功能的冻结，新股停发对深圳金融业影响的严峻程度人们在两三年后才全面意识到。根据何诚颖博士的研究[2]，1996 年以来，深圳 A 股 IPO 募集资金占 A 股 IPO 总募集资金的比例在 1997 年和 1999 年都超过了 50%，而在 1996 年和 1998 年两个年份中，最低也没有低于 40%。但停发新股在 2000 年当年就对深圳市场募集资金总额产生了显著影响，其占 A 股 IPO 总募集资金的比例由上年的 50% 以上下降到 26.2%。在随后的 2001 年以及 2002 年的前 10 个月，深圳 A 股筹资占 A 股 IPO 总募集资金的比例已经降为 0。按 50% 的比例推算，停发新股两年来深圳市场少筹资累计已达到 666.11 亿元，相当于 1998—2000 年深圳 A 股筹资的总额。更为严重的是，巨额的二级市场交易资金由于在深圳丧失了新股认购的获利机会，纷纷转移到上海市场。据估计，在停止 IPO 两年里，深市累计流失二级市场交易资金达到 4695 亿元，平均每月流失 187.8 亿元。二级市场交易资金的流失直接导致股票交易印花税的流失，深市停止 IPO 两年里，平均每月流失印花税收入 3756 万元，两年累计流失印花税收入近 10 亿元，平均每年流失印花税收入 5 亿元。[3] 对券商而言，一级市场和二级市场资金的转出，无异于釜底抽薪。据深圳证券行业协会统计，2002 年深圳地区所有营业部的深沪股票基金成交总额为 4573.21 亿元，较 2001 年的 8752.19 亿元下降了 48%，平均每家营业部的成交额减少达 20 亿元，相比之下，全国同期股票基金成交只下降了 28.65%。因此，深圳地区的股票基金成交额占全国市场的份额也由 2001 年的 10.71% 下降至 2002 年的 7.84%，由于交易额的大幅下降，佣金收入大幅减少，2002 年深圳地区证券行业经纪业务出现了 2.91 亿元的亏损，平均每家营业部亏损 155.81 万元，全市共计有 146 家营业部出现亏损，超过全市营业部平均亏损额的营业部多达 126 家，亏损额最大的一家营业部亏损多达 1153 万元，全市只有 53 家证券营业部盈利，这是自 1995 年以来深圳地区证券行业经纪业务出现的首次年度全行业亏损。[4] 新股停发，受影响的不只是证券行业，与证券行业业务相关的会计师事务所、律师事务所及银行的证券托管业务、投资基金等等市场参与者均出

---

[1]　赵灵敏：《前世今生话深圳——对话凤凰卫视时事评论员朱文晖博士》，《南风窗》2007 年 5 月。
[2]　何诚颖：《寻找价值投资板块——行业景气和股市运行趋势的相关性分析》，《证券导刊》2004 年第 1 期。
[3]　见慧聪网：http://info.finance.hc360.com/2004/02/1310242448.shtml。
[4]　见资本网：http://www.cncapital.net/。

现了不同程度的衰退，由于新股停发造成深圳金融业一片萧条，支撑深圳发展的三大支柱之一——金融业的基础地位摇摇欲坠。

后来，北京大学的两位学者用 GARCH 模型对深圳停发新股对沪深波动溢出效应的影响进行研究，认为深市停发新股对沪深两市在中国证券市场中的相对地位有决定性影响，它改变了两市间的信息传导方向：此前深市上期收益波动对沪市当期收益波动存在显著影响，而沪市向深市的溢出效应不明显；此后溢出效应则逆转为沪市向深市的单向溢出。即是说，停发新股事件使得沪市起到了信息先导作用，使沪市成了国内股票市场的领跑者，深市无论是在上市公司数量、交易额方面，还是在日均大盘收益率方面都远远落后于沪市了。[1]

二、2002：深圳，你被谁抛弃

在深圳的发展史上，一篇"网文"能引起上至市长，下至平民百姓的强烈关注，进而引发一场大争论，不能不说是深圳创造的又一个奇迹。2002 年 11 月 16 日下午，新华网"发展论坛"和人民网"强国论坛"发表了作者署名"我为伊狂"的《走在城市边上之一：深圳，你被谁抛弃》一文，对深圳发展活力、深圳金融业、国企改革、政府部门效率、治安环境、城市环境、深港合作等问题做了描述和分析，读后令人感同身受，倍感切肤之痛。作者在谈及深圳金融业地位的下降时指出："作为国内的区域金融中心，深圳的条件显然不如广州，如果与香港携手似乎没有必要。如果我们从更广阔的视角来看，深圳金融业的实际折射出了深圳经济的尴尬，即地缘经济的局限性——夹在香港和广州之间，香港是中国面向世界的窗口，广州则是华南的门户，珠三角的枢纽，而深圳呢？因此，尽管特区光环笼罩下的深圳踌躇满志，但拔剑四顾却一脸茫然：何去何从？"该文把这一时期深圳人的失落与迷茫表现得淋漓尽致。

网文发表两个多月后，在《南方都市报》的安排下，2003 年 1 月 19 日上午网文作者呙中校与深圳市长于幼军在广州东风路广东大厦二楼北京厅进行了面对面的对话。这是政府官员对网文引发的满城风雨首次作出正式回应。以下为对话的部分内容：

---

[1] http://www.cenet.org.cn/cn/CEAC/ 第三届入选论文 / 投资与证券市场 / 王一鸣、赵留彦：《深市停发新股对沪深波动溢出效应的影响》。

于：你这篇文章产生了效应，引起了政府的重视、社会的重视，我看本身是件好事。但我不同意"深圳被抛弃"这个观点。

吕：市长的理由是什么？

于：在市场经济条件下，企业有生也会有死、有进也会有出，不要大惊小怪，即使搬走一些也不奇怪。但有一条：要生多于死、要进多于出。这个也要以平常心来对待。我们现在甚至希望搬走一些纯粹的劳动密集型企业，多发展科技含量高、资金密集型、高附加值的产业。但作为市长，我和全市人民一样希望一些成功的大企业把根留在深圳。实际上华为、中兴这些大公司的总部都在深圳，他们的根都在深圳！

总之，我认为：只要深圳人自己不抛弃深圳，谁也抛弃不了深圳！我看你的文章也是这个意思。

……

吕：有人说我用"抛弃"这个词，重了点。

于：我说了，击一猛掌是件好事！

……

吕：深圳经济发展质量如何？

于：衡量经济质量有一个被不少人忽略的指标——财税总收入占GDP的比重。有些地方GDP很高，但这个比重不高。深圳去年财税总收入达到804亿元，约占全市GDP的36%，接近发达国家40%的平均水平。其中地方财政收入304亿元，约占GDP的13.6%，这个比例也在全国大城市中位居前列。[1]

这场引起广泛关注的争论，最终取得几乎一致的舆论导向：只要深圳人自己不抛弃自己，就没有谁能抛弃深圳。但事实上在国内产业结构调整的大潮下，深圳与上海的实力差距非但没有缩小，反而日益扩大了。

三、2003：SARS冲击波

当人们对1998年大江南北的滔滔洪水和惊天地泣鬼神的抗洪斗争记忆犹新时，

---

[1] 见南方网：http://www.southcn.com/news/community/shzt06/webtalk/coin1/200604111440.htm。

另一场人人自危的公共安全危机悄悄袭来。2002年11月16日广东佛山发现第一起高死亡传染病例。广东卫生厅组织专家进行诊断，将这种传染病称为"非典型性肺炎"。进入2003年初，"非典"在广东的一些地区局部爆发，并迅速蔓延到北京、山西等地。2003年3月15日世界卫生组织将此病改称严重急性呼吸系统综合征（SARS）。2003年4月底SARS疫情在全国20多个省份出现，SARS疫情全面爆发。

深圳是国内流动人口最多的城市，"非典"威胁着每个人的生命安全。2003年1月26日上午，深圳市人民医院呼吸内科收治了第一例非典病人李某，经过专家会诊确定为"不明原因肺炎"，李某于2月1日病逝。2003年2月9日深圳市唯一的一所传染病专科医院——东湖医院开始收治"非典"患者。深圳市出现首例非典型性肺炎疫情后，市委、市政府高度重视，责成市卫生局立即启动应急预案。2月9日下午，召开全市有关部门紧急会议，下发了《关于进一步做好不明原因肺炎防治工作的通知》。此后市卫生局五次召开全系统有各级医疗卫生单位参加的大型会议，及时部署各种防治措施。3月份以后深圳市的疫情变得严重起来，东湖医院收治的病人增多。4月26日深圳市政府发布防"非典"第一号通告，并实施了一系列"非典"防治保障措施。在全市人民的通力协作下，这些措施迅速得到实施，为控制疫情恶化奠定了基础。至2003年6月，深圳非典型性肺炎临床诊断病例累计53例，其中1人死亡，4例病人转诊，其余病人全部康复出院。

"非典"对深圳的经济发展造成了一定的冲击，旅游业、展览业、饮食业、零售业、交通运输业等行业受到的打击最大。尤其是旅游业，2003年1—5月深圳累计接待游客约1583万，同比下降18.7%，旅游业总收入约111亿元，同比下降17.71%。其中5月份旅行社接待游客数为0，同比下降100%；景点接待游客103万，下降约60%；酒店平均出租率为29%，同比下降34%。"非典"使深圳国民经济增长速度放缓，1—3月份GDP累计比上年同期增长16.5%，1—4月份GDP累计比上年同期增长15.9%，1—5月份GDP累计比上年同期增长15.6%，增幅分别下降了0.6%和0.3%。[1]

四、二线关改革

深圳二线关于1982年6月正式动工，由中央、广东省和深圳市各出三分之一

---

[1] 见深圳统计：http://www.sztj.com/pub/sztjpublic/tjsj/。

总共筹集 1.38 亿元投入建设，1985 年 3 月，二线关工程正式通过验收。当时对建设二线关就有颇多争议，但二线关还是于 1982 年动工，1986 年完全建成。二线关的设置虽然人为地把深圳特区分成了两个相对独立的区域，但关内关外的改革都如火如荼，二线关在保障深圳经济特区持续、快速、稳定发展中发挥过重要的作用。

1997 年香港顺利回归后，对二线关存在的质疑也越来越多。1998 年，深圳市时任政协委员郁万钧、陈锡添首次提交提案，建议重新审议二线关存在的必要性，并建议将二线关后移，放宽管制。2000 年 2 月，学者朱建国发表网文《"深圳柏林墙"何时撤？》，引起广大网民、深圳政协委员以及人大代表的注意，拆除二线关的呼声也越来越高。同年 6 月 25 日，由国务院体改办特区司负责人任组长的"深圳二线关北移调查组"来到深圳，经过为期一周的调研，认为深圳经济特区二线关的政治意义大于经济意义，暂时不能拆除。

特区二线关毕竟是历史产物，它在现实中的留存意义能延续到何时？二线关的管理者、特区管理者、学者等都难以回答。当有关一二线关管理议论潮起潮落时，广东边防总队的官兵们就此进行了多次调整、改革，比如办理优检证、现场办理七日有效边防证、耕作口放宽人员出入等，但这种应时的便民措施之策，还是难以跟上形势发展对一二线关管理的要求。2002 年 5 月，广东边防总队深圳珠海一二线边防管理改革工作领导小组正式成立，经过一个月的实地调研，《深圳珠海一二线边防管理改革方案》终于出台。初定方案分别得到了时任广东省委副书记、深圳市委书记的黄丽满和时任广东省委常委、珠海市委书记的黄龙云等党政领导的支持，并得到了省公安厅党委的一致赞同和省政法委的大力支持。2002 年 10 月，广东边防总队将省委常委会对改革方案的审议情况上报了公安部。11 月，国务院体改办、国务院港澳办和海关总署批复同意广东边防的改革意见。12 月 19 日，财政部、公安部和国家计委联合发文同意取消机动车辆进出经济特区查验证收费。

2003 年 4 月 11 日，国务院、中央军委正式批准了广东边防推出的这一重大改革举措。2003 年 5 月 28 日，深圳特区管理线、俗称"二线关"的边防管理进行改革，一举推出 9 项便利措施。更加快捷高效的口岸环境和宽松和谐的边防环境，对深圳发展影响深远。

第三节 2004—2009年的重大政策调整与实施

一、农村城市化改造

2003年10月30日，深圳市召开加快宝安、龙岗两区城市化进程的全市总动员大会，正式启动宝安、龙岗两区城市化工作，决定从2003年10月30日开始至2004年12月，撤销两区的镇和村民委员会，设立街道办事处和社区居民委员会，把现村民一次性转为城市居民，将现有农村集体所有的土地依法转为国家所有，现执行的农村居民（农业人口）计划生育政策保留4年。这是深圳市第二次推进农村城市化改造进程，涉及宝安、龙岗两区的18个镇、218个行政村的27万多村民。城市化后，宝安、龙岗两区符合年龄条件的原村民均按城市企业员工标准参加深圳市的养老和医疗保险，农业户口村民转为非农业户口的城市居民后，享受城市居民的最低生活保障标准，符合条件的原村民可在全市范围内应聘就业。

农村城市化改造是深圳发展史上的一件大事，也是深圳城市发展的难点所在。动员大会后，根据市政府的工作安排，宝安区选择龙华镇、龙岗区选择龙岗镇作为城市化试点。2004年6月底深圳市政府再次召开动员大会，在总结试点的经验后，宝安、龙岗两区城市化工作全面铺开，计划到2004年12月底以前城市化工作全部完成。会上时任市委书记的黄丽满在讲话中指出，城市化试点工作要"四到位"，即加强领导，精心组织，保证领导到位；加强宣传，统一思想，保证认识到位；实事求是，系统配套，保证政策到位；抓好改制，促进发展，保证效果到位。[1] 会后深圳市政府做了大量的工作，到2004年底，宣布农村城市化改造完成，27万农民的身份转为城市居民。为保证农村城市化后的社区居民实现就业，2005年3月深圳市又颁布《关于宝安龙岗两区加快城市化进程后促进就业和再就业工作的意见》，明确规定了宝安、龙岗两区政府、街道及各级相关部门解决农村城市化社区居民就业问题的具体职责和目标任务，实行每年考核，并要求原村已有的和新组建的股份合作公司纳入失业保险覆盖范围，各有关股份公司均按规定缴纳失业保险费作为解决农村城市化社区居民就业的手段。

深圳农村城市化改造要解决的焦点问题是土地问题，在城市化改造中各种利益矛盾的焦点也是集中在土地问题上。2004年6月26日深圳市出台了《深圳市宝安、龙

---

[1] 张惠屏：《宝安龙岗城市化全面推进》，《深圳商报》2004年7月1日。

岗两区城市化土地管理办法》及三个附件——《深圳市宝安、龙岗两区城市化集体土地转为国有土地适当补偿标准》、《深圳市宝安、龙岗两区城市化集体土地转为国有土地实施程序规定》、《深圳市宝安、龙岗两区城市化土地储备管理办法》。依据规定，两区政府应自签订补偿协议书或做出补偿决定之日起30日内将依法转为国有的土地移交国土管理部门，国土管理部门根据有关资料接收土地。到2004年底，956平方公里的集体所有土地转为国有土地。政府对其中的265平方公里土地进行补偿，这些土地本是农田。不予补偿的土地约700平方公里，主要分为两类，一类是逾200平方公里的已建成区，一类是300余平方公里的山林地。山林地因为牵涉所有权定性问题，且几乎未作任何开发，补偿问题目前暂时搁置。而对于逾200平方公里的已建成区，则按照2002年深圳市制定的《深圳经济特区处理历史遗留违法私房若干规定》和《深圳经济特区处理历史遗留生产经营性违法建筑若干规定》进行处理。[1]

两区城市化改造采用转地而非征地的手段强制实施，在学术界存在颇多争议。中国政法大学教授王卫国认为，27万农民进入深圳市区，成为城市居民就意味着城市化，根据宪法"城市土地归国家所有"的规定，原本归其所有的农村集体土地理应转为国家所有。中国社会科学院法学所副所长陈酥认为，深圳转地的依据是《土地管理法实施条例》第二条第五项，[2] 但这项规定本身并不合理。城市化是经济建设的结果，会产生一定的法律后果，比如农民户口随之转为城市户口，但并不能因此改变农村土地的所有权。根据宪法，我国土地所有权的转化只有一种途径，即征地制度。农民户籍的变化不能改变财产关系，不能因为户口由农民变为城市居民，就不循征地程序而直接变更农村土地的所有权性质。[3] 国务院发展研究中心农村经济研究部部长韩俊认为，深圳将农民集体所有的土地转为国家所有，这种做法有利于城市的统一规划，有利于优化城市环境，也有利于降低城市发展的土地成本。但是农村土地属于农民集体所有，这在中国有关法律中是明确的。从法律上讲，公有产权与私有产权、集体产权与国有产权应该是平等的，不能用公权侵犯私权，也不能用国有产权侵犯集体产权。如果认为集体土地不经其所有者农民同意，就可以动用行政强制手段"转为"国有土

---

[1] 《征地还是转地？深圳城市化背后的土地问题之争》，国际在线：http://gb.cri.cn/1827/2004/09/27/1166@312226_1.htm。
[2] 《土地管理法实施条例》第二条第五项：农村集体经济组织全部成员转为城镇居民的，原属于其成员集体所有的土地，属于全民所有即国家所有。
[3] 《征地还是转地？深圳城市化背后的土地问题之争》。

地，这种做法必然会造成行政权侵犯农民集体财产权，国有产权侵犯农民集体产权。不管学术界如何争论，深圳农村城市改造在行政形式上已经完成是不争的事实，但是政府对城中村的改造和达成农村城市化社区的和谐发展目标却还任重而道远。

二、文化产业被确定为第四支柱产业

深圳市是个资源短缺的城市，煤、电、油、水、土地等自然资源极为稀缺，其经济的快速发展，高度依赖于密集资金支持下的外向型资源输入和产品输出。发展低能耗、高附加值、突破地域空间制约的产业成了深圳市未来产业发展的出路所在。

2004年11月18—22日，由国家文化部、广电总局、新闻出版总署和广东省人民政府共同主办、深圳市人民政府承办，深圳广电集团、深圳报业集团协办的"首届深圳国际文化产业博览会"（简称"文博会"）在深圳举行。此次博览会吸引了676家境内外企业参展，参展商达1万多人，累计合同成交额超过31亿元人民币；初步建立了深圳市文化产业的展示、交易和资讯平台，国家有关部门决定将文博会永久落户深圳。文博会的成功举办无疑使文化产业迅速升温。

为全面实施文化立市战略，加快文化产业发展，深圳市政府于2005年12月2日发布《中共深圳市委深圳市人民政府关于大力发展文化产业的决定》（以下简称《决定》）。《决定》指出，随着高新技术向文化领域的广泛渗透及全球经济的一体化，文化产业作为新的经济增长点迅速崛起，在优化产业结构、推动经济增长、促进劳动就业、提高服务业水平、扩大对外影响等方面显示出独特的优势。发展文化产业，已经成为提升产业竞争力、增强城市综合实力的必然选择。

确立文化产业作为第四大支柱产业来培育是深圳经济发展思想上的重大转变。《深圳市国民经济和社会发展十一五规划纲要》已经正式将文化产业作为未来新兴产业进行规划："在加快文化事业发展的同时，将文化产业发展成为支柱产业，逐步实现城市文化、城市规划和城市产业的充分和谐，把深圳建设成为华南文化产业发展中心城市。到2010年，文化产业增加值占GDP比重达到10%以上，文化立市的框架基本形成，高品位文化城市建设初具规模，使深圳逐步成为文化特色鲜明的国际知名城市。"在"十一五"时期，深圳市"文化产业重点项目是建设深圳影视制作基地和怡景动漫游戏产业基地、市文化产业集聚基地、大芬村油画产业基地、保利文化广场、深圳古玩城、深圳创意产业园、华侨城LOFT创意园区、南山动漫产业园、东部华侨城文化公园、福田新世纪工艺品文化广场。拟建文博大厦、宝安书城、龙华印务中心、科技工业园动漫及网络游戏产业基地"。为了进一步细化"十一五"规划的目标，深圳又着手制定《深圳市文化产业发展"十一五"规划》和《深圳文化产业发展战略规划》，明确提出规划目标：

> 将深圳建设成为国内文化产业发展中心城市和先锋城市之一。培育"三个核心产业群"（创意产业群、传播产业群、文化服务产业群），建设"四个基地"（国际文化产业博览交易基地、全国创意设计基地、区域文化产品制造基地和区域文化产业服务基地），打造"五个一批"（建设一批标志性现代文化产业发展重点设施，建成一批特色文化产业园区基地，形成一批具有竞争实力的文化企业和品牌，启动一批文化产业重点项目，培育一批具有较强集聚和辐射功能的文化产品交易市场），形成一个由上游创意创作、中游生产制作和下游拓展操作组成的完整价值链条和产业发展链条。[1]

根据2005年4月深圳市文化局的调查统计，2004年深圳文化产业实现增加值163.39亿元，占全市GDP的4.77%，全市文化产业经营单位超过8187家，从业人数22.11万人，占全市从业人员的4.85%。与深圳的高新技术产业、物流业和金融业三大支柱产业相比，目前深圳市的文化产业在GDP中的比重明显偏低，深圳市三大支柱产业在2004年的占比分别为27.49%、7.6%和7.5%。显然，文化产业对国民经济发展的贡献度较低。文化产业作为未来深圳经济的增长点，它能在多大程度上改善目前国民经济发展受资源束缚的程度，它的产业关联度、产业集聚效应、产业带动作用如何还有待观察。文化产业作为第四支柱产业，它能不孚众望，担当起引导深圳产业结构调整，加速产业升级，提高城市竞争力的重任吗？

意大利都灵当地时间2007年1月16日上午进行的第26届夏季世界大学生运动会申办陈述结束后，拥有投票权的国际大体联现任22名执委，在下午16时30分至17时30分，对中国的深圳、俄罗斯的喀山、波兰的波兹南、西班牙的穆尔西亚、中国台湾的高雄五个申办城市进行了讨论和投票。2007年1月17日凌晨2点45分，

---

[1] 见广东省中小企业网：深圳文化产业发展两大规划即将出台，http://www.gdsme.com.cn/web/Article/news/difang/200706/20070605112638.htm。

国际大体联宣布 2011 年第 26 届夏季世界大学生运动会主办权花落深圳。深圳市长许宗衡上台和国际大体联签署主办合约，现场出现"深圳拥抱世界"的横幅。

此前，北京于 2001 年成功举办第 21 届世界大运会，哈尔滨赢得 2009 年第 25 届世界大学生冬运会举办权。2004 年 12 月 17 日，经国务院批准，广东省以深圳名义申办 2011 年第 26 届世界大学生夏季运动会。2005 年 7 月 12 日，省委常委、深圳市委书记李鸿忠和副省长许德立共同为第 26 届世界大学生夏季运动会申办执行委员会揭牌，标志着深圳市申办第 26 届世界大学生夏季运动会的工作全面启动。2005 年 12 月 20 日至 25 日，国际大体联三位执委来深圳访问，深圳用东方的礼遇感动了执委，给对方留下了美好的印象。2006 年 6 月 28 日，受广东省省长黄华华、深圳市市长许宗衡的委托，以广东省政协副主席许德立为团长，深圳市副市长梁道行、中国大体协副主席兼秘书长杨立国为副团长的广东省深圳市世界大运会申办代表团抵达国际大学生体育联合会总部所在地——比利时首都布鲁塞尔，向国际大体联秘书处递交了 2011 年第 26 届世界大学生夏季运动会的《申办报告》。

三、中小板开锣

2004 年 6 月 25 日，市场期待已久的具有里程碑意义的中小企业板在深圳证券交易所正式挂牌开市，真可谓历尽千山万水，始见柳暗花明。首批上市公司共八家，包括新和成（002001）、江苏琼花（002002）、伟星股份（002003）、华邦制药（002004）、德豪润达（002005）、精工科技（002006）、华兰生物（002007）、大族激光（002008）等，共募集资金 22.87 亿元。截至 2007 年 5 月底，中小板已有上市公司 134 家，IPO 累计筹资额 391.27 亿元，单只股票平均筹资额 2.92 亿元，IPO 累计发行量为 46.19 亿股，单只股票平均发行量为 3447 万股，平均发行市盈率为 17.2 倍（以发行前股本计算）和 24.26 倍（以发行后股本计算），上市首日平均涨幅达 91.3%。[1]

中小板的开锣，使得深圳证券市场恢复了融资功能，吸引了一批机构和资金流入深圳，本地券商的投资银行业务重新繁忙起来，更为重要的是，中小板为国内的风险投资资本找到了一个门槛较低的退出平台，也为中小企业解决融资问题提供了一个可选择的

---

[1] 新浪财经：热烈祝贺中小企业板创设，http://finance.sina.com.cn/stock/mainmarket/20070525/00353627339.shtml。

途径，对于深圳证券市场恢复生机，吸引国内外金融资源流入起到了非常直接的作用。

四、CEPA的实施与后续政策安排

2003年6月29日，《内地与香港关于建立更紧密经贸关系的安排》（CEPA）正式在香港签署，根据CEPA，从2004年1月1日起，香港多种货物可零关税进入内地，十多种服务行业可以率先受惠。

CEPA是中国加入世界贸易组织后的产物。中国加入世界贸易组织之后，区域化的经济合作被立即提到议事日程上。2001年11月，香港首先提出了"类自由贸易区"的设想，并得到了内地的响应。经过反复的酝酿与磋商，这个以区域为切入点的提法，演变为以关系为切入点，即在内地关税区和香港关税区之间率先建立起更加紧密的经贸关系。这将部分解决"一国两制"与经济区域化之间的矛盾。

在政府大力推动下而实施的CEPA，是一项新的制度安排，是一次新的政策突破，其实质是以政府间的制度安排和正式体制去取代以市场为导向、企业为主体、按比较优势和市场选择进行产业配置、自由组合式的区域合作方式。CEPA中一个不可回避的意图，就是打"时间差"，即利用中国履行世界贸易组织的义务，兑现各种承诺的过渡期，提前放宽香港进入内地的限制。这个"时间差"所造成的区域紧密联系存在之后，它的效应也将持续下去。

CEPA将使中国内地，特别是华南地区与香港间的经济合作产生一种质的飞跃，它所带来的最大机遇在广东，而深圳凭借地缘优势将成为最直接的受益者。首先，深港20多年的产业合作，偏重于传统的劳动密集型产业，市场的力量在现有制度安排下已充分释放，甚至出现边际效用递减的现象，对香港与深圳而言，无论是制造业还是服务业，都需要在新的政策效应释放中寻觅新的商机。其次，CEPA的政策效应是一个长期释放的过程，会催生新的深港合作的市场力量。

有学者认为，CEPA条件下深圳的对策主要有以下几点：深圳应大力发展金融、物流、旅游等服务业，尽快接近发达国家水平；深圳要充分利用CEPA带来的机遇，进一步提高高新技术产业的发展水平，进一步增强高新技术产业的竞争力；深圳要加快全面开放市场的步伐，努力提高投资自由化水平；深圳要按照国际化水平，建立高效能的政府管理体制；香港是一个国际化大都市，深圳要不断学习其先进的管理经验，提高市场经济的发育水平；深圳作为香港与珠三角、香港与内地在地理上的中介城市，要大力加快基础设施和信息化建设，使香港与内地的交流更加方便快捷。[1]

五、创业板启动

2009年10月23日，万众瞩目的创业板开板仪式在深圳举行。中国证监会主席尚福林出席了开板仪式并发表了重要讲话，政府部门、证券界的精英人士齐聚一堂，共同见证这一历史性时刻。中国创业板是继中国股市主板开板、股权分置改革之后，第三个里程碑式的资本市场大事件。

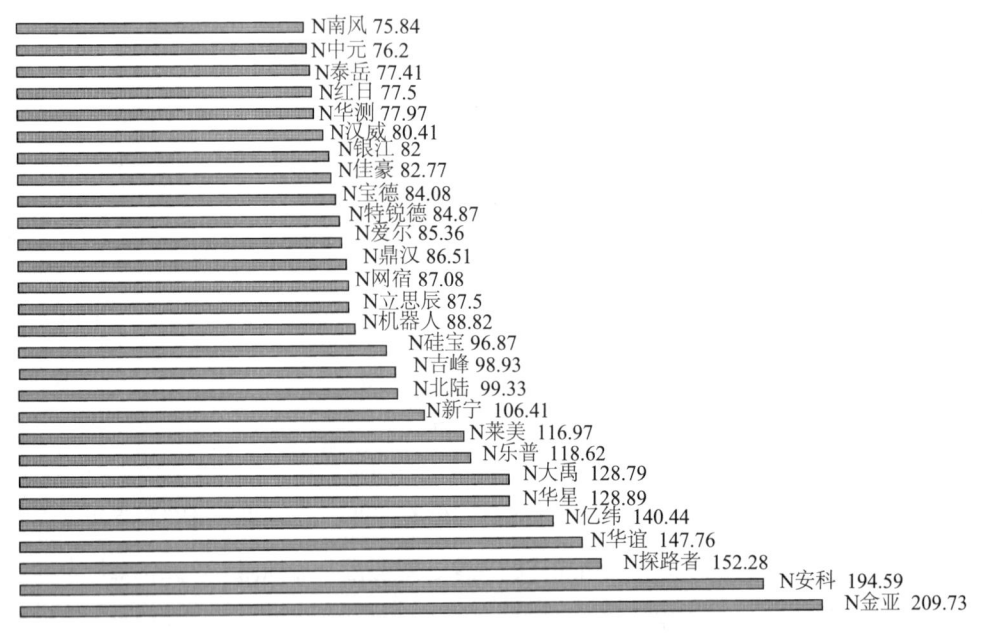

图1-6-2 创业板上市首日涨幅情况

股票	涨幅%
N南风	75.84
N中元	76.2
N泰岳	77.41
N红日	77.5
N华测	77.97
N汉威	80.41
N银江	82
N佳豪	82.77
N宝德	84.08
N特锐德	84.87
N爱尔	85.36
N鼎汉	86.51
N网宿	87.08
N立思辰	87.5
N机器人	88.82
N硅宝	96.87
N吉峰	98.93
N北陆	99.33
N新宁	106.41
N莱美	116.97
N乐普	118.62
N大禹	128.79
N华星	128.89
N亿纬	140.44
N华谊	147.76
N探路者	152.28
N安科	194.59
N金亚	209.73

早在1999年1月，深交所就向中国证监会正式呈送了《深圳证券交易所关于进行成长板市场的方案研究的立项报告》，并附送了实施方案。1999年3月，中国证监会第一次明确提出可以考虑在沪深证券交易所内设立高科技企业板块。2000年10月，

---

[1] 蒙敬杭：《CEPA对珠三角的影响及深圳的对策》，《特区理论与实践》2003年第12期。

深交所宣布，创业板技术准备基本就绪，创业板市场规则（修订意见稿）正式上网披露。2004年5月17日，经国务院批准，中国证监会正式批复深交所设立中小企业板市场，标志着分步推进创业板市场建设迈出实质性步伐。2009年6月5日，深交所正式发布《深圳证券交易所创业板股票上市规则》，自7月1日起施行。

我国创业板市场历经十年筹备，终于诞生。2009年10月30日，首批28家创业板公司集中在深交所挂牌上市。作为我国多层次资本市场的重要组成部分，创业板的推出丰富和完善了资本市场功能，有利于国家调整产业结构，有益于创新型企业借助融资平台提高技术创新能力。特别是对中国民营经济而言，意味着注入了一股持续的新鲜血液，其作用和影响将是巨大而深远的。但目前创业板市场运行时间尚短，市场规模小，市场状况与制度框架的设立思路不完全吻合，各种规则还有待完善。

第四节 寻找新定位

一、产业转移与区域中心城市定位

二战以后，国际产业转移经历了三次大的转移浪潮。第一次发生在20世纪60年代，主要是美国将钢铁、纺织、造船等传统重工业转移到日本、西德等国，自身则重点发展半导体、电子计算机、生物医药、通讯等产业。日本、西德等国借此迅速完成战后的经济复苏和工业化。第二次国际产业转移发生在20世纪70年代至80年代，主要是日本、西德等国将纺织、服装、制革、电子等劳动密集型产业或部分重化工生产环节转移到东南亚的一些国家和地区，韩国、新加坡、中国的香港及台湾地区在承接国际产业转移后迅速获得强大的制造生产能力，韩国的汽车、中国台湾的IT产品、中国香港的玩具与服装、新加坡的家用电器，均成为国际市场知名品牌的原产地，经济借势腾飞。第三次转移则发生在20世纪90年代中期以后，主要是从东南亚和欧美发达国家向发展中国家，尤其是中国沿海地区大规模转移加工制造业。这一次的转移造就了珠三角的小家电、家具制造、服装等产业。90年代中后期，中国台湾的IT产业、韩国和日本的通讯设备制造业转移至深圳、东莞和苏州等地，造就了深圳的高新技术产业和东莞、苏州的计算机、通信设备零部件制造业。进入新世纪后，日本和欧美发达国家的汽车制造、钢铁、有色金属、石油化工、造船等重化工产业持续转移至国内京津塘地区、长江三角洲地区和珠江三角洲地区，造就了上海和广州等地的轿车制造业。

广州作为珠江三角洲的中心城市，在雄厚的政治、文化、技术和经济实力的支撑下，牢牢把握了第三次国际产业大转移的历史机遇，迅速完成了工业重型化的调整。在产业的空间布局选择上，广州选择珠江口的南沙作为重型化产业的聚集地，市财政投资 300 多亿元进行南沙开发。中船集团在南沙投资 45 亿建设南沙造船基地，广钢和日本钢铁巨头 JFE 合资在南沙生产汽车用热镀锌钢板。除南沙成为广州的重工业基地外，广州花都区成为广州另一重工业基地。本田、日产、丰田等国际汽车巨头齐集花都，日产将主机厂、发动机工厂和研发中心集中布局于花都。工业重型化过程使得广州工业结构迅速跨入工业化进程的中后期阶段，资本技术密集型工业迅速取代劳动密集型工业而处于主导地位，重工业引领全市工业迅猛发展，从而奠定了广州在珠江三角洲经济发展中的龙头地位。

反观深圳近几年的经济发展，虽然在产业发展惯性的主导下，经济增长速度在较高的平台上持续增长，但 90 年代中期以后，日益模糊的特区政策，使得深圳在国内产业结构调整的大潮中犹豫不决，错失重型化机遇。当深圳人还在津津乐道高新技术的发展如何辉煌时，内地像苏州等城市的高技术产业正以更低的成本迅速崛起。而深圳高新技术产业内电子信息产业一业独大的结构使其产业波及效应也远逊于广州的重化工产业，国民经济发展后继动力不足的问题显而易见。而深圳的另一支柱产业——金融业则因一度暂停的新股发行而使部分优秀的本地中小企业、风险投资机构、投资银行吞咽了数年苦果。物流业虽然在不断发展壮大，但地域空间的狭窄制约着其辐射能力的扩大。广州作为珠江三角洲的天然经济中心，近几年无论是城市建设，还是第二和第三产业的发展都超过了同期深圳取得的成就，广州的复兴给深圳定位于区域中心城市的前景带来了巨大的压力。

二、寻找新定位：建设区域性国际化城市

深圳的发展定位是一个在学术界、政府管理层面上不断被反复研讨、探索的问题，在众多的特区优惠政策被取消的情况下，特区不"特"的忧患意识始终贯穿了前几届政府的施政纲领。2002 年关于"深圳被谁抛弃"的大争论余音未息，曾作为改革开放试验田和领头羊的深圳所处的迷惘状态引起了中央高层的关注。2003 年，新一届

政府成立不久，国务院即向深圳派出七人调研组，就深圳自身如何发展及深圳如何为维护香港繁荣起到独特作用进行调研。调研组带着深圳市各方面提供的材料离开，但事关深圳发展方向定位问题，中央当年一直没有表态，从而在 2003 年引发了各界人士对深圳重新定位的讨论。[1]

《深圳，你被谁抛弃》的作者呙中校认为，尽管近两年深圳上下都很迷茫、很失落，但现在形势比较清晰了，深圳的未来就是要和香港协同发展，这就是深圳的出路。

国家经贸委经济研究中心宏观部部长赵晓认为，和香港融合是深圳发展的出路，深圳应该和香港形成垂直发展关系，在为香港发展作贡献的同时壮大自己。虽说香港没有以前发展快了，但上海要想全面赶超香港，至少还要 10 年以上。现在都说深圳希望建成中国的金融中心，这不现实。因为除了北京、上海这两个竞争对手，它旁边就有一个香港。深圳应该走高科技产业路子。

南京大学城市与资源学系教授，深圳市城市规划咨询委员会顾问崔功豪认为，深圳应该建成区域性的经济中心，但要注意与香港错位发展。比如深圳可以发展建设成区域内的金融中心、物流中心，但香港的发展定位也是金融中心和物流中心，因此深圳的服务对象就要与香港区别开来，也就是形成错位发展的关系。

深圳社会科学院院长乐正认为，深圳的出路在于建设一个"港深经济圈"。其实深圳当地人对自己的定位已经形成共识，就是要和香港的发展紧密联系起来。"港深经济圈"包含四个层面的意思。第一是"一国两制"，在政治和法律上突出"两制"，但在经济方面要突出"一国"。第二是一都两市，香港和深圳加起来才 3000 平方公里，不到上海的一半，因此就要突出一个都会圈的作用，壮大地区经济中心的影响力。第三是求同存异，深圳和香港有着共同的基础：都是按照市场经济发展起来的，都以提高国际竞争力为核心；为中国经济引入更多国际资源是两个城市的共同责任。但深圳一定要围绕香港来求发展。

2005 年 9 月 12—13 日，国务院总理温家宝到深圳考察，并主持召开经济特区工作座谈会。温家宝总理高度肯定了特区取得的成就，他指出，在新的历史条件下，经

---

[1]《深圳定位大讨论——深圳何去何从？》，《周末》，http://news.sina.com.cn/c/2003-08-13/16391536583.shtml。

济特区的地位和作用不能削弱，更不能消失。中央已多次重申：发展经济特区的决心不变；经济特区的基本政策不变；经济特区在全国改革开放和现代化建设中的历史地位和作用不变；经济特区不仅要继续办下去，还要办得更好。

持续多年的特区还要不要"特"的争论到此终于画上句号，但深圳向中央提出的要新政策，要扩大辖区范围和土地面积，要直辖市地位等具体要求并没有得到满足。2006年3月26日，深圳市召开四届人大二次会议第三次全体会议，《深圳市国民经济和社会发展第十一个五年总体规划》以高票获得通过，"十一五"期间及到2020年，深圳经济社会发展的战略目标是：建设亚太地区有重要影响的国际高科技城市、国际物流枢纽城市、国际金融贸易和会展中心、国际文化信息交流中心和国际旅游城市，用15年左右的时间，在率先基本实现社会主义现代化的基础上，把深圳建设成为重要的区域性国际化城市。

深圳"十一五"规划明确了深圳未来的发展定位为建设区域性国际化城市，表明经过四年多的迷惘之后，深圳人终于找到了一个比较明确、务实的方向。

三、国家综合配套改革试验区

2009年春节前夕，国务院下发了《珠江三角洲地区改革发展规划纲要》。深圳市政府为深入贯彻党的十七大精神，认真落实《珠江三角洲地区改革发展规划纲要（2008—2020年）》，在新形势下继续发挥经济特区改革开放的引领作用，推动深圳市实现科学发展，特地制定了《深圳综合配套改革总体方案》。5月26日，深圳市政府正式宣布《深圳综合配套改革总体方案》获国务院批准，深圳成为了继上海浦东新区、天津滨海新区之后的全国又一个综合改革配套实验区之一，此外，深圳还将与香港功能互补，推动形成全球性的物流中心、贸易中心、创新中心和国际文化创意中心。深圳从中国的第一个"经济特区"又成为了"国家综合配套改革试验区"，这无疑给已近而立之年的特区注入了一剂有力的强心针，并意味着新一轮的改革将开始提速。

综合配套改革的基本思路是：过去已进行的改革要继续深化，当前中央已作出部署的改革要率先推进，符合未来发展方向的改革要积极探索。按照国家改革发展的战略部署，做到"四个先行先试"：一是对国家深化改革、扩大开放的重大举措先行先试；二是对符合国际惯例和通行规则，符合我国未来发展方向，需要试点探索的制度设计先行先试；三是对深圳经济社会发展有重要影响，对全国具有重大示范带动作用的体制创新先行先试；四是对国家加强内地与香港经济合作的重要事项先行先试。力争在重要领域和关键环节取得新的突破，在全国率先形成科学发展的体制机制，为发展中国特色社会主义创造新鲜经验。

第五节 回归政务本源——关注民生问题

一、和谐深圳与效益深圳

2005年5月，深圳市第四次党代会提出建设"和谐深圳"、"效益深圳"，实现发展模式的根本转变。为了让和谐社会的建设成为可操作、可考核、可测评、可调控的科学实践过程，深圳市研究制定了文明指数、效益指数与和谐指数。[1]

2005年4月，深圳在全国率先推出"文明指数评价体系"。文明指数由幸福指数、关爱指数、人文指数、安全指数、诚信指数、环境指数、廉洁指数七个一级指标构成，其中幸福指数测量生产与生活、GDP与生活质量的和谐度，关爱指数测量贫富差距、不同群体的和谐度，人文指数测量物质生产与精神生产的和谐度，安全指数测量人身财产与社会环境的和谐度，诚信指数测量市场主体之间、市场主体与政府之间的和谐度，环境指数测量人与自然的和谐度，廉洁指数测量官与民之间的和谐度。根据"效益深圳"指标体系核算，2006年深圳市"效益深圳"综合指数为114.08%，比2005年上升5.71个百分点。

2005年9月，深圳市正式推出效益深圳评价体系。效益指数是深圳经济增长方式和发展模式真转真变的一个重要指示器，成为衡量深圳发展质量、和谐深圳与效益深圳建设状况的重要尺度。效益指数由21个指标构成，其中经济效益类9个、社会效益类4个、生态效益类4个、人的发展类3个，以科学发展观为指导，以单位产出取代经济总量，以效益取代GDP增长，以无形资源取代有形资源，注重发展质量、发展成本，标志着深圳正式告别了"唯GDP论"。和谐指数由社会发展、社会公平、社会保障、社会关爱、社会安全和生态文明6个一级指标和39个具体指标构成，39个指标都注明了责任单位，由19个政府相关部门具体负责。

---

[1] 王京生：《和谐深圳的指标化、制度化、心灵化》，《特区实践与理论》2006年第6期。

和谐社会的构建至少有四个社会基础：一是物质财富的积累，二是公平制度的建立，三是道德基准的有效，四是冲突化解机制的形成。深圳未来的发展应重点处理好平衡协调问题，在四个方面形成构建和谐社会的突破口，加快社会体制创新，实现经济发展、社会发展及生态平衡的统筹协调；树立深圳人的新市民观念，提高包括外来劳务工在内的全体市民的家园意识和城市认同感；调节社会分配差异，用市场、政府和社会这三只手来共创社会公平；加强特区内外规划、建设、管理的协调统一，实现特区内外平衡发展。[1]

二、农民工社会保障

深圳经过近 30 年的建设和发展，已由昔日的一个边陲小镇发展成为欣欣向荣的现代化大都市。在特区近 30 年的发展史中，农民工始终是各种新兴经济部门的主力军，为深圳创造了城市经济和社会发展所必需的原始资本积累，推动了就业制度的改革，而大批廉价劳动力的充分供给，又促进了深圳市产业结构的调整。此外，农民工对深圳政治文明的推动、对深圳社会进步的推进以及深圳人文精神的塑造均作出了重要的贡献。目前，深圳市吸纳的农民工数量约占全国的十分之一。

深圳的养老、医疗、工伤三大险种已经把以农民工为主的非深圳户籍人员纳入了覆盖范围。深圳市农民工养老保险实行个人账户制，基金来源包括两部分，其中个人按工资总额的 8% 缴纳，企业按职工工资总额的 5% 缴纳，而且全部记入个人账户，可以转移和支取。

2005 年 3 月 1 日，《深圳市外来劳务工合作医疗试点办法》正式施行，在全国率先推出了一个专门针对劳务工的低缴费低保障的新型医保模式，并遵循低水平、广覆盖、高效率、逐步推进，以及合作医疗基金现收现付、当年收支平衡的原则。为了便于与城镇居民的医疗保险制度接轨，这种制度设计还突破了上海、北京和成都三个城市只包括住院保险的局限，而将门诊和住院两大部分也纳入其中。其中住院费用由共济基金支付 90%，个人自付 10%。[2]

2009 年 5 月，市政府法制办网站上发布了公开征求意见的《关于〈深圳市社会医

---

[1] 乐正：《建设和谐深圳、增进人民福祉》，《特区实践与理论》2006 年第 6 期。
[2] 《深圳劳务工合作医疗试点办法解读》，中国政务信息网。

疗保险办法〉的修改决定》，这是对 2008 年 3 月实施的《深圳市社会医疗保险办法》的修订。《深圳市社会医疗保险办法》修改的一大亮点是扩大参保范围。持有深圳市居住证即可申请参加深圳市综合医疗保险。同时，扩大了生育医疗保险的覆盖范围，在基金收支平衡的状态下以低缴费、广覆盖的方式使更多的在深务工人群可以享受生育医保待遇。

三、建立适应多数人的住房保障体系

改革开放以来，随着住房制度改革的不断深化，住房商品化程度的不断提高，商品住房市场已成为解决城市居民住房问题的重要方式。由于深圳市地理位置特殊、土地资源难以为继、人口增长迅猛等因素，房地产价格面临着较强的上涨动力。而住房是老百姓安身立命的根本，解决好住房问题是构建和谐社会非常重要的一项任务。

1987 年 7 月，深圳市人民政府住房制度改革办公室成立，在全国率先提出了提租补贴出售的房改方案，并于 1998 年 10 月 1 日起正式实施。深圳的房改经验为全国房改工作做出了示范。2003 年 6 月 6 日，深圳市人民政府发布《深圳市机关事业单位住房分配货币化改革实施方案》，提出构建与深圳市社会经济发展相配套、与广大职工利益相一致的多层次住房保障体系，形成以市场配置为主导的住房供应体系的目标。同时，深圳市政府全民启动了廉租住房保障工作。2005 年，深圳市政府解决了 2004 年底之前登记在册的 546 户特困家庭的廉租住房，2006 年为新增的 661 户符合条件的家庭落实了廉租住房租金补贴。深圳从 1998 年开始房改到 2005 年，全市通过房改出售的政策性住房总建筑面积为 1800 万平方米，总套数约为 20 万。

2006 年 9 月 20 日，深圳在全国率先制定并公布了《深圳市住房建设规划 2006—2010》，并规定深圳在 2006 年至 2010 年间将建设政策性住房 14 万套（770 万平方米），其中，经济适用房 2.6 万套（200 万平方米），公共租赁住房（含廉租房）11.4 万套（570 万平方米）。政府对不同的保障人群实行不同的保障策略，对于户籍低收入家庭，主要以经济适用房对其实施保障；对于住房条件困难的最低收入家庭，主要以公共租赁住房中的廉租住房对其实施保障；而对于收入超过了最低生活保障线但又无力购买经济适用房的户籍家庭，以及缴纳社会保险 7 年以上、仍无住房的非户籍低收入家庭等"夹心层"，则以公共租赁住房的经济适用出租房（即周转房）进行保障。截至 2009 年 11 月底，深圳市实际落实保障性住房用地 30 公顷，安排筹集建设保障性住房 2.57 万套。2010 年 3 月 25 日，市规划与国土资源委员会公布了《深圳市住房建设规划 2010 年度实施计划》，《计划》提出，2010 年度全市安排保障性住房用地为 37.2 公顷。

深圳坚持"以人为本"的住房与房地产业发展方向，对不同收入家庭实行不同的住房供应政策，突出住房保障的理念。政策性住房的建设资金由深圳市、区两级住房专项拨款或由资金专户筹集，其中全市年度土地出让净收益的 10% 应用于公共租赁房（含廉租房）的建设。

四、民生净福利指标体系

2006 年 12 月 30 日，深圳市委四届五次全会首次公布了《民生净福利指标体系》，这是继《效益深圳统计指标体系》和《深圳市基本实现现代化指标体系》之后，深圳市根据科学发展观要求制定的又一地方统计体系。

"民生净福利"源自西方经济学的"经济净福利"，即经济发展所带来的全部经济福利减去用于补偿伴随经济发展而产生的负面效应的消耗后所剩余的福利，这意味着把"和谐社会"转化为一系列可测评、可执行的具体目标，物质与财富增长是民生净福利的重要基础，政府提供公共物品和公共服务是重要条件。将百姓的生存、生活和福利状况以及分享社会经济发展成果的水平等，通过统计数据进行衡量，并以此来考核政府公共财政的投向和效果，也是政府改变发展模式的一个新举措。

《民生净福利指标体系》包括收入分配与公平、安全水平、社会保障水平、公共服务水平、人的全面发展 5 大方面 21 项指标。其中收入分配与公平方面主要选取了居民人均可支配收入增长率、基尼系数 2 个指标，以此来反映深圳市的经济增长是否有效转化为了全体市民的收入水平提高和公平的收入分配；安全水平方面主要选取了农副产品安全检测平均抽样超标率、达到 I 级和 II 级空气质量天数、主要饮用水源水质达标率等 5 项指标，来反映深圳市的食品、药品、饮水、空气、交通和人身等方面的安全水平；社会保障水平方面主要选取了城镇登记失业率、社会保险综合参保率、财政性社会福利支出占财政支出比例等 8 项指标，以反映深圳市就业、保险、福利、救助、捐赠等方面的社会保障水平；公共服务水平方面主要选取了财政性教科文卫体支出占财政支出比例、财政性环保投资经费占财政支出比例和财政性公共基础设施建设占财政支出比例 3 项指标；人的全面发展水平方面主要选取了人均受教育年限、职工在职培训小时数、人均公共图书馆馆藏图书 3 项指标，来反映深圳市教育、培训等人的全面发展水平。

《民生净福利指标体系》具有指标体系所具备的功效和作用，建立这个指标体系的基本出发点是把评价深圳市市民所享有的民生净福利涉及的所有领域的复杂关系简单化，用简化的指标获取尽可能多的评价信息，为把握和了解深圳市民生净福利的现状提供科学的判断依据。另一方面，《民生净福利指标体系》还具有指导实施功能，政府必须参照和围绕民生净福利指标体系采取相应的措施，制定有针对性的政策；在指标体系的实施阶段，也会促进政府社会管理职能和公共服务职能的进一步发挥；引导和约束公共财政资源充分用于改善民生、提高深圳市民的净福利。总而言之，深圳市民将从《民生净福利指标体系》中直接或间接受益。

第七章
深圳经济特区的成就与未来发展

深圳作为我国改革开放的先行者,在过去短短的30年里,依靠国家的政策支持、毗邻香港的区位优势和敢为人先的创新精神,取得了辉煌的成就,以跨越式的发展创造了现代城市发展的奇迹,创造了我国改革开放史上诸多的"第一"以及大量值得向全国推广的成功经验。同时,深圳也充分认识到未来发展将面临的一系列挑战,意识到必须继续保持改革创新、敢闯敢试的特区精神,进一步解放思想,肩负起新的历史使命,积极探索建设中国特色社会主义示范市的新路子。

第一节 深圳经济特区的发展成就

深圳经济特区在全国率先开放、率先发展,一步一步地在经济体制改革领域求解,探索出了一条渐进式改革的成功之路,从南海边的一个小渔村起步,发展成了举世瞩目的国际化城市,在深化改革、扩大开放、体制创新、产业升级、结构调整等方面,向各地提供了宝贵经验和鲜活的样本,为我国的改革事业作出了永载史册的贡献。

一、深圳经济特区经济发展的成就

(一)经济总量跨越式发展

深圳经济特区创建之初,城市人口规模不到3万、经济总量只有1.9亿元人民币,至2009年底,已拥有891万常住人口,实际管理人口1300万,成为经济繁荣、社会进步、功能完备、环境优美的现代化城市。经济总量跨越式发展，不断跃上新台阶，全市地区生产总值（GDP）突破2000亿元用了4年，突破3000亿元用了3年，突破4000亿元用了1年，突破5000亿元用了2年，突破6000亿元、7000亿元、8000亿元都只用了1年。

2009年全市本地生产总值为8201.23亿元，经济总量在全国大中城市中居第四位；人均GDP达到92045元，在全国大中城市中居首位；城市地方财政收入为880.82亿元，在全国大中城市中名列第三；外贸进出口总额2701.55亿美元，位居全国大中城市第二位。（见图1－7－1至图1－7－4）

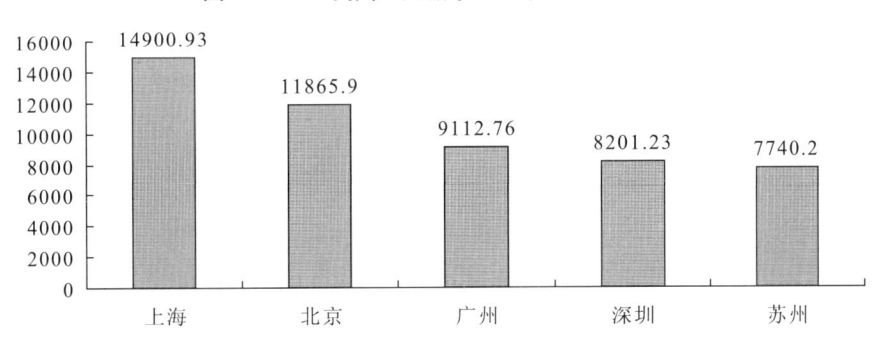

图1－7－1　我国五大城市2009年GDP（亿元）

城市	GDP
上海	14900.93
北京	11865.9
广州	9112.76
深圳	8201.23
苏州	7740.2

资料来源：上海、北京、苏州市的数据来自各城市的2009年国民经济和社会发展统计公报；深圳市数据来自深圳统计局2009年12月统计月报，广州市的资料来源于广州统计信息网的宏观经济数据库。

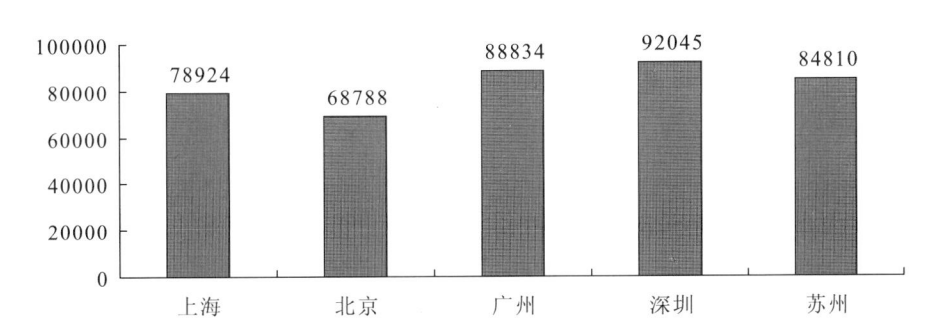

图1－7－2　我国五大城市2009年人均GDP（元）

城市	人均GDP
上海	78924
北京	68788
广州	88834
深圳	92045
苏州	84810

资料来源：上海、北京、苏州市的数据来自各城市的2009年国民经济和社会发展统计公报；深圳市数据来自深圳统计局2009年12月统计月报。广州市的资料来源于广州统计信息网的宏观经济数据库。深圳的人均GDP是用GDP除以常住人口得到的。

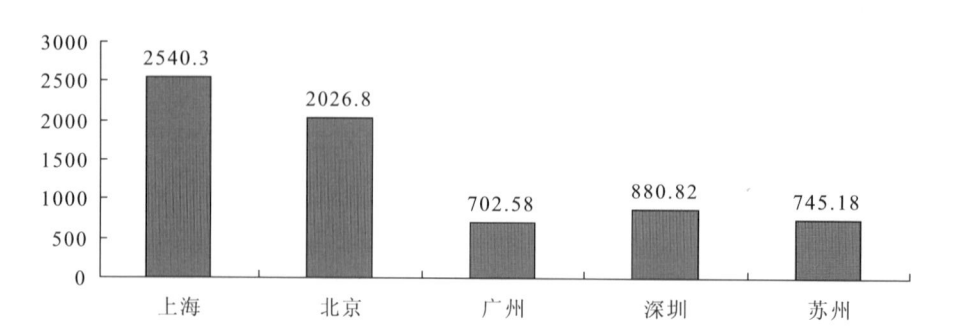

图1-7-3 我国五大城市2009年地方财政收入（亿元）

上海	2540.3
北京	2026.8
广州	702.58
深圳	880.82
苏州	745.18

资料来源：上海、北京、苏州市的数据来自各城市的2009年国民经济和社会发展统计公报；深圳市数据来自深圳统计局2009年12月统计月报；广州市的资料来源于广州统计信息网的宏观经济数据库。

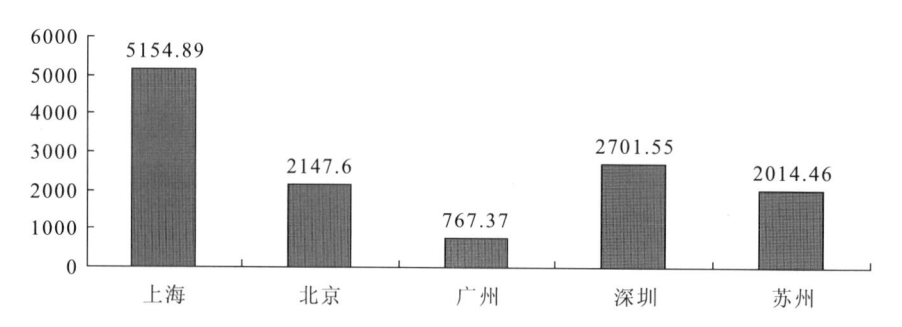

图1-7-4 我国五大城市2009年外贸进出口总额（亿美元）

上海	5154.89
北京	2147.6
广州	767.37
深圳	2701.55
苏州	2014.46

资料来源：上海、北京、苏州市的数据来自各城市的2009年国民经济和社会发展统计公报；深圳市数据来自深圳统计局2009年12月统计月报；广州市的资料来源于广州统计信息网的宏观经济数据库。

（二）主要经济指标快速增长

1. 经济增长速度举世罕见

1979—2009年期间，全市本地生产总值由1979年的1.96亿元增长至2009年的8201.23亿元，按当年价格计算的年均递增值为32.04%，超过同期全国国内生产总值平均增速20多个百分点，按1979年不变价格计算的年均递增值仍高达25.97%；人均GDP由1979年的606元，增至2009年的92045元，增加了152倍。这个增长速度举世罕见，创造了现代城市发展的奇迹。（见表1-7-1）

表1-7-1 深圳1979—2009年GDP及增长速度

年份	GDP（亿元，当年=100）	GDP增长率（%，当年=100）	人均GDP（元，当年=100）	本市生产总值（亿元，1979=100）	GDP增长率（%，1979=100）	人均GDP（元，1979=100）
1979	1.96	—	606	1.96	—	606
1980	2.70	37.55	835	3.20	62.70	988
1981	4.96	83.53	1417	4.91	53.78	1405
1982	8.26	66.56	2023	7.78	58.43	1907
1983	13.12	58.90	2512	12.32	58.30	2359
1984	23.42	78.46	3504	19.70	59.89	2949
1985	39.02	66.65	4809	24.54	24.53	3025
1986	41.65	6.72	4584	25.20	2.70	2774
1987	55.90	34.23	5349	31.60	25.40	3024
1988	86.98	55.60	6477	42.94	35.90	3198
1989	115.66	32.97	6710	50.97	18.70	2957
1990	171.67	48.43	8724	67.54	32.50	3432
1991	236.66	37.86	11997	91.85	36.00	4170
1992	317.32	34.08	12827	122.34	33.20	4430
1993	453.14	42.80	15005	160.16	30.91	4750
1994	634.67	40.06	16954	209.69	30.93	5017
1995	842.48	32.74	19550	259.62	23.81	5396
1996	1048.44	24.45	22498	304.25	17.19	5847
1997	1297.42	23.75	25675	355.52	16.85	6302
1998	1534.73	18.29	27701	409.67	15.23	6623
1999	1804.02	17.55	29747	470.06	14.74	6942
2000	2187.45	21.25	32800	543.74	15.67	7303
2001	2482.49	13.49	34822	621.75	14.35	7812
2002	2969.52	19.62	40369	720.15	15.83	8769
2003	3585.72	20.75	47029	858.32	19.19	10083
2004	4282.14	19.42	54236	1006.73	17.29	11421
2005	4950.91	15.62	60801	1158.48	15.07	12744
2006	5813.56	17.42	69450	1350.23	16.55	14222
2007	6765.41	16.37	79221	1548.72	14.70	17976
2008	7806.53	15.39	89814	1735.61	12.07	19968
2009	8201.23	5.06	92045	1921.32	10.70	21564

资料来源：按当年价格计算的1979—2008年的GDP、人均GDP数据来自《深圳统计年鉴（2009）》；按1979年不变价格计算的1979—2008年的GDP、人均GDP数据由《深圳统计年鉴（2009）》相应年份的本市生产总值指数计算而得；按当年价格计算的2009年的GDP、人均GDP数据依据深圳统计网站（http://www.sztj.com/pub/sztjpub-lic/tjsj/tjyb/default.html）的相关数据计算得到。按1979年不变价格计算的2009年的GDP资料来源于深圳发展委员会和深圳市统计局发布的《2009年深圳国民经济平稳健康发展》的分析报告。

按1979年不变价格计算的深圳1979—2009年本市生产总值增长速度见图1-7-5。

图1-7-5 按1979年不变价格计算的深圳1979—2009年本市生产总值增长速度

GDP 增长率（%，1979 =100）

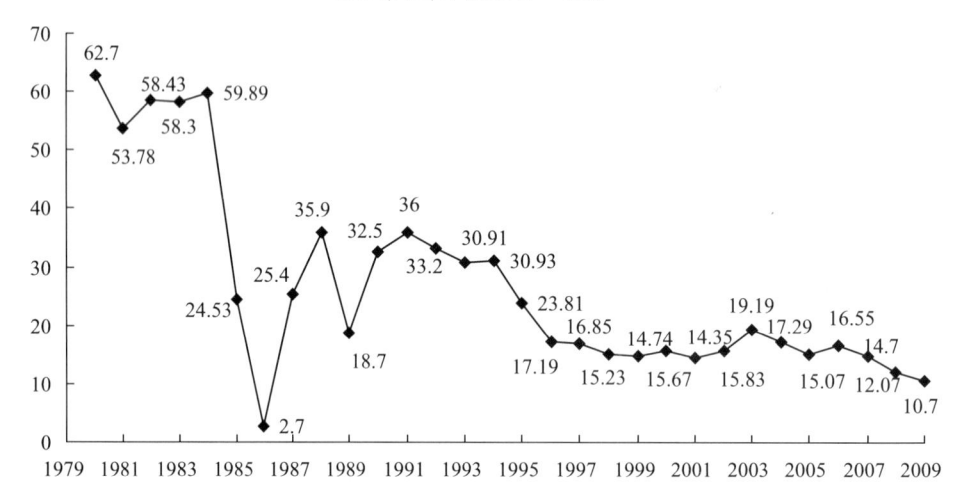

数据点：62.7、53.78、58.43、58.3、59.89、24.53、25.4、2.7、35.9、18.7、32.5、36、33.2、30.91、30.93、17.19、23.81、16.85、15.23、14.74、15.67、14.35、15.83、19.19、17.29、15.07、16.55、14.7、12.07、10.7

从图1-7-5看到，总体而言，20世纪80年代是深圳经济的超高速增长时期，也是经济波动很大的阶段；进入20世纪90年代后，经济增长速度虽有所降低，但经济发展更加平稳。

深圳的经济发展大致可以分为三个阶段：

第一阶段为1980—1985年，这是深圳建市开始的经济极高速增长期。GDP从1980年的2.70亿元，增加到1985年的39.02亿元（当年价）。按1979年不变价格计算，5年内GDP平均增长速度达到50.34%。这归功于改革开放初期，深圳依靠国家的政策支持、毗邻香港的区位优势和敢为人先的创新精神释放出了前所未有的能量，创造了举世瞩目的深圳速度。

第二阶段是1986—1995年，这是深圳经济实力发展壮大的时期。期间又可以细分为调整增长后的1986—1987年第一次调整时期和1988—1995年的高速、相对平稳增长时期。在这个阶段，深圳从一个尚处在农业经济阶段的边陲小镇真正发展成为人口超过百万的初具规模的工商业大城市，大量的、全方位的、多渠道的投资，以及基础设施建设和丰富的廉价劳动力为深圳经济的高速发展注入了强大活力。1992年邓小平同志的南方重要讲话对于深圳的繁荣发展起到了极大的促进作用。按1979年不变价格计算，这 10 年 GDP 平均增长速度为 26.60%。

第三阶段为 1996 年到目前为止，深圳经济在高速发展中走向成熟，尤其是产业结构、经济体制都在逐步完善。受基数大的影响，按 1979 年不变价格计算，1995—2009 年的平均增长速度为 15.37%，但仍高于同期全国平均增速 6 个百分点，位居全国各大城市首位。

2. 在保持经济快速增长的同时，经济效益也得到同步提高

深圳在保持经济快速增长的同时，初步形成了低能耗、高产出、高效益的经济发展模式。2009 年，全市本地生产总值 8201.23 亿元，地方财政收入 880.82 亿元，国税收入 1576.7 亿元。[1]2009 年深圳市在保增长中实现效益领先，初步估算，每平方公里 GDP 产出 4.2 亿元，比 2008 年提高 0.2 亿元；GDP 能耗、水耗持续下降，领先全国大中城市水平；化学含氧量排放总量完成年度减排目标，二氧化硫排放总量累计降幅提前完成"十一五"规划目标。[2]

深圳规模以上工业企业完成工业增加值由 1990 年的 49.55 亿元增加到 2009 年的 3429.90 亿元，按当年价格计算增长了近 70 倍；规模以上工业利税总额由 1990 年的 17.12 亿元增加到 2009 年的 1157.21 亿元，按当年价格计算增长了 66.8 倍；全社会劳动生产率由 1995 年的 43125 元／人增加到 2009 年的 128044 元／人，按当年价格计算增长了 196.91%。

表1-7-2　深圳主要年份的经济效益指标

年份	规模以上工业企业完成工业增加值（亿元，当年=100）	规模以上工业利税总额（亿元，当年=100）	工业经济效益综合指数（%）	全社会劳动生产率（元／人，当年=100）
1990	49.55	17.12	—	—
1995	286.97	82.18	142.73	43125
2000	815.22	286.93	182.50	70897
2005	2271.95	805.56	174.48	86556
2006	3086.56	960.09	172.50	92899
2007	3270.05	1157.21	189.80	103800
2008	3527.77	1261.25	188.30	117200
2009	3429.90	1160.94	179.30	128044

资料来源：1990、1995、2000、2005、2006、2007、2008 的数据来自各相应年份的《深圳统计年鉴》；2009 年的数据来自深圳统计网站（http://www.sztj.com/pub/sztjpublic/tjsj/tjyb/default.html）2009 年 12 月的统计数据。

---

[1] 深圳市国税局局长刘军在"深圳国税与特区同进步"情况通报会的介绍。
[2] 深圳发展改革委员会与深圳统计局发布的《2009 年深圳国民经济平稳健康发展的分析报告》。

3. 工业发展较快，对经济增长的贡献大

30年来，在深圳国民经济各行业中，工业的发展最为迅猛。1980—2009年，深圳工业总产值年均增长37.80%（以1979年为基期），超过同期其他经济指标的增幅。2009年，全市规模以上工业企业工业增加值达到3429.90亿元，对经济增长的贡献率达到了41.8%，居各行业之首。（见表1-7-3）

表1-7-3　深圳主要年份的工业总产值

年份	1980	1985	1990	1995	2000	2005	2006	2007	2008	2009
工业总产值（亿元，1979=100）	1.06	27.25	186.43	895.04	2298.40	6917.52	8501.85	9947.16	11458.22	11572.8

资料来源：1980—2008年的数据来自各年《深圳统计年鉴》，由1979年的工业总产值与各年的工业总产值指数计算得到，2009年的数据（1979=100）根据2008年的数据与深圳2009年12月《统计月报》中的同比增长率计算得到。

4. 财政收入持续迈上新台阶

深圳市地方财政收入由1980年的3043万元增加到2009年的880.82亿元，按当年价格计算增长了2895倍。（见表1-7-4）

表1-7-4　深圳主要年份的地方财政收入

年份	1980	1985	1990	1995	2000	2005	2006	2007	2008	2009
地方财政收入（亿元，当年=100）	0.30	6.29	21.70	88.02	221.92	412.38	500.88	658.06	800.36	880.82

资料来源：1980—2008年的数据来自《深圳统计年鉴（2009）》，2009年的数据来自深圳统计局2009年12月统计快报。

2004年以来，深圳市地方财政收入每年迈上一个新台阶：2004年突破300亿元，2005年突破400亿元，2006年突破500亿元，2007年突破600亿元，2008年更是一举突破800亿，2009年提高到880亿。

5. 外向型经济发展迅猛

外向型经济的带动是深圳经济增长的主要力量之一。深圳1980—2009年外贸进出口总额和实际利用外资额快速增长，主要年份的相关数据见表1-7-5。按1979

年不变价格计算，1980—2009年，深圳外贸进出口总额年均增长34.47%。[1]

表1-7-5　深圳主要年份的外贸进出口总额和实际利用外资额

年份	1980	1985	1990	1995	2000	2005	2006	2007	2008	2009
外贸进出口总额（亿美元）	0.18	13.06	157.01	387.70	639.40	1828.17	2373.86	2875.33	2999.55	2701.55
实际利用外资额（亿美元）	0.33	3.29	5.19	17.35	29.68	29.69	32.69	36.62	40.30	41.60

资料来源：1980—2008年的数据来自各年《深圳统计年鉴》；2009年的数据由深圳统计局2009年12月《深圳统计月报》整理而得。

2009年受全球经济危机影响，深圳出口总额有所下降，为1619.79亿美元，占全国出口总额的13.5%，占全省出口总额的45.1%，仍居于全国大中城市首位。在出口总额中，高新技术产品出口850.48亿美元，占52.5%；机电产品出口1243.56亿美元，占76.7%。[2]至2009年，深圳外贸出口总额连续17年位居全国大中城市榜首。

2009年深圳实际利用外资41.60亿美元。截至2009年底，全市累计批准外商直接投资项目49431个，累计实际利用外资510亿美元，在深圳投资的世界500强跨国公司总数累计达148家。[3]

6. 居民收入稳步提高

1980—2009年期间，深圳居民收入稳步提高，主要年份的在岗职工年平均货币工资和城镇居民人均可支配收入见表1-7-6。在岗职工年平均货币工资由1980年的979元增加到2009年的44220元，名义货币工资增长了45倍。以1979年为基期，1980—2009年深圳在岗职工年平均货币工资年均增长14.60%，扣除物价因素，职工

---

[1] 计算所需资料来源：按1979年不变价格计算的1980—2008年深圳外贸进出口总额由各年《深圳统计年鉴》中1979年进出口总额与各年的进出口总额指数计算得到，2009年的进出口总额数据由深圳统计局2009年12月统计快报整理得到。

[2] 2005—2008年数据来自《深圳统计年鉴（2009）》，2009年全国、广东省出口额数据来自国民经济和社会发展统计公报，2009年深圳数据来自深圳统计局2009年12月统计快报。

[3] 累计批准外商直接投资项目数和累计实际利用外资金额由1979—2009年每年的数据加总得到，其中1979—2008年的数据来自《深圳统计年鉴（2009）》；2009年数据来自2009年12月《深圳统计月报》。

年平均实际工资增长 7.2%。[1]

表1-7-6 深圳主要年份的在岗职工年平均工资和城镇居民人均可支配收入

年份	1980	1985	1990	1995	2000	2005	2006	2007	2008	2009
在岗职工年平均货币工资（元，当年=100）	979	2418	4304	12276	23039	32476	35107	38798	43454	44220
城镇居民人均可支配收入（元，当年=100）	—	1915	4127	12771	20906	21494	22567	24870	26729	29245
恩格尔系数（%）	—	47.5	47.2	39.9	29.4	33.4	33.3	32.5	36.0	35.0

资料来源：1980—2008 年的数据来自《深圳统计年鉴（2009）》；2009 年的数据来自深圳市统计局 2009 年 12 月统计快报。

说明：2005 年开始，深圳居民调查户由 200 户增至 600 户（户籍＋暂住），故 2005—2009 年居民人均可支配收入与 2005 年以前不可比。

根据深圳市每年进行的居民家庭抽样调查资料显示，1985 年城镇居民人均可支配收入为 1915 元，至 2009 年底城镇居民人均可支配收入增长到 29245 元。2009 年城镇居民人均消费性支出 21526 元，恩格尔系数为 35.0%（见表 1－7－6），年末居民人均住房建筑面积 24.47 平方米，年末储蓄存款余额 3792.59 亿元[2]。

7. 固定资产投资趋于适度增长

1980 年以来，深圳固定资产投资保持增长态势。1980—2009 年期间，按当年价格计算的固定资产投资增长了 1239 倍（见表 1－7－7），增长幅度惊人。但深圳固定资产投资增长总体趋于适度：1980—1985 年增长了 23 倍，1986—1990 年增长了 0.87 倍，1991—1995 年增长了 3.4 倍，1996—2000 年增长了 1.25 倍，2000—2005 年增长了 0.9 倍，2005 年以来，随着经济增长方式的转变，深圳固定资产投资呈逐步回落态势，2006 年比 2005 年增长 7.79%，2007 年比 2006 年增长 5.66%，2008 年比 2007 年增长 9.12%，2009 年比 2008 年增长 16.46%。

---

[1] 根据《深圳市 1980—2008 年主要指标年平均增长速度》（深圳统计网站，http://www.sztj.com/pub/sztjpublic/tjsj/tjnb/default.html）中的 1980—2008 年职工年平均实际工资增长率及 2009 年职工货币工资增长率与通胀率计算得到。

[2] 2009 年数据来自深圳统计局 2009 年 12 月《深圳统计月报》。

2009年完成全社会固定资产投资1709.15亿元，其中，基本建设投资1043.63亿元，房地产开发投资437.46亿元，更新改造投资166.96亿元，其他投资61.11亿元。三次产业的固定资产投资构成为：第一产业投资仅0.06亿元；第二产业投资385.63亿元，占投资总额的22.56%；第三产业投资1323.46亿元，占投资总额的77.43%。全年商品房施工面积3112.36万平方米，比上年下降5%，其中，住宅2087.47万平方米，下降5.6%；商品房竣工面积402.01万平方米，下降36.2%，其中，住宅269.54万平方米，下降39.3%。[1]

表1-7-7　深圳主要年份的固定资产投资额

年份	1980	1985	1990	1995	2000	2005	2006	2007	2008	2009
固定资产投资额（亿元，当年=100）	1.38	33.32	62.34	275.82	619.70	1181.15	1273.70	1345.00	1467.60	1709.15

资料来源：1980—2008年的数据来自《深圳统计年鉴（2009）》；2009年的数据来自深圳市统计局2009年12月统计快报。

8. 消费品市场持续畅旺

深圳社会消费品零售额增长快速，市场畅旺。30年来，按当年价格计算的社会消费品零售额增长了1326倍。（见表1-7-8）

表1-7-8　深圳主要年份的社会消费品零售额

年份	1980	1985	1990	1995	2000	2005	2006	2007	2008	2009
社会消费品零售额（亿元，当年=100）	1.96	26.56	66.76	426.94	735.02	1437.67	1671.29	1915.03	2251.82	2598.68

资料来源：1980—2008年的数据来自《深圳统计年鉴》2009年的数据来自深圳统计局2009年12月《深圳统计月报》。

2009年社会消费品零售总额2598.68亿元，其中，批发零售贸易业零售额2251.77亿元，住宿餐饮业零售额346.91亿元。在批发零售贸易业零售额中，限额以上商业零售额1060.08亿元，限额以下和个体户零售额1191.69亿元。2009年深圳社

---

[1] 深圳统计局2009年12月《深圳统计月报》。

会消费品零售总额在全国大中城市中位居第四。[1]

9. 金融服务业增长速度高

金融业作为深圳的支柱产业之一，在1980年至2009年的30年间发展迅速。1980年深圳的国内各项存款余额仅为2.03亿元，贷款余额仅为1.34亿元，到2009年分别增加至16938.19亿元和11646.34亿元，金融业总资产高达2.8万亿元，在全国大中城市中名列第三。按当年价格计算，1980—2009年深圳国内各项存款余额增长了8344倍，各项贷款余额增长了8691倍，年平均增长速度分别高达36.52%和36.72%。

1980年深圳金融业增加值只有0.23亿元，对GDP贡献率为8.52%；到2009年金融业增加值增加到1148.14亿元，对GDP贡献率达到13.9%。特别是近三年来，金融业对深圳经济增长的贡献不断提升。

截至2009年，深圳有17家证券公司，居全国各城市第一，总资产4701.07亿元，同比增长58.55%；16家基金公司管理基金规模8071.28亿份、资产净值8677.57亿元，约占全国基金总规模、总净值的三分之一，仅次于上海；13家期货公司，累计代理交易额13.52万亿，比上年同期增长58.87%，约占全国的10.36%。深圳保险市场累计实现原保费收入271.59亿元，同比增长12.78%。[2]

表1-7-9 深圳主要年份的国内各项存贷款余额和金融业增加值

年份	1980	1985	1990	1995	2000	2005	2006	2007	2008	2009
国内金融机构各项存款余额（亿元，当年=100)	2.03	30.26	194.69	1202.93	3169.00	8478.16	9540.04	11495.79	13011.24	16938.19
国内金融机构各项贷款余额（亿元，当年=100)	1.34	53.70	238.62	786.34	2292.18	6168.04	6755.32	7965.45	9058.46	11646.34
金融业增加值（亿元，当年=100)	0.23	4.65	24.02	88.79	221.54	310.58	470.49	720.32	1007.0	1148.14

资料来源：1980—2008年的数据来自各年《深圳统计年鉴》；2009年的数据来自深圳统计局2009年12月《深圳统计月报》和深圳政府在线http://www.sz.gov.cn/jrb/tjsj/zxtjxx/201002/t20100223_1466282.htm。

---

[1] 深圳统计局2009年12月《深圳统计月报》。
[2] 深圳市政府在线网站：http://www.sz.gov.cn/jrb/tjsj/zxtjxx/201002/t20100223_1466282.htm。

（三）民营经济增长迅速，成为深圳国民经济的重要力量

深圳民营经济增长迅速，在深圳经济发展中发挥着越来越重要的作用。目前，深圳市共有民营企业近30万家，占全市企业总数的90%以上；实现民营经济增加值2175.92亿元，占全市GDP的26.53%。众多民营及中小企业改制上市是深圳民营工贸经济保持又好又快发展态势的一个缩影，将有效拉动深圳的经济增长。

2009年，深圳规模以上民营工业企业实现销售收入2549.70亿元，同比增长12.60%，占全市规模以上工业企业销售收入的16.5%。全市规模以上民营工业企业销售收入继续以10%以上的速度稳步增长，增速均高于全市总体水平。2009年，民营企业实现加工贸易进出口总额39.80亿美元，同比增长28.9%，其中，民营企业加工贸易出口总额25.60亿美元，进口总额19.32亿美元；深圳民营批发零售贸易企业实现社会消费品零售总额1690.60亿元，同比增长19%，占全市批发零售贸易企业社会消费品零售总额的72.59%。全市民营运输、邮电企业380家，实现营业收入10.57亿元。

表1-7-10　2009年深圳市民营经济主要指标

指标名称	单位	2009年度	同比增长（%）
一、民营经济增加值	亿元	2175.92	13.50
二、规模以上民营工业企业销售收入	亿元	2549.70	12.60
三、民营批发零售企业零售总额	亿元	1690.60	19.00
四、民营运输、邮电企业营业收入	亿元	10.57	12.80
五、民营企业外贸进出口总额	亿美元	512.95	40.47
民营企业外贸出口	亿美元	423.7	2.9
民营企业外贸进口	亿美元	134.59	25.14
六、民营固定资产投资额	亿元	199.83	-0.90
其中：住宅投资	亿元	100.24	-10.70

资料来源：深圳统计局2009年12月《深圳统计月报》。

民营企业是深圳自主创新最活跃的群体。深圳目前有国家和省级高新技术企业1000多家，其中60%是民营科技企业。2009年深圳专利申请数量近4.2万件，其中，发明专利申请近2万件，这些专利绝大部分是由中小及民营企业申请的。深圳科技研发人员的40%以上集中在民营企业，64%的民营企业拥有自己的知识产权，由自主知识产权产品创造的产值占深圳民营企业总产值的88%，民营企业获得的国家驰名商标及省级著名商标占全市总数的一半。占软件企业总数91%的民企，几乎全部拥有自主

知识产权的核心技术和自主品牌的产品，它们创造了软件产业 98% 的产值和 99% 的利润。[1] 经过十多年的发展，深圳民营企业在计算机、通讯、软件、医疗器械、新材料和生物工程等高新技术领域成绩突出，涌现出一批规模较大、实力雄厚、具有核心竞争力的民营企业，如华为、中兴、创维、比亚迪、海王、腾讯、大族激光、金蝶、迈瑞等。

民营企业名牌发展成效显著。深圳大批骨干企业凭借自主创新优势和中国经济一枝独秀的支撑，表现出较强的抗压能力和创新活力。据世界知识产权组织统计，中兴通讯 2009 年国际公开专利申请为 502 件，增长 52.58%，增幅居全球企业第一；华为则在 2008 年结束了飞利浦连续 10 年的全球霸主地位，2009 年排名全球第二。国际专利申请量大幅增长，意味着深圳企业在拓展国际市场上有更多话语权。[2]

民营企业对经济增长和财政收入贡献大。近几年，我市民营及中小企业上缴税收，占全市企业纳税的比重始终保持在 50% 以上。2009 年，全市民营及中小企业共缴纳税收 877.97 亿元（不含海关代征税收、股票交易印花税和车辆购置税），同比增长 2.5%，占全市企业缴纳税收总额的 52.4%。[3]

（四）自主创新推动深圳高新技术产业持续快速发展

20 世纪 90 年代初，面对新技术革命风起云涌的大潮，深圳市委、市政府审时度势，提出依靠科技进步和自主创新来提升深圳整体竞争力，大力发展高新技术产业。

深圳市自主创新经历了从启动、成长到壮大的发展阶段。20 世纪 90 年代初至 1995 年为"启动期"，深圳市发布了《关于推动科学技术进步的决定》，拉开了深圳自主创新的序幕；1995 年到 2000 年为"成长期"，深圳市出台了《关于进一步扶持高新技术产业发展的若干规定》，在全国率先引发了新一轮的高新技术产业发展热潮；2000 年以来为"壮大期"，深圳市先后在 2004 年颁布了"1 号文件"——《关于完善区域创新体系，推动高新技术产业持续快速发展的决定》，2006 年 1 月 4 日颁发了新的"1 号文件"——《关于实施自主创新战略，建设国家创新型城市的决定》，正式将自主创新确立为深圳市的城市发展主导战略，目标是建设"国家创新型城市"。2006

---

[1]《深圳民企出口为何逆势上扬？》，《晶报》2009 年 7 月 27 日。
[2]《深圳国际专利申请连续六年全国居首》，《深圳特区报》2010 年 3 月 18 日。
[3]《民企创造深圳三成 GDP，多数传统行业民企全面复苏》，《深圳特区报》2010 年 3 月 11 日。

年 4 月，深圳市政府第一次向国家发改委申请建设创新型城市。2007 年 4 月，深圳市与科技部、广东省政府签署了《共建国家创新型城市框架协议》，提出把深圳建设成为国家战略高技术研究开发、高新技术产业化和高技术创新企业孵化器的重要基地。10 月，深圳市又与信息产业部、广东省政府签署了《推进国家信息产业自主创新示范城市战略合作框架协议》，提出建设若干国家级信息产业园，建设信息产业创新人才培养和国际合作示范区，并开展重点技术领域国家重大专项的联合攻关。2008 年 3 月，深圳市向国家发改委再次呈报了《关于深圳建设国家创新型城市的请示》。2008 年 6 月，国家发改委正式发文，批准深圳成为全国第一个创建国家创新型城市的试点。这标志着深圳的创新型城市建设已纳入国家战略，深圳的自主创新工作进入了一个新的发展阶段。

1. 深圳自主创新环境不断优化，自主创新能力不断提高

自主创新是具有很强外部经济性的活动，仅靠市场很难使创新活动处于社会需求的最优水平，必须有政府的引导。深圳在营造自主创新政策环境方面做了很多工作，20 世纪 90 年代中期以来，据不完全统计，深圳市共出台了 50 多个科技方面的重要文件、地方性法规和规范性文件，包括市委、市政府文件 5 个、地方性法规 3 项和规范性文件 48 个，初步形成了推动科技进步和自主创新的政策法规体系，为深圳走自主创新之路提供了一个良好的政策法规环境。特别是深圳 2006 年"1 号文件"颁布后，深圳市 19 个部门分别从各自的角度制定了 20 个配套政策。（见表 1—7—11）深圳的自主创新政策主要在分配制度、人才政策、标准化战略、保护知识产权、推动本土创新企业的发展、建立和完善区域创新体系、从产业发展战略向城市发展战略转变等方面实现了突破。

深圳形成了良好的创新文化。深圳文化是一种在移民文化基础上形成的兼容型文化，这种文化资源的优势和价值主要体现在两个方面：（1）文化的兼容性。深圳文化广纳百川，兼容了国内各个地区性文化和西方文化，深圳是中国排他性最小的城市，成为汇聚人才的有利因素。[1]（2）以年轻人和移民构成的文化主体，加上深圳作为改革开放的前沿，特区特有的政策环境，文化内涵中具有很强的敢冲敢干敢为天下先的风险精神、创新精神和竞争精神。

---

[1] 倪鹤琴：《深圳文化发展面临的挑战与使命》，《特区理论与实践》2002 年第 6 期。

表1-7-11　深圳市实施自主创新战略建设国家创新型城市配套文件

相关文件	政策要点
发改局：示范基地和科技基础设施建设配套政策	经国家和市政府批准的高技术产业示范基地及基地内建设项目列入市重大建设项目；建设各类专业科技孵化器、创业园以及产业基地。
海关：支持自主创新配套措施	为自主创新企业提供高效便捷的通关环境；完善和拓展保税区、出口加工区等特殊监管区域的功能，支持自主创新企业进入特殊区域。
出入境检疫局：支持自主创新实施意见	提供优惠通关政策；优先推荐出口免检；优先办理认证注册；优先推荐名牌产品；优先提供个性化服务。
科技信息局：鼓励自主创新配套政策	加大培育自主创新行业龙头企业支持力度；加大留学生专项资金支持力度；加大创新支撑平台资助资金支持力度；实施"中小企业上市培育工程"。
贸易工业局：增强企业创新能力配套政策	加大公共技术服务平台支持力度；大力发展信息技术外包（ITO）和业务流程外包（BPO）等各类外包业务；鼓励境外科研机构参与科技研发。
质监局：推进标准化战略配套政策	加大自主知识产权标准研制力度；推进采用国际标准和国外先进标准；建立标准信息服务平台；建立公共检测平台；完善区域标准化中介服务体系。
知识产权局：知识产权保护的配套政策	完善知识产权地方立法；充分发挥行业组织的尊权维权作用；开展知识产权维权援助工作；扶持和培育各类知识产权优势企业；鼓励中小企业申请发明专利。
财政局：技术进步资金管理配套政策	科技创新与技术进步资金实行企业（个人）申请、专家（中介）评审、社会公示、政府决策管理模式；建立总体规划与协调机制；建立资金使用绩效评价制度。
企业家服务处：企业家服务工作机制实施意见	建设国内外企业家交流中心；建立企业家紧急事态应对机制；建立企业家约见深圳市和相关机构领导的制度；建立企业家服务工作联席会议制度。
工商局：自主创新型企业发展配套政策	放宽自主创新型企业注册资本条件；放宽自主创新型企业住所登记条件；鼓励留学人员创办自主创新型企业；为自主创新型企业发展提供便利直通车服务。
外事办：外事服务政策	完善市涉外案（事）件协调联席会议制度；开通深港两地科技园区直通巴士。
国税局、地税局：支持自主创新服务措施	简化涉税业务工作流程；简化政策性优惠审批程序；设立涉税服务"绿色通道"；提供办税预约服务；提供普通发票供应优质服务。

(续表)

相关文件	政策要点
高新园区领导小组：国际科技园区和基地配套政策	推进深圳虚拟大学园的国际化；提升高新区孵化器服务水平；加快推进深圳软件出口基地的建设，探索深港创新圈科技合作新模式；建设高新技术产业基地。
公安局：保护自主创新政策	依法严厉打击侵犯知识产权犯罪；完善行政执法与刑事司法衔接机制；进一步完善重点联系企业制度。
司法局：优质高效法律服务配套政策	建立法律服务智囊团；建立法律服务的绿色通道；重点扶持一批有特别专长的律师事务所；办理专利权、商标权使用许可协议公证。
人事局：创新型人才高地的配套政策	放宽高层次人才入户限制；放宽专业技能人才入户政策；放宽毕业生接收入户政策；加快培养博士后人才队伍；建立高层次人才科研助制度。
教育局：高等院校自主创新配套政策	加快深圳大学城建设步伐；采用全新办学体制和运行机制；充分发挥高校的学科综合优势；建立以高校为依托的创新支撑平台。
财政局：政府采购扶持创新配套政策	对具有自主知识产权的重要高新技术装备和产品实行政府首购；充分运用法定政府采购方式采购自主创新产品；优化自主创新产品评标方法。
深圳市中院：知识产权司法保护意见	完善知识产权审判的诉讼指引制度；建立知识产权案件审理、执行的快捷通道；强化知识产权侵权行为人的赔偿责任；加大对侵犯知识产权犯罪的惩处力度。
检察院：保护企业科技创新实施意见	积极查办国家机关工作人员在科技创新领域的职务犯罪案件；建立检察机关和公安部门、知识产权部门的协调配合机制。

资料来源：深圳国际科技商务平台网，http://www.szistb.org/index.asp?bianhao=186。

深圳文化环境多元、开放和兼容并蓄，崇尚竞争、敢闯敢试，但又脚踏实地、宽容失败，逐步形成了创新文化氛围。2005年11月，深圳市四届人大常委会正式审议国内第一部改革创新的"保护法"，立法保护创新的失败者。深圳是中国第一个风险投资试点城市，自1994年就开始风险投资体系的探索创建工作，经历十几年的发展，深圳风险投资已成长为具有一定规模的新兴投融资产业，出现了全国最早及最大的合伙制创投企业。目前，深圳在创业风险投资机构特别是本土机构的数量、管理创业资本规模、科技项目投资量及从业人员队伍等方面均位居全国前列。2008年4月，经中国风险投资论坛四家举办单位——民建中央、科技部、广东省人民政府、深圳市政府共同研究决定，自2009年开始，深圳成为中国风险投资论坛主论坛的永久会址。

20世纪90年代以来,深圳的自主创新能力不断提高,专利申请数由1991年的261件增加至2008年的36249件,17年增长了139倍,年均增长33.66%。(见表1－7－12)据中国专利保护协会发布的信息显示,2009年,深圳两大企业位列国内专利申请数量排名的首位和第二位,其中,中兴通讯以5719件国内专利申请量首次占据榜首,同比增长逾20%。而海外专利申请量更同比增长超过200%,达1164件,增长量居全球首位。在全年6000多件国内外专利申请量中,九成以上为发明专利,其中,无线专利申请量达到三成。在此前已连续六年蝉联中国企业专利申请数量第一的华为,去年的专利成绩也相当耀眼。截至2009年12月31日,华为累计申请专利42543件,专利授权13236件,其中2009年申请专利数量为6770件。值得注意的是,华为LTE方面的专利数量非常突出。根据欧洲电信标准协会的统计,截至2009年11月13日,华为LTE基础专利数量168项,占全球11%的市场份额,在设备厂商中排名第一。[1]

表1－7－12　深圳主要年份专利申请数量

年份	1991	1995	2000	2005	2006	2007	2008
专利申请数量	261	1104	4431	20940	29728	35808	36249

资料来源: 1991—2006年的数据来自《深圳统计年鉴(2007)》,2007年的数据来自深圳市贸易工业局网站,http://www.szbti.gov.cn/newweb/mgdt/content.php?tmpid=0613200801220001;2008年的数据来自深圳市2008年国民经济和社会发展统计公报。

以企业为主体的自主创新体系已经形成。一是形成了四个"90%以上"的格局,即90%以上的研发机构设立在企业,90%以上的研发人员集中在企业,90%以上的研发资金来源于企业,90%以上职务发明专利出自企业。二是形成了较大规模的自主创新企业群体,截至2008年底,认定的高新技术企业3548家。三是培育了一批自主创新龙头企业,全市高新技术企业工业产值过亿元的有620家,其中超过10亿元的84家,超过20亿元的48家,超过100亿元的8家,超过1000亿元的2家。形成了大、中、小三个层次的创新企业梯队。[2]

---

[1]《2009年全国专利申请量排行,深企包揽前三》,《深圳商报》2010年2月9日。

[2] 数据根据深圳市中小企业服务中心网(http://www.szsmb.gov.cn/document/2008/4/details-47629.htm)与深圳高新区(产业带)网(http://www.chinahtp.com/ClassesHighTech.asp)上相关数据整理。

深圳经济科技贡献率全国居首。总部位于美国纽约的世界生产率科学联盟（WCPS）是汇聚全球知名科学家、企业家的重要国际性科学联盟。世界生产率科联的中国分会于 2007 年 12 月 15—16 日在深圳举办了"世界生产率与科学发展观高峰论坛暨世界生产率科联中国分会成立 20 周年庆祝大会"，并在深圳设立分会重要的下属机构——"深圳生产率科学促进局"。在 2007 年 11 月 28 日举行的"世界生产率与科学发展观高峰论坛"新闻发布会上，中外生产率权威专家认为，近年来深圳努力提高科技对经济发展的贡献率，在科研和科技成果转化等方面成绩显著。自 2005 年起，深圳研发经费投入的比例居于全国领先水平，科技在推动 GDP 发展方面的贡献率已达到 60%—70%，深圳已成为我国利用科技推动城市经济发展最快的城市。深圳的"科技贡献率"居全国第一。[1]

在 2010 年 1 月 11 日召开的国家科学技术奖励大会上，深圳市共获 6 项大奖，且均为科学技术进步奖。根据此次奖励大会上揭晓的评奖情况，深圳市共有 2 个独立推荐申报的重大科技创新项目获得了国家科学技术进步奖二等奖，包括：华为公司完成的"无源光接入汇聚复用设备"、中兴通讯完成的"新一代无线技术平台"。由深圳市环境科学研究院参与完成的"受污染水体生态修复关键技术研究与应用"、深圳思盛投资发展公司参与完成的"产品复杂曲面高效数字化精密测量技术及其系列测量装备"、中兴通讯参与完成的"基于 CDMA 的数字集群通讯技术标准应用"以及中兴通讯和华为公司共同完成的"ITU-T 多媒体业务系列国际标准及应用"等 4 个项目也均获得了国家科学技术进步奖二等奖。中兴通讯公司在此次评奖中表现抢眼，共有 3 项成果获奖，占深圳获奖总数的一半。[2]

2. 高新技术产业保持较快发展的良好态势

深圳的高新技术产业与深圳自主创新同步发展。早在 20 世纪 90 年代初，深圳就已将高新技术产业放在重要位置，从而使深圳的高新技术产业得到了长足发展，成为拉动深圳经济的重要增长点。从 1999 年到 2009 年，深圳市高新技术产品产值创造了年均 30.02% 的惊人增长速度。高新技术产业作为深圳市的四大支柱产业之一，对深圳经济增长尤其是对工业的增长作出了重大贡献，确保了工业经济持续快速增长。其中，具有自主知识产权的高新技术产品产值占高新技术产品产值的比值趋于增长（见表 1—7—13），

---

[1] 资料来自深圳市贸易工业局网：http://www.szbti.gov.cn/newweb/mgdt/content.php?tmpid=0613200711300002。
[2] 《2009 年度国家科学技术奖揭晓，深圳喜获 6 项二等奖》，《深圳特区报》2010 年 1 月 12 日。

1999年到2008年深圳市具有自主知识产权的高新技术产品产值年均增长率达到33.46%。

表1-7-13　1999—2008年深圳具有自主知识产权的高新技术产品产值

年份	1999	2000	2001	2002	2003	2004	2005	2006	2007	2008
具有自主知识产权的高新技术产品产值（亿元，当年＝100）	383.36	534.54	745.63	954.48	1386.64	1853.09	2824.17	3653.29	4454.39	5148.17
同比增长（%）	—	39.37	39.49	31.00	45.28	33.35	33.35	29.40	21.9	15.6
占高新技术产品产值比重（%）	46.76	50.22	53.67	55.82	55.85	56.73	57.81	57.90	58.62	59.1

资料来源：《深圳统计年鉴（2009）》。

近年来，深圳的高新技术产业发展正在向内地许多地区辐射，深圳的富士康集团、华为公司等一批大型高新技术企业先后在许多城市兴建了生产基地和产业园；1999年经国务院批准，目前中国规模最大、最具影响力、有"中国科技第一展"之称的科技类展会——中国国际高新技术成果交易会在深圳举办，至2009年已成功举办了11届，吸引了海内外大批科技企业聚集深圳开展技术交流和项目合作，成效显著；2009年深圳证券交易所开设创业板，助推高新技术企业融资发展。这一系列举措给深圳高新技术产业发展注入了活力。

2008年，高新技术产业在深圳工业和国民经济中的重要地位日益加强。高新技术产业作为深圳第一支柱产业的地位得到进一步巩固。深圳高新技术产品的产值8714.26亿元，按现行价格计算，比上年增长14.7%，占全市规模以上工业总产值的54.9%，其中具有自主知识产权的高新技术产品产值5148.17亿元，增长15.6%，占全部高新技术产品产值比重59.1%，比上年提高近0.5个百分点。[1]

2008年深圳高新技术产业增加值2526.18亿元，增长15%，占全市GDP的32.4%，占全市工业增加值的69.82%，比上年提高3.82个百分点；高新技术产品的净利润总额是479.95亿元，比上年增长了37.13%；高新技术产品的缴税总额是301.22亿元，比上年增长了10.34%。[2] 高新技术产业对深圳经济的贡献持续增加。

---

[1]《深圳市2008年国民经济和社会发展统计公报》。
[2] 同上。

深圳高新技术产品的出口在全市工业出口中占有较大的份额，是深圳工业出口品中的主要产品。2009 年，在出口总额中，高新技术产品出口 850.48 亿美元，比 2008 年减少 5.5%，占全市出口总额 52.51% 的份额。[1]

深圳高新技术产业的整体产出规模有了进一步的扩大，特别是拥有自主知识产权的产品占全部高新技术产品的一半以上，而且比重不断提高，反映了深圳高新技术企业自主创新的能力在不断提升。

（五）深圳成为中国最主要的招商引资中心之一

经过 30 年的发展，深圳培育了大量有一定实力的企业，积累了巨大财富，综合经济实力在中国大中城市名列前茅，经济影响力越来越大。但同时，由于客观条件的制约，土地、资源、人口、环境"四个难以为继"的问题开始凸显。在土地等运营成本增加、深圳进行产业调整和升级，以及自身追求更大发展等多种因素的推动下，大批实力企业开始把投资的目光投向全国。凭借领先发展形成的技术、经验和资金优势，以及毗邻国际投融资本集聚的香港的区位优势，近年来深圳的企业已经被越来越多的内地省份当成了招商目标，这些省份纷纷推介自身优秀的投资环境、寻求资金及合作项目，可以说，来深招商引资已成为推动各省市经济发展的重要手段。

2008 年 6 月 27 日至 28 日，2008 中国（深圳）国际投资贸易洽谈会（以下简称深洽会）在深圳会展中心拉开帷幕。深洽会凭借其独有的特色吸引着国内外的参展商，共有包括 50 多家海外机构和企业在内的 468 家单位参会参展，展位达到 705 个，投资项目超过 1 万个，参展面积约 3 万平方米；参加此次会展的还有来自包括内地 28 个省、自治区、直辖市等 115 个市、州、县、区、开发区的领导，香港和澳门特别行政区、台湾地区共 50 多个机构的代表，以及来自美国、俄罗斯、法国、英国、德国、加拿大、比利时、荷兰、芬兰、丹麦、意大利、爱尔兰、印度、韩国、马来西亚、泰国、以色列、赞比亚等 20 多个国家的代表。[2] 第二届深洽会于 2009 年 6 月 26 日开幕，为期两天，吸引了国内 31 个省市的 121 个代表团参加，带来 15200 多个优质的招商项目；香港厂商联合会、香港国际企业联合会、香港中华总商会等 8 家商协会相继组织了一批会员企业进场参观洽谈；澳门方面组织了 24 家企业参展。各代表团及参展

---

[1] 深圳市科技工贸和信息化委员会：http://www.szsitic.gov.cn/Index22/376.shtml。
[2] 《2008 中国（深圳）国际投资贸易洽淡会开幕》，《深圳特区报》2008 年 6 月 28 日。

商达成各类意向投资项目 1350 多个，其中现场签订投资项目 31 项，签约协议投资金额达 220 亿元。据统计，2009 年深洽会参加洽谈的人数达 3 万余人次，630 多家企业与来自印度、美国、加拿大、澳大利亚、比利时、埃及、菲律宾等国家及港澳台地区的一批采购商达成进口采购 25 亿元人民币贸易合同意向。深圳食品行业还与美国阿肯色州达成 2010 年组织庞大采购团访美采购意向。[1] 第三届深洽会将于 2010 年 6 月 22 日至 26 日在深圳五洲宾馆、深圳会展中心等多个场馆开幕。

二、深圳经济特区社会发展的成就

（一）收入分配相对公平

反映收入分配公平的主要指标是基尼系数，它是 20 世纪初意大利经济学家基尼根据洛伦茨曲线推算出的用于判断一个国家或地区分配平等程度的指标。该系数可在 0 和 1 之间取任何值，基尼系数越低，说明分配平均程度越高，贫富悬殊越小；基尼系数越大，说明分配平均程度越低，贫富悬殊越大。国际上通常认为，若基尼系数低于 0.2 表示一国居民收入绝对平均，在 0.2 与 0.3 之间表示比较平均，在 0.3 与 0.4 之间表示相对合理，在 0.4 与 0.5 之间表示收入差距过大，超过 0.5 则意味着出现两极分化。

改革开放以来，中国经济发生了巨大而深刻的变化，在人们整体收入水平显著提高的同时，也出现了收入差距拉大的现象。世界银行的统计数据显示，我国的基尼系数在改革开放前为 0.16，2003 年已经为 0.458，超过了国际公认的警戒线 0.4，2004 年我国基尼系数超过 0.465，2005 年为 0.47[2]，2006 年为 0.47，到了 2007 年达到 0.48[3]，已经逼近 0.5 水平。

与全国相比，深圳的收入分配相对公平。2000 年以来，深圳基尼系数一直维持在 0.3 左右，2005 年为 0.36，低于全国的 0.47；2006 年为 0.34，比 2005 年减少了 0.02，低于全国的 0.47。说明深圳收入分配相对公平。

---

[1]《现场签约协议投资金额 220 亿》，《深圳特区报》2009 年 6 月 28 日。
[2] 人民网：http://www.people.com.cn/GB/32306/33232/5544097.html?。
[3]《收入分配改革不宜久拖不决》，《经济参考报》2010 年 7 月 22 日。

（二）社会保障覆盖面较广

深圳是我国较早推行社会保险型社会保障制度的城市之一，社会保障体系相对较为完善，特别是在外来务工和城市化人员的社会保险制度建设方面较具代表性。

深圳社会保障制度已经实现了全覆盖。一方面，深圳市社会保障的制度、保障方式和办法统一。深圳的社会保障制度将机关事业单位的基本保障与企业的基本保障统一起来，实行同样的养老保险、医疗保险和失业保险等基本保险制度，在此基础上，分别建立补充保险制度；另一方面，深圳市对包括外来务工人员在内的全市成员都建立了相应的社会保障制度，基本实现了全覆盖。深圳在全国率先探索建立了劳务工医疗保险制度，2006年6月1日，深圳开始实施《深圳市劳务工医疗保险暂行办法》，这是全国首个劳务工医疗保险办法。《深圳市劳务工医疗保险暂行办法》规定，每月企业交8元，员工个人交4元，既保门诊，又保住院。其中，劳务工医疗保险门诊费用报销率为79%，可报销的药品有1200种。[1]

深圳养老保险制度实现了全覆盖。深圳养老保险制度建立了个人账户与社会统筹相结合的个人账户实账积累模式，其中，社会统筹部分采用的是给付预定的现收现付制（DB型），个人账户则是缴费预定的基金制（DC型）。截至2009年12月31日，深圳市基本养老保险累计结余682.24亿元，其中个人账户累计结余511.99亿元，占75.05%，个人账户逐步做实。

深圳医疗保险制度也实现了全覆盖。深圳实行多层次的基本医疗保险制度，将医疗保险分为综合医疗保险（包括门诊、住院）、住院医疗保险两种形式。其中具有深圳市户籍的在职职工，参加综合医疗保险；暂住户口职工和领取失业救济金的失业人员，参加住院医疗保险。深圳市建立了统一的失业保险制度；凡在特区注册的各类企业及实行企业化管理的事业单位，应按规定缴纳失业保险费；国家机关、社会团体、事业单位实行合同管理的员工，用人单位也应为其缴纳失业保险费。

截至2009年10月底，深圳工伤保险参保人数达到817.21万人，基本实现了全覆盖。[2]

深圳从2008年3月3日起首次发行全国通用社保卡，在全市范围内发行具有"一卡多用"和"全国通用"等特点的社会保障卡，并计划用三年时间将参保人原来持有

---

[1] 《两年内医保覆盖全市外来工》，《广州日报》2007年3月26日。
[2] 深圳市社会保险基金管理局：http://www.szsi.gov.cn/sbjxxgk/tjsj/tj/200911/t20091113_2645.htm。

的深圳市劳动保障卡或深圳市职工社会保险证全部过渡为社会保障卡。[1]

深圳社保覆盖全部户籍残疾人。《深圳市残疾人参加社会保险试行办法》于 2008 年 4 月起开始颁布试行，将深圳户籍残疾人全部纳入社会保障体系中，每年残疾人就业保障金安排超过 2000 万元，对约 2.4 万困难失业残疾人给予社会保险费补贴。深圳是全国第一个实现残疾人参加社会保险全员覆盖的城市。[2]

截至 2010 年 1 月，深圳正在修改《深圳市社会医疗保险办法》，此次修改将把持深圳市居住证的非深圳户籍人员纳入医保范围，预计到 2011 年基本医疗保险将覆盖全市常住居民。[3]

（三）文化建设发展迅速，文化软实力增强

随着深圳经济的快速发展，深圳的文化事业和文化产业也取得了长足进步。与特区现代化建设和改革开放进程相适应的新质文化不断萌生，城市文化实力显著增强，文化形象日益鲜明，文化氛围更加浓郁，初步形成了文化繁荣的局面。

1. 文化事业硕果累累

从 1996 年深圳出品的电视剧《琴童的遭遇》、粤剧《情系中英街》首获"五个一工程"奖以来，深圳文艺精品在连续六届"五个一工程"评选中均有收获，至今已有 34 部作品获得这项荣誉。在 2009 年 9 月举行的第十一届"五个一工程"奖颁奖晚会中，共评选出 164 部优秀作品，其中电影《夜·明》、歌曲《我生在 1978》、广播剧《拔鲁》3 部"深圳制造"作品喜获殊荣。[4]

2008 年，深圳文化系统共获省级以上奖 595 项，其中国际级奖 79 项，国家级奖 412 项，省级奖 104 项。全市拥有区级及区级以上博物馆、纪念馆 20 座，拥有广播电台 1 座，电视台 2 座，广播电视中心 3 座，有线广播电视站 20 座，广播电视人口覆盖率达 100%。公开发行的报纸 14 家，公开发行的期刊 38 家。全年出版图书 627 种。[5]

2. 文化产业快速发展

深圳近几年一直强调文化立市、文化强市，造就了实力强劲的文化产业。2005 年

---

[1] 深圳新闻网：http://news.sznews.com/content/2008-03/04/content_1868755_2.htm。
[2] 广东省劳动和社会保障厅网：http://www.gd.lss.gov.cn/gdlss/news/gddt/t20080505_61708.htm。
[3] 深圳市社会保险基金管理局：http://www.szsi.gov.cn/sbjxxgk/gzdt/201001/t20100113_2741.htm。
[4] 《深圳 3 部文艺作品上榜》，《深圳晚报》2009 年 9 月 29 日。
[5] 《深圳市 2008 年国民经济和社会发展统计公报》。

1月14日召开的深圳市委三届十一次全体（扩大）会议首次提出：深圳文化产业将与深圳高新技术、物流、金融三大产业一起，共同构成建设和谐深圳、效益深圳的支柱。在此之前的2004年，深圳就提出了建设"创意设计之都"的目标，给予了文化创意产业一系列"慷慨"的扶持：出台《关于扶持动漫游戏产业发展的若干意见》；政府每年拨出专项资金3亿元扶持文化产业，对创意产业进行贷款贴息并给予奖励；对政府鼓励的新办文化企业，免征三年企业所得税；每年举办"创意十二月"活动，集思广益发展文化创意产业。

近年来，深圳的文化创意产业发展迅速。至2009年，深圳已建成创意产业园30多个，这些园区初显规模效应，吸引企业短时间内集合成完善的产业链，极大地方便了客户寻找合适的企业，显现"集群效应"。深圳各创意产业园已形成差异化格局，在各自的产业领域正在做深做透。深圳怡景国家动漫画产业基地已有57家国内外动漫企业入驻。到2009年1月，动漫基地总共有37部原创动画作品（共计43280分钟），在国家广播电视局申报立项并获审批，位居全国首位。2008年基地成功组织基地内入驻企业参加各种动漫展会、赛事等活动，共计参加国内展会、活动、赛事11项，国际展会、活动、赛事3项。共计60家企业参加以上活动，有12家企业10个项目在以上活动中获奖。[1] 观澜版画基地举办了参与国家最多、参展艺术家最多、作品质量最高的国际版画双年展，将发展成为国家级的版画产业基地和版画艺术品集散地。[2] 目前深圳有各类影视制作机构近60家，动画制作机构200余家。工业设计占全国近一半的市场份额，现有6万多名设计师和6000多家设计企业，中国设计业的领军人物和最具影响力的设计师很多都聚集在深圳。国际排名前50位的设计大师中，决定入驻深圳的已有10位。"创意产业之父"约翰·霍金斯落户设计之都创意产业园，怡景动漫基地的原创动漫打入日本市场。深圳蓬勃发展的创意产业，吸引着世界的目光。

被称为"中国油画第一村"的深圳市龙岗区布吉镇大芬村，是深圳最具特色的创意产业基地之一，云集了3000多名画工画师、300多家画廊、700多家油画个人工作室和油画作坊，每年生产和销售100多万张油画。世界市场上40%的油画来自大芬

---

[1] 深圳国家动漫画产业基地，http://www.cartoonsz.cn/about.asp。
[2] 同上。

村,不少国外画商干脆就在村里租房,做起了油画批发生意。[1]

2008年12月7日,深圳获得联合国教科文组织授予的"设计之都"的称号,成为联合国教科文组织创意城市网络中的第六个"设计之都",也是我国首个获得此荣誉的城市。

3. 文化品牌影响力彰显

1951年成立于巴黎的世界平面设计师协会,是各国著名设计师的联合组织,也是国际平面设计界的权威组织,在国际上享有崇高的声誉。成员中仅有6位来自中国,其中4位就是深圳人。目前,深圳"平面设计在中国"大赛展览,已成为中国设计业一个响当当的品牌。"全球设计界的大师十分看好深圳创意产业的发展前景。"芬兰设计师协会前主席卡瑞斯泰·科纳伦在考察了深圳的创意产业发展环境后认为,深圳发展成长性高的创意产业,并将其打造为城市经济的重要支撑,将会大有可为。[2]

中国品牌研究院2008年6月发布了2008"中国十大品牌之都",深圳蝉联入榜且得分最高,成为中国十大品牌之都之首。[3]

国际文化产业博览会是深圳成功打造的城市品牌。首届深圳国际文化产业博览会(简称"文博会")于2004年11月在深圳举行,由中华人民共和国文化部文化产业司、广东省文化厅、广东省新闻出版局、广东省广播电影电视局、深圳市人民政府共同主办。首届文博会是国内首次举办的全国性、国际化、高水平的综合性文化展会。经文化部批准,文博会今后每两年在深圳举办一次,这也是继"中国国际高新技术成果交易会"之后,在深圳举办的又一个国家级常设性大型国际化展会。2006年5月,第二届文博会规格升级,全称是"中国(深圳)国际文化产业博览交易会"(仍简称"文博会"),名称多了"中国"和"交易会"五个字,意在表明是国家级的,它也是由中华人民共和国文化部、国家广播电影电视总局、中华人民共和国新闻出版总署、广东省人民政府和深圳市人民政府联合主办,由深圳报业集团、深圳广播电影电视集团、深圳发行集团公司、深圳国际文化产业博览会有限公司承办的唯一国家级文化产业博览交易盛会。以后每年5月在深圳举行,至今已成功举办了五届。

第六届文博会将于2010年5月14—17日在深圳会展中心举办。此届文博会将首

---

[1] 中国新闻网:http://www.chinanews.com.cn/cul/news/2008/01-28/1147976.shtml。
[2] 吴德群:《深圳创意产业迎来产业化春天》,《深圳特区报》2008年5月18日。
[3] 南方报网:http://epaper.nfdaily.cn/html/2008-06/20/content_6665358.htm。

次实现政府组团"满堂红"。目前全国 34 个省、市、自治区已全部参展。此届文博会共有 1787 个政府组团、企业、机构参展，比第五届提高 4.6%，主会场受邀海外专业观众达到 1.6 万人，同比增长 6.7%，分会场将由第五届的 30 家增加至 35 家。龙头企业参展比率也将达到 36.8%，主展馆文化核心层参展比率达到 89%，比上届提高 3.15%。据统计，截至 2010 年 4 月 2 日，各级政府组团带来将近 3000 个文化产业投融资项目进入交易平台，八大展馆的展示内容涵盖了九大文化产业内容，按照产品分为 86 类，包括近十万种展品，比第五届增加 20%。[1]

（四）生态环境保护方面成绩突出

改革开放以来，深圳的生态环境保护和生态文明建设事业取得了很大的发展，环境质量总体良好，环保工作成效显著，先后被国内外权威机构评为国际"花园城市"、联合国环境保护"全球 500 佳"、"国家卫生城市"、"国家环境保护模范城市"、"中国保护臭氧层贡献奖"、"国家生态园林示范城市"、"全国绿化模范城市"、"全国优秀旅游城市"等荣誉称号。

深圳市政府一直高度重视生态环境保护工作，早在 2003 年，深圳就已提出建设生态城市的理念，并在生态市建设规划中提出"将深圳建成中国最具发展活力的生态城市典型"。2006 年 12 月，深圳市政府印发实施《深圳生态市建设规划》。2007 年 1 月，中共深圳市委、深圳市人民政府作出《关于加强环境保护建设生态市的决定》。这两个文件标志着从 2007 年开始深圳正式迈入全面建设生态城市和生态文明的道路。

2009 年深圳空气环境质量优良天数达 364 天，占总天数的 99.5%。空气主要指标均达到国家环境空气质量二级标准。饮用水源水质达标率 99.87%，除石岩水库（V 类）外，其他水库均达到国家地表水Ⅲ类标准，特区内河流水质改善明显。[2]2008 年全市区域环境噪声等效声级平均值为 56.4 分贝，其中，城市交通干线噪声值 69.2 分贝，均比 2007 年有所下降，区域环境噪声达标总面积 399.46 平方公里。建成环保型垃圾转运站 336 座，固体废物无害化、资源化收集处理能力进一步提高。[3]

截止到 2009 年底，深圳市绿地总面积 97598 公顷，其中公园绿地面积 14527 公顷，

---

[1]《第六届文博会拓展工作全部完成》，《深圳特区报》2010 年 4 月 2 日。
[2] 深圳市环境监测中心站：http://szems.szhec.gov.cn/hjzl/。
[3] 同上。

人均公园绿地面积达到 16.3 平方米。公园 653 个，总面积 20452.46 公顷。城市建成区绿化覆盖面积 36609.4 公顷，建成区绿化覆盖率 45.03%，建成区绿地率 39.14%。共建成垃圾无害化处理厂（场）9 座，垃圾无害化处理率达到 94.3%。[1] 到 2008 年底，工业废水排放达标率 97.2%，城市生活污水处理率（二级处理）75.03%。[2] 这些指标在全国都处于领先地位。

三、城市综合竞争力居内地城市首位

竞争是市场经济中的基本法则，城市与城市之间的竞争成败，取决于城市竞争力的强弱。目前较多地使用城市综合竞争力来衡量城市的竞争力。城市综合竞争力体现的是城市发展的广泛范畴，即发展不仅是简单的经济增长，也包括社会、文化、人类自身的进步与完善。中国社会科学院财贸所倪鹏飞博士认为，城市竞争力可表示为一个城市在竞争和发展过程中，同其他城市相比较所具有的多快好省地创造财富和价值收益的能力。[3]

表1-7-14　　2008年中国294个城市综合竞争力排名前十位城市

城市	综合排名	增长排名	规模排名	效率排名	发展成本竞争力排名	产业层次排名	生活质量排名
香港	1	288	2	2	1	2	1
深圳	2	81	4	7	58	3	4
上海	3	233	1	14	66	4	2
北京	4	227	3	32	57	1	5
台北	5	291	7	1	6	5	6
广州	6	137	5	16	35	13	22
青岛	7	25	18	19	25	15	15
天津	8	99	6	39	50	22	18
苏州	9	59	15	18	43	16	17
高雄	10	289	22	3	8	8	12

资料来源：倪鹏飞主编：《中国城市竞争力报告 NO.7》，第 1—2 页。

从 2003 年开始，中国社会科学院财贸所中国城市竞争力项目组开始发表年度

---

[1] 深圳市城市管理局网站：http://www.szum.gov.cn/html/ZWGK/TJSJ/QT/2010312/58201021216434326.aspx。
[2] 深圳市统计局：《深圳市 2008 年国民经济和社会发展统计公报》。
[3] 倪鹏飞主编：《中国城市竞争力报告 NO.7》，社会科学文献出版社 2009 年版，第 17 页。

《中国城市竞争力报告》，对我国主要大中城市的竞争力进行评价和排序。该报告用6个关键性指标来表现城市的竞争力：即，城市综合竞争力=F（增长、规模、效率、发展成本、产业层次、生活质量），并用12项影响城市竞争力的因素来解释城市竞争力，这些因素分别是：人才竞争力、资本竞争力、科学技术竞争力、结构竞争力、基础设施竞争力、综合区位竞争力、环境竞争力、文化竞争力、制度竞争力、政府管理竞争力、企业管理竞争力和发放竞争力。

表1-7-15 2008年中国城市分项竞争力排名前10城市

城市	人才竞争力	资本竞争力	科学技术竞争力	结构竞争力	基础设施竞争力	综合区位竞争力	环境竞争力	文化竞争力	制度竞争力	政府管理竞争力	企业管理竞争力	发放竞争力
香港	1	1	4	1	2	1	3	8	1	1	3	1
深圳	5	4	3	2	5	14	15	2	21	9	20	2
上海	3	2	2	3	1	2	19	24	19	2	7	8
北京	2	3	1	6	3	3	27	34	31	3	28	9
广州	4	5	8	4	4	4	38	18	28	41	35	13
青岛	18	6	15	18	6	17	21	3	32	6	11	6
天津	10	8	5	37	7	5	36	48	13	32	32	11
苏州	12	15	13	11	22	18	1	15	4	5	10	3
杭州	7	7	14	5	15	7	4	23	24	13	17	19
澳门	6	9	47	9	8	9	13	27	10	4	12	14

资料来源：倪鹏飞主编：《中国城市竞争力报告NO.7》，第17页。

由中国社会科学院财贸所中国城市竞争力项目组于2007年至2009年分别发布的《中国城市竞争力报告NO.5》至《中国城市竞争力报告NO.7》显示，2006年深圳的城市综合竞争力从2005年的全国第五名一跃而至全国第二名（香港排名第一），2007、2008年香港与深圳的综合竞争力继续占据了前两名。（见表1-7-14、表1-7-15）

从表1-7-14和表1-7-15可见，四大因素助推深圳完成城市竞争力的提升。

首先，深圳的综合绩效比较好，各项指标发展均衡。比如规模竞争力排全国第4，产业层次竞争力全国第3，效率竞争力排第7，生活质量竞争力排第4，发展成本竞争力排第58，增长竞争力排第81。这6个指标中4个指标在全国200多个城市中都稳居前10位，虽然深圳增长竞争力排第81，看似不占优，但这主要是因为深圳经济规模绝对值较大，在如此大的经济规模下仍能保持第81位的排名，说明深圳增长速度仍较快。

其次是规模因素。规模因素反映深圳生产的产品市场占有率,这个指标名列前茅,说明深圳的产业竞争力和企业竞争力强大。

再次是产业层次因素。这个因素反映了深圳的潜力,产业层次竞争力由科技创新产业结构水平来反映。科技创新是城市发展潜力的增长点,这一指标占优,显示深圳的城市竞争力不仅现在比较好,而且未来也有很好的潜力。

表1－7－16　　2008年广东省城市综合竞争力排名前十位城市

城市	综合排名	增长排名	规模排名	效率排名	发展成本竞争力排名	产业结构排名	生活质量排名
深圳	1	10	1	1	4	1	1
广州	2	12	4	4	2	2	3
佛山	3	5	3	3	7	4	6
东莞	4	4	2	2	14	7	5
中山	5	6	5	5	3	8	4
珠海	6	11	6	6	6	3	2
江门	7	9	8	8	10	6	10
惠州	8	8	7	7	12	13	7
湛江	9	10	9	9	1	18	14
茂名	10	11	10	10	9	17	17

资料来源:倪鹏飞主编:《中国城市竞争力报告NO.7》。

第四是效率因素,这是竞争力的核心问题。效率竞争力主要由地均非农增加值、人均GDP、地均GDP三个指标构成。深圳地均非农增加值、人均GDP、地均GDP在内地均是数一数二的。在效率竞争力这项指标上,排在深圳前面的是台北、香港、高雄、新竹、台中、澳门六个城市,均为非内地城市,因此深圳效率指标排第七,显示出深圳有较强的效率竞争力。

表1－7－16列出了广东省城市综合竞争力排名前十位的城市,由表中数据可知,深圳和广州位居广东省城市综合竞争力的前两名。深圳在六个指标中有五个指标列广东省第一,且除发展成本竞争力以外其他所有指标排名均高于广州,显示深圳在综合实力上与广州相比具有一定的优势。

四、区域中心城市地位基本确立

2009年深圳市经济总量为8201.23亿元，占广东省全省生产总值39081.59亿元的20.98%，在全国大中城市中继续居第四位。从表1—7—17可知（以2009年为例），广州、深圳依然是珠江三角洲地区乃至广东省经济发展的龙头，在人均地区生产总值、进出口总额、地方财政一般预算收入、居民人均可支配收入等指标上，深圳均优于广州，且深圳的综合竞争力在全省也是处于前列。

表1–7–17　珠江三角洲九市2009年常住人口与经济指标对比

城市	城市常住人口（万人）	国内生产总值（亿元）	人均国内生产总值（元）	进出口总额（亿美元）	实际使用外资金额（亿美元）	地方财政一般预算收入（亿元）	居民人均可支配收入（元）
广州	1018.2★	9112.76	88834	767.37	37.73	702.58	27609.59
深圳	876.83★	8201.23	89814★	2701.55	41.60	880.82	29244.52
珠海	148.11★	1037.69	69800	374.4	11.8	101.41	22859
佛山	599.68	4814.5	80579	383.39	18.74	245.7	24578
江门	420.14	1355.26	32484	110.4	10.37	83.63	19004
东莞	635	3763.26	56591	551.69	25.94	231.16	33045
中山	251.74	1564.43	62225	244.7	6.86	100.12★	23088
惠州	392.7★	1410.4	33077★	292.40	13.95	101.51	21278
肇庆	388.83	846.34	22008	33.78	8.88	43.56★	15063
全省	9544★	39081.59	40748	6111.12	195.35	3649.19	21574.72

资料来源：除已有标注外，其他数据来自广东省和相关各市的《2009年国民经济和社会发展统计公报》以及统计月报。
说明：由于部分2009年的信息各市并未给出，因而在标有★号的地方用2008年的数据代替。

深圳的区域定位有一个调整过程。随着经济的发展和竞争力的增强，深圳对珠三角区域的辐射带动作用不断扩大，在区域中的重要性也随之提升。在20世纪90年代珠三角区域协调的研究规划中，一般将珠三角的发展格局归纳为东西两轴，广州位于两轴的交点，港澳为两轴的东南、西南端点，深圳、珠海、东莞、中山等为轴线上的节点。按照两轴交于广州的格局，广州被赋予形成区域发展龙头的职责。在1995年版的珠三角规划中，就明确规定"广州是主区域中心城市，深圳和珠海是副区域中心城市"[1]。

2002年，广东省启动了以实现现代化为诉求的新一轮珠三角区域规划。历时三

---

[1]《谁来引领珠三角》，《赢周刊》第1520期，2005年12月23日。

年，于 2005 年 8 月颁布了对珠三角的未来发展进行科学规划的《珠江三角洲城镇群协调发展规划（2004—2020）》（以下简称《规划》），并于 2006 年 11 月开始施行。《规划》提出"两个主中心（广州、深圳）+ 一个副中心（珠海）"的发展布局，也就是说，珠三角定位广州和深圳为发展中轴，广州和深圳并列成为珠三角区域的中心城市。深圳在珠三角区域的作用主要是外向型、国际化的区域中心和最重要的对外门户城市。《规划》的制定实施，进一步说明深圳的区域中心地位基本确立。

2008 年 7 月 3 日，广东省政府常务会议讨论通过了《深圳市城市总体规划（2007—2020）》并报国务院审批，确定深圳未来将是一个创新型综合经济特区，一个华南地区重要的中心城市，一个与香港共同发展的国际性城市。[1]

根据英国伦敦 2010 年 3 月 12 日公布的对全球 75 个金融中心进行的最新调查，伦敦与纽约首次并列全球第 1，香港紧追在后，深圳是中国内地排名最靠前的城市，位居全球第 9 位，上海排名第 11 位，北京排名第 15 位。[2]

第二节　深圳经济特区的未来发展

深圳经济特区经过了 30 年快速发展，在经济实力、科技创新、区域影响力、国际化等方面都取得了突破性的进展，从而为新一轮的经济发展奠定了良好的基础。但同时，也面临着新的问题和挑战：一方面是发展资源受到严重约束；另一方面，过去深圳作为经济特区所拥有的特殊政策已经不再存在，深圳必须在同等制度和政策环境下与内地展开竞争。这就要求深圳必须为未来发展，做出切合实际的规划，积极探寻新的增长动力，利用国际经济变化和产业调整的机遇进行产业升级，继续解放思想，激发智慧，再次争当中国改革的排头兵。

一、经济发展面临的新问题

深圳在过去的经济发展中取得了很大的成就，但同时也存在一些制约未来经济可

---

[1] 《深圳特区报》2008 年 7 月 9 日。
[2] 中国新闻网：http://www.chinanews.com.cn/gj/gj-hqcz/news/2010/03-12/2165578.shtml。

持续发展的问题，需要去积极面对并加以解决。

（一）优惠政策普惠化

从 2005 年开始，我国进入 WTO"后过渡期"。在"后过渡期"，我国关税减让基本到位，服务业开放承诺接近终点，许多行业保护政策已取消。关税总水平从 1992 年的 43.2% 下降到加入 WTO 前的 15.3%、加入 WTO 五年后的 9.9%。2005 年，中国对外贸易依存度已达 63.89%。按照加入 WTO 的承诺，中国开放了金融、商业、运输、旅游、电信等领域。为鼓励外商投资西部，还放宽了外商投资的股比和行业限制。有些地方招商引资开出比特区更加优惠的条件，形成地区间竞相优惠。从这个意义上说，原先特区对外商投资的优惠政策，在相当程度上已普惠化，特区已经"不特"。作为经济特区的深圳，在面临更大的开放空间和更多的发展机遇的同时，也面临更趋激烈的竞争和更为严峻的挑战。

（二）资源"难以为继"，成本压力增大

深圳是资源稀缺的地区，土地、淡水、能源和劳动力都很欠缺。在过去主要是通过制度优势和税收优势吸引了内地和国外的资源。但在全国经济普遍高速增长时，各地对资源的需求也在增加。当前，深圳经济发展正面临土地、资源、人口和环境四个"难以为继"的问题。按照深圳市城市总体规划，2020 年城市规划区内城市建设用地规模控制为 900 平方公里，但目前可供用地不足 200 平方公里。由于土地资源匮乏，整体上较难满足制造业、零售业项目，特别是大项目落户的土地需求。

深圳对外资的吸引力下降。改革开放初期，深圳经济特区借助地缘、人缘的优势，吸引了大量的港澳台和华侨华人资金来家乡投资兴业，这对于后来带动外资的涌入起了重要作用。但是，在市场经济条件下，资本的本能是追求利润最大化，资本流向明显偏好投资回报率高的地方。在越来越开放的中国，投资者有了更多的选择余地。从近几年深圳在吸收外资方面与苏州、天津、广州的对比看（见表 1—7—18），深圳吸收外资的规模有所放缓，与苏州、天津的距离进一步拉大，与广州的距离进一步缩小，这说明深圳日益面临激烈的资本竞争。

深圳的淡水资源也很缺乏。深圳是全国七个严重缺水城市之一，人均淡水占有量仅为全国的 1/4、广东省的 1/5。海水淡化受制于成本又难以替代。淡水资源的缺乏会制约深圳未来重型工业的发展。

表1-7-18 2004—2009年苏州、天津、深圳、广州实际利用外资比较

城市 年份	苏州 绝对量(亿美元)	苏州 增速(%)	天津 绝对量(亿美元)	天津 增速(%)	深圳 绝对量(亿美元)	深圳 增速(%)	广州 绝对量(亿美元)	广州 增速(%)
2004	50.33	—	24.72	51.4	23.50	10.4	24.01	64.4
2005	51.16	1.6	33.29	34.6	29.69	26.3	26.49	10.3
2006	61.05	19.3	41.31	24.1	32.69	10.1	29.23	10.4
2007	73.80	20.9	52.70	27.8	36.62	12.0	32.86	12.4
2008	81.30	10.2	74.20	40.8	40.30	10.0	36.23	10.3
2009	82.20	1.1	90.20	21.6	41.60	3.2	37.73	4.1

资料来源：2004—2006年的数据来自乐正编：《深圳经济发展报告（2008）》，社会科学文献出版社2008年版，第11页；2007—2009年的数据来自2007—2009年各市的《国民经济和社会发展统计公报》，其中2009年深圳实际利用外资数据由深圳统计局2009年12月《深圳统计月报》整理而得。

深圳对人才和普通劳动力的吸引力下降，劳动力成本上升，人力资源结构不能有效支持深圳的产业结构升级。

在土地紧缺、地价上涨压力较大的同时，国际石油等重要生产资料持续高位波动以及劳动力成本上升，使企业生产成本增加。特别是2009年，受全球经济危机和人民币持续升值、多种生产资料价格和劳动力价格快速上涨等因素影响，企业生产经营成本有所上升、企业景气指标有所下滑。各种生产要素成本上升，进一步削弱了深圳的竞争力，加大了深圳经济未来发展的压力。

（三）经济结构存在隐患

1. 深圳经济是以第二产业为主的成长型工业经济，第三产业所占比重偏低

工业一直是深圳经济发展的主导力量。30年来，深圳工业年均增长速度高达36%，远高于第三产业年均26%的增长速度。2009年深圳第二产业增加值占GDP比重为46.72%，第三产业增加值占GDP比重为53.20%。就发展阶段而言，当人均GDP达到6500美元时，经济结构应该向发展高附加值的现代服务业调整，世界上的大城市都是靠高附加值的现代服务业来支撑的，目前深圳第三产业所占比重过低；就资源而言，GDP增长相当大一部分仍然依靠第二产业，也是深圳当前出现四个"难以为继"的重要原因。

第三产业中新兴服务业发展不足。金融业是近年深圳第三产业发展最快的行业，

2009年金融业增加值1148.14亿元，比2008年增长20.5%，占GDP比重14%。[1]但与此同时，深圳第三产业内部发展显得不平衡，信息传输、计算机服务和软件业、租赁和商务服务业、科学研究、技术服务业、文化、体育和娱乐业等在第三产业中的比重过低。

2.高科技产业结构单一，蕴含着较大的风险

深圳工业在不断发展中形成了以电子信息业为主体的独特行业结构。2009年1月至11月，深圳高新技术产业产值已经占到全市限额以上工业总产值的48.20%。但令人担忧的是，深圳的高新技术产业以电子通讯产业为主，该产业产值占到全部高新技术产业产值的90.50%；生物制药、新材料等产业所占比例仅为5.41%。[2]这样的产业结构过于单一，难以抵抗宏观经济调整和国际经济形势变化带来的风险。尤其是高科技产品有周期性，随着电子信息产品投资的逐渐增多和原材料价格的持续上涨，深圳地区电子信息产品的利润空间越来越小。这将制约过于集中在电子信息技术行业的深圳高科技产业进一步发展。而且，在国际分工中，处于经济和技术发展水平相对较低层次的深圳工业，主要承接的是电子信息业价值链中技术程度相对较低的生产工序的生产，由此使电子信息行业生产附加值不高，产业竞争力不强。

二、深圳经济未来的发展

按照国家中长期发展计划，到2020年，中国将成为世界最大的经济体之一。这就要求未来中国要有世界级的城市，深圳拥有的发展优势，使其理所当然要承担这个艰巨的任务。[3]

(一) 深圳要树立世界眼光，建设国际化城市

在2009年4月召开的珠三角地区（深圳市）现场会上，广东省委书记汪洋明确地提出"向深圳学习"，要求珠三角各市乃至全省要学习深圳的改革意识、创新举措和发展模式，在全省推广深圳的经验和做法。同时，他鼓励深圳不自满、不停滞、不懈怠，百尺竿头、更进一步，要以世界先进城市为标杆，以建设国际化城市为己任，

---

[1] 深圳市统计局：《2009年深圳国民经济平稳健康发展》，http://www.sztj.com/main/xxgk/ywgz/tjfx/201002045300.shtml。
[2] 深圳统计网：http://www.sztj.com/main/include/month/viewarticle.jsp?artid=4290。
[3] 深圳市规划局网：《深圳2030城市发展策略》，http://www.szplan.gov.cn/main/ghdt/tzgg/2005120506790.shtml。

按照"科学发展、先行先试"的要求，努力跻身世界先进城市的行列。[1]

用世界眼光谋划深圳的未来，建设国际化城市是深圳历史发展进程的必然选择。

美国著名城市学家弗里德曼提出国际化城市的七项标准，即：主要的金融中心、跨国公司总部所在地、国际性机构所在地、服务业高度增长、主要制造业中心、世界交通重要枢纽、城市人口达到一定标准。[2]综合国内外有关研究，概括起来看，一个国际大都市的形成条件主要有以下三条，这同时也是判断和衡量一个国际大都市的主要标准：(1) 经济枢纽地位。城市经济国际化的核心和本质，表现为城市经济发展从地区分工走向国际分工，加入国际经济循环，对全球经济有较高的参与度和较强的竞争力；同时，城市经济由工业化经济向服务型经济的转变，是促进世界城市形成与发展的重要因素。所以，国际大都市一般都是世界主要金融中心、贸易中心，是跨国公司和国际机构集聚地。(2) 交通信息枢纽地位。国际大都市应是国际交通运输网上的重要节点，拥有重要的国际港口、国际航空港；同时，处于世界信息网络的主要节点上，拥有高科技信息技术和高度发达的交通通讯设施，是一个国际大都市得以形成和发展的必要物质基础。(3) 科技文化交流中心地位。国际大都市应该拥有具有国际水准的科技、文化、教育设施和研究机构以及相应的人才优势，具有多元的文化生活，在国际上有很强的文化辐射力和吸引力，是新技术、新思想层出不穷的地方，并能凭借这种优势开展广泛而频繁的国际科技文化交流。[3]

深圳与世界一流的国际化城市虽然还存在很大差距，但也基本具备国际化发展的条件，具备了与世界先进城市"叫板"的潜力。深圳建设国际化城市需着重在以下几个方面作出努力：

1. 继续发挥好体制创新的优势，加快与国际规则的对接

深圳要争取中央支持，加大特区在体制创新方面的力度，在现有制度、方针、政策基本框架下，继续深化经济体制改革，推动经济特区向自由贸易区升级。

自由贸易区因其高效便捷的通关条件、低税自由的营商环境，成为跨国公司在全球布局的重要节点。创办自由贸易区有助于转变外贸增长模式和经济发展模式，推动服务业升级，进一步提升对外开放的水平和质量。

---

[1] 深圳新闻网：http://www.sznews.com/zhuanti/content/2009-04/09/content_3684319.htm。

[2] Friedmann, J.: The World city Hypothesis, *Development and Change . International Journal of Urban and Regional Research*, Vol.17, pp.69—83, 1986.

[3] 删大申：《论国际大都市形成的文化条件》，企业发展网：http://www.ccmedu.com/bbs12_251.html。

可先在深圳沙头角保税区、福田保税区和盐田港保税区内设立"一区多园、功能分区、境内关外、高效监管"的自由贸易区，再逐步将自由贸易区从三大保税区扩大到整个经济特区。申请专门立法，对深圳经济特区实施自由贸易区体制的功能类型、中央主管部门、监管方式等作出明确的法律规定。这将使深圳由一般的中国经济特区向更加国际化的世界经济特区迈进，也可为中国在世界经济全球化的过程中进一步与世界自由贸易规则直接对接取得经验。

2. 推进产业结构高级化、产业高端化发展

深圳在调整产业结构时应该同时发展制造业和服务业。首先，要合理调整产业结构，大力发展精细化工、汽车电子等产业，实现产业高端化。国际化的城市、有国际竞争力的城市的基础是经济，是优势产业，没有优势产业，没有经济基础，国际化城市和国际竞争力都是空话。深圳应该充分运用自身的优势，在精细化工、高附加值的石化产品以及汽车电子产品等产品上下工夫。精细化工及高端的汽车电子产品的发展，需要知识、技术、资金等要素的支持，这些对深圳来说是非常具有优势的。

其次，延伸高端产业链条，打造世界级IT产业基地。高新技术产业链利润呈现一个"V"字形。产业链条上游的研发设计和下游的营销服务，利润率在20%—25%，而位于产业链附加值曲线底端的加工制造，利润率只有5%。这就表明，如果要获得更多的附加值，就必须主动向产业链条高端环节延伸，从而提升整个高新技术产业的利润水平和自主发展能力。要力争把深圳建设成为新的世界级IT产业基地。在高新技术产业群中，深圳的信息技术产业的集聚效益应和竞争优势相对明显，已形成产业升级的条件。因此，深圳应进一步强化和加快信息技术产业升级，延伸和完善电子信息产业链条，构建完整的电子信息产业集群，提高行业整体配套能力，引进增值率较高的芯片制造环节，强化研发设计和品牌营销环节，闯出一条从研发设计到加工制造再到营销、服务的一体化产业之路。积极实施技术领先战略和技术标准战略，推动本土高新技术企业从低端竞争模式向温特尔模式转变，建成具有国际竞争实力的世界级IT产业基地。[1]

再次，应大力发展总部经济，实现生产阶段的高端化。所谓总部经济，是将产品的研制与开发阶段、中试阶段、全方位的管理、营销策划和售后服务留在深圳，将产品的加工生产转移到内地，使深圳变成研发中心、管理中心、销售中心和服务中心，通过外接港澳和世界，内联广大内地地区，充分发挥信息、资金、技术和人才的优

---

[1] 乐正编：《深圳经济发展报告（2008）》，社会科学文献出版社2008年版，第8页。

势，这样深圳在空间利用上将大有可为。

最后，应充分利用毗邻香港的优势，加快发展高附加值的现代服务业。从世界大都市发展的历史经验来看，都经历了经济重心由工业向服务业转移的过程。就产业结构而言，目前主要的全球城市第三产业占GDP比重都在80%以上，第三产业就业人数占全部就业人数比重在70%以上。20世纪80年代中国香港、新加坡等城市人均GDP还处在从5000美元到8000美元过渡期时，第三产业占GDP的比重也已超过60%。[1] 目前深圳人均GDP已达到13000美元，但第三产业占GDP的比重仅为53%，明显偏低。深圳要加大对香港服务业的招商力度，大力吸纳香港的金融、物流、会计、法律、企业管理等专业服务，充分利用香港在服务贸易上的优势，大力发展具有深圳本地特色的第三产业集群，逐步加大第三产业特别是高附加值的现代服务业的比重，使之趋于高级化发展，将深圳建设成为现代商务中心、物流中心、服务业中心、区域金融中心和旅游胜地，并向内地辐射。

3. 整合区域经济腹地，打造交通枢纽地位

纵观全球城市化过程，腹地整合是区域经济发展过程中的一个重要环节。从经济合作程度、自然地理位置和综合交通条件等综合分析，深圳具备成为泛珠三角经济区重要节点的可能性。深圳作为珠三角地区的一个中心城市，与其他城市相比，在区位、市场、产业等方面的优势是内地其他城市所没有的；同时，在"一国两制"框架下，深圳作为内地特区的身份和地位，又是香港所不具备的，因此深圳应当更有条件更加充分发挥自己的经济核心地作用，而泛珠三角合作所强调的以市场推动为主、行政推动为辅的合作机制，也有利于深圳的核心地功能超越行政边界，从而在广泛的合作中实现它与泛珠三角地区的互利共赢。应强化深圳在京九铁路和东南沿海铁路沿线的中心城市地位，与香港联手做好两线的经济龙头，加强对粤东、江西、福建的经济互动和市场辐射，努力发挥粤东经济轴心的功能，有效地扩展经济发展的广阔腹地。

深圳要加快区域交通基础设施建设，加大陆、海、空港的建设投入，打造深圳的交通枢纽地位。对内联结经济腹地，对外联结国际市场，逐步建成全球航空枢纽，推进国际集装箱枢纽港建设，形成国际航运中心，建设香港—深圳—广州的城际轨道。深圳要以发达、便捷、高效的交通网络提高与世界城市的链接度，从而提升深圳在全

---

[1] 深圳市发展和改革局编：《深圳市"十一五"规划思路研究》，2006年，第21页。

球城市体系的位次和国际化地位。

4. 深化深港合作，共建世界级大都会

香港因素是深圳经济发展的第一杠杆，深圳最初的成功与"香港因素"密切相关。正是由于香港传统制造业的大批转移，深圳的制造业才得以高速发展。

深港合作始于 20 世纪 80 年代初期的经济合作，20 多年来大体上经历了快速发展、相对停滞和全面推进三个发展阶段，形成了产业合作、跨境基础设施建设与服务、运行机制与政策协同三大重点合作内容。[1]

十余年来，深港合作官方层面的互动大致经历了从"一头热、一头冷"到"两头都热"的发展过程。1995 年，香港回归前夕，深圳经过了大量的研究，提出了一系列深港合作的概念和理论框架。1998 年，当时的深圳市委书记张高丽、深圳市市长李子彬在会见前香港特首董建华时，建议深港共建"高科技产业走廊"；1999 年，深圳成功举办首届"高交会"之后，深圳高层多次呼吁"深港共同举办高交会"；2001 年，时任深圳市市长的于幼军高调提出构筑"深港经济合作区"；2003 年，香港实业家李嘉诚提出在深港边境建设"免税工业区"，深圳方面借机提出开发"河套"地区的多种备选方案；2004 年时任深圳市市长的李鸿忠访港时，正式向特区政府提出共同开发"河套"，香港特区政府回应说会"认真研究"；2004 年，深圳方面提出珠港澳大桥由单 Y 改为双 Y；2006 年 3 月，深圳人大在"十一五"规划中明确提出共建"深港都市圈"；同年 7 月，《深圳 2030 年城市发展策略》中又明确表示，深圳的定位是"与香港共同发展的国际大都会"。

但随着深港经济关系的发展，香港开始正视深港合作的重要性。2007 年 2 月，香港特区行政长官曾荫权在竞选提纲中明确提出要与深圳建立战略伙伴关系，联手打造世界级的国际大都会。在香港回归十周年之际，港深两地开通了西部通道，首次实现了"一地两检"的通关模式，缩短了过关时间，简化了过关手续。随后又开放了边境管理禁区，并开通新的福田口岸。这是一个转折性的信号，香港表现出了少有的主动姿态。随后，8 月 9 日有香港特区政府"御用智囊"之称的香港智经研究中心召集各路媒体，高调公布了《建构"港深都会"研究报告》，这次港深建构大都会的建议罕见地由香港方面主动提出，这在一定程度上反映了香港对"深港合作的新期许"。2008 年 11 月，深港合作会议首次在深圳召开，双方达成了六项共识：一是面对金融

---

[1] 乐正编：《深圳经济发展报告（2008）》，第 353 页。

海啸，建立应急机制，促进深港两地的繁荣发展；二是全面推动金融合作；三是加快推进深港创新圈；四是加快推进基础设施建设；五是面对金融海啸，高度关注港资企业的发展；六是全方位、多领域推进深港合作，例如在环保、文化以及科技等其他领域的合作。会后双方签署深港合作协议，标志着深港合作继续向前迈进了一步。2009年初，《深圳综合配套改革总体方案》正式得到国家批复，明确深港地区将形成"全球性的物流中心、贸易中心、创新中心和国际文化创意产业中心"。2009年6月，深圳市委书记、时任深圳市代市长的王荣到深圳工作的第十天，就率团访问香港，显示出对深港合作的重视。对此，香港方面回应积极，两地高层会晤后，确定定期就重大合作事项会面洽商，加快推进落马洲河套地区开发以及莲塘—香园围口岸、港深机场轨道交通联络线、广深港客运专线等跨境基础设施建设的合作[1]。

2010年4月，《粤港合作框架协议》签署，深港合作是核心内容之一，从跨界基础设施、现代金融服务业、科技创新到生态建设、环境保护以及重点合作区，包括争取在深圳证券交易所推出港股指数基金等试点合作，支持符合条件的企业在深圳和香港创业板市场跨境上市，全面推进信贷、证券、保险、期货、债券市场和基金管理等金融业务合作在内，可谓涵盖范围广泛、合作内容新颖。

时至今日，深港双方都认识到，两地具有极强的同质性（两地经济都与国际市场密切关联），也有明显的互补性（制造业与服务业的互补、国际自由港与庞大国内市场的互补），通过合作可以优势互补，达到双赢。深港合作不再是"一城一地"的得失考量，而是国家发展战略中的重要一环。

香港是亚太地区重要的国际金融中心城市，发展方向为"亚太服务业首都"；深圳是中国华南地区重要的经济中心城市，正在向区域性国际化城市迈进。目前深港两地已建成处于世界领先地位的全球化港口设施，航空港设施和营运能力跻身全球一流水平，两地口岸设施发达，出入境通关能力长期保持世界领先水平，加之深圳陆路交通枢纽地位逐渐确立，为深港两地共同扩张市场腹地和经济成长空间、共建世界级大都市提供了强大支持。从总体上看，深港两市基本具备构建世界级大都市的基础平台。

深圳尤其要在以下几个方面加强与香港的合作：

一是要加强在高新技术产业领域的合作。尽管由于产业转移，现在制造业在香港

---

[1] 广东省人民政府网：http://www.gd.gov.cn/govpub/zwdt/dfzw/200912/t20091231_110004.htm。

GDP 中的比重非常低，香港制造业缺乏产业升级的基础和动力，但香港有科技信息、科技融资与实验设备的优势；而高新技术产业已经成为深圳的支柱产业，也是以后发展的方向。如果与香港的科技优势结合，在香港进行基础科学、高端技术的研究，在深圳以及珠三角地区进行开发生产，可以大大提升原有产业水平，并在新兴产业如生物工程、新技术、尖端装备制造业等领域保持领先优势。

二是要加强在服务贸易产业领域的合作。在香港经济结构中，第三产业占据着主导地位，其服务贸易产业水平处于国际领先的地位，而深圳的服务贸易产业水平则在国内处于领先的地位。从两地服务贸易业未来发展的合作空间和市场前景来看，香港可以将其设在国外的分销中心和设在香港的策划中心、接单中心逐步向深圳转移，这样做既可以大大降低营运成本，同时也可以充分利用深港两地对内对外的各种优势条件来扩大自己的发展空间。

三是要加强物流领域的合作。香港目前是世界第一大海运和空运港口，深圳不仅拥有世界第四大集装箱运输港，而且拥有全国第四大航空港和连接内地的发达的铁路与公路网，可以说基础条件相当不错。深港两地开展物流产业的合作首先应加大两地信息合作，尽快建立深港两地物流调控中心，这样才能在深港两地间合理配置和充分利用物流资源，避免物流资源的空置和浪费。同时应搞好两地港口合作，在取得了盐田港一、二期合作项目的巨大成功的基础上，两地应进一步考虑如何从经济一体化的角度整合两地港口的合作，创造出更好的产业发展条件，开拓出更大的产业发展空间。在航空运输方面，深港两地各有短长，应通过加强协作，做到优势互补、资源共享，共同发展航空物流业。

四是要加强金融产业领域的合作。香港是亚洲乃至全球最重要的国际金融中心城市之一，具有优越的国际金融中心地位、良好的资金来源和规范成熟的资本市场环境及法律环境；而深圳则是中国国内最重要的区域性金融中心城市之一，截至 2009 年底，深圳年金融业总资产达 3.36 万亿元，各类金融机构数量达 208 家，深圳金融机构实力领先全国，成为全国重要的多层次资本市场中心之一。深港双方金融合作空间巨大。目前，深圳正在积极争取国家支持，尝试允许香港和深圳两地电子货币互联互通，推动深港两地证券交易所连线交易，促进两地资本市场的融合，吸引更多的香港金融机构营运总部落户深圳。另外要逐步扩大保险市场的合作，共建保险公司及与之相配套的金融业务机构。深港双方应通过两地金融产业领域的合作，共建全球性国际金融中心。

5. 大力推进文化立市战略，全面提升深圳文化软实力

随着深圳经济社会的迅速发展，深圳的文化事业和文化产业取得了长足的进步，城市文化实力显著增强，初步具备了建设国际化城市、现代化中心城市的文化底蕴。但同时也要看到，深圳的文化发展水平与世界先进城市水平相比，与建设国际化城市的目标要求相比，还有很大的差距。深圳市政府清醒地认识到这一点，制定了很多促进文化发展的政策。自 2005 年以来，市政府出台了《关于加快文化产业发展若干经济政策》、《深圳市文化发展纲要：2005—2010 年》等重点文件，从而推动了深圳的文化发展。

2008 年 6 月，经中共深圳市委四届十次全体会议审议通过的《中共深圳市委深圳市人民政府关于坚持改革开放推动科学发展努力建设中国特色社会主义示范城市的若干意见》用了较大的篇幅来阐述深圳文化发展的战略思路，其中特别提出：要提升城市人文精神水平，进一步弘扬深圳精神，大力培育创新文化，加大文化建设投入，完善公共文化服务体系，打造城市文化品牌，加强历史文化遗产保护。打造国家级创意产业园区，积极吸引知名文化企业、中介组织和研究培训机构把总部或研发、制造、采购、财务中心设在深圳，与香港共建"创意设计研究院"，探索"一国两制"条件下文化产业发展新模式。推动与香港共办文博会，借助香港丰富的海外市场资源，共同打造国际化的文化产业信息、产品交易、投融资服务平台，提高文博会的国际化、专业化、市场化、规范化水平。加快"两城一都一基地"建设，积极参加世界创意城市创建活动，重点推进在设计、动漫、网络游戏、电影电视等核心创意门类取得突破[1]。

要高度重视文化人才的作用，充分开发和利用国内外两个人才市场，积极引进和培养建设高品位文化城市所急需的理论研究、文艺创作、文化科技、文化管理、文化运营等门类的优秀人才。

通过创新带动、开放带动和市场带动，着力加强与国内和国际市场的合作，构筑文化发展的大平台，实施积极的"走出去"战略，推动中华文化更好地走向世界，提高深圳文化在国际市场的占有率。应举办一批有广泛影响力的国际性文化节庆、会展和赛事，来扩大深圳的国际知名度。要以筹办 2011 年第 26 届世界大学生运动会为契机，充分利用现代大型体育赛事在全球的广泛影响力，向全世界展示深圳城市形象，体现深圳城市精神，全面提升深圳的文化软实力。

---

[1] 《深圳特区报》多媒体数字版，http://sztqb.sznews.com/html/2008-06/24/content_229399.htm。

三、深圳经济特区新的历史使命

2008年3月初,温家宝总理在参加十一届全国人大一次会议广东代表团的会议时指出:"深圳特区还要办下去。特区要办下去,主要不在于给予特区多少特殊的政策,而在于深圳特区是全国的一面旗帜。"[1] 同年3月底,中共中央政治局委员、广东省委书记汪洋到深圳专题调研时强调,深圳要继续发扬敢闯敢冒的精神,拿出"特"的意识、"特"的思考和"特"的措施,率先探索完善中国特色社会主义的制度模式,努力建设中国特色社会主义示范市,充分展示特区的崭新风采、中国的美好未来,增强中国特色社会主义制度的影响力、吸引力和竞争力。这说明,在新的发展时期,深圳肩负着新的历史使命。这一历史使命注定了其要为中国改革事业再次"试水",为中国改革破除传统发展思路的束缚再次闯荡,为从单纯的、渐进式的经济改革顺利过渡到涉及经济、政治、社会和文化等各个领域的全方位综合配套改革锐意探索。

在新的历史时期,深圳经济特区要一直站在中国改革开放的最前沿,继续成为"全国的一面旗帜",就必须进一步解放思想,激发"杀出一条血路"的勇气和智慧,使改革从经济领域向政治、社会和文化领域扩展和推进,发挥全方位改革的示范作用,再次争当中国改革的排头兵。为此,深圳市委、市政府经过多次大规模的讨论,数易其稿,并通过网络公示,于2008年6月,正式发布了《中共深圳市委深圳市人民政府关于坚持改革开放推动科学发展努力建设中国特色社会主义示范城市的若干意见》(以下简称《若干意见》),对深圳今后一段时间在发展社会主义民主政治、深港合作和国际化城市建设、发挥对全国的辐射带动作用、推动体制机制改革和制度创新、建立现代产业体系和建设创新型城市、努力构建和谐社会、创建生态文明示范城市、提升文化软实力、创新人才工作体制机制等九个方面的改革突破方向作出了安排,是指导深圳今后一个时期改革开放和科学发展的纲领性文件,被看做未来一段时间的"深圳改革路线图"。

与《若干意见》几乎同时公开发布的《深圳市近期改革纲要(征求意见稿)》(以下简称《改革纲要》)是另一份指导深圳近三年政治体制、行政管理体制、经济体制和社会领域改革的重要文件。《改革纲要》的内容主要包括发展党内民主、部分区级

---

[1] 温家宝总理参加十一届全国人大一次会议广东代表团的会议时讲话,《南方日报》2008全国两会特别报道,2008年3月10日。

人大代表将直选、调整和新设政协界别、探索法官独立审判制度、党政领导干部要申报财产、区和部门一把手推荐、自荐和公推公选，票决前要公开答辩、行政三分和大部制转换政府职能、深化公用事业监管体制改革、深化教育体制改革、深化医疗卫生体制改革、继续深化文化体制改革等19项主要改革任务。这19项主要的改革任务当中令人耳目一新的内容大多集中在政治体制改革领域。特别引人关注的是《改革纲要》把试行区长差额选举作为重点，提出将在区政府换届中试行区长差额选举，扩大副区长选举的差额数量，候选人在一定范围内进行公开演讲、答辩，由同级人大差额选举选出区长、副区长，为以后条件成熟时进行市长差额选举积累经验。这意味着，深圳已经迈出了中国民主政治探索的重要步伐。

2008年12月，国务院审议通过了《珠江三角洲地区改革发展规划纲要（2008—2020）》，批准深圳成为国家综合配套改革试验区。2009年5月6日，备受瞩目的《深圳市综合配套改革总体方案》（以下简称《总体方案》）获国务院批准，该《总体方案》明确了深圳推进改革开放的重点和实现新一轮大发展的主攻方向，提出今后深圳的改革将在六个方面实施重点突破：一是深化行政管理体制改革，以转变政府职能为核心，完善大部门管理体制，推进城市行政区划及管理体制改革，率先建成公共服务型政府；二是全面深化经济体制改革，率先建立完善的社会主义市场经济体制；三是积极推进社会领域的改革，加快构建社会主义和谐社会；四是完善自主创新的体制机制，加快建设国家创新型城市；五是以深港紧密合作为重点，全面创新对外开放和区域合作的体制机制；六是建立资源节约环境友好的体制机制，加快建设国家生态文明示范城市。《深圳市综合配套改革总体方案》获准实施，预示着曾创造了中国经济奇迹的深圳，将在更广泛领域、更深层次、更高水平上推进改革开放，将令深圳率先在一些重点领域和关键环节取得新突破，成为深化改革开放、再创体制机制新优势的先锋，使深圳再次步入一个改革开放的新阶段。

2009年7月，中央编办和省委、省政府批准了历时一年多精心制订的《深圳市人民政府机构改革方案》。2009年8月开始启动深圳市政府机构"大部门制"改革，至9月初基本完成。这次深层次、全方位的政府机构改革，在探索实行职能有机统一的大部门体制基础上，按照决策权、执行权、监督权既相互制约又相互协调的要求，一次性削减了15个政府工作部门，精简了三分之一的机构，重新组建了7个委员会、18个执行局和6个办公室，共31个政府部门，大大低于中央规定的大城市40个左右的机构限额。

政府机构改革是行政管理体制改革的核心内容，也是实施综合配套改革的重要突破口。这次深圳市政府机构改革，对政府职能转变进行了一系列探索，从城市政府直接服务企业和市民的实际出发，在加强经济调节的同时，更加注重市场监管、社会管理、公共服务；全面梳理部门职能，大幅降低市场准入门槛，大力减少行政审批事项，切实减少政府的微观事务管理职能，并对各部门都提出了职能转变的具体要求。作为中国第一个经济特区，在经济战场已扮演多年"急先锋"角色并取得辉煌战果的深圳，正在行政管理体制改革方面再次担当"先行军"。深圳期望在机构改革中大胆创新与突破，更好地为全国城市政府机构改革提供示范，为行政管理体制改革探路。

在新的发展形势下，深圳将继续站在我国改革开放的最前沿，再次争当中国改革的排头兵。

| 第二篇

珠海经济特区史
——对高标准和谐发展的艰难探索

珠海经济特区是我国改革开放后最早建设的两个经济特区之一（另一个经济特区是上篇所述的深圳），在筹划及建设起步方面比同为我国第一批经济特区的汕头和厦门稍早。自1980年8月正式设置以来，得益于特区优越的政策条件和多方的努力，珠海经济特区的经济和社会状况发生了巨大的变化。作为中国社会经济变革中先行一步的试验田和窗口，珠海连同其他特区的局部试点对中国的经济体制改革、社会转型以及思想解放有着深远的意义。虽然珠海在经济区位、对香港的开放条件等方面逊于深圳以及大多数同处珠江三角洲（指狭义的"小珠三角"）的城市，使得它从起步阶段就在重点扶持力度和发展速度上不及深圳，然而，珠海在借鉴深圳经验的基础上努力摸索适合自身的发展方向，逐步走上了追求高层次发展、和谐发展的艰难但有意义的探索之路。尽管单从经济增长的速度来看，近十几年来珠海逐渐被不少"小珠三角"城市超越，其增长势头也不及上海浦东新区、天津滨海新区这两个后成立的特区，但珠海发展的速度仍显著高于全国的平均水平。

珠海30年的发展历程中与众不同的是，它在经济发展的高档次、城市建设的高品位以及社会的和谐发展等方面有一些大胆且持久的实践，在一定程度上起到了特区试验、创新的作用。我们试图把这些局部的事件和历程放在宏观的空间、时间背景中来叙述和讨论，以帮助人们更好地了解一些事件的缘起、影响，以及珠海在我国经济特区发展和改革开放进程中的作用。

第八章
创办珠海经济特区的独特时空背景

珠海所在的地区古时只是散落在珠江口外的一片偏僻海岛。但它在近代迅速兴起，在当代更披上了经济特区的光环。珠海巨变的历程不仅受到了其宏观地理区位的影响，还和它独特的历史进程、人文演变等的路径相关。下面几节简要回顾一些同当代珠海密切相关的历史：它长久处于内陆文明的外缘，因澳门的兴起而接触西方，近代又因香港而骤然熏染西方文明，甚至在清末曾尝试创办"特区"，但在改革开放前又沉寂为边防小镇。这些历史或许能让我们体悟一些这个当代特区更深层的优势、制约和自身特性。[1]

第一节 珠海经济特区的区位特点及自然、人文简况

珠海经济特区试办时面积只有 6.81 平方公里，后来逐渐扩大到珠海市全境。珠海位于中国东南部广东省的沿海，地处广东极其重要的珠江入海口。珠江向南入海，珠江口东西两侧的陆地末端因重要的经济和战略地位早已被西方国家占据，逐渐发展成了东侧的香港和西侧的澳门。在 30 年前的改革开放初期，开拓者们选择紧邻澳门的区位创建了珠海市及其特区，正如当时依托香港创建深圳特区一样。

现在的珠海市由陆地和众多的岛屿组成，处于北纬 21°48′—22°27′、东经

---

[1] 相关的主要文献可以参阅珠海市档案馆编的《珠海历史回眸》，以及在超星电子图书网站能够阅读的非正式出版物、中国人民政治协商会议珠海市委员会文史资料研究委员编的多辑《珠海文史》。

113°03′—114°19′之间，[1] 辖香洲、斗门、金湾三个区，陆地面积1687.8平方公里，略小于邻近的深圳市、中山市，是广东省陆地面积最小的地级市。除海岛以外的大陆部分位于宽阔的珠江口海湾（又称作伶仃洋）西侧，包括低山丘陵以及泥沙淤积而成的三角洲平原。这片作为珠海主体的陆地被纵横的河道所分割，以前交通相当不便。珠江北、东、西三江共有八个入海的口门，在珠海境内就有北江和西江的"五门"。珠海海域面积有5965.2平方公里，有146座岛屿，散布在珠江口和香港诸岛外面，南临南海。海岛多为海拔100米以上的小山丘，[2] 景色优美但水源稀缺，少有人居住。除了毗邻澳门外，现在的珠海市陆地西邻江门市，北接中山市，水路跨珠江口向东北连接香港和深圳市，向北连接广州市的南沙区，距广州市区陆路约140公里。

在建制历史上，珠海陆地的主要部分连同中山市在古代长期被称为香山县，民国时为纪念诞生于此的国父孙中山，改县名为中山县。1953年为巩固边防，中山县的南部地区以及原来属于附近几县的众多海岛被划分出来，组成了珠海县。关于"珠海"一名的来历有不少传说，最为流行的一种，是形容上百座岛屿散布在海上犹如撒落的珍珠；其他还有"产珠之海"等说法。不过据考证，最为可能的当属地理释义，即这里处在珠江同南海的相交处，故称"珠海"，而且这一称谓古已有之。[3] 珠海建制最大的变化始于1979年。这一年，为了扩大同港澳的联系，珠海县同新设立的深圳同时升级为省辖市。1980年，作为中国开放的重要一步，珠海市又与深圳同时在市域内创建了（当时称为试办）中国的第一批经济特区。

在区位方面，经济特区能设立在珠海，主要就是因其独特的区位条件。珠海常被描述为具有陆接澳门、海连香港的巨大优势。[4] 而在经济层面上它要比深圳的区位优势弱很多。人们称它陆接澳门，指的是微型的澳门完全被包围在珠海的陆域和水域之中，珠海陆域的核心部位直接连着澳门主要的半岛。珠海因濒临澳门而获得了重要的政治地位，但并不能得到经济发展的足够动力，因为澳门的经济影响力远不及香港。珠海的经济动力主要来自香港。虽然珠海和香港的主要地区仅隔海约36海里（约66公里），

---

[1] 广东省珠海市地方志编纂委员会编：《珠海市志》，珠海出版社2001年版，第1页。
[2] 同上。
[3] 《珠海市志》，第1页；中国人民政治协商会议珠海市委员会文史资料研究委员会编：《珠海文史》第9辑，中国人民政治协商会议珠海市委员会文史资料研究委员会1990年版，第11—12页。
[4] 吴健民：《创办珠海特区五年的回忆》，《广东文史资料》第78辑，第25页。

但大宗货物运输经常要经由陆路，珠海的位置在珠江口沿岸地区中就显得最为偏远。在特区成立之初由于没有珠江口的虎门大桥，从香港到珠海的公路过深圳、东莞后要绕道广州、顺德，最后穿过中山，并且要过几条没有桥的河，甚至坐车一天也走不完。如今从香港到珠海的公路距离也比从香港到广州（大约200公里）还要远。只有在以后将香港同澳门、珠海联通的港珠澳大桥建成后，珠海的区位特点才可能有重大的改善。除港澳以外，珠海最为重要的经济社会联系是同内地和广州的联结。珠海至广州的交通在"小珠三角"内也差不多是最不方便的。尤其是在改革开放初期，两地间的公路被几条入海的河流割断，水上运量又很小（因为珠海没有大港口），使珠海成为偏远之地。在现在的规划中，珠海被定位为未来珠江西岸的核心城市与交通枢纽。但珠海合理的发展模式是经济中心，还是休闲宜居城市，抑或别的，观点不尽相同。

珠海特区的区位特点，至今更突出地体现在毗邻澳门的政治意义上，这应该是当时在此试办特区的一个重要目的。在试办特区之初，设计者们并不要求珠海的经济比得上深圳，人们甚至不敢设想珠海会发展成为一个重要的经济城市。但改革开放的巨大活力使珠海实际的发展早已超出原先的预想。它在为改革开放多提供一个宝贵的试点方面，在保障澳门顺利回归、实现"一国两制"的政治意义上，可以说达到了目的。

在社会经济方面，珠海从开放前偏远的农渔县，成长为国内人文环境出众的花园城市和旅游城市。珠海的户籍人口与常住人口在1979年都只有36.07万人（此数据包括1983年并入珠海的斗门县人口），到2009年末全市户籍人口已增长到102.65万人。[1] 相对于珠海市在广东省各市中最小的陆地面积，其人口数也是最小的，比面积相近的中山市少了1/3。这从一个侧面体现出珠海市在"小珠三角"中突出的地广人稀的特点。[2] 珠海2009年末的全市常住人口约为149.12万人，同样比省内其他地级市都少许多。这个常住人口同上述户籍人口的差额——50多万人，显示的是在此居住超过一年的非常住人口。经验告诉我们这50多万人大概是珠海外来打工人员的一大半，因此总体来看，来珠海打工的人口是相当少的，这间接反映出珠海的经济密度仍然相当低。统计资料的经济数据同样显示，近期珠海市的经济总量在"小珠三角"内是最小的；但其人均产值居小珠三角7个城市中的第4位。[3] 这表明珠海经济主体的质量

---

[1] 珠海市统计局、国家统计局珠海调查队：《2009年珠海市国民经济和社会发展统计公报》2010年3月19日。
[2] 珠海统计局：《2009珠海统计年鉴》，中国统计出版社2009年版。
[3] 同上。

和附加值还不差。

珠海较低的人口和经济密度至少同三方面的因素有关。首先,这里有大量新淤积出的陆地尚不太适合经济发展。珠海大部分的较平坦陆地是近几百年因珠江泥沙的沉积而由海洋变为陆地的,甚至还有不少是近几十年淤积和填海的结果。其中有些还没有变成熟土因而不适合农业;更多的地区由于地基不坚固,需要花费较高成本打桩才适于工业区和建成区的建设。第二,珠海较为偏远的区位在承接境内外的经济扩散上优势不大。如前所述,在"小珠三角"区域,珠海同香港以及广州在联系上都是最为不便的。在开放后的大部分时期,香港都是珠三角的主要投资来源;及至近期,海外其他地区的投资更趋重要,但珠海的港口等交通条件还不够完善。第三,珠海在经济发展的路径选择上同广东其他城市有所不同。珠海很长时期对投资的类型和档次筛选相当严格,主动拒绝了许多劳动密集型和污染较大的企业。虽然利用其特区的优惠条件吸引了一些附加值较高的企业,但由于经济集聚和发展的力度不够强,尚没有形成规模经济和配套齐全的工业体系。

在气候和环境方面,珠海属于亚热带海洋性气候,"三冬无雪,四季常花,物种繁炽"。[1] 珠海所在的珠江三角洲地区位于北回归线附近,它同中国台湾以及印度的部分地区一起,如今成为全球南北回归线一带仅有的几处经济快速发展的地区。相比于集中着全球大多数经济发达区域的北温带,回归线附近的亚热带拥有最多的却是北非和澳洲那样的荒漠,以及东南亚和南美人烟稀少的山地森林。亚热带几乎仅有的这几处经济繁荣地区,除了具有基本的适宜气候环境之外,更重要的是它们能够逐渐开拓出较有成效的沿海开放社会,而这种开放的形态,是与其独特的历史路径相关的。

第二节 孕育特区的独特历史:从偏远的社会末端到开放的前沿

一、从大陆文明的末端到海洋文明的起点

我国沿海地区在华夏文明中的地位,有一个从低到高上升的缓慢过程。在古时,

---

[1] 珠海市档案馆编:《珠海历史回眸》,珠海出版社 2005 年版,代序第 1 页。

珠海地区的陆地都只是珠江口外的山丘状海岛，缺淡水，少平地，人烟稀少。[1] 考古发现，4000 年前就有人选择这里有淡水的海湾居住，以渔猎和采集为生。[2] 在今日珠海兴建大型深海港口的高栏岛上，仍可见到 3000 年前留下的巨型岩画。[3] 据古代学者考证，这些先民同当时广东内陆的人一样，属于百越部族（或称"百粤"），他们被后来移入的汉人称为"俚人"。[4] 秦始皇统一岭南后，把这片原来属于百越的地区划为南海郡，在珠江口一带设立了番禺县，使这里终于开始有了行政管理，但在珠海本地还没有行政机构。[5]

珠江三角洲最早的汉族移民不是主动迁入的，而是被迫的。在秦汉时代过去几百年后，我国在"3 世纪末 4 世纪初气候一度变冷"，导致粮食减产和社会动荡。[6] 此时爆发了著名的浙东孙恩、卢循领导的起义。[7] 卢循在占领广州等地以后便失败了，余部大多退散到远离东晋政权的偏远的珠江口外海岛上，包括珠海所在的地区（当时这里隶属东官郡），与百越同住。[8]

在春秋时代以后兴盛起来的中原文明，与同期的古希腊文明相仿，都崛起于北纬 40° 附近气候适中但比亚热带环境艰苦的温带地区（尽管最早的古代文明大概是发源于北纬 30° 的西亚两河流域）。近年的学术研究发现，中国历史上的重大气候变化，往往导致古代人口的迁移。[9] 长时间的气候变冷总是引发中国北方的牧场退化，使农牧交错带南移，迫使北方游牧民族南下谋生。因此中原北部出现农业退化和社会危机，汉族往往被迫南迁。这也是珠海多次重大移民的原因。这些研究似乎有些倾向"地理环境决定论"，其实不然。人们以往反对"地理环境决定论"，很少去研究环境

---

[1] 珠海市档案馆编：《珠海历史回眸》，代序第 1 页。
[2] 珠海市档案馆编：《珠海历史回眸》，第 3 页。
[3] 广东省珠海市地方志编纂委员会编：《珠海市志》，第 37 页。
[4] 中国人民政治协商会议珠海市委员会文史资料研究委员会编：《珠海行政建制沿革》，《珠海文史》第 9 辑，中国人民政治协商会议珠海市委员会文史资料研究委员会 1990 年版，第 1 页；珠海市档案馆编：《珠海历史回眸》，代序第 1 页；刘蜀永主编：《简明香港史》，三联书店（香港）有限公司 1998 年版，第 3 页。
[5] 黄启臣：《澳门通史》，广东教育出版社 1999 年版，第 19 页；广东省珠海市地方志编纂委员会编：《珠海市志》，第 1 页。
[6] 王铮、黎华群、孔祥德、张丕远：《气候变暖对中国农业影响的历史借鉴》，《自然科学进展》2005 年第 6 期，第 706—713 页。
[1] 翦伯赞主编：《中国史纲要》上册，人民出版社 1983 年版，第 341—345 页。
[8] 珠海市档案馆编：《珠海历史回眸》，第 4 页；《简明香港史》，第 6 页。
[9] 王铮、张丕远、周清波：《历史气候变化对中国社会发展的影响——兼论人地关系》，《地理学报》1996 年第 4 期，第 329—339 页。

条件以及区位的作用。[1] 但值得注意的是，这种区位作用正是改革开放后建立特区的重要根据。现代国内外的学术界往往承认这种环境作用的重要性，但认为不应强调到"决定论"的程度。

一直到了唐代，珠江三角洲的一些海岛变为冲积平原，珠海一带才开始有了一定的地位。这中间不但有国内的因素，也第一次开始有了海外的影响。此时以珠海海岛中最大的岛屿香山岛为主，煮盐业逐渐兴起，这使当地经济开始有了较大的发展。香山得此称谓，史说是因山上盛产名茶和制茶用的兰花，此"异花""香闻十里"。[2] 南宋设立的香山县即以此山命名（到现代改名为中山县，建国后又分出珠海县），并形成了较为著名、融会中西的"香山文化"。香山北部海滨所集聚的人口和经济，后来演化成为现在的中山市区；香山支脉凤凰山的东部和南部海滨发展起来的港口和经济，则分别形成了珠海改革开放前的县城和改革开放后的主城区。

促使珠海拥有更重要作用的另一个因素，是珠海开始在海外联系方面发挥作用。唐朝时中国的对外联系有了很大发展，当时海外联系最重要的海上门户是广州。[3] 广州那时已经是珠江三角洲一带的行政和交通中心，对外贸易相当繁忙，可见这一带所具有的外向型经济历史久远。在通往东南亚、伊朗和阿拉伯地区的航线上，今属香港的屯门是广州重要的外港，珠海一带也由于外贸活动吸引了更多的内地汉人迁入。[4]

但此时珠海在我国内向经济体系中的作用仍然大于它对外向经济的贡献。古代中国与现今不同的是，当时不太重视同海外的关系，经常把它当作"地大物博"的"中央帝国"的一个点缀。直到明清时期中西实力逐渐颠倒之后，中国同海外的关系才被迫受到重视。唐朝时珠海的兴起主要还是得益于内地的社会经济向南部沿海的主动和被动的扩展，比如唐末著名的黄巢起义失败后，一些起义余部就散落在珠海的大岛三灶岛等地。[5] 这种内陆文明的南迁在宋代达到了高潮，随后珠海海外联系的作用才开始日渐居于主导地位并延续至今。

到了宋代，珠海所在地区的经济地位由于内陆人口的扩散又有提升。在社会经济

---

[1] 姜义华主编：《社会科学争鸣大系（1949—1989）》（历史卷），上海人民出版社1991年版，第77页。
[2] 珠海市档案馆编：《珠海历史回眸》第13页。
[3] 翦伯赞主编：《中国史纲要》上册，第525页。
[4] 刘蜀永主编：《简明香港史》，第6页；翦伯赞主编：《中国史纲要》上册，第525页；珠海市档案馆编：《珠海历史回眸》，第4页。
[5] 珠海市档案馆编：《珠海历史回眸》，第4页。

的主动扩散方面，随着珠江三角洲沉积平原的扩大，香山岛沿岸的沙滩扩张，这里除了以往的渔业和盐业（此处为广东 15 大盐场之一）更加兴旺外，农业也有所发展，又开挖了较重要的银矿（为广东 23 所银矿之一），吸引了外地移民举家迁来。[1] 北宋朝廷未批准在香山地区设立香山县的奏请，但在此又设立了御险和防盗的香山寨；南宋则因经济的发展，在 1152 年将香山地区从东莞县独立出来，连同附近的其他一些岛屿成立了香山县，其经济主体在如今珠海所在的地区。[2] 同当代珠海的特点不同的是，当时这里主要是一个海岛县，其经济的发展集中在利用当地自然资源的第一产业，而不是依靠第二、第三产业。这种经济发展的模式和观念或多或少地一直延续到当代改革开放前，甚至在改革开放初期珠海的优势大变之后，矿产和农业仍被当作外向经济的重点。

南宋时不仅内陆经济向珠海的主动扩散作用进一步加强，内陆社会的被动扩散也达到了顶峰，甚至预示着古代内陆文明的盛极而衰。南宋时期中国进入了又一个寒冷期，为逃避战乱，汉人不时从作为广东移民门户的南雄珠玑巷辗转来到珠海。[3] 南宋末期，北方蒙古族的势力甚至扩展到了中国的最南端。而在中国内地的众多临海末端中，历史选择了珠海地区来上演南宋最终灭亡的一幕。

> 南宋末年，在这里发生了中国古代史上规模最大的海战，1279 年，蒙古人铁蹄南下，与南宋皇室在珠海斗门崖山大战，参战军民近百万，战舰三千余艘，海面浮尸十万，将领张世杰战死，埋葬在斗门黄杨山上。陆秀夫负少帝跳海。兵败的二十万南宋军民多有散居珠海者……[4]

这段浓缩的叙述，其实是概括了当时两年间在珠海及附近地区的数次战斗。[5] 在此期间，南宋将领文天祥于珠海伶仃洋写下了"人生自古谁无死，留取丹心照汗青"的名句。这样，珠海这个内陆农业文明的一个普通的末端，似乎成为预示这一文明由

---

[1] 珠海市档案馆编：《珠海历史回眸》，第 7 页；广东省珠海市地方志编纂委员会编：《珠海市志》，第 5 页。
[2] 同上，第 7—8 页。
[3] 王铮、张丕远、周清波：《历史气候变化对中国社会发展的影响——兼论人地关系》，《地理学报》1996 年第 4 期，第 329—339 页；珠海市档案馆编：《珠海历史回眸》，第 4 页。
[4] 珠海市档案馆编：《珠海历史回眸》，代序第 3 页。
[5] 同上，第 133—134 页；翦伯赞主编：《中国史纲要》下册，第 117 页。

盛而衰的舞台。人生朝什么方向努力，什么样的社会模式能让中国有更好的发展，这些同文天祥的遗愿有关的问题我们至今还在探索答案。而减少自满守旧，借鉴西方文明并改革开放，成为中国至今求索的一个重要部分。似乎更加巧合的是，珠海后来又成为中国新的发展模式的一个主要舞台。这其中有着合理的因素：中国南部沿海有着对外联系的传统，并且由于古代远途航海能力有限等因素，最靠近海外的珠江三角洲成为中西交流条件最优越的首选。

大陆的尽头，可以是海洋的开头。在南宋灭亡之后不久的明朝，西方文明逐渐经由珠海等地传入中国。此时，一方面大陆的农业文明似乎不堪重负：在明代有越来越多的东南沿海（也包括珠海）人口下南洋谋生和发展，成为一种一直延续到上个世纪的经济路径；另一方面，中国同大洋之外，尤其是同西洋的关系有了越来越重要的意义。在此似乎不必太看重明朝郑和的七下西洋（所去的并不是欧美）：它主要是显示自负的"中央帝国"的一种政治行动，好像农业文明鼎盛的回光。有重要意义的倒是欧洲经由珠江等处进入中国的信仰传播和随之而来的科学技术，以及经贸活动。中国古代四大发明的后三项出现还不太久，就已经要逐渐依赖西方的科学技术了。[1]

明朝时，属于香山县珠海一带的澳门被葡萄牙所租居。当时天主教国家葡萄牙和西班牙支持恩里克王子和哥伦布等人带着传播福音、拯救众生的极大热忱寻找新大陆，但其贸易和殖民的扩张也含有重商主义以及王室贵族的贪欲[2]。1499年当葡萄牙王室见到中国的瓷器时，下令对中国详加侦察，[3]并在十几年后的侦察报告中写道：

> 中国乃是一个伟大、富饶、豪华、庄严的国家，国王和人民，莫不如此。
> 广州是印度支那到漳州沿海最大的商业中心。
> 全国水陆两路的大量货物都卸在广州。
> 离广州三十里格处，距南头不远的地方，有岛屿，即屯门等，是指定停泊各国船只的地方。

---

[1] 翦伯赞主编：《中国史纲要》下册，第258页。
[2] [英]亚当·斯密著、唐日松等译：《国富论》，华夏出版社2005年版，第402—408页；[美]伯恩斯、拉尔夫著，罗经国等译：《世界文明史》第二卷，商务印书馆1987年版，第223页；曼德：《大国崛起的真正根源》，中国选举与治理网：http://www.chinaelections.org/newsinfo.asp?newsid=148267，2009年5月11日。
[3] 黄启臣：《澳门通史》，广东教育出版社1999年版，第22页。

广州是一个富庶的城市，海盗经常进达广州。

中国有一千艘商船，各至其认为合适的地方去贸易。[1]

一般认为在1553年，葡萄牙人取得了澳门的租居权（但直到清末，这里仍然是中国的领土）。[2] 从此，澳门和广州所在的珠江三角洲在中国对外关系中的作用更加重要。而澳门的历史使得环抱它的珠海地区在中国随后的历史进程中被赋予了越来越重要的地位。

二、陆接澳门

澳门往往是赋予珠海独特地位的最重要的客观因素，直到近代香港开埠为止。

澳门的三座岛屿古时都孤立于海中，与珠海所在地区一样隶属香山县。到明代以前，珠江三角洲泥沙的淤积已经使香山岛面积扩大，使它在北面与大陆连成一体，并且在南面开始连接上澳门最北面的岛屿（名为澳门岛，参见图2—8—1）。[3] 这个穿越海洋的连接路径是一条小路般狭窄的沙堤，到葡萄牙人借住后成了200多米长的石块路，使澳门的北岛变成澳门半岛，并因同大陆相连而成为澳门最重要和最繁华的地区。[4]

澳门从此成为了联系中西方的重要门户，在几十年间从几百人的小渔村迅速发展成上万人的港口。[5] 随后的人口在几千到几万之间波动，但主要是中国人，土生葡人通常只有几百人。由于明代中国的农业经济再度兴盛，以及其他西方国家逐渐东来等原因，澳门的贸易相当兴旺，这使她成为世界东西方贸易重要的中转港。[6] 但明朝延续古代重农轻商的国策，甚至在葡萄牙人进入澳门前就已经封闭了泉州、宁波两港，使得中国的通商口岸只剩下广州，这反而促进了澳门及珠江三角洲地区的贸易。[7]

---

[1] 黄启臣：《澳门通史》，第23页。
[2] 翦伯赞主编：《中国史纲要》下册，第257页；黄启臣：《澳门通史》，广东教育出版社1999年版，第29—31页。
[3] 黄启臣：《澳门通史》，第1页。
[4] 同上，第1—2页。
[5] 同上，第9页。
[6] 同上，第49—53页。
[7] 同上，第53—55页。

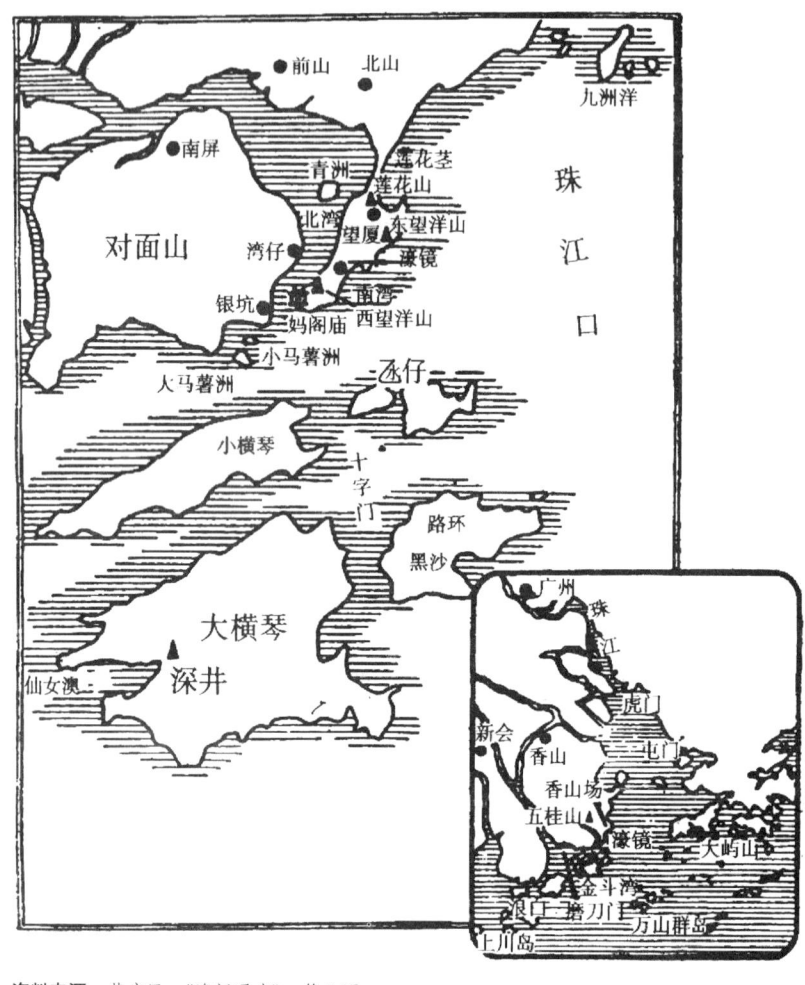

图2-8-1 古代澳门示意图

资料来源：黄启臣：《澳门通史》，第3页。

珠海地区在明代因澳门的兴盛而有很大发展，在万历年间（1573—1620年）形成了50多个村庄。[1] 伴随着这一带贸易的勃发和人口的剧增，奉行海禁政策的明朝政府越发担心这一政策落空，于1621年在紧邻澳门之处设立加强海防的前山寨。[2] 这是珠海继香山寨之后的又一个军事营寨，于山海之间扼澳门通往内陆的要道，据说还有抵御"倭寇"的作用。传统认为自明代开始叫响的"倭寇"，是指屡次骚扰抢劫朝鲜

---

[1] 珠海市档案馆编：《珠海历史回眸》，第4页。
[2] 同上，第14页。

和我国沿海的日本海盗，但近年一些研究发现，其中有不少是反抗明朝海禁政策的海商。[1]

自此，珠海在面对海外的作用中兼任着双重的、时有矛盾的职责：一个是沟通中外的重要窗口，发挥对外开放的功能，这方面在清末以及改革开放初期都曾为我国作出过不小的贡献；另一个是抵御海外的前线要塞，甚至发展成与沟通相反的闭关的功能，珠海在清代以及改革开放前就经常如此。在澳门附近设立的关闸既是可以关闭的"关"，又是允许沟通的"门"，成了这种双重职能的一个象征。（参见图2-8-2）

图2-8-2 既能关锁同澳门的通路又能成为对外联系门户的珠海古关闸

资料来源：珠海视听网，"今日珠海"，http://www.zhtv.com/hd/2005tequ/pic/history/pages/pic004.htm。

在清代，澳门的国际贸易中转港地位日益衰落。这一方面是清朝进一步的海禁政策、日本驱逐葡萄牙人等因素的结果，另一方面也是葡萄牙经济衰落、英国等国崛起的后果。[2] 一直到清末香港开埠以后，澳门的贸易才又依附于香港而有所发展，其人

---

[1] 黄启臣：《澳门通史》，第53—54页。
[2] 同上，第177—185页。

口到抗日战争前也增长到十几万。[1] 与此相应，珠海的作用在清代也随澳门下降，以海防为主；直到香港开埠后才又因临近香港、沟通中西方而兴起。

三、"海连香港"及珠海的开放精神

澳门的发展主要是16世纪西方重商主义经济发展方式的产物。这种以西班牙和葡萄牙为代表的模式，因天主教的政教合一而使政府膨胀堕落，将经济的重点放在通过贸易和掠夺来聚敛金银上，以此支撑国家的军力并满足贵族的奢华。其强国之路主要依靠先进的航海科技和军力，当这些方面落后时国家就开始衰落。香港却是19世纪西方市场经济发展模式的战利品。这种以英国、美国为代表的开放经济国家，以宗教改革后的基督教为精神源泉，提倡限制王权的自由发展，试图以更加符合客观规律的市场机制发展经济和科技。纯粹的市场经济虽然有严重的缺陷，但在坎坷的历程中对富民强国作出了很大贡献。香港的兴起和澳门的式微，显示了国际上这一富民强国战略的转变。一向自给自足的古老帝国，在葡萄牙到来300年后的清末终于开始被西方蚕食。此后中国在100多年的图强历程中，在军力、科技、经济、体制和信念的关系上几经周折，在当代改革开放确立市场体制的基础后，经济、科技以及国力才出现了快速的发展。而最早的开放地区就是深圳和珠海。

香港的开埠是市场经济对中国自然经济最早的重大冲击。英国早已了解到香港作为港口的意义。1833年英国下议院有一个图谋香港的演说提到："在取消对贸易的限制时，如果不能由王国政府建立国家间的直接联系，那么在中国沿海岛屿建立贸易中心，以摆脱中国当局控制，将是可取之策。"[2] 1841年，英国终于借助从香港发动的非正义的鸦片战争占领了香港，使这里以及珠江三角洲成为中西联系和冲突的焦点。但1842年中英《南京条约》造成的"五口通商"又促成了上海的被动式兴旺，其经济超过了香港。直到改革开放前，香港经济才又超过上海，并贡献于珠江三角洲的改革开放。

香港开埠后，澳门很快大大地落后于香港。但珠海在近代并没有同澳门一道一蹶不振，它此时已经超出了主要由澳门所赋予的对外窗口和海防要塞的双重经济政治身份，而开始孕育由香港催生的新身份。不过此时澳门对珠海的影响还在强化。300年来被葡萄牙人租居的澳门一直是中国的领土，其境内设有中国的海关。但鸦片战争后葡

---

[1] 珠海市档案馆编：《珠海历史回眸》，第10页。
[2] 刘蜀永主编：《简明香港史》，第16页。

萄牙人趁中国失利混乱之机赶走了海关，并于不断的努力和哄骗下，终于在1887年签订《中葡和好通商条约》，以协助中国海关征收鸦片税厘的微小经济利益，换得了中国对葡萄牙在澳门的永居管理权的承认。[1]但澳门并不像有些人简单认为的是被割让，或是主权易主，中国仍然拥有澳门的主权和领土，只是成为了由葡萄牙永居管理的很独特的地区，使中国的主权遭到了破坏。[2]澳门的这种地位变化确实加强了珠海的窗口和边塞职能，例如紧邻澳门的军塞前山寨又得到加强，成为林则徐等抵御西方的阵地。[3]

但是珠海从这一时期起在中国近现代史上发挥的突出作用，却不是澳门这个最近的邻居所促成的，而是同它相对于香港、上海甚至全国的区位密切相关，并且同这一带在几百年甚至更久以来逐渐孕育出的人文精神有很大关系。

第一，历史孕育的人文精神，成为珠海人兴起的重要根基。黄晓东对此有观点突出的论述：

> 珠海与中山、澳门同属香山县，血缘同宗、历史同源、文脉同根，同属"香山文化"这个文化生态群落。珠海地域文化是香山文化的重要组成部分。香山文化经历了唐宋元萌芽期、明清积累期、近代成熟期和当代发展期四个阶段。是"两岭"和"两洋"多元文化远缘杂交的产物，"两岭"即岭南和岭北（中原），"两洋"即南洋和西洋。在多元文化的协同作用下，珠海人形成了勇于开拓、重商亲商、开放兼容的兴文重教人文品质，体现着鲜明的海洋性特征。具有极其鲜明的"源自海洋，走向海洋"的蓝色文明特质。[4]

唐宋时越过南岭的中原人后裔，已经开始有意或被迫地改变了一些因循自守的传统，并逐渐有进而下南洋者；同西方文明的几百年交流，更使珠海人的文化信仰逐渐改变。这种改变的真正兴起，是在1841年英国割占香港的激变之后。这方面有两个重要人物需要提及。一个是加速中国西风东渐的容闳。容闳，1828年生在珠海，幼年去澳门读小学，希望长大后与海外通商；香港开埠不久他随校迁往香港，后来被校长带到美国，1854年

---

[1] 黄启臣：《澳门通史》，第278—303页；珠海市档案馆编：《珠海历史回眸》，第17—18页。
[2] 黄启臣：《澳门通史》，第302—303页。
[3] 珠海市档案馆编：《珠海历史回眸》，第15页。
[4] 同上，代序第5页。

在耶鲁大学毕业,成为近代第一个毕业于美国高校的中国留学生。[1] 随后他投入洋务运动的实业救国。又开创教育救国之路,共组织 120 个幼童赴美留学,其中珠海人就有 23 名,其中许多人后来成为国家的重要人才。晚年他又在海外从事政治救国,支持孙中山。另一个人物是晚容闳一代的孙中山。孙中山是邻近珠海的中山翠亨村人,小学就读于夏威夷檀香山,青年时在香港学医并信仰基督,投身民主革命后珠海是他活动的重要场所。[2]

在清末民初的中国经济、政治、文化舞台上,骤然涌现出一大批开创先河的珠海人。人们在为此惊讶之余应能发现,珠海以至珠江三角洲一带的兴起确实有其独特的中西文化汇聚的禀赋影响,这影响波及经济、政治和文化信仰,并使这里当代的改革开放有所受益。在经济方面,"珠海商人创下了许多的第一:第一家水泥厂、第一份华商报纸、第一家百货公司、第一家保险公司、第一家机器印刷业厂、第一条自建铁路、第一台中国制造的蒸汽机车⋯⋯"[3] 不过这些创举一般都不是发生在珠海,而是开放创新的珠海人在上海等地开拓的。

第二,珠海此时跻身于中国依靠开放变革来推动近代化的前沿。其"海洋"文化在我国变革的重要地区厚积而发,彰显了重要的作用。珠海临近香港,富于开放传统和开拓精神的珠海人比其他地区的人们更受益于从香港传播而来的西方文明,并且在上海崛起后更多地到上海发展。对于这个区位因素,黄晓东也有鲜明的观点:

> 可以说,一部中国近代史就是一部广东人的历史,而近代广东的历史则从珠海开始——珠海人得天时地利之便,秉西学东渐之先,振聋发聩,吐故纳新,成为中国近代化的重要推动者。⋯⋯[4]

我们在众多富于开拓精神的著名珠海人的经历中可以看到,这种精神既受益于珠海的开放,也受益于珠海人能够选择更适宜的发展地区,而不是只注重在本地的发展。刚刚提及的容闳和孙中山都是如此,我们也往往能从其他珠海名人身上看到这些特征:与容闳同期的我国著名的企业家和洋务运动官员唐廷枢早年在香港上学,后来赴上海发

---

[1] 珠海市档案馆编:《珠海历史回眸》,第 96 页。
[2] 李长青:《辛亥革命在珠海》,《珠海文史》2005 年第 10 辑,第 6—8 页。
[3] 珠海市档案馆编:《珠海历史回眸》,代序第 7—8 页。
[4] 同上,代序第 2 页。

展；著名的工商业巨子徐润也以上海为基地；父亲在上海经商的唐绍仪被容闳送往美国读书，回国后在天津等地为官，后来出任中华民国第一任国务总理……

四、清末试开"特区"，突出的政治功能

经历了漫长的历史积淀，置身于独特的时代，珠海的经济、政治作用在清末民初曾经有很大的提升。其经济地位的提高，主要得益于中国早期的改革——清政府最后的"新政"。当时朝廷鼓励华侨和港澳实业界人士在内地投资，1908年侨商伍于政和澳门商人王诜等人倡议在现在珠海市的主城区香洲一带兴建商埠。[1] 这里当时刚刚淤积成陆地几十年，距离澳门只有10公里，地理位置重要，已经形成了联系澳门和香山县的渔村。[2] 广东省随即批准开埠，并大胆地计划在此建立"60年无税商埠"，成为当时改革和开放的一件盛事：

> 商埠借鉴上海商铺的格式兴建商业街。初时，建得二层楼6间铺位的20栋，3间铺位的8栋，三层楼的2栋。楼间相隔4米，南北走向，整齐美观，有10多条街道，每至夜晚灯光如昼，热闹非常，被誉为"中环街市"。由此吸引港澳、四邑等地商贾纷纷前来经商，南海各地渔民相继迁来定居。清宣统二年（1910年），共建有商铺1600余间，修筑20多米宽的马路一条及码头两座，开辟穗港澳航线。其中，较大型的商铺有"中兴纺织公司"，较出名的商号有"协昌"、"康正"、"永利隆"等。海内外记者争相报道香洲商埠的繁荣景象。至宣统三年（1911年），扩建米铺、油粮、杂货、当铺等近200间。清政府宣布香洲为自由港，开放香洲为无税区。同年底，因一场持续6个多小时的大火，上千间商铺化为灰烬，加之清廷内部对香洲建无税商埠意见不一，拱北关洋人税务司亦出来干涉，投资者纷纷转移资金。香洲商埠由此衰落。[3]

濒临崩溃的清朝政府当时竟能大胆地宣布香洲为自由港、免税区，可见其改革开放的力度至少在局部和表面上有大于现代的方面。可惜清末的改良不全面深入，也为时太晚，没能成功。据其他文献记载，香洲商埠后来并未完全衰落，但其作用因此降

---

[1] 珠海市档案馆编：《珠海历史回眸》，第21页。
[2] 管荣光：《解放前香洲的工商业》，《珠海文史》第3辑，第45页。
[3] 珠海市档案馆编：《珠海历史回眸》，第22页。

低，主要为有限的地方性经济服务。[1]

在发展模式上，"100多年前，容闳就已经提出'以中国原料之廉，人工之贱，将来自造机器，必较购之欧美省廉'——这应该是'三来一补'、贸易加工区的最初设想了"[2]。可惜当时的条件没有成熟。

在清末民初，珠海不仅经济地位有所提升，在政治上更为中国的变革发挥了相当突出的作用。珠海以及珠江三角洲得益于同西方的联系，特别是邻近港澳，成了推翻清政府统治、联系海外爱国力量的重要的桥头堡和窗口。这片远离传统政治中心、又不是国家经济中心的地区，进而发展成为新兴政治力量的根据地。

第三节　改革开放前的条件

民国初期从珠江三角洲发动的北伐成功之后，民国政治力量的中心北移，珠海一带作为政治革命的桥头堡的地位可算胜利结束。加上上海的经济中心地位的不断强化，珠江三角洲又逐渐成为中国政治经济版图中的偏远地区。

但珠海地区延续前一时期的势头，局限于地域范围的经济政治仍有发展。作为经济中心的香洲商埠，虽因失去了免税"特区"资格而地位下降，但直到20年代初，"各行各业都在兴起，香洲的城镇初具雏形"[3]。民国初期，"孙中山先生曾在实业计划中把香洲划为三等渔业港"，"说明渔业在香洲占着重要的经济地位"。[4] 后来这里由于军阀之乱、日本占领等原因陷入停滞和衰退，尽管在30年代初国民党执政时，在曾任民国第一任总理唐绍仪的亲自治理下，政治经济曾有过一段时间的发展。[5] 直到抗日战争胜利后，"香洲经济有所复苏，但同时又是贩毒、走私成风的时期"[6]。

中华人民共和国成立后，珠海成了防御从港澳而来的海外和国民党势力的边防重镇，军事地位有了一些强化，但经济作用处于从属地位。

---

[1]　珠海市政协文史组编：《解放前香洲的工商业》，《珠海文史》第3辑，第44—52页。
[2]　珠海市档案馆编：《珠海历史回眸》，代序第9页。
[3]　珠海市政协文史组编：《解放前香洲的工商业》，《珠海文史》第3辑，第44页。
[4]　同上，第49页。
[5]　珠海市档案馆编：《珠海历史回眸》，第62页；珠海市政协文史组编：《解放前香洲的工商业》，《珠海文史》第3辑，第44页。
[6]　珠海市政协文史组编：《解放前香洲的工商业》，第44页。

但在此时期，珠海终于有了自己独立的行政建制，标志着这里政治地位的提高。其原因主要是，新中国成立初期珠海的边防地位变得重要了许多。当时澳葡当局经常进行军事骚扰，朝鲜战争爆发后珠江口更面临香港的英国舰艇威胁。[1] 另外，巩固边防的任务又因为珠海"外向型"的渔民问题而变得更加困难："1953年该地区计有人口十三万余，其中，渔民占三万余。从绝对人数来说，不及农民为多，但其活动范围之广，政治经济影响之大，却远远超过了从事农、林、副业的农民。特别是占渔民总数八成的流动渔民，来往于大陆与港澳之间，远至南洋与台湾，其影响更大，情况也更复杂。"[2] 因此当时做好流动渔民的工作成了国防大事。搞好渔业经济，也是为了政治军事的需要。

为此，有必要把原来归属各县的众多岛屿统一管理起来。防御珠江口这些岛屿的军事机构在1950年就已经设立于现在珠海的唐家湾，1950年升为师级机构。[3] 1951年1月，中山县、宝安县和东莞县的100多座岛屿几乎都被划出来，组成了行政机构——"广东省人民政府海岛管理局珠江分区"，相当于县（团）级建制，1952年改为中山县渔民区，区政府也设在唐家湾。[4]

在珠海设立独立的县级行政区的提议，按照当时相关人士的回忆，可能是当时任中共中央华南分局第一书记兼广东省人民政府主席的叶剑英提出来的。[5] 独立的珠海县在1953年5月终于正式设立。县城没有选择在县里的经济中心——香洲，而是设在军事重地唐家湾，也显示出当时不能或没有把经济放在首要的地位上。即使在经济方面，也像当时的一个上级领导所说，珠海应该是"水上县、渔民县，虽然农民多于渔民，但主要仍应搞海洋、搞渔民工作……否则，成立这个县似乎就失掉意义了！"[6] 而搞好渔民工作的关键是要争取他们，保证他们不做危害新政权的事情，如同珠海第一任县委书记曾文强调的，"国民党、港澳英葡当局都与我们争夺这部分力量，其政治影响和经济影响都不容低估"。[7]

---

[1] 珠海市政协文史组编：《珠海建县概述》，《珠海文史》1990年第9辑，第6页。
[2] 同上，第8页。
[3] 同上，第5页。
[4] 珠海市档案馆编：《珠海历史回眸》，第5页。
[5] 同上，第9—10页。
[6] 同上，第8—9页。
[7] 珠海市档案馆编：《珠海历史回眸》，第235—236页；珠海市政协文史组编：《珠海建县概述》，《珠海文史》第9辑，第9页。

所以，同现在的发展方针相反的是，当时争取这些"外向型"渔民的目标，是要使他们变为"内向"。政治上如此，经济上，这些80%来往于港澳台的流动渔民的较为外向的经济利益也只得有所舍弃。珠海的建县方针因此定位于"巩固海边防，争取渔民内向，发展渔农业生产"[1]。但是当时的局势和政策使得巩固边防同发展经济这两个目标存在矛盾，以致长期以来小到珠海，大到广东甚至我国不少沿海地区，在经济上都做出了重大牺牲，成为国家经济发展的边缘地区。

海外学者傅高义认为："在60年代和70年代初期，中国不仅把新的经济投资着重放在内地，而且在政治上也变得内向和排外了。过于西化和资本主义化的人或有海外关系的人均受到怀疑，人人但求自保。没有一个省份比广东更适合于作为批判的靶子，也没有一个省份比广东更彻底地为中国的闭关政策所扭曲。"[2] "各地不仅要保证口粮，还要满足自身工业的需求"，但"公社、县和城市都不能从国内的任何地方购进物品，更不要说从国外购进了"，"原材料缺乏的县往往只好自己对付，哪怕是被迫停产"。[3]

珠海的问题更在于，这里运作经济的体制长期固化于同市场经济大不相同的计划经济模式。我国的计划经济在部分实现了原定目标的同时，造成了经济效率和劳动积极性不高等问题。但广东由于靠近香港的特殊区位，国家在经济上并没有把它完全封闭。艰难维持的广州商品交易会就是一例。并且，国家在这个偏远的经济区域，为了政治、经济的目的，逐渐被迫采取了一些灵活的经济模式，甚至可以称为局部开放的早期尝试：

> 陈云在1957年就提出建立专业出口生产基地。广东在50年代后期和60年代，就已建立了一批基地。所谓出口生产基地，就是完全为出口市场，特别是为香港提供产品的农场和工厂。然而，这项计划到1969年已荡然无存。1971年和1972年，由于实行新的出口收购合同制的需要，又建立了几十个出口生产基地。这些基地出色地完成了出口任务，使北京主管经济计划的官员信服，并决心扩大和巩固基地的专业化。外贸部便于1973年指定佛山地区做全国第一个"统一出

---

[1] 珠海市档案馆编：《珠海历史回眸》，第11页。
[2] [美]傅高义著，凌可丰、丁安华译：《先行一步——改革中的广东》，第4页。
[3] 同上，第30—31页。

口生产基地"。为了使国家得到更多的外汇，北京必须保证出口生产对地方具有更大的吸引力。[1]

但是珠海由于是边防重镇，尽管最接近澳门，也没有成为开放的主要试点。经济状况甚至退步到与偏远的农村、渔村相似的境地。不过，珠海缺乏低效的计划经济成分并不完全是缺点，这至少为后来的改革开放减轻了一些包袱。中国早期的改革开放更多地成就在位置偏远、不重要的珠江三角洲，而不是占据重要地位的长江三角洲，也有这一层原因。

---

[1] [美]傅高义著，凌可丰、丁安华译：《先行一步——改革中的广东》，第363页。

第九章

珠海试办特区的初期：谨慎探索和艰难突破

曾经在经济、政治方面都拥有过独特的地位、在珠江三角洲甚至全国起过一定作用的珠海，到了改革开放前夕已经变成偏远、空旷、默默无闻的农村和渔村，历史上那种接纳外界先进文化的开放地位和创新精神，已经长期窒息。有人这样介绍当时珠海的情况：

> 说珠海县县城所在地香洲是类似一个荒僻的渔村，这并不是恶意的贬语，而是对这一带经济滞后的真实写照。有人就说珠海确实曾是"一条街道、一间粮站、一间工厂、一家饭店"的地方。……那时候，珠海同广州联系的交通条件很差，公路窄且路面又不平，要过四次渡，非常不方便。珠海同香港的海上联系，没有直通船，只能到澳门去搭船。[1]

但是这里已经无法像古时那样维持一种小国寡民的田园生活。原因不只是在于人们的生活水平太低，改革开放起步的1978年这里农村的人均收入只有149元，更是在于它同海陆相连的港澳之间出现了巨大的差异。[2] 几十年来常有发生的附近居民向港澳的偷渡，此时又开始高涨。1978年珠海（不包括当时未并入珠海的斗门县）的农民和渔民的数量竟然比1953年时还少，从大约10万和3万多人，分别减少到8万和将近3万人。[3]

---

[1] 吴健民：《创办珠海特区五年的回忆》，第22页。
[2] 同上。
[3] 同上。

1978年开始的改革开放终于给人们带来了希望。人们开始更深入地反思，广东省一位前副省长说："我们必须'感谢''文化大革命'。没有它，我们也许永远不会进行这场根本性的变革。'文化大革命'使我们认识到旧体制的弱点。"[1] 但实施这一"根本性的变革"比一般人们想象的要困难得多。这不仅涉及经济和社会层面，也同思想领域相关。

搞改革开放，就需要放下包袱和自负，谦虚地学习、探索，勇敢地冲破阻力。划出小范围的特殊地区（即特区）进行试验和探索，既是较为谨慎、科学的，又易于减少巨大的阻力来进行大胆的尝试。可以说当时中央试办特区，是我国既积极又稳妥的渐进式改革的重要措施。但在小小特区之内的探索，都比一般人想象中的要艰难得多。由于难以弄清何种做法在此时此地更好，人们经常要在大胆和谨慎、坚持和放弃之间做艰难的抉择，给后人留下不少经验、教训和未解之题。

第一节　试办出口基地与升级为珠海市

一、开放政策的发展、珠海出口基地和准地级市的建立

珠海在改革开放初期有一个逐渐摸索、加速发展的过程，当时中央的改革开放观念也是逐渐发展的，并且中央的变化先于珠海，因此，改革是一个自上而下的过程。

中央观念的几次转变，就成了珠海开放初期发展的推动力。最早的变化还是在以往计划经济的体制内，是对陈云1957年提出建立出口生产基地的这种开放模式由局部向全局的发展。1977年后，引进国外的设备和技术，通过开放促成中国的现代化这一重要的发展战略，成为当时我国主要领导人的共识。

引进国外的设备和技术就需要外汇，发展出口生产基地来创汇也是关键之一。由于存在利用港澳的巨大潜力，20世纪70年代初期珠江三角洲的一批出口生产基地已经相当成功。所以当时除了设想建设"十个大庆"和煤炭出口等创汇方式外，在珠江三角洲最便利的地区增加向港澳的出口也成为中央设想的一部分。

为建立这样的出口基地，1978年3月，国家计委和外贸部到广东，同省里研究在

---

[1] [美]傅高义著，凌可丰、丁安华译：《先行一步——改革中的广东》，第43页。

最靠近港澳的宝安、珠海"兴办副食品基地问题"[1]。但在当时大形势的发展下，出口基地很快又有了重大的升级。

"在经历了十年动乱之后，从决策层到理论界，普遍有一种要把耽误的时间抢回来的急切心情。"[2]1978年，邓小平等国家领导人以及各种高级别的考察队频繁出访，考察以开放促发展的可能。6月下旬，谷牧副总理汇报了率庞大考察团出访西欧多国的情况后，"叶剑英、聂荣臻、李先念都表示，是下决心采取措施实行的时候了"，邓小平单独听取了谷牧的汇报后也提出"同外国人做生意要搞大一点，搞它500亿，利用资本主义危机，形势不可错过，胆子大一点，步子大一点，不要老是议论，看准了就干，明天就开始，搞几百个项目"[3]。

此前不久，还有一支规模较小的经济贸易考察组由国家计委和外贸部组成，"于4月10日至5月6日赴香港、澳门进行了经济考察，看了不少工厂、农场、港口、建筑工地、农产品市场和一些商店，并同有关企业、单位座谈"[4]。回来之后，大幅升级了关于宝安、珠海的出口基地设想。他们拟订的这个"建设规划"成为深圳、珠海巨变的发端，其主要设想包括八个方面：

第一，建议把宝安、珠海两县改为两个省辖市（相当于地委）。

第二，两地的农业，从"以粮食为主"逐步转到"以经营出口副食品为主"的轨道上来。

第三，积极发展建筑材料工业和加工工业。根据当地条件和港澳市场的需要，有计划地搞一些中小型工厂。不要动不动就铺大摊子。

第四，开辟游览区，办好商业、服务业和文娱场所。吸引港澳居民过来度假游览。

第五，两县的市政建设等投入，每年由国家拨款5000万元，三年共1.5亿元。

第六，相应给予两县基建工程兵人力的支援。

第七，宝安、珠海未来均按小型城市设计。例如，到1982年，宝安发展到

---

[1] 吴健民：《创办珠海特区五年的回忆》，第18页。
[2] 肖冬连：《1979年国民经济调整方针的提出与争论——大转折纪事之一》，《党史博览》2004年第10期，第4—10页。
[3] 同上。
[4] 吴健民：《创办珠海特区五年的回忆》，第17页。

50多万人口，珠海发展到20多万人口。

第八，在宝安、珠海建市后、给予一些特殊政策的支持。[1]

这些方面已经比一般的出口基地有更大开拓，所定的经济和人口发展指标也要求飞跃式的发展，如"到1980年两个县的外汇收入达到2亿美元，比1977年增加两倍；1982年外汇收入达到5亿美元，比1977年增加七倍"[2]。这些要求过高，珠海都没有达到。但这一具体的规划相比于当时全局的迫切构想还没有太超前。更有意义的是它对特殊政策的设想，已经开始超过了单纯开放的范畴，有了一些改革的精神：

1. 在统一计划安排下，两市对商品收购出口和基地建设所需材料、设备的进口，可直接与驻港澳贸易机构联系，有直接批准权。
2. 开设供应入境旅客的专门商店，由驻港澳贸易机构经营，视同对港澳出口。
3. 驻港澳贸易机构支持两市生产所提供的材料、设备，允许从两市出口创汇中扣还。上述物资进口，免征关税。
4. 为加快基地建设，三年以内，除了归还贷款之外，两地所收的税收和利润暂不上交，留给当地。出口砂、石的外汇收入，全部留给当地。
5. 简化对来两地游览的港澳同胞、华侨和外籍人士的检查手续，采用电脑设备，缩短检查时间。
6. 恢复边境小额贸易，允许边境村民和渔民保留作机动使用。
7. 两地来料加工装配所运进的原料、材料、辅料、元器件和设备，一律免征关税。
8. 加工费收入，单独结汇。今后外汇贷款，也必须单独开户，以便银行监督和直接归还贷款。加工费收入的外汇，15%留给企业，15%归地方使用，70%上交国家。[3]

这些设想"应该说是我国在党的十一届三中全会之前，有关开放政策措施酝酿中

---

[1] 吴健民：《创办珠海特区五年的回忆》，第18—19页。
[2] 同上，第18页。
[3] 同上，第19—20页。

的一次突破。它对于三中全会之后整个改革开放的部署和后来的试办经济特区，都作出了有益的探索"[1]。但是，它在改革方面仍然缺乏认识和措施。

1978年10月，广东省"革委会"上交给国务院《关于宝安、珠海两县外贸基地和市政建设规划设想》的报告，说"省委决定两县建立相当地级的中等城市"，使规划规模又有升格。[2]但为了避免行政巨变带来矛盾，这时只提出两市由省、地双重领导，其实仍希望它们快些成为省辖市。1979年2月国务院部分批准了这一设想，虽暂未同意设市，但提出了更加开放的"三个建成"：建设成为相当水平的工农业结合的出口商品生产基地、吸引港澳游客的旅游区、新型的边境城市。[3]这正是上述赴港澳考察组1978年提出的建议。此前国家计划委员会副主任段云对于这两市的看法是，"无论如何要作为'特区'——特殊地区，特殊情况，特殊处理；要打破许多旧框框，所有指标都给予单列"。[4]

这也许是上层最早提出"特区"的场合之一，表明中央对这两市的重视，也承认局部改革的必要。但珠海刚设市后的具体发展仍然阻力重重，其中有国家经济改革尚未大幅推进的原因。

1979年1月，广东省委在内部正式下达《关于设立深圳市和珠海市的决定》，派吴健民到珠海任市委书记。[5]吴健民倍感这个"渔村"的"起步艰难"："它反映出我国自然经济很深的烙印，也反映了战争时期军事共产主义观念对干部队伍思想意识的影响实在沉重。"[6]（参见图2—9—1）珠海不像深圳那样幸运，那里香港招商局常务副董事长袁庚提议的相当于"特区"的"香港招商局蛇口工业区"在1979年初即已被中央批准，在夏季就独立于深圳的城市发展开始了大规模建设，在深圳市发展的"计划外"给了它最大的促进。开放和改革的政策此时才初露端倪，珠海的局面很难大幅打开。当时珠海自己做的大事除了研究发展规划，和急迫艰难地阻止人们向港澳偷渡的政治行动之外，经济上的具体事情主要是处理澳门的垃圾问题和恢复边境小额贸易。

---

[1] 吴健民：《创办珠海特区五年的回忆》，第20页。
[2] 同上，第21页。
[3] 中共珠海市委党史研究室编：《中共珠海党史大事记1924—1990》，中共珠海市委党史研究室1991年印，第56页。
[4] 吴健民：《创办珠海特区五年的回忆》，第26页。
[5] 中共珠海市委党史研究室编：《中共珠海党史大事记1924—1990》，第56页。
[6] 吴健民：《创办珠海特区五年的回忆》，第31页。

图2-9-1 珠海刚设市时的市中心香洲（1979）

资料来源：珠海视听网："今日珠海"，http://www.zhtv.com/hd/2005tequ/pic/history/pages/pic001.htm。

二、珠海市的艰难起步：恢复边境小额贸易、大陆首家私人外资企业

珠海建市伊始起步艰难，工作在探索中缓慢展开。吴健民回忆1979年设市后的第一项实际工作是开始讨论拒绝澳门垃圾的事。澳门没有垃圾处理厂，垃圾一直堆放在拱北海关附近的一片洼地中，对珠海污染严重。但新中国成立后珠海长期"利用垃圾搞肥料，捡废品换钱，成为生财之道"[1]。为了城市的发展，"市委决定停止接受搬运处理澳门垃圾"，又"经过反复多次的民主讨论，还请示了省府，通过外事部门共同努力"，直到1982年才使澳门垃圾堆放场转移。[2] 但在这一过程中遭到了珠海一些干部的反对，因为此项举措将使珠海失去100万元的收入。

恢复开放边境小额贸易本是珠海建市设想的一部分。澳门很多地方同珠海只隔着一条河宽的小海湾，每天"都有许多流动渔民靠岸，卖鱼、买米、加水购买渔需品"；50年代"每天都有一批取得'小额边境贸易许可证'的湾仔人，带着鲜花，直接坐船上澳门去卖"，"然后将卖鲜花得到的钱，拿一点去买回酒糟，带回湾仔喂猪"，"仅靠这一条，这里曾有一片初步兴旺景象"；后来"鲜花出口统归国有外贸部门经营，边境小额贸易的优待办法取消了"，占领澳门鲜花市场的由湾仔变为中国台湾、

---

[1] 吴健民：《创办珠海特区五年的回忆》，第33页。
[2] 同上，第33—34页。

日本的供应商。[1] 珠海市领导经过讨论决定首先恢复这一政策，以改善农村的生产生活。1979年4月，"珠海市全线恢复边境小额贸易，农村一片欢腾"；"8个月后，湾仔仅鲜花一项，初步结算，换汇52.3万港元"。[2]

改革开放初期的第一家外资企业（香洲毛纺厂）是在珠海出现的，这家企业成为我国改革开放的一个样板。但这个项目不是珠海自己引进的，"是自上而下地引进、嫁接完成的"：早在深圳、珠海未开放之前的1978年5月，"港商曹光彪先生赴北京，同中国纺织品进出口总公司探讨在广东靠近澳门的地方投资设厂（毛纺厂）的可能性"，后来中国纺织品进出口总公司交由广东对外贸易局负责这个引进项目的落实，"最后决定把这个项目放在珠海"。[3]

香洲毛纺厂成为自1949年以来外商第一个到中国内地投资的私人企业。曹光彪"由于一举投资数百万美元……开创了'来料加工'、'补偿贸易'等一系列先河，被誉为'第一个吃螃蟹的（勇敢的）先行者'"[4]。由于是自上而下地促进，"毛纺厂的协议，从酝酿、审批、签订到动土建厂，北京、广州、珠海，一路顺风，处处绿灯，效率确实高得出人意料"，"1978年8月签订合作办厂协议，11月破土动工，1979年8月建成厂房面积6000多平方米，并将全部生产设备安装完毕。9月试产，11月正式投产"。[5]香洲毛纺厂开幕剪彩之时，"共来了500多家厂商和中外新闻记者，还有10多个国家的来宾……把毛纺厂的建成誉为中国开放政策的率先项目，中国试办特区最早的花朵"。[6]

但是由于经营管理问题和澳门的原材料供应问题，以及执行合同负担很重等原因，毛纺厂投产后逐渐暴露出不少矛盾，甚至引起《人民日报》的报道和外贸部的追究。毕竟这是我们改革开放的一个初步尝试。不过在停产整顿和改革经济管理机制后，香洲毛纺厂又大有发展。这类外资企业的出现，是我国大胆突破传统的计划经济的局部尝试，经济上开始了微观放开，对于解放思想和后来市场经济的发展意义重大。

---

[1] 吴健民：《创办珠海特区五年的回忆》，第39页。
[2] 同上，第41页。
[3] 同上，第155页。
[4] 《曹光彪》，宁波侨网：http://www.ocao.ningbo.gov.cn/004/005/5730.html，2002年3月5日。
[5] 吴健民：《创办珠海特区五年的回忆》，第60页。
[6] 同上，第61页。

三、对发展方向的不同看法

珠海的发展思路在这个阶段已经经历了三次突然而重大的转折：从新中国成立后的边防为主，经济侧重渔业，到上述1978年3月的从"以粮食为主"逐步转到"以经营出口副食品为主"，不久又在出口基地设想中加上了"积极发展建筑材料工业和加工工业"。

尽管有了珠海出口基地的设想，珠海对城市的发展方向仍然不太清楚。

1979年2月国务院提出的"三个建成"，要求珠海建成出口商品生产基地、对外旅游区和新型边境城市。虽然后来省里对深圳、珠海两市三五年内的发展都采用这个提法，但对此有一段说明，意思是：

> 必须重点发展农业生产，迅速改变农业生产面貌，把整个农业搞好，因地制宜地发展农副产品和水、海产品，建立出口生产基地，壮大社队集体经济，增加社员收入，改善群众生活，调动群众的积极性。在此基础上，积极发展来料加工、装配业务和建材工业，建设旅游区和城市。[1]

这是在要求先搞好农业，然后再搞加工业。这样重新强调发展农业也许同国家刚刚开始的对"洋跃进"和工业的整顿有关。于是这在珠海引起了对于发展方向的争论，但主流还是坚持工业立市，认为珠海市应该"充分利用港澳的经济技术条件，来发展我市、我省经济"，不应"离开对外经济活动这一根本指导思想"[2]。实际上，珠海在立市的头一年大概在各个方面都有努力——渔农业、加工业（来料加工、装配、引进技术）、旅游业、城市总体规划、基本建设等等。

珠海刚一建市就很重视城市的未来规划。"从1979年5月，经过一年的酝酿、测量、调查，然后进行研究、起草，并聘请了全国数位专家评议座谈，反复修改"，终于在1981年制订出四个特区中最早的一部城市总体规划，提出"建成一个滨海花园城市"的总方向，甚至提出远期珠海"将在我国南方经济发展中居重要地位"[3]。

---

[1] 吴健民：《创办珠海特区五年的回忆》，第45页。
[2] 同上，第46—47页。
[3] 同上，第50—51页。

从中可以看出珠海对环境宜居的重视，亦可看出对自身定位之高。

海滨城市需要港口。"原来珠海市的香洲港，只是一个小渔港……1953年建立珠海县以来，就从没有进行过认真的整治……现在，港池的水深退潮时只有40厘米。"[1] 多次调查后珠海选定发展现在的九州港，但"澳门方面传来的反响就有许多消极的看法"，甚至担心"会抢走澳门的繁荣"。同时中央已正式提出试办"出口特区"，省经委强调规模不能大，"还是在香洲港的改造基础上，渔港、商港合一为好"。[2]

这也许又同当时国家的经济整顿和压缩有关。但中央同地方在建设上出现分歧也属正常之事。此后"新港口问题，来来回回，多次的反映和讨论，省里主管单位总表示出一种不够放心，不够支持的不冷不热态度"[3]。直到1985年省科协举行了"珠海港口问题学术讨论会"，确定现代化港口将"有助于吸引香港方面客商来珠海特区投资"，省委才批准了建港选址在九州港。[4]

如果说珠海初期的城市规划和基础设施发展还较为科学、合理，在后来就逐渐开始追求过于超前的目标，日益显露出一些地方同全局的矛盾。珠海在试办特区之后，又出现了对于特区面积大小的争论，以及对特区发展方式的长期探索。

第二节　试办特区后的初步探索

一、珠海经济特区的建立

如上节所述，1978年开放的浪潮使广东省提出在珠海和宝安试办出口基地并设市的大胆提议。1979年，珠海市升格为省辖市，进而迎来了比上节所述更难得的发展机遇。这一年对于中国的改革开放极为重要，这时我国停止了"洋跃进"，实行"调整、改革、整顿、提高"，并在经济发展和改革开放上迈出了更加坚实而大胆的步伐。

1979年4月，时任广东省委书记兼省长的习仲勋向邓小平汇报广东经济加速发展和开放改革的想法。邓小平很支持，明确称呼深圳、珠海为"特区"，但说在全国

---

[1] 吴健民：《创办珠海特区五年的回忆》，第56页。
[2] 同上，第56—57页。
[3] 同上，第57页。
[4] 同上，第58—59页。

经济整顿的环境下，不给广东什么配套资金，让广东和特区"杀出一条血路来"。[1]很快，中央就派出在后来长期主管特区工作的中央书记处书记、国务院副总理谷牧等人，实地考察研究试办特区的事。

7月，中央正式提出试办"出口特区"，成为珠海具有历史意义的转折点。《中共中央、国务院批转广东省委、福建省委〈关于对外经济活动实行特殊政策和灵活措施〉的两个报告》（即"50号文件"）中说："关于出口特区，可先在深圳、珠海两市试办，待取得经验后，再考虑在汕头、厦门设置的问题。"给予广东省特别是深圳和珠海在外贸、财政、计划、物资及物价等方面特殊的优惠政策，开始实行新的经济体制和灵活措施。[2]其实此前，"特区"这个称谓已经"像神话般的传说，早在人们经济生活的意识观念中散布开了"[3]。

刚过1979年，"出口特区"的提法又有了显著的变化。"这个名称，同国外许多类似的对外贸易区、自由贸易区和出口加工区没有明显区别。"[4]吴南生在1979年12月赴京汇报时建议改称"经济特区"。[5]1980年3月，谷牧来广州主持广东、福建两省外经和特区问题会议，这是孕育特区的一个重要的里程碑。会议讨论了特区的性质、试办的方法和需要注意的问题、各个特区的试办顺序以及规模大小（特区的规模范围后面还有详细介绍）等重大问题，形成了《广东福建两省会议纪要》。[6]会议正式提议将"出口特区"改名为"经济特区"，这是一个更全面、更有中国特色的名称。[7]同年5月16日，中共中央和国务院在批转《广东福建两省会议纪要》时正式确认了"经济特区"的提法，《纪要》中要求："根据目前两省的财力物力可能，广东首先集中力量把深圳建设好，其次是珠海。汕头、厦门两个特区，可先行规划，作为准备，逐步实施。"[8]

1980年8月26日，中华人民共和国第五届全国人民代表大会的常务委员会正式批准了国务院提出的《中华人民共和国广东省经济特区条例》，同意在珠海试办经济

---

[1] 茹晴：《梁广大珠海为官16年》，中国经济出版社2001年版，第19页。
[2] 房维中主编：《中华人民共和国经济大事记》（1949—1980），中国社会科学出版社1984年版，第630页。
[3] 吴健民：《创办珠海特区五年的回忆》，第75页。
[4] 茹晴：《梁广大珠海为官16年》，第19—20页。
[5] 吴道山：《深圳首任市委书记：经济特区要继续杀出一条血路》，中国新闻网：http://www.chinanews.cn/2000-09-01/26/44209.html，2000年9月1日。
[6] 吴健民：《创办珠海特区五年的回忆》，第96—99页。
[7] 茹晴：《梁广大珠海为官16年》，第20页。
[8] 同上，第21页。

特区。条例"从起草到十三次修改,再到批准公布,只有 2000 多字,却花了一年时间,真是字字推敲"[1]。《条例》在第一章第一条把特区的目的规定为:"为发展对外经济合作和技术交流,促进社会主义现代化建设,在广东省深圳、珠海、汕头三市分别划出一定区域,设置经济特区。"[2]《条例》着重提出了鼓励外商投资的优惠政策和与我国以往不同的管理体制,为特区大幅的开放以及改革提供了法律依据,为社会经济的开放和二、三产业的改革从特区扩展到全国预备了基础。

经济特区的试点,极大地促进了人们的思想解放,为中国引进市场经济作出了关键贡献,也为许多领域的改革开放起到了重要作用。也正因为此,特区在开始几年经历了各种压力和阻力,直到 1984 年邓小平南方视察肯定特区的做法,阻力才减小。珠海自 1979 年起进入了崭新的历史进程,但其发展的每一步,却时常是艰难和曲折的。尤其是在特区试办的初期,珠海的经济基础十分薄弱,开放和改革的政策还远未配套和完善,人们的思想也不够开放,使得珠海经历了三年艰难探索的初期阶段。

二、毗邻澳门优势不大

由于珠海的区位相当特殊,它在包括港澳的珠江三角洲中的地位很微妙。这在很大程度上影响到珠海的经济发展和定位。澳门经济的辐射力和机制的优势都远远小于香港,珠海同香港的经济联系又远非靠水路能够解决,这些使珠海较深圳的发展有着先天的不足。但珠海毕竟毗邻澳门,有着向澳门开放的先机,这种优势能否支撑珠海的发展呢?

澳门同周围的珠江三角洲城市——珠海、香港、深圳一样,在几百年前都是小渔村。"1944 年,正当澳门的商业开始衰退之际,它的葡萄牙籍官员却开始依赖于赌博业,以其收入作为政府基金的重要来源……20 世纪 70 年代,随着新型水翼船和气垫船的诞生,从香港至澳门的航行时间由 4 小时减少至 1 小时,澳门的旅游业和博彩业,也就随之蓬勃发展起来……澳门成了亚洲和太平洋地区的'赌城'。"[3]

---

[1] 吴道山:《深圳首任市委书记:经济特区要继续杀出一条血路》。
[2] 香港《中国经济特区年鉴》编辑部编:《中国经济特区年鉴(1983)》创刊号,香港中国经济特区年鉴出版社 1983 年版,第 46 页。
[3] [美]傅高义著,凌可丰、丁安华译:《先行一步——改革中的广东》,第 166 页。

在珠海创办特区时，澳门是一个微型城市。经过多次的填海，其陆地总面积近年也才从十几平方公里增加到二十几平方公里。由于澳门的政治地位同香港相当，没去过港澳的人可能以为澳门的经济同香港的差距也不是很大。所以去过澳门的人经常感叹"澳门原来这么小"，认识到它与香港的经济不可同日而语。

澳门的经济是在香港和内陆的夹缝中生存的。经济发展的定位主要是要避开香港和内陆的优势，来寻找二者遗漏的方面和与它们互补的机会。澳门在港澳和珠江三角洲关系中的特殊地位和辅助性的角色，极大地影响到珠海的经济发展和定位。珠海不能在大区域中唱主角，又要在优劣掺杂的处境中寻求更好的发展空间，其发展困难较多。加之珠海人的道德观念以及祖国内地的法律不允许珠海借鉴澳门的博彩业，通常的研究认为，澳门实际上对珠海的帮助不是很大。其实有不少澳门向珠海的投资在本源上是来自香港，珠海的开放更应面向相对遥远的香港。这就使得珠海特区的发展比起深圳显得步伐较慢、探索更难，但比起距离香港更加遥远的汕头和厦门特区来，珠海初期的开放优势还是较为明显的。

三、特区合理范围的摸索与争论

珠海市全境的面积在斗门县1983年并入以前，只有600多平方公里，同邻近的地市相比是相当小的。作为地级市，其主城区的面积不管是在当时还是现在也都是较小的。最初，珠海经济特区被设置在珠海市地域内一个很小、不太重要的范围里，面积仅有6.81平方公里。较小的珠海同其内部的特区应该是一种什么样的关系，特区的范围多大较为合理，都是发展中影响重大的问题。

对珠海特区合理面积的摸索，经历了一个漫长而曲折的论争过程。后来有人简单地介绍道：

> 经济特区的文件、指示有了，接着的问题是如何运作，到底怎么去执行。当时要求特区范围要没有人家，要跟居民分开，才好管理。于是，开始在珠海市的范围里，沿着海边没有人烟的地方去划，划了一些沙滩、荒山，只有6.8平方公里。大家反映这么小的范围怎么办特区，几十米的淤泥、几十米的沙土，办工厂、搞建筑，打地基花钱就太多了，许多同志要求扩大特区范围。市里有些领导说，3.6平方公里在世界上已经算大的特区了，要那么多干什么。说服大家不要

要求扩大特区。可是，由于受特区范围限制，一条马路分几段，这一段是特区，那一段马路穿过去就不是特区了，所以很别扭。[1]

其实，对于这一关键问题的摸索要比人们想象的复杂得多。

国务院在最初涉及特区的1979年7月的"50号文件"中，把特区定名为"出口特区"，提法是先在深圳、珠海两市划出一部分地区"试办"，还说"采取对外经济活动的特殊政策和灵活措施，是一项新的工作，各方面都缺乏经验，特别是对外经济活动方面，我们很多东西还不懂"。

下面是珠海首任市委书记吴健民对珠海确定特区范围的回忆。

经过"研究了世界各国和各地举办特区的情况"，珠海认为办这种专业性的特区经常需要有优越的区位，并且建设规模是"由小到大，建设一片，交付使用一片，以加快资金的周转和积累（联合国工业发展组织向各筹办特区国家提出的建议，也持此原则）"，因此最好是建立在无人区，"从基础工程做起"，集中力量搞。[2] 珠海于是借鉴海外经验，把指导思想定为："1. 重点依托在港口、口岸以及交通方便的地方；2. 小片开始，不可贪大；3. 避免特区范围容纳太多原来的乡镇人口；4. 可以不安排在特区内的设施和建筑物，尽量安排到特区范围外去建，减少特区占地。"[3] "就在反复讨论，实地踏勘，多方案选择的基础上"，初定了共6.74平方公里的东、中、西三片分开的特区范围。

但当时忽略了境外特区的特点，境外特区不仅是区位好，而且经济往往相当发达；无人区也常常是在繁荣的建成区附近，使特区容易利用其生活服务、基础设施和经济联系。因此其建设规模能"由小到大"，发展成密度高、面积小的特区。而当时我国这些条件几乎都恰好相反，特区的发展也只能是从较粗放、密度不太高的经济区开始。

1979年12月吴南生到珠海视察时仍然主张珠海借鉴外面的经验，认为就是三片的面积"也仍然可以小一点，从小到大"，并说从这分开的三片受到了启发，搞特区不应太大："毛主席一直提倡建小城市"，"像珠海市这样的花园式城市，可侧重旅游

---

[1] 周叔莲、卢国英主编：《珠海经济特区好》，中共中央党校出版社1996年版，第14页。
[2] 吴健民：《创办珠海特区五年的回忆》，第91页。
[3] 同上，第93—94页。

来搞。"[1]到后来我国理论界才承认,发展大城市的效益往往会高于小城市。吴南生当时对深圳的看法与此不太相同。同月他在北京提议将"出口特区"改为"经济特区",因为"我们的特区不仅办工业,还要办农业、科研、商贸、旅游、住宅、文化等事业"。[2]

决策特区大小范围的一次关键会议,是1980年3月谷牧在广州召开的广东、福建两省外经和特区会议。会上国家计委的段云"提出一个新的看法,表示不一定避开原来乡镇来建特区",他说:"特区还是利用原来的城镇条件来建为好,不一定要新划一块,围起来,这样用钱多。"[3]在全国调整压缩基建的环境下,谷牧认为"广东办特区,搞两个三个也好,但是要集中力量重点办好深圳","珠海不是取消,你们有力量就搞","珠海特区不放弃,他们划的范围较小……我们的方针是从小到大,从低到高"。[4]

这样对于珠海似乎有两种指导意见,珠海的地位也成了更多依靠自己探索的较次要的特区。这次会议的纪要就形成了对于特区十分重要的中央1980年第41号文件。

吴健民回忆说,珠海领导认为已经大体掌握了外商的要求和应遵循的政策,就"布局再次作了研究",在1980年7月形成了后来经过广东省特区管理委员会和国务院经济特区管理办公室批准的6.81平方公里的特区范围。[5]"而深圳的特区范围,却大出我们的意料,划出327.5平方公里。好家伙,这个也许是世界上最大的特区了。本来说是从小到大,突然却跃进到'最大'的境地。个中内情、完全摸不着头脑。珠海这时候,并无后悔,也毋庸后悔。"

从这里我们感觉,珠海原来对深圳的倾向并不了解,也似乎没有察觉上面精神的变化。但当时也许并不完全如此。《中共中央关于广东福建两省会议纪要的批示》在1980年5月发布,其中对原先单一属性的"出口特区"的提法已经改为综合性的"经济特区",这是特区建设模式的一个重大调整。这可能同中央意识到我国特区的基础太弱、希望特区有一个更全面的经济发展有关。吴健民当时也认识到这一点,并认为

---

[1] 吴健民:《创办珠海特区五年的回忆》,第94—95页。
[2] 卢荻:《吴南生回忆改革开放艰难起步:如果要杀头,就杀我好啦》,南方日报网络版:http://www.nfdaily.cn/bignews/content/2008—04/07/content_4370536.htm,2008年4月7日。
[3] 吴健民:《创办珠海特区五年的回忆》,第97页。
[4] 同上,第98—99页。
[5] 同上,第100—101页。

"特区的建设，提到'要充分利用现有基础'这一点，可能是深圳划了300多平方公里范围新获得的观点，使我们可以摆脱外国自由港加工区一般都是在无人区建立这一模式观念的约束"。[1]

李长青当时负责筹建特区的全面规划工作。他在回忆时着重谈到这一变化之后珠海确定特区面积的过程。

1980年6月初，时任广东省委书记的习仲勋在珠海说，"珠海（全市）就是特区，先搞哪里后搞哪里，这是个布局和步骤问题"。[2]同月，"市委多次召开常委会议，讨论珠海经济特区范围"，负责特区规划的李长青首先提出三个方案："第一方案，根据省委习仲勋书记……的意见……珠海特区按市行政区域，定为特区范围"，其他两个方案也都是包括条件最好的市中心香洲等区域的充分利用现有基础的定界。[3]

> 这三个方案，经市委常委反复讨论，与会者各抒己见，各人在不同的角度，发表了不同意见。主管城市建设的领导，提出海滨公园是珠海人民的活动场所，不同意划入特区范围；主管旅游系统的领导，反对将石景山旅游中心划入特区，只能以吉大以南排水渠为界；担任香洲区的领导，反对把香洲、吉大、前山划为特区；负责拱北区的领导、反对将拱北围基、北岭划入特区范围。
>
> 市委多数常委都否定了李长青提出的三个方案。吴健民书记最后总结提出：
>
> 特区范围，从小到大，逐步扩大，现在先按大家意见，靠沿海边境范围规划为特区。
>
> 因此，李长青只好按照党的组织原则，少数服从多数。……7月8日，吴健民再次召开市委常委会议，经与常委全体讨论，最后审定通过6.81平方公里为经济特区范围……[4]

这些不同的参与者对当时划定特区范围的不同回忆，似乎有一些像著名的日本哲理电影《罗生门》所表现的情况。由于人们的观念和理解不同，这些对于历史的不同

---

[1] 吴健民：《创办珠海特区五年的回忆》，第123页。
[2] 珠海市政协文史组编：《珠海文史》2005年第15辑，第85页。
[3] 同上，第86页。
[4] 同上，第87页。

叙述是可以理解的。当代史学研究已经发展到对复原历史的准确性持更谨慎的态度。希望读者不要把这里的论述当成完全正确的结论。虽然后人也许难以完全弄清楚当时规划特区的真实历史,但我们可以认为当时的珠海已经意识到中央精神的变化,但似乎其上级领导的观念还未完全统一,而珠海的领导们观点也不尽相同。我们也大致感到,当时珠海好像把特区当成了要分出去的一个前途未卜的地区,并没有完全把它放在发展珠海的最关键地位上。

此后,国务院于 1981 年 5—6 月召开了特区工作会议。会议形成的"27 号文件",是继 1979 年"50 号文件"、1980 年"41 号文件"之后指导特区发展的第三个重要文件,它明确要求珠海发展综合性的经济特区。[1] 这是特区发展模式的又一大升级,珠海的干部们开始进一步认识到特区的重要性。紧接着广东省将深圳升级为副省级城市,同广州平级。此时"珠海的干部普遍地议论着这个特区的范围问题":"在特区工作的同志嫌特区的范围大了,工作难办";"市里多数同志却嫌特区的范围小了"。[2] 特区内部当时由于缺乏有力的改革开放措施来大幅推进发展,"考虑到财力、物力和干部管理水平的限制,采取由小到大,逐步推进的建设方针"。[3] 特区以外的干部发觉难以享受特区的优惠,"纷纷议论着,掀起了阵阵浪潮"。[4] 自此,珠海因特区范围狭小严重制约着发展,开始不断要求扩大特区面积。但是中央基于某些原因,长期未予批准。直到 1983 年 4 月,谷牧来珠海时仍然表示十分为难:

> "特区的范围,为什么深圳可以划大了?这是万不得已的情况下定下的。……至今仍有很多问题未能解决,问题很复杂。这个问题,也不后悔。别的就不划大了。对于你们提出那个扩大范围的划法,我根本不同意。何必放你第二个'卫星'?要试验就试验一个嘛。"谷牧越讲越有点激动了,"如果厦门也要全岛变成特区。只要卡住一个口子,就可管起来,本很方便,但我们没有这样做。要扩大全岛,则中央就要重新考虑办特区的问题了,如何办特区也要重新考虑。……我是认为根本不能考虑你们这个包括香洲的方案。……如果各个特区都这样划,特

---

[1] 中共珠海市委党史研究室编:《中共珠海党史大事记(1924—1990)》,中共珠海市委党史研究室 1991 年印,第 11 页。
[2] 吴健民:《创办珠海特区五年的回忆》,第 173 页。
[3] 孙孺主编:《前进中的中国经济特区》,中国财政经济出版社 1983 年版,第 212 页。
[4] 吴健民:《创办珠海特区五年的回忆》,第 174 页。

区能办得下去吗？"[1]

但在省领导协助沟通后，谷牧在第二天同意了适当扩大特区的面积，要珠海"研究把特区范围稍加调整不包括香洲的方案报上"，于是珠海连夜讨论制订了将特区范围扩

图2-9-2　1983年珠海经济特区的范围由6.81平方公里调整到15.16平方公里

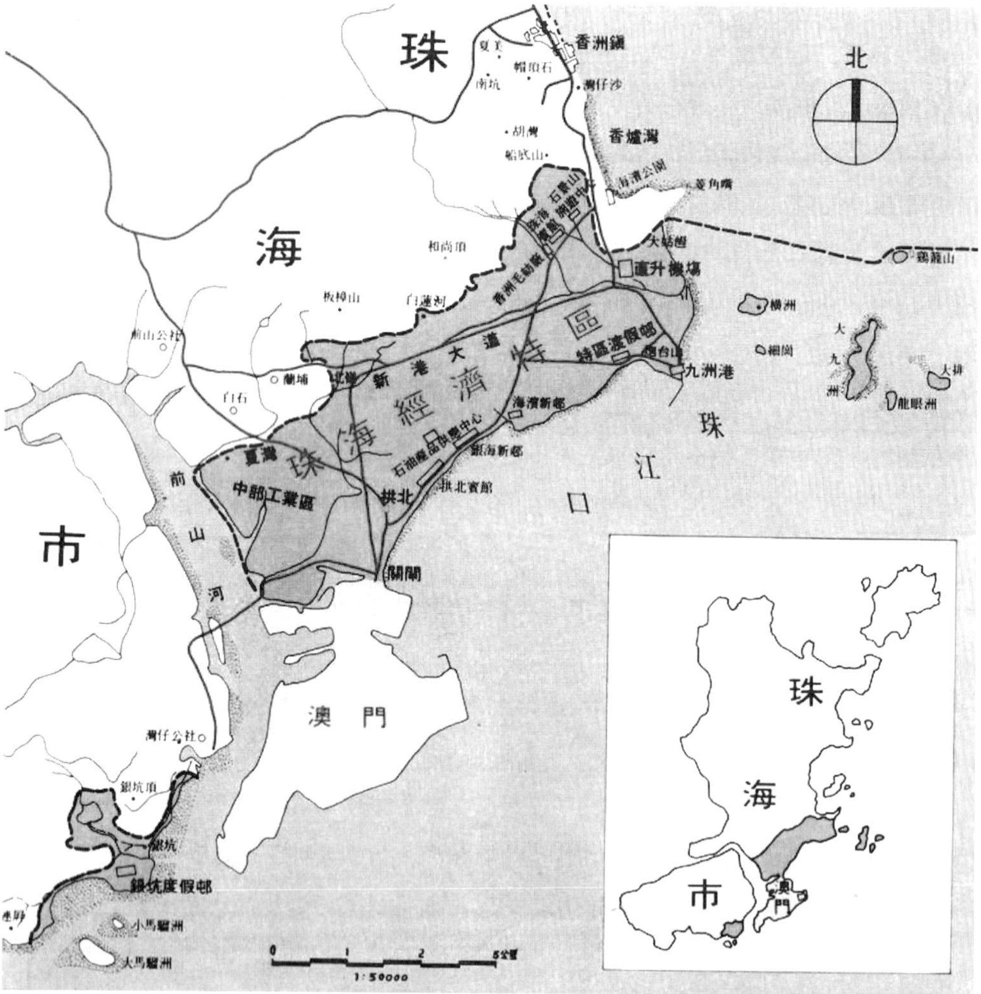

资料来源：香港《中国经济特区年鉴》编辑部编：《中国经济特区年鉴1983》创刊号，第220页。
说明：此图的珠海市范围未包括此时刚被划归珠海市管辖的斗门县（位于原珠海市西侧，可参看图2-8-1）。

---

[1] 吴健民：《创办珠海特区五年的回忆》，第183—184页。

大到 15.16 平方公里的方案。[1]1983 年 5 月，斗门县被并入珠海市成为市辖县。同年 6 月 29 日，国务院终于批准了珠海特区 15.16 平方公里范围的请求，但这个范围变化仍然很有限，只是将原来分散的三片特区的东边两片连起来并加以扩大。(参见图 2－9－2)

> 特区范围扩大了一些，可是仍很难布局。引进很多项目，都捆在一起，轻工业、纺织业、化工业、旅游业、副业，各类行业都摆在这块地方，人家一个工厂要一平方公里，这块地又摆不下，特区的干部又吵吵闹闹，要求扩大面积。当时正是 1984 年小平到珠海视察后不久，改革开放呼声较大，于是，市委又打报告。最后国务院批准把特区面积扩大到 121 平方公里。国务院特区办下的文件很科学，界线很灵活……[2]

这里所说的珠海请求第二次扩大特区面积，是 1987 年正式向国务院提出的，在 1988 年被国务院批准。[3] 此时特区的范围才终于扩大到不包括斗门县的原珠海市的主要区域，包含了珠海的主城区香洲等基础设施和经济条件较好的地区。1990 年珠海对本市区划的典型描述是："珠海市下辖珠海经济特区、香洲区和斗门县。经济特区范围面积 121 平方公里，人口约 14 万。香洲区面积 654 平方公里（经济特区范围在香洲区行政区划内），人口 20.3 万。斗门县面积 612 平方公里，人口 28.3 万。"[4] 当时为了把地广人稀的西部海滨建成未来的交通枢纽（指三灶的空港）和经济的新增长极，并加强西部平沙、红旗华侨农场所属的地区和东部万山群岛的开发，珠海还先后成立了拥有县一级经济管理权力的四个管理区：万山、三灶、平沙、红旗管理区，希望它们能拥有更多类似特区的发展条件。

> 后来，珠海市政府又向国务院报告，要求把整个西部地区，包括斗门县和两个华侨农场也划进去，共有 600 多平方公里，均享受特区待遇。按程序上报，也得到了国务院批准。西部地区以出口产品为主的三资企业可以享受特区优惠政策待遇，实际上就把特区优惠政策普及到整个珠海范围里了。

---

[1] 吴健民：《创办珠海特区五年的回忆》，第 185—186 页。
[2] 周叔莲、卢国英主编：《珠海经济特区好》，第 14—15 页。
[3] 茹晴：《梁广大珠海为官 16 年》，第 21 页。
[4] 珠海市委政策研究室编：《珠海特区十年》，广东科技出版社 1990 年版，第 4 页。

珠海特区面积的扩大，为珠海经济的飞跃创造了重要的条件。[1]

珠海在试办特区的初期反复体会中央的新指示，艰难探索，大胆突破以往的传统。虽然在当时的背景下，步伐显得比较谨慎，但珠海终于初步打开了开放的局面，也逐渐加大着改革的力度。它同深圳特区一道，对我国初期的改革开放和解放思想产生了极大的鼓舞作用。

---

[1] 周叔莲、卢国英主编：《珠海经济特区好》，第 14—15 页。

第十章
珠海经济特区的经济发展

珠海为改革开放而设市、试办特区，又因改革开放和解放思想使特区的经济社会的各方面产生了巨大而深刻的变化。其30年发展中的经验教训是我国变革过程中的一笔宝贵财富。

珠海经济特区的经济发展战略大致可以分为四个阶段：1979年起是特区筹备和建立初期的艰难摸索阶段，初步尝试市场机制，探索综合性经济特区的发展途径；1984年后是经济起飞阶段，大胆推进市场经济，大力提倡"以工业为主，农渔牧业、旅游业、商业贸易等各业综合发展"的战略，实施"以外向型经济为主"的发展；1990年后是从超速到曲折发展的阶段，全面确立市场体制并加上政府较强的指导，确立并实施超前的"以高新技术为主导"及大力发展基础设施的发展战略；2000年后进入调整和再发展阶段，重新补充尚未健全的工业化基础，经济发展几经波折后又有较快的增长。[1]

第一节　初期对发展综合性经济特区的摸索阶段（1980—1983）

珠海市原来长期以渔农业为主，工业基础非常薄弱，"1953年独立建珠海县的时候，工业企业也只有28家"，"建市前的1978年，全县工业企业有135家，产值是3868万元"。在如此的基础上发展要经历一个艰难的过程，在开放和改革先行一步的难得机遇下，珠海在试办特区的最初几年里经济出现了很大的发展，但相比于珠海所

---

[1] 关于这一时期相关的主要数据可参看各种珠海的官方网站，文献可以参阅关于珠海的专著及学术论文。例如：吴健民：《创办珠海特区五年的回忆》，第59—60页。

拥有的巨大优势还有较大差距。这几年主要是珠海不断在发展中探索，试图冲破传统阻碍的时期。如果可以把改革和开放分开来谈的话，珠海似乎是开始更侧重于开放，而对经济体制的改革是逐步加强的。

一、经济发展模式的初步形成

上一章介绍过，珠海的经济发展方向在设市和试办特区前后经历了几次重大转变。从新中国成立后的为巩固边防而侧重渔业及后来的"以粮食为主"，到1978年为建立开放的出口基地而转向"以经营出口副食品为主"，不久后又在出口基地设想中加上了"积极发展建筑材料工业和加工工业"。1979年设市后国务院要求做到出口商品生产基地、对外旅游区和新型的边境城市的"三个建成"，但在操作中省里要求深圳和珠海先搞好农业，然后再搞加工业，于是在珠海引起了对于发展方向的争论，吴健民在回忆中认为当时主流还是坚持工业立市。[1]

但实际的发展还是十分艰难，原因有传统计划体制的阻碍，有落后的经济基础，经济发展的突破口也难以形成。珠海在立市的头一年进行了多方尝试，特别是在渔农业、加工业和旅游业方面。

在这个困难阶段，国务院1981年召开的对特区十分重要的两省特区工作会议，回顾了试办特区两年来的经验教训，重在解决特区发展在体制和产业方向上的基本问题。在突破旧体制束缚的难题上，中央主要领导支持给特区以"特权"。这才加大了特区改革开放和尝试市场经济的可行性。谷牧说："两省同志毫不含糊地对国务院、对各部委在执行50号文上，有不满意的意见。国务院各部委不少文件都加上一句'广东、福建不例外'……如果什么都不例外，还有什么特殊政策、灵活措施？"[2]

在特区的发展方向上，中央肯定了特区在我国改革开放中的重要地位，如谷牧所说，"就是要让两省先行一步，当排头兵，取得改革经济管理体制的经验"，而特区就更要先行。[3] 对于经济的主导方向，中央有了新的、更明确的提法。在7月下达的会议纪要即"27号文"中明确提出："特区的规划和建设要因地制宜，注意实效，各

---

[1] 吴健民：《创办珠海特区五年的回忆》，第46—47页。
[2] 同上，第147页。
[3] 同上，第148页。

有侧重地发展。深圳、珠海的特区应建成兼营工、商、农、牧、住宅、旅游等多种行业的综合特区。厦门、汕头的特区目前应建成以加工出口为主的，同时发展旅游等行业的特区。"[1] 这就把珠海经济特区界定成了综合性特区，对珠海的发展提出了更高、更全面的要求，成为指导特区发展的关键政策。

但珠海在发展方向的落实上仍然困难重重，不清楚如何突破，后来有人回顾：

> 在这个问题上，珠海曾发生过许多争论，也走过曲折的路。在深圳一下子就干起来了。当时深圳是中央的重点，王震是副总理，带领二十多个部委……搬到深圳办特区，力量很强。可是珠海很小，没有引起人们的重视。珠海的领导便请专家、学者来开研究会、座谈会，虚心听取意见。……再一种意见，认为珠海应当办成一个工业的、农业的、渔业的、副业的综合性的特区。……争论来争论去，慢慢地以旅游为特点的特区的观点被许多人所接受，形成了以旅游为中心的观点。于是，修建了石景山旅游中心，又盖了珠海宾馆，还有一个拱北宾馆。可是，珠海还是冷冷清清，没有什么可看的，一次就够了，二次就多了，三次就厌了。谷牧同志就在九州港发过脾气，说你再给我看这些东西，我以后就不来了。[2]

这是后来对当时历史的一种典型的和较普遍、简单的小结。当珠海在缺少资金和基础的百业待兴之时，确实较多地利用了见效和盈利快的旅游业以及房地产业，来加速城市的建设和积累，有点像深圳初期大搞房地产那样。不过珠海的主要领导恐怕是把它当成启动经济的一个途径，在观念上仍然重视工业和综合性的发展，并把这种观念写入一些重要的地方文件中，并且省里也有以旅游促发展的建议。[3] 但在实际操作中，珠海确实有发展工业的力度不够大的现象，这可能同当时思想不够解放、经济和管理体制的障碍以及艰难的环境有关。珠海当时对特区面积和功能的看法也不同于深圳，其艰难的探索前已述及。珠海特区发展最难了解清楚的阶段恐怕是上述的初期试办时期了。由于特区初创时期的历史十分重要，对此阶段的看法又不尽相同，上文对这一时期做了较多的回顾。

---

[1] 吴健民：《创办珠海特区五年的回忆》，第149—150页。
[2] 周叔莲、卢国英主编：《珠海经济特区好》，第17页。
[3] 吴健民：《创办珠海特区五年的回忆》，第133—153页。

珠海特区的面积在1983年终于有所扩大，但此时特区的行政管理体制仍然严重阻碍着开放和发展：

> 特区管委会成立后……市委、市政府和特区管委会竟成了两个不协调的机构，你要卡我，我也整你，闹得不可开交。每年分配税收财政也是争得面红耳赤。当时财政只有几千万，拿不出多少钱来搞建设，给特区投资少了一点，一些人就骂娘。市委、市政府也没权去管理。特区管委会的同志说市委不重视，但是市委又觉得太冤枉。特区不让市委插手，很多政策又不能给市里用，不好办。……当时特区投资仅有二三千万，连一条马路都搞不起来；办了几年特区连个像样的企业都没有，产值还是只有几千万。上面来人参观，特区没有什么可看的，只参观香洲毛纺织厂。当时这个厂很落后，基本上是手工操作。中央叫市委书记、市长去汇报。市领导很为难，觉得特区还是一副穷酸相，没脸见人。看看深圳，蓬蓬勃勃发展，而这一边却冷冷清清。干部越来越着急，互相埋怨、互相指责。市委、市政府的一些同志认为，你不让我插手特区，我自己另外搞一个特区，跟你对着干，就这样盖了一大片厂房。由于机构、体制不顺，闹出了许多不该有的笑话和矛盾。[1]

1983年底，市委、市政府主要领导终于着手解决管理机构的矛盾。在新任市长梁广大到任不久，他们取消了重复的机构。经济特区直接由市委、市政府领导，市长兼特区管委会主任，其他副市长兼特区管委会副主任，使扯皮、干扰得到了有效的遏制。特区因此也更加成为了珠海工作的关键和重心，二者的关系更加合理了。"原来只有少数人办特区，现在变成了全市干部和群众共同来办特区，从此有了发展的生机。"[2]

二、初步开放改革与经济的较快起步

虽然珠海经济特区在初期的开放和发展中经历着众多的艰难和阻力，但同内地相比，它毕竟获得了宝贵的先机，在开放和改革的道路上先行一步，在经济上也有了初步的发展。以珠海市1979—1983年的发展来看，经济出现了几十年未见的巨大变化。

---

[1] 周叔莲、卢国英主编：《珠海经济特区好》，第15—16页。
[2] 同上，第17页。

虽然由于原来的经济基础过于薄弱，使得经济总量仍然不大，工业发展速度也比深圳慢很多，但往往快于其他地区。（参见图2—10—1）在艰难的探索中珠海有不少破冰之举，成为我国改革开放中的历史财富。

珠海经济发展的优势，除了拥有较为有利的区位条件外，最重要的就是它先行一步实行对外开放和市场化改革。而有利于改革开放的优惠政策是促成和保障这些实践的关键。珠海经济特区"是在国家主权管辖下，实行特殊经济政策和特殊经济管理体制的区域。……对于不属于中央统一管理的工作，珠海市人民政府根据国家有关法律、法规和政策，结合实际情况灵活处置"[1]。

经济特区在招商引资方面的优惠政策十分突出。在1980年8月第五届全国人民代表大会常务委员会批准成立经济特区的同时，就确立了优惠政策的基本框架。在其批准的《广东省经济特区条例》中着重公布了一些优惠办法，如在第三章中规定："特区的土地为中华人民共和国所有。客商用地，按实际需要提供，其使用年限、使用费数额和缴纳办法，根据不同行业和用途，给予优惠，具体办法另行规定。""特区企业所得税税率为百分之十五。对在本条例公布后两年内投资兴办的企业，或者投资额达五百万美元以上的企业，或者技术性较高、资金周转期较长的企业，给予特别优惠待遇。""客商将所得利润用于在特区内进行再投资为期五年以上者，可申请减免用于再投资部分的所得税。"

这些优惠政策产生了极大的吸引力。尽管实施的初期存在很多的阻力和难以协调之处，招商引资手续烦琐，但外商投资的积极性仍然相当高。当时改革的进程刚刚开始，新企业的建立以公有制为主导，还难以同外资的市场经济很好地配合，但多种形式的经济体日益重要，大幅推动了经济体制的改革和经济的发展。

珠海这一阶段工业发展的典型企业成为了中央领导人经常参观的企业。其中香洲毛纺厂和湾仔华声磁带厂较有代表性。香洲毛纺厂在上章已有介绍，它是珠海最早的来料加工企业，也是中国内地最早的外商投资私人企业。它引进波兰、联邦德国、瑞士、日本、美国和英国的各种设备，设计能力600吨，职工约为300多人。虽然前期企业遇到了开放政策不配套、开放实务中的经验不足、缺乏市场机制的改革等多种我国改革开放初期的典型问题，但在政府、企业上下的进取中，在境内外的协调下，企业在进一步的改革开放中得以健康发展，闯出了一个成功的样板。1985年"工业总

---

[1] 珠海市委政策研究室编：《珠海特区十年》，第4页。

产值900万元，利润13.4万元。产品全都达到一级标准"[1]。

湾仔华声磁带厂是珠海最大的主导产业——电子工业的一个典型，走出了从小型的来料加工迅速壮大、升级的成功道路。"该厂是湾仔区的集体企业，建于1981年底。办厂初期只有6名工人和一间16平方米的厂房，技术落后，只能承接一些来料加工，年产值仅15万元。为了发展生产，该厂从1982年起，通过自筹资金和利用银行贷款210万美元……1985年生产各种磁带产品3807万盒……总出口量比例由1984年的三分之一，增加为1985年的三分之二，创汇增加66.7%。"[2]

旅游产业是珠海最先做出声势的产业。其代表是位于主城区内的石景山旅游中心，珠海市旅游部门为保留对它的管理权，在最初确定特区范围时把它划到特区之外。它是珠海最先引进外资兴办的旅游企业，也是国内第一家旅游外资企业，在特区成立之前的1979年11月同港商签订了合同，在特区刚刚成立之初就已建成（1980年12月）并营业（1981年1月），一时生意兴隆。[3]1982年它被评为全国旅游业的先进单位，1984年被评为全国社会主义精神文明建设的先进单位。石景山旅游中心初期的成功同样是得益于对外开放和经营管理的改革。但由于其创汇对象主要是市场有限的港澳游客，在初期的迅猛发展之后，它逐渐趋于沉寂。

由于比较优势的规律影响，珠海最先发展的大多是劳动密集型的小型"三来一补"企业。[4]它们多为合资或私营企业，但开始主要是以集体或国有的公有制形式做面子。这些企业是境外希望向较落后地区扩散的落后技术项目，不过对于珠海则常是先进技术项目了，至少也是适用技术项目。但中央引进先进技术的要求，指的是在国外属于先进的项目，它们在珠海大多属于技术过于先进的项目，发展的条件还未成熟。不过珠海还是逐渐有了超越现实条件更多发展这类项目的倾向。首任领导吴健民表示了一种典型的观点："有些引进项目，属于旧设备的转移，有的则是企求向开放地带转移笨重劳动型的，或带污染的企业"，"我们办特区，在积极引进中，当然要排除这种借此卸掉'设备更新'沉重包袱的转嫁行为。"[5]不过当时限于简陋的条件，珠海经济的超前高级化倾向还不明显。

---

[1] 顾广编著：《珠海特区经济与金融》，第79页。
[2] 同上，第75页。
[3] 香港《中国经济特区年鉴》编辑部：《中国经济特区年鉴》，香港中国经济特区年鉴出版社1983年版，第244页。
[4] 顾广编著：《珠海特区经济与金融》，第74—90页。
[5] 吴健民：《创办珠海特区五年的回忆》，第100页。

珠海特区初创时一般经济效率相当低。提高经济效率和向国际市场经济开放，强烈要求对经济体制的变革。珠海在这个方面遇到了很大的阻力。"1979年，广东海陆丰走私成风，全国上下一片收办特区的呼声"，广东省领导和谷牧等中央领导力保特区。[1] 1980年中央"41号文件"大胆地肯定"特区主要是实行市场调节"，实在是出人意料。珠海以及广东省在价格、财政及计划等方面逐渐进行了一些改革。但政界及学术界对特区的争论并未停歇，有些观点将市场经济等同于资本主义，而特区和广东省领导仍然坚持向前闯。

第二节 以工业为主导的、外向型经济的高速发展（1984—1990）

珠海经过了四年艰难的起步阶段，在基础设施、经济开放、市场化改革以及管理体制的调整等方面的艰苦准备初见成效。1984年，邓小平南方视察对特区的肯定大大促进了改革的深化与放权。珠海发展的束缚减少了，经济社会开始了迅速的发展。

一、邓小平1984年南方视察对特区的肯定

经济特区在国内各界的支持和反对声中坚持了四年，作为中国改革开放总设计师的邓小平仍然没对特区明确表态。1984年1、2月间，邓小平终于来到四个经济特区中的深圳、珠海和厦门进行视察，这成为对试办特区成败的一次关键评判。

邓小平于1月下旬结束了深圳之行，来到珠海。已经准备退休的珠海首任市委书记吴健民负责接待。邓小平于中山温泉宾馆休息三天后，于1984年1月29日上午与吴健民同车视察珠海。[2] 从吴健民对当天接待的记录中，我们可以约略了解一些当时珠海的发展状况以及邓小平对珠海发展的态度：

……我同邓小平同志又上了同一部车。途中，我知道不一定有机会系统地向他

---

[1] 茹晴：《梁广大珠海为官16年》，第42—46页。
[2] 吴健民：《创办珠海特区五年的回忆》，第277—279页。

汇报，便将我带着的小地图摊开，抓紧时间，又断断续续地向他介绍一些情况：

……

我知道老人的耳朵有点背，话都是靠在他耳边讲的。我看他听得很入神，便继续说："自从执行全面的开放政策和创办特区之后，利用毗邻港澳的有利条件，引进了一批批加工项目，绝大部分装备了社队企业，搞活了农村经济，稳定了边境。到了去年，工农业产值已达到近两个亿。如果加上斗门县，就是近5亿元了。

……

已经跑了近一个小时了。车子拐弯后，走了一段路，慢慢地进了毛纺厂。客人下车参观了这个珠海最早引进的工厂。洗毛、混合、梳毛、走锭、纺纱、合股、成件、包装各个工序都看了。厂长接着按每个工序的运作，边比划边作简要的介绍。

……

这一天的中午，小平同志一行就在珠海宾馆用午餐。……张倩玲（珠海宾馆的总经理——引者）走过来，低下头轻声在老人的耳边说："请您给题词留念，好吗？"

老人抬起头来，思索着缓缓地说了一句："哦，你看写什么？——"

我一听，知道小平同志这话已应允了题词，顿时松了口气，马上说："对珠海经济特区评价之类的话……"

老人点了点头，随即站了起来，健步走向侧面一张准备好的摆着宣纸、笔墨的写字台。

老人起笔矫健浑厚，苍劲有力，写成了"珠海经济特区好"7个字，署了名。大家高兴得顿时热烈地鼓起掌来。这是邓小平同志对中国创办经济特区决策在四五年实践之后的又一次肯定，也是他对珠海特区建设的一次检查结论。

回到餐桌位上，张倩玲又轻声问我："用点茅台？"我立即征求老人的意见："喝点茅台好吗？"老人点头。看出老人确实很高兴。是啊，辛勤的耕耘者看到试验新品种结出的喜人果实，怎能不高兴？！[1]

---

[1] 吴健民：《创办珠海特区五年的回忆》，第279—284页。

这是邓小平对我国的经济特区所写下的第一次公开评价，对珠海经济特区和我国的改革开放都意义重大。邓小平之前在深圳视察时大部分时间是只看不说，他为深圳署上"1984年1月26日"的题词是应深圳之邀不久后在广州补题的。我们不知道为什么小平最先为珠海经济特区题了词，这个题词几乎再简洁不过了，但给珠海强调了一个"好"字。一字就概括了对特区的充分肯定和支持。他随后对深圳的题词最为具体，给了肯定所有特区的"正确"二字。再后来他给厦门的题词又比较简洁："把经济特区办得更快些更好些"，但这又是针对所有的特区，使人们对特区的发展抱以更大的希望。邓小平的这个做法至少反映了他作为总设计师的谨慎，他不谈特区姓"资"姓"社"的问题，但他的话语有着巨大的分量和权威。此后他在不少场合反复强调发展经济特区的重要性，成为在改革开放初期的艰难情况下，特区更加解放思想、敢闯敢试的重要动力和保障。

珠海在1984年当年就开始了人事制度和劳动分配制度等方面的改革，并大力强化以工业为主导的发展战略，开始更为频繁的经济外引内联的活动。[1]

二、强化以工业为主导的发展战略

珠海的发展从1984年开始，长期同梁广大的名字联系在一起。他连续16年担任珠海市的市长和市委书记等要职，珠海的历次兴旺和坎坷几乎都与他有关。1983年，在珠海首任市委书记吴健民快要离任时，省里提议由梁广大任珠海的代市长，并要他上任前先到深圳看看。"梁广大调任珠海之前，是广东省佛山地委常委、佛山地区副专员兼财贸办主任……梁广大任南海县委书记期间，南海成为全中国有名的首富县……梁广大'梁胆大'的绰号，也是在这期间广东人送给他的。"[2] 梁广大上任后，1983年11月起珠海市的领导班子对比深圳，展开了为珠海的发展出谋划策的广泛的讨论沟通活动。到了1984年2月邓小平南方视察结束、新任市委书记方苞到任后，大讨论继续进行，认识逐渐统一为："过去的四年，没有好好运用好政策；没有充分调动广大干部群众办特区的积极性；思想不够解放，'左'的思想束缚很大；发展方

---

[1] 顾广编著：《珠海特区经济与金融》，第73—74页；珠海市档案馆编：《珠海市二十年大事记（1979—1999）》，珠海市档案馆2000年印，第24—30页。
[2] 茹晴：《梁广大珠海为官16年》，第26—27页。

针不明；体制互相制约；一部分人只是唱高调，谁也不想担担子；缺少创意，缺少开拓精神，按部就班等靠要的思想比较突出。"[1]

思想的进一步解放提高了人们的开拓意识。1983年底珠海市理顺了特区的管理体制，并顶住了省里的不满；1984年初，珠海再次明确了以工业为主、各业综合发展的战略，并开始大胆实践。方苞是从深圳市委副书记调到珠海任书记的，他来珠海后大力宣传珠海发展战略的更新，在1985年1月28日的《人民日报》就发表了《积极开发，加快步伐》的文章，提出珠海今后要做好的五个方面的工作："1.进一步清除'左'的影响；2.深入进行经济体制改革，继续扩大企业自主权；3.继续抓好基建体制的改革，推动基础工程设施的建设，创造良好的投资环境；4.积极做好引进国外新技术和与国内各省、市联合办企业的工作，大力发展特区工业，重点是引进技术密集型和知识密集型工业；5.积极解决人才问题。"[2]在当时深受保守思想影响的背景下，梁广大大胆推动开放和经济活动，为财政拮据的特区找出路："只要行得正，坐得稳，有利于珠海特区的发展，不违背中央和国务院的文件精神，梁广大没有不敢做的"，"和资本家握过手了，喝过酒了，也同在一桌吃过饭了……不仅引进了发展资金，而且引进了先进的技术、设备和管理经验，知道了很多外面的信息。"[3]这几年中，珠海大力推行改革开放，在特区内大胆推进市场经济的试点。

从1984年开始，珠海的对外开放活动明显增多，同内地的横向联合也大幅增加。珠海的形象与经济形势迅速上升。随着发展重点的强化，境内外来洽谈、考察工业项目和商贸合作的迅速增多，上马的项目增长很快。在珠海大事记中可以看到这一年前后的加速变化。[4]

三、以外向型经济为主的发展

1985年8月，邓小平在会见日本公明党访华代表团时，又提出了针对特区的重要观点："我们特区的经济从内向转到外向，现在还是刚起步，所以能出口的好的产品

---

[1] 茹晴：《梁广大珠海为官16年》，第31页。
[2] 同上，第32页。
[3] 同上，第35页。
[4] 珠海市档案馆编：《珠海市二十年大事记（1979—1999）》，第25—33页。

还不多。只要深圳没有做到这一步，它的关就还没有过，还不能证明它的发展是很健康的。不过，听说这方面有了一点进步。"[1]

珠海市根据邓小平的这一要求，1986年将以工业为主的经济发展战略调整为以外向型经济为主。市里制定了工业"四个结合"和"四个为主"的战略方针："外引内联和自办相结合，以外引为主；外向型、替代型、自给型相结合，以外向型为主；市办、县办、区乡镇办相结合，以市办为主；大、中、小相结合，以中、小为主。"[2]

这一方针着重强调引进外资和外向型经济，并以发展中小企业为主，并没有提及以往主张的技术密集型企业，较为适合珠海的特点；但延续以往的经济模式，强调突出发展国有企业，使得珠海的乡镇企业不能更快地发展。

1988年珠海市又进一步提出了"五个转变"："一是从过去单纯依靠国家给予的优惠政策，转到在充分运用好优惠政策的同时，注重依靠自身积聚的力量和优势，发展外向型经济；二是从过去以劳动密集型的加工工业为主，转到以技术密集型为主的工业上，并注重发展基础工业；三是从过去较多依靠外延扩大再生产，转到注重内涵和外延并重的扩大再生产，不断深化企业改革、提高企业经济效益；四是从过去以国内市场为主，转到大力拓展国际市场，逐步做到以国际市场为主；五是从过去以利用国内资金为主，转到以利用国内资金和国外资金结合，并采取多种形式，多种措施，积极拓展外资来源，尽快实现以利用外资为主。"[3]

此时仍然最为强调外向型经济，但又再次提及了以技术密集型为主的工业方向，在思路上开始超前。这在1992年后突出表现出来。

珠海的经济在1984—1990年的阶段发展迅速。"试办经济特区后，经过几年的打基础，珠海工业插上了腾飞的翅膀，一片片现代工业区崛起了；一家家工业企业如雨后春笋般涌现"，"到1989年，市区工业总产值达247亿元（1980年不变价，下同），是1979年的40倍；全市工业企业有765家，工业总产值为33.01亿元，比1979年增长了23.6倍。其中按轻重工业划分，轻工业总产值26.17亿元，增长22.5倍；重工业产值6.84亿元，增长30倍。按经济性质划分，全民所有制工业产值12.63亿元，比1979年增长13.5倍；集体所有制工业产值6.55亿元；增长12.9倍；'三资'等其

---

[1] 《邓小平文选》第3卷，第133页。
[2] 顾广编著：《珠海特区经济与金融》，第68页。
[3] 珠海市委政策研究室编：《珠海特区十年》，第52页。

他经济类型工业产值11.02亿元；村及村以下工业也有了较快的发展，达2.81亿元产值"。[1]

在发展特点上，珠海"形成了以电子、食品、纺织、轻化工、轻型机械等比较齐全的工业体系"；"建立了现代化水平较高的技术较为密集的工业功能区"；"初步形成了以外向型经济为主体的工业结构"；"以集团工业为主体，带动全市工业的发展"。[2]

珠海的农业"从开发利用自然资源，建设'鱼牧果菜花'等出口商品基地入手，努力向外向型转变"，有了进一步的发展："创建特区前的1979年，全市农业总产值1.55亿元，其中市区0.67亿元；农渔民年人均收入229元。1989年与1979年相比，全市农业总产值增长1倍，其中市区部分增长58.2%，农渔民年人均收入增长3.8倍。10年来，全市农业生产各项主要指标大幅度增长。……林业基本消灭了荒山，荒山绿化栽植率达99.2%，森林覆盖率由19.2%，提高到31%。"[3]

在1988年底庆祝珠海建市10周年时，珠海评选出了自己的10年10件大事，分别是："1. 珠海经济特区试办成功，投资环境吸引万商云集；2. 花园式海滨新城初具规模，旅游业兴旺发达；3. 白藤湖创办全国第一个农民度假村；4. 以工业为主导的外向型经济结构基本形成；5. 珠海市在全国、全省率先实行劳动制度改革；6. 教育投资递增速度明显增长；7. '皇妹'啤酒获得亚洲区最优质大奖；8. 通讯网络四通八达；9. 金融业发展迅速；10. 对内对外宣传活动，文化事业欣欣向荣。"[4] 到1990年，珠海经济特区的发展确实成果斐然，并保持着继续发展的好势头。

第三节　以高新技术为主导的超前发展（1991—2000）

一、以高新技术为主导方针的确立

20世纪90年代，世界"新经济"发展的潮流逐渐向知识经济发展，珠海市追随

---

[1] 珠海市委政策研究室编：《珠海特区十年》，第6页。
[2] 同上，第7—8页。
[3] 同上，第11页。
[4] 珠海市档案馆编：《珠海市二十年大事记（1979—1999）》，第80页。

全国经济发展的高端，作出了"重点发展高新技术产业、努力调整产业结构、建立以高新技术为支柱的外向型经济"的重大而当超前的战略决策，主动放弃对于包括"三来一补"的加工业等更符合此阶段珠海比较优势的产业的引进和发展，侧重条件尚不充分的高新技术产业。主要目标是用 15 年的时间，把珠海建设成为科技进步、经济繁荣、文明富裕的现代化花园式海滨城市。

1992 年 1 月，邓小平第二次来珠海经济特区视察，7 天里 3 次考察了特区的科技企业，强调了"科学技术是第一生产力"的观点。邓小平南方重要讲话极大地激发了全国市场经济取向的大发展，在全国许多地区，包括条件较好以及相当欠缺的，也迅速形成了追逐经济结构尖端的高科技的赶超潮流。

根据邓小平南方重要讲话的观点，珠海市开始全面确立市场体制并加以政府较强的指导。为了加快高新技术产业的发展，珠海陆续颁布了一系列的政策和措施，如《关于依靠科技进步推动经济发展的决定》、《关于奖励为推动科技进步作出突出贡献人员的办法》。[1]

1992 年 3 月，梁广大在珠海举行了隆重的科技进步突出贡献奖励大会，他在会上号召："欢迎学有所成的出国留学人员和确有专长的海外华人专家，以及世界各国的专家、学者、教授到珠海工作、讲学，甚至落户；欢迎国内有关单位和科技人员把科研成果带到珠海，共同开发生产，或技术转让、技术入股，或合作合资办科技企业。"[2] 这种重奖科技人员的做法在我国尚属首例，在新闻界引起了轰动。这一做法在珠海坚持了多年，并被珠三角的一些主要城市所效仿。

1994 年 6 月，江泽民总书记又来到珠海，视察后发表了感想，他说："我这两天看过后，第一个感觉是，珠海起了翻天覆地的变化。一个重要的基点你们已经认识到了，从 1991 年开始就不把'三来一补'作为引进目标，重点搞高科技和新技术，这个战略思想是对的。"

二、高新技术产业的发展与工业化的滞后

1988 年，国家科委开始了推动高新技术产业发展的"火炬计划"。珠海此年已将

---

[1] 梁广大、黄龙云主编：《跨世纪的珠海发展之路》，广东人民出版社 1998 年版，第 216 页。
[2] 茹晴：《梁广大珠海为官 16 年》，第 88—89 页。

发展方向向高技术产业倾斜，开始加速高新技术产业的发展。到 1992 年，珠海的高新技术产业已初具规模。这一年珠海确立了以高新技术为主导的经济发展战略，使高新技术产业在初、中期有了迅速的发展。茹晴对此回顾道：

> 和其他几个特区一样，珠海在建特区初期也大张旗鼓地引进过一大批"三来一补"项目。
>
> 邓小平 1992 年南方视察到珠海后……他们当机立断，及时着手调整了经济结构。
>
> 珠海确立了依靠科技进步，建立以高新技术产业为先导，以先进工业为基础，以高度社会化的第三产业为支柱的产业结构体系。
>
> 城市定位也在原来确定的花园式现代化海滨城市的基础上，注入了高科技经济区域的内涵。
>
> 珠海确立的抢占制高点、发展现代化的大经济区域城市的综合发展规划，彻底摆脱了原来一直在低生产力水平徘徊的状态。[1]

整个 90 年代，珠海以高新技术产业为重点的超前发展被不断强化，一直持续到梁广大 90 年代末退位。这时高新技术产业已经成为珠海的主导产业。与这一进程并行的是，珠海市政府严格限制劳动密集型产业和有污染的产业，主动放弃"三来一补"企业，以政府强有力的干预来推进产业结构的高级化，使产业结构在工业化尚未完成时就出现了更加高级化的跃进。也在这一时期，珠海将有限的资金大量用在超前的基础设施建设上，而对第二产业的投资有限（在第四章有具体介绍）。由于作为经济基础的初、中级工业化很大程度上被忽视，使得其他工业的发展速度迅速下降，逐渐造成工业化进程的放缓和产业结构的失调。（参见图 2—10—1）数年后，因综合条件发展不够，高新技术产业的发展有所放缓，人才又有所回流。

按照经济学比较优势的理论，高新技术企业是知识密集、技术密集的经济实体，是国际产业结构高级化发展的塔尖，在发达国家也需要在条件很好的地方集聚发展。中国由于人口众多，在发展高新技术产业的人才方面有着一定的比较优势，但其他方面存在着一些较明显的不足。我国一拥而上的许多地区，条件并不很成熟。大量的经

---

[1] 茹晴：《梁广大珠海为官 16 年》，第 92 页。

济现实和理论表明,一个区域的经济发展要以其比较优势为主来发展,我国原先扶持比较劣势的"赶超战略"和"洋跃进",效果却是欲速而不达。

图2-10-1 珠海与其他地区及全国第二产业5年平均增速、1980—2009年30年平均增速比较图

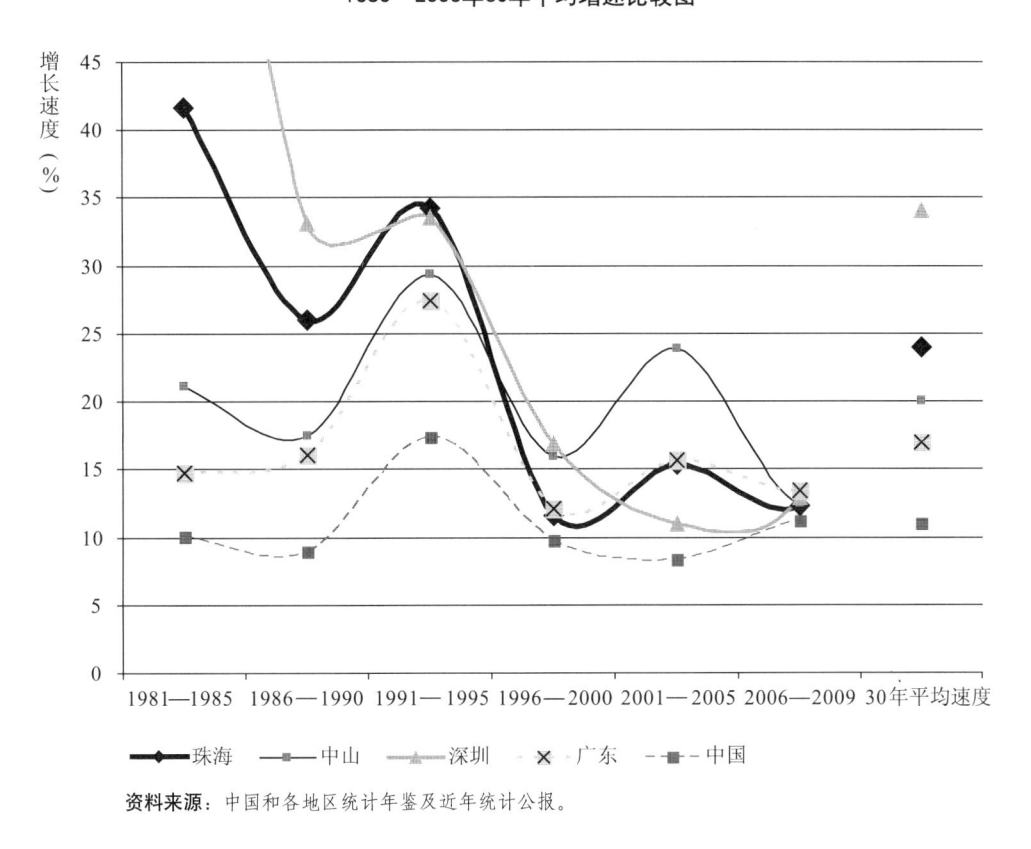

资料来源:中国和各地区统计年鉴及近年统计公报。

实际上,在中国大量的高新技术企业中,属于高科技产业链上游的只占少数,而多数的是高新技术产业内以资本和劳动密集型为主的产业链下游。这表现出许多地区高成本的"洋跃进"效果不大,显示仍然在以发挥比较优势为主的方式来发展。

由于国际上高新技术产业的发展趋向于集聚在人才、金融、生活条件等软硬件环境相当好的城市发展,专业分工和极化都在加强。中国的高新技术产业发展也要选择条件适宜的地区,所以国家级的高新技术产业园区都定在省会和产业或科技条件好的城市。

在53个国家级高新技术开发区中,广东省占6个,并且全都在珠江三角洲地区。他们是：广州高新技术产业开发区、深圳高新技术产业开发区、珠海高新技术产业开发区、佛山高新技术产业开发区、惠州高新技术产业开发区、中山火炬高新技术开发区。珠海的地位并不突出，反而受到重重挑战。谭政勋在2007年分析道：

> 20世纪后20年是国际产业大转移的时代，许多跨国公司把劳动密集型产业转移到中国等发展中国家，广州、深圳等城市及时抓住了这次产业国际转移的机会，以OEM方式承接了大量的劳动密集型产业，实现了工业化并为产业优化、升级和发展高新技术产业积累了原始资本。近年来，广州、深圳等城市及时调整工业战略，大力发展技术含量高、利润丰厚的高新技术产业。珠海市没有制定合乎时局的城市发展和工业发展战略，战略定位几经修改，几乎错过了这次机会，过去20年没能够为产业优化升级积累必要的原始资本。珠海与广州、深圳在不同时期以OEM方式承接国际转移而来的产业的经济效率是完全不一样的。20世纪后期，广州、深圳承接发包商的OEM订单时，中间供应商之间的竞争没有现在这样激烈，利润空间要大得多。而近年来，随着国际劳动密集型产业向越南以及我国内地为代表的发展中国家和地区转移，这些国家和地区拥有比沿海城市更低的土地、劳动力成本优势，OEM订单的竞争日趋激烈、利润空间日趋缩小（这是珠海市高新技术产业增加值率和销售利润率逐年降低的主要外部原因）。更为重要的是，广州、深圳等城市经过20年的发展，形成了较为完整的产业集群和产业链，技术外溢和自身的努力以使产业链条跃迁到高增值率水平。由此得出的判断是：广州、深圳已经进入工业化的后期，高新技术产业已经进入自主创新阶段；而珠海市正在进行工业化，高新技术产业处于消化、吸收阶段。
>
> ……总的来说，珠海市的自主创新能力相对于珠江三角洲9个城市是非常落后的，大部分新产品以仿制和外观设计为主，产品技术含量和附加值低。这是造成珠海市高新技术产业增加值率低、经济效益差的主要内部原因。[1]

珠海在这10年里，经历了初期的迅猛发展，到后期遇到了内、外部越来越多的

---

[1] 谭政勋：《珠海市高新技术产业核心竞争力研究——基于广东省的比较视角》，《科技管理研究》2007年第5期，第97—98、103页。

困难。同周边和其他相关或类似的城市与区域相比，工业化进程逐渐放缓。深圳大学中国经济特区研究中心有分析说，1994 年到 1999 年"可以说是珠海工业乃至珠海经济最困难的时期，这一时期珠海规模以上工业企业中亏损企业总计每年平均亏损 10.6 亿元，而盈利企业总计每年平均却只有 7.1 亿元利润……可以说珠海工业导致珠海失去了 20 世纪 90 年代"[1]。珠海的 GDP 和人均 GDP 在珠江三角洲 12 个城市中的排名从原来的前列后退到在 1999 年的分别位居第 10 位和第 8 位。[2]

1992 年中国向市场经济的转型全面展开后，特区的试点和优惠地位逐渐减弱。不过珠海的社会经济在困境中仍有发展。市场化改革继续深入，开始进行社会保险制度和住房制度改革，市场经济的运行体制基本得到完善。1995 年到 2000 年间，"虽然经历了亚洲金融危机和宏观经济形势的变化，珠海市地区生产总值年均增长 10.7%"；"外经贸在困难中发展，五年累计实际利用外商直接投资额 34.7 亿美元，外贸出口达 146.2 亿美元，年均分别增长 8.2% 和 10.6%"。[3]

2000 年同刚建市的 1979 年比，地区生产总值增长到原来的 79.6 倍，其中第一、二、三产业分别是原来的 47.6、180.4、117.5 倍，人均地区生产总值只增长到原来的 24.0 倍；第一、二、三产业的比例从 38.6：30.6：30.8 升级为 4.3：52.2：43.5。[4] 更为可贵的是，珠海相当好地完成了迎接澳门回归祖国的重大政治任务，使得 20 年前设立珠海经济特区的关键目标之一得以实现。

第四节 重新补足工业化，经济成就与挑战（2001—2009）

一、在对发展的反思中探索新的发展模式

珠海在经历了 20 世纪 90 年代大部分时期的缓慢增长后，学术界和政府逐渐认识到了珠海的困难和问题。广东省经济特区研究会有观点认为："中国经济的发展仍然

---

[1] 陈红泉、钟坚：《珠海改革开放的历史回顾、主要成就与经验教训》，《2008 年中国经济特区论坛：纪念改革开放 30 周年学术研讨会论文集》，第 224 页。
[2] 马跃东、阎小培：《珠海改革开放 20 年城市发展的理性思考》，《经济地理》2004 年第 1 期，第 67—71、90 页。
[3] 方旋：《珠海市政府工作报告》，2001 年。
[4] 珠海统计局：《2009 珠海统计年鉴》，中国统计出版社 2009 年版。

处于以工业化为主流的发展基调,经济特区尚未成为中国的技术中心……只有坚持以工业为主导,发展高新技术产业才能有载体。珠海市吸引了比较多的外资,建立了许多工业企业,但是尚未建立具有国际竞争能力的制造业部门和进入大规模技术创新的阶段。加快工业经济发展,迅速建立现代工业体系,这是特区经济增长的发电机和原动力,必须牢固树立。"[1]

方旋在2001年的珠海市政府工作报告中的总结也许能代表当时政府的观点,他对珠海制造业的问题与不足专门作了进一步的反思,认为其整体素质不高,同先进地区有差距,着重提出了制约未来发展的一些问题:

1. 产业技术水平相对较低。珠海制造业技术创新能力不强,多数企业只是加工厂,难以摆脱"引进—落后—淘汰—再引进"的局面。关键技术的开发应用水平明显落后于国际先进水平,企业信息化刚刚起步。

2. 产业高度化不够。主要是劳动密集型产业具有一定国际竞争力,而资本与技术密集型产业几乎都缺乏竞争力。同美、日、德等国相比如此,甚至与马来西亚、印尼等国相比也如此。总体上珠海制造业处于委托加工的低级阶段,大多处在国际垂直分工末端,在国际贸易中处于不利地位。

3. 产业组织化程度不高。分工协作体系不完善,产业集中度不高,普遍达不到最低经济规模。大量中小企业没有进入大企业的产业链,劳动生产率与发达国家和先进发展中国家相比存在较大差距。相当部分企业资源利用水平不高,生态环境压力较大,可持续发展问题日益突出。

总之,珠海制造业总体上仍然存在着产业层次低、技术创新能力弱、利用外资规模小、有影响力的大企业少、可持续发展能力不强等问题,离先进制造业基地要求尚有很大差距。显示出高新产业的重点发展没有实现预期的目标。[2]

此时珠海对以高新技术为主导的超前发展所带来的问题已经开始有所认识,但战略转变还不大。

---

[1] 罗木生、周树伟、张海波:《珠海经济特区发展战略的若干思考》,《特区经济》1999年第10期,第9—13页。
[2] 方旋:《珠海市政府工作报告》,2001年。

二、发展模式逐渐调整，经济发展有所加速

进入 21 世纪的前几年，珠海在探索中逐渐调整经济发展模式，经济发展有所加速。在 2002 年，"工业展现喜人前景……佳能、伟创力、三美、格力等一批骨干企业增资扩产或进行技术改造，一批中小企业快速成长"；"开放型经济发展迅速……合同利用外商直接投资 13.2 亿美元，增长 87.7%；实际利用外商直接投资 6.98 亿美元，增长 34%。出口总额 52 亿美元，增长 37.4%。对外开放取得新成绩"。[1]

这几年珠海对于发展中的问题认识逐渐深刻，从这几年中珠海市政府工作报告的总结里可以体会到其中的一些微妙变化。2003 年的反思是："工业化进程相对较迟缓，技术创新和产业配套能力不强；经济总量不大，区域经济发展不平衡，镇村经济薄弱；民营经济发展有不少差距，国有经济布局尚有待优化；基础设施不够配套，海港、空港未能充分发挥应有作用；原有的一些比较优势有所弱化，综合竞争力和发展后劲亟待增强。"[2]2005 年对珠海的缺陷和弊端开始了更公开、深入的剖析："经济总量仍然偏小，发展速度与珠三角先进城市相比仍有差距；经济发展的质量和效益还不高，经济结构有待优化；财政实力较弱，处理历史遗留问题任务仍相当艰巨；发展不平衡，部分群众生活还比较困难；经济社会发展仍面临着体制性障碍，改革攻坚任务繁重；政府在社会管理和公共服务方面仍然存在一些薄弱环节；部分公务员能力和素质有待提高，工作作风尚待改进。"[3]

在此期间，珠海"抓住了新一轮国际产业转移、国内外消费市场的变化以及发挥自身的比较优势，加快工业的重型化进程，重工业产值比重赶上并超过轻工业，2003 年初，重、轻工业产值比已达到 58∶42，与珠三角西岸其他城市相比，率先进入重型化阶段"。[4] 珠海发展的外部环境也终于开始有了显著改善，"经济全球化和世界范围产业结构加快调整转移，'大珠三角'、'泛珠三角'加强区域合作……铁路、港口、高速公路等大型交通基础设施动工建设"[5]，成为珠海发展的难得的新机遇。

---

[1] 王顺生：《珠海市政府工作报告》，2003 年。
[2] 同上。
[4] 同上，2004 年。
[4] 王利文、张仁寿：《提升珠海产业竞争力的若干思考》，《广东经济》，2004 年第 10 期，第 23—24、35 页。
[5] 王顺生：《珠海市政府工作报告》，2004 年。

珠海市逐渐把发展的目标转到大力推动工业化的补课，发展的思路也更加强调工业化和速度："紧紧抓住发展第一要务，能快则快，好中求快，全力推进工业化、城市化、信息化，突出抓好产业发展、交通基础设施建设、新城区开发、珠港澳合作、农业农村和农民工作。"[1] 到 2005 年更急迫地强调："加快珠海发展关键在于推进新型工业化"，申明"要充分认识加快工业发展的重要性和紧迫性，把推进新型工业化作为全市经济工作的主线，依靠工业发展带旺服务业，通过工业发展反哺农业"，"将经济工作的重心都放在发展工业上"。[2]

特别是在工业发展的方式上，珠海有了进一步的转变和强化。总体上强调"狠抓工业发展，调整优化结构，增强产业实力和竞争力"；在路径上"坚持大办工业不放松"，"要坚定不移地走新型工业化道路，把发展工业作为当前经济工作的重中之重来抓，进一步强化宏观引导，优化微观服务"；在产业结构上，仍然延续过去的模式提出"大力发展高新技术产业"，但为了弥补高新技术产业带动作用的不足，提出在企业结构上，要尽力"发挥大企业、大项目对产业发展的拉动作用"，又要补足工业化的基础，延长产业链，"大力扶持中小企业发展，鼓励中小企业与大型龙头企业协作配套"；在支柱产业的选择上，以电子及通讯设备制造业、电气机械及器材制造业、医药及医疗器械制造业为三大支柱，并且希望"抢抓我省产业结构向重型化方向调整升级的新机遇，充分发挥珠海发展重化工业的比较优势，以临港工业区等为重点区域，在发展石化、能源、装备工业等方面努力实现更大突破"。[3]

此时期珠海终于出现了经济复苏和较快增长的一个小高潮。"十五"（2001—2005 年）期间，在狠抓发展第一要务的宏观外部环境下，"地方生产总值年均增长 13.8%，财政收入年均增长 15%；2005 年实现的工业总产值相当于'九五'期末的两倍"，"工业重型化、高级化趋势明显"，"高新技术产品产值占工业总产值的 38%，比'九五'期末提高了 14.5 个百分点"，"利用外资和外贸规模显著扩大"，"重大项目建设取得一系列突破性进展"。[4] 自 2003 年底"泛珠三角"合作出现进展，2004 年的第一天，《内地与香港关于建立更紧密经贸关系的安排》即 CEPA 正式实施，珠海

---

[1] 王顺生：《珠海市政府工作报告》，2004 年。
[2] 同上，2005 年。
[3] 同上，2004 年。
[4] 同上，2006 年。

与港澳的经济关系又有加强。

　　2003年12月，一种"一国两制"的崭新经济模式——珠澳跨境工业区奠基，这是一个颇具意义的制度创新。它由专门的口岸通道连接 0.29 平方公里的珠海园区和 0.11 平方公里的澳门园区，实行"保税区+出口加工区出口退税政策+24小时通关专用口岸"（简称"三合一"）的优惠政策。[1]2006年12月启用后"始终保持快速增长的势头"[2]。到2010年虽然规模仍很小，但为实现产业转型升级，将目标调整为"搭建与港澳服务业、高新技术产业合作的新平台"[3]。

三、近期发展，经济成就与问题

　　珠海经济经过了前几年的复苏和较快增长，势头较好，发展较快。同时，政府的危机意识逐渐加强，对发展道路的反省更加明确和深刻："经济总量偏小、产业发展不充分仍是制约珠海经济社会发展最根本的矛盾，经济结构不优、发展不平衡的问题仍相当突出；自主创新能力不足，大部分产业处于产业增值链的低端，经济发展总体上仍未摆脱低质量、低效益的粗放式增长模式；经济社会发展面临着体制性、机制性障碍，改革攻坚任务仍然繁重；未来几年，化解矛盾、处理历史遗留问题的任务仍十分艰巨……"[4]

　　近年来，珠海"经济保持较快发展，经济质量逐步提高"："工业强市"战略的实施效果明显，2004—2006年"三年间工业总产值实现了从1000亿元到2000亿元的跨越。第三产业稳步发展，旅游、房地产、汽车、通讯、文化、教育成为消费热点"。[5]

　　珠海的工业发展正在表现出协调、快速发展的特点："支柱产业贡献大，工业经济产业化、集群化发展能力得到进一步提高"；"主要经济类型企业保持较快增长，国

---

[1] 珠海保税区信息部：《珠澳跨境工业区概况》，珠海保税区珠澳跨境工业区网站：http://www.zhftz.gov.cn/cn/pages/news.jsp?category.categoryId=24&categoryId=44&newsId=488，2008年10月28日。
[2] 珠海保税区信息部：《珠海保税区的发展情况》，珠海保税区珠澳跨境工业区网站：http://www.zhftz.gov.cn/cn/pages/news.jsp?category.categoryId=12&categoryId=227&newsId=326，2008年7月23日。
[3] 魏蒙：《珠海调整规划促进珠澳跨境工业区转型发展》，中国日报网：http://www.chinadaily.com.cn/dfpd/guangdong/2010-05-21/content_342893.html，2010年5月21日。
[4] 王顺生：《珠海市政府工作报告》，2006年。
[5] 钟世坚：《珠海市政府工作报告》，2007年。

有控股企业、股份制企业、外商及港澳台商投资企业增长最快";"工业重型化趋势明显,重工业比重提高";"各行政区工业经济蓬勃发展,功能区、工业园区成为工业经济的重要增长点";"高新技术工业产业发展加快,所占比重提高";"年产值超亿元企业群体继续扩大,成为工业生产增长的主力";"工业经济效益质量保持较高水平,工业企业综合经济效益指数再创新高"。[1]

2008年,全球金融危机出现后对珠海很快产生巨大冲击。由于珠海经济对外依存度高,企业生产困难骤增,经济增速回落较大,但仍保持了经济的平稳增长,地区生产总值比上一年增长8.96%。[2]港口经济的持续增长使得政府第一次明确提出了"以港立市"的重化工业发展战略。

近年广东省大力促进珠三角地区产业结构的主动升级和产业转移,既对珠海实现基本的工业化造成困难,又给其重化工业的发展带来机遇。还有一些新近的大事给珠海带来了希望:2009年1月国务院颁布了《珠江三角洲地区改革发展规划纲要(2008—2020)》,授予广东更好的政策;国务院批准了《横琴总体发展规划》;珠港澳大桥建设在即。这些可能对珠海的进一步发展产生重大影响。

2009年,全球金融危机对珠海经济的巨大影响更加显露出来。按刚刚公布的2009年珠海统计公报,地区生产总值仅比上年增长约6.6%,仍能平稳增长;经济的主要问题是:"经济增长的结构性矛盾依然突出;投资结构不合理,影响经济发展后劲;民营经济比重不高;自主创新能力不强,面临金融危机冲击,企业的抗风险能力较差等。"[3]

近年来,对珠海未来发展可能产生重大影响的事件接踵而至。(1)广东省大力促进三角地区产业结构的主动升级和产业转移,即对珠海实现基本的工业造成困难,有给其重化工业的发展带来机遇。(2)2009年1月国务院颁布了《珠江三角洲地区改革发展规划纲要(2008—2020)》,授予广东更好的政策。(3)规模巨大的珠港澳大桥经过多年论证和修改方案,终于在2009年底开工建设(在第四章还有讨论)。(4)2009年,将近20年未开发成,2005年被温家宝看中并要求"秘密"规划的横琴岛开发项

---

[1] 珠海市统计局:《支柱产业支撑珠海工业较快增长》,http://www.stats-zh.gov.cn/o_tjfx/ofx_ztfx/200802/2008020303818.htm。

[2] 珠海市统计局、国家统计局珠海调查队编:《2008年珠海市国民经济和社会发展统计公报》;珠海统计局编:《2009珠海统计年鉴》,中国统计出版社2009年版。

[3] 珠海市统计局、国家统计局珠海调查队编:《2009年珠海市国民经济和社会发展统计公报》。

目出炉；国务院授权澳门在岛上建设澳门大学新校区并对此大陆地区实行管辖；《横琴总体发展规划》还将横琴升级为继上海浦东、天津滨海之后国务院批准设立的第三个国家级新区。这个特区中的特区被定位于"一国两制"下探索粤港澳合作新模式的示范区，中国1992年后第二轮改革"先行先试"的又一个试验田，珠海和珠江西岸产业升级的新平台[1]。横琴一时在全国变得炙手可热，甚至有人将它同30年前的蛇口类比。但至今开放还没有太多实质性进展，如果缺乏发展的动因和条件，单靠弱小的澳门或制度创新，也难以带来一个巨变。但横琴"租地"对更加繁荣和自信的中国的政治体制创新确实意义重大。

到刚过去的2009年，珠海初步核算实现地区生产总值1037.69亿元，"三次产业对经济增长的贡献率分别为1.4%、18.2%和80.4%"，三次产业的比例为2.8∶51.7∶45.5；"民营经济增加值261.72亿元，增长10.2%，占GDP的25.2%。人均GDP达6.98万元，按平均汇率折算约合10218美元。"总体来说，珠海现阶段经济发展正在朝良性方向发展，挑战与机遇并存。

珠海经济特区已经度过了30年，其间经济和社会发生了巨大而深刻的变化。主要的成就包括：

1. 改革开放成果显著，经济社会快速发展和变革。按照最新的可比统计数据，2008年同刚建市的1979年比，地区生产总值增长到原来的225.7倍，其中第一、二、三产业分别是原来的69.3、571.2、305.2倍，人均地区生产总值增长到原来的55.5倍；第一、二、三产业的比例从38.6∶30.6∶30.8升级为2.9∶54.7∶42.4。[2] 经济规模有巨大扩展，结构明显改善。经济产值在珠三角9市中列第8位；人均产值列第4位，比前几年稍有下降，比10年前明显改善。

2. 对外经济联系发展迅速，同港澳有密切、良好的关系。

3. 基础设施相当完善，对外交通条件大为改观。

4. 人民生活条件改善巨大，生活环境优良，各项社会事业不断完善。

珠海在发展中也出现了不少必然或本可以减轻的问题：

1. 改革开放力度不够，思想不够解放。制度创新上有缺陷，体制不够完备，人为因素的不利影响较大。

---

[1] 贺海峰：《横琴：一岛如何"两制"》，《决策》2009年第11期，第40—42页。
[2] 珠海统计局编：《2009珠海统计年鉴》。

2. 对工业化认识不太全面，发展方向时有摇摆，工业基础不强，经济总量较小，影响产业结构高级化。

3. 基础设施建设超前较严重，对经济发展带来较大阻碍。

珠海一向较为重视社会经济的和谐发展，未来发展中存在着一些重大的机遇和挑战，下面就对这些作较具体的讨论。

第十一章
珠海对社会经济和谐发展的探索

珠海经济特区经历了经济发展的四个曲折的阶段，这些历程同珠海的客观条件有关，更同珠海的社会目标和发展观念密切相关。为了促进经济发展，珠海实施了基础设施的超前发展战略。在搞好经济的同时，珠海还重视环境建设，追求人与自然的和谐发展，希望走出一条经济社会和谐、科学发展的道路。[1]

第一节 基础设施的超前发展

开放经济的发展，需要以适用的交通设施为基础。如前文所述，珠海设市时的交通条件相当差。"珠海由于地处珠江三角洲南沿、西江干支流入海口水网地带，陆上交通受江河阻隔，原有公路等级低、密度小和渡口多，交通运输极为落后。当时最主要的对外陆上交通通道广珠公路均为三级和四级路段，并且一路要经过大小多个渡口，对外联系极为不便。"[2]

由于珠海经济特区的发展对基础设施的要求越来越高，珠海的历届领导都很重视基础设施的发展。特别是20世纪80年代中期以后，大规模的基础建设一浪高过一浪。1988年，珠海市提出了"大港口、大工业、大发展、大繁荣"的口号，逐渐以超前意识和对珠海地位乐观的判断，大力规划和发展港口、机场、铁路、高速公路等基础

---

[1] 有关这些方面的主要文献可以参阅茹晴著的《梁广大珠海为官16年》，有关珠海建设的学术期刊中的文章，以及珠海市建设信息网等各种珠海的官方网站。

[2] 中共珠海市委党史研究室编：《中国经济特区的建立与发展》（珠海卷），中共党史出版社1996年版，第33页。

设施,称之为"命运工程",以期使珠海成为海、陆、空的交通枢纽城市。[1]20年间,它们大都引起了很多争论,并表现出超前发展的一些负面效果。(参见图2—11—1)

"六五"期间,珠海"重点建设了九州港、前山港,分别成为珠海市对外运输的重要海、河港口。在公路建设方面,先后完成了城市组团主干道的修建和改造,对广珠公路全线改造,其中珠海市境内按一级公路标准建设,修建了市内一些主要桥梁"。[2]这些工程大都是经济发展所急需的,对经济起到了很好的支持作用。

图2—11—1 珠海老城区通往西部新区的主干道

资料来源：本书的珠海调查组摄于2007年8月2日(星期四)15时的珠海大桥。

1991年珠海开始在最南端建设规模巨大的深水港——高栏港(参见图2—11—2)。建设耗资大,进展不快,港口利用程度低。但进入21世纪后高栏港的发展出现重大转机,在国家规划中成为珠三角西部地区唯一的枢纽港。高栏港经济区逐渐成为珠海发展重化工业的先导和重要基地,区内"现有万吨级以上码头10个,还有一系列万吨级以下码头,目前在建的和近期计划建设的万吨级码头14个,其中最大的是30万吨级原油码头"。[3]近年经济发展势头很强,以致政府在2008年第一次明确提出了"以港立市"的重化工业发展战略。同年被称为打破珠海交通制约"一号工程"

---

[1] 茹晴:《梁广大珠海为官16年》,第194页。
[2] 中共珠海市委党史研究室编:《中国经济特区的建立与发展》(珠海卷),第34页。
[3] 招商宣传材料:《珠海高栏港经济区》,2007年版,第9页。

的广珠铁路开始兴建，预计高栏港 2011 年可能通上铁路。这已比以往的基础设施超前发展要现实了一些，但仍需要慎重，因为将填海造地六七十平方公里、建成华南最大港口的规划实在宏大。

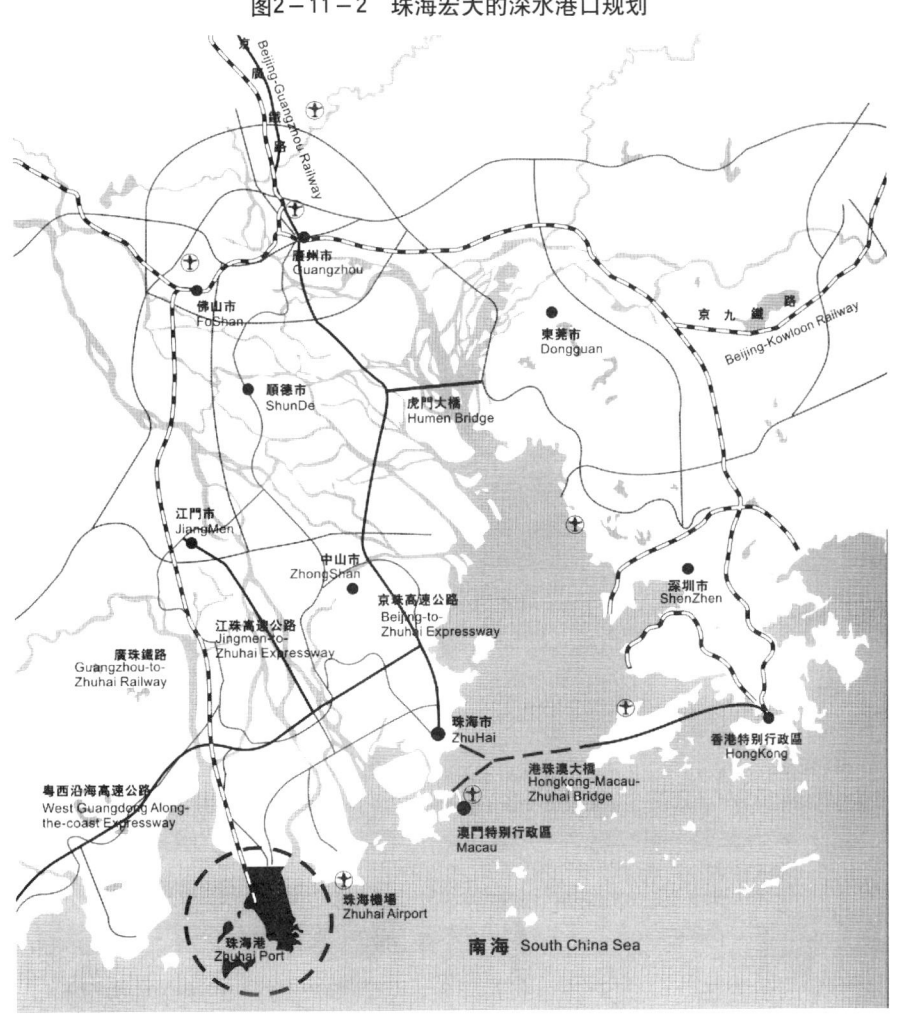

图 2-11-2　珠海宏大的深水港口规划

资料来源：招商宣传材料：《珠海高栏港经济区》，2007 年版，第 6 页。

珠海最引人争议的是机场的建设。珠海机场于 1995 年 6 月 30 日首航，设计年航空器起降 10 万架次，年旅客吞吐量 1200 万人次，年货邮吞吐量 60 万吨。但发展情况并不尽如人意。2003 年仅实现货运量 1.07 万吨，客运量 60.5 万人次。珠海机场还曾经装配有世界领先、国内最先进的导航系统、着陆系统、航空管制系统、紧急事故处理系统等现代化设施。珠海机场将自己定位为珠江三角洲西部地区与外界联系的现代化航空交通枢纽。但其最重要的功能是成为了从1998年开始至今，隔年的中国国际航空航天博览会的举办场所。

图2-11-3　硬件水平长期处于国内最高的珠海机场

资料来源：Google Earth观察：http://www.williamlong.info/google/archives/316.html，2007年4月20日。

珠海机场利用率低，巨额负债长期成为珠海经济发展的重大包袱，也引发了国内广泛长久的争论。（参见图2-11-3）"这个长期处于国内现代化水平最高、在国际上也堪称一流的航空港，其投资之巨令人咋舌，有说80亿的，也有说120亿的，到底花了多少钱，珠海讳莫如深。前些年珠海机场因欠巨债17亿面临关闭危险的消息被媒体曝光，引起舆论一片哗然。珠海机场的投资是政府行为，有观点认为政府在珠海机场的投资决策中有三大误区。"[1] 所幸，2005年8月香港机场经过长期的谈判终于

---

[1] 何学林：《从珠海机场事件看政府决策的误区》，《决策咨询》2001年10月，第24—25页。

接管珠海机场，使珠海机场终于可以起死回生。

2000年12月16日，新华社广州分社发表文章《珠海新规划不再定位于大城市》。文章说：曾经轰动一时的珠海西区开发已沉寂多年，需近200亿资金建设的连接珠江口东西两岸4市的伶仃洋大桥计划搁浅以及珠海机场利用率过低，引起有识之士的深思。

2009年底广受关注的珠港澳大桥经过近30年的坎坷，终于开工建设。很多宣传在描述着其未来的巨大的效益，如"为三地经济互动带来新格局和新动力，减轻了香港因地理局限而在中国急速发展的过程中被边缘化的忧虑"，珠海也渴望靠它消除自身边缘化的区位劣势。[1] 但这些好处未必都能实现，其风险同样应引人关注：

> 大陆推行改革开放未几，港商胡应湘在1983年已献计兴建伶仃洋大桥，连接香港和珠海。当年大陆百废待兴，大桥可以带来庞大的发展机遇。但是，有关构思经过多方利益群体的博弈，特别是近年深圳的忧虑，要由中央出面摆平，扰攘了25年，才扫除了主要障碍，以港珠澳单"Y"形设计的面貌，预计几年之后落成。其间广东尤其是深圳发展神速，对香港物流业服务的倚赖不若以前急切，在连接深圳的双"Y"形方案被否决后，还酝酿自建大桥连接深圳和中山来承接粤西物流，兴建港珠澳大桥的成本亦飞升至超过300亿元，有人怀疑有多少司机肯付每程数百元的车费过桥，担心大桥成为各方骑虎难下的大白象。

珠海的许多超前的基础设施建设，同它为自己在珠江三角洲甚至更大区域范围内所定的过高的经济和战略地位很有关系。（参见图2-11-4）到2004年，广东省对珠海地位的提法还保持着"寄望珠海建成珠三角现代化区域中心城市，使珠澳都市圈与广佛都市圈、港深都市圈一样成为大珠三角都市圈三极中的一极"[2]。后来广东省已经去掉了这一提法，但是珠海一直在尽力为此谋求，尽管这种地位客观上高于珠海所能做到的，但对于珠海未来合理的发展恐怕是利大于弊。2009年国务院公布的《珠江三角洲地区改革发展规划纲要（2008—2020年）》规划珠海为珠江口西岸的核心城市、交通枢纽和现代化区域中心城市。但珠海目前的实力甚至弱于相邻的中山市和江

---

[1] 《勿让港珠澳大桥变成大白象》，香港《星岛日报》2008年2月29日。
[2] 《海上云天，天下珠海》，《羊城晚报》2004年4月3日。

门市，要谨防分不清近期和远景，做出不切实际的具体安排。

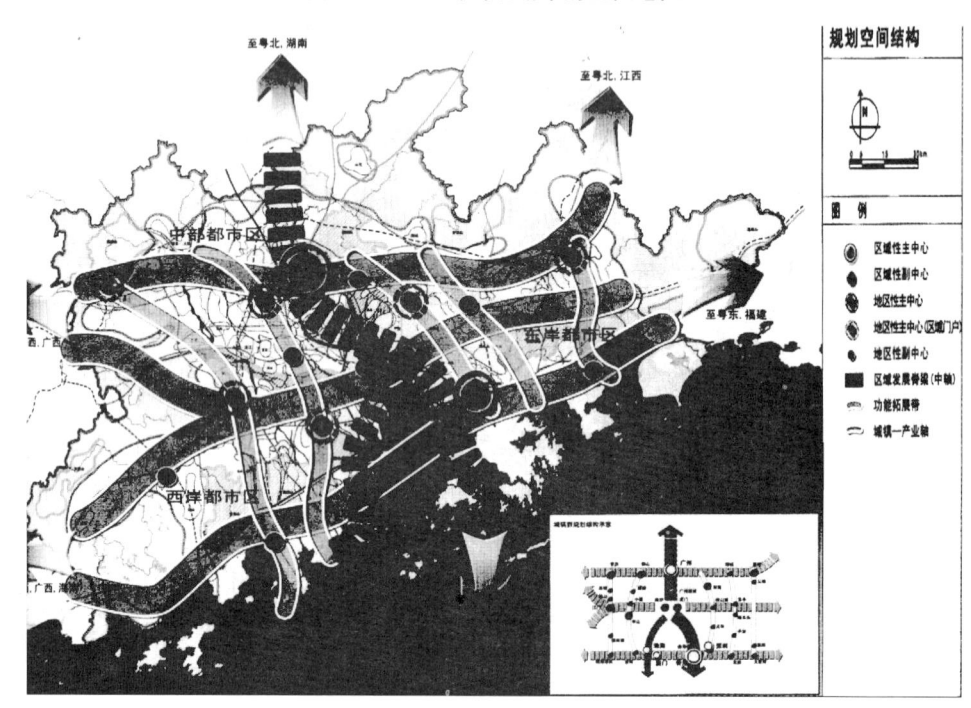

图2-11-4　珠海规划中的区位地位

资料来源：招商宣传材料：《珠海高栏港经济区》，2007年版，第4页。

第二节　人与环境的和谐发展

珠海从设市之初就注重远景和环境规划，力争把自己发展成为现代化的花园海滨城市。如今，它已成为中国少有的置身现代经济之中又能保持优良生态环境的城市。

珠海长期探索经济与环境的和谐发展，甚至为了理想不惜在经济上有所舍弃。珠海"专门编制了城市环境保护规划和城市风貌规划。其中明文规定环境保护的'八个不准'，不准在特区建设有高烟囱及有污染的项目……对环境保护过于超前……将大量传统项目因提高门槛而拒之千里，影响珠海的发展速度"[1]。这些代价获得了相当

---

[1] 陈红泉、钟坚：《珠海改革开放的历史回顾、主要成就与经验教训》，《2008年中国经济特区论坛：纪念改革开放30周年学术研讨会论文集》，2008年。

高的回报:"珠海在生态环境建设方面成效显著,1998 年珠海荣获联合国人居中心颁发的'国际改善居住环境最佳范例奖',2000 年又被国家环保总局命名为'国家级生态示范区',成为世界上居住最舒适的城市之一。"[1]

珠海在生态城市的建设上确实难得地先行了一步甚至几步。但是,这也导致其工业化进程放慢、城市发展后劲有所削弱。近年,珠海在控制环境和人口的政策实施中,出现了经济不旺、市场不兴、人员流失等现象,需要在协调、科学的经济社会发展理念下,对各方面更好地探索、调整。发展绝不是增长的同义词,增长快未必就是好。当中国不少地区经历了长期调整发展,国家的发展观近年由"又快又好"转变为"又好又快"后,珠海从政府到老百姓在经济发展长期"好而不快"、相对落后的压力下,普遍渴望使经济迅速腾飞。这已使珠海人担心珠海长期和谐发展的努力遭到破坏。但合理的发展之路必须要坚持一定的环保、道德标准,不能不择手段。珠海政府和政协对此仍在探索,如在政协会议上有"坚守建设高品位城市的理想不松懈"等提法。[2]

珠海在长期发展中较之不少其他地区更加重视社会和谐和人们的精神风貌。它常常强调物质文明同精神文明的协调发展,积极进行统战工作,为澳门的顺利回归进行了长期的准备。1999 年珠海成功地协助完成了澳门回归的盛事,"12 月 20 日,珠海 20 万干部群众涌上街头、排成 8800 米的长龙,热烈欢送中国人民解放军驻澳门部队进驻澳门履行防务,场面宏大,秩序井然。"[3] 珠海经济特区多年的发展早已使得澳门同胞对珠海以至大陆刮目相看,也使珠海赢得了不少港澳人士以及国际社会的好感,相当出色地完成了当初设立珠海特区时国家赋予它的政治使命。

第三节 珠海经济特区的未来:危机与机遇并存下的发展

无论是近现代的历史进程,还是成立经济特区之后的曲折发展,珠海都有相当显著的特点,个中因由值得人们深思,对此的评价也不尽相同。本文作者的看法只能算是一管之见。同样,对于珠海未来的发展,各方的看法也会各有不同。珠海市政府认为:

---

[1] 马跃东、阎小培:《珠海改革开放 20 年城市发展的理性思考》,《经济地理》2004 年第 1 期,第 67—71、90 页。
[2] 林良倩:《倡导以改革创新为核心的珠海精神 激发全社会的活力》,政协珠海市委员会办公室编:《珠海政协第七届委员会第一次会议文件汇编》2007 年,第 75—79 页。
[3] 中共珠海市委党史研究室编:《中国经济特区的精神文明建设》(珠海卷),第 327 页。

……珠海实现科学发展具备不可多得的有利条件。一是特区品牌优势，珠海经济特区是改革开放的"试验田"，形成了充满活力的创新机制，体现了"敢想敢干，敢闯敢试，敢为人先"的特区精神，树立了珠海形象。二是地理区位优势，珠海毗邻港澳，面向太平洋，背靠珠三角，连通粤西和大西南腹地，占据八面来风、四面出击的地利。三是生态环境优势，珠海有美丽的自然风光，优美的城市风貌，适宜人居的城市环境。四是发展空间优势，珠海海港、空港、口岸俱全，土地、岸线、岛屿、淡水等资源相对丰富，尤其是在珠三角地区土地资源日益紧缺的今天，具备新一轮大发展至关重要的发展空间。处理好经济与环境关系，实现发展经济与保护环境双赢，闯出一条科学发展的新路子，我们责无旁贷。抓住机遇，发挥优势，我们完全能够有所作为，不负重托。……[1]

　　不过，不少人对珠海有着各种各样的忧虑，如珠海经济基础不强，工业化尚未完成，较之其他珠江三角洲城市明显落后，以往的高技术产业带动作用不强也使人担心如今正在兴盛的软件产业的前途。珠海原来的发展极大地得益于它优越的特区优惠政策，但近年这一优势正逐步减弱：2008年"两税合一"后，"特区的最后一个优惠政策也将被取消"，"不能把希望再寄托在获取税收优惠政策上"，落户深圳的企业有的是看重产业积聚的效应，深圳的"城市竞争力包含环境、产业集聚程度、区位优势、资源、政府的办事效率等诸多方面，这些仍然是吸引企业选择在深圳发展的魅力所在"[2]。珠海在这些方面的后发劣势可能会多于先发优势。如何再造珠海的优势，是珠海要深刻思考的问题。

　　在城市的基础设施发展上，有人同意政府的观点，并希望坚持高品位的理想不放松；但也有许多人对过去的超前发展感到痛惜，对未来的定位不敢确认。有政协委员提出了珠海面临的几个问题："1.珠海到今天都没找到自己的定位，一直让老百姓'在希望中等待，在等待中失望'；2.应该对珠海的优势和劣势做个全面的思考，不要使珠海老像个'裁缝铺'，修修改改；3.珠海存在着种群分裂、外来人与原居民的分裂、本市户口与外来工的分裂等等，这些都将严重影响珠海的和谐发展；4.机关作风建设，如果不以人

---

[1] 《市委召开全市解放思想学习讨论活动转段工作会议》，《珠海特区报》2008年3月11日。
[2] 张媛媛：《两税合一拿什么再造深圳优势》，《证券时报》2007年3月24日。

为本，不提高公务员的素养，不充分调动公务员的积极性，将得不到任何改善……"[1]

珠海应该吸取过去的教训，在城市建设上似应有所务实、放缓。"据香港华南中小企业联合会在香港对部分珠海市投资者进行的抽样调查，98%以上的投资者这两年来已不再抱怨珠海的投资硬环境，而担忧更多的是软环境，特别是政府部门的行政干预体制。"[2] 有不少政协委员有类似下面的看法：

> 一段时期以来，珠海市体制上的内耗正在减少城市的能量，制度创新的力度不能适应竞争的需要；自我改革和创新的动力减退，敢为天下先的勇气减少了；在行政管理体制方面，跟着先进地市走的多，自我创新的少，尤其是行政管理体制改革，至今没有一个统领全局的纲要和目标，也没有计划，更没有一个强有力的机构去组织实施，触及深层次的改革几乎没有。从而制约了经济的发展，经济发展潜力未能得到充分发挥，错过了许多发展机会。随着经济特区享有的优惠政策逐渐不复存在，地缘优势的弱化，先发优势逐渐消失，珠海特区给人的印象是已经不"特"了。[3]

行政体制改革也许是珠海在特区的"特"性消失倾向中再创特区优势的一个选择。但其中阻力必然不小，并且还要看中央的方针和步调。

近一两年，珠海经济发展的条件突然戏剧性地出现了几件鼓舞人心的大事：国务院颁布的《珠江三角洲地区改革发展规划纲要（2008—2020）》给予广东和珠海继续大胆开创的机会；高栏港加速发展及连接港口的珠海交通"一号工程"广珠铁路的兴建，使"以港立市"成为珠海实现工业化的最大希望。国务院批准的《横琴总体发展规划》使珠澳合作出现了新的契机；珠港澳大桥的建设也为珠海经济的发展拓展了许多可能性。

珠海的未来还是未知数，因为它同时受着上、下、内、外许多方面的促动和制约。也许它还同历史所经历的有些相似：辉煌和沉寂都难以一成不变，理想同现实不一定总能调和。未来可以说是风险与机遇并存：珠海应该会继续发展，但能否走出符合自己特点的又好又快的、和谐发展的路子，还要看其自身实事求是地探求的精神以及勇气，以及变化中的内、外环境所赋予的机遇。

---

[1] 政协珠海市委员会办公室编：《珠海政协第六届委员会第二次会议文件汇编》，政协珠海市委员会办公室2005年版，第140页。
[2] 政协珠海市委员会办公室编：《1999.2—2004.2委员建言选编》，政协珠海市委员会办公室2004年版，第121页。
[3] 九三学社珠海市委员会编：《关于加强我市行政管理体制创新的建议》，九三学社珠海市委员会2006年版。

| 第三篇

汕头经济特区史
——粤东明珠不寻常的崛起之路

回顾汕头特区不平凡的建设历程，既经历了快速发展时期，也经历了低潮时期；既创造了辉煌的业绩，也遭受过挫折；既有成功的经验，也有深刻的教训。在特区创建阶段，在人力和财力都极为匮乏的情况下，特区建设者们坚持发扬敢闯敢试的特区精神，在较短的时间内完成了出口加工区的基础设施建设。他们以敏锐的发展思维，多方面拓展特区与国内外的经济联合。发挥侨乡和商贸优势，积极招商引资，加强内引外联；结合本地实际，开创性地兴办特区农业。在夯实发展基础后，特区建设进入了快速发展阶段。经过两次范围调整，特区从龙湖片区的1.6平方公里拓展到汕头全市，总面积达234平方公里。城市软、硬件设施得到了极大改善，提高了投资环境质量，做到了客商"招得来、留得住"；综合性的经济体系初步建立；市容市貌、人民精神状态都焕然一新，经济社会各方面都取得了长足的发展。然而，就在特区建设进入平稳阶段的时候，一些潜在的危机也正在形成。

20世纪90年代中期，汕头的经济发展遭遇了前所未有的困难。首先是东南亚金融危机使依赖于进出口贸易的汕头经济遭到重创；接着，社会信用的恶化和地方金融危机的爆发极大地妨碍了社会生产力的发展。曾经繁荣的汕头经济在种种风波中逐渐衰落。就在汕头发展遭遇挫折之时，市委、市政府做出"两大整治"的决策，对市场和社会秩序进行了严肃整顿和治理，使汕头从信用缺失跃进到率先在国内建成比较规范的信用体系，经济也在2002年逐渐复苏，汕头的春天开始重新来临。2006年，"粤东会议"的召开吹响了汕头经济再次腾飞的号角。省委省政府出台了一系列扶持、促进粤东发展的政策措施，并提出了"三年打基础，五年大变化，十年大发展"的总体部署。经过努力，2008年汕头经济发展速度自1999年来首次超过全省平均水平，"三年打基础"的阶段性目标基本实现。精明勤奋、锐意进取的汕头人民，在新的历史时期，同样将以当初创办特区时的自信姿态，投入到汕头"大变化、大发展"的建设中去。

第十二章
经济特区成立之前的汕头

汕头有着独特的文化历史传统，曾有过"百载商埠，楼船万国"的盛况。但是，从抗日战争以来一直到新中国成立前的12年间，汕头的经济、民生不断恶化。新中国成立后，汕头经济有所恢复，但在极"左"思潮的影响下，经济没有得到很好的发展，人民生活曾经非常困难。

第一节　汕头人文地理概况

一、汕头名称的由来

汕头市位于广东省东部，韩江三角洲南端，远古时期，这里原是一片波浪滔滔的海湾，因近几百年来韩江所带泥沙的冲积，才逐渐从海底浮显起来。

宋朝时，汕头是揭阳县鮀江都的一个渔村。元代的时候，这里被称为"厦岭"。明世宗嘉靖四十二年（1563），汕头成为潮州府澄海县的一部分，并设蓬洲御千户所在此。明神宗万历三年（1575），韩江口的沙脊已积聚成片，被称为"沙汕坪"。康熙五十六年（1717），清政府在这里筑炮台，此地改称"沙汕头"（沙汕头炮台）。从雍正到乾隆年间，迁到这里居住的人日益增多，除了捕鱼、耕田之外，还利用海水晒盐，各地盐贩也常到这里贩盐。清政府在放鸡山（今妈屿岛）设立"常关"，课收南北商运的关税，此时的"沙汕头"亦被简称为"汕头"，此外它还有"鮀岛"的别称。

1949年10月新中国成立后，设立潮汕专区；1953年1月与惠阳、兴梅专区合并为粤东行署；1956年2月与兴梅合称汕头专区，1965年兴梅独立设专区，汕头及其下辖县称为汕头地区。此后，又历经几次变动，潮汕地区的行政、文化和经济中心逐渐向汕头转移。汕头逐渐超越了古老的潮州城，成为影响粤东地区发展的重要城市。[1]

二、汕头自然环境与文化特色

汕头市位于广东省东部，韩江三角洲南端，东北接潮州市饶平县，北邻潮州市潮安县，西邻揭阳普宁市，西南接揭阳市惠来县，东南濒临南海。市区距香港187海里，距台湾高雄180海里。历来是粤东、赣南、闽西南一带的重要交通枢纽、进出口岸和商品集散地，素有"华南之要冲，粤东之门户"的美称。[2]

潮汕平原三面环山，一面向海，连绵的山脉隔断了潮人和内陆的联系，长期以来潮汕的陆上交通极为不便，在广梅汕铁路和广汕高速公路开通之前，汕头和广州的联系只有一条公路，10多个小时的车程。与内地的联系被阻隔，但海路却是畅通的。狭窄的潮汕平原土地稀缺、物资匮乏，再加上历代不断有人涌入，更加重了地少人多的局面，于是潮人只好向海上发展，以海为田，在海上与人互通有无。这也造就了潮汕人独特的海洋观念和商业意识，形成了"精明、务实"的性格特质。

潮汕文化与中原文化密不可分，从秦朝时的远征军官兵的留守到魏晋后中原士族的避难，再到南宋末期军臣的定居，中原文化不断地被带入并与当地文化融合，形成有鲜明特色的潮汕文化。潮汕地区有自己的方言、戏剧、菜系，还有独特的茶文化、民俗风情、戏剧戏曲。潮汕文化还随着潮人的足迹传播到国内外，在全国、全世界形成一定的影响。

第二节 近代汕头经济的发展

一、汕头开埠

汕头是我国著名的沿海港口城市，商贸之风由来已久。早在1800年，在现在汕

---

[1] 吴勤生、欧大雄、林秀玲：《汕头史话》，广东旅游出版社1989年版，第20—22页。
[2] 汕头市人民政府网：汕头情况介绍，http://www.shantou.gov.cn/zjst/view.asp?lmdm=011100 & id=12168。

头老妈宫一带，就开始有商船停泊。1821年之后，由于来往的商船较多，一些商人办起米、柴、药材、修船等商业行当。1854年，福建商人和本地商人建立了"漳潮会馆"作为交易场所，经营船务、药材、粮食、火柴、汇兑五个行当，汕头市场初具规模。至此，潮商的经营活动蓬勃开展，大小商贩围绕海上贸易，活跃于潮汕平原，往来于莱芜、达濠、海门、神泉等港口，足迹遍及东南亚各国，吞吐大量的物资。[1]

与此同时，通过海上贸易，外国人也开始逐步认识到汕头独特的商业价值。恩格斯曾认为汕头是上海、广州等五个通商口岸外"唯一有点商业意义的城市"。[2]在清嘉庆末年（19世纪10—20年代），已有外国船只在潮汕地区的南澳岛一带活动。外国商人不仅经常乘船往来、停泊于南澳岛，而且还登岸深入岛内活动。19世纪40年代初，外国商人已在南澳岛上兴建房屋、桥梁和道路，并非法从事鸦片和苦力贩运活动。在两次鸦片战争期间，这一带发展尤为迅速。潮汕沿海地区由于港湾条件优越、人口众多、市场广阔和拥有长期从事海上贸易的传统，也逐渐引起英、美等国商人的重视。[3]

基于上述情况，英、美等国在第二次鸦片战争中，向清政府提出在潮汕沿海开辟通商口岸的侵略要求，这即是近代汕头开埠的前因。对于美、英、法三国所提出的增辟通商口岸的要求，清政府起初断然拒绝，但是，随着英法军事威胁的逐步升级，清政府的态度也渐趋软化。英法联军进攻大沽炮台之前，清政府业已同意"必不得已，于闽、粤两省附近通商海口之地，酌加小口各一处"[4]。等到大沽炮台失陷、英法联军进逼天津城下时，清政府终于屈服，于1858年6月18日、26日、27日分别同美、英、法三国代表签订了《天津条约》。关于在潮汕开埠通商的条文，也分别载入了这三个条约之中。

咸丰九年12月9日（1860年1月1日），潮州府如期对美开市，新关设于汕头（汕头当时是潮州府澄海县治下的滨海村落），贸易的具体地点也为汕头（后来一般称之为"潮海关"），这就是汕头开埠的开始。[5]

---

[1] 陈翃：《汕头经济特区史》，苏东斌编：《中国经济特区史略》，广东经济出版社2001年版，第250页。
[2] 恩格斯：《俄国在远东的成功》，中共中央马克思恩格斯列宁斯大林著作编译局编：《马克思恩格斯选集》第2卷，人民出版社1972年版，第38页。
[3] 姚贤镐：《中国近代对外贸易史资料》第1册，中华书局1962年版，第454—456页。
[4] 中国史学会编：《中国近代史资料丛刊·第二次鸦片战争》（三），上海人民出版社1978年版，第298页。
[5] 苏东斌编：《中国经济特区史略》，第250页。

二、汕头地区民族经济的发展

第一次世界大战结束后,西方各国进入经济恢复期,给潮汕地区民族经济的发展提供了机会。20世纪二三十年代,随着交通、通信条件的极大改善、近代工业的发展以及华侨投资的增加,汕头的商业贸易进入了鼎盛时期。早期的商业网点有行街、顺昌街、老市,然后逐步向镇邦街、怀安街、怡安街、至平路一带扩展,形成各具特色的商业街区:如镇邦街成为热闹的商业中心,主要经营杂洋百货、布匹绸缎;怀安街商主要是一些酒楼茶室;怡安街经营家具;至平路因为是通往码头的必经之路,所以有很多旅舍。初期的商业网点批发和零售兼营,后来随着商业的繁盛才逐渐分开,分为"上盘商"(从事大宗运销批发)、"二盘商"(从事小批转售)和"三盘商"(零售商),组成很大的商业网络。潮人经商,世界知名,有"东方犹太人"之称的潮汕商人对汕头早期的经济繁荣的确是功不可没。1932年,梅县籍印尼华侨李伯桓、李耀宗、李远波、李镜波等人合资在小公园建成了当时全市楼层最多的七层营业大楼。其中,一、二楼为南生公司(全潮汕最著名的百货公司),三、四楼为中央酒楼,五到七楼为中央旅社。随后一些布行、金铺、酒楼、茶室也聚集到小公园周围,于是小公园成为市区的购物中心。除了小公园商业网之外,市区还形成了"四永一升平"(永安、永和、永泰、永兴街和升平街)和"四安一镇邦"(怀安、万安、吉安、棉安和镇邦街)两大商业网。1933年,全市有大小商号3441家,贸易总额约为6.922亿元,仅次于上海、天津、大连、汉口、胶州、广州,居全国第7位。1935年,往来汕头港的外洋及国内船舶达4531艘次,呈现出"百载商埠,楼船万国"的繁忙景象。

随着民族经济的发展,汕头地区的城市基础设施也逐步建立和完善。1906年汕头就建成了潮汕铁路;1920年市内就有电灯、电话、自来水等先进的市镇设施;1933年建成汕头机场,并由当时的中国航空公司开辟了上海—汕头—广州航线。在20世纪30年代的中国,一个小小的港口城市能拥有如此齐全的市政设施实属罕见,昔日的繁华可见一斑。[1]

1937年卢沟桥事变爆发,时局的动荡影响了汕头的商贸活动,汕头的经济状况急剧恶化。日军占领汕头后,控制了商业和贸易,很多商号外迁,商店几乎全部关闭,市场一片萧条。后来在日军的逼迫下,有部分商店虽然重新开业,但要受到日军占领

---

[1] 陈朝辉、蔡人群、许自策:《潮汕平原经济》,广东人民出版社1994年版,第190—191页。

当局百般勒索和日本大商号的重重盘剥，经营惨淡，普遍处于半窒息状态。仅存的一点商业畸形发展，如烟馆、赌场、当铺、酒馆等。由于日军封锁道路，汕头市内物资奇缺，粮食昂贵，一些奸商还囤积居奇，进行投机买卖，使老百姓处于极为悲惨的境地。这时期，汕头的经济遭到严重的破坏，海上运输几乎停顿，汕头成为一座可怕的死港。这是汕头历史上最为黑暗的一页。

1945年抗日战争胜利后，由于国内的工农业生产不景气，所以潮汕地区受破坏的交通路线没有得到修复，交通还不如战前方便，市场购买力极低，商业经济的复苏困难重重。由于国民党政府发动内战，汕头的经济继续衰落，民不聊生。

在这内外交困、战火纷飞的12年间，汕头这个昔日曾经无比热闹繁华的百载商埠已经如云烟般消散，整个民族经济体系已经完全崩溃了。

三、改革开放前汕头的经济

新中国成立后，汕头的市场很快得到了恢复。1950年，仅市区登记的私营商铺就达5000多家，摊贩和小贩8000名。全市私营商业占批发营业额的82.6%，占零售营业额的95.1%，市场上主要是私营商业。1951年，汕头市人民政府开始对私营商业同业公会进行调整、改组和改造，新建了一批粮店、文化用品店、杂货店、布店和人民饭店，关停了一批酒楼、旅馆、金铺和洋货店。与此同时，人民政府还大力扶持国有商业的发展。1952年，国有商业已经控制了主要生产资料和消费资料的批发市场：大部分的粮食、食盐、食糖、棉布、日用百货、煤油都由国有商业统管。在三年经济恢复时期，这些措施对保障人民群众的生活起到了积极的作用。[1]

然而，汕头的商业刚有些起色，很快又被随之而来的"大跃进"时期的错误政策给抹杀了。过分地强调公有制，不恰当地要求汕头市由"消费性城市"转变为"生产性城市"，极大地限制了商业的发展。农村"一大二公"的超前生产关系并没有带来生产力的"赶英超美"，相反使得当时脆弱的农村经济雪上加霜。1960—1962年经济恢复时期，政府开始纠正"大跃进"的错误，市场开始逐渐好转。到1964年，市场上的物资已经比较充裕，只可惜这种局面没有继续下去。接下来的10年"文化大革命"期间，受极"左"思潮的影响，汕头对商业活动的各种管制达到了令人难以置信

---

[1] 苏东斌编：《中国经济特区史略》，第254页。

的程度：国有副食品市场不允许小摊小贩入内，对小商贩动不动就冠以"黑商贩"、"弃农经商"、"资本主义尾巴"的罪名。这些做法违背了经济发展规律，严重阻碍了城乡的物资交流，抑制了市场的发展。其结果是凭票证购买的商品越来越多，人民群众的生活极度困难，国民经济已濒于瘫痪。[1]

新中国成立后，虽然汕头仍旧是潮汕地区甚至整个粤东的政治、经济和文化中心，但是由于长期实行闭关锁国的政策，而汕头又位于东南沿海的边防前线，国家对汕头的经济建设，特别是供水、供电、港口、道路等基础设施极少投资，一批骨干企业还被搬迁到内地，致使汕头在当时与国内其他城市相比，并没有得到很好的发展。由于基础设施远远落后于内地城市，大多数企业设备老化，管理制度陈旧，电力供应不足，工业生产无法开展，产品品种少，等级低，换代慢，30%的产品质量低于历史水平。当时这个城市落后凋零的面貌令人触目惊心：公共设施破旧不堪，自来水管年久失修，到处污水横流。这些不过是表面现象，隐藏在现象后面的是更深层次的观念和体制问题。[2]

---

[1] 陈历明：《潮汕史话》，第195、196页。
[2] 苏东斌编：《中国经济特区史略》，第255页。

第十三章
汕头经济特区的创建（1979—1984）

没有十一届三中全会的召开，就不会有"出口加工区"的最初设想。没有邓小平"杀出一条血路来"的指示，就不会有经济特区的诞生。

第一节 经济特区的诞生

一、汕头特区的由来

1978年12月，中国共产党召开十一届三中全会，决定把全党工作重点转移到社会主义现代化建设轨道上来，并提出要"对经济管理体制和经营管理方法着手认真的改革，在自力更生的基础上积极发展同世界各国平等互利的经济合作，努力采用世界先进技术和先进设备"。[1]1979年1月底，中共广东省委书记吴南生带领省委工作组专程到汕头传达三中全会的精神，并做了重要讲话，与工作组的同志就如何把汕头的经济搞上去进行了认真细致的研究和讨论。2月12日到19日，汕头市召开了三级干部会。会上，吴南生传达了中央对广东省、广东省对汕头的期望和要求，参加会议的干部群众个个欢欣鼓舞，畅言心声，热烈讨论。

吴南生在汕头待了两个多月，先后参加了汕头地委常委扩大会议、各县市三级干部扩大会议，对汕头当时落后的状况有了较深刻的了解，于是他开始思考：如何让汕

---

[1]《中国共产党第十一届中央委员会第三次全体会议公报》，1978年12月22日。

头在人多地少、资源贫乏、资金短缺的情况下，摆脱目前经济发展的困境，赶超国内同类型城市呢？吴南生想到了台湾，台湾当时的情况与汕头十分类似。他在与地区负责同志的商讨中萌发出一个设想：能否仿效台湾的一些做法——办出口加工区，并带动全市、全省乃至全国经济的发展。他向当时汕头市的地委负责同志说了自己的想法，立即得到了他们的赞同。

2月21日，吴南生同志向省委发了一份1000多字的电报，电报指出：

> 汕头市新中国成立前是我国重要港口之一，货物吞吐量最高年份达600多万吨，海上客运达35万人次。汕头地区劳力多，生产潜力很大，对外贸易、来料加工等条件很好，只要认真落实政策，调动内外积极因素，同时打破条条框框，下放一些权力，让他们放手大干……[1]

2月底，吴南生同志在省委常委会上又提出自己的想法：广东是否可以向中央要求先走一步，在汕头试验设置出口加工区。汕头远离省会，即使不成功也对全局影响不大，他的想法得到常委们的一致同意。他们还提出，不光是在重要侨乡汕头进行试验，在毗邻港澳的深圳和珠海也可以进行试验。

1979年4月中旬，中央召开专门讨论经济建设问题的工作会议。广东省委第一书记、省长习仲勋在会上谈了广东省改革开放的设想，并要求中央放权，让广东能够充分利用自己的有利条件，在汕头等地划出一定地区，单独进行管理，作为华侨、港澳同胞和外商的投资场所，按照国际市场的需要组织生产。当时定名为"贸易合作区"。这一提议立即得到邓小平等中央领导同志的肯定，并提议称其为"特区"。1979年7月15日，党中央、国务院在审批广东省《关于发挥广东优越条件，扩大对外贸易，加快经济发展的报告》时，对上述想法予以正式确认，授权广东省在对外经济活动中实行特殊政策、灵活措施，先在深圳、珠海试办出口特区，待取得经验后再考虑在汕头和厦门设置。是年11月23日，谷牧再次视察汕头，对在汕头创办特区作进一步的实地调查。12月中旬，在北京召开的广东、福建两省的汇报会上，谷牧同志对两个省的经济工作提出全面要求：不仅是搞特区，而且要利用外资，使两个省国民经济的

---

[1] 卢荻：《经济特区是怎样"杀出一条血路来"的——吴南生访谈录》（上），《南方日报》2008年4月7日。

调整、改革、提高方面都要比其他省市先行一步。[1]

1980年3月30日，广东、福建两省工作会议在广州召开。会议指出：特区主要吸收侨资、外资进行建设；要先搞好水、电、道路、通讯等基础设施；先上些投资少、周转快、收效大的项目。在这次会议上将"出口特区"改称为"经济特区"。

1980年8月26日，第五届全国人大常委会第15次会议审议批准建立深圳、珠海、汕头、厦门四个经济特区，并公布了《中华人民共和国广东省经济特区条例》，标志着中国经济特区及其特殊政策通过合法的程序正式诞生。

二、试办特区的筹备工作

1980年1月22日，"汕头经济特区筹备工作组"成立，特区选址、勘探、规划等筹建工作正式展开。经过一番细致的调查研究和反复权衡利弊的论证，决定将龙湖村西北角占地1.6平方公里的沙丘地带作为出口加工区的区址。这里紧靠市区水厂、电站，比较容易解决水电供应的问题；离海岸很近，便于兴建港口、码头及其他基础设施；与汕头市区、港口、机场距离不远，便于经贸往来，其生产和生活服务设施还可以依托老市区；这里地势较高，地质较好，有利于工程建设。综合各种因素，中共广东省委书记吴南生与汕头地委、市委的负责同志经过认真研究，一致同意在汕头市区东部龙湖村西北侧这片1.6平方公里的地区设立汕头经济特区。

1981年5月27日至6月14日，国务院在北京召广东、福建两省和经济特区工作会议。7月19日，中共中央国务院批转的《广东、福建省和经济特区工作会议纪要》，指出：我国创办的特区是经济特区，不是政治特区。它的"特"在于实行国家规定的特殊经济政策和特殊经济管理体制，并允许特区银行吸收的存款全部用在贷款上。汕头、厦门两市上缴的财政收入由两省人民政府核减。按照"因地制宜，注意实效，各有侧重地发展"的原则，明确规定，汕头特区"目前应建成以加工出口为主的，同时发展旅游等行业的特区"，并且利用外资改造旧市区的老企业，其产品主要是以出口为目的的，在进口生产资料及交纳所得税方面，也可享受特区优惠待遇。

1981年8月29日，广东省经济特区管理委员会汕头办事处成立，全面负责汕头特区的各项筹备工作。11月14日，办事处正式改名为汕头经济特区管理委员会，主

---

[1] 杜经国：《艰辛的崛起——汕头特区创业十年》，汕头大学出版社1996年版，第4—12页。

任由中共汕头地委常委、汕头市委副书记刘峰兼任,这标志着汕头经济特区的建设正式拉开了序幕。[1]

第二节 龙湖出口加工区

1981年汕头经济特区管委会的成立标志着汕头经济特区正式起步建设。就在这一年冬天,第一代特区人带着锄头、扁担、沙铲等简陋的原始工具,赤着脚,趟过20米宽、水深没膝的龙湖沟,来到这片荒芜的沙丘上,开始了艰辛的特区建设。当时中央只给政策不给资金,特区的领导和建设者们考虑到汕头在地理地缘、基础设施等大环境上的弱点及资金紧缺等因素,把投资效益放在首位,千方百计地以最少的投入,改善投资环境,形成生产能力,依靠自身积累发展和扩大再生产。没有盲目铺大摊子,而是量力而行,从自己的实际出发,实行"开发一片,建设一片,投产一片,获益一片"的建设方针,尽可能将基本建设速度、规模、效益三者统一起来。

汕头特区的发展实践证明,建设初期确定的这一建设方针是正确的,得到中央领导同志的充分肯定。1991年10月李鹏总理考察汕头时指出:汕头经济特区范围扩大后,要发挥潮汕地区优势,继续坚持"开发一片,建设一片,投产一片,获益一片"的方针,争取更大的发展。[2]

一、龙湖出口加工区的规划

汕头经济特区区址确定后,如何在这个1.6平方公里的区域大做文章,在资金、设备和条件均有限的情况下,有步骤、有计划地推进出口加工区的建设工作,是特区办事处的头号任务。为了合理地做好特区的总体规划,特区办事处多次召开各个系统干部、技术人员的座谈会,广泛听取各方意见,并派相关的人员到深圳、珠海参观,学习特区规划和建设的经验。1981年年底,特区规划办公室在北京钢铁设计研究总院规划组的协助下,完成了《龙湖出口加工区总体规划》,规划的重点是1.6平方公

---

[1] 汕头市委党史研究室:《中国经济特区的建立与发展》(汕头卷),中共党史出版社1996年版,第29—38页。
[2] 同上,第38、39页。

里的龙湖出口加工区，同时还规划兴办港口区、农业区和发展旅游业，从多方面为加工区的建设起到配合、服务、促进的作用。

第一，规划中把办好汕头特区的根本任务放在重点建设总面积为1.6平方公里的龙湖出口加工区上。根据当时建设规模较大、投资较多而资金有限的实际情况，1.6平方公里的工业区分五片分期进行开发。第一片区从1982年3月起，面积0.2平方公里，主要规划建设的是加工区的行政管理区；第二片区从1984年开始，面积0.24平方公里。初期主要引进耗能少、污染少、收益较大的劳动密集型的轻工业，同时兴办能利用老市区零部件装配的加工工业，如轻工、纺织、电子、仪表、日用品、服装、食品、工艺品等。另外，适当发展技术性能较高的小型机械、精密机械、五金、机具等产品。

第二，将龙湖加工区南端一直延伸到海岸线、占地1.7平方公里的区域开辟为港口区。港口区规划主要建好客运和货运码头、仓库、包装场地、少量加工企业以及其他配套设施，作为特区发展交通运输与储运进出口物资之用。1982年12月7日，汕头特区与国务院共同组建汕头经济特区联合航运有限公司，经营特区客运、货运及码头、仓库等有关业务。先建500吨泊位顺岸码头，后期再建3000—5000吨泊位码头2座。

第三，将港口区东面约10平方公里左右的沿海岸线的低洼地开辟为汕头经济特区的农业发展区，成立农业发展联合公司。公司将引进优良品种和先进技术、肥料、农药，主要种植蔬菜、花果等经济作物，发展水产养殖和畜牧业。产品主要供出口并为加工区、港口区乃至全汕头地区服务。

第四，发展特区旅游业。旅游事业的建设，是吸引外资不可少的环境设施建设，修建名胜古迹和风景区，如磐石风景区、妈屿岛、市郊达濠青云岩等。扩建市区内中山公园，新建东区公园等。

在进行一批新项目建设规划的同时，汕头特区充分利用老工业基地的基础，开始着手对市区老企业进行改造。利用特区的特殊政策和优惠条件，通过引进外资，将厂房、技术设备和工艺进行全面的更新，在关税、企业所得税、外汇管理等方面给予照顾和优惠。首批引进外资改造的企业有20家，均是有比较好的发展前途的企业，经营管理制度和组织结构都比较健全。通过对这批老企业的改造来带动其他企业，使其与特区建设相互促进，共同发展，推动汕头经济的发展和繁荣。

1982年8月，时任中共中央书记处书记、国务院副总理的谷牧在国务院召开的汕头、厦门汇报会上提出了制订规划的指导思想——从实际出发，按客观规律办事，突出重点，量力而行，积极稳妥，留有余地，循序渐进。以龙湖加工区为重点，兴办农业区、港口区和发展旅游业的特区建设和总体规划，正是反映了汕头特区"实事求是、量力而行、尽力而为、注重效益"的建设特色，符合汕头特区实际的求实之路，有利于龙湖出口加工区的更快发展。[1]

二、大力建设基础设施

汕头经济特区成立之前，龙湖出口加工区所在的地方各种基础设施都相当缺乏，没有一条像样的公路与市区相连，没有自来水水源和供电设施，没有完整的城市排污系统，邮电通讯技术设备和通讯能力极其落后。因此，必须加快基础设施建设，创造良好的投资环境，只有这样才能吸引更多的侨商、外商前来投资设厂。

由于加工区紧靠老市区，在进行基础建设的时候，建设者们充分利用这个地理优势，采用大环境依托老市区，小环境自己配套的做法，在这片原本不起眼的平静的土地上，建成了一批批新的基础设施项目。

（一）开路铺桥

1980年10月1日，汕头经济特区连接市区的主要干道金砂路动工兴建，全长2.27公里，宽40米，混凝土结构，次年3月竣工通车；1982年6月15日，通向龙湖加工区的第一条道路迎宾路及第一座桥梁迎宾桥建成通车；年底，龙湖出口加工区的道路相继动工兴建。

（二）通水通电

1982年9月，全长2公里、日供水量2万吨、投资101万元的汕头市自来水公司东墩水厂至龙湖特区工业区（称"东特线"）的输水干管竣工；1983年新铺设供水干管长达3.4公里，较好地解决了龙湖加工区的供水问题；1981年，特区投资8万元，从汕头市东墩110千伏变电站架设一条10千伏供电线路至龙湖工业区，作为建设初期的临时供电设施；随着1985年5月龙湖变电站主体工程正式投入运行之后，红莲池变电站、东墩变电站、龙湖变电站形成环形供电方式，这标志着汕头特区供电事业的起步。

---

[1] 汕头市委党史研究室：《中国经济特区的建立与发展》（汕头卷），中共党史出版社1996年版，39—43页。

（三）邮电通讯建设

1983年5月，特区投资8.5万元，开始建设汕头市邮电大楼至龙湖工业区100对通讯电缆线路敷设工程，全程6.2公里，于同年6月竣工；1983年11月，市委、市政府发出通知，要求要求迅速开办汕头至香港的电传业务，以适应外商在特区办企业的需要；1983年，特区安装自动电话48部，龙湖宾馆另安装HJ-905（200）纵横制自动电话交换机1部；1984年，特区公共事业公司在完成龙湖工业区电信电缆管道设计工作的同时，着手进行设置程控电话交换机的前期工作。

（四）排污设施建设

汕头特区排污系统的建设是与道路建设配套进行的。1981—1989年，汕头特区共建成龙湖工业区及其以外区域两大排污系统，共建设雨水管71310米、污水管91332米。

（五）兴建通用厂房

汕头特区的厂房建设根据客户投资办厂的需要，从1982年9月开始，逐年分批兴建。1983年8月13日，汕头经济特区第一幢通用厂房竣工，从此开始接受外商进区办厂；到1984年建成三座通用厂房；1983年6月21日，400吨级"汕头号"货轮首航香港，从而开辟了汕头特区直通香港的水上货运航线，与外商合作经营的"龙湖号"豪华客轮亦于1984年11月通航香港。

龙湖加工区于1982年3月开始建设，共投资4004万元。经过两年多的努力，至1984年4月底，建好了龙湖加工区通市区道路，同时通电、通水，第一片0.2平方公里的土地已做到"五通一平"，并建成了厂房、宾馆、快餐厅、商场、宿舍、医务所共4.6万多平方米，11条路共17万多平方米以及1.5万多米的各种管道。[1]

三、发挥华侨优势，积极引进外资

汕头是全国著名的侨乡之一。据统计，国外的潮籍华侨和港澳台的潮籍人士总数约为800万，散居世界50多个国家。一部分散居世界各地的海外同胞，经过艰苦

---

[1] 汕头市委党史研究室：《中国经济特区的建立与发展》（汕头卷），第45—47页。

创业，在商界取得非凡建树。在东南亚，菲律宾华人占菲律宾总人口的1%，却占有该国国内商业零售额的35%；印尼华人占印尼总人口的2%，却拥有印尼国内资本的70%；印尼的25个大企业集团中，华人所控制的就有20个；泰国的华人占泰国总人口的10%，却拥有该国工商资本的90%。东南亚之外的华人，在财力上虽无法与东南亚的华人相比，但是他们中间有为数众多的科技、文化、教育、医药等方面的高级人才，成为当地社会的中坚力量。

1980年11月，泰国正大集团兴办了汕头经济特区的第一家外资企业。

香港长实集团董事局主席兼总经理李嘉诚捐资1亿美元兴建了汕头大学，他说："办汕头大学是我一生中最大的幸福。"

1984年9月6日，汕头特区管委会聘请香港知名人士庄世平等21人为汕头特区顾问委员会第一批顾问。10月初，香港顾问团应邀来汕。顾问们对如何加快汕头经济特区的建设，发展潮汕经济十分关心，各抒己见。庄世平先生说："改善特区的投资环境和投资条件很重要，要提高特区的信誉，使投资者慕名前来，而不是望而却步。"香港工业界太平绅士倪少杰先生说："汕头办特区地理条件不如深圳、珠海，但是我们有几百万热爱家乡，愿为家乡建设作贡献的华侨和港澳同胞。在香港的潮人是有气派的，要很好地利用。厦门搞了一个国际机场，为什么我们不可以干？要干就干大的，必要的话，我愿扛大旗同大家一起来搞。" 香港嘉华塑胶制品厂有限公司董事长许伟先生说："要使人家来投资后有利可得，回去喜笑颜开，这比做广告强得多。""潮汕人在香港办中小企业的很多，要发动大家为家乡作贡献，到特区办厂。"[1]

香港顾问团成立之后，每月在香港聚会一次，坚持不懈地为汕头经济特区的建设出谋划策。顾问们充分发挥他们在海内外社会地位高、联系面广的优势，为特区外引内联提供信息，介绍顾客，引进项目，筹集资金。他们利用各种场合，大力宣传汕头特区的建设情况和引进外资的优惠政策，使海外人士进一步了解汕头，提高汕头的知名度。他们对汕头特区的发展规划、战略目标、产业结构等问题都进行了认真的研究。汕头的深水港、跨海大桥、广梅汕铁路、高速公路、机发电厂都凝结着华侨们的心血。

---

[1] 苏东斌编：《中国经济特区史略》，第266页。

第三节　突破出口加工区的局限

经济特区作为一个新生事物，人们对它的认识经历了从最初的怀疑甚至否定到慢慢了解、接受的复杂演变，也是特区一步一步地依靠自身实践不断地确认自己位置的过程。特区已经建立起来了，如何进一步发展？最初只能办出口加工区，在这个框框内所能施展的拳脚毕竟是有限的，随着特区经济建设的进一步展开，单纯的出口加工对外资吸引的局限性开始显露，特区的建设者开始意识到，必须突破出口加工区的局限，向农、工、商、交通服务等各业齐头并进的综合性特区发展。

一、内联外引，优势互补

试办中国经济特区初期，中央和国务院指出，特区要努力建立以工业为主、工贸结合的外向型经济。特区这个窗口要求通透的是信息、技术、资金、先进的管理经验，只有加强和内地企业的经济联合，才能发挥特区对内地的辐射和传播作用。[1]

1984年12月10日，汕头市政府和汕头经济特区管委会联合召开内联工作会议，着重研究如何运用特区政策发展汕头特区与潮汕各县的横向经济联合，把特区的政策和对外优势与内地资源、资金、技术优势有机结合，带动特区与内地经济全面发展。会议讨论制定了《汕头经济特区内联企（事）业若干问题的暂行规定》，《规定》提出：汕头特区的内联企业与特区自办企业享有同等的优惠政策，内联企业自用的生产设备、交通工具、办公用品和生产出口产品所需的原材料、零配件等，经过批准，可以从国际市场免税购进，内联企业所生产的产品外销，或内地初级产品在特区内加工增值20%以上出口，可享受特区自产产品的优惠待遇，内联生产性企业在特区内按15%的税率缴纳企业所得税。除此，汕头特区对内联企业在土地使用费、房屋租金和购置费、外汇支付结算等方面都给予一定的优惠条件。

《规定》实施之后，国家邮电部、航空航天部等8个部委，北京、上海、四川、湖北、黑龙江、四川、湖北、湖南等13个省、市、自治区以及汕头市下属14个县区的经济部门、各类生产性企业纷纷进入特区，成立各种形式的内联企业。到1991年

---

[1] 《国务院关于批转经济特区工作会议纪要的通知》，1986年2月7日。

底，汕头特区累积批准内联项目 711 项，投资总额达 9.3 亿元。[1]

在对外引资方面，为了增强对外资投资的吸引力，汕头特区管理委员会也采取了系列措施和做法，让外资投资企业"引得来，留得住，出效益"。

为了给客商提供优质服务，提高特区管理机构的办事效率，1982 年 10 月，根据中央"27 号文件"关于"特区管理机构应按精简、高效的原则设置，并赋予充分的权力，使之能独立自主处理问题，协调各方面的关系"的精神，特区管委会开始进行机构精简。初步形成与内地不同的精简、高效的行政管理机制。为了外商、侨商来汕投资得到更多方便，每一个投资项目从洽谈、签约、立项、批准到开业后的生产经营活动，都由特区经济发展局牵头管理。

与广东省内的深圳、珠海相比，汕头与港澳的距离最远。为了吸引港澳的投资者，特区管委会将劳务费控制在比深圳、珠海低 1/3 左右的水平，土地使用费、厂房租金等方面也相应降低标准。同时，特区保障外商的合法权益，尊重"三资"企业的自主权：外商在遵守国家有关法规和签约合同的前提下，有权选择自己熟悉的经营管理方式，可以自主安排生产和经营，自行筹措和使用资金，也可以自定工资标准、分配形式和奖惩制度，以及自行聘用或根据劳动合同辞退本厂员工等。1984 年 7 月、10 月，汕头经济特区管委会又两次发布有关进一步调整若干优惠政策的通知，即《关于转发〈关于进一步调整若干优惠政策的建议〉》的通知和《关于印发〈汕头经济特区投资优惠待遇补充规定的通知〉》，内容包括降低通用厂房收费标准，延长、放宽免征所得税时间，简化外籍及港澳客商出入境手续等，再一次给外商投资以更大的优惠。[2]

通过一系列的努力，汕头特区引进外资工作取得较好成绩。1980 年 11 月，汕头经济特区发展公司与香港正大国际投资公司合作兴办汕头地毯厂，成立了特区第一家中外合作企业；汕头经济特区管理委员会与国际石油化工（集团）有限公司签订了该公司独资在广澳湾兴建石油化工联合企业的项目的协议书，随后，奋成实业有限公司、溢兴实业有限公司、华益制品厂、汕荣家具厂、锦龙染织制衣有限公司、龙湖商场有限公司等一批批三资企业进驻汕头。1983 年 8 月 12 日，汕头特区管委会主任刘峰首次率团到香港考察和招商，并于 1984 年 6 月成立了汕头特区驻香港联络部。

---

[1] 苏东斌编：《中国经济特区史略》，第 273、274 页。
[2] 汕头市委党史研究室：《中国经济特区的建立与发展》（汕头卷），第 51 页。

1984年8月7日汕头特区3000吨级散装集装箱码头破土动工。到1984年底，已有18家外商在这里兴办出口加工企业。[1]

特区是窗口，是信息、资金、技术和先进管理经验的窗口，也是对内的窗口。特区是纽带，是国内、国外两种资源的纽带，是国内、国外两个市场的纽带。特区既要对外开放又要对内开放，既要"外引"又要"内联"。这是汕头发展外向型经济的一条宝贵经验。

二、特区农业的变革

纵观世界各国的经济特区，一般都是先办工业，没有办农业的先例，而汕头独开此先例。1981年12月第一批开设的特区自办国有企业中，就有汕头经济特区农业发展联合公司。为何选择开办特区农业的先例呢？

潮汕平原历来是我国有名的农业、水产基地，自然环境优越，气候温和，日照充足，雨量充沛，土地肥沃，是一个天然的大温室。海岸线长，深水渔场广阔，还有星罗棋布的水库、池塘、沟渠、河汊。这得天独厚的自然条件，使潮汕平原的生物资源十分丰富，可说是四时果蔬兼备、山珍海味俱全，不少名果、蔬菜、水产品早已闻名全国，饮誉东南亚及欧美各国。农业在潮汕的经济有如此重要的地位，特区办农业，当然是天经地义的事了。

要办好特区农业，不能继续采用国有农场的模式。我国传统的农业经营体制是典型的"产归产，销归销"模式，工农业部门只管生产，贸易部门只管销售，出口由外贸部门经营，内销由商业部门负责。特区农业发展联合公司一开始就想打破这种模式，努力在农业经营方面开创出一条包罗产销、多方发展的新路子。经过思索和讨论，他们明确了公司的经营方针：农、林、牧、副、渔综合经营，农工商、内外贸一条龙。企业性质不同于一般国有农场，更不是单纯的特区副食品基地。它是特区管委会直接领导下的一个特区企业，享有特区待遇，有进出口权，有部分人事权和经济独立权。公司的主要任务和经营范围是引进世界现代农业技术（种子及栽培），引进先进农业设备，引进外资，引进农业科学管理，为潮汕农业现代化、农村经济繁荣服务。在经营上要打破条条块块的行政领导，采取多种形式的经济联合，以促进潮汕农

---

[1] 苏东斌编：《中国经济特区史略》，第262页。

业现代化的进程。在这新思路指导下，他们在珠池的鱼塘建设中，池与池之间都留出一方土地，准备搞立体种养，建筑亭台楼阁，还建设海鲜酒楼、野味餐厅，建立旅游农业。这种新的模式无疑是对传统农业模式的一种挑战，堪称一场绿色的伟大变革。[1]

然而，新生事物在开始之初总是会遭到许多质疑，有人认为，特区是个地域概念，哪怕就紧挨着龙湖沟南侧的园艺场，也是在特区以外，不算区内企业，不能享受特区优惠待遇。加上特区办农业，没有先例，因此起初农业发展联合公司在优惠政策上一直没有得到上级的批准。然而，当时特区管委会不顾非议，顶着压力，在资金有限的情况下，拨给农业公司 100 万元作为开发农业区基础设施的投资资金，显示出对探索新型农业生产经营方式的极大支持。1984 年 11 月 29 日，国务院正式批准扩大汕头经济特区的区域范围，原汕头特区农业预留区全部划入特区范围内。从此，特区农业与工业一起，成为特区的支柱产业，名正言顺地享受到了特区的优惠政策。

1984 年 4 月 3 日至 5 日，广东特区农业发展战略讨论会在汕头经济特区龙湖宾馆召开。会议一致认为，特区办创汇农业是广东省经济特区的一个重大创举，它不仅对于中国，而且对于世界来说，也是件新事物。特区农业要有特区的政策，享受特区的优惠待遇；要为出口创汇，为特区建设和我国农业现代化服务，起"窗口"、"桥梁"、"实验田"的作用。[2]

汕头经济特区在创建阶段所创办的具有潮汕特色的先进农业，经过实践证明是对的。特区农业不断探索农业体制改革，努力发挥"窗口"、"龙头"作用；以广大潮汕农村为腹地，努力实现"三个服务，三个效益"：为潮汕农业现代化服务，为潮汕农业科学化服务，为潮汕农业经济发展服务；尽力讲求生态效益、社会效益、经济效益。其做法及经验引起了国内外的广泛关注。

---

[1] 杜经国：《艰辛的崛起——汕头特区创业十年》，第 71 页。
[2] 苏东斌编：《中国经济特区史略》，第 275 页。

第十四章
汕头经济特区快速发展（1985—1995）

1984年11月，汕头经济特区的面积扩大为52.6平方公里，开始从原来的出口加工区向综合性经济特区发展。1991年11月，汕头经济特区的范围第二次扩大，汕头获得了一个多功能城市综合发展的必备条件，进入了一个新的发展阶段。经过"八五"、"九五"期间的建设，汕头经济特区已发展成为以工业为主体，工、农（渔）、商贸、金融、旅游、交通运输和社会服务综合发展，科学技术、文化和教育事业相对进步，人民生活明显改善，社会主义物质文明和精神文明程度较高，城市功能比较配套、完善，外向型经济发展后劲充足，有侨乡特色的综合性外向型经济特区。

第一节　特区范围的两次调整

一、特区范围的第一次扩大

为了适应我国对外开放形势的需要，1984年11月29日，国务院正式批准对汕头经济特区的范围进行调整：龙湖片区由原来的1.6平方公里扩大为22.6平方公里，再加上汕头市区以南、达濠半岛东部30平方公里的广澳片区，汕头经济特区的面积扩大为52.6平方公里。

龙湖片区扩大后，西面与汕头市相连，北面是下蓬镇，南至汕头湾，东边以新津河为界与澄海县相望。区内地势平坦，利于城市的规划布局。新津河可作特区水源，汕头湾可建深水码头，而且区内大部分土地都是低产农田，利用这种土地进行特区建设，在潮汕这样人多地少的地方来说尤为合适。

范围扩大后的汕头经济特区，有了更为广阔的发展空间，开始从原来的出口加工区向以工业为主，出口农业、商业、金融、交通运输、旅游、房地产并举的综合性经济特区发展。近期的发展重点仍放在靠近市区、已有一定基础的龙湖片区，同时逐步创造条件，争取引进大工业项目来开发广澳片区。[1]

二、特区范围的第二次扩大

在邓小平南方讲话精神的鼓舞下，在江泽民、李鹏等中央领导的直接关怀下，继1984年底国务院将汕头特区范围扩大至52.6平方公里后，1991年4月6日，国务院批准将汕头经济特区范围从52.6平方公里扩大到汕头市区，总面积达234平方公里，包括整个汕头市区以及潮阳、澄海、南澳三个县，总面积超过了珠海和厦门。至此，汕头人民盼望已久的将整个市区划入经济特区发展的愿望终于实现了，这一愿望的实现也为汕头经济特区发展再创新优势提供了良好的环境。

在特区范围扩大的同时，中央对现行汕头市行政区划也相应地进行了调整。

第一，调整汕头市辖区行政区划。1991年9月14日，国家民政部报经国务院批准，同意将汕头市安平、同平、公园、金砂、达濠、郊区6个市辖区调整为龙湖、金园、升平、达濠4个市辖区。同时从发展外向型经济的需要出发，对各区原有的行政管理机构进行裁撤合并，尽量减少机构、层次和人员，新设立的4个市辖区的党政机构合计比原来减少100个，初步建立起与特区经济运行相适应的行政管理体制。

第二，变更潮汕地区行政区划。1991年12月，国务院批准调整潮汕地区行政区划，将原由汕头市管辖的潮汕地区8县1市（县级市）调整为汕头市、潮州市和揭阳市三个地级市。调整后的汕头市管辖潮阳、澄海、南澳3个县（市）和5个市辖区。[2]

汕头特区范围扩大后，特区的人口由原来的5.73万增加至85.64万，其中非农业人口57.86万，已达到大城市的人口规模，汕头在国内外的经济地位也相应提高。人

---

[1] 陈翱：《汕头经济特区史》，苏东斌编：《中国经济特区史略》，第269、270页。
[2] 汕头市委党史研究室编：《中国经济特区的建立与发展》（汕头卷），第150、151页。

均地区生产总值达到 3490 元，已接近中央提出的第二步战略目标所规定的小康水平（人均 GDP800 美元，按当时比价折算相当于人民币 4000 元）。[1]

第二节 综合性经济体系的建立

一、工业以外向型、劳动密集型的轻工业为基础，逐步转型

汕头经济特区面积扩大后，工业的发展面临新的选择：是办技术密集型、资本密集型工业，还是办劳动密集型工业？是办进口替代型工业还是办出口导向型工业？

经济特区作为对外开放的窗口，肩负着引进外资、先进技术和科学管理方法的任务。它的意义不仅在于特区自身，还在于对整个国民经济的促进作用。因此特区的工业应该向资本密集型和技术密集型发展，这是毫无疑问的。汕头特区在创办初期，主观上也力图办一些技术先进的、投资额大的项目。但由于交通设施严重滞后，水电供应不足，通讯落后，大项目往往谈不拢，因此只能从实际出发。在劳动力方面，汕头有绝对的优势。因此汕头充分发挥劳动力资源丰富的特点，从轻工业有一定的基础的实际出发，发展劳动密集型轻工业。

办进口替代型工业，还是办出口导向型工业，也要根据实际情况来定。发展进口替代型工业必须有强大的国内市场做后盾。而当时我国人民生活水平很低，对高档消费品的需求很少。如果办进口替代型工业，企业生产的产品在国内很难打开销路，就会影响企业的效益和生存。出口导向型发展战略以国际市场为目标市场，其优势在于能增加出口，解决外汇短缺的问题。分析当时汕头经济特区的实际情况，正确的选择应该是先发展出口导向型工业。

从 1985 年至 1995 年，汕头经济特区的工业获得了很大的发展。1985 年，全区的工业总产值为 4475 万元，1995 年为 367 亿元。[2] 在产业结构上，汕头经济特区选择电子、食品、轻纺、服装、医药、陶瓷、塑料、玩具、钟表、精细化工等劳动密集型的轻工业为主要行业。在投资构成上，三资企业占了较大比例。这些劳动密集型的行

---

[1] 苏东斌编：《中国经济特区史略》，第 271 页。
[2] 汕头市统计局编：《汕头市统计年鉴（1985）》《汕头市统计年鉴（1995）》，统计出版社。

业，尤其是服装行业，其辐射面冲出了潮汕地区，与浙江、江苏、湖北、福建等地的原料产地直接合作，生产高级丝绸服装，外销国际市场。1990年，仅服装行业的出口值就达到1亿美元，从而促进了我国内地的丝绸行业的振兴。

进入20世纪90年代之后，世界掀起了以计算机为中心的第三次产业革命，传统的工业社会已经逐步向信息社会转变。科学技术已经融入了经济生活，技术水平的高低成为经济实力强弱的标志。随着世界经济竞争格局的改变，经济特区的产业也逐步开始转型，由传统的劳动密集型加工业逐步转向以先进工业为主，重点发展高新技术产业。

汕头在转型过程中，将高新技术引入传统优势产业，提升原有产业的素质，在全市主要的行业中，重点培养并建立起了若干家能推动本行业发展的高新技术骨干企业。1990年创立的岭海电脑技术应用开发公司，经过艰苦创业，从开发单一的"奥卡"绣花电脑打版系统，发展到"奥卡"印花、"奥卡"绒绣、"奥卡"测色、配色系统，初步形成了在纺织服装行业广泛使用的电脑新工艺，使产品的数量和质量大大提高，并把电脑的应用系列向广告领域、通讯领域发展；1984年成立的汕头海洋集团公司，经过一番艰苦创业，形成了以石油化工合成树脂产业为主体的，由石油化工原材料工业和其下游产业的树脂加工、精细化工、生物化工等聚合效应较强的产业所组成的集团式企业；以电子技术开发为核心的汕头超声企业集团，是汕头特区最早成立研发机构的一家高新技术产业。超声集团以超声电子工程技术开发为基础，依靠厂内外的技术力量，以行业的技术制高点为突破口，使科研成果很快地转化为生产力，并在保持和发展超声仪器这个拳头产品的同时，开发和生产多层电路印刷板、液晶显示器、笔式输入电脑等高科技产品，从使该企业的经济效益和社会效益年年跃上新台阶。

二、特区创汇农业成为对外经济重要支柱

汕头经济特区在创办之初，就提出兴办特区农业的思路，尽管开始时遭到种种质疑，也出现了各种困难，然而实践证明，兴办特色农业，尤其是外向型的创汇农业的路子是正确的。

汕头经济特区采取有效的创汇举措，使得农业得到了迅猛发展。据统计，从1984年到1991年，特区的农业出口创汇达到11.4亿美元，仅1991年就达到1.9亿美元，

比1984年增长1.4倍。[1]农业出口创汇已成为汕头对外经济贸易的重要支柱和促进汕头农村经济持续增长的强大推动力。广大农民正逐步从"温饱型"向"小康型"的目标迈进。

1991年初，汕头市委、市政府根据近几年创汇农业的发展，在总结群众实践经验、征求专家学者意见的基础上举行了研讨会，提出通过推进集团经营、发展大商品经济、并制订相应发展战略，力求在更高层次上发展规模更高水平的创汇农业。

1985年8月1日，汕头经济特区水产开发公司和汕头市一些有关水产养殖的单位联合成立了"汕头经济特区水产养鳗联合发展公司"（简称"鳗联"），通过利用外资，引进先进技术设备，联合农民创办了养鳗鱼场，建立了烤鳗鱼厂、纸箱厂、种苗公司和鳗鱼养殖技术研究所等等。到1990年，已经发展成了一个贸、工、农、技相结合的企业集团。随着养鳗产业的发展，全市已经改变过去鳗鱼苗出口、单纯卖资源的落后状况，全市禁止鳗鱼苗出口，全部自养，加工后出口，比单纯卖资源增值几十倍。鳗联公司自成立到1992年，已出口创汇1亿美元，成为汕头特区农业创汇大户。[2]

1983年，汕头市"虾联"成立。虾联自成立到1991年，实际利用外资953万美元，开发了速冻对虾和梭子蟹肉罐头两个拳头产品，以及沙尖鱼片和花蛤等一批名优产品，产品全部出口，远销美国、日本、西欧等十几个国家和地区；并建立对虾培苗室、饮料厂、加工厂和汽车运输队等一系列配套服务。汕头市"鳗联"、"虾联"等一大批集团性经营的企业，开阔了人们的视野，启迪了人们的思路。

汕头经济特区农业以国际市场为导向，实现了三个转变：由出口原材料向出口加工制成品转变；由初加工产品向精加工产品转变；由粗、劣、大包装向精、美、小包装转变。初步形成了以汕头经济特区为龙头、以潮汕平原为腹地，种养、加工、出口一条龙的新型创汇农业生产体系。

三、第三产业相对滞后

汕头经济特区自1981年创办以来，第三产业有一定程度的发展，其增加值在GDP中的比重约为三分之一强。但与其他四个经济特区相比较，汕头特区的第三产

---

[1] 汕头市委党史研究室编：《中国经济特区的建立与发展》（汕头卷），第90页。
[2] 同上，第88页。

业在 GDP 中的比重是最低的，发展速度也较慢，第三产业发展还存在许多问题。

首先，汕头的第三产业的比重严重偏低，不适应第三次产业协调发展的要求和战略目标的需求。汕头 1991 年第三产业仅占 GDP 的 21.55%，从事第三产业的人数比重为 38.80%，仅相当于低收入国家水平。较多的劳动力沉淀在第一、二产业上，无法向第三产业转移，这对汕头发展成综合性经济特区的目标是极为不利的。

其次，第三产业发展的结构不合理，成为经济发展中的"瓶颈"。在交通运输方面的矛盾尤为突出：铁路运输几乎为零。铁路运输因为运量大、速度快、成本低而成为多数国家大力发展的基础性行业，而广梅汕铁路尚在修建之中，且只是一段二级铁路，远不能满足潮汕地区经济发展的要求。此外，水路运输的供求矛盾也很突出。汕头港没有万吨级深水泊位，万吨轮无法自由进港，港口货物吞吐量低，货物压港的现象严重。

除了交通运输方面的矛盾外，社会服务体系的落后和不健全也制约着特区经济的发展，远未形成适应市场经济发展要求的多层次、多渠道的综合服务体系。与科技进步相关的科学研究与综合技术服务业在第三产业中的占比尚不足 1%，信息、咨询、广告业和计算机应用服务业占比更低；教育发展比较落后，整个粤东地区仅有一所规模较小的、年轻的汕头大学，中专 9 所，技工学校 2 所，高等职业教育也很薄弱，这不利于特区工业由劳动密集型转向技术密集型。[1]

第三，第三产业发展呈现区域性的不均衡，所有制结构单一。根据汕头市 1992 年第三产业普查的结果，龙湖区是第三产业最发达的地区，以 10.92% 的人口、10.17% 的第三产业从业人员创造出 16.20% 的第三产业增加值，而经济发展水平较落后的达濠区其第三产业也较落后，人口占 17.65%，第三产业从业人员比例却仅有 5.42%，创造的第三产业增加值仅占 2.26%，不同区域的差异很大。从事第三产业的经济类型，主要是国有（全民所有制）企事业单位，所提供的增加值占据了第三产业的大片江山，成为举足轻重、占据 70% 绝对优势的经济类型。个体经济、股份、外商投资、台港澳投资和其他经济类型规模不大，比重很小。公有制经济占有绝对垄断地位，不利于形成良性的市场竞争，第三产业也难以在充分竞争的市场环境下优胜劣汰、发展提高。[2]

---

[1] 苏东斌编：《中国经济特区史略》，第 277、278 页。
[2] 何佳声、刘锦庭、方宁生：《迈向新世纪的汕头经济特区》，湖北人民出版社，第 70 页、77 页。

第三节 深化改革，扩大开放

一、设立汕头保税区

为了进一步提高开放度，在国家新的对外开放格局中继续保持最高层次的开放地位，汕头市委、市政府决定创办保税区，促进汕头外向型经济上新的台阶。保税区是当今最高层次的开放区，是特区中的特区，实行的是某些自由港的政策。1993年1月11日，经国务院批准，汕头经济特区保税区正式设立，成为当时国家批准设立的13个保税区之一。同年12月22日，保税区监管设施经海关总署验收合格，正式开关运作。

汕头经济特区保税区是由海关监管的封闭式综合性对外开放区域，位于汕头市南区达濠半岛东南部，面积2.34平方公里，东濒南海后江湾，西依溪头村虎空山，南连广澳深水港，北靠广澳溪头村。这里依山傍海，具有优良的港湾条件和地缘条件，便于实施封闭管理。濒临西太平洋国际主要航线，距香港179海里，距台湾高雄180海里。拥有良好的投资硬环境，电信发达，交通方便，海陆空综合配套。汕头港与40多个国家（地区）160多个港口以及国内各大港口都有货运往来，3万吨级货轮可直接在距保税区仅500米的保税区专用码头——"广澳深水港"靠岸停泊；陆运有高速公路南连广州和深圳，324国道东接厦门，广梅汕铁路以汕头为始发站，在龙川县与京九线接轨；空运方面已开通40多条国际、国内航线。保税区内已经完成"五通一平"工程，绿化覆盖率达到36.5%，有42万平方米的工业厂房、仓库、堆场和写字楼可供租购。[1]

保税区的发展，严格按照国务院关于设立汕头经济特区保税区的精神，充分利用汕头特区的港口优势，综合发展转口贸易、仓储运输和为出口服务的加工业，以及金融、信息、保险业，经过若干年的努力，把保税区建设成为一个以国际贸易为龙头，以仓储运输、出口加工和金融信息第三产业为基础的综合型保税区，并将第三产业作为保税区发展的主导产业。保税区与汕头高新技术产业开发区遥相呼应，将有效地推动汕头产业结构的调整和升级换代，加快汕头现代化建设的步伐。汕头经济特区保税区自批准设立之日起，就受到海内外客商的广泛关注，成为客商投资新热点。[2]

---

[1] 苏东斌编：《中国经济特区史略》，第285页。
[2] 汕头保税区网站：http://www.stftz.gov.cn。

二、设立汕头高新技术园区

当今世界经济发达的国家都把发展高新技术产业作为经济发展的主攻方向。汕头市能否发展起一批高新技术产业群,是汕头加速现代化建设步伐,尽早实现现代化的关键。汕头市第六次党代会明确提出:要把高新技术产业开发区作为汕头重点发展的三大开放区域之一。早在1991年6月15日召开的汕头市高新技术产业工作会议上,中共汕头市委就提出创办汕头高新技术产业开发区的构想。1992年4月,市政府决定设立汕头高新技术产业开发区,作为高新技术及其产品研究、开发、测试、生产和经营的综合性基地,并组建领导机构,开始筹建工作。1993年7月,广东省人民政府批准汕头高新技术产业开发区为省级开发区。10月,东片开发区正式破土动工,进入实质性建设阶段。[1]

1997年9月汕头市发布政府令,赋予高新区管委会行使市一级管理权限。全区总面积约4平方公里。分为东西两片区。东片区位于龙湖区与金园区交界处,是汕头特区城市的中心地带,占地1平方公里,南面靠近汕头市深水港码头和国际集装箱码头,东靠324国道,距汕头机场仅8公里,距铁路总站才2公里。东片区作为起步区,分为综合、工业厂房和生活等三个小区。西片区地处桑浦山下汕头大学的西南侧,占地3平方公里,东连汕头港出海口,西接潮汕国际机场,海陆空交通十分方便。此外,还在汕头市南区的达濠、河浦兴建了两个科技园,面积共1.8平方公里。2002年被市政府列为特惠投资区,享受与高新区同等的优惠政策。[2]

汕头高新技术产业开发区按照"实现高科技产业化、促进汕头经济腾飞,把开发区建设成为一个文明、美丽、高新科技功能齐全、产业群带明显、能参与国际竞争的外向型综合性高科技园区"的发展战略目标,把电子信息技术、光机电一体化、新型材料、精细化工、新能源和高效节能技术、生物工程技术以及其他能带动汕头市传统产业更新换代和创汇节汇的高新技术作为其重点发展领域,同时确立三个战略产业群带。第一产业群带包括电子工业、精密医疗器械、自动化机械等;第二产业群带包括海洋化工、生物工程等;第三产业群带包括信息工程、能源、高效节能原材料等。

---

[1] 中共汕头市委党史研究室编:《中国经济特区的建立与发展》(汕头卷),第160页。
[2] 汕头高新技术开发区网站:http://www.swatow.gov.cn/yqgk_fzgk.htm。

第十五章
汕头经济特区发展遭遇挫折（1996—2000）

20世纪90年代中期，汕头的经济发展遭遇了前所未有的困难。首先是东南亚金融危机使汕头的外贸遭到重创，直接影响了经济社会的发展。同时，社会信用的迷失、地方金融危机的爆发严重损害了汕头的对外形象和对外信誉，极大地妨碍了社会生产力的发展。曾经繁荣的汕头经济在种种风波中走向了关乎存亡的危险时刻。

第一节 东南亚金融危机的影响

1997年7月2日，泰国宣布放弃固定汇率制，实行浮动汇率制，引发了一场遍及东南亚的金融风暴。当天，泰铢兑换美元的汇率下降了17%，外汇及其他金融市场一片混乱。汕头经济具有外向度高的特点，改革开放以来，全市利用外资的90%以上来自亚洲国家和地区；出口的货物85%以上直接销往亚洲国家和地区，或经这些国家和地区转口；全市引进的"三资"、"三来一补"企业中95%以上来自亚洲国家和地区。[1] 汕头市几乎与所有亚洲国家和地区有经贸往来关系，亚洲金融危机的爆发直接影响汕头市经济社会的发展。

一、外贸出口面临挑战

东南亚是汕头外贸出口的重要地区之一，金融危机爆发后，汕头对东南亚市场的

---

[1] 王良源：《亚洲金融危机对汕头的影响及对策》，《特区经济》1998年7月25日，第55页。

出口急剧下降，大部分产品对该市场的出口几乎停顿。老的订单遭遇客户的压价要求，令出口公司无法接受，新订单也一般为补货性质。如汕头市土畜产品进出口公司出口东南亚的传统产品鸡毛掸子、麻绳、香粉等，1998年1、2月基本停顿下来，该公司仅此一项就损失803万美元。而一直以东南亚为主要出口市场的汕头市机械进出口公司1998年1月的出口额比1997年同期锐减50%多。该公司出口印尼的传统产品——船用滑轮的出口额也由1996年的70万美元滑落至1997年的20万美元，1998年第一季度该产品的出口更陷于停滞，没有一笔订单。[1]

东南亚地区货币的贬值，使得其出口商品价格大幅降低，价格竞争力大大提高，成为我国同类商品的有力竞争对手。除了部分的高新技术产业由于技术优势所受冲击较小外，汕头市许多出口欧美的传统优势产品均受到了不同程度的影响。汕头市的主要出口产品中，在国际市场上与东南亚互相竞争的主要有纺织、玩具、鞋帽等产品，在这些产品的欧美、中东等市场中，许多代理客户持原有订单向出口公司要求降价，致使原出口合同无法履行，让汕头的出口厂商纷纷陷入困境。

随着金融危机的进一步发展，在欧美市场上，由于贸易保护主义抬头，特别是国外对华反倾销诉讼案件频发，对我国大宗商品出口产生了较大的影响。汕头市虽然涉及的产品数量和金额不大，但受贸易保护主义势头的影响，欧美外贸市场的开拓显得举步维艰。

受这些因素的影响，汕头的对外贸易在1998—2000年连续三年内都持续下滑，整个外贸的形势十分艰难。

二、利用外资形势严峻

一般来说，新批外商投资项目，外商投入的资金大约在签约一至二年后才会陆续投入。虽然汕头市1997年实际利用外资达到历史高峰10.11亿美元，但批准的外商直接投资项目及合同利用外资金额却比上年有较大幅度的下降，1998年2月份情况则更差，几乎没有新批外商直接投资项目。

汕头市吸收的外资主要来自中国香港、东南亚及日本、韩国、中国台湾等亚洲国家及地区。亚洲金融危机加大了来自上述国家和地区的"三资"、"三来一补"企业的

---

[1] 李升高：《亚洲金融危机对汕头外经贸的影响及对策》，《对外经贸实务》1998年6月，第37、38页。

资金缺口，使得企业原有项目的升级转化难以持续、增资能力下降。货币的贬值，股票市场的崩溃，致使相当一部分来汕投资的海外著名华人财团的上市资产大幅度缩小，经济实力受影响，进而影响其投资进程。

此外，亚洲金融危机使欧、美、日等地的投资者对亚洲地区国家投资信心减弱，为了扭转局面，危机国家纷纷出台招商引资新举措，同我国在吸引外资方面进行竞争。而相比较而言，汕头在优化投资环境、加大对外商投资企业的优惠待遇方面还存在一些不尽如人意的方面，影响了引进外资的进程。

随着亚洲金融危机的影响逐步加深，汕头经济增长的步伐减慢下来，市场持续疲软，有效需求不足，与此同时，在进一步深化改革和社会转型中所隐藏的许多经济和社会发展中存在的深层次问题也逐渐显露出来。

第二节　遭遇信用危机

商贸素来是汕头的传统优势，从近代开埠之后，汕头繁荣的商业曾经一度极大地推动了生产力的发展，同时也促进了信用的滋长。"诚实待人，诚信为本"渐渐构成了潮汕人安身立命、成就事业的根本法则。历史的积淀、文化的储备和信用条件为潮汕地区经济社会的长时期发展奠定了基础。

汕头经济特区创立之初，由于得益于国家的优惠政策，加上特区人的奋力拼搏和聪明才智，特区得以快速发展，但随着我国经济体制由计划经济向市场经济转变、经济增长方式从粗放型经济向集约型经济转变，特区优惠政策在弱化，汕头经济特区的一些地方、一些人为了金钱和财富，开始迷失方向，渐渐把诚信经营的商业守则抛诸脑后，甚至不惜铤而走险，走上违法犯罪的道路，最终导致在一些地方信用迷失的事件发生。

一、信用迷失

这个在历史上曾经创造过辉煌的商业文化、处于改革开放前沿、在特区建设发展中又率先树立信用新理念、被称为"海滨邹鲁"的潮汕地区，在 20 世纪 90 年代，出现了严重的经济秩序和社会秩序混乱，使该地区的产品信用、市场信用、经济信用、乃至道德信用和总体的社会信用受到极大的破坏，严重损害了它的对外形象和对外信誉，具体表现为：

（一）逃税骗税，使潮汕地区信用严重受损

亚洲金融危机的爆发，对我国的经济产生了重大的负面影响，为了促进外贸出口的恢复，推动国民经济的持续增长，1998年以来，国家在实施积极的财政政策、扩大内需的同时，较大幅度地提高了商品的出口退税率。高额退税，在有些人眼里成为极具吸引力的诱饵，侵吞国家财富的不法念头开始滋生。一时间，骗取出口退税在当地迅速"流行"，愈演愈烈。从开办"三无"虚假公司，到虚开增值税发票，到伪造海关的"出口货物报关单Ⅰ"、外汇管理部门的"出口收汇核销单"，到最后的"洗黑钱"，犯罪分子形成了骗取出口退税"一条龙"作业。这种骗取出口退税的违法犯罪活动曾波及全国十几个省，影响了大半个中国，对全国的市场经济秩序造成极大的负面影响。全国曾有19个省（市）发文要求企业不跟潮汕地区做生意，有业务来往的企业，也互相猜疑，如履薄冰，交易行为倒退到"一手交钱、一手交货"的原始状态。严重的出口骗税犯罪活动，使潮汕地区的信用降到了历史最低水平。

（二）制假售假，使"潮货"面对严重信誉危机

改革开放初期，潮阳市峡山镇一度是中国南北两大走私品集散地之一，该镇被查获盗版VCD生产线的事件曾一度成为海内外媒体关注的热点。更为严重的是，2000年初，省市有关部门在联合打假中，竟然查出汕头保税区内的制假烟窝点，引起传媒和社会的广泛关注，因为制假售假，"潮货"在国内受到抵制。一些城市的商业街还挂出"此地无潮货"、"本店不卖潮货"的牌子以求与"潮货"划清界限。不仅"潮货"被某些人视为假冒伪劣商品的同义词，甚至连潮汕商人的人格、道德水准也受到怀疑，他们被一些人视为"坑蒙拐骗"的代名词。

（三）利用"六合彩"赌博，使民风遭受冲击

为了迎合一些人头脑发热、不劳而获、梦想一夜暴富的心理，一些潮汕人将香港六合彩进行改造，变化出种类繁多的外围赌博方式。较高的投机比率和不法庄家印发的"玄机报"，使许多不明真相的群众陷入其中上当受骗。地下赌博业的盛行，严重荼毒了潮汕地区的民风，犹如毒品一般。在潮汕一些地方，出现了农民不耕种、学生不上学、商场不营业、工人不做工、男女老少齐上阵赌六合彩的景象。由于赌博，许多人废耕弃业，导致田园荒芜，有的甚至弄得倾家荡产，负债累累，致使社会信用文化深受摧残，社会风气深受毒害，社会生产力受到极大破坏。

（四）恶意逃废债务，经济陷入恶性循环

一些企业"重合同守信用"的观念荡然无存，有意逃废债务，贷款久拖不还。有的人甚至耍赖皮说："早知道借钱要还，我就不借钱了。"一些重点工程引进外资，做出的承诺违背客观规律和国家有关政策，无法履行、兑现，失信于外商。某些地区恶意逃废债务严重，酿成了地方金融风险，并引发严重的财政危机。

（五）党风政风不正，民心涣散

俗话说得好，"火车跑得快，全靠车头带"。作为一方父母官，只有克己为公、全心全意为人民才能为地方的建设发展谋福利。20世纪90年代，曾有人如此评价：在潮汕地区没有容易办的事情，也没有办不了的事情。部分党员干部腐败和风气不好的问题可见一斑。一些机关风气不正，工作效率不高，严重损害了投资软环境；有些行业、机关"四难"（门难进、脸难看、话难听、事难办）现象严重，管理和执法人员利用手中权力"吃、拿、卡、要"，严重影响了外商、华侨和港澳台同胞来汕投资的积极性。由于风气不好，令广大干部群众的积极性调动不起来，民心、侨心涣散，党和政府的信誉和形象受到了严重损害，而汕头作为经济特区也无法发挥其窗口的作用。[1]

二、地方金融危机

在汕头进入"九五"计划期间，1998年是一个明显的分水岭。1998年之前的两年，虽然有亚洲金融危机、走私制假、特区政策优势淡化等等不利于经济发展的因素存在，使得汕头的经济增长减缓，但仍然能维持15%以上的高速度；而1998年之后的两年多时间里，汕头的经济增长不仅速度骤降，而且连平衡都难以保持了。

导致汕头经济迅速跌入低谷的导火索，或许是发生在1999年7月的汕头市商业银行"挤提风波"，由此引发的一系列地区性的金融腐败案件，使汕头的经济几乎陷

---

[1] 谢名家：《信用：现代化的生命线——汕头实践与中国社会信用建设》，人民出版社2002年版，第177—178页。

入崩溃的边缘。

1997年7月1日,经中国人民银行批准,汕头市13家城市信用社合并为汕头市商业银行,高达80亿元的资产、多达50多个的营业网点、特殊的政府背景曾经让汕头市商业银行在汕头金融行业令人侧目。但是该行在1998年开始出现支付危机并最终于1999年爆发了"挤提风波",该风波使这家地方商业银行陷入半关门状态。2001年中国人民银行勒令汕商行全面停业整顿。巨大的债务问题使得后续的重组也未能成功。2004年汕头市商业银行终因无法向私人储户偿付15亿元人民币的债务,无法回收资金高达40多亿元,严重资不抵债而宣告破产。[1]

汕头市商业银行案对这座城市的影响不啻于一次地方金融危机。众所周知,金融是经济的血液,许多企业老板纷纷抱怨:"退税退不了,钱又取不出来,支付成本都成问题,我们拿什么扩大再生产?"

信用的缺失导致整个汕头经济发展严重受挫,据统计,2000年汕头有454家企业搬离,相当于前五年的累计数量。"九五"期间汕头的经济增长速度逐年递减,GDP增长从1996年的16.04%下滑到2000年的7.3%,低于全国、全省平均水平。2000年的人均GDP仅是全省平均水平的81%,仅相当于1991年的水平,处于10年来的低谷。2001年更是出现了18年来第一次负增长,是全省唯一GDP负增长的地级市。

曾经以"楼船万国,百载商埠"饮誉海内外的汕头在信用迷失的种种风波中走向了生死的边缘。

---

[1] 《汕头"反腐一号工程"迫商行问题冰山浮出》,http://finance.sina.com.cn/roll/20031114/1735520046.shtml。林海莘、林琳:《汕头将加大力度清收商业银行资产》,《汕头日报》2003年10月26日。

第十六章
艰难中奋起、再创优势阶段（2001—2009）

新世纪伊始，为了重振汕头昔日的繁荣，汕头市委、市政府根据广东省委、省政府在汕头现场办公会上做出的"整治市场秩序和整治社会秩序"的决策，在全市范围内启动了"新世纪的生命工程"，运用多项措施重建信用，重塑汕头的形象。通过一轮对市场和社会秩序的严肃整顿和治理，汕头从信用缺失跃进到率先在国内建成比较规范的信用体系，经济在2002年逐渐复苏，汕头的春天开始重新来临。

第一节　重建信用、重塑形象

2000年1月17日，国家税务总局发出了《关于严格加强广东省潮汕地区购进出口货物退（免）税管理的通知》，把粤东四市列入"问题市名单"；全国先后有19个省市专门发了通知，要求不跟潮汕地区的企业做生意。鉴于潮汕地区存在严重骗税活动，2000年8月，党中央、国务院派出300多人的工作组开赴广东省的潮阳、普宁两市，查处骗税案件。潮汕地区骗取出口退税的犯罪活动猖獗，成为全国骗取出口退税的源头，对全国的市场经济秩序造成很大的负面影响。如果不进行严肃有效的整治，重新塑造汕头的信用体系和城市形象，国民经济的健康和正常秩序必将遭受严重侵害，国家、企业和人民群众的利益必将遭受重大损失，也必将造成投资环境恶化，改革开放和建立特区所取得的成果可能会丧失殆尽。

一、整治市场经济秩序的决策

20世纪90年代中后期所出现的市场经济秩序混乱的局面,引起了党中央、国务院和广东省委、省政府的高度关注。为解决粤东经济秩序、社会秩序存在的突出问题,2001年2月26至27日,广东省委、省政府在汕头召开现场办公会,时任中共中央政治局委员、广东省委书记的李长春亲自主持会议,专题部署整治汕头以及粤东地区市场秩序和社会秩序的问题(简称"两大整治")。会议要求汕头及粤东地区,要集中力量、集中时间,采取坚决有力的措施和多管齐下的办法整治市场经济秩序,力争用一年左右的时间有效遏制突出问题,再经过若干年的努力,建立起比较规范的市场经济秩序和社会秩序。[1]

这次会议是在汕头经济社会发展的关键时刻召开的一次极其重要的会议,具有战略性、方向性的意义,不仅部署了整治经济社会秩序的工作,而且把"两大整治"与重建信用结合起来,为汕头和粤东地区的发展指明了方向,标志着汕头的现代化建设将由此进入一个新的阶段。

二、两大整治的实施

在广东省委、省政府在汕头现场办公会上做出整治市场秩序和整治社会秩序的决策后,汕头市委、市政府则以明确的态度和坚定的决心,把理性的决策进一步具体化,在全市范围内启动了"新世纪的生命工程",运用多项措施重建信用,重塑汕头的形象。

(一)深刻反思,积极动员,制订方案

广东省委、省政府汕头现场办公会一结束,汕头市委先后召开了多次会议,统一全市上下的思想认识,消除部分干部的不良情绪。在有10万人参加的开展"两大整治"动员大会上,时任市委副书记、市长的李春洪面对现实,提出用半年左右时间在全市开展市场秩序、社会秩序大整治,并发出"整治"誓言:"这次整治,我们是下

---

[1] 黄进雄、苏伟钿、洪悦浩:《汕头信用建设纪实》,《汕头日报》2002年5月13日。

了最大决心的,决不文过饰非,是要真刀真枪干,扎扎实实整出成效。"[1]为确保整治行动和"严打斗争"的措施落到实处,汕头市委、市政府成立了整治市场秩序、社会秩序领导小组及工作机构,研究制订了《关于整治市场秩序社会秩序行动方案》,明确了整治的指导思想、总体目标、工作重点、工作步骤和工作措施。同时,成立了打击骗取出口退税、打假、打击逃废金融债务、查处经济违纪违法重点案件、清理盘活资产存量、整治建筑市场招标投标等六个整治市场秩序专项行动小组和整治社会治安秩序专项行动小组,并制订了各行动小组的具体工作方案。

(二)把握契机,广泛宣传,增强信心

2001年3月23日,新任市委书记李统书到汕头履职。他深入到各区县(市)和企业、机关开展调研活动,广泛听取各方意见,集思广益,与各地各部门的干部共同研究抓整治促发展的思路和措施,重点督促潮阳市加快整治步伐。通过体察民情、听取民意、集中民智,逐渐形成新的决策思路。2001年5月16日,李统书代表市委常委会作了题为"'重建信用、重塑形象'是新世纪汕头的生命工程"的讲话,郑重提出全面推动"重建信用、重塑形象"生命工程的决策。市委、市政府通过及时、广泛的宣传和多方的沟通,使实施"生命工程"的决策得到了广大人民群众的拥护和支持,并为彻底解决汕头经济社会秩序混乱的问题提供了一条全新的思路。

(三)重拳出击,严厉惩处各种违法犯罪活动

以铁的手腕严厉惩治各种违法犯罪,是摘掉破坏经济社会秩序各种"毒瘤"和打破僵局、扭转颓势的突破口。

首先,全市深入开展严厉打击骗取出口退税、走私贩私、逃汇骗汇等的专项斗争,重拳打击虚开增值税发票、骗取出口退税作案团伙;其次,认真组织严厉打击制造假冒伪劣商品犯罪活动的联合行动,全力开展清查,特别是查处群众反映强烈、涉及人体健康和人身、财产安全的假冒伪劣商品;三是整顿金融秩序,开展打击逃废金融债务专项行动,加大力度追收到逾期贷款,严肃查处金融机构违法违规经营活动,依法严惩金融"蛀虫"。与此同时,大力整顿和规范市场主体行为,取缔无资金、无

---

[1] 李春洪:《在汕头市整治市场秩序社会秩序动员大会上的讲话》,谢名家编:《信用:现代化的生命线——汕头实践与中国社会信用建设》,第456页。

场地、无设备的"三无"企业和无牌照经营活动,严厉查处企业和中介组织做假账、隐匿收入、出具虚假资信证明等不法行为;整顿和规范建筑市场招投标秩序,严厉查处各种不正当竞争行为,努力维护市场公平竞争秩序;大力整治社会秩序,维护社会政治稳定,特别是对民愤极大、严重影响社会稳定的"双抢"、暴力犯罪、流氓恶势力和带黑社会性质的团伙等各种刑事犯罪活动进行狠狠打击;严厉打击利用"六合彩"赌博等犯罪活动。

在打击犯罪的同时,追究相关领导责任的行动也同时进行。对涉及有关案件的乡镇领导和有关部门负责人,也作出严肃的查处;查处汕头保税区内制假香烟案件中对失察、失管的汕头保税区有关领导分别给予党纪、政纪处分,同时责令汕头保税区管委会主要领导作出深刻检讨,并在全市进行通报批评。对涉及典型案件的有关领导和责任人的查处,在一定程度上撕破了违法犯罪活动的保护伞和关系网,保证了"两大整治"的顺利开展。

三、全面推进社会信用体系建设

人无信不立,业无信不存,社会无信则乱。没有信用,就没有秩序,市场经济就不能健康发展,汕头市的决策层深刻认识到这一点。虽然"两大整治"已取得了阶段性成果,但仅靠一时的整治并不能从根本上解决问题,要使社会经济有序健康地发展,必须依靠完备的社会信用体系。于是,汕头市委、市政府开始着力推动社会信用体系建设。

(一)在全社会进行诚实守信的道德教育

汕头市党政领导在全社会广泛开展信用意识、信用观念、信用道德的宣传教育活动,强化信用观念,发挥新闻媒体的作用,以案说法,讲案学法,对干部群众进行遵纪守法、诚实守信的教育,从深层次上唤起公众对信用的重视。2001年5月29日,汕头市各界代表联合发起隆重的《信用宣言》签名仪式。同年6月13日,潮阳两镇纺织服装协会的200多名企业家发出信用倡议:"守信光荣,失信可耻。"2002年1月,汕头市精神文明建设委员会根据《公民道德建设实施纲要》的要求,制订颁布了《汕头市民信用公约》,规范了个人的修养、人与人之间的诚实守信及对家庭、社会的责任和承诺。[1]

---

[1] 谢名家编:《信用:现代化的生命线——汕头实践与中国社会信用建设》,第396页。

（二）信用建设，政府先行

地方政府是推进区域性信用建设的主体。政府信用不仅对整个社会信用起到引导和示范作用，而且是全社会信用的基础和源头。对广大公民而言，一个讲信用的政府，就是一个负责任、可信赖的政府。因此，通过行政体制改革寻求信用问题的解决是治本之策。从 2001 年以来，围绕信用体系建设，汕头采取了一系列的措施，积极地深化行政体制改革。这些措施主要有：进行行政审批制度改革，提高效率，强化问责；进行财政制度改革，实行透明理财；加强专项资金管理；深化干部人事制度改革，为信用体系建设打好人才基础等。[1]

（三）深化国企改革，充分发挥企业在信用体系建设中的主体作用

企业是市场的主体，也是信用建设的主体。深化企业改革，有助于规范企业经济行为，提高企业经营管理水平和自我约束的能力，从而为信用体系建设奠定一个良好的基础。汕头市把建立现代企业制度作为深化企业改革的一项重要内容来抓，先后引导了一批重要的企业进行股份制改造，通过合作、改组、兼并、出让产权、解散和破产等多种形式，放开搞活一批企业，并且在改制过程中，加强国有资产管理，抓好国有资产授权经营。同时，积极培育、扶持发展一批具有国际竞争力的企业和企业集团成为行业龙头，提高企业的核心竞争力。为了促进民营企业快速健康发展，政府还积极引导民营企业端正发展理念，坚持在守法经营致富后，利用资本积累兴办实业，合理扩张。政府还通过努力，不断完善企业职工的失业、养老、医疗、工伤和生育保险等各项社会保障制度。

（四）运用新技术手段完善社会信用的约束、处罚和监督机制

社会信用迷失现象之所以如此严重，与失信成本过低密切相关。因此，建立对失信行为的约束、惩罚和监督机制，增加失信成本，是信用体系建设的一项重要内容。

2002 年 4 月 1 日，汕头信用网开始试运行。信用网规定，凡在汕头市开展经济活动的企业，如存在走私贩私、套汇骗汇、偷税漏税、制假售假、恶意逃废债务、利用合同诈骗等违法行为，以及存在因违法被吊销营业执照或遭到较大数额处罚等情况，都将被锁入信用网的"不良行为记录管理系统"。与此同时，彻底清理违法失信行业，

---

[1] 谢名家编：《信用：现代化的生命线——汕头实践与中国社会信用建设》，第 280—284 页。

严格市场准入制度,将大量名存实亡及部分严重违法违规企业清除出市场;充分发挥商会、行业协会等组织的作用,教育、监督、约束企业自觉守信。此外,在全社会建立有效的信用监督和舆论监督机制。近年来,汕头市在建立有效的监督机制方面做出了不懈的努力。在建章立制的同时,设置了"两大整治"举报电话、举报箱,开通了"书记热线"、"市长专线"、"人大代表直通车"等等,各级政府职能部门也通过述职、信访和接待日等多种形式,接受有关部门及人民群众的监督。[1]

(五)完善法律体系,严格执法力度,规范执法程序

一个健全的法制社会,完善的立法是基础,而我国在全面建设社会主义市场经济的过程中,尚存在现有法律不足、立法滞后的问题。汕头市在既无上位法可供依据,又无现成经验可供借鉴,同时还要保证制订程序必须符合有关法律、法规精神的情况下,积极探索,大胆实践,使信用立法工作取得了阶段性成果。截至2002年4月底,共制订出《汕头市企业信用信息披露管理办法》(试行)、《汕头市企业信用信息采集管理办法》、《汕头市企业信用评级管理暂行办法》、《汕头市市民信用公约》、《汕头市公务员信用守则》、《汕头市社会信用信息网络管理暂行规定》、《汕头市社会信息服务管理人员从业规范》等8个政策法规。并依据全国人大授予的权限,在这个基础上继续对信用立法进行了研究和规划。

任何法律制度的实施都必须依靠严格执法、依法办事来完成,如果没有严格的执法,再好的法律也是一纸空文。因此,汕头市在加大执法力度,严惩失信违法行为方面也采取了一系列的措施。

首先,建立健全执法公示、重大行政处罚听证和备案、行政投诉和处理等相应的配套制度,逐步实现行政工作程序化和时限化,增强工作透明度,推进了依法行政和从严治政。第二,积极推进相对集中的行政处罚试点工作。在国务院法制办2001年11月批复同意广东省政府在汕头市开展试点的基础上,省政府办公厅于2001年4月发出了《关于汕头市开展相对集中行政处罚权试点工作的通知》,正式批准该市实施试点。第三,积极受理行政复议案件。1997年至2001年的五年间,全市各级行政复议机关共收到行政复议申请196宗,经审查后受理的有127宗,对受理的案件,有关部门遵循合法、及时、公正、准确、便民的原则依法审查,提出了复议意见和建议。

---

[1] 谢名家编:《信用:现代化的生命线——汕头实践与中国社会信用建设》,第288、289页。

第四，清理整顿行政执法队伍，规范行政执法秩序。2002年4月7日，汕头市政府办公室印发了《汕头市清理整顿行政执法队伍规范行政执法秩序工作方案》，成立了专项清理整顿工作领导小组，并制订了《汕头市行政执法队伍调查问卷》，连续三天在《汕头日报》、《汕头特区晚报》和《汕头都市报》上刊登，并在汕头市政府公众网和《汕头特区报》大华网上公布，还定向发送给有关党政机关、群众团体等近300个单位，发动机关干部和市民群众反映情况。经过一个多月的清理整顿，消除了各种不稳定因素，促进了行政执法队伍的自身建设，为进一步加强执法监督奠定了基础。[1]

第二节 经济复苏

通过一轮对市场和社会秩序的严肃整顿和治理，汕头从信用缺失跃进到率先在国内建成比较规范的信用体系，开始品尝到了重建信用带来的甜头。2002年经济开始走出低谷，2003年赶上全国平均增幅，并呈逐年加速的势头，这一积极变化，充分说明了信用是经济发展的生命线，是社会主义市场经济发展的重要基石。

2006年11月，国家税务总局下发了《关于印发〈出口货物税收函调办法〉的通知》（国税发[2006]165号），正式明确停止执行于2000年5月发布的《关于严格加强广东省潮汕地区购进出口货物退（免）税管理的通知》（国税函[2000]51号，简称"51号文件"）。税收的解禁让人民群众欢欣鼓舞，人们期盼许久的汕头的春天终于来临，"51号文件"的停止执行，必将对汕头地区经济发展产生重大促进作用。

一、区划的重新调整

为了在新的历史时期增创发展新优势，加快推进新型工业化、城镇化、现代化进程，扩大发展空间，将汕头商贸城打造成粤东工业城，建设经济强市，全面建成小康社会，2003年3月，根据广东省委、省政府的决策精神和国务院《关于同意广东省调整汕头市行政区划的批复》，汕头行政区划进行了调整：原管辖的龙湖、金园、升平、达濠、河浦五个区以及代管的潮阳、澄海两个市，调整为金平、龙湖、澄海、濠

---

[1] 谢名家编：《信用：现代化的生命线——汕头实践与中国社会信用建设》，第296—299页。

江、潮阳和潮南六个区。原来潮阳和澄海是县级市，由省直管，在行政上具有独立的审批权，但同时又由汕头市代管，存在一定不合理因素，容易出现管理上的混乱，此次调整将两市撤销设区，有利于较好解决这个矛盾。同时，潮阳和澄海的撤市设区又可以增强汕头市在经济、文化等方面的辐射力，更突出其粤东区域中心城市的作用，有利于资源整合，加快粤东地区城市的现代化进程。调整之后，汕头市区范围扩大逾5倍。

金园区和升平区合并成金平区，为市区西部的整体规划创造了条件。汕头市政府已在市区西部划拨290亩土地用于筹建汕头大学科技园，此举将带动市区西部的工业和高新产业的发展，从而推动汕头整体经济的发展。

拥有260多万人口、号称"全国人口最多的县级市"——潮阳市在此次区划调整中一分为二，设立潮阳区和潮南区。新辟出的潮南区已聘请专家制订新区总体规划，重点规划建设工业园区，以此为载体加大招商引资力度，该区确定将陈（店）沙（陇）公路作为潮南经济发展的大动脉。

80多万人口的原澄海市在区划调整中撤市设区，更直接地依托和利用汕头中心市区的优势，共享汕头市政基础设施，加快城市基础设施与汕头中心市区的龙湖区、金平区的互联互接，促进城市功能完善配套。澄海的玩具工艺、毛纺服装在汕头工业生产中占有很大分量，产业布局的重新规划将有利于澄海支柱产业的优化升级和区域特色经济的壮大。

区划调整给汕头工业发展创造了许多有利条件，将有利于汕头在更高层次上重新规划产业布局，调整优化产业结构，形成产业集聚优势和规模优势。

二、新经济发展思路的形成

行政区域规划调整后，如何实现城市空间布局的调整优化，形成合理的城市群圈层结构？如何培育城市功能、发挥城市在经济和人口方面的集聚、辐射作用，提高城市综合竞争力？围绕这一系列问题，2003年4月，汕头市委、市政府出台了汕头行政区划调整后的《经济社会发展基本思路和框架》：以发展为主线，以增强区域中心城市综合竞争力为核心，实施信用立市、工业强市、外向活市、科教兴市、依法治市和可持续发展战略，发挥外向经济和民营经济两大优势，努力推进工业化、农业产业化、城镇化，把汕头建设成为广东经济强市。

（一）走新型工业化道路，建设工业强市

加快新型工业化进程，是推进城镇化进程的基础，是汕头市行政区划调整后加快建设广东强市的发展战略重点。总体要求是：围绕一个"总体目标"，发展"三大基地"，办好"三类园区"，壮大"八大支柱产业"，抓好"一批重点工业企业"。

"三大基地"是：以潮阳、潮南区为主的纺织服装生产基地，以澄海区为主的工艺玩具生产基地，还有广澳（临港）重化工业基地。

"八大支柱产业"是：电子信息、纺织服装、化工塑料、工艺玩具、食品医药、机械装备、音像制品、印刷包装。

"三类园区"是：根据全市现有工业布局现状和对未来工业发展的展望，规划建立全市有序分级、合理布局的工业园区体系，即：3个市级[高新区（东片）、高新区（西片）、临港工业区（广澳）]、6个区级、9个次区级（中心镇）工业园区及12个特色工业园区。

"一批重点工业项目"：要求加强组织领导、政策支持和资金投入，确保重点项目尽早建成投产，成为工业强市的新亮点。在对投资额1000万元以上的工业项目跟踪服务的基础上，扩大优惠的幅度和力度，提升汕头的投资吸引力。

（二）推进城镇化，加快实现现代化

总体目标是建设广东经济强市，争取建成广东省次中心城市。到2010年全市城市化水平达70%以上，市域人口规模516.6万人，市域城镇人口规模362万人。在城市空间上，以汕头主城区为中心，潮阳、潮南、澄海区治所在地为副中心，构建"一市数城"沿海组团带状式城市空间发展新格局。在优化城市空间布局的基础上，完善城镇功能布局和开发时序，盘整土地资源，优化配置建设用地，促进城镇工业区、商业区和住宅区的相对集中、连片发展。

（三）加快交通网络化，增强区域交通综合服务功能

建设要求突出一个"快"字，快速建设"两个中心"，即粤东物流中心和客流中心；做到"三个确保"，即：确保畅通、确保便捷、确保安全；坚持"四个标准"，即：网络配套、功能齐全、设施先进、运作高效；2010年基本达到"五个可以"，即：30分钟内可以上高速公路、1个小时内可以到达机场、1小时内货物可以到达码头、2小时内货物可以配送到达、1个小时内到达粤东各市县（区）的要求。2020年，建

成现代化枢纽型综合交通网络系统，成为现代化的区域性物流、客流中心。

（四）坚持可持续发展，加强城镇生态环境建设

城市现代化，必须以人的全面发展为核心和最终目的。为此，必须遵循"健康、安全、活力、发展"的城市生态可持续发展基本理念，持续推进环境建设和生态保护，营造环境优美、人与自然和谐的城市生态系统。

总体目标是到 2010 年，全市环境污染和生态破坏得到控制并逐步改善，环境综合指数达到 85 分以上；环境质量达到相应环境功能区标准；中心市区创模成果继续巩固和提高，新建市区各项创模指标如期达标；80% 以上的镇建成生态镇；全市建成国家生态城市；2020 年前，全市形成环境优美、人与自然和谐相处的城市生态系统。

（五）加快信息化，构建现代化信息港

优化信息化政策环境，支持信息网络的建设与改造，鼓励信息资源的开发和利用，推进全市信息产业的超常规发展，推动信息技术在国民经济和社会各领域的应用，加速信息产业化与产业信息化，以信息化带动工业化，促进城市化和社会全面进步，努力实现社会生产力的跨越式发展。建设重点包括电子政务建设、汕头软件园建设、企业信息化建设等多个方面。

三、城市的定位及发展模式选择

为了帮助汕头在新的发展形势下重新定位，理清汕头未来发展思路，从而在宏观和战略高度上指导汕头健康、快速发展，2005 年汕头市委、市政府特委托中山大学进行汕头市城市与产业发展战略定位课题研究，对汕头市城市发展定位的具体表述为：粤东及闽西南、赣东南的中心城市，以临港产业为依托的港口城市，生态环境良好的滨海城市，发挥改革创新"试验田"和对外开放"窗口"作用的国家级经济特区。概括起来可表述为：区域中心城市、现代化港口城市、滨海生态城市和国家经济特区。[1]

---

[1] 中山大学进行汕头市城市与产业发展战略定位课题研究组编：《汕头市城市与产业发展战略定位》，《汕头日报》2006 年 8 月 29 日。

围绕着城市定位，汕头的城市发展模式主要体现在以下方面：

（一）港口兴市，对各种优势进行资源整合

汕头经济特区位于粤东海岸线上，是粤东地区唯一的优质海港，拥有多个大型的优良港湾，特区的海岸段还可开发近亿吨吞吐能力的深水港。历史上，潮汕地区的行政分治导致粤东地区的港口存在重复建设的问题，使汕头港的作用难以充分利用。因此，要加大汕头港的建设投资力度，以实力整合周边港口资源，完善周边的交通网络枢纽，将汕头港发展成为东南沿海重要的、以能源和外贸运输为主的综合性大港口。

在城市空间布局上，汕头要以临港工业为依托，通过铁路、公路、航空等立体交通网络巩固和拓展粤东、闽粤赣协作区、京九铁路和沿海铁路沿线等经济腹地，强化汕头市作为闽粤赣经济圈主要区域性中心城市、广东省次中心城市、粤东中心城市和东南沿海重要港口城市的竞争力，成为联结珠三角和长三角地区的重要节点。

在城市的职能定位上，通过区域交通基础设施的完善，以制造业中心、交通枢纽、现代化服务业中心、文化教育中心、旅游服务中心等体现汕头作为区域性中心城市的主要职能。

在城市形象特色方面，利用自然环境优美的滨海城市的独特优势，开发山水结合的自然生态景观，提升城市的综合服务功能、城市文化品位和生态环境质量，把汕头建设成为宜于居住、宜于创业，具有优良的环境品质和可持续发展能力的现代化生态型滨海港口城市。

（二）工业强市，成为城市产业经济发展的依托

利用海滨港口优势，发展以石化和电力为主的临港工业，打造广东省石化产业基地；改造提升优势传统轻纺工业和具有地方特色的产业，强化和引导民营优势产业向规模化、集群化方向发展，推动产业结构的优化和升级，使民营经济的发展上规模、上档次、上水平；发展外贸出口加工制造业、装备制造业、食品工业等优势产业；重视新一轮产业转移机遇，发展一批有实力的高新技术产业，使电子信息、光机电一体化、新材料、生物医药、海洋产业等新兴产业实现跨越式的发展；大力发展连锁经营、物流配送、电子商务和大型批发市场，发展商贸新业态；强化生产性服务业，重点建设区域性物流中心、航运中心、会展中心、旅游中心、信息咨询中心、金融中心等生产服务业基地；发展生态效益性农业。

以工业发展为依托，在城市空间上构建"东西扩延、南北对称、中心带动、区域协调"的城市发展新格局。

（三）科教立市，运用创新体系增创发展新优势

在现代社会的经济发展中，基于知识的技术进步已经成为可以替代劳动和资本的最为重要的经济增长要素。科技进步是一个城市逐渐成熟和具有可持续发展能力的重要标志。因此，要加快建立和推行汕头发展的创新体系的步伐。通过大力倡导和实践"海纳百川，自强不息"的汕头精神，培育创新文化氛围，提高全民的科学素养，增强全社会的创造活力。推行汕头发展的创新体系，建立支撑和推进主战略的平台，包括：建立创新推动主战略；建立基于知识信息库的创新平台；建立基于研发资源库的创新支柱；培育以金融资本为基础的创新动力；奠定以智力资本为基础的创新源泉。发挥汕头大学科教龙头作用，创造城市创新环境、完善创新基础设施，为吸引高技术企业进驻汕头创造条件。

（四）生态建市，塑造海滨城市的特色

发挥汕头城市建设与山海资源的优势，不断完善汕头生态环境建设和服务建设，把汕头建成人居环境最美的城市，使其成为粤东地区的旅游服务中心；完善水资源配置体系和保护体系，加大对污水的防治和综合治理，逐步恢复水体功能。坚持走可持续发展之路，发展循环经济。以生态系统分区为基础，构建以"一心两湾、三城相望、山辐水聚、顺势成环"为特征的多层次、多功能、立体化的生态景观结构。[1]

第三节　新的发展机遇

改革开放以来，广东一直是全国经济的"排头兵"，GDP常年位居全国各省、直辖市的第一位。尽管当前广东总体经济实力依然保持强劲，但随着内地一些城市，尤其是长江三角洲的崛起，原有的优势地位受到威胁。近年来，广东的经济出现了"东

---

[1] 丁焕峰：《汕头市城市定位与发展模式选择研究》，《特区经济》2006年8月，第133—135页。

西失衡"，尤其是以汕头为中心的粤东地区的经济长期停滞不前，有可能构成整个广东经济的"短腿"，从而成为珠三角地区全面崛起的一个拖累。

一、"粤东会议"，吹响汕头经济腾飞的号角

为了扭转局面，让粤东重新插上经济腾飞的翅膀，2006年9月，广东的几乎所有主要领导、部门负责人齐聚汕头，召开后来被称作"粤东会议"的促进粤东地区加快经济社会发展工作会议。这次会议讨论通过了《中共广东省委、广东省人民政府关于促进粤东地区加快经济社会发展的若干意见》，重点在产业布局、基础设施、财政、教育等方面加大了扶持力度，并提出了"三年打基础，五年大变化，十年大发展"的总体部署，为粤东勾画了发展的新蓝图。同时，规划总投资2700亿元的《粤东地区产业发展与重大项目规划》正式出台了。按照这个规划，"十一五"时期，广东将在粤东地区（含汕头、潮州、揭阳、汕尾、梅州5市）规划建设工业、交通、能源、水利、农业等重点项目390项，总投资2700多亿元，其中"十一五"期间投入1700万。根据省委省政府出台的《关于广东省东西两翼经济发展专项规划》、《广东省东西两翼工业化专项规划》等一系列扶持、促进东西两翼加快发展的规划项目和政策措施，明确把汕头列入全省"十一五"规划时期重点发展的五大石化基地之一，提出"强化汕头东翼区域性中心城市地位，建设省级物流配套中心，大规模建设临港工业"的要求，将汕头经济实现跨越式发展作为全省区域协调发展战略的重要内容。[1]

二、"三年打基础"的基本实现

汕头市按照广东省委、省政府"三年打基础，五年大变化，十年大发展"的总体部署，经过三年的努力，组织实施了一批重大项目，重点打好基础设施、产业发展和社会环境三大基础。2008年汕头经济发展速度自1999年来首次超过全省平均水平，"三年打基础"的阶段性目标基本实现。

---

[1] 南方网：粤东产业发展专题，http://www.southcn.com/news/gdnews/sz/yuedong/。

（一）打牢基础设施基础

加快基础设施建设，既发挥投资对经济的直接拉动作用，又为经济的长远发展夯实基础。汕头列入广东省《加快粤东地区发展产业和重大建设项目规划》的重点项目共有173项，计划总投资1210.8亿元。截至2008年底，已竣工的项目27项、"十一五"续建项目26项、"十一五"新开工项目49项、处于前期和规划阶段的项目59项，已累计完成投资172.89亿元。三大经济带的港口、交通、能源等重点建设项目加快推进，大大优化了汕头的发展环境，增强了发展的信心，带旺了人气，带动了投资。

在港口建设投资方面，目前，广澳港区两个5万吨级码头的建设基本完成，海门港区15万吨级码头的建设正在积极推进，一批5万吨至10万吨级码头的重大港口项目正在加紧做好前期工作。在能源建设投资方面，目前国内在建单机容量最大的火电项目之一，位于汕头市潮阳海门湾的华能海门电厂，已经调整发展战略，把原来计划的单一建设燃煤火电厂，调整为建设集"电、煤、路、港、运"为一体的大型能源基地。除建设6台百万千瓦发电机组外，还将建设分别为15万吨级、7万吨级和5万吨级的三个码头泊位，同时建设疏港铁路，年中转煤炭1000万吨以上。届时，海门电厂码头将成为粤东地区最大的专业煤码头，成为汕头构建亿吨深水大港的重要组成部分。在交通运输方面，2009年1月开始动工建设的南澳大桥将从根本上解决南澳岛与大陆交通的"瓶颈"问题，实现海岛与市区之间的连接，大桥建设将与东部城市经济带建设连成一体，进一步拓展城市空间，形成城市区域经济协调发展新格局。此外，广澳港区西防波堤工程、广澳港疏港铁路、厦深铁路进汕头站联络线、广梅汕铁路电气化改造、苏埃湾过海通道、粤东煤炭中转基地、汕揭高速公路汕头段等重大项目前期工作也取得突破。一批污水处理、垃圾处理等环保重点项目建设加快推进，一批城市主干道和主出入口改造项目以及绿化美化净化亮化工程相继投入使用，使城市面貌焕然一新。

（二）打牢产业发展基础

2008年底，一场迅猛的金融风暴不期而至，给世界各地的经济造成严重影响。而汕头市经济逆势而上，保持平稳发展的良好态势，缘于汕头具有较好的产业发展基础。汕头的产业大多是以土生土长的民营企业为依托，具有良好的植根性和顽强的生命力，这些企业大多数通过自我积累逐步发展，而且十分注重自主创新和品牌建设，产业基础比较好。在金融危机冲击下，汕头的经济显示出了良好的抗风险能力。

澄海玩具就是其中最典型的代表。目前，澄海已经成为国内最大的玩具生产、出口基地。经过20多年的发展，澄海玩具业完成了从贴牌加工到产业集聚直至技术创新品牌建设的转变，形成了完整的产业链，并成为国家火炬计划中唯一被认定的"智能玩具创意设计与制造产业基地"，也是广东省"创新区域国际品牌试点区"和"产业集群升级示范区"。面对国际金融危机的冲击，澄海玩具在危机中找到了新商机，交易量逆势上扬。

随着"工业强市"战略的推进，汕头市工业经济不断发展，形成了电子信息、纺织服装、工艺玩具、化工塑料、食品医药、机械装备、包装印刷、音像材料八大支柱产业，玩具礼品、工艺毛衫、包装印刷等18个产业被授予国家级区域性品牌。为发展壮大一批规模企业，培育催生年产值超50亿元、超100亿元的工业龙头企业，打下了牢固的产业基础。

此外，汕头市委、市政府还出台了《关于加快建设现代产业体系的决定》，提出要加快打造充分彰显经济特区、港口、对台、侨乡、海洋综合优势的现代产业体系。到2020年将形成以高新技术产业为先导，先进制造业、临港工业为主体，园区经济为支撑，高度集群、特色鲜明、竞争力强的新型工业体系。

（三）打牢社会环境基础

生态环境是汕头的名片。为进一步打造最适宜居住创业的城市，汕头全力推进创建国家园林城市工作，先后筹集17亿元用于市政道路工程建设，筹集28亿多元用于重点治污保洁工程建设，近三年投入城市绿化建设资金和养护资金共5亿多元，城市园林绿化水平上了一个新台阶，生态环境得到了进一步改善。为了提高市区道路的绿化、美化水平，给市民群众出行创造一个舒心的环境，汕头市高标准、高起点打造了机场路、海滨路、中山东路等一批道路绿化精品工程。据统计，这些路段共种植乔木、灌木90多万株，新增和改造绿地64万多平方米，使城市道路更畅通、行道树更优美整齐、分车绿化带景观更秀丽美观。灯光夜景工程的建设也让汕头的夜空绚丽多彩。

加快发展、科学发展，和谐稳定的社会环境是基础和根本。去年6月开始，汕头市以雷霆万钧之势在潮南区开展"社会治安百日整治行动"，这是近年来广东省力度最强、影响最大、效果最好的一次治安整治行动，为全省17个重点治安地区的整治工作树立了一个良好的典范。

汕头市还以"促进发展、惠及民生"为主题，大力实施10项"民生工程"，突出解决增加收入、就业、社会保障、住房、就业、教育、环保、社会治安等群众关注的热点难点问题，使经济发展成果更多体现到改善民生上，让越来越多的老百姓沐浴在改革发展成果的温暖阳光里。[1]

三、海西经济区，汕头的机遇与挑战

2009年5月14日，国务院常务会议通过《国务院支持福建加快建设海峡西岸经济区若干意见》。海峡西岸经济区的构建必将带动相关区域经济的快速发展，并有望继长三角、珠三角、环渤海之后，成为我国经济发展的第四个增长极。汕头作为粤东中心城市、广东省距离台湾最近的特区以及台商投资祖国大陆最早的地区之一，能否把握住这个历史机遇，提升自身在海峡西岸经济区中的地位和作用，从而带动粤东经济的腾飞，是汕头亟待探求的问题。

汕头与台湾的交往源远流长，具有地缘相近、人缘相亲、文缘相通、商缘相连等特点。据史料记载，自1861年汕头开埠后，与台湾的布袋港、安平港、基隆港和高雄港直接通航，汕台之间贸易发展迅速，台湾工商界人士也陆续前来潮汕投资办企业。改革开放之后，汕台之间的工贸交往更是进一步得到加强。自1978年汕头迎来第一家台资企业以来，已累计注册台资企业550多家，协议投资总额16亿多美元，合同利用台资总额11亿多美元。然而，在海峡西岸经济区中，汕头并没有独特的优势。首先，从地理位置上看，无论是"大三通"还是"小三通"，福建都处于天然的优势位置，闽南的厦门、泉州、漳州将会是最直接的受益地区。在粤东三市中，潮州跟福建接壤，是广东距离台湾最近的地区，如果广东省扩大与台湾的经贸合作，潮州将获得最大的地缘优势。其次，从经济实力上看，漳州和汕头作为闽南和粤东地区各自的中心城市，双方的经济发展差距甚远。因此，汕头要真正获取海峡西岸经济区所带来的经济发展的机遇，而不是被逐步边缘化，必须加强粤东地区和福建省尤其是与闽南厦门、泉州、漳州地区的合作。汕头市在其"十一五"规划中提出，

---

[1] 赵令蔚：《汕头"三年打基础"阶段性目标基本实现》，《汕头日报》2009年6月17日。

要加快融入海峡西岸经济区,增强汕头作为东南沿海重要港口的综合功能。汕头市委书记黄志光在多个场合表示,汕头要积极、主动地融入海峡西岸经济区的建设,使汕头既可以享受泛珠三角、经济特区的优惠政策,也可以享受海峡西岸经济区的优惠政策和便利措施。否则,不但会错失发展的良机,且随着海峡西岸经济区的推进,亦很可能被日益崛起的闽南三角洲越甩越远。因此,台海融冰,对汕头经济发展而言,是机遇与挑战并存。

第十七章
汕头经济特区建设的总结与未来展望

岁月荏苒，一转眼，30年峥嵘岁月，汕头特区从无到有，从小到大，走过了极不平凡的发展道路。随着改革开放在全国范围的不断深入，特区原有的许多优势正在逐步消失，汕头的经济社会发展面临新的挑战。2009年6月，在广东实施《珠江三角洲地区改革发展规划纲要（2008—2020年）》开局良好的形势下，省委、省政府在汕头召开粤东地区工作会议，颁布了《中共广东省委、广东省人民政府关于促进粤东地区实现"五年大变化"的指导意见》，给汕头的经济腾飞注入了强大的动力。与此同时，汕头必须正视存在的问题和自身的不足，增创新优势，更上一层楼，实现经济的快速发展和社会的全面进步。

第一节 特区建设所取得的成就

汕头特区创办初期，建设者们在1.6平方公里的土地上白手起家，摸着石头过河，进行了艰难的创业。在中央政府的大力支持下，特区的建设者顶住了各种压力，在许多怀疑声中成长，迎难而上，经受了一系列考验，克服了发展过程中所遇到的种种困难，使得特区的面貌发生了翻天覆地的变化。

一、经济实力显著增强

2009年，全市生产总值1035.73亿元，全市人均GDP20382元，分别是1980年的95.98倍和55.69倍（见图3—17—1，3—17—2）。[1] 产业结构得到优化，三大产业的比重已经由1980年的25∶34.1∶40.9调整为2007年的5.27∶55.26∶39.46。第一产业不断巩固提高，精耕细作的传统农业向高产、高效、优质和科技型、外向型现代化农业发展；第二产业快速发展，超声电子、纺织服装、塑料化工、机械制造、食品、医药、玩具等工业骨干行业不断壮大，高科技产业正在崛起；第三产业已经从传统的商贸业、饮食服务业发展到新兴的交通运输、邮电通讯、金融保险、房地产、信息咨询等行业，并日趋社会化、专业化、现代化。以"海、商、潮、特"为特色的旅游业，发展前景十分广阔。社会经济管理日趋规范化、法制化，经济运行机制正加快与国际接轨。

首先，工业经济效益进一步提高，工业对经济增长的拉动作用进一步增强。汕头自确立建设工业强市的目标以来，努力提高自主创新能力，促进了工业生产的快速增长和产业结构的不断优化。2009年全年完成工业增加值530亿元，增长10.6%，规模以上工业增加值377.17亿元，增长15.4%。目前，全市共有规模以上工业2253家，拥有中国驰名商标13件，中国名牌产品10件；省著名商标188件，省级名牌63件。2009年，政府大力推进产业转型升级和集群发展，企业自主创新能力不断提高。新增高新技术企业24家、省级企业技术中心7家、专利授权3692件，实现高新技术产品产值403亿元，增长18.5%。玩具、服装等特色优势产业市场竞争力进一步增强。产业转移工业园被省认定为示范园区，成功竞得5亿元省产业转移扶持资金，深圳龙岗（汕头潮南）产业转移工业园首期基础配套设施基本完成。

第二，服务业的发展速度也日益加快。2009年，第三产业增加值增长11.7%，对经济增长贡献率达43.1%，同比提高20.9个百分点，其中现代服务业完成增加值187.85亿元，增长6.1%。港口货物吞吐量突破3000万吨，汕头机场旅客吞吐量126.7万人次，增长16.1%。推进生态滨海旅游示范区建设，实现旅游总收入74.29亿元，增长9.4%。金融机构本、外币各项存款余额1623.06亿元，贷款余额570.47亿元，分别增长18.8%、33.7%。建筑业、房地产业健康发展。国家玩具质量监督检验中心建设顺利推进。玩博会、食博会、文博会等会展业加快发展。

第三，农业现代化、产业化水平不断提高。完成农业总产值104.32亿元，增长4.2%。推进特色农产品基地和现代农业园区建设，牛田洋现代农业生态示范区被认定为"全国农产品加工创业基地"，潮南台湾农民创业园动工建设，澄海下岱美和潮南上南蔬菜现代化生产示范区完成首期建设，潮南"东华特绿"成为全市第一个农业集

---

[1] 汕头市统计局编：《2009年国民经济和社会发展统计公报》。

体商标。培育发展农业龙头企业和农民专业合作社，联结带动农民增收。稳步推进渔民转产转业。国家级海门中心渔港建设进展顺利，达濠一级渔港启动建设，云澳中心渔港初步设计通过国家农业部评审。[1]

图3-17-1 汕头经济特区生产总值（GDP）变动表

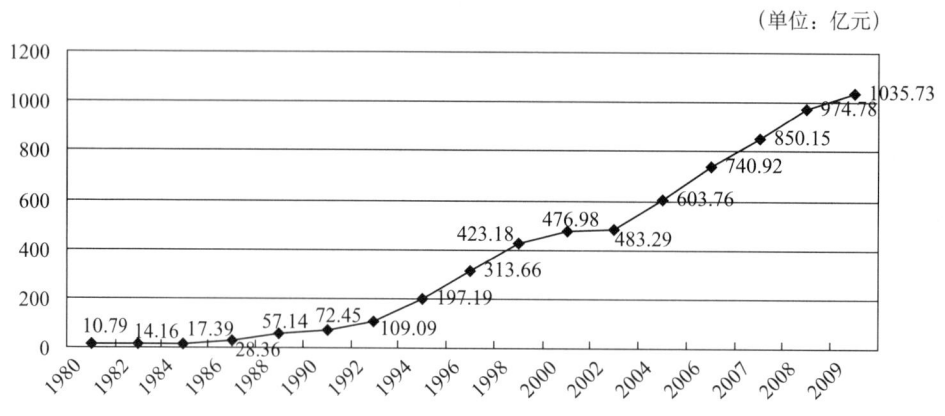

（单位：亿元）

数据点：1980年 10.79；1982年 14.16；1984年 17.39；1986年 28.36；1988年 57.14；1990年 72.45；1992年 109.09；1994年 197.19；1996年 313.66；1998年 423.18；2000年 476.98；2002年 483.29；2004年 603.76；2006年 740.92；2007年 850.15；2008年 974.78；2009年 1035.73

资料来源：2005年之前数据来自汕头特区统计年鉴及中国统计年鉴，2006—2009年数据来自汕头特区国民经济和社会发展统计公报（汕头市统计局）。

图3-17-2 汕头特区人均生产总值（人均GDP）变动表

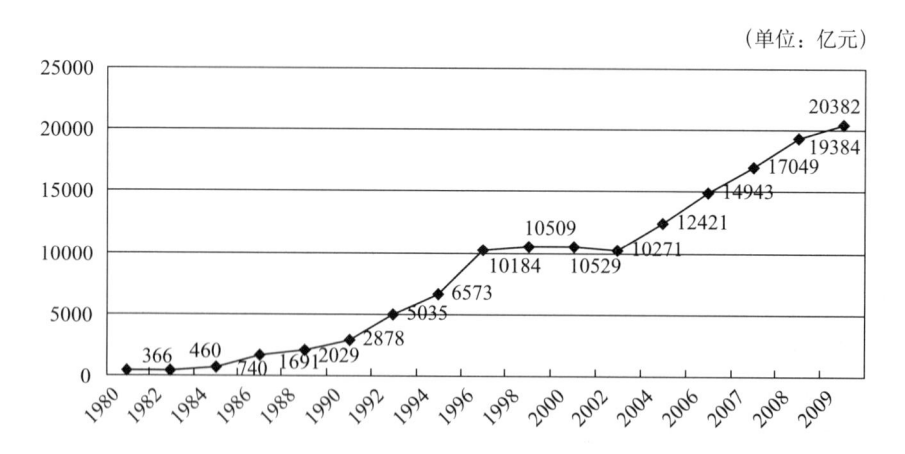

（单位：亿元）

数据点：1980年 366；1982年 460；1984年 740；1986年 1691；1988年 2029；1990年 2878；1992年 5035；1994年 6573；1996年 10184；1998年 10509；2000年 10529；2002年 10271；2004年 12421；2006年 14943；2007年 17049；2008年 19384；2009年 20382

资料来源：2005年之前数据来自汕头特区统计年鉴及中国统计年鉴，2006—2009年数据来自汕头特区国民经济和社会发展统计公报（汕头市统计局）。

---

[1] 蔡宗泽：《2009年汕头市政府工作报告》，2010年2月24日，汕头市政府网：http://www.shantou.gov.cn/common/view.asp?id=41745&lmdm=047100。

表3-17-1 汕头市2009年主要经济指标

指标	单位	累计(绝对数)	增长(%)	广东省增长(%)	全国增长(%)
地区生产总值	亿元	1035.73	10.70	9.50	8.70
其中：第一产业	亿元	54.63	3.20	4.90	4.20
第二产业	亿元	572.38	10.80	8.70	9.50
第三产业	亿元	408.72	11.70	11.00	8.90
人均GDP	元	20382.00	9.50	8.4	—
规模以上工业增加值	亿元	530.85	10.60	8.9	11
规模以上工业总产值	亿元	1533.66	14.1	—	—
全社会固定资产投资	亿元	291.90	11.70	19.50	30.10
城镇固定资产投资	亿元	225.23	11.80	—	30.50
#：基本建设	亿元	106.34	21.80	—	44.30
房地产开发	亿元	38.09	15.80	—	16.10
社会消费品零售总额	亿元	672.59	18.20	16.30	15.50
居民消费价格指数	%	—	-1.70	—	-0.70
外贸进出口总额	亿美元	60.28	-4.30	-10.80	-13.90
#：出口总额	亿美元	40.16	-7.10	-11.50	-16.00
进口总额	亿美元	20.12	1.90	-9.70	-11.20
实际利用外资	亿美元	2.04	5.20	—	—
地方一般预算财政收入	亿元	58.54	14.30	10.30	—
地方一般预算财政支出	亿元	97.19	15.90	14.60	—
金融机构存款余额	亿元	1623.06	18.80	24.20	—
#：城乡居民储蓄存款余额	亿元	1168.73	14.00	—	—
城镇居民人均可支配收入	元	13651.00	8.80	12	9.8
中心城区居民人均家庭总支出	元	11659.00	8.30	8.6	10.1
农村居民人均现金收入	元	5260.00	7.70	—	8.5

资料来源：根据汕头市、广东省、全国《2009年国民经济与社会发展统计公报》相关数据整理。

二、外向型经济经济特色不断加强，经济外向程度不断提高

全国五个经济特区，三个毗邻港澳台，汕头不占地利但是拥有独特的侨乡优势。汕头是中国著名的侨乡之一，也是近代中国最大的移民口岸之一。目前旅外潮籍华侨、华商及港澳同胞超过1000万人，其中属汕头籍的有300多万人。与海外交往的独特人缘、地缘、亲缘优势，使汕头在对外开放方面具有独特的优越条件和巨大潜力。

(一) 丰富的侨力资源成为推动汕头外向型经济发展的重要力量

特区成立初期，汕头一系列侨务政策的落实，极大地激发了侨胞的爱国爱乡热情，一大批海外侨胞纷纷回乡兴办实业。汕头又专门从海外华侨中聘请多名热爱家乡的金融家、实业家、专家学者、潮团领袖担任汕头经济特区顾问，为汕头的发展出谋划策。这一时期的侨乡经济主要靠华侨"捐赠型"投资，其中用于文化教育事业的捐赠占主导地位。[1]1984年后，侨资从"捐赠型"逐步过渡到"产业型"投资。汕头采取了更为优惠的政策，积极鼓励华侨直接投资基础设施、高新技术产业、农业开发性项目和第三产业。华侨投资迅猛增加，投资结构大大改善。改革开放以来，潮汕地区四市共累计接受潮籍华人华侨、港澳台同胞捐赠99.18亿元，其中汕头有49.18亿元，占50%。[2]全市现有侨属企业超过1万家，年工业产值在200亿元以上。[3]伴随投资硬环境的改善，泰国盘谷银行、泰国正大集团等一大批有实力的侨胞实业家纷纷来家乡设厂投资。近一两年来，华侨投资与国际接轨的步伐明显加快，第三代、第四代潮人开始活跃在汕头投资领域。他们更年轻，思维更活跃，更富有新经济时代的知识和观念，一批批高新技术的投资项目相继进入汕头。

(二) 投资环境日益改善，外商投资增长迅速

2010年，汕头入选由世界品牌组织、美中经贸投资总商会、和谐社会全球合作组织联合推选的共和国60年最受关注"中国特色魅力城市200强"，再次受到海内外投资贸易机构的关注。

以商引商、以侨引商、以情引商。随着投资环境的改善和投资信心的增强，越来越多的国家、地区的客商把目光投向汕头，频繁踏上汕头热土，或考察、或洽谈、或投资、或办厂。据市外经贸部门统计，改革开放30年来汕头引进外资企业5000多家，实际利用外资70多亿美元。这些引进的外资企业和实际利用的外资，既有海外潮人独资合资、合作创办和经营的，也有跨国公司、大财团，其中世界500强企业已经达到13家，[4]更多的则是港澳客商。随着改革开放政策的深入和香港、澳门回归，旅港

---

[1] 许似亮：《汕头市第十七次归侨侨眷大会举行》，《汕头日报》2007年12月21日。
[2] 黄赞发、陈桂源：《潮汕历史文化图录》(下)，第379页，潮州市、揭阳市、汕头市委宣传部、汕尾市委宣传部，2008年。
[3] 陈健：《汕头市友好代表团访问东南亚四国启示》，《汕头日报》2008年11月3日。
[4] 陈史：《改革开放30年来汕头引进外资企业5000多家》，《汕头特区晚报》2008年12月17日。

澳潮人对家乡有了更真实、全面的了解，汕头与港澳的经贸合作走上了更加快速的轨道。截至 2008 年底，汕头市累计批准香港直接投资项目 4762 项，实际利用港商直接投资 56.8 亿美元。[1] 这一连串的统计数字，有力地昭示了汕港两地密不可分的经贸合作关系。香港回归以后，特别是 CEPA 实施以来，汕头与香港的经贸合作与交流从单纯的贸易、投资走向全方位的合作与交流。香港资金、技术、先进管理经验的进入，也有力地加快了汕头工业现代化的进程。此外，汕头在对台经贸合作领域取得历史性突破。2009 年在全省率先实现对台海上货运直航，完成 106 航次 1.76 万标箱，实现对台旅游包船直航。汕头市旅游总公司成为第二批指定经营大陆居民赴台旅游业务的旅行社。率先建设粤台经贸合作试验区。

投资环境的改善，使汕头市在吸收外资方面取得了较快的发展。2009 年汕头实际吸收外商直接投资金额 2.04 亿美元，增长 5.2%，为近 6 年来的最好水平。2009 年，分别有来自中国香港和台湾地区、澳大利亚、泰国和美国等投资者来汕投资设立新项目，全市新设立外商直接投资项目 31 个。其中，外商独资企业 23 家，实际吸收外资金额 1.4 亿美元，增长 22%。[2]

（三）对外贸易显著发展

特区成立以来，汕头市的进出口贸易有了显著发展。代表性的贸易产品有服装、玩具、家具、纺织纱线等。主要贸易伙伴为美国、日本、欧盟、中国香港和东盟。2005 年 7 月，中国和东盟正式启动降税进程，中国—东盟自由贸易区进入全面和实质性的建设阶段，为汕头与东盟的贸易活动提供了难得的发展机会和发展空间。

自全球金融危机爆发以来，对包括汕头市在内的粤东地区企业都造成了较大的冲击，出口持续呈现负增长。2009 年上半年金融危机负面影响突出，除 2 月份外，各月出口值均在 2 亿—3 亿美元间徘徊；下半年，国家宏观政策的积极作用和国际经济回暖的迹象逐步显现，加上去年同期出口基数较小等原因，出口降幅较上半年明显收窄，呈现回暖迹象，9 月份、11 月份的单月出口同比增速均呈现正增长。12 月份当月同比大幅增长 24.2%，环比增长 21.8%。根据海关的统计数据，2009 年汕头市企

---

[1] 李怡青、李晓婷：《汕港经贸合作不断扩大 香港是汕头最大投资来源地》，2009 年 10 月 21 日，泛珠三角合作信息网：http://www.pprd.org.cn/92/guangdong/200910/t20091021_68870.htm。
[2] 蔡宗泽：《2009 年汕头市政府工作报告》，2010 年 2 月 24 日，汕头市政府网：http://www.shantou.gov.cn/common/view.asp?id=41745&lmdm=047100。

业实现外贸进出口总值 60.3 亿美元，比 2008 年下降 4.3%，但是降幅低于全国和全省同期水平，显示出了较强的抵抗冲击的能力。特别是经营机制灵活的民营企业出口 19.8 亿美元，增长 0.2%，其中 12 月份当月出口 2 亿美元，增长 36.4%，表现明显优于外商投资企业和国有企业。此外，一些代表性出口产品呈现逆势增长，包括服装、玩具、农产品、家具、纺织等。[1] 此外，对美国出口的不利局面得到扭转，而对东盟及中东国家的出口呈现逆势增长。2009 年，汕头市企业对美国出口 7.9 亿美元，增长 1.2%，12 月份终于扭转了前 11 个月出口下降的局面，当月对美国出口 3704 万美元，同比增长 36.9%。同期，由于金融危机影响，欧美市场需求急速萎缩，汕头市企业将出口重点转向东盟等地，取得较好效果：2009 年，对东盟进出口 17 亿美元，比 2008 年同期（下同）增长 42.2%，其中：出口 9.4 亿美元，增长 25.8%；进口 7.6 亿美元，大幅增长 69.6%；实现顺差 1.8 亿美元，规模仅次于香港居第二位；对阿联酋出口 1.5 亿美元，增长 2.6%；对沙特出口 9789 万美元，增长 25.3%；对南非出口 5275 万美元，增长 7.2%。出口形势明显好于同期对欧盟、香港及日本等传统市场的出口。[2]

三、人民生活水平进一步改善和提高

特区成立近 30 年来，人民的生活水平不断得到改善和提高。2009 年，城镇居民的个人可支配收入为 13651 元，是特区 1980 年平均水平的 41.36 倍（见表 3—17—2）；农民人均纯收入为 5260 元（见表 3—17—3），是 1980 年平均水平的 18.45 倍；城乡居民储蓄存款余额 1168.73 亿元，而 1980 年仅为 0.88 亿元。尽管近两年汕头城镇居民收入落后于全国，但是纵向对比改革开放和特区成立后的历史数据，汕头城乡居民的收入水平曾一度远远高出全国平均水平。

此外，城乡居民的消费水平也发生了巨大的变化，用于教育、娱乐、交通通讯、医疗保健支出的比重在增加；居住环境也进一步改善，政府不断推进中心城区旧城改造工程建设步伐，加快廉租公房建设进程，切实解决特困无房户的居住问题；加

---

[1] 海关总署广东分署：《2009 年汕头市外贸进出口小幅增长出口逐步回暖》，2010 年 1 月 21 日，http://guangdong_sub.customs.gov.cn/publish/portal91/tab1461/module14682/info209300.htm。

[2] 汕头市人民政府：《2009 年汕头关区口岸对东盟进出口大幅增长》，2010 年 1 月 1 日，http://www.shantou.gov.cn/common/view.asp?id=40597&lmdm=04k004。

大农村贫困户危房改造和修建农村低保户住房等工作力度，进一步改善农村居民生活环境。[1]

表3-17-2 汕头经济特区城镇居民人均可支配收入变动及与全国水平的比较

（单位：元）

年份 类别	1980	1990	1995	2000	2002	2004	2005	2006	2007	2008	2009
汕头	330	1917	6132	8707	8740	9930	10630	10949	11716	12542	13651
全国平均	476	1686	4283	6280	7703	9422	10493	11759	13786	15781	17175
与全国比较	-146	+231	+1849	+2427	+1037	+508	+137	-810	-2070	—	—

资料来源：2005年之前数据来自特区统计年鉴及中国统计年鉴，其他年数据来自特区及国家统计公报。

表3-17-3 汕头经济特区农民人均年纯收入变动及与全国水平的比较

（单位：元）

年份 类别	1980	1990	1995	2000	2002	2004	2005	2006	2007	2008	2009
汕头	285	1230	5445	4343	3894	4089	4321	4450	4604	4885	5260
全国平均	178	571	1578	2253	2476	2936	3255	3587	4140	4761	5153
与全国比	+107	+659	+3867	+2070	+1418	+1153	+1066	+863	+464		

资料来源：2006年之前数据来自汕头经济特区统计年鉴及中国统计年鉴，2007—2009年数据来自汕头经济特区及国家统计公报。

此外，政府不断完善城乡的社会保障体系扩大社会保险覆盖面，完善医疗卫生服务，加强基层医疗卫生队伍建设，推进薄弱乡镇卫生院改造和县级医疗卫生机构建设。"新农合"参合率达98%以上。增强公共卫生服务能力，加强重大疾病防治，提升突发公共卫生事件预测预警和处置能力。启动实施基本药物制度试点工作。推进市中心医院门诊急诊综合楼改扩建工程，启动市卫生学校易地重建工程。与此同时，城乡社会救助体系建设稳步推进，社会福利事业加快发展。

四、城市功能日益完善，生活环境、质量得到显著改善

汕头经济特区成立之后，通过大规模的固定资产投资，汕头城市基础设施建设发

---

[1] 汕头市统计局：《2009年汕头市国民经济和社会发展统计公报》。

展迅速。2009 年完成全社会固定资产投资额 291.90 亿元，比上年增长 11.7%。其中，城镇投资 225.23 亿元、农村投资 66.67 亿元，分别增长 11.8% 和 11.4%。[1] 固定资产投资的广度和深度，与改革开放之初相比，发生了翻天覆地的变化。（见图 3—17—3、图 3—17—4）

图3-17-3 汕头经济特区全社会固定资产投资历年变动（亿元）

年份	1980	1982	1984	1986	1988	1990	1992	1994	1995	1998	2000	2002	2004	2005	2006	2007	2008	2009
固定资产投资	2.11	3.41	3.94	10.5	25.5	21.3	39.6	97.8	124.	126.	112.	108.	132.	155.	177	207	261	291.90

资料来源：2006 年之前数据来自汕头经济特区统计年鉴及中国统计年鉴，2006 年后数据来自汕头经济特区统计公报。

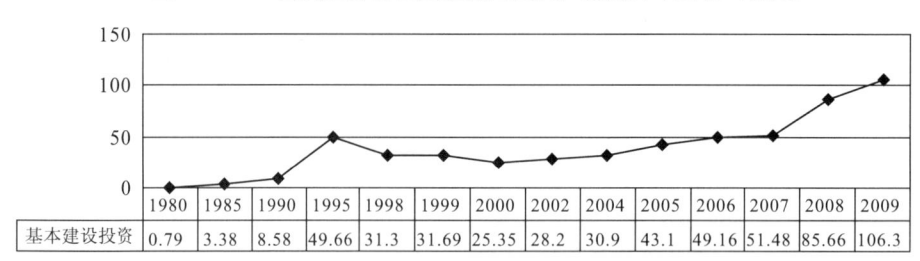

图3-17-4 汕头经济特区全社会固定资产投资历年变动（亿元）

年份	1980	1985	1990	1995	1998	1999	2000	2002	2004	2005	2006	2007	2008	2009
基本建设投资	0.79	3.38	8.58	49.66	31.3	31.69	25.35	28.2	30.9	43.1	49.16	51.48	85.66	106.3

资料来源：同表 3—17—3。

广梅汕铁路、海湾大桥、深汕高速等交通要道建设为汕头经济的发展注入了强大的发展动力。万吨巨轮直接驶入、航空线路通向 40 多个城市，世界上容量最大的亚欧、中美和亚太 2 号国际海缆在汕头特区登陆，使汕头成为国际信息高速公路上的重要节点。一个以海港、空港、信息港为中心，铁路、高速公路、跨海大桥为骨架的海、陆、空现代化立体交通网络和信息网络初步形成。2009 年，城市基础设施建设又迈向新的台阶，汕头至揭阳高速公路汕头段动工建设，汕头至揭西、揭阳至惠来、潮州至惠州高速公路汕头段前期工作强力推进。完成厦深铁路汕头段征地工作，进汕头站联络线通过预可行性研究评审。

---

[1] 汕头市统计局：《2009 年国民经济和社会发展统计公报》。

随着一批新的能源、交通和市政项目的不断展开和推进，汕头的城市功能日益完善，居民的生活环境和生活质量得到显著改善。

五、精神文明建设和社会各项事业取得新的进展

改革开放以来，汕头市已建立从大学、中学、小学到幼儿园，从普通教育、职业教育到成人教育的完整教育体系，特区人的素质普遍提高。李嘉诚先生先后捐资20多亿港元兴办的汕头大学已进入国家"211工程"。其他各类教育协调发展，小学适龄入学率为99.7%，初中毛入学率为96.6%。加快普及高中阶段教育，新增学位约2万个，高中阶段毛入学率经省初步认定为70.2%。[1] 市民素质和城乡文明程度不断提高。科技馆、博物馆、会展中心、潮剧艺术中心、青少年活动中心、妇女儿童活动中心、老干部活动中心等文化设施相继建成。广场文化，企业文化广泛开展，群众文化生活日益丰富。

潮汕大地有着自己独特的传统文化和艺术，改革开放之后，这些富有区域特色的文化事业和文化产业得到了蓬勃发展。潮汕文化特色的代表——潮剧、潮州音乐、英歌舞、剪纸进入第一批"国家级非物质文化遗产"推荐项目名单。随着时代的进步，潮剧也在不断地进行发展、改革的探索，并取得一定的成效，群众文艺进一步繁荣。潮剧《东吴郡主》等一批文艺精品获得国家、省级奖项；潮州大锣鼓《六国封相》获"中国民间文艺山花奖"；并涌现出潮剧《石榴花》、小型音乐剧《东方娃娃》等一批文化精品。哲学、社会科学、文学艺术、新闻出版和广播电视繁荣发展。文化市场不断规范，音像、印刷、文具等优势文化产业加快发展。

此外，城市公共事业有了长足的发展。公共卫生体系不断完善，市疾病预防控制中心易址建设，非典、禽流感、艾滋病等重大传染病防控工作得到强化。农村新型合作医疗覆盖面扩大。妇女儿童、残疾人、老龄和慈善事业也正逐步地加快发展。

---

[1] 汕头市政府：《2009年政府工作报告》，2010年2月24日，http://www.shantou.gov.cn/common/view.asp?id=41617&lmdm=043000。

第二节 汕头经济特区建设中存在的问题及反思

汕头特区成立 30 年来，在经济实力、人民生活和社会发展各个方面都取得骄人的成效，随着国家改革开放的深入推进，特区享有的政策落差逐渐走平，特别是中国加入 WTO 后，对特区而言，其原先独有的政策优势消失了。汕头与国内其他发达地区和城市相比，在经济与社会发展的许多领域和许多方面还存在不少问题。

一、经济增长落后于广东省内其他特区，居民收入水平偏低

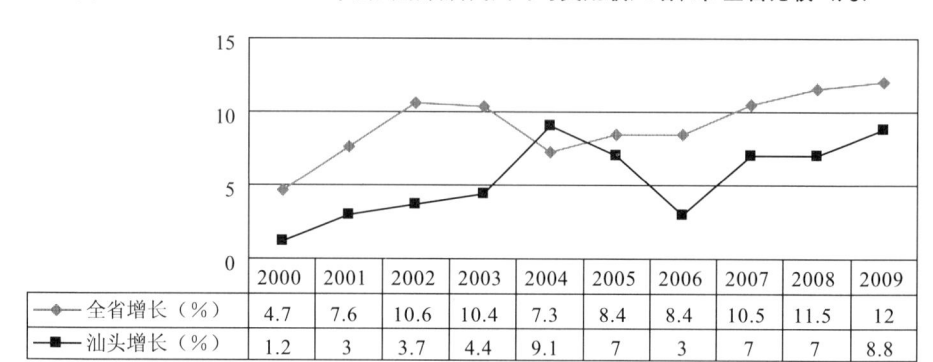

图3-17-5　2000—2009年汕头城镇居民人均可支配收入增长和全省比较（%）

	2000	2001	2002	2003	2004	2005	2006	2007	2008	2009
全省增长（%）	4.7	7.6	10.6	10.4	7.3	8.4	8.4	10.5	11.5	12
汕头增长（%）	1.2	3	3.7	4.4	9.1	7	3	7	7	8.8

资料来源：各年特区和广东省国民经济和社会发展统计公报。

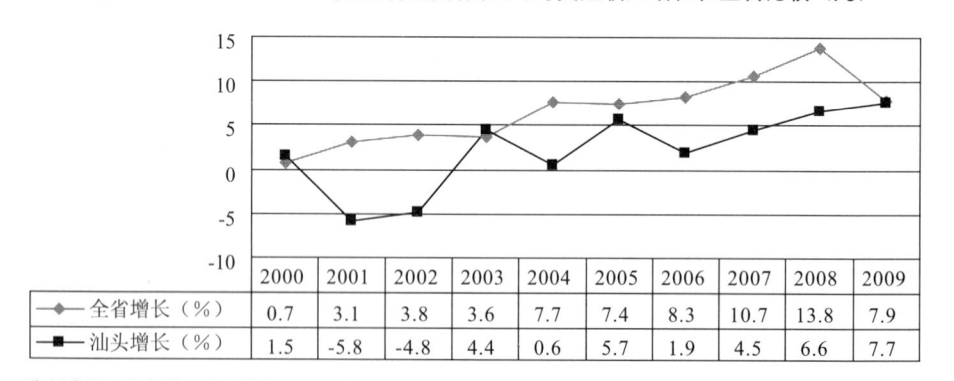

图3-17-6　2000—2009年汕头农村居民人均可支配收入增长和全省比较（%）

	2000	2001	2002	2003	2004	2005	2006	2007	2008	2009
全省增长（%）	0.7	3.1	3.8	3.6	7.7	7.4	8.3	10.7	13.8	7.9
汕头增长（%）	1.5	-5.8	-4.8	4.4	0.6	5.7	1.9	4.5	6.6	7.7

资料来源：各年特区和广东省国民经济和社会发展统计公报。

在五个经济特区当中，汕头经济特区的发展从总体来讲相对滞后。汕头经济的总

体排名在广东省内处于中后位置。原来多项经济指标落后的粤西茂名，已经超越了作为粤东龙头城市的汕头，而且连一直位居于省内三类地区的清远、河源，也因珠三角产业转移而成为全省经济增长的最新亮点。

汕头居民收支水平与全省水平存在一定差距。在2000—2009年间，除个别年份外，汕头居民的收入增长落后于全省平均水平。（见图3—17—5、图3—17—6）从收入的绝对数看，汕头城镇居民平均收入与全省水平的差距由2000年的1054元拉大到2009年的7923.7元。

二、工业基础薄弱，产业结构有待进一步优化

商贸素来是汕头的传统优势，然而历史上一些以商业为主的城市，都是根据实际情况，通过产业转型和结构调整，发展成为现代化工业城市。汕头近年来经济发展速度滞后的原因就在于没有发达的工业，传统的商业和贸易由于内地和周边城市的开放而受到影响，而新兴服务业的发展又由于工业发展缓慢而受到限制。

汕头在经济发展中曾经一度缺乏明晰的产业导向，急功近利的思想曾经导致产业选择失当而走弯路。如20世纪90年代以来，尤其是1992年邓小平同志南方重要讲话之后，趁着全国开发区热的兴起，汕头把重点产业向房地产领域倾斜，掀起兴建基础设施、住房别墅、高层商住楼的高潮。坚持"以房地产业为龙头"带动特区经济发展的思想，房地产行业的住房及高层商住楼远远超过城市人口的需要，工业发展滞后，大多数居民的收入还未到购买商品房的水平，使得大量房屋闲置。空置的商品房不仅造成了资金积压，而且对经济发展十分不利，是导致地方金融危机的诱因。

这些现象充分说明，没有工业的支撑，第三产业不可能健康发展。

有学者认为，当前汕头从产业结构上看，应该说尚处于工业化的初级阶段，其特征是第一产业地位下降，第二产业较快地发展，工业重心从轻纺工业转向基础工业，第二产业居重要地位，第三产业开始发展。[1] 产业结构存在的主要问题如下：

（一）产业结构总体上不够协调，产业集群的特征和效应不明显

2009年，第一产业占生产总值的比例为5.27%，第二产业占55.26%，第三产业占

---

[1] 陈剑屏、刘建其：《汕头市"十一五"期间产业结构调整优化研究》，《汕头大学学报》（人文社会科学版）2006年第1期，第63—65页。

39.46%，[1] 从三大产业之间的产值结构上看，第一产业比重偏低，第三产业比重偏高，仍需进一步优化；"十五"期末，三大产业的就业人员结构为 31∶35∶34，[2] 第一产业的就业比重相对偏高，第二产业和第三产业的就业比重相对偏低；在产业的组织结构上，大型企业偏少。总的来说，全市中小企业在数量上仍占绝对优势，大型龙头企业寥若晨星，要拉动经济快速增长困难很大；工业化整体水平不高，重工业少，以低附加值的传统产业为主；产品档次低，自主创新能力弱，缺乏核心技术和自主知识产权，主要依靠廉价劳动力、资源消耗、土地占用和优惠政策来加速发展。

（二）农业发展受限，现代化程度低

汕头的农业发展受到资源、市场和发展空间的三重制约，农业的整体素质水平不高，未能有效支撑农民收入的稳定增长。

汕头人多地少，农业资源特别是耕地资源十分有限，人均耕地只有 0.14 亩，推行农业规模化经营难度大。农业和农村经济结构仍不合理，虽然目前相对效益好的蔬菜种植已基本形成一大产业，但其他产业发展的优势仍旧未能发挥。农产品科技含量不高，高质量农产品比重低，市场竞争力有待进一步增强。外向型农业发展缓慢，近几年农业利用外资数量极其有限，且逐年减少。农业投入严重不足，影响农业基础设施建设和大部分生产示范项目的实施。除水产加工品外，农产品出口增长较慢。农业组织化程度较低，与农产品相配套的加工、流通等社会化服务体系相对滞后，导致农业产业化经营发展较慢。[3]

（三）工业经济效益不理想，产业竞争力较弱

首先，企业经济效益不理想。根据 2008 年国家统计局公布的全国 40 城规模以上工业企业经济效益综合指数，汕头排名第 35 位。规模以上工业创工业增加值 220.53 亿元，对全市工业增加值贡献率为 61.3%，远低于临近的珠海和厦门，也低于全省 85.7% 的平均水平。规模以上工业增加值占工业增加值的比重偏低，直接影响了税收

---

[1] 汕头市统计局：《2009 年国民经济和社会发展统计公报》。
[2] 汕头市政府：《汕头市劳动和社会保障事业发展"十一五"规划》，2007 年 11 月 19 日，http://www.shantou.gov.cn/fwdt/fwdtA.asp?lmbm=sm0000&xjbm=SM1400。
[3] 汕头市农业局：《汕头市农业"十一五"规划》，2005 年 11 月 10 日，http://agri.shantou.gov.cn/layout/Class.asp?ClassID=28。

收入的规模效应。

其次，工业企业规模偏小。在2107家规模以上工业企业中，大企业极少，产值上亿元的172家，上10亿元的仅有7家。

再次，产业层次偏低。在工业内部，以传统的轻工业为主。传统产业产值占全市工业总产值的85%以上。而且，传统产业的技术水平较低，产品档次和质量有待提高。企业缺乏核心技术和自主知识产权，产业竞争力较弱。

由此可见，汕头市的规模企业无论从企业规模、效益、自主创新能力来看，还是就GDP贡献率、纳税额等而言，都只能算是中小企业。第二产业发展水平低和速度慢，严重影响了汕头市产业结构的优化升级。[1]

（四）第三产业结构不合理

汕头特区成立后的前15年，由于受到交通运输落后的制约、传统观念的束缚以及行业体制单一等原因的影响，第三产业发展较为缓慢，在整个产业中所占比重偏低；进入20世纪90年代后，随着各方面建设的逐渐展开，第三产业加快了发展的步伐，特别是商贸业和房地产业，获得了较快的发展。然而，片面发展商业贸易，忽视工业发展，却使第三产业的发展缺乏坚实的基础，后劲不足。

从第三产业内部结构上看，商品流通类的行业发展迅速，占据了较大比例。具体表现为：首先，消费品市场十分活跃。2009年，社会消费品零售总额672.59亿元，增长18%。[2] 与之相比，生产性服务业、个人服务业及新兴服务业发展缓慢，占的比重小，不能满足现代化的要求。特别是生产性服务业，包括区域性金融服务、信息咨询、现代交通及物流、商务会展、科技服务等，已成为现代经济的重要组成部分和经济增长的主导力量，成为许多发达国家的支柱产业，在世界经济发展和国际竞争中的地位日益显著。汕头要成为粤东的中心城市，理论上也应该成为区域的服务中心。加入WTO后，汕头的经济以更深的层次融入经济全球化的浪潮中，生产性服务业的发展也正面临着新的机遇和挑战。

---

[1] 汕头市人民政府办公室：《〈汕头市人民政府关于扶持规模以上工业企业加快发展的若干措施〉的相关情况说明》，2008年1月29日，http://www.dahuawang.com/ztxw/wxb/show.asp?no=455&type=3。
[2] 蔡宗泽：《2009年汕头政府工作报告》，2010年2月24日，汕头市政府网：http://www.shantou.gov.cn/common/view.asp?id=41617&lmdm=043000。

三、人口众多，对经济社会的发展产生巨大压力

2009 年，汕头全市总人口 510.73 万人，其中汕头市区人口 503.43 万人，人口密度为 2224 人/平方公里，[1] 在五大特区中仅次于深圳。根据汕头市国土资源局的最新统计数字，汕头人均耕地面积仅为全国平均水平的 11%、全省人均水平的 34%，远低于联合国粮农组织确定的人均耕地 0.8 亩的警戒线。土地资源稀缺问题日益突出。[2]

由于人多地少的矛盾尖锐，农业生产所能吸纳的劳动力有限，大量的农村剩余劳动力无论就地转移还是向市镇集聚，都成为了汕头市人口城市化的艰巨任务。由于人口基数庞大，尽管近几年汕头的出生率在逐步降低，但人口总数仍然保持较大的增长。劳动人口的快速增长和经济的不景气，给汕头的就业带来很大的压力，失业人口逐步显现出年轻化的趋势，尤其是女性失业人口的比重逐步上升。

四、人才资源缺乏

在经济发展中，科技因素至关重要，而科学技术的发展与推广有赖于人才。尽管技术的引进也是经济发展的动力之一，但引进的技术需要消化、吸收和不断创新，这仍旧需要依靠人才，否则，发展难以为继。因此培养人才、留住人才是影响经济发展的核心因素。

在培养人才方面，汕头所处的粤东地区的教育水平在全省来讲是较高的，历史上有尊师重教的传统。教育，尤其是基础教育质量较好，每年考上大、中专的学生比例较多。但由于潮汕经济的持续低迷，每年回来的大、中专学生比例不高，连汕头生源的重点院校毕业生愿意回来工作的也很少，出现了严重的人才流失现象。此外，缺乏人才继续教育深造的环境设施。当今世界是一个知识爆炸的时代，科技知识的更新换代十分迅速，而在汕头继续深造的机会较少，各类人才面临着知识老化的困境。尤其是在成人和职业技术教育方面，整个粤东地区不仅不如珠江三角洲，而且还落后于粤西和山区。[3] 整体教育环境的不足，使汕头的人才吸引力受到一定程度的影响，也使

---

[1] 汕头市统计局：《2009 年汕头国民经济和社会发展统计公报》。
[2] 肖彤兰：《汕头人口密度每平方公里 2224 人》，《汕头都市报》2008 年 4 月 16 日。
[3] 杜весь年：《全球化背景下经济发展的本地化与差异性——基于广东经济发展三种不同模式的比较》，广东人民出版社 2004 年版，第 153 页。

现有的人才无法迅速调整知识结构，知识更新速度滞后于经济发展的要求。

从人才的供需结构看，电子通讯、化工轻纺、机械仪表等专业人才供不应求，而财会、金融等专业人才则相对富余。人才层次低、专业的供需失衡，成为制约汕头产业结构优化升级及经济增长方式转变的人才"瓶颈"，不利于电子信息、纺织服装、化工塑料、机械设备等支柱产业的发展。

从企业用人机制上看，汕头的民营企业发展迅猛，是人才最大的使用主体，但许多企业（尤其是中小企业）仍处于家族式管理阶段，以血缘关系构建管理网络，缺乏起用先进管理人才的胆识与魄力，造成人才的积压和浪费。这种任人唯亲的用人管理模式无法与现代企业管理制度接轨，日益成为企业经营管理人才发挥才干的掣肘，削弱了企业的市场适应力和竞争力，制约着民营经济的发展壮大。[1]

第三节　对未来发展的规划

一、五年大变化，十年大发展

改革开放以来，广东一直是全国经济的"排头兵"，但是近年来，广东的经济出现了"东西失衡"，尤其是以汕头为中心的粤东地区的经济长期停滞不前，有可能构成整个广东经济的"短腿"，从而成为珠三角地区全面崛起的一个拖累。

在当前全省实施《珠江三角洲地区改革发展规划纲要（2008—2020年）》开局良好的形势下，省委、省政府对推动区域协调发展再次作出部署。2009年8月26日，《中共广东省委、广东省人民政府关于促进粤东地区实现"五年大变化"的指导意见》正式出台，粤东地区迎来了新的发展机遇。

《指导意见》阐述了促进粤东地区实现"五年大变化"的指导思想、基本原则和主要目标，明确提出粤东地区要做大经济总量，着力提升发展质量和可持续发展能力；主动融入珠三角，积极参与海峡西岸经济区建设，深化与港澳台及东盟的合作；加快重大项目建设，推进区域经济一体化，优化城乡发展格局，到2011年实现实力

---

[1] 汕头市人事局：《汕头市人才"十一五"规划》，http://www.gdrst.gov.cn/info/Information.asp?type=rcgh&InfoID=200711094347501456。

上台阶、城乡展新貌、民生大改善的目标。

《指导意见》推出的39个重大项目中，与汕头市有关的项目有17个，分别是：

1.汕头东部城市经济带；2.汕梅高速公路汕头至揭阳段；3.汕头到揭西高速公路；4.揭东登岗至洪阳高速公路；5.揭东到惠来高速公路；6.厦门至深圳铁路广东段；7.广梅汕铁路龙川至龙湖南段电气化改造；8.广梅汕铁路汕头段增建二线；9.南澳大桥；10.汕头港广澳港区防波堤工程；11.汕头港广澳港区航道一期工程；12.粤东往珠三角送电500千伏南通道；13.500千伏潮南输变电工程；14.粤东天然气管道工程；15.粤东成品油管道工程；16.潮州内洋南总干涝区排涝整治工程（对大港河潮澄闸、西港河举丁闸下游共11.96公里河道进行清淤疏浚，重建潮澄闸，对后壁围8.5公里河堤按50年一遇标准进行加固）；17.列入省重点堤围加固达标项目的汕头大围工程。

二、融入海西经济区

2010年，国家发改委已在《全国主体功能区规划（送审稿）》中将汕头列入国家主体功能区重点开发区域范围。《海峡西岸旅游区域发展总体规划（征求意见稿）》已将汕头列为海峡西岸旅游区域核心城市之一。广东省建设厅和《粤东城镇群协调发展规划》编制单位将汕头（粤东）地区作为海峡西岸地区发展的重要组成部分。

与此同时，汕头市积极参与国家海西经济区规划建设，正着手把整个南澳岛变成对台示范区，争取在南澳岛建立对台的产业、旅游和商品市场、渔民后勤补给基地，这个规划现在已经向省政府报批。对台直航呈全方位良性发展，逐步构建起两岸经济文化交流及人员往来的海上便捷通道，海西南翼重要交通枢纽建设加快推进；台湾渔船自捕水产品优惠政策已惠及汕头，潮阳区顺利启动台湾渔船自捕水产品进口试点；潮阳、南澳、珠海对台贸易公司先后被广东省外经贸厅授予对台小额贸易经营权，潮阳海门对台小额贸易通过广东省验收，在汕设立对台小额商品交易市场项目申报进度加快；国台办、农业部批准设立汕头潮南台湾农民创业园，汕头相应出台《鼓励支持台湾农民创业园建设的若干政策意见》，批转设立汕头市台湾农产品交易中心，现正全力加快这两个对台农业合作平台的规划建设；国家旅游局授予汕头市旅游总公司第二批赴台旅游组团社资格；汕头市以成功竞得广东省第三批示范性产业转移工业园竞争性扶持资金为契机，在工业经济带南山湾片区规划建设汕头台湾产业园，招商引资工作全面展开。

此外，汕头市将全力争取国家和广东省对汕头发展对台经贸合作给予更多支持，推进汕头率先建设"粤台经贸合作试验区"；积极争取国家在港口、铁路、高速公路、水利、通信等重大基础设施与能源战略性产业的项目布局、投资上给予重点支持，推进区域性交通航运中心的发展战略；争取将国家质检总局推出的支持闽台交流的28条具体措施延伸到汕头实施；争取国台办、公安部批准授权汕头口岸为台胞证签注点；争取在汕头开展新台币和人民币自由兑换试点；探索依托海门港已有的对台天然气集疏运体系，规划设立对台石化保税物流园区，带动台资石化企业来汕投资；大力推进深水大港建设，尽快将汕头保税区转型为综合保税区，加快税保区港联动建设，实现整合资源、功能叠加，发挥特殊经济区域的政策效应，加快汕头融入海西经济区建设步伐。

第四篇

厦门经济特区史
——经济发展与环境协调的国际性海港风景城市

厦门经济特区创立于1980年,是中国最早设立的四个经济特区之一,设立之初只有2.5平方公里的湖里工业区,后逐渐扩大至全岛,在税收、外汇、土地使用、投资保障和出入境等方面享有特殊优惠的政策,实行自由港的某些政策,并最早建立了台商投资区,以建立外向型经济作为自己的发展目标,在早期建设的十年中高速发展,取得了令人瞩目的成就。

进入20世纪90年代,厦门经济特区以建立和完善市场经济体制为发展的主要目标,率先初步建立起社会主义市场经济体制,完成了在国有企业、财税、金融、价格、外贸和社会保障等领域的市场化改革,同时,努力促进外向型经济发展,综合经济实力显著增强。

迈入新世纪,厦门经济特区在发展环境发生了深刻变化的条件下,以加快发展为主题,全面健全和完善社会主义市场经济体制,在新形势下继续保持经济特区的优势,并逐步彰显出对台工作的区位优势。

厦门之所以能够成为我国在改革开放之初最早设立的四个经济特区之一,主要是因为厦门毗邻我国的台湾地区。台湾地区在20世纪80年代已经实现了经济腾飞,成为亚洲"四小龙"之一,就像深圳毗邻香港,珠海毗邻澳门,汕头有着丰富的华侨资源一样,厦门主要是利用其地缘优势,承载经济特区在当时计划经济条件下的"窗口"功能。因此,主要考虑的是想通过厦门与我国台湾地区之间的地缘、人缘、情缘的优势,引入台湾地区的资金、技术和先进的管理,以达到"以点促面"、为改革开放进行融资的目的。

第十八章
厦门经济特区概览

厦门是一座闻名中外的海港风景城市，地理环境优越，气候温暖宜人。厦门也是我国最早设立的四个经济特区之一，自设立经济特区以来，始终坚持以经济建设为中心，已经初步建成了经济、社会与环境协调发展并适宜人居的国际性海港风景城市。

第一节　厦门的自然环境

厦门市位于东经118°04′04″、北纬24°26′46″，地处我国东南沿海——福建省东南部、九龙江入海处，背靠漳州、泉州平原，濒临台湾海峡，面对金门诸岛，与台湾岛和澎湖列岛隔海相望。厦门由厦门岛、鼓浪屿、内陆九龙江北岸的沿海部分地区以及同安等组成，陆地面积1565.09平方公里，海域面积300多平方公里。

厦门的主体厦门岛南北长13.7公里，东西宽12.5公里，面积约128.14平方公里，是福建省第四大岛屿。厦门港是一个条件优越的海峡性天然良港，其海岸线蜿蜒曲折，全长234公里，港区外岛屿星罗棋布，港区内群山四周环抱，港阔水深，终年不冻，是条件优越的海峡性天然良港，历史上就是我国东南沿海对外贸易的重要口岸。

厦门属亚热带气候，温和多雨，年平均气温在21℃左右，夏无酷暑，冬无严寒。年平均降雨量在1200毫米左右，每年5至8月份雨量最多，风力一般3至4级，常年主导风力为东北风。由于太平洋温差气流的关系，每年平均受4至5次台风的影响，且多集中在7至9月份。

厦门是闻名中外的海港风景城市，风景旅游资源十分丰富，素有"海上花园"之美誉；既有反映海湾风光、岛屿风光、名山圣景、奇岩怪石的绮丽动人的南国自然资源，又有反映历史遗迹、宗教文化、侨乡风情的人文景观，长期以来吸引了大量中外游客。[1]

第二节　厦门的人口和行政区划

至2008年末，全市户籍人口173.67万人，常住人口为249万人。在户籍人口中，城镇人口为118.58万人，岛内的思明、湖里两个区人口合计80.87万人，比重达46.51%；全市人口出生率为14.12‰，人口死亡率为3.89‰，人口自然增长率10.23‰；男性人口和女性人口分别为87.47万人、86.20万人，性别比为101.48：（女性）100。[2]

全市人口中以汉族居多，另有回、满、壮、畲、苗及高山等少数民族。由于地理环境和历史背景的因素，拥有众多的归侨、侨眷及厦门籍侨胞和港、澳、台同胞。[3]

厦门市现辖思明、湖里、集美、海沧、同安和翔安6个区。[4]

（一）思明区

思明区位于厦门岛南部（包括鼓浪屿岛），北面与湖里区毗邻，东、西、南面与大担、二担、金门、漳州隔海相望。全区总面积73.14平方公里，总人口约73.64万人，是厦门经济特区的商贸中心和风景旅游区。下辖莲前、嘉莲、员当、梧村、鹭江、公园、滨海、厦港、中华、文安、思明、鼓浪屿等12个街道办事处，设有97个社区居委会。

思明区历史悠久。明末清初（1650），郑成功为了抗清复明驻军厦门时，把厦门改为思明州。新中国成立后，厦门市划分行政区域时，为了纪念民族英雄郑成功，把本区命名为思明区。2003年5月，根据国务院和省政府的批复，原思明、开元、鼓浪屿三区合并成立新的思明区，思明区的历史从此揭开了新的篇章。

---

[1] 厦门市人民政府网站：www.xm.gov.cn/zjxm/xmgk/200708/t20070830_173889.htm。
[2] 《2008年厦门市国民经济和社会发展统计公报》。
[3] 厦门市人民政府网站中的自然地理：www.xm.gov.cn/zjxm/xmgk/200708/t20070830_173889.htm。
[4] 关于厦门市思明、湖里、集美、海沧、同安和翔安6个区的介绍，引自厦门市人民政府网站：www.xm.gov.cn/zjxm/xmgk/200708/t20070830_173886.htm。

思明区风光旖旎。辖区旅游景点密布，名胜古迹众多，山海环抱，花木映衬，秀丽与灵动并蓄，自然与人文交融，既辖有国家级重点风景名胜鼓浪屿——万石山风景区，又拥有十多公里长的海滨沙滩及金沙碧波的天然海滨浴场；厦门新"二十名景"中的"鼓浪洞天"、"皓月雄风"、"菽庄藏海"、"万石涵翠"、"云顶观日"、"太平石笑"、"天界晓钟"、"金榜钓矶"、"虎溪夜月"、"员当夜色"、"东环望海"、"金山松石"、"五老凌霄"、"胡里炮王"、"鸿山织雨"等15景均在辖区内。

思明区经贸发达。早在18世纪，思明区已是"近城烟雨千家市，绕岸风樯百货居"的主要商品集散地，辖区的太古码头便是当时的"五口通商"口岸之一。如今，被誉为"中华十大名街"之一的中山路和厦禾路、湖滨南北路等道路纵横交错，沃尔玛、好又多等大型超市、商场遍布辖区，成为闻名遐迩的购物天堂。光电产业、总部经济初具规模，以商贸业、旅游业、房地产业、现代服务业为主导的第三产业增长迅速。

思明区人文荟萃。辖区拥有华侨博物院、英雄小八路纪念馆、"八二三"炮战遗址、郑成功演武场遗址、郑成功纪念馆、鲁迅纪念馆、陈化成故居墓园、人类博物馆等自然人文景观，还有全国重点高等学府厦门大学、国家第三海洋研究所、厦门国家会计学院、鹭江大学、福州大学工艺美术学校以及省一级达标学校厦门一中、双十中学、厦门六中、厦门实验小学等知名教育科研机构。

(二) 湖里区

湖里区是厦门经济特区的发祥地，位于厦门岛北部，三面临海。1987年11月建区，下辖江头、禾山、金山、湖里、殿前5个街道办事处，陆地面积61.41平方公里，占全岛46.33%，海岸线长达24公里。

湖里区区位优越，现代化的海陆空及其他重要基础设施、厦门国际机场、东渡深水港码头等多在湖里区辖范围内，区内市政道路网、区域公路网、城市通讯网和供水、供电、供气及污水处理系统等基础设施星罗棋布，投资软、硬环境已日臻完善。

(三) 集美区

集美区位于福建东南沿海，是厦门市六个行政区之一，辖有灌口镇、杏林镇、后溪镇、杏林街道、集美街道和侨英街道，面积270多平方公里，人口28万多人。厦门大桥把集美与厦门岛连成一体，是进出厦门经济特区的重要门户。

1989年5月和1992年12月，经国务院批准相继设立杏林、集美台商投资区，享受中央给予厦门经济特区的优惠政策，是厦门经济特区对外开放的一个重要窗口。

集美区是著名的侨乡和风景旅游区，旅居海外的侨胞有6万多人。这里环境恬静幽雅，风光旖旎，陈嘉庚先生故居、鳌园、归来园、李林园、龙舟池、鳄鱼园、万宝山观光果园、学村建筑群等都是独具闽南风韵的人文景观，年旅游人次近百万。

集美是厦门市的文教区，著名爱国华侨领袖陈嘉庚先生创办的集美学村已有90年的历史，享誉海内外，拥有从幼儿园、小学、中学到大学的完善的教育体系和完备的教育设施。学村内现有集美大学（下设15个学院、34个专业，涉及8个学科门类）和华侨大学华文学院等知名高等院校，使集美区成为高素质人才集中的地方。

（四）海沧区

海沧区位于厦漳泉闽南"金三角"地区的突出部，与厦门岛隔海相望，现辖海沧和东孚两个镇，共7个社区居委会和23个村委会。

1989年5月，随着改革开放特别是海峡两岸经贸交流的深入，中央政府决定把厦门海沧等地区辟为台商投资区，其中海沧台商投资区规划开发面积为100平方公里，为中国大陆面积最大的台商投资区。海沧具有不可替代的自然禀赋和潜在优势，被列为厦门拓展港口经济和迅速发展大工业的最佳区域。

（五）同安区

同安区位于福建省东南沿海，闽南"金三角"中心地带。北邻安溪、南安，南临集美，东连翔安，西接长泰，与金门隔海相望，交通便利，区位优势明显。

同安区辖大同、祥平两个街道，洪塘、五显、汀溪、新民、西柯、莲花等六个镇。同安区地形复杂多样。全境地势西北高，东南低。全区陆域面积657.59平方公里。同安区地处南亚热带海洋性季风气候区，气候温和，雨量充沛，热量充足。有着丰富的发展农林牧渔的气候资源。同安区具有山、海、热、侨、台、特的自然环境优势、区位优势和历史人文优势。

（六）翔安区

2003年5月，经国务院同意，厦门市调整了部分行政区划。将原同安区所辖的新店、新圩、马巷、内厝、大嶝五个镇和大帽山农场划出来，组成翔安新区；使翔安成为思明、湖里、集美、海沧、同安之后厦门市辖的第六个行政区，现辖一个街道办事处和四个镇。

翔安区东临泉州南安市，西至同安（大同）城区和同安湾，北至大帽山体，南至大嶝海域。翔安区陆域面积共 351.6 平方公里，占厦门全市总面积的近 30%。全区可用于工业和城市建设的土地面积在 200 平方公里以上。

第十九章
经济特区成立前的厦门：1980年以前

厦门在设立经济特区前，由于受到计划体制的影响，经济发展水平相当落后，经济基础也很薄弱。正是在这种低水平的历史起点上，厦门开始经济特区的创建和发展，才彰显出经济特区作为改革"试验田"和对外开放"窗口"的重要作用，才彰显出中国创建经济特区的重要历史意义。

第一节 厦门的历史沿革

厦门历史悠久。相传远古时为白鹭栖息之地，故又称"鹭岛"。

晋太康三年（282）置同安县，属晋安郡，后并入南安县。唐贞元十九年（803）南安县西南部置大同场，五代后唐长兴四年（933）升为同安县，属泉州。宋属清源军、平海军、泉州。元属泉州路。明属泉州府。明洪武二十年（1387）始筑"厦门城"——寓意国家大厦之门，"厦门"之名自此列入史册。清顺治七年（1650）郑成功驻兵厦门，清顺治十二年（1655）置思明州；康熙十九年（1680）废；康熙二十三年设台厦兵备道，道尹驻台湾府治（雍正六年即1728年台湾府改为台湾道），康熙二十五年以泉州府同知分防设厅，雍正五年兴泉道（后为兴泉永道）自泉州移驻厦门。光绪二十九年（1903）厦门鼓浪屿沦为"公共租界"，1912年4月同安县嘉禾里（厦门）及金门、大小嶝置思明县，9月升思明府，旋废，1915年分出金门、大小嶝设金门县，同年置南路道（1914年改名厦门道，1925年废）。

1933年"中华共和国人民革命政府"（即"福建人民政府"）设厦门特别市，旋废。1934年同安、思明县属第五行政督察区（驻同安），1935年4月以厦门及鼓浪屿等7个岛屿设厦门市，撤销思明县设禾山特种区，与同安县同属第四行政督察区（驻同安），1938年5月至1945年9月沦陷，10月恢复厦门市建制，设中心（后改思明）、开元、鼓浪屿、禾山4区。1949年9月、10月同安县、厦门市解放，同安县属第五专区（1950年改泉州专区、晋江专区），厦门为省辖市，1950年10月厦门市设开元、思明、鼓浪屿、厦港（后废）、禾山5区。1953年同安县集美镇归厦门市辖，1958年1月撤禾山区，改设郊区，8月同安县由晋江专区划属厦门市。1966年8月开元、思明区更名东风、向阳区（1979年10月复原名），1970年2月同安县划属晋江专区（地区），1973年6月再归厦门市。1978年9月设杏林区。1987年增设湖里区，郊区改名集美区。1997年同安撤县设区。至此，厦门市辖鼓浪屿、思明、开元、杏林、湖里、集美、同安7区。

2003年5月经国务院批准，同意厦门市调整部分行政区划。调整的主要内容包括：一、思明区、鼓浪屿区和开元区合并为思明区，原三区的行政区域划归思明区管辖。二、将杏林区的杏林街道办事处和杏林镇划归集美区管辖。杏林区更名为海沧区。三、设立翔安区，将同安区所辖新店、新圩、马巷、内厝、大嶝五镇划归翔安区管辖。行政区划调整后，厦门市辖思明、湖里、集美、海沧、同安和翔安六区。[1]

第二节　厦门经济特区的历史起点

设立经济特区以前，厦门的经济发展波折较大，这与当时的社会历史条件密切相关。图4—19—1给出1950年至1980年厦门人均实际GDP，图4—19—2给出相应的增长率。在1950年到1980年期间，厦门人均实际GDP增长波动很大，有时高达46.9%（1969年），有时低至-37.2%（1961年），平均增长率为8.4%。在这段时期，厦门的社会经济发展如同全国的所有地区一样受当时的政治形势影响很大，没有将工作重点放在经济建设和社会发展上，其中1954年、1961年、1962年、1963年、1967年、1968年、1973年和1974年为负增长，到1975年才重新恢复到1960年的水平（1960年厦门的人均实际GDP为343.2元，1975年为348.6元），从1976年结束"文化大革命"

---

[1] 厦门的历史沿革，引自厦门市人民政府网站：www.xm.gov.cn/zjxm/xmgk/200708/t20070830_173888.htm。

和粉碎"四人帮"后，厦门的人均实际 GDP 才开始持续、稳定地增长。

图4-19-1　1950—1980年厦门人均实际GDP（以1952年为基年，按户籍人口，元/人）

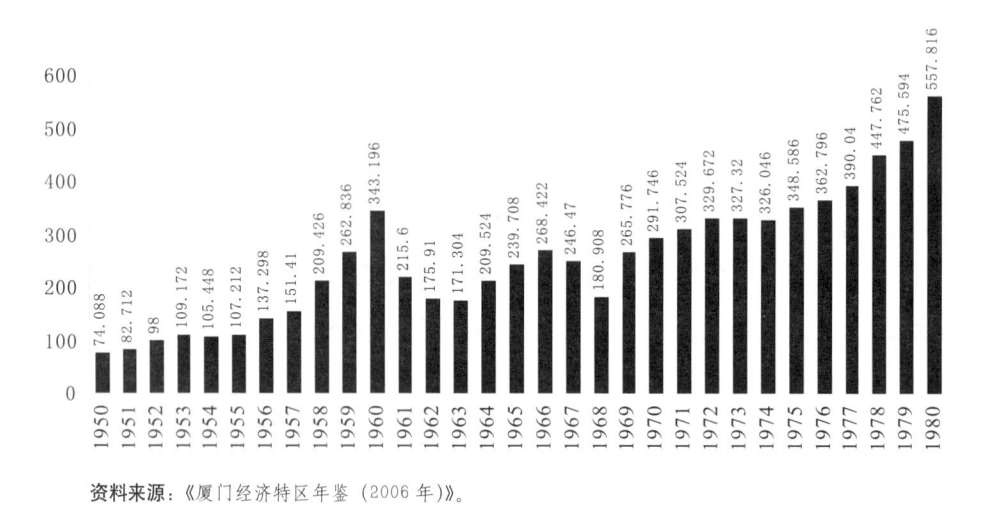

年份	数值
1950	74.088
1951	82.712
1952	98
1953	109.172
1954	105.448
1955	107.212
1956	137.298
1957	151.41
1958	209.426
1959	262.836
1960	343.196
1961	215.6
1962	175.91
1963	171.304
1964	209.524
1965	239.708
1966	268.422
1967	246.47
1968	180.908
1969	265.776
1970	291.746
1971	307.524
1972	329.672
1973	327.32
1974	326.046
1975	348.586
1976	362.796
1977	390.04
1978	447.762
1979	475.594
1980	557.816

资料来源：《厦门经济特区年鉴（2006年）》。

图4-19-2　1950—1980年厦门人均实际GDP增长率（以1952年为基年，按户籍人口，%）

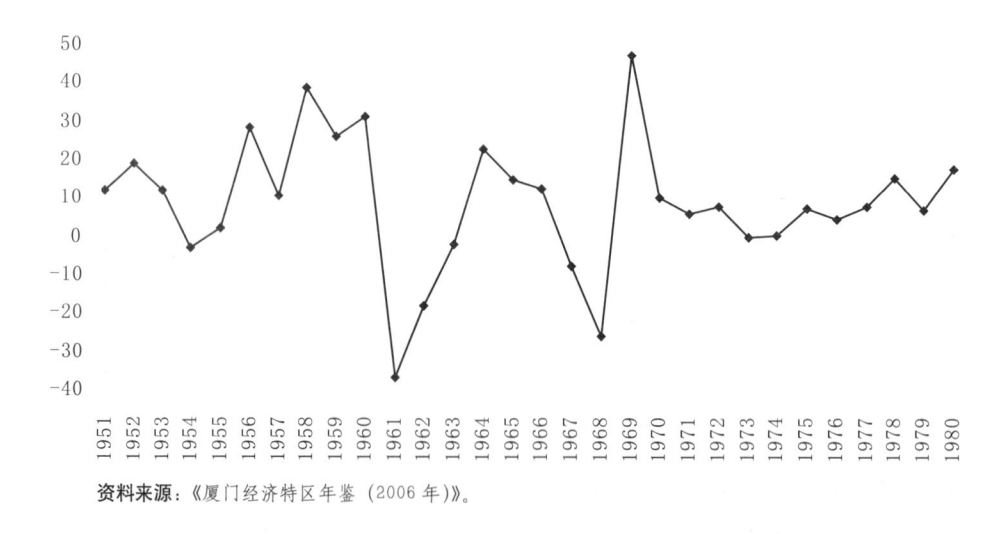

资料来源：《厦门经济特区年鉴（2006年）》。

厦门在成立经济特区以前取得的经济和社会发展成就主要是在"五五"计划期间（1976—1980）完成的。在这期间，厦门全市工农业总产值年均增长 11.2%，人均实际 GDP 年均增长 10%，全民、集体基建投资年均增长 28.2%，港口吞吐量年均增长 12.8%，交通货运量年均增长 7.1%，社会商品零售额年均增长 14.23%，全民职工平均工资年均增长 6.3%，农民人均年纯收入年均增长 11.8%。[1]

"五五"计划期间，厦门市城市基础设施和市政建设也有较大发展。1976 年至 1980 年五年间基建投资额累计达 3.1 亿元，主要投向厦门市的能源工程、供水工程和港口建设。杏林电厂三期扩建工程 1980 年全部竣工，发电能力 2.5 万千瓦的两台机组投产；1979 年北溪引水工程竣工；1980 年莲坂水厂扩建工程完成，全年供水量达 3002 万吨，大大缓解了供水供电紧张状况；1976 年开始投资建设东渡新港区一期工程，仅 1980 年一年就完成投资 2190 万元。1976 年至 1980 年五年间厦门非生产性投资达 8222 万元，年均增长 26.6%；1980 年动工扩建厦门火车站新站房；1979 年底，厦门与香港之间恢复了直达客轮；1980 年邮电业务总量也迅速增加到 309 万元，市话交换机总容机量达 4290 门。[2]

到成立特区前的 1980 年，厦门全市生产总值以当年价格计为 64002 万元，全市工业总产值为 96691 万元，三次产业比例为 21.6：57.8：20.6，财政总收入为 18331 万元，外贸进出口总额为 14027 万美元，其中出口总额为 14027 万美元，社会消费品零售总额为 28552 万元。表 4—19—1 给出了厦门市在 1980 年的主要社会经济指标。相关数据表明，建特区之前厦门的经济发展水平相当落后，经济基础也很薄弱。但如果同其他经济特区相比，厦门经济特区的历史起点和初始条件在最初的四个经济特区当中还是最高和最好的。

表4-19-1　1980年厦门市主要社会经济指标

序号	主要指标	数值
1	全市生产总值（以当年价格计）	64002万元
2	人均生产总值（户籍人口）	685元
3	全市工业总产值	96691万元
4	三次产业比例	21.6：57.8：20.6
5	外贸进出口总额	14143万美元
6	出口总额	14027万美元
7	财政总收入	18331万元
8	社会消费品零售总额*	28552万元

资料来源：《厦门经济特区年鉴（2006年）》。
说明：* 以 2004 年经济普查为基数统一调整口径。

---

[1] 苏东斌编：《中国经济特区史略》，广东经济出版社 2001 年版，第 313 页。
[2] 同上，第 313、314 页。

第二十章

厦门经济特区的早期建设：1981—1990

厦门经济特区的早期建设是在全国改革开放的时代背景下进行的。中国的改革开放事业要"摸着石头过河"，因此，经济特区承载着改革"试验田"和对外开放"窗口"的特殊意义。厦门经济特区不辱使命，抓住历史发展机遇，取得了令人瞩目的成绩，为全国的改革开放事业树立了良好的典范。

第一节 厦门经济特区的创建

一、厦门经济特区的筹建和创办

1979年7月15日，中共中央发出第50号文件——《中共中央、国务院转批广东省委、福建省委关于对外经济活动实行特殊政策和灵活措施的两个报告》，这是中央关于创建经济特区的第一个书面文件。该文件同意两省在对外经济活动中实行特殊和灵活措施，并正式批准在广东的深圳、珠海、汕头和福建的厦门各划出一定的区域试办"出口特区"。

1980年8月26日，第五届全国人大常委会第15次会议批准《中华人民共和国广东省经济特区条例》，批准国务院提出的在广东省的深圳市、珠海市、汕头市和福建省的厦门市设立经济特区。至此，中共中央、国务院、全国人大常委会基本上完成了兴办经济特区的决策程序，为经济特区的兴办和发展提供了政策和法律依据。

1980年10月7日，国务院决定在厦门岛北郊湖里划出2.5平方公里，设立厦门经济特区。在中共福建省委、福建省人民政府领导下，厦门经济特区管理委员会于1980年9月2日成立，正式拉开了兴办厦门经济特区的序幕。经济特区管理委员会代表厦门市人民政府对特区实行统一管理，负责厦门经济特区的规划、开发、管理工作。下设建设发展公司、工程建设、国际贸易信托和劳动服务公司等，负责办理客商来特区投资的有关业务，协调和处理有关特区的银行、保险、税务、海关、边检、邮电等机构的工作关系。

经过酝酿和准备，厦门经济特区于1981年10月15日在湖里工业区正式破土动工。1980年10月，国务院批准的湖里出口加工区的面积为2.5平方公里，1981年10月首期工程先开发1.1平方公里，到1983年底，完成征地拆迁、"五通一平"、部分通用厂房及有关配套设施工程，完成基建投资5023万元。与此同时，积极引进外资，到1983年底，特区共批准"三资"企业24家（其中工业企业9家），合同投资9178万美元，外商投资3715万美元，但实际利用外资却只有785万美元。第一家开办的外资企业是印华地砖厂，最先投产的外资企业是厦华、夏新两家电子企业，但产品大部分内销。[1]

二、创建厦门经济特区的优惠政策

1982年3月10日，福建省第五届人民代表大会第四次会议通过了《福建省厦门经济特区条例》。福建省人大常委会于同年4月份又通过了《厦门经济特区企业登记管理的规定》、《厦门经济特区土地使用的规定》和《厦门经济特区劳动管理的规定》等三个单行法规。

根据这些单行法规，厦门经济特区对于外国企业及港、澳、台企业前来投资予以下列优惠：[2]

（一）税收

特区内的企业征收15%的企业所得税，同时免征地方所得税。经营期10年以上的工业生产性企业可以申请从开始获利的年度起，头两年内免征所得税，从第三年起

---

[1] 苏东斌编：《中国经济特区史略》，第316、317页。
[2] 郑天伦主编：《中国经济特区投资环境》，同济大学出版社1990年版，第59、60页。

减半征收企业的所得税 3 年。此外，凡符合下述条件之一者，还可以给予免征 1—5 年所得税的特别优惠：(1) 从《福建省厦门经济特区管理条例》公布之日起两年内投资的企业；(2) 投资额在 5000 万人民币以上的企业；(3) 投资回收期较长的企业；(4) 厦门经济特区认为特别需要的企业。合资企业如将税后利润用于本地投资，投资期不少于 5 年时，可以申请退回再投资部分已缴纳所得税款的 40%。外资企业进口自用的生产机器设备、零配件、原材料、运输工具和其他生产资料以及合理数量内的生活消费品（不包括烟、酒、高级化妆品）免征进口关税和工商统一税。出口外销的产品、半成品免征出口关税和工商统一税。

（二）用地

投资者可以在其经营期限内获得土地的使用权，政府主管部门定期收取土地的使用费。土地的使用期限一般为 30 年，最长可达 50 年，并且随着企业经营期限的延长可以续约。土地的使用费率按用途和地段的不同而异。企业在批准的基建期限内，土地的使用费率减半征收。土地的使用权可以过户转让。

（三）产品内销

外资企业的产品，凡符合以下条件者，可以申请适当比例的内销：(1) 确实提供了先进技术和设备的产品；(2) 内地紧缺，需要进口的产品；(3) 采用国内原材料、元器件较多的产品，且产品的质量、品种优于内地生产的同类产品。

（四）利润汇出

投资者经营所得的合法利润，以及企业的外籍职工、华侨职工和港澳职工缴纳个人所得税后的工资和其他的合法收入，允许汇出境外，并免征汇出税。

（五）出入境

厦门经济特区简化了出入境手续，外商可以凭厦门经济特区管理委员会的邀请函到中国驻外使馆办理入境签证。如来不及事先办理签证，经厦门经济特区管理委员会的批准，可以直接到厦门口岸办理签证。在特区内投资办企业和其他事业的常驻客商可以申请办理有效期为一年的多次出入境签证。

(六)投资保障

厦门经济特区政府批准设立的外商企业(包括中外合资企业、合作经营企业和外商独资企业),均受到中国法律的管辖和保护,特区政府将遵照中国的有关法律、法规,对于投资者在特区内的资产、应得利润和其他的合法收益,从各方面予以保护。外商独资企业,在遵守特区法律、法令的基础上,投资者有自主经营的权利;合资、合作经营企业实行董事会领导下的总经理负责制,由企业自主经营。企业可以自行招聘职工,经企业考核后,择优录用,并签订劳动合同。企业有权按照劳动合同,对本企业职工进行管理,有奖励和辞退职工的权利。企业职工的工资形式、工资标准和奖励津贴办法,由企业自行制订。外资企业如中途停业,经办理停业注销手续并清理债务后,资产可以转让,其资本可以投作他用或汇出境外。

第二节 厦门经济特区的早期发展历程

一、邓小平视察厦门:把经济特区办得更快些更好些

十一届三中全会确定了以经济建设为中心,因此,改革开放就成为不可逆转的趋势。但是,改革开放又必须审慎推进,而不能一蹴而就,因为,当时"左"的思想束缚还很严重,不可能随着"文化大革命"的结束而立刻消亡,同时,我国幅员辽阔,各个地方的历史和现实条件相差很大,改革开放不可能在全国全方位同时进行。因此,经济特区就成为当时整个中国改革开放的"窗口"和示范基地。在当时的历史条件下,经济特区的设立和发展自然会引起很多争论,甚至是指责。既然是"窗口",就有可能随时被关闭,所以,整个经济特区的发展需要得到中央政策层面的坚定支持,厦门经济特区的早期发展历程也是如此。到1984年,经过几年建设的特区,取得了一定的经验,及时总结这些经验并迅速推广时机已到。与此同时,党内外也出现了对经济特区的种种怀疑和指责。

为此,1984年1月24日至2月17日期间,邓小平、杨尚昆和王震等视察了深圳、珠海、厦门三个经济特区。邓小平同志要亲自看一看经济特区的发展是不是能成功。经过认真的考察,小平同志对经济特区创办以来取得的成就表示满意,并欣然分别为三个经济特区题词。小平同志的考察和题词为有关经济特区问题的争论做出了权威性的总结。

1984年2月9日，邓小平在厦门题词"把经济特区办得更快些更好些"，表达了中央对继续办好经济特区的决心以及对经济特区快速发展的希望和期待，同时也肯定了厦门经济特区近些年发展取得的成就以及在改革开放中实行的一系列新的政策和新的措施。小平同志的题词对坚定厦门经济特区的广大干部、群众进一步搞好改革开放的信心和决心，调动全市人民和社会各界人士加速建设厦门经济特区的积极性和创造性，稳定和鼓励外国投资者在厦门经济特区的投资，都具有非常重大的现实意义和历史意义。

二、特区区域扩大：实行自由港的某些政策

1984年2月24日，小平同志南方视察回到北京后即找到中央几位负责同志座谈，商讨如何进一步办好经济特区和增加对外开放城市的问题。小平同志指出："我们建立经济特区，实行开放政策，有个指导思想要明确，就是不是收，而是放。"他说，"特区是个窗口，是技术的窗口，管理的窗口，知识的窗口，也是对外政策的窗口"，"厦门特区划得太小，要把整个厦门岛搞成特区……这样就能把周围地区带动起来，为它服务，使整个福建省的经济活跃起来。厦门特区不叫自由港，但可以实行自由港的某些政策"。[1]

为了贯彻落实小平同志谈话的意见，1984年3月26日至4月6日，中共中央书记处和国务院在北京召开了有关省、市和部门负责人参加的沿海部分城市座谈会。会后，党中央、国务院下发了《沿海部分城市工作座谈会纪要》（以下简称《纪要》），对经济特区几年来取得的成就、做法，做出了充分的肯定，同时，明确了经济特区今后一段时期的工作重心和发展方向，要求各特区都要按照"特事特办、新事新办、立场不变、方法全新"的原则，跳出国内现行的不适应生产力发展的老框框，改革特区的管理体制和管理机构。《纪要》同时做出继续扩大开放沿海14个城市和地区的决定，同年4月30日，党中央、国务院批转了这个《纪要》。

邓小平和中央主要领导同志视察厦门并对厦门的改革开放和经济建设给予充分肯定，给了厦门经济特区的建设者以极大鼓舞。沿海部分城市工作座谈会的召开和相关《纪要》的批转，又给厦门经济特区的建设者以巨大推动。为更好地适应新的发展要求，1984年9月1日，福建省委、省政府决定厦门经济特区管理委员会和厦门市人民政府合并，由厦门市人民政府行使地方政府和经济特区管理委员会的双重职能。

---

[1]《邓小平文选》第3卷，第52页。

为了更好地贯彻落实《纪要》的精神，以及总结经济特区近几年来建设的经验和教训，使特区能够更好、更快地发展，1985年5月26日至6月1日期间，国务院在深圳召开了第一次全国特区工作会议。会议由中央书记处书记、国务委员谷牧主持。与会同志经过几天的座谈、交流和参观活动，提出了许多新问题，各特区对特区建设四年来的工作从正、反两个方面作了认真的回顾和总结。在总结、交流的基础上，各特区认真找出自己的差距，互相取长补短。这次特区工作会议，是一个全面贯彻落实《纪要》精神的会议，是总结、交流经验，认清当前形势，找出差距，推动特区事业更快发展的会议。

在召开第一次全国特区工作会议后，1985年6月，国务院正式批准厦门经济特区区域范围扩大到厦门全岛（以高[崎]集[美]海堤的高崎一端为界）和鼓浪屿全岛（含附近小岛屿），面积为131平方公里。与此同时，特区范围外的市辖区开展经济活动，执行14个沿海开放城市的有关政策；市管辖的同安县执行沿海经济开发区的政策。[1] 至此，厦门经济特区的全方位开放格局已经基本形成。厦门经济特区可以实行某些自由港政策具体包括：

1. 厦门经济特区建设在国家计划的指导下，充分发挥市场的调节作用。中央赋予厦门市政府在利用外资中较大的自主权。

2. 特区生产的产品出口免征关税。特区内使用的生产设备和原材料进口，免征关税和进出口产品税或增值税。特区进口的生活消费品和其他市场商品的关税，在管理线建成前，按海关有关规定办理。

3. 允许除毒品、武器之外的外国商品，在特区内指定地方和海关严格监管下储存、改装、加工、加贴标签、复运出口。对这类货物不征关税和进口产品税或增值税。

4. 在国家统一政策指导下，自主经营本特区所需商品的进口和本特区内产品的出口；在海关监督下，经营对台直接贸易，开展转口贸易和过境贸易业务；接受内地企业的委托，代理除国家统一经营商品以外的其他商品的进出口业务。

5. 按照国家有关规定建立地方金融机构，允许专业银行开办境内居民外币存款业务，存取自由。经国务院批准，可以在外国借款和发行债券、股票，试办债券、股票的现货交易业务。经中国人民银行批准，外资银行和侨资银行可以进入厦门经济特区开业。[2]

---

[1] 国务院：《关于厦门经济特区实施方案的批复》（国发[1985]85号文件）。
[2] 罗清和：《特区经济学导论》，中央编译出版社2001年版，第212页。

三、台商投资区的崛起：外向型经济的迅速发展

厦门经济特区的发展在很大程度上一直受到资金、技术等因素的制约，直到1987年11月，台湾当局有限度地放宽台胞回内地探亲的限制，与台湾、金门隔海相望的厦门经济特区，迅速成为台胞旅游探亲和投资贸易的热点，厦门经济特区开始进入一个以台商投资为主，外向型经济迅速发展的阶段。

为了进一步推动厦门经济特区的迅速发展，1988年4月，国务院批准厦门市为全国6个计划单列市之一，赋予省一级的经济管理权限，使厦门特区拥有比其他地区更多的自主权，为特区尽快建立与外向型经济发展相适应的管理体制创造了重要条件。

从台湾当局有限度地放宽台胞回内地的限制以来，台商在厦门经济特区的开放中充当了越来越重要的角色，并推动了港澳、华侨、外国客商来厦门投资的进一步发展，形成台、港、侨、外联动的局面，厦门经济特区的外向型经济获得了较快的发展，经济实力也有显著的增强。为了进一步充分利用这种有利的发展局面，1989年5月国务院批准厦门经济特区及厦门市辖的海沧、杏林地区为台商投资区。厦门设立台商投资区具有重要意义，是继1984年厦门经济特区扩大到全岛之后，又一新的突破性发展。台商投资区的设立，实际上等于厦门经济特区的范围由厦门岛内延伸到岛外的郊区，特区的面积由原有的131平方公里，再扩大250平方公里。

经过早期发展，厦门经济特区的对外开放格局已经形成，即厦门岛和鼓浪屿岛为经济特区，郊区为台商投资区，郊县同安为经济开放区。同时，厦门经济特区的发展方向也已基本明确，即通过实施自由港的政策，进一步发展以台湾海峡两岸经贸关系为主的外向型经济，并带动我国东南地区经济的发展。

第三节 厦门经济特区的初步崛起

一、初步崛起的建设成就

经过十年的历程，厦门经济特区的社会经济取得了巨大的发展，使国民经济和社会面貌发生了翻天覆地的变化，也向世人充分证明，创办经济特区的实践是成功的，实行改革开放的总方针是完全正确的。

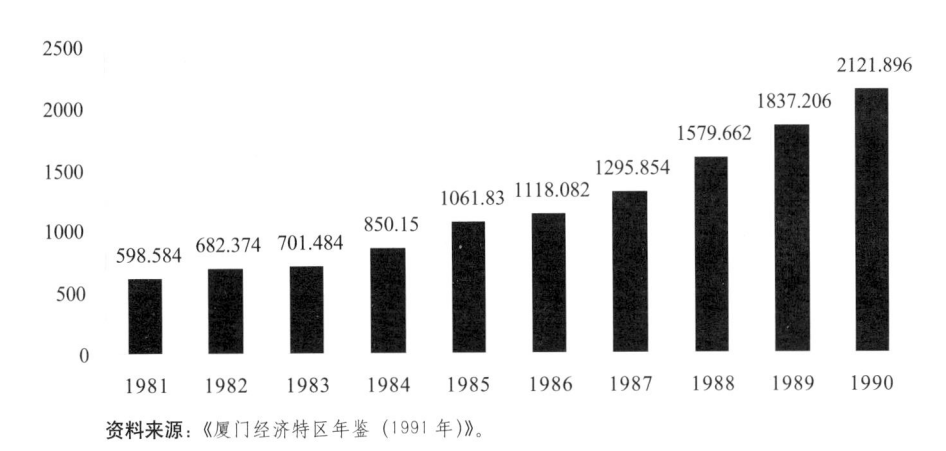

图4-20-1　1981—1990年厦门人均实际GDP（以1952年为基年，按户籍人口，元/人）

年份	人均实际GDP
1981	598.584
1982	682.374
1983	701.484
1984	850.15
1985	1061.83
1986	1118.082
1987	1295.854
1988	1579.662
1989	1837.206
1990	2121.896

资料来源：《厦门经济特区年鉴（1991年）》。

第一，国民经济高速发展。图4-20-1给出了1981年至1990年间（以1952年为基年）的人均实际GDP，图4-20-2给出了相应的人均实际GDP增长率。数据表明，厦门经济特区早期建设的十年间，人均实际GDP始终保持稳定增长。1990年人均实际GDP是1981年的3.54倍，平均年增长14.5%。图4-20-3给出1981年至1990年间厦门全市以当年价格计的财政总收入，1990年财政总收入为102982万元，是1981年的5.28倍。

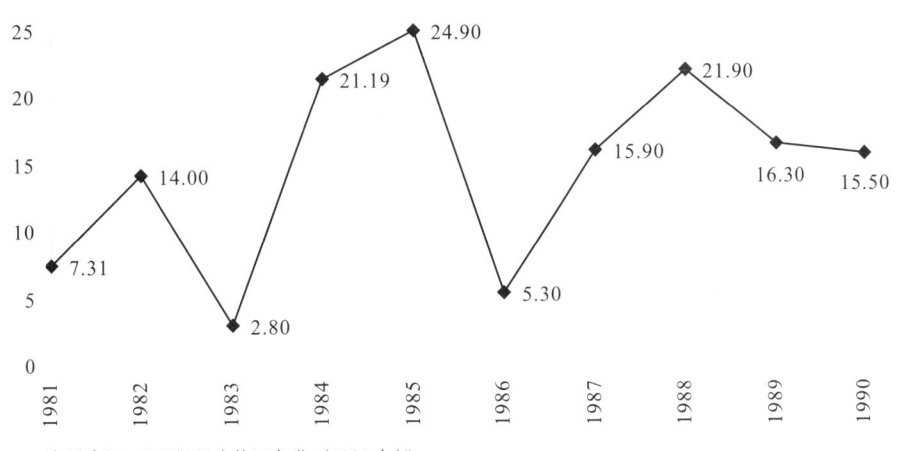

图4-20-2　1981—1990年厦门人均实际GDP增长率（以1952年为基年，按户籍人口，%）

年份	增长率
1981	7.31
1982	14.00
1983	2.80
1984	21.19
1985	24.90
1986	5.30
1987	15.90
1988	21.90
1989	16.30
1990	15.50

资料来源：《厦门经济特区年鉴（1991年）》。

图4-20-3　1981—1990年厦门市财政总收入（以当年价格计，万元）

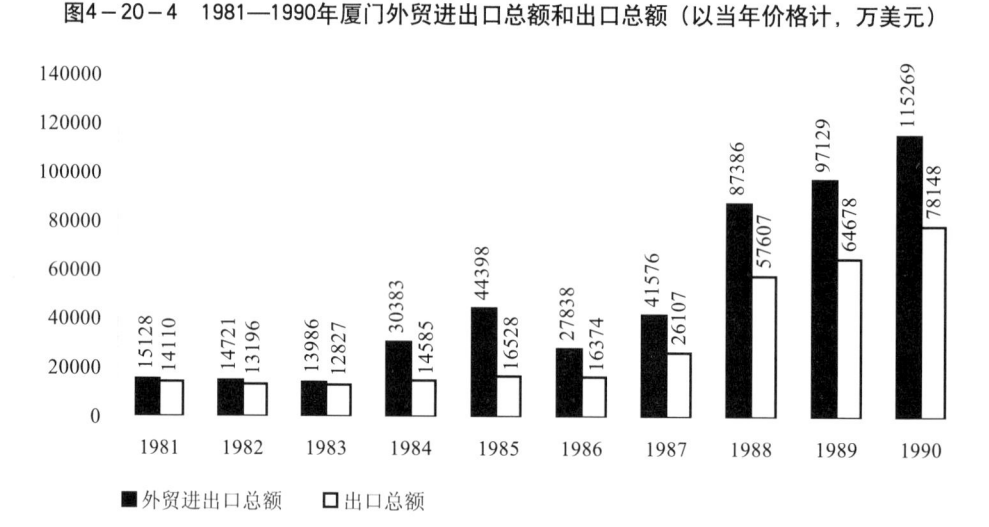

年份	金额
1981	19514
1982	20775
1983	23185
1984	28670
1985	39115
1986	46669
1987	50413
1988	62655
1989	81086
1990	102982

资料来源：《厦门经济特区年鉴（1991年）》。

图4-20-4　1981—1990年厦门外贸进出口总额和出口总额（以当年价格计，万美元）

年份	外贸进出口总额	出口总额
1981	15128	14110
1982	14721	13196
1983	13986	12827
1984	30383	14585
1985	44398	16528
1986	27838	16374
1987	41576	26107
1988	87386	57607
1989	97129	64678
1990	115269	78148

资料来源：《厦门经济特区年鉴（1991年）》，中国统计出版社。

第二，外向型经济初具规模。图4-20-4给出了1981年至1990年间厦门市外贸进出口总额和出口总额的数据。1990年厦门市外贸进出口总额和出口总额分别是1980年的7.62倍和5.54倍，但1986年有较大幅度的负增长，1987年的进出口总额还没有恢复到1985年的水平。从1987年开始，进出口总额和出口总额保持稳定的增长。图4-20-5给出了厦门市1983年至1990年间各年合同利用外资和实际利用外资的数据，图 4—20—6 给出了相应的环比增长率。虽然 1990 年合同利用外资和实际利用外资分别是 1980 年的 5.75 倍和 9.11 倍，但是，期间增长有很大的波动，合同利用外资在 1986 年和 1990 年分别负增长 88.6% 和 36.9%，实际利用外资在 1986 年、1987 年和 1990 年分别负增长 53.7%、48.3% 和 65.5%。

图4－20－5　1983—1990年厦门合同利用外资和实际利用外资（名义值，万美元）

年份	合同利用外资	实际利用外资
1983	8440	794
1984	14616	4044
1985	24203	7328
1986	2759	3393
1987	5671	1753
1988	15564	4796
1989	76906	20980
1990	48555	7237

资料来源：《厦门经济特区年鉴（1991年）》。

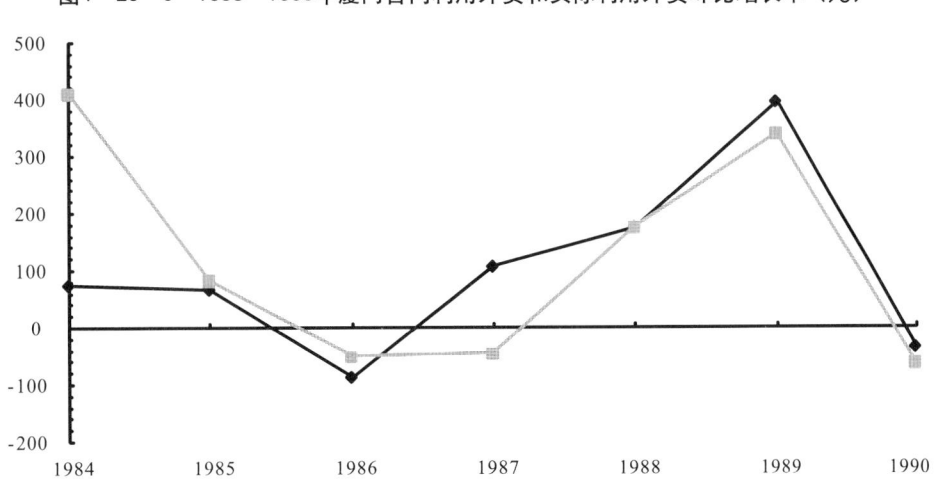

图4－20－6　1983—1990年厦门合同利用外资和实际利用外资环比增长率（%）

资料来源：《厦门经济特区年鉴（1991年）》。

第三，城市基础设施建设发展较快，初步形成比较完善的投资环境。十年累计投入基本建设资金87.48亿元，建成了国际机场、东渡码头、程控电话和供水供电等重点工程，已开辟40条国内外航线，每周航班200个，市话交换机容量4.3万门，自来水日供水能力30.1万吨，港口年吞吐量529万吨。建成了湖里工业区第一期工程和8个住宅小区，各类房屋竣工面积1517万平方米，城市建成区面积也由14.16平方公里扩大到42.5平方公里。[1]

第四，工业总产值不断提高，三次产业结构不断趋向优化，第三产业比重大幅度上升。图4-20-7给出了厦门在1981年至1990年间各年的工业总产值，1990年的工业总产值是1981年的6.77倍。图4-20-8给出厦门市在1981—1990年间全社会固定资产投资和社会消费品零售总额的数据。十年间，厦门市累计完成固定资产投资87.42亿元。1990年厦门全社会固定资产投资是1981年的9.87倍，但在1986年出现了较大幅度的负增长。厦门市社会消费品零售总额在十年间始终保持稳定增长，1990年的社会消费品零售总额是1981年的8.57倍。表4-20-1给出了厦门在1981—1990年间三次产业比例的变化。数据表明，第一产业比例不断降低，从1981年的26.5%减少到1990年的10.6%，第三产业比例不断提高，从1981年的21.9%提高到1990年的44%。

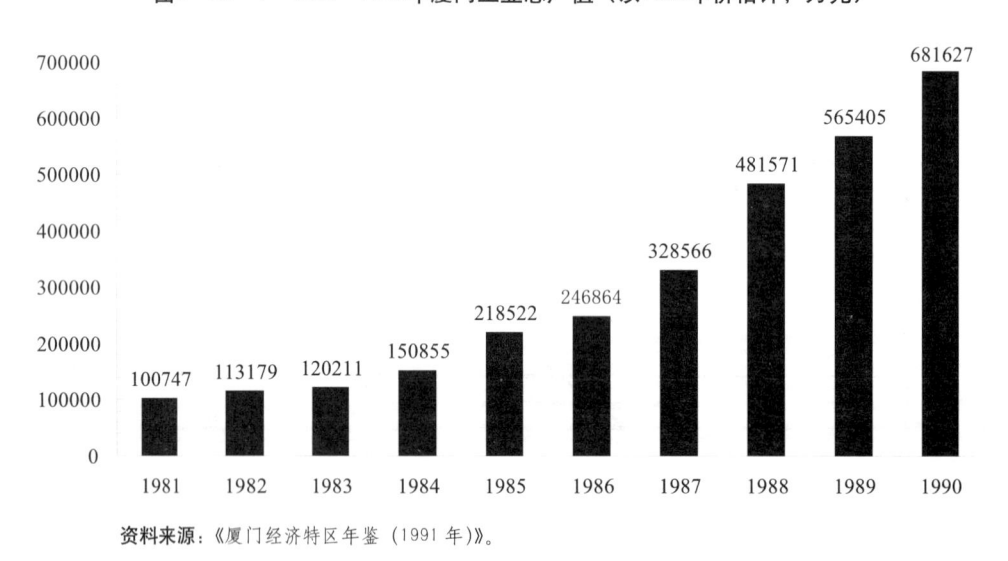

图4-20-7　1981—1990年厦门工业总产值（以1980年价格计，万元）

年份	工业总产值
1981	100747
1982	113179
1983	120211
1984	150855
1985	218522
1986	246864
1987	328566
1988	481571
1989	565405
1990	681627

资料来源：《厦门经济特区年鉴（1991年）》。

---

[1] 苏东斌编：《中国经济特区史略》，第336、337页。

图4-20-8　1981—1990年厦门全社会固定资产投资和社会消费品零售总额

(单位：万元)

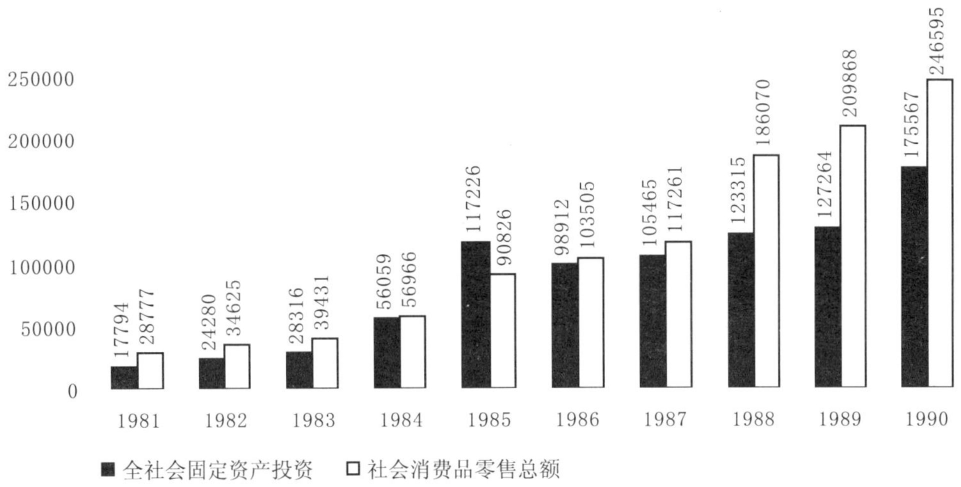

年份	全社会固定资产投资	社会消费品零售总额
1981	17794	28777
1982	24280	34625
1983	28316	39431
1984	56059	56966
1985	117226	90826
1986	98912	103505
1987	105465	117261
1988	123315	186070
1989	127264	209868
1990	175567	246595

资料来源：《厦门经济特区年鉴（1991年）》。

说明：全社会固定资产投资以当年价格计，社会消费品零售总额以2004年经济普查为基数统一调整口径。

表4-20-1　1981—1990年厦门三次产业比例（％）

年份	第一产业	第二产业	第三产业
1981	26.5	51.6	21.9
1982	22.2	50.5	27.3
1983	21.3	49.7	29
1984	16.9	51.4	31.6
1985	14.7	50.2	35
1986	13.6	48.3	38.1
1987	13.4	47.8	38.8
1988	14.6	45.9	39.4
1989	11.8	45.8	42.4
1990	10.6	45.3	44

资料来源：《厦门经济特区年鉴（2006年）》。

第五，城市建设水平大大提高。据统计，从1980年至1991年，厦门城市基本建设投资达101.52亿元，房屋建设竣工面积1066.21万平方米，分别相当于前31年基建投资总额的12倍和建房总面积的4.5倍。10年里，厦门的城市建设按照城市总体规划布局，在厦门本岛成片开发了北起湖里，南到湖滨南路，东起福厦公路，西至东渡新港区约28.7平方公里。先后建成国际机场、深水泊位码头、海峡公路大桥、程控电话、水厂、电厂、煤制气厂和污水处理厂，极大地改善了城市的交通、通信、供水、供电、供气和环境保护。[1]

第六，金融业取得了较快的发展。建立经济特区的 10 年来，全市金融部门为特区经济建设提供了大量资金，为引进更多的外资，促进厦门特区外向型经济的发展创造了比较好的条件。在特区成立之前的 1979 年，厦门只有 3 家银行和 46 个分支机构。为适应厦门外向型经济发展的需要，厦门经济特区先后恢复了中国人民银行、中国农业银行、保险公司、中国工商银行和中国建设银行。1985 年中国人民银行开始行使中央银行职能，成立了厦门人寿保险公司和兴业银行厦门分行以及厦门信托投资公司、证券公司、城市信用社等非银行金融机构，积极引进外资银行，并首次创办了中外合资银行——厦门国际银行，初步形成了以中央银行为领导，专业银行为主体，外资银行、合资银行及其他非银行金融机构并存的金融体系。全市金融体系初步形成多功能、多层次、外向型的特点。

1991 年厦门已有各类金融机构 38 家，其分支机构 300 多个，比 1980 年分别增长 10.3 倍和 5.16 倍。拥有国家银行 5 家，保险公司 2 家，信托投资公司 6 家，城市信用社 8 家，外资银行分行 8 家、代表处 4 家，中外合资银行、区域性地方金融机构、证券公司各 1 家。金融从业人员近 5000 人，比 1980 年增长 4.86 倍。按当时人口计算，平均每 3733 人拥有一家金融机构。[2]

第七，科学技术进步取得显著的成果。厦门经济特区创办以来，始终注重科学技术进步对经济增长的带动作用，努力将科技工作逐步与特区经济结合在一起，促进科学技术事业取得长足的发展。1980 年，全市共有自然科学技术人员 7000 多人，科研机构 7 家，到 1991 年底，全市各类科研与技术开发机构已达 90 家，自然科学技术人员 3.5 万多人；各种自然科学学会 70 个，会员 1.4 万余人；技术中介和技术经营机构 95 个，同时建立了比较健全的专利、情报、交流、标准、计量、质检、防疫、引种、环保、地震等技术服务和检测机构。与国家科委共同创办了厦门火炬高技术产业开发区，并签订了创办中国科技开发院厦门分院和国际科技商城的协议。从 1981 年到 1991 年，全市共安排各种科研和新产品试制计划 2265 项，取得科研成果 967 项，其中获市级以上科技进步奖 608 项。实施《专利法》和《技术合同法》以来，全市申请专利 364 项，国家授予专利权 173 项，技术合同登记 647 项，合同金额 3251.4 万元。

---

[1] 苏东斌编：《中国经济特区史略》，第 338 页。
[2] 同上，第 339 页。

科学技术成果通过推广应用转化为直接生产力。"七五"期间，市科委三项经费投入产出比为1：3.81，大大高于一般固定资产的投入产出率。经济建设中科技含量大大增加，到1991年，全市国民经济增长中依靠科技进步因素已占38%。[1]

第八，教育、文化等事业不断发展，对台交流合作稳步推进。经过10年的努力，厦门经济特区的教育事业也取得显著的进步，保持与国民经济的同步发展，形成了一个遍布城乡、多层次、多学科、多渠道的适应和服务社会经济发展的教育体系。尤其是，由于厦门独特的历史渊源、地理位置和人文条件，厦门与台湾有着深厚的血缘、地缘、人缘关系，闽南地域文化与台湾地域文化一脉相承。改革开放以来，随着海峡两岸关系从对抗走向缓和，从隔绝走向相互交往，厦门市对台文化交流也不断扩大，交流的范围和涉及的领域越来越广，渠道和形式越来越多，规模越来越大，层次越来越高。

二、初步崛起的特点

从厦门经济特区早期建设的十年历程和取得的诸多成就中，可以总结其建设的特点：

首先，充分利用中央赋予的优惠政策和灵活措施，抓住机遇，开拓进取，充分发挥经济特区的"窗口"作用。厦门经济特区运用国家赋予经济特区的特殊政策，较早地成立了地方性外贸公司，促进了外向型经济的发展。同时，利用国家赋予的优惠税率、投资和某些自由港政策，吸引了大批"三资"企业落户厦门，为厦门经济特区的早期建设作出了重要贡献。大量"三资"企业的进入对弥补厦门经济特区早期建设资金的短缺和增加财政收入，促进外向型经济格局的初步形成起到了非常重要的作用。更为重要的是，"三资"企业的进入也带来了先进的生产设备、先进的技术和先进的管理经验，这对推动厦门经济发展，优化产业结构和促进产业升级起到了举足轻重的作用。

其次，坚持基础建设先行，不断加大基础设施建设的力度，加大推进海港、空港、信息港的开发和建设，努力改善投资环境，使得城市功能日臻完善，为企业发展搭建优良的平台，形成了快捷的陆海空交通网络、先进的通讯网络和水电供给系统，

---

[1] 苏东斌编：《中国经济特区史略》，第339页。

从而使企业赖以生存的水、电、运输和通讯等基础设施都有了很好的保证，企业得以蓬勃发展，同时也带动了厦门经济特区的迅猛发展。

再次，积极引进技术设备，按照外向型经济的要求改造原有工业企业。厦门经济特区在积极引进外资兴办新工业企业的同时，把引进技术改造原有工业摆在重要位置，加速了原有企业的技术改造。十年来，厦门市工业生产一直保持较高的增长水平，很大程度上是依靠工业企业的技术改造。

最后，大力发展第三产业，为社会发展提供资金和服务。在厦门经济特区的早期建设期间，努力发展商贸业，形成对内对外开放的商品市场体系，发展金融服务业，形成多功能、多层次的金融体系，发展交通运输业，形成现代化的海、陆、空立体交通运输体系，发展旅游业，不断挖掘旅游发展潜力，不断发展科技、教育事业，提高经济素质和居民素质，形成有利于经济特区持续发展的科技、教育体系。

三、初步崛起的评价

虽然厦门经济特区在早期建设中取得了令人瞩目的成就，但也有其不足之处，其中最明显的就是产业结构与布局不合理。在经济特区创办初期，曾经制订规划，工业拟发展三种类型的产品：一是先进技术与工艺的产品，包括电子元件、小型电器、电机、精密机器和仪表；二是利用福建原材料、半成品加工外销的产品，包括利用木材、朱藤、中药材、蔗糖、水果、皮革、纸张和烟草等产品加工精制的新产品；三是进料加工的传统畅销产品，包括针织、成衣、鞋帽、塑料制品、家用电器、钟表和工艺品等。[1] 其中，第一类为欢迎投资的产业，有利于厦门经济特区的长远发展，第二类有利于充分发挥厦门本地的资源优势，而第三类投资少，见效快，虽然不利于厦门经济特区的产业结构升级和优化，但却是外商热衷投资的项目。

由于当时厦门经济特区处于刚刚起步的阶段，相关法规不健全，政策也不完善，投资者徘徊观望心态严重，因此，前来投资的外商较少，尤其是从 1985 年下半年起，我国整体经济进行调整，收紧银根、压缩基建，加之经济特区初办，建设经验不足，暴露出不少不适应外商投资的问题与弊端，许多"三资"企业经营效果不理想，外汇难以平衡，企业亏损面较大，厦门经济特区利用外商直接投资在 1986 年出现大幅

---

[1] 苏东斌编：《中国经济特区史略》，第 318 页。

度下降[1]，从而对投资者并没有严格按规划的要求合理布局，而是来者不拒，不加选择。所以，早期进入厦门经济特区的工业项目以第三类居多，不能同厦门原有的工业相配套，也不能发挥促进厦门产业结构升级和优化的作用。

从短期经济增长角度看，外资企业集中于劳动密集型项目与厦门市劳动力资源丰富、价格低廉的情况相适应；但从长期经济发展需要看，外资企业技术含量不足，与厦门经济特区利用外商投资以促进技术进步的初衷相背离，必然影响厦门经济特区经济发展的后劲。从长期经济发展的需要来看，只有引进技术含量高的项目，才能真正地推动厦门经济特区经济和社会的进步，进而增强经济实力与经济发展后劲。

---

[1] 见图 4—20—6 和图 4—20—7 所示的数据。

第二十一章
厦门经济特区的全面发展：1991—2000

进入20世纪90年代，以邓小平同志南方重要讲话和随后召开的党的十四大为标志，中国经济体制改革开始迈进明确的轨道，有了明确的方向和目标，开始进入初步建立社会主义市场经济体制阶段，中国的改革开放事业进入一个崭新的历史篇章。为此，要冲破计划经济体制框架，按照建立社会主义市场经济体制的要求，在国有企业、财税、金融、价格、外贸和社会保障等领域加快改革步伐。厦门经济特区在这段时期始终以市场化改革为全部工作的核心，以改革和开放为动力，率先初步建立起社会主义市场经济体制。

第一节　厦门经济特区在建立社会主义市场经济体制中的发展历程

一、江泽民总书记考察厦门经济特区：十年志庆与彰显对台经贸

1991年是厦门经济特区建立10周年。1991年9月4日，江泽民总书记为厦门经济特区建立10周年题词："坚持改革开放，努力办好有中国特色的社会主义经济特区。"为了进一步宣传我国改革开放政策，宣传特区建设的辉煌成就，在特区建立10周年期间，厦门市委、市政府举行了几次大型活动进行庆祝，其中规模最大、最隆重的是1991年12月18日下午在厦门市中心体育场举行的庆祝厦门特区成立10周年庆典。江泽民总书记专程前来出席庆典，并发表了重要讲话。

江泽民总书记代表党中央、国务院在庆祝厦门经济特区建立10周年庆典上讲话

时指出:"十年前,我们到厦门来,这里城区很小,工厂很少,经济还很落后。今天,我们看到厦门这座古城的面貌已经发生了巨大的变化。通过对外开放,吸引外商和港台客商投资,引进先进技术和科学管理经验,上千家新企业兴办起来了,成群的高楼大厦建起来了,商业贸易繁荣起来了,初步形成了以工业为主,工贸结合,各业综合发展的外向型经济格局。厦门经济特区建设,对带动闽南地区加快经济发展起了重要作用,为推动海峡两岸的经济交往,促进祖国统一事业作出了积极的贡献。""厦门经济特区与台湾一水之隔,是海峡两岸开展经济文化交流的一个重要窗口。厦门经济特区要充分利用有利条件,积极增进海峡两岸同胞的相互了解和往来,热忱欢迎台湾同胞参与经济特区的建设,为推动祖国统一大业作出新贡献。"[1]

江泽民总书记的讲话,进一步肯定了党中央创办经济特区的方针、政策的正确性,对厦门经济特区10年建设的成就给予了高度评价,为今后如何进一步办好经济特区指明了方向,提出了更高的要求,对厦门人民是极大的鼓舞,对厦门经济特区各项事业的发展具有十分重要的指导作用和深远的历史意义。

1994年6月22日江泽民总书记再次来到厦门。在22日和23日两天时间里,江泽民总书记考察了厦门城区、厦门火炬高技术产业开发区、湖里工业区、海沧投资区和杏林台商投资区。在考察期间,江总书记指出,经济特区已经进入新的发展阶段,主要是要通过深化改革,练好内功,把特区提高到一个新水平,这叫做"增创新优势,更上一层楼"。特区要继续特,要继续在全国的改革开放中发挥窗口作用、试验区作用和排头兵作用。他指出,厦门特区在发展经济贸易上,要重点抓好吸引台商、台资,这是厦门的优势和特点。要做好台商、台资的引进工作。对所有的台资企业要加强引导和宏观管理,引导这些企业向基础产业、高技术产业、高附加值产业以及农业方面投资发展。[2]

江泽民总书记在考察期间充分肯定了经济特区取得的巨大成绩和作出的历史性贡献,科学地总结了特区建设的基本经验,再次充分肯定了经济特区在我国改革开放中的"窗口"作用、"试验区"作用和排头兵作用,从我国社会主义现代化建设的战略高度上,重申"中央对发展经济特区的决心不变,中央对经济特区的基本政策不变,

---

[1] 中共厦门市委党史研究室编:《中国经济特区的建立与发展》(厦门卷),中共党史出版社1996年版,第124—126页。
[2] 同上,第173页。

经济特区在全国改革开放和现代化建设中的历史地位和作用不变",强调"要把发展经济特区贯穿于社会主义现代化建设整个过程",这一系列重要讲话精神给特区人民以巨大鼓舞和鞭策。同时,江泽民总书记在视察过程中不断强调:厦门优势、特色应该体现在与台湾的经济合作和贸易往来上,这个作用其他特区不能替代,这个作用将随着历史的前进越来越显示出来。[1]

为了凸显厦门经济特区在发展两岸关系中的重要作用,继1989年5月海沧、杏林成为台商投资区后,1992年12月,国务院又批准集美为台商投资区,辖集美、后溪两镇,规划面积78平方公里,区内台资企业实行厦门经济特区政策。同时,为了切实保障台湾同胞在厦门的合法权益,厦门在被全国人大授予地方立法权以后,出台了《厦门市台湾同胞投资保障条例》,使台湾同胞的权益保障上升到法制化层次。

为了方便台湾同胞往来厦门经济特区,从1994年开始,中央决定对直抵厦门口岸的台胞实行落地办证。并且,在1996年8月20日,中华人民共和国交通部颁布的《台湾海峡两岸间航运管理办法》开始实施。交通部决定先开放厦门、福州两个地区,作为两岸间船舶直航试点口岸。这是祖国大陆为加速实现两岸直接"三通"而采取的重要措施和实际步骤。1998年9月10日,经国务院有关部门批准,厦门市设立大嶝对台小额商品交易市场,市场占地面积1平方公里,凡福建省居民及台湾、金门同胞持有效身份证明,经交易市场管委会批准,并办理规定的登记注册手续后,均可在市场上设立摊位从事商品交易活动,这是经国家批准的全国唯一的对台小额商品交易市场。这些举措体现了中央对厦门经济特区的有力支持,同时能够加速推动厦门经济特区与台湾地区间的经贸合作。

二、象屿保税区:加快实施自由港某些政策

1992年11月20日,国务院批准设立厦门象屿保税区,首期面积0.6平方公里。象屿保税区位于厦门经济特区西北部,毗邻湖里工业区,西连东渡港区,东临港区铁路、疏港公路,南北两面分别与象屿码头、厦门大桥相接,规划面积为2平方公里。其中首期开发的0.6平方公里于1993年11月28日经海关总署验收合格正式开

---

[1] 中共厦门市委党史研究室编:《中国经济特区的建立与发展》(厦门卷),第174页。

关运转。

为加快象屿保税区的建设和发展，厦门市人大常委会于1994年9月29日公布实施《厦门象屿保税区条例》。象屿保税区是厦门经济特区实施自由港某些政策的突破口，是为境内外投资者提供最优惠政策和良好投资环境的特别经济区域，是参照国际惯例、与国际市场直接转轨的自由贸易区。

保税区内主要发展对外贸易、转口贸易、仓储运输业务，同时，允许兴办附加值高、能耗低、无污染的商业性加工业，允许从事金融、保险、期货、商品展销、商业零售及其他为企业生产生活服务的业务。

保税区实行的优惠政策主要有：[1]

一是特别的关税政策。凡进口区内使用的机器设备、基建物资、部分交通工具和办公用品，为加工出口产品进口的原材料、零部件、元器件、燃料、包装材料，供储存的转口货物以及在保税区加工出口的产品，免领进出口货物许可证，并予以免征关税或予保税。

二是灵活的贸易政策。区内设立的各类企业均可获得区内进出口经营权，可自主经营区内进出口贸易、转口贸易业务。区外非进出口公司可通过区内指定公司办理二线进出口报关手续。为方便企业开展进出口业务，区内企业的中方人员可申办多次往返香港通行证。

三是优惠的税收政策。区内各类企业均可获得政策规定的减免税待遇。即经营期在10年以上的生产性企业，从获利年度起，头两年免征企业所得税，第三年减半征收企业所得税。非生产性的外商投资企业，境外客商投资在500万美元以上，经营期达10年的可从获利年度起，头一年免征企业所得税，后两年减半征收企业所得税。区外企业向区内企业销售货物，视同出口可办退税。从境外进入保税区的货物，除国家另有规定外，免征增值税、营业税、消费税。

四是开放的金融政策。中外金融机构均可申请在区内设立分支机构。区内企业经营业务所得外汇收入，可保留现汇，周转使用。其中中资企业的外汇净收入自企业设立之日起5年内免予结汇，金额留成。外币现钞可在区内流通。区内企业经批准可在境内外发行股票、债券。

---

[1] 中共厦门市委党史研究室编：《中国经济特区的建立与发展》（厦门卷），第151、152页。

三、探索建立社会主义市场经济体制与促进外向型经济发展

厦门作为中国最早的经济特区之一,一直是改革开放的试验区。厦门市被列为国家综合配套改革试点城市,实施综合配套改革重点在于组织实施沿海地区经济发展战略,加快发展外向型经济。同时,以深化企业经营机制改革和理顺财产关系为重点,相应建立市场体系和宏观间接调控制度以及精简政府机构,以率先建立起社会主义市场经济体制。在这方面,厦门经济特区进行了大胆探索和尝试。

社会保障制度是市场经济体制的重要组成部分,厦门经济特区紧紧围绕这个突破口以带动全面建立社会主义市场经济制度。1996年6月27日,厦门市被列为全国职工医疗保障制度改革试点城市。建立职工医疗保障制度是完善社会保障制度的一个重要方面。厦门作为经济特区能够成为全国社会保障制度改革的试点城市,充分显示出经济特区的改革"试验田"作用,同时,职工医疗社会保障制度的建立和完善也有利于厦门经济特区在市场化改革中的持续发展。1999年4月3日,厦门市全面实施城乡居民最低生活保障制度,保障标准为单人户每月260元,双人户月人均235元;农村居民最低生活保障标准保底线为户月人均100元,保障标准在当时居全国之首。建立城乡居民最低生活保障制度是完善社会主义市场经济制度的一个重要方面。厦门市在这个方面的举措凸显了经济特区在建立和完善社会主义市场经济制度方面的重要作用。2000年6月21日至23日,厦门市十一届人大常委会第26次会议审议通过《厦门市职工基本养老保险条例》、《厦门市失业保险条例》等。这些条例的制定和实施进一步完善了社会保障体系,积极推进养老社会保障体系建设,完善失业保险制度等,推动了厦门市社会保险工作的法制化进程,使社会保险制度改革取得了较大的发展。

厦门经济特区利用市场化改革积极推进国有企业改革并探索在市场经济条件下的国有资产管理方式。1998年2月23日,厦门酿酒厂产权整体转让外商,开创了外商整体并购厦门市国有企业先例,为盘活国有资产,利用多方资源发展经济进行了大胆的尝试。1999年3月31日,厦门市公开向全国选聘企业经营者,公开选聘的职位有厦门工程机械股份公司总经理、国有投资公司总会计师等7个职位。厦门市公开招聘国有企业经营者是探索在社会主义市场经济条件下实现国有资产保值增值,进行国有企业改革,建立现代企业制度方面的大胆和有益的尝试。1999年7月29日,厦门市开始实施《厦门市企业国有资产流失查处暂行办法》。这是国内首部涉及企业国有资产流失查处问题的地方政府规章,能够加强国有资产管理,防止国有资产流失,完善

社会主义市场经济制度。

厦门经济特区积极利用市场化机制大力引进外资促进产业结构升级和外向型经济发展。1996年1月18日，厦门太古飞机工程有限公司举行开业典礼。厦门太古飞机工程有限公司是由中国内地、中国香港地区以及英国、日本、新加坡的6家公司联合成立的跨国联营企业。厦门太古飞机工程有限公司的飞机维修中心是厦门航空工业区的龙头项目，形成了以大修和改装747大型客机为主的飞机维修能力。首期工程建成后，可以同时进行两架波音747飞机的维修。在这一龙头项目的带领下，英国卢卡斯宇航公司、美国联信航空工业公司、通用电气公司也在维修中心设立了飞机燃料、电气、飞行控制系统及飞机汽动、启动机、液压等系统的大修厂，形成了全国最大的民航飞机维修基地。1998年3月26日，经国务院批准，厦门市福达感光材料有限公司与美国柯达公司合资合作，组建柯达（中国）股份有限公司厦门分公司，注册资本3.85亿美元，是柯达公司在中国最大的生产基地。柯达公司在厦门经济特区的投资带动相关产业在厦门的发展，优化产业结构和提高产业竞争力，有利于保证出口持续稳定增长。1998年11月3日，美国戴尔计算机公司在厦门设立"中国客户服务中心"，该中心生产戴尔公司全系列产品。在厦门的中国客户服务中心，是亚太区内第二个提供从生产、销售、技术支持到服务的设施。

第二节 厦门经济特区的全面崛起

一、厦门经济特区率先初步建立起社会主义市场经济体制

（一）以建立现代企业制度为目标，促进国有企业转换经营机制

国有企业改革是建立和完善社会主义市场经济体制的一个重要方面。厦门经济特区以建立"产权清晰、权责明确、政企分开、管理科学"的现代企业制度为目标，以"统一领导、分级负责、协调一致、重点突破、整体推进"的方针，推动国有企业改革向纵深发展。

为了加强组织领导，厦门市成立了"市转机建制领导小组"，由市委、市政府主要领导担任组长、副组长，市府各有关部门的领导为小组成员，统一领导、协调全市的国有企业改革工作。市转机建制领导小组成立后，还制定了《厦门市转换国有企业

经营机制建立现代企业制度的试行方案》,确定了全市转机建制工作的目标、指导原则、实施步骤及组织领导等方面的工作。

厦门经济特区在改革过程中不断加强国有资产管理,努力探索国有资产保值增值途径。按照"市国有资产管理机构—国有产权运营主体—企业"三个层次,厦门市建立了国有资产管理新体制。同时,结合政府机构改革,设立进入政府序列的国有资产管理局,作为市政府专司国有资产管理职能的机构,解决国有资产"现任缺位"问题。在国有企业改革上,完成了国有工贸企业的清产核资和产权界定,组建了工业国有资产投资公司和商贸国有资产投资公司,及其营运体系发展企业集团,成立了工业、商贸国有资产投资公司。厦门市认真落实《国有企业财产监督管理条例》,制定并完善了《对试点企业若干管理问题的暂行规定》、《关于对国有资产及长期投资股权管理的通知》、《关于投资开发管理的暂行规定》、《企业资产保值经营责任制》、《关于国有资产股权管理的暂行规定》、《公司内部审计暂行规定》、《周转投资的暂行规定》、《公司内部提供贷款担保的暂行规定》、《企业厂长、经理年薪制试行方案》等一系列的规章制度,建立起国有资产经营责任制和保值增值考核体系。

厦门市在促进国有企业改革和建立现代企业制度过程中,始终紧紧围绕以产权制度改革为突破口,通过以点带面,从整体上搞活国有企业。厦门经济特区认真贯彻执行《全民所有制工业企业转换经营机制条例》和《中华人民共和国公司法》,落实企业经营自主权,使企业成为法人实体和市场竞争的主体。逐步完成国有企业的清产核资、资产评估、界定产权、清理债权债务、核实企业法人财产权和资本金工作,并选择其中部分企业进行现代企业制度改革试点。在改革试点工作中,把公司制改造和加快产业结构调整结合起来,采取组建股份有限公司、有限责任公司、国有独资公司或企业集团等形式,进行全面改制、改组、改造,并对那些长期亏损、产业结构不合理、管理混乱的企业进行兼并,使国有资产得到优化重组。

为了建立长效机制,厦门市在加速国有企业转换经营机制过程中,始终重视把企业改革与加强管理结合起来,建立和健全科学的企业管理制度。为此,改革企业内部领导体制,全面推行厂长、经理负责制和任期目标责任制。在试点企业改革中,建立和健全股东会、董事会、监事会及职工代表大会等决策、执行、监督体系,形成有效的内部监督和自我约束机制。为了使企业发展具有内在的动力,还要改革企业内部分配制度和劳动人事制度,实行多种形式的工资总额与经济效益挂钩的分配办法,以及落实企业用工自主权。同时,健全企业新的财务会计制度,鼓励企业加强技术开发和技术改造，提高全面质量管理水平。

（二）加快建立和完善社会保障制度，推动经济社会全面和谐发展

建立健全社会保障体系是完善社会主义市场经济体制中的一个重要方面。厦门经济特区在促进社会保障制度改革方面取得了显著的进展。1993年，厦门市政府成立了社会保障工作领导小组和社会保障事业管理中心，统一领导和实施厦门市的社会保障制度改革工作。1994年10月，厦门市政府分别以3、4、5号政府令颁布实施《厦门市职工养老保险暂行规定》、《厦门市职工失业保险暂行规定》、《厦门市职工工伤保险暂行规定》等三个规定。厦门市政府参照国家医疗保险改革试点城市的方案和经验，结合厦门的实际情况，制定医疗保险改革方案。统一社会保险费的缴纳标准，加强对社会保险基金的统一征缴和集中管理，扩大了社会保险的覆盖范围，初步建立起多层次的养老保险和基本医疗保险制度。

厦门市出台最低工资保障制度，全面实施城乡最低生活保障制度。开展对破产企业离退休人员和失业人员的衔接管理及困难企业职工的救济工作，并把社会保障覆盖范围扩大到"三资"企业等非公有制企业，为维护社会稳定作出了重大贡献。

厦门经济特区还积极推进住房制度改革。厦门市政府依照《国务院关于深化城镇住房制度改革的决定》精神，结合厦门实际情况，颁布实施《厦门市关于深化城镇住房制度的改革方案》，加大房屋租赁改革力度，建立和健全住房公积金制度，加快住房商品化改革步伐。

（三）转变政府职能，探索在社会主义市场经济条件下政府的宏观调控

实行社会主义市场经济，不仅国有企业需要转换经营机制，成为市场竞争主体，而且更需要政府转变职能，以发挥在市场经济条件下的宏观调控功能，将竞争主体的自主与政府的调控有机结合起来。为此，厦门经济特区积极推进金融、财税、计划、外贸、外汇、投资、土地管理体制等方面的改革。

厦门市政府通过制定《厦门市改进行政机关作风和提高办事效率的规定》，为各职能部门设定审批时限和推行挂牌办公制度，设立行政机关办事效率投诉中心，加强勤政廉政建设，提高工作效率。

经济发展计划体制初步建立了"宏观调控目标"、"预期指标"、"国家公共资金和资源配置指标"三大新型指标体系。在税收方面，完善市县（区）分税制财政体制和

以流转税为主体的新的税收关系，实现了新税制的平稳过渡和财政收入的较快增长。加强国税、地税两级税务队伍建设，采用先进、科学的征收手段，防止税收流失。同时，认真执行个人所得税法，加强个人所得税的征管，以发挥税收在调节国民收入再分配方面的重要作用。

厦门经济特区改革了投资体制。将一般性工业和竞争性产业的投资建设项目逐步推向市场，引入竞争机制，由企业法人担任投资主体，自负盈亏。对于国有部门的各种投资建设项目，要求建立相应的法人机构，以明确投资主体，并实行项目业主投资责任负责制。厦门市政府调整投资结构，加强基础产业和基础设施投资。为转换政府职能，市政府除负责项目规划外，一般不再承揽过多具体的建设事务，不干预企业的经营决策自主权。

在土地使用制度改革方面，厦门市政府颁布《厦门经济特区土地管理条例》，对一级市场实行高度垄断，由政府统一征地、统一规划、统一开发、统一出让，采用公开竞投或招标形式有偿出让土地使用权。为了促进土地使用权的流转，放开二级市场，允许土地使用权有偿转让、抵押。同时，组建土地评估所、土地交易所，为二级市场提供估价、咨询服务和交易场所，并制定相关配套法规，以规范土地使用和交易行为。

在对外经济体制改革方面，厦门经济特区根据国务院《关于进一步改革和完善对外贸易体制若干问题》及《国有经贸企业转换经营机制的若干规定》精神，逐步放权简政，分别下放企业进出口货物的报关审批权、外派劳工政审权以及简化出国出境审核手续等。为了培养独立的市场竞争主体，厦门市政府调整和批准部分企业的进出口经营权，扩大企业经营范围，对所有外贸企业实行自主经营、自负盈亏的运行机制。为了提高企业的创汇积极性和经济效益，厦门市按照企业的经济实力和经营情况，对企业上缴利润划分不同档次，制定出不同的留成比例。同时，为了充分调动县（区）招商引资的积极性，厦门经济特区还下放引进外资的审批权限。

（四）加快发展各类要素市场，以配套完善社会主义市场经济体制

在金融市场，厦门经济特区已经初步形成以中央银行为领导，专业银行为主体，外资、合资、股份制银行及其他非银行金融机构并存的多种类、多层次、多功能、外向型的金融体系。全面组建和改革农村合作基金，并与人民银行协商组建城市合作商业银行。建立和完善外汇调剂、资金拆借、股票证券交易等市场，成立厦门市证券监督管理委员会，并对全市期货经纪公司依照国家有关规定进行清理整顿。

对于产权交易市场，厦门市政府组建厦门产权交易中心。产权交易中心依据政府的宏观导向和产业政策，遵循市场经济规律，为社会提供"公开、公正、公平、规范、有序、集中"的产权交易场所。为了规范产权交易市场的运作和发展，厦门市制定并实施《厦门市产权交易暂行规定》。

为了促进市场经济条件下劳动力资源的充分合理利用，厦门经济特区建立以综合劳动力市场为主体，职业介绍所和劳务公司为补充的劳动力市场，劳动力供求双方的选择具有较大的灵活性和主动性，市场就业成为劳动就业的主要渠道。

为了促进科学技术更多、更快地转化为现实生产力，厦门经济特区积极发展技术交易市场。厦门市政府在厦门市技术交易所的基础上，成立厦门技术贸易中心。厦门经济特区现已初步形成了管理—中介—经营三个层次的技术市场体系，促进了科学技术作为生产要素的合理流动。

（五）改革商品流通体制，促进各类市场主体竞相发展

厦门经济特区根据《全民所有制商业企业转换经营机制实施办法》，深化国有商业企业改革，扩大国有商业企业经营自主权，并在部分企业进行现代企业制度改革试点。同时，对众多的国有小型商业企业采用多种方式进行国有民营化改革的"抓大放小"，将竞争机制引入商品流通领域，使厦门市商业经济向规模化、大型化、集团化方向发展。

为了探索新型市场组织形式，厦门经济特区积极促进市场主体向多层次和多元化发展。厦门市将重点放在商品流通的基础设施建设上，已经开辟了9大类生产资料市场，建成2个集贸批发市场，3个农副产品专业市场，具有较先进管理水平和技术装备的国际贸易展览中心、购物中心及2万多个商业服务网点（不含餐饮业、物资供销业）。[1] 此外，各种形式和所有制性质的零售企业迅速发展，同时引进外资建设各类大型综合性商业购物中心。厦门经济特区已经初步建立起多种经济成分并存、结构合理、高效运转的商品流通体系。

---

[1] 中共厦门市委党史研究室编：《中国经济特区的建立与发展》（厦门卷），第165页。

(六)稳步推进农村经济体制改革，促进农村市场经济体系的形成和发展

建立社会主义市场经济体系是一项系统的复杂工程，不能一蹴而就，必须在重点突破的基础上，有步骤地、全面地展开。其中，农村市场经济体系的构建和完善是一个非常重要的方面。厦门市政府在全面构建社会主义市场经济体系的过程中，始终重视进一步深化农村经济体制改革，逐步完善以家庭联产承包为主的责任制和充分结合的双层经营体制，逐步推行土地适度规模经营，初步建立土地使用权的合理流转机制。通过推行股份合作制、股份制、承包制、租赁、拍卖等形式，深化乡镇企业改革，搞活乡镇企业，努力使乡镇企业成为农村经济的重要支柱之一。通过合理规划和调整产业结构，引导乡镇企业向小城镇集中，节省农村土地资源，减少重复投资和建设。按照产供销、贸工农一体化原则，鼓励城市的商贸、科研、服务机构与农村经济组织的联系和合作，发展生产、加工、销售一体化的新型经济结构和产业实体，推进农村经济产业化，促进农村市场体系的形成和完善。

(七)大力加强法制建设，保障社会主义市场经济有序运行

市场经济应该是法治经济，为了适应市场经济发展的需要，就应该大力推进社会主义法制建设，保证经济体制改革的顺利进行。通过逐步建立和健全市场经济法规体系，完善市场监督和管理。全国人大授予厦门市人大立法权，厦门经济特区非常重视利用这一优势，进一步建立和健全厦门特区建设和实施自由港政策的法规体系，重点抓紧制订有利于改善经济秩序、规范市场行为方面的一些法规和行政规章，保证国家各种政策法规的落实，为发展社会主义市场经济提供了良好的法规保障。

二、厦门经济特区全面崛起的建设成就

(一)综合经济实力显著增强

1991年至2000年间，随着社会主义市场经济体制在厦门经济特区的逐步确立，厦门市综合经济实力显著增强。2000年全市实现地区生产总值501.87亿元（以当年价格计）。为了准确反映出厦门市在这十年间取得的经济成就，图4—21—1给出了1991年至2000年厦门人均实际GDP（以1952年为基年，按户籍人口）的增长趋势，图4—21—2给出了相应的环比增长率。数据表明，2000年厦门市人均实际GDP是1991年的4.47倍，十年间平均环比增长率为18.43%。

随着全市国民经济的快速发展和企业总体经济效益的不断好转，全市各项财政收入在十年间大幅度增长，有效充实了厦门经济特区的财政实力，使财政金融对经济发展的支持力度不断增强，同时，也有利于建立和完善社会主义市场经济体制的各项制度。图4-21-3给出了1991年至2000年间厦门市财政总收入的增长趋势（以当年价格计），2000年厦门市的财政总收入是1991年的7.73倍。

图4-21-1　1991—2000年厦门人均实际GDP（以1952年为基年，按户籍人口，元/人）

年份	人均实际GDP
1991	2565.444
1992	3155.502
1993	3849.636
1994	4738.888
1995	5738.88
1996	6496.42
1997	7548.744
1998	8666.042
1999	9957.29
2000	11460.806

资料来源：《厦门经济特区年鉴（2001）》。

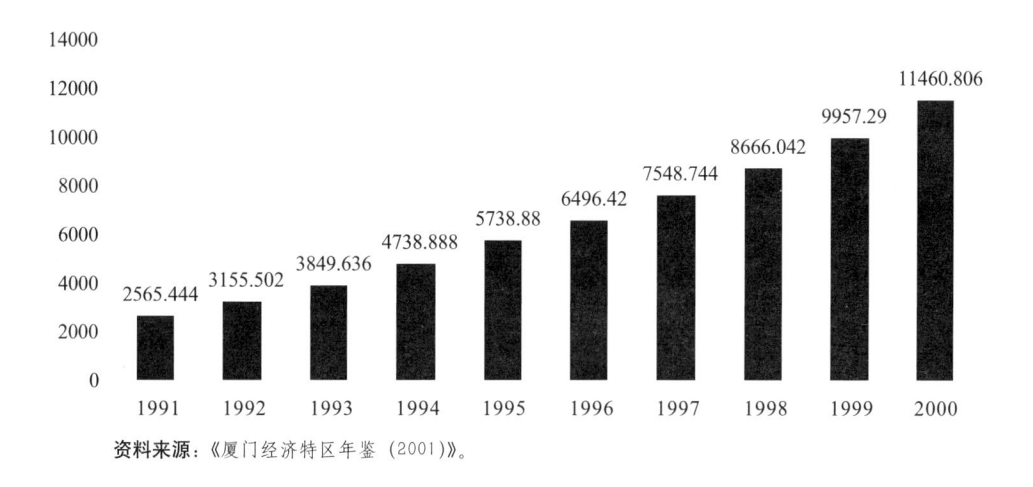

图4-21-2　1991—2000年厦门人均实际GDP增长率（以1952年为基年，按户籍人口，%）

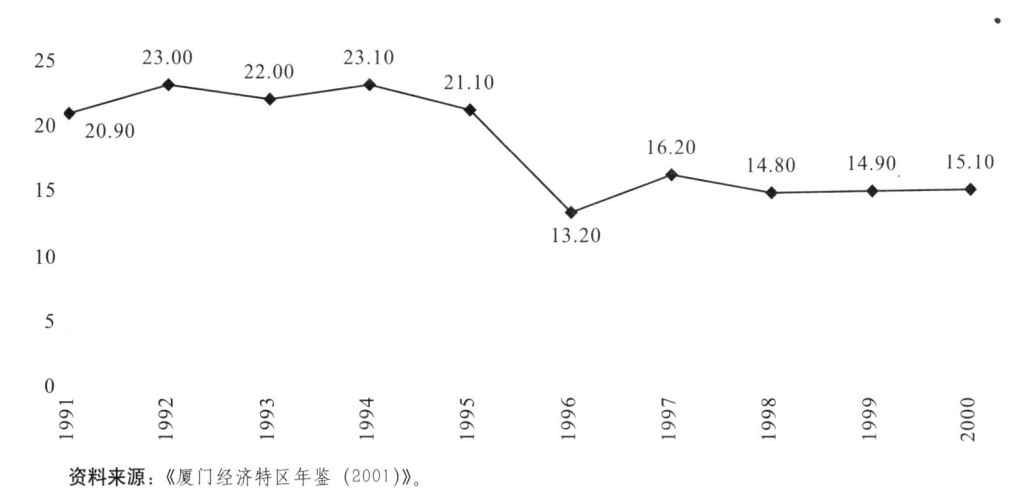

年份	增长率
1991	20.90
1992	23.00
1993	22.00
1994	23.10
1995	21.10
1996	13.20
1997	16.20
1998	14.80
1999	14.90
2000	15.10

资料来源：《厦门经济特区年鉴（2001）》。

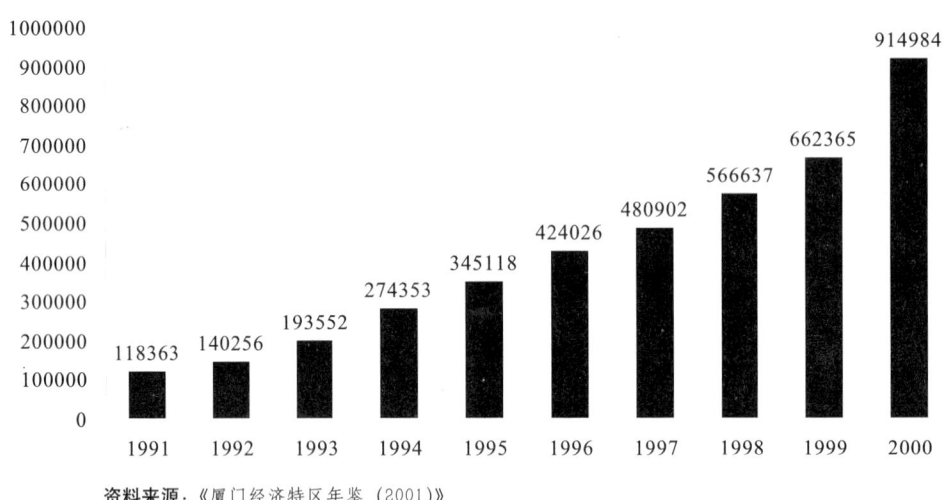

图 4-21-3　1991—2000 年厦门市财政总收入（以当年价格计，万元）

年份	金额
1991	118363
1992	140256
1993	193552
1994	274353
1995	345118
1996	424026
1997	480902
1998	566637
1999	662365
2000	914984

资料来源：《厦门经济特区年鉴（2001）》。

（二）工业经济综合实力显著提高，工业在国民经济中的支柱作用日益增强

图 4-21-4 给出了厦门市在 1991 年至 2000 年期间工业总产值的增长趋势（以当年价格计）。2000 年，全市工业总产值已达 776.36 亿元，是 1991 年的 6.49 倍。工业经济始终保持对全市经济快速增长的强劲推动作用，工业对经济增长的贡献率达 63.2%，直接拉动经济增长 11.7 个百分点。[1] 在此期间，厦门市工业经济的持续增长主要由骨干企业推动。2000 年 117 家产值超亿元的重点工业企业完成工业总产值 526.39 亿元，占全市规模以上工业总产值的 75.23%。[2] 同时，工业企业的产业结构调整也初见成效，越来越多的高新技术企业的龙头作用更加凸显。厦门市的工业企业发展紧紧围绕电子、机械和化工三大产业，积极调整产业结构和布局。这三大产业的产值在 2000 年已占全市总产值的 60% 左右。[3] 随着夏华、戴尔、翔鹭、柯达、灿坤等一批高新技术骨干企业的快速增长，厦门市的产业结构不断升级。2000 年全市位居工业产值前五位的企业都是高新技术企业。[4] 在十年经济高速增长的过程中，厦门市的工业企业总体经济效益也在不断提高。2000 年全市规模以上工业经济效益指数为

---

[1]《厦门经济特区年鉴（2001）》，中国统计出版社，第 37 页。
[2] ·同上。
[3] 同上。
[4] 同上。

137.3%，实现利润总额 32.56 亿元，利税总额 66.58 亿元。[1]

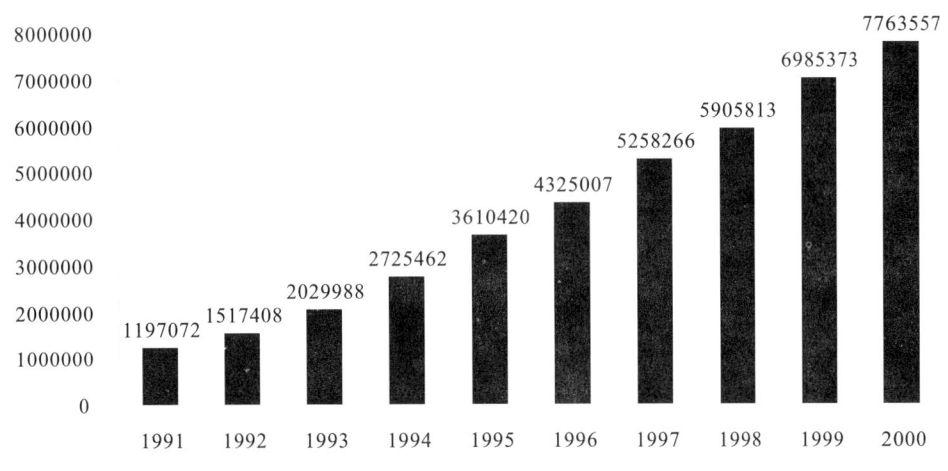

图4-21-4 1991—2000年厦门工业总产值（以当年价格计，按1995年新口径，万元）

年份	工业总产值
1991	1197072
1992	1517408
1993	2029988
1994	2725462
1995	3610420
1996	4325007
1997	5258266
1998	5905813
1999	6985373
2000	7763557

资料来源：《厦门经济特区年鉴（2001）》，中国统计出版社。

表4-21-1 给出了厦门在 1991 年至 2000 年间三次产业比例的变化趋势。数据显示，厦门市经济增长主要依靠第二、三产业的拉动。十年间，第二产业的比例有所提高，从 1991 年的 46.4% 提高到 2009 年的 50.6%，第三产业的比例较为稳定。

表4-21-1 1991—2000年厦门三次产业比例（%）

年份	第一产业	第二产业	第三产业
1991	9	46.4	44.6
1992	8.3	42.4	49.4
1993	7.1	44.3	48.6
1994	6.9	48	45.1
1995	6.3	51.1	42.6
1996	6.8	50	43.3
1997	5.9	48.9	45.2
1998	5.4	48.4	46.2
1999	4.8	49.7	45.5
2000	4.2	50.6	45.2

资料来源：《厦门经济特区年鉴（2001）》，中国统计出版社。

---

[1] 《厦门经济特区年鉴（2001）》，第 37 页。

（三）固定资产投资和社会消费品零售总额成倍增长，成为拉动全市国民经济快速增长的主要动力

图 4-21-5 给出 1991 年至 2000 年厦门市全社会固定资产投资和社会消费品零售总额的数据（以当年价格计）。10 年间，厦门市累计完成固定资产投资 1202.24 亿元，是 1981 年至 1990 年间累计投资额的 13.75 倍。[1] 厦门市固定资产投资的快速增长使基础设施更加完善，城市面貌发生了显著变化，提高了全市人民的生活质量。一批新建的工业制造业建设项目投入使用，极大地推动了厦门市工业经济的发展。同时，快速发展的固定资产投资也加快了传统产业的技术改造，使厦门市现有企业的整体素质有了较大的提高。固定资产投资带动了厦门市房地产业的蓬勃发展，已成为国民经济中的重要组成部分。

图4-21-5　1991—2000年厦门全社会固定资产投资和社会消费品零售总额(以当年价格计，万元)

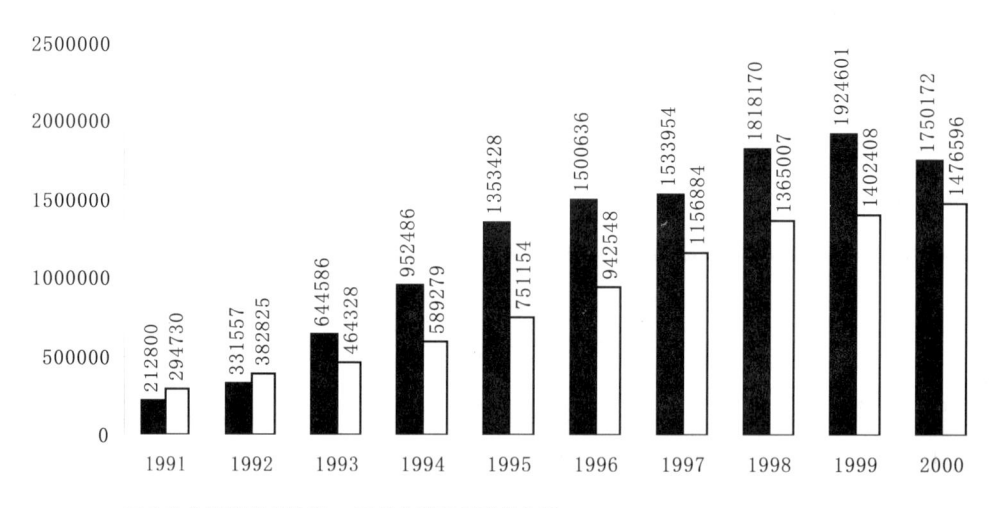

年份	全社会固定资产投资	社会消费品零售总额
1991	212800	294730
1992	331557	382825
1993	644586	464328
1994	952486	589279
1995	1353428	751154
1996	1500636	942548
1997	1533954	1156884
1998	1818170	1365007
1999	1924601	1402408
2000	1750172	1476596

资料来源：《厦门经济特区年鉴（2001）》。
说明：全社会固定资产投资以当年价格计，社会消费品零售总额以 2004 年经济普查为基数统一调整口径。

10 年间，厦门市商业企业在建立社会主义市场经济体制过程中面对不断发展的经济形势，加大改革力度，加快转换经营机制，不断适应市场竞争的要求，从而促使全

---

[1]　1981 年至 1990 年间，厦门市累计投资额是 87.42 亿元。

市商品流动总规模始终保持着良好的增长态势。2000年，全市实现社会消费品零售总额147.66亿元，是1991年的5倍。在社会消费品零售市场保持繁荣稳定的同时，各种不同经济成分的市场竞争越来越激烈，非公有制经济发展迅速。到2000年底，国有、集体经济市场占有率为33.61%，个体、私营经济市场占有率达48.75%，外商、港澳台经济市场占有率为5.11%，联营经济市场占有率为1.31%，其他经济市场占有率为11.22%。[1] 各种经济类型相互竞争、相互补充，促进了零售市场的繁荣稳定。

（四）外贸进出口总额呈不断扩大之势

图4-21-6给出了1991年至2000年间厦门市外贸进出口总额和出口总额的变化趋势（以当年价格计）。受亚洲金融危机的影响，厦门市的外贸进出口总额和出口总额在1998年都出现了较大幅度的负增长，但在1999年就开始出现恢复性增长，2000年再次超过1997年的数值。在整个10年间，2000年外贸进出口总额和出口总额分别是1991年的5.81倍和5.11倍。外贸进出口的大幅度增长是由于厦门经济特区始终坚持改革开放，抓住机遇，全方位扩大对外开放，努力发展外向型的经济格局，不断完善特区的投资软、硬环境。

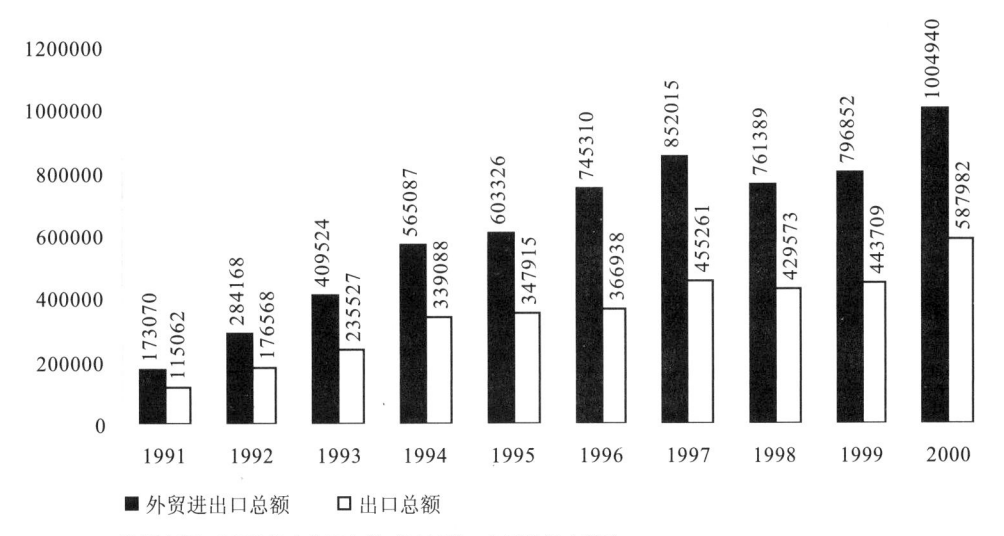

图4-21-6　1991—2000年厦门外贸进出口总额和出口总额（以当年价格计，万美元）

年份	外贸进出口总额	出口总额
1991	173070	115062
1992	284168	176568
1993	409524	235527
1994	565087	339088
1995	603326	347915
1996	745310	366938
1997	852015	455261
1998	761389	429573
1999	796852	443709
2000	1004940	587982

资料来源：《厦门经济特区年鉴（2001）》，中国统计出版社。

---

[1]《厦门经济特区年鉴（2001）》，中国统计出版社，第215—216页。

在这个过程中，厦门市出口商品结构不断优化，出口产品的附加值不断提高。2000年全市共完成机电产品出口25.07亿美元，占出口总额的42.64%，高新技术产品出口完成8.68亿美元，占出口总额的14.76%。[1] 随着戴尔计算机、灿坤、林德、富士电气、ABB开关、夏华、夏新、太古飞机维修等一批国内知名企业生产能力及规模的进一步扩大，全市机电产品、高新技术产品出口后续发展能力强劲，对厦门经济特区的外贸发展起着主导的作用。

10年间，随着社会主义市场经济的逐步建立，厦门经济特区的外贸体制改革也取得了较大进展，非公有制企业进出口强劲增长。在2000年，国有企业进出口总额完成29.1亿美元，占全市进出口总额的29%，"三资"企业进出口总额完成66.1亿美元，占65.8%，民营企业在2000年实现进出口总额4.1亿美元，是增长速度最快的经济类型。[2]

（五）利用外资在困境中发展

图4—21—7给出了1991年至2000年间厦门市合同利用外资和实际利用外资的变化趋势（以当年价格计），图4—21—8给出了相应的环比增长率。10年间，厦门市合同利用外资和实际利用外资波动幅度很大，在邓小平南方重要讲话和党的十四大的有力指引下，1992年和1993年有较大幅度的增长，但在1994年出现了负增长。尤其是在亚洲金融危机爆发后，厦门经济特区面临国际资本流动重新排列组合的严峻形势，国内吸引外资竞争也出现日益加剧的局面，厦门市直接利用外资面临较大的困难，外商投资的势头持续下降。2000年合同利用外资只是1993年的41.77%，实际利用外资与1993年几乎持平。

面对严峻的困难，厦门经济特区积极采取应对措施，继续进一步完善投资环境的基础建设，着重改善外商投资软环境，不断完善服务体系，积极为外商排忧解难，为外商提供及时、规范的服务，同时加大招商引资的工作力度。1997年，国家正式批准福建投资贸洽会升格为中国投资贸洽会，并由国家经贸部主办，福建省和厦门市承办。中国投资贸洽会的举办进一步扩大了厦门经济特区招商引资的影响力，提高了厦门在海内外的知名度，促进了招商引资的稳步发展，同时把招商的重点转向高新技术项目、跨国公司及一批大型投资项目，提高了协议项目到资率及单项实际投资率，从

---

[1]《厦门经济特区年鉴（2001）》，第215—216页。
[2] 1981年至1990年，厦门市累计投资额是87.42亿元。

图4－21－7　1991—2000年厦门合同利用外资和实际利用外资（名义值，万美元）

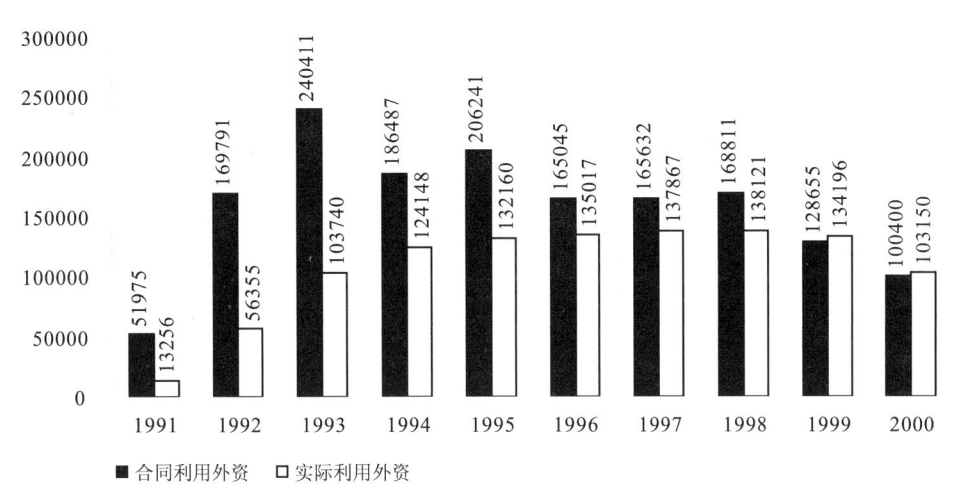

年份	合同利用外资	实际利用外资
1991	51975	13256
1992	169791	56355
1993	240411	103740
1994	186487	124148
1995	206241	132160
1996	165045	135017
1997	165632	137867
1998	168811	138121
1999	128655	134196
2000	100400	103150

资料来源：《厦门经济特区年鉴（2001）》。

图4－21－8　1991—2000年厦门合同利用外资和实际利用外资环比增长率（%）

资料来源：《厦门经济特区年鉴（2001）》。

而进一步提高了利用外资的质量。[1] 以此为契机，厦门经济特区逐步实现了由引进资金为主向引进技术、资金和利用国际市场并重的转变。一批既有资金和技术又有广阔

---

[1]《厦门经济特区年鉴（2001）》，第217页。

国际市场前景的外商投资企业在厦门落户，如柯达、戴尔电脑、胜特兰秦岭宇航、德嘉半导体、宝龙锂电池、ERC 镍—锌电池、GE 飞机发动机维修项目、飞利浦照明电器等高新技术项目。到 2000 年底，世界最大的 500 家跨国公司已有 24 家在厦门投资 33 个项目，合同外资 10.18 亿美元，平均单项合同外资 3086 万美元。[1]

（六）科技、教育事业稳步发展

在厦门经济特区全面崛起的十年间，厦门市非常注重科技进步对经济发展和社会进步起到的基础性支撑作用，努力推动通过科技发展来实现经济增长由粗放型向集约型的转变。到 2000 年末，厦门全市高新技术企业达 147 家，完成产值 300 多亿元，组织和实施了 4 项国家级攻关项目、9 项国家级火炬计划、6 项国家级星火计划，4 家企业被评为省级技术创新示范企业。思明软件园一期主体建筑、火炬软件园主体建筑和北大生物园办公楼基本建筑，路桥科技园、戴尔一期厂房完工并投入使用，灿坤科技园一期工程完成 70%。[2]

10 年间，厦门经济特区非常注重发展教育事业。2000 年全市有各级各类普通学校 912 所，各级各类普通学校在校学生 31.96 万人。[3] 教育投入做到了"三个增长"，预算内教育经费支出占财政支出的比例逐年提高，学校规模进一步扩大。在教师队伍建设方面，坚持教师的继续教育，教师的培养培训工作制度化规范化，培训渠道已拓展到全国和国外。同时，教师的社会地位、工作条件和工资、住房、医疗等待遇都得到明显提高。与此同时，厦门经济特区的教育信息化工程建设也取得了突破性进展。厦门教育科研网已升级为宽带城域网，市属中学和部分小学已开通校园网，并与互联网接通，农村学校也加快了教育技术现代化建设步伐，国家教育部已确定厦门市为全国计算机教育试验区。[4]

三、对厦门经济特区全面崛起的评价

1991 年至 2000 年是中国，同时也是厦门经济特区全面崛起的 10 年，其主线是建

---

[1]《厦门经济特区年鉴（2001）》，第 217 页。
[2] 同上，第 41 页。
[3] 同上，第 225 页。
[4] 同上。

立社会主义市场经济体制。如果说在整个 20 世纪 80 年代，邓小平同志提出设立经济特区是为了探索如何打破"闭关锁国"的思想束缚，转向以经济建设为中心，使其发挥"窗口"的作用，那么，进入 20 世纪 90 年代，经济特区的主要历史使命就应该是探索如何建立社会主义市场经济体制这个更为根本的问题。在这个过程中，厦门市作为经济特区成为改革和发展的前沿地区。在通过探索逐步建立起符合中国国情的社会主义市场经济体制的过程中，厦门经济特区得到了很大的发展，取得了非凡的成绩。但是，为客观反映出厦门经济特区 20 多年发展取得的成绩及其在全国主要城市中所处的地位和水平，图 4—21—9、图 4—21—10、图 4—21—11、图 4—21—12 和图 4—21—13 分别给出了厦门与其他部分城市（省）在人均地区生产总值、城镇家庭人均可支配收入、地方财政收入、规模以上工业企业总产值和外商直接投资等数据指标上的比较。选择的比较对象包括其他四个经济特区——深圳、珠海、汕头和海南省，以及广州、宁波、上海和苏州。之所以选择这些城市（省）作为比较对象，主要因为既要反映出厦门作为经济特区与其他经济特区之间的比较，又要反映出与全国其他经济发展前沿城市的比较。

图 4—21—9 给出了厦门市在 2000 年与其他部分城市（省）人均地区生产总值的

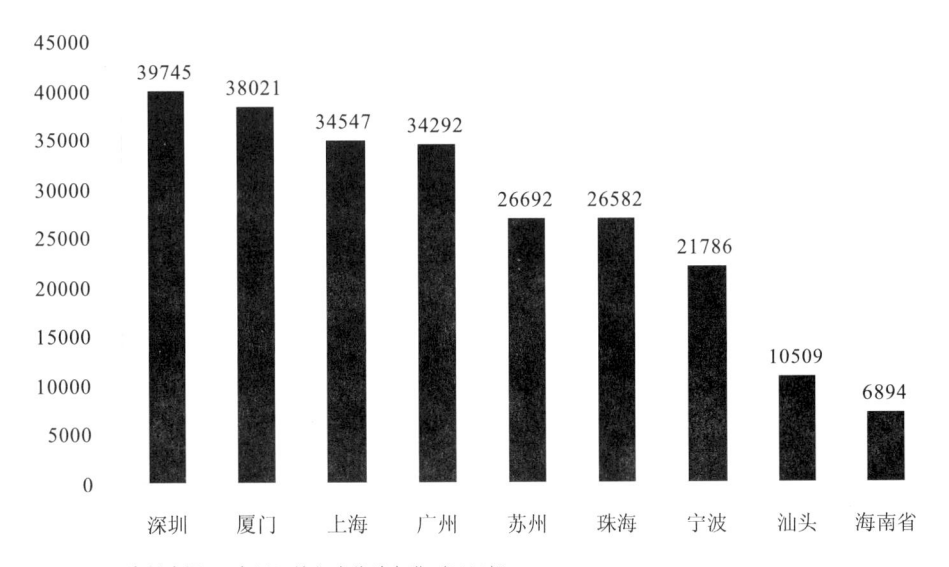

图 4—21—9　2000年厦门与其他部分城市（省）人均地区生产总值的比较（元）

城市	人均地区生产总值（元）
深圳	39745
厦门	38021
上海	34547
广州	34292
苏州	26692
珠海	26582
宁波	21786
汕头	10509
海南省	6894

资料来源：《中国区域经济统计年鉴（2001）》。

比较。从比较结果来看，厦门市人均地区生产总值为 38021 元，在比较的城市（省）中位居第二，仅比位于第一位的深圳少 1724 元。人均地区生产总值是反映一个地区经济发展水平最为重要的数据指标之一，因此，厦门经济特区经过 1991 年至 2000 年 10 年的发展取得的成绩还是非常显著的。

图 4－21－10 给出了厦门市在 2000 年与其他部分城市（省）城镇家庭人均可支配收入的比较。厦门市城镇家庭人均可支配收入在 2000 年为 10261 元，在全体比较对象中位居第六，是位居第一位的深圳市的 47.45%，差距还是非常明显的。这表明虽然厦门市人均地区生产总值相对比较高，但并没有相应地转化为城镇居民的可支配收入，因此，厦门经济特区在以后的发展中应该注重提高居民收入。

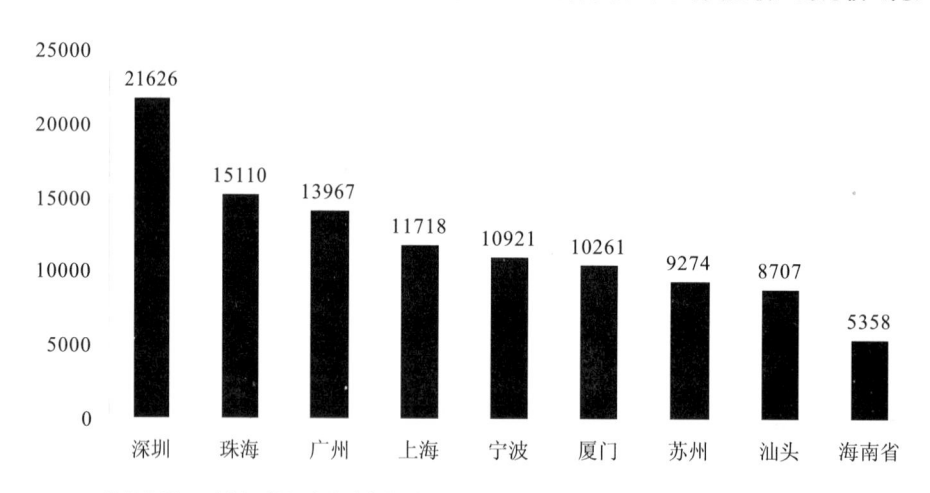

图4－21－10　2000年厦门与其他部分城市（省）城镇家庭人均可支配收入的比较（元）

城市	人均可支配收入（元）
深圳	21626
珠海	15110
广州	13967
上海	11718
宁波	10921
厦门	10261
苏州	9274
汕头	8707
海南省	5358

资料来源：《中国区域经济统计年鉴（2001）》。

图 4－21－11 给出了 2000 年厦门市与其他部分城市（省）在地方财政收入上的比较结果。2000 年厦门市地方财政收入为 50.19 亿元，在全部比较对象中位居第六，如果除去上海，占深圳市地方财政收入的 22.3%。这表明厦门市在经济总量方面还有很大的发展空间。

图 4－21－12 给出了厦门市在 2000 年与其他部分城市（省）规模以上工业总产值的比较。在规模以上工业总产值指标上，厦门市也是位居全体比较对象中的第六，低于上海、广州、深圳、苏州和宁波。图 4－21－13 给出了 2000 年厦门市在外商直

接投资指标上与其他部分城市（省）的比较。比较结果表明，厦门市在利用外商直接投资上低于上海、广州、深圳和苏州，位居第五，但与位第四的苏州有较大的差距，仅占苏州利用外商直接投资的35.77%。这说明，厦门经济特区在利用外商直接投资方面还需要不断加大发展力度。

图4－21－11　2000年厦门与其他部分城市（省）地方财政收入的比较（亿元）

上海	497.96
深圳	225.02
广州	219.91
苏州	82.64
宁波	69.21
厦门	50.19
海南省	44.91
珠海	24.23
汕头	18.94

资料来源：《中国区域经济统计年鉴（2001）》。

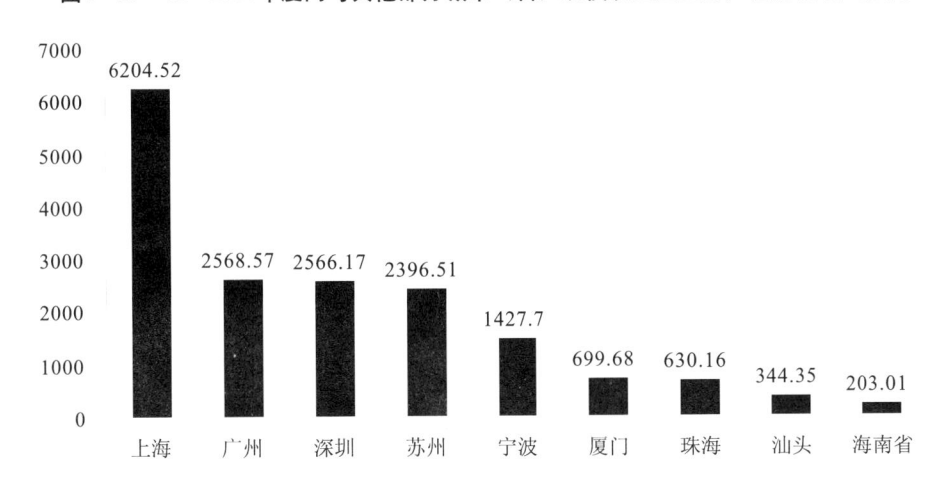

图4－21－12　2000年厦门与其他部分城市（省）规模以上工业总产值的比较（亿元）

上海	6204.52
广州	2568.57
深圳	2566.17
苏州	2396.51
宁波	1427.7
厦门	699.68
珠海	630.16
汕头	344.35
海南省	203.01

资料来源：《中国区域经济统计年鉴（2001）》。

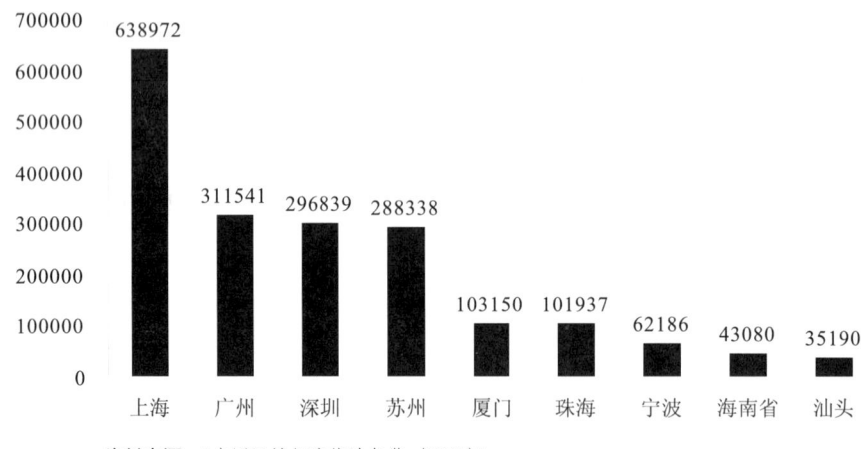

图4-21-13 2000年厦门与其他部分城市（省）外商直接投资比较（万美元）

城市	外商直接投资
上海	638972
广州	311541
深圳	296839
苏州	288338
厦门	103150
珠海	101937
宁波	62186
海南省	43080
汕头	35190

资料来源：《中国区域经济统计年鉴（2001）》。

经过10年以建立社会主义市场经济体制为主线的改革和发展，厦门经济特区已经取得了很大的成就，但实践表明建立社会主义市场经济体制是一项长期而艰巨的任务，需要不断的探索和不懈的努力，目前与比较完善的社会主义市场经济体制的要求相比，仍然有很大差距。主要表现在：

第一，厦门经济特区虽然已经初步形成以公有制为主体、多种所有制经济共同发展的经济格局，但国有企业在转换经营机制和建立现代企业制度方面还有很大差距，厦门经济特区国有经济成分还占有很大比重，并不能很好地适应市场经济条件下的竞争机制。同时，阻碍非国有经济与国有经济平等有序竞争的因素还普遍存在，无法营造出有利于各种经济主体共同发展的体制和政策环境，跨地区、跨部门、跨行业、跨所有制的资产重组还受到许多因素的制约，因此，不利于厦门经济特区建立起长效的、内生的经济增长源泉。

第二，虽然厦门经济特区已经初步建立起商品市场和要素市场体系，但是，经济市场化程度还不高，市场机制对资源的配置还不能充分发挥基础性作用。市场主体还难以在市场中进行平等、公平、有序竞争，市场秩序还有待于进一步规范和健全，市场运作的法制化和规范化程度有待于提高。

第三，政府的管理体制和定位与社会主义市场经济的要求还存在不适应的环节和方面。由于我国的社会主义市场经济是从原先的计划经济体制转轨过来的，所以，政府干预微观经济主体的市场行为一时间很难消除，难免存在惯性，主要表现就是政企职责不分的问题没有得到根本解决。在市场经济条件下,政府的管理方式应该进一步规范,应该尽可能多地使用法律和经济手段,而避免使用行政手段,特别是对行政审批制度需要加以改革。厦门经济特区应该进一步探索市场经济条件下如何规范政府的职能和作用。

第四,建立社会主义市场经济体制,就必须有完善的社会保障体系与之相配套。厦门市一直非常重视社会保障体系的建立和完善,但在理顺管理体制、扩大覆盖面及社保基金保值增值等方面仍然有待探索和提高。税收对个人收入和财产的调节能力较弱,缺乏有效的调节分配手段来缩小收入分配差距。

第五,与城市的市场化改革相比,农村的经济体制改革相对滞后,在农业产业化、乡镇企业的体制创新、粮食流通体制、小城镇综合配套改革、农村社会化服务体系和建立农村社会保障体系等方面还需要大力加强。

第二十二章

进入新世纪的厦门经济特区：2001年以后

进入 21 世纪，厦门经济特区面临的发展环境发生了深刻的变化。中国加入 WTO，经济全球化的趋势不断加强，使我国的国内市场日益国际化。同时，国家的发展战略重点不断向内地转移，使中国呈现出全方位、多层次的改革开放格局。在机遇与挑战面前，厦门经济特区以加快发展为主题，全面健全和完善社会主义市场经济体制，在新形势下继续保持着经济特区的优势。

第一节 厦门经济特区进入新世纪的发展战略

一、全面开放和加入WTO后中国经济特区的发展定位

2001 年中国正式加入世界贸易组织（WTO），中国经济开始全面参与以国际多边经济贸易协定为核心的世界经济体系。当前的世界经济体系以现代市场经济体制为前提和基础，同时以经济的高度开放和全球化为主要特征和内容。这在本质上要求中国以市场化为核心的改革开放不能仅仅局限于为数不多的经济特区，而应在全国范围全方位推进。加入 WTO 使中国面临着从经济体制转型背景下单边的、试点式的、以经济特区为主要载体的对外开放格局向着市场经济体制条件下多边的、有规则的、全方位多层次开放格局转变的过程。以加入 WTO 为主要推动力的全面建立和完善市场经济体制以及全方位、深层次的对外开放对包括厦门经济特区在内的中国经济特区提出了新的挑战，也提供了新的机遇。

中国加入 WTO 之前，创建和发展经济特区的初衷和历史使命更多的是以"国内"为视角的，主要针对的是经济体制转轨和对外开放试点，为全国范围的改革开放积累经验和教训，因此，其特殊性主要是针对国内相对封闭、实行计划经济的其他地区而言的。但是，随着中国的改革开放由沿海地区向内地全面推进，尤其是在中国加入 WTO 和经济全球化深化发展的新形势下，迫切需要重新阐释中国经济特区的再发展定位。从总体发展战略上来说，在新形势下，中国经济特区的再发展应该突破过去更多地以"国内"为视角的局限性，应该在经济全球化的时代背景下，努力将世界经济发展与中国全面现代化进程相结合，力求在更高和更深层次上有新的发展和新的突破。因此，在新形势下，经济特区的发展定位主要应该包括：[1]

1. 进一步加快经济体制改革，在率先建立比较完善的社会主义市场经济体系方面要有所突破。中国经济特区可以在现有体制优势的基础上，参照 WTO 的要求与世界其他先进国家和地区的通行做法进一步规范发展，继续发挥改革的先行区与试验区作用，大胆探索和尝试，努力攻克改革的难点和重点，以建立健全既符合中国国情又能与世界经济相兼容的完善的市场经济体系为主要目标，并形成对国内其他地区的示范作用。

2. 进一步加快参与经济全球化和一体化的步伐，在中国进一步对外开放方面有所突破。中国经济特区可以利用其特有的区位优势与已经形成的外向型经济优势，更充分地发挥对外开放的窗口与基地作用。在经济全球化的背景下，促进中国经济全面与世界经济相融合方面先行一步，真正成为中国经济与世界经济接轨的前沿地带，为 WTO 框架下中国的对外开放探索经验。

3. 进一步大力推进自主创新，在加快产业结构调整和实现经济增长方式的根本转变方面有所突破。中国的全面现代化最终还要靠中国的自主创新来实现，因此，中国经济特区在承接国际化产业转移的过程中必须注重自身产业结构的合理化和升级调整，必须努力探索实现经济增长方式由粗放型向集约型的根本性转变。

4. 进一步加强对内合作和服务全国的大局意识，在带动全国经济发展方面有所突破。中国经济特区在推进经济发展与对外开放的同时，还必须不断扩大与内地的经济合作，提高与国内其他地区经济的关联程度，加强其在带动全国经济发展中的增长极和辐射源作用，努力实现全国经济由不平衡增长向更高层次上的平衡增长的转变。

---

[1] 邓力平、唐永红：《经济全球化、WTO 与中国特殊经济区再发展》，厦门大学出版社 2003 年版，第 184—187 页。

5. 进一步加强社会主义精神文明建设，在促进经济社会全面协调发展方面有所突破。中国经济特区必须始终坚持"两手抓，两手都要硬"的方针，在建设高度物质文明的同时，必须始终注重社会主义精神文明的建设，以便建设经济、社会与环境协调发展的中国现代化建设的先行示范区。

二、新形势下厦门经济特区的发展战略

厦门经济特区在新形势下以加快经济和社会全面发展为主题，通过产业结构的调整和优化，以改革开放、科技进步和自主创新为强大动力，以全面提高人民生活水平和质量为出发点和归宿，落实"以人为本"和科学发展观，大力推进三大创新[1]，努力增创三大优势[2]，着力提升五个水平[3]，要率先基本实现社会主义现代化，更好地发挥经济特区的示范、辐射和带动作用[4]。

进入新世纪，厦门经济特区面临全面开放和完善社会主义市场经济体制以及加入WTO的新的历史条件。在新形势下为了抓住机遇，厦门经济特区制定了科学的发展战略。主要包括：[5]

第一，调整经济结构，推进产业结构优化和升级，提高产业核心竞争力。要以建设面向国际市场的高新技术产业发展高地为目标，大力发展高新技术产业，壮大工业支柱行业（电子工业、机械工业和化工工业），改造发展特色传统产业，努力实现高新技术产业化、产业高新技术化、企业生产规模化和集约化、拳头产品名牌化，使厦门成为国际产业链和价值链中的重要一环，进一步提高厦门工业现代化水平。以建设区域性国际航运中心、旅游中心和商务中心为目标，大力发展信息、物流、旅游三大行业。优化发展农村经济，加快农村工业化、城镇化步伐。

第二，加强信息基础设施建设，推进国民经济和社会信息化。加快光纤传输网、电信支撑网和无线接入网的建设步伐，形成满足不同接入需求的基础物理网，努力使

---

[1] 推进三大创新包括推进观念创新、推进体制创新和推进技术创新。
[2] 增创三大优势包括增创产业优势、增创区位优势和增创环境优势。
[3] 提升五个水平包括提升经济集约化水平、提升城市化水平、提升开放水平、提升人民生活水平和提升社会文明水平。
[4] 关于推进三大创新、增创三大优势和提升五个水平的详细论述，参见《厦门市国民经济和社会发展第十个五年计划纲要》。
[5] 本文这部分是对《厦门市国民经济和社会发展第十个五年计划纲要》相关内容的摘要和总结。

通信网络和信息交换平台的建设达到国内领先水平，积极推进与台湾的信息连通出口建设，全面推进经济社会的信息化。

第三，提升开放水平，加速经济国际化。要办好"中国投资贸易洽谈会"，积极主动地参与国际分工与合作，发展开放型经济，充分发挥经济特区的试验和示范作用。以吸引跨国公司投资为重点，继续积极合理有效地利用外资。继续办好海沧、杏林、集美三个台商投资区，加大吸引台商尤其是台湾岛内百大集团企业来厦投资的力度，加强两岸产业协作，促进产业互补。

第四，推动科技创新，营造技术优势。建立以市场为导向的科技创新机制，促进作为市场主体的企业成为科技创新的主体，进一步解决科技创新与经济发展脱节问题。以市场需求为导向，逐步建立以政府投资为引导、企业投资为主体、社会资金共同参与的科技投入机制，建立和完善有利于高新技术产业发展的风险投资机制、保险机制、科技信贷机制和信用评估机制，使资本市场成为科技发展的强有力支撑。

第五，建设"教育之城"，构筑人才高地。实施培养与引进并重的人才发展战略，加快培养和引进现代化建设急需的各类人才，特别是高层次人才，将教育作为政府和社会投资的战略重点，建设全国教育先进城市，构筑人才高地。

第六，提高居民生活质量，建设社会主义精神文明。努力提高城乡居民收入水平，在经济快速发展的同时，要不断以较大幅度增加城乡居民收入。营造安居创业的社会环境，把各类非公有制经济组织纳入社会保险体系，继续扩大企业职工基本养老、医疗、失业、工伤、生育等保险制度的覆盖面，加强社保基金管理，提高运作效率。健全城乡居民最低生活保障制度，推进社会福利、社会救济、优抚安置和社会互助等保障制度社会化，加大对特殊群体保障服务的扶持力度。

第七，加快城市化步伐，提高城市品位。城市建设要突出以水为中心的热带海滨城市的景观特色，推动城市形态和城市功能的转变，逐步实现海岛型城市向海湾型现代生态城市的转变，提高城市的集聚和辐射能力，改善城市环境，实现人与自然的和谐统一。

第八，保护资源与环境，增强可持续发展能力。以改善环境质量、维持生态平衡为中心，实行污染防治和生态保护并重，全面推进环境保护工作，初步建成生态型城市。

第九，加快体制创新，营造与国际接轨的体制环境。以建立在主要环节上按国际通行规则运作的社会主义市场经济体制为目标，突出创新意识，促进社会主义市场经济体制逐步完善，努力为经济和社会发展营造良好的体制环境。加快形成公平竞争的市场准入环境，消除阻碍生产力发展的行政保护。以多种所有制经济共同发展为取向，积极鼓励、引导、发展非公有制经济。在全市形成多种所有制经济公平竞争、相互促进、共同发展的格局。加快政府职能转变。要进一步深化行政管理体制改革，强化制定规章、规划的职能，运用经济、法律的手段调控市场，减少对经济运行的行政直接干预，使政府行为纳入法制轨道。

第二节 厦门经济特区进入新世纪的发展历程

一、以改革完善社会主义市场经济制度

厦门经济特区通过转变政府职能不断完善社会主义市场经济体制。厦门经济特区于2001年6月5日成立了厦门市招商中心。该中心的成立使厦门经济特区的招商引资工作从过去的纯政府行为转变为由政府主导、企业运行的市场行为，转变了政府职能，使政府能够按照市场经济规律进行运作，探索了在社会主义市场经济条件下如何规范政府行为，将政府的引导作用和市场的自发调节作用有机结合起来，有利于完善社会主义市场经济体制。2003年11月13日，厦门市市长张昌平在西柯镇召开协调会。会上，同安区政府允诺向古龙集团支付200万元违约金，以赔偿因延期交付企业用地而给古龙集团造成的损失。由于政府的失误而向企业赔偿损失，这在厦门经济特区历史上还是第一次。这表明厦门经济特区政府能够按照市场经济规律规范自身的行为，体现了政府在市场经济条件下职能的转变和社会主义市场经济体制在厦门经济特区的进一步完善。

厦门经济特区努力培育多方位市场体系，促进资源优化配置。2002年6月25日厦门市土地交易市场揭牌运作。今后全市所有经营性商品房用地的出让，都将在该市场进行公开招标、拍卖或挂牌交易。土地使用权在该市场内实行集中交易、公开竞价，可以避免私下交易及"暗箱操作"，保障土地交易的公开性、公平性、公正性。同时，买卖双方可以自行寻找买方或卖方，大大节约交易成本，加快成交节奏，提高交易效率。另外，在该土地交易市场还可及时了解厦门市土地交易供求信息、土地交易行情信息以及土地投资政策信息。该交易市场的揭牌运作是厦门经济特区在社会主义市场经济条件下完善土地交易行为的一项重要举措。2005年11月24日，厦门有

偿出让首批采矿权，14座已建矿山的开采人与市国土房产局签订有偿转让协议，成为厦门市首批通过有偿方式取得矿山采矿权的受让人。过去矿山开采权全部实行行政审批、无偿取得，这种做法不利于促进矿产资源公开、公平、公正配置，不利于提高资源的集约利用水平。此后厦门市新建矿山采矿权一律通过招标拍卖或挂牌出让有偿取得，对已建矿山的采矿权通过协议出让、有偿取得，协议不成的通过招标拍卖或挂牌出让取得。矿业权取得从无偿到有偿，是对长期以来矿产资源实行行政审批的重大改革。

厦门经济特区不断完善社会保障制度以促进社会主义市场体制的发展。2004年1月6日在厦门市第十二届人大常委会第八次会议上，《厦门市最低生活保障办法》获得审议通过，在全国率先将城镇低保人员纳入法制化管理轨道。这是全国第一部把城市、城镇、农村困难群众纳入最低生活保障的地方性法规。厦门最低生活保障对象范围明确规定为"具有本市户籍的居民、村民"，从制度上保障了城镇和农村贫困人口的基本生活，对社会稳定和经济发展以及完善社会主义市场经济制度都具有十分重要的意义。2004年7月23日，厦门市率先在全省建立失地农民养老保险制度。在第21次市政府常务会上，《厦门市被征地人员基本养老保险暂行办法》获得通过。今后，被征地农民获得的部分补偿款将直接划入失地农民养老保险金。按照"行政推动、政策引导、农民参保、财政补贴"的原则，采取多档选择、低进低出、高进高出，并纳入城镇职工养老保障体系并轨运行。这一措施从制度上解决了失地农民的生活保障问题，是对社会主义市场经济条件下如何解决城市发展和失地农民权益保护问题进行的有益尝试，是厦门经济特区在发展过程中对社会主义市场经济制度的不断完善。2004年9月2日厦门市政府出台《厦门市事业单位职工基本养老保险试行办法》，并定于当年7月1日起生效。至此，全市1452家事业单位、3万多名职工的退休金和企业职工一样，逐步纳入职工基本养老保险体系，是完善厦门市社会保险体系的重要举措。2007年11月1日，厦门市《关于改革和发展医疗卫生事业破解人民群众"就医难"的决定》及两个配套文件正式出台，标志着厦门市在全国首建城乡一体"大医保"。2008年2月1日，厦门市新型社区医疗服务网络正式启动，19个社区医疗服务中心和21个社区公共卫生服务中心挂牌，同时，医疗服务中心由全市4家三级医院接管，为医保患者提供优惠医疗服务。2009年9月，在厦门就读的大学生纳入城乡居民基本医疗保险，标志着厦门基本医疗保险的参保范围覆盖了所有人群，从制度上消除了"死角"，不再有覆盖上的盲区。

二、以高新技术产业促进经济发展

厦门经济特区始终重视通过高新技术产业促进产业结构升级以发展经济，实现从粗放型经济增长向集约型经济增长的转变。戴尔全球中国客户中心于1998年11月3日在厦门经济特区成立。该中心是戴尔在亚太地区的第二个集成制造设施，也是其在中国唯一的生产基地。该基地的落成促进了厦门经济特区以信息技术和先进适用技术为推动力的工业结构的优化升级，大力发展了厦门经济特区以计算机及外部设备、通信设备、网络设备等为主的投资类电子产品，使厦门市成为国内重要的信息产业产品生产基地和出口基地。2006年1月9日，全球最大的不间断电源供应商——美国APC公司厦门工厂在火炬（同集）产业区正式投产，成为该产业区首家投产的跨国投资企业。该工厂的投产进一步增强了厦门经济特区在工业制造业方面的实力，同时也带动了相关产业在厦门经济特区的落户，显示出厦门经济特区将继续成为著名跨国企业投资的重点地区。2006年1月17日，台湾中华映管与厦华电子分别与厦门火炬高新技术区管委会举行投资建厂签约仪式，项目合计总投资近30亿元，两年内建成投产，届时，该厂将成为全球最大的平板彩电基地。厦华电子是国家重点高新技术企业，这是中华映管成为厦华电子第一大股东后，双方强强合作、联手打造的第一个大项目。该项目的建成将有助于提升厦门经济特区在电子信息产业方面的竞争力，突出高新技术产业对于厦门经济特区经济增长的基础带动作用。2007年9月9日，全球排名前三位的液晶显示器制造商友达光电厦门制造基地在火炬（翔安）产业区落户。

随着厦门高新技术产业的不断发展，2005年6月22日，经国务院批准，厦门火炬高新区从1平方公里扩大到13.75平方公里，包括火炬（翔安）产业区、同集园和信息光电园等园区。厦门火炬高新区"一区多园"已经初具规模，形成了一个孵化器基地（留学人员创业园）、三个综合园区［火炬园、火炬（翔安）产业区、同集园］和三个专业园区（软件园、信息光电园、北大生物园）的发展格局，基本形成了以高新技术企业为骨干，跨国公司为龙头，电子信息、光电、电工、软件、生物医药等重点产业为支柱的高新技术产业开发区。已有包括戴尔、ABB、联想、松下、富士电气、联邦快递等著名企业在内的1000多家企业在此高速发展。全年工业销售收入亿元以上的企业有戴尔、联想移动、ABB、厦华、厦门建松、松下电子等20多家企业，高新技术企业产值占全区工业产值的95%以上。厦门火炬高新区已经成为厦门经济特区重要的经济增长点和对外开放的重要窗口，在推动厦门特区经济发展和高新技术产业化等方面发挥了重要的作用。2008年6月5日，国务院批准设立厦门海沧保税港区，核定规划面积9.45平方公里，是继上海洋山港以及天津、深圳、宁波、大连等地保税港之后全国第六个获批的保税港，也是国内开放度最高的特殊监管区域之一。

厦门经济特区注重发展和壮大现有优势产业。2003年3月21日，厦门太古飞机工程有限公司位于厦门航空工业城内的太古三期机库建成开业，加上原有的一期、二期机库，可以同时维修9架大型飞机，成为亚太地区规模最大的飞机维修服务中心。厦门太古飞机工程有限公司作为外商投资企业的典范，还引来了美国通用电气、波音等一批著名跨国公司投资，造就了厦门航空工业区的崛起。该工业区正成为以飞机结构维修为龙头，以飞机发动机、航空电气以及其他飞机零部件维修为辅助的民用航空器维修基地。2007年12月23日，新加坡新科宇航有限公司与厦门航空工业有限公司签订飞机发动机维修项目，填补了厦门市飞机发动机大修服务领域的空白。

厦门经济特区在引进国外先进技术的同时，也非常重视培育自主创新能力。2001年，经国家科技部批准，厦门市包括电子与信息、新材料及应用、生物工程和新医药、光机电一体化、新能源与高效节能在内的19个项目列入2001年度国家级火炬计划项目。这些项目符合厦门经济特区建设面向国际市场的高新技术产业的发展目标，能够大力发展厦门经济特区的高新技术产业，壮大其工业支柱行业，改造和发展特色传统产业，努力实现高新技术产业化、产业高新技术化、企业生产规模化和集约化、拳头产品名牌化，有利于使厦门经济特区成为国际产业链和价值链中的重要一环，进一步提高厦门市的整体工业现代化水平。2007年6月4日，国内首家生产汽车电动助力转向系统的企业——捷太格特转向系统（厦门）有限公司在海沧开始投产，投产后产值将达10亿元人民币。2009年8月，全球最大的显示器制造商——冠捷科技集团正式在翔安投产。目前，火炬（翔安）产业区已初步形成光电显示高新技术产业集群。

三、以经贸促进两岸关系发展

厦门经济特区非常重视利用自身优势发展两岸关系，积极拓展两岸交流合作的空间和领域，尤其是通过经贸关系促进双方的了解和沟通，不断发挥厦门在两岸经贸交流和政策信息沟通方面的桥梁作用，为推动两岸共同繁荣和促进祖国统一大业作出贡献。

2002年4月29日经国家外经贸部批准，由厦门贸促会和台湾台中世贸中心共同主办的首届台湾消费品（厦门）博览会（简称"台博会"）在厦举行，200多家企业报名参展，共设展位300个。在两岸先后加入WTO后大陆市场进一步开放，台湾岛内、金门地区的消费类商品生产企业希望尽快进入祖国大陆庞大的消费市场。"台博会"的推出对台湾企业在祖国大陆寻找合适的销售渠道具有积极意义，它的举办正是瞄准了台商之所求，为今后台湾消费类商品进军祖国大陆市场架起一座新的桥梁，也为大陆的台资企业进一步拓展国内市场提供一个大平台，进而推动两岸经贸交流在更广阔的领域深入发展，促进两岸共同繁荣。2009年6月，科技部正式批准厦门市建设"国家级对台科技合作与交流基地"，这是迄今科技部批复的大陆首个也是唯一一个国家级对台科技合作与交流基地。

海峡两岸机械电子商品交易会暨厦门对台进出口商品交易会（简称"台交会"）每年4月8日至11日在厦门举行，由中国商务部特别授权中国机电产品进出口商会、台湾区电机电子工业同业公会和厦门市人民政府共同主办，到2008年已经成功举办了12届。2008年举办的第十二届台交会参展企业达715家，展览规模达1810个国际标准展位，其中台湾展位超过500个。共吸引了来自39个国家和地区的27815名专业客商参会，其中境外客商4352人，台湾仍是第十二届台交会客商来源最多的地区，参会台商达2242人。[1]

海峡旅游博览会每年9月6日至11日在厦门举行，是由国家旅游局和福建省人民政府主办，福建省旅游局和厦门市人民政府承办，台湾、香港、澳门旅游机构联合协办的旨在加快海峡两岸四地旅游区发展的博览会，是海峡两岸旅游交流与合作的重要平台，是促进海峡两岸四地旅游资源整合发展的重要渠道。

海峡两岸的经贸发展不仅局限于传统的制造业，而且也开始向金融和其他领域发展。2008年11月17日，台湾富邦金控参股厦门商业银行，成为大陆第一家台资参股银行。2008年12月17日，由台湾人寿和厦门建发股份合资成立的君龙人寿保险公司在厦门开业，是厦门金融业第一家具有台湾背景的法人机构，也是首家总部设于厦门的保险法人机构。2008年5月6日，大陆迄今最大的台资合作医院——厦门长庚医院正式开始营业。

---

[1] 台交会——海峡两岸机械电子商品交易会暨厦门对台进出口商品交易会网站：www.straitsfair.org.cn/About/about.html。

第三节 厦门经济特区进入新世纪的持续发展

一、厦门经济特区进入新世纪的建设成就

厦门经济特区进入新世纪后,在新的历史条件下,继续发挥经济特区在经济发展和完善社会主义市场经济体制方面的示范和辐射作用,取得了显著的成绩。概括起来主要包括:国民经济持续快速增长,综合经济实力显著增强;产业结构不断优化升级,工业对经济增长的支撑作用明显增强;重点项目带动战略实施成效显著,城市基础设施建设力度加大,中心城市框架已经初具规模;对外开放继续深化,对台工作稳步推进,口岸功能日益增强;社会事业发展加快,人民生活质量和水平不断提高;环境保护力度加大,生态建设成效明显;城乡统筹协调发展,"三农"工作成绩显著;改革不断深化,社会主义市场经济体制进一步完善;社会主义民主法制建设和精神文明建设不断加强。

图4-22-1给出了厦门经济特区进入新世纪后从2001年到2009年的地区生产总值(GDP),图4-22-2给出了相应的年环比增长率。名义GDP从2001年的558.33亿元增长到2009年的1623.21亿元,增长了191%。其中,受国际金融危机的影响,2008年和2009年厦门经济特区的经济增长率明显下降。

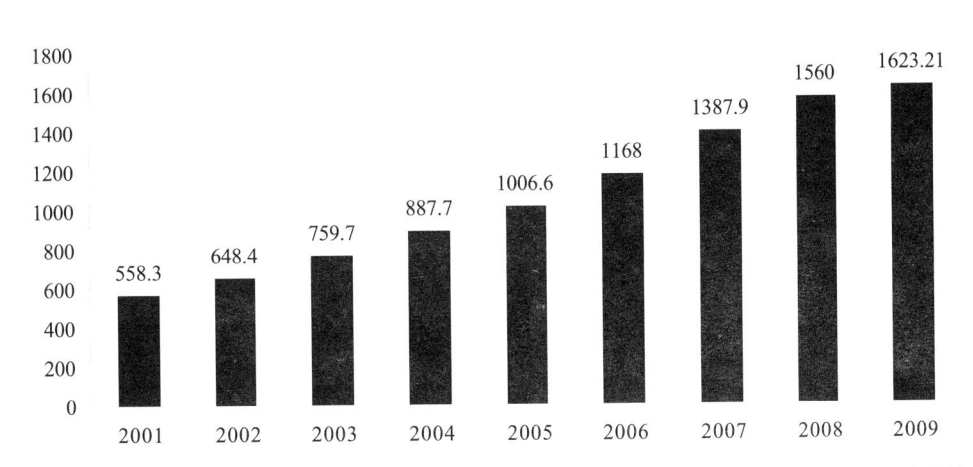

图4-22-1 2001—2009年厦门地区生产总值(GDP)(以当年价格计,亿元)

年份	GDP
2001	558.3
2002	648.4
2003	759.7
2004	887.7
2005	1006.6
2006	1168
2007	1387.9
2008	1560
2009	1623.21

资料来源:2001年至2008年资料来源于《厦门经济特区年鉴》(2002年至2009年各卷),2009年资料来源于《2009年厦门市国民经济和社会发展统计公报》。

图4-22-2　2001—2009年厦门地区生产总值（GDP）年环比增长率（以当年价格计，%）

年份	2001	2002	2003	2004	2005	2006	2007	2008	2009
增长率	11.24	16.14	17.17	16.85	13.39	16.03	18.83	12.40	4.05

资料来源：2001年至2008年资料来源于《厦门经济特区年鉴》（2002年至2009年各卷），2009年资料来源于《2009年厦门市国民经济和社会发展统计公报》。

图4-22-3给出了厦门经济特区从2001年到2009年的财政总收入和地方级财政收入，二者分别从2001年的110.50亿元和65.31亿元增长到2009年的451.41亿元和240.56亿元，分别增长了309%和268%。

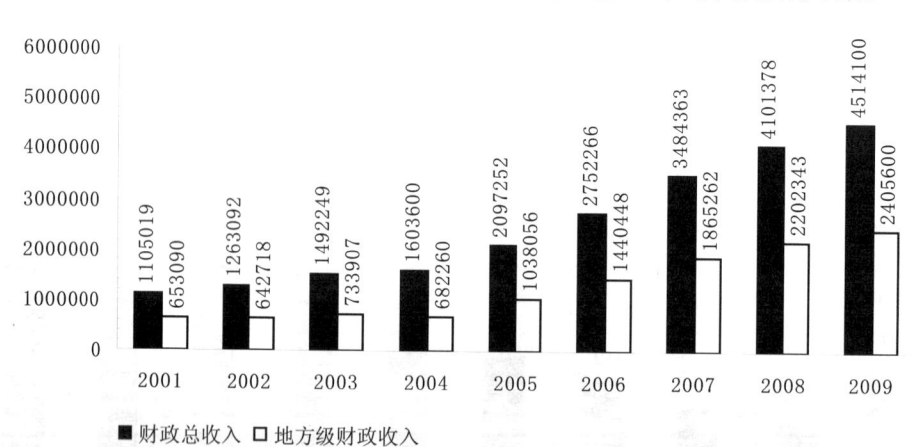

图4-22-3　2001—2009年厦门财政总收入和地方级财政收入（以当年价格计，万元）

年份	财政总收入	地方级财政收入
2001	1105019	653090
2002	1263092	642718
2003	1492249	733907
2004	1603600	682260
2005	2097252	1038056
2006	2752266	1440448
2007	3484363	1865262
2008	4101378	2202343
2009	4514100	2405600

资料来源：2001年至2008年资料来源于《厦门经济特区年鉴》（2002年至2009年各卷），2009年资料来源于《2009年厦门市国民经济和社会发展统计公报》。

表4-22-1给出了厦门经济特区从2001年到2009年第一产业、第二产业和第

三产业的结构调整比例。调整产业结构和转变经济增长方式是厦门经济特区在新时期实现跨越式发展的重要方面，第一、二产业比重不断下降，第三产业在国民经济中所占比例稳步提高。

表4-22-1 2001—2009年厦门三次产业比例（％）

年份	第一产业	第二产业	第三产业
2001	3.9	50.7	45.3
2002	3.4	53.1	43.4
2003	2.4	55.5	42.1
2004	2.3	55.8	42.0
2005	2.1	54.9	43.0
2006	1.6	53.9	44.5
2007	1.3	53.5	45.2
2008	1.4	52.4	46.2
2009	1.3	48.4	50.3

资料来源: 2001年至2008年资料来源于《厦门经济特区年鉴》（2002年至2009年各卷），2009年资料来源于《2009年厦门市国民经济和社会发展统计公报》。

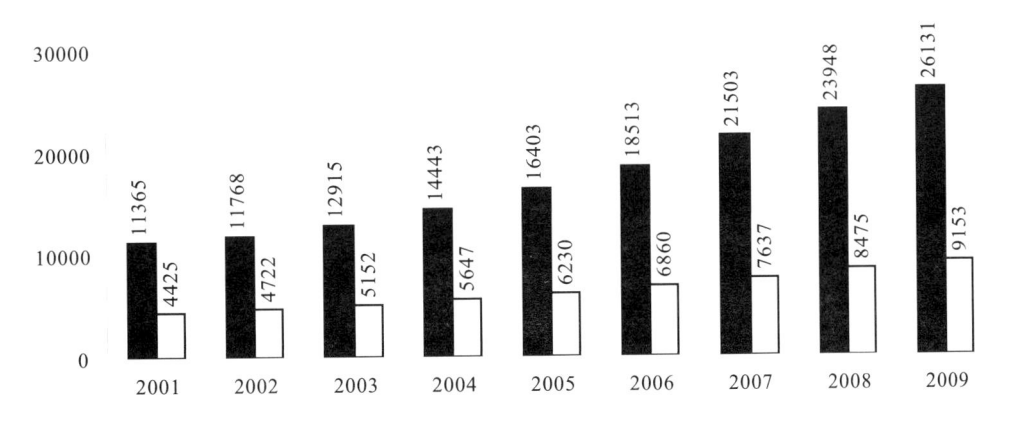

图4-22-4 2001—2009年厦门城镇居民人均可支配收入和农村居民人均纯收入（以当年价格计，元）

年份	城镇居民人均可支配收入	农村居民人均纯收入
2001	11365	4425
2002	11768	4722
2003	12915	5152
2004	14443	5647
2005	16403	6230
2006	18513	6860
2007	21503	7637
2008	23948	8475
2009	26131	9153

资料来源：2001年至2008年资料来源于《厦门经济特区年鉴》（2002年至2009年各卷），2009年资料来源于《2009年厦门市国民经济和社会发展统计公报》。
说明：2006年农村居民人均纯收入为农业普查核定后数据。

图4-22-4给出了厦门经济特区从2001年到2009年的城镇居民人均可支配收入和农村居民人均纯收入,二者分别从2001年的11365元和4425元提高到2009年的26131元和9153元,分别提高了130%和109%。虽然,居民收入有较大幅度的提高,但其增长幅度小于同期的国民经济和财政收入的增长幅度。这表明,在经济高速增长的过程中,国民收入分配并没有倾向于居民。

图4-22-5 2001—2009年厦门工业总产值（以当年价格计,按1995年新口径,万元）

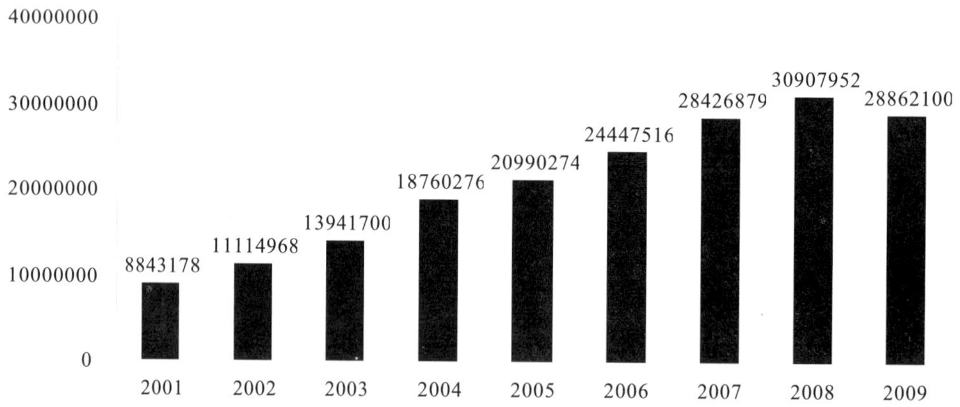

年份	工业总产值
2001	8843178
2002	11114968
2003	13941700
2004	18760276
2005	20990274
2006	24447516
2007	28426879
2008	30907952
2009	28862100

资料来源：2001年至2008年资料来源于《厦门经济特区年鉴》(2002年至2009年各卷),2009年资料来源于《2009年厦门市国民经济和社会发展统计公报》。

图4-22-5给出了厦门经济特区从2001年到2009年的工业生产总值,该产值从2001年的884.32亿元增长到2009年的2886.21亿元,增长了226%,但由于受到国际金融危机的影响,2009年的工业总产值与2008年相比出现了较大幅度的下降,从3090.80亿元下降到2886.21亿元,下降幅度为6.6%。

图4-22-6给出了厦门经济特区从2001年到2009年的全社会固定资产投资和社会消费品零售总额,二者分别从2001年的191.89亿元和159.93亿元增长到2009年的882.12亿元和488.62亿元,分别增长了360%和206%。因此,居民社会消费品零售总额的增长低于全社会固定资产投资的增长。这在一定程度上反映出厦门经济特区的经济增长会更多地依赖于投资拉动,因此,当投资出现波动时,就会影响到经济增长,如2009年由于受国际金融危机的影响,投资出现下滑,经济也出现下滑。

图4-22-6　2001—2009年厦门全社会固定资产投资和社会消费品零售总额（以当年价格计，万元）

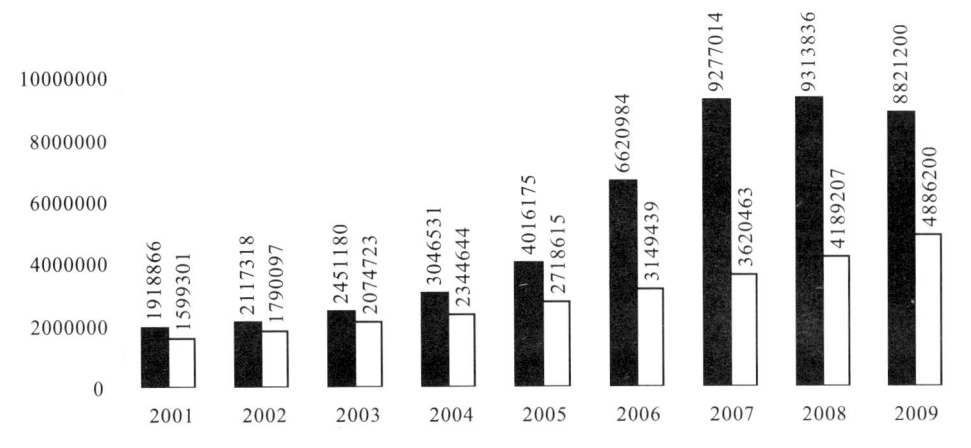

年份	全社会固定资产投资	社会消费品零售总额
2001	1918866	1599301
2002	2117318	1790097
2003	2451180	2074723
2004	3046531	2344644
2005	4016175	2718615
2006	6620984	3149439
2007	9277014	3620463
2008	9313836	4189207
2009	8821200	4886200

资料来源：2001年至2008年资料来源于《厦门经济特区年鉴》（2002年至2009年各卷），2009年资料来源于《2009年厦门市国民经济和社会发展统计公报》。

图4-22-7　2001—2009年厦门外贸进出口总额和出口总额（以当年价格计，万美元）

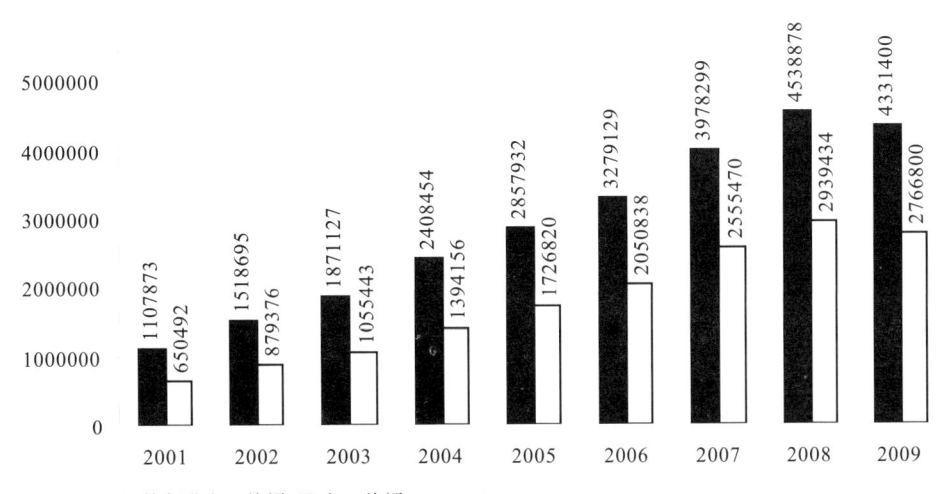

年份	外贸进出口总额	出口总额
2001	1107873	650492
2002	1518695	879376
2003	1871127	1055443
2004	2408454	1394156
2005	2857932	1726820
2006	3279129	2050838
2007	3978299	2555470
2008	4538878	2939434
2009	4331400	2766800

资料来源：2001年至2008年资料来源于《厦门经济特区年鉴》（2002年至2009年各卷），2009年资料来源于《2009年厦门市国民经济和社会发展统计公报》。

图4-22-7给出了厦门经济特区从2001年到2009年的外贸进出口总额和出口

总额。这些数据能够反映出厦门经济特区进入新世纪后外向型经济发展的态势。厦门经济特区外贸进出口总额和出口总额分别从 2001 年的 1107873 万美元和 650492 万美元增长到 2009 年的 4331400 万美元和 2766800 万美元，分别增长了 291% 和 325%，其中出口总额增长要快于进出口总额的增长，但在 2009 年受国际金融危机的影响，进出口总额和出口总额都出现了明显的下降。

图 4-22-8 给出了厦门经济特区从 2001 年到 2009 年合同利用外资和实际利用外资的数值，图 4-22-9 给出了相应的增长率。与对外贸易的稳定增长相比，厦门经济特区在合同利用外资和实际利用外资方面波动幅度更大，合同利用外资从 2001 年的 127175 万美元增长到 2002 年的 150498 万美元，但到了 2003 年大幅度下降到 66912 万美元，降幅达 55.5%，随后逐年增长至 2007 年的 248023 万美元，但在世界性金融危机的影响下，2008 年的合同利用外资下降到 189641 万美元，2009 年下降到 136500 万美元，降幅分别达 42% 和 28%。同样，实际利用外资从 2001 年的 115271 万美元增长到 2002 年的 119014 万美元，在 2003 年下降到 42200 万美元，降幅达 64.5%，随后逐年增长到 2007 年的 127165 万美元和 2008 年的 204243 万美元，然后，到 2009 年又降到 168700 万美元。合同利用外资和实际利用外资在 2003 年出现很大幅度的下降主要是受到当年"SARS"疫情的影响，在 2009 年出现下降主要是受到国际金融危机的影响。

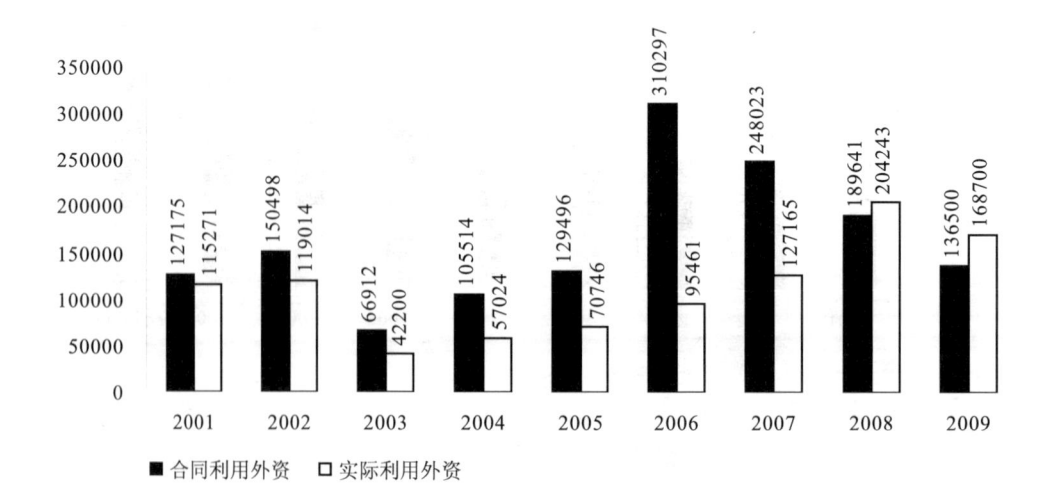

图 4-22-8　2001—2009 年厦门合同利用外资和实际利用外资（万美元）

年份	合同利用外资	实际利用外资
2001	127175	115271
2002	150498	119014
2003	66912	42200
2004	105514	57024
2005	129496	70746
2006	310297	95461
2007	248023	127165
2008	189641	204243
2009	136500	168700

资料来源：2001 年至 2008 年资料来源于《厦门经济特区年鉴》(2002 年至 2009 年各卷)，2009 年资料来源于《2009 年厦门市国民经济和社会发展统计公报》。

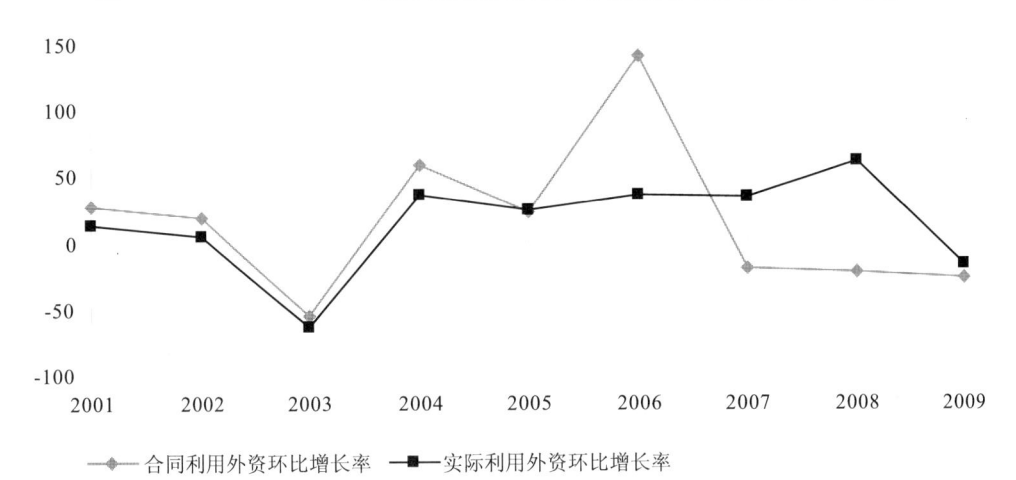

图4-22-9　2001—2009年厦门合同利用外资和实际利用外资环比增长率（%）

资料来源：2001年至2008年资料来源于《厦门经济特区年鉴》（2002年至2009年各卷），2009年资料来源于《2009年厦门市国民经济和社会发展统计公报》。

二、海峡西岸经济区发展战略

2009年5月6日，国务院发布《关于支持福建省加快建设海峡西岸经济区的若干意见》（以下简称《意见》），支持和推动建设海峡西岸经济区，为厦门经济特区在新时期实现跨越式发展提供了难得的机遇。该《意见》指出海峡西岸经济区东与台湾地区隔海相望，北承长江三角洲，南接珠江三角洲，是我国沿海经济带的重要组成部分，在全国区域经济发展布局中处于重要位置。促进海峡西岸经济发展对于完成祖国统一大业和完善沿海地区经济布局，具有重要的政治意义和经济意义。厦门经济特区的发展在整个海峡西岸经济发展战略中具有举足轻重的地位。

该《意见》着重突出海峡西岸经济区对台经贸关系的重要作用，为此，采取的措施包括：首先，赋予对台先行先试政策，允许在对台经贸、航运、旅游、邮政、文化、教育等方面的交流与合作中，采取更加灵活开放的政策，先行先试，取得经验。其次，支持扩大两岸经贸合作。允许国家禁止范围之外、不涉及国家安全的各类台商投资项目在海峡西岸经济区落地。允许海峡西岸经济区在促进两岸贸易投资便利化、台湾服务业市场准入等方面先行试验，适当增加对台合作的用地指标。设立对台农产品出口加工基地和台湾农业技术、新品种推广中心，增设台湾农民创业园。积极推动建立两岸金融业监管合作机制，在此机制下，优先批准台资银行、保险、证券等金融机构在福建设立分支机构或参股福建金融企业，支持设立两岸合资的海峡投资基金。第三，支持两岸交流交往。把福建沿海机场、港口等作为两岸直接"三通"的首选地。支持开拓对台旅游市场，适时扩大大陆居民从福建口岸赴台湾旅游范围。支持福建试行便利两岸人员往来的管理办法，包括为台湾本岛居民办理来往大陆通行证和大陆居民赴台旅游证件等。第四，支持平台载体建设。适时推进厦门、福州台商投资区扩区和新设立泉州台商投资区。支持继续办好涉台重大经贸文化活动。[1]

为了落实该《意见》，促进海峡西岸经济区发展，各相关部门和福建省委、省政府相继出台各项具体政策措施，这些政策措施包括：《商务部关于支持海峡西岸经济区建设的意见》、《国家工商行政管理总局进一步支持海峡西岸经济区建设的意见》、《国家测绘局五项举措支持海西建设》、《国家电监会十举措支持海西建设》、《福建省人民政府与中国农行签署战略合作协议推进海西两个先行区建设》、《交通运输部发布九项措施促进两岸海上直航》、《两岸携手御危机国台办宣布八项惠台新政策》、《商务部国务院台湾事务办公室关于大陆企业赴台湾地区投资或设立非企业法人有关事项的通知》、《国家质检总局与福建省出台政策措施助力海西建设》、《国台办积极支持海西先行先试》、《人事部关于支持海峡西岸经济区建设推动福建人事工作发展的意见》、《信息产业部、福建省人民政府关于加快海峡西岸经济区信息产业发展的合作协议》、《海峡西岸经济区建设技能型紧缺人才培养实施计划》、《福建省建设海峡西岸经济区纲要》、《福建省贯彻落实〈国务院关于支持福建省加快建设海峡西岸经济区的若干意见〉的实施意见》、最高人民法院出台的《关于支持福建省加快建设海峡西岸经济区重大战略部署的意见》、工业和信息化部印发的《关于支持福建省加快海峡西岸经济区工业和信息化发展的意见》、国务院法制办公室出台的《关于支持福建省加快海峡西岸经济区建设的意见》等。

厦门经济特区为落实海峡西岸经济区发展，于2009年8月18日中共厦门市第十届委员会第十次全体会议审议通过《厦门市贯彻落实党中央、国务院和省委、省政府加快建设海峡西岸经济区决策部署的实施意见》（以下简称《实施意见》），为厦门经济特区在新的历史机遇下实现跨越式发展制定了战略部署。

该《实施意见》将厦门经济特区未来十年的发展目标设定为：（1）到2012年，

---

[1] 引自《国务院关于支持福建省加快建设海峡西岸经济区的若干意见》中的第九部分。

人均地区生产总值在全国 15 个副省级城市中继续保持位居前列，对台交流合作重要口岸和前沿平台作用得到有效发挥，制造业和服务业联动的现代产业体系基本成型，海峡西岸先进制造业基地和最具竞争优势的现代服务业聚集区初步形成；（2）到 2017 年，全市人均地区生产总值超过 2 万美元；（3）到 2020 年，力争全市生产总值达到 7000 亿元，人均地区生产总值力争达到或超过台湾地区平均水平，形成具有国际竞争优势的先进制造业和现代服务业双轮驱动的现代产业体系。[1]

该《实施意见》着重突出厦门经济特区在对台工作方面的重要作用，要求充分发挥在对台工作方面的地缘、人缘优势，成为两岸同胞相互融合的示范区，争取在对台工作方面先试先行，全力打造两岸交流合作的前沿平台，将厦门经济特区建设成为两岸产业对接集中区，争取设立两岸金融合作试验区，努力实现厦门经济特区成为两岸直接往来主渠道和两岸交流交往重要基地的目标。[2]

为此，该《实施意见》指出厦门经济特区在未来十年的发展中，要努力构筑对外开放的大通道，提高开放型经济总体水平，积极探索自由贸易港区的发展途径，深化经济体制、社会领域和行政管理体制改革，努力实现经济发展方式的转变和增强自主创新能力，建设海峡西岸强大的先进制造业基地和现代服务业最具竞争力的城市，提升岛内外一体化建设水平和统筹城乡发展水平以及中心城市集聚辐射功能。[3]

---

[1] 参见《厦门市贯彻落实党中央、国务院和省委、省政府加快建设海峡西岸经济区决策部署的实施意见》。
[2] 同上。
[3] 同上。

| 第五篇

海南经济特区史
——在潮起潮落中走向大开放

1988年4月26日，海南开发建设进入"大特区"时代。初创十年，海南经历了三次潮起潮落。海南经济特区建立初期，海南走在全国社会主义市场经济体制建设的前列，建立"小政府、大社会"的新体制，采取"成片开发"和"外引内联"的创新发展模式，掀起了第一次大规模开发建设的热潮，随后因全国治理整顿和"洋浦风波"等重大或突发性事件将海南经济特区的发展推向谷底，1989年之后的三年，海南在困境中前进。1992年邓小平南方重要讲话和党的十四次全国代表大会，将海南推向了第二次"大开放、大改革和大建设"的浪潮。1993年，随着全国整顿金融秩序政策的实施，海南经济形势再次急速下滑，进入缓慢增长时期。1995年，因房地产泡沫，海南进入"泡沫经济"的困难时期，再次从谷底冲出，确立"一省两地"的产业发展战略，进行"信息智能岛"的建设，大规模建设洋浦开发区以带动海南整体经济发展。

1998年开始，海南经济特区进入恢复性增长时期，提出"生态省"建设，加紧大项目发展和洋浦开发区建设，进一步完善"小政府、大社会"政治体制建设。"十五"期间，海南经济呈现快速发展的态势，继续坚持"一省两地"的产业发展战略，成功实施"健康岛"战略。"十一五"期间，海南进入了黄金发展时期，在"一省两地"的基础上重新提出和定义更符合海南特点的"一省三地"发展模式。

展望未来，海南经济特区将继续选择"一省三地"的发展模式，继续发展"三大支柱"产业结构，实施"五大战略"经济发展规划和"五大区块"区划功能设计，建立"自由贸易区"，建设成国际旅游岛。

第二十三章
海南经济特区成立前的经济考略

海南岛，祖国的第二大宝岛，四季如春，风光宜人，宛如南海中的一颗明珠。建省办特区之前，贫穷与落后是海南人民心中最深的痛……

第一节　地理概览

海南岛是中国的第二大岛，有"南海明珠"之称，东面是太平洋，南面隔着南海同马来西亚、印度尼西亚对望，西面隔北部湾与越南为邻，向北跨过18海里的琼州海峡就是广东的雷州半岛。全省陆地（主要包括海南岛和西沙、中沙、南沙群岛）总面积3.54万平方公里（其中海南岛陆地面积3.39万平方公里），海域面积约200万平方公里[1]。海南岛是我国最大的热带地区，占全国热带土地面积的42.5%，常夏无冬，雨量充足，年平均气温在22℃—26℃，素来有"天然大温室"的美称，平均年降雨量1639毫米，森林覆盖率达到35%，是中国热带、亚热带作物的重要生产基地，岛内宜农、宜牧的土地面积达5000万亩。有植物种类4200多种，其中近900种具有较高的经济价值，可以制药的植物有2000种，有20多种国家级珍稀树木。动物品种繁多，仅脊椎动物就有516种，其中有13种列为国家一级保护野生动物。海南终年都可以耕种，盛产各种热带水果和经济作物，如橡胶、咖啡、剑麻、椰子、香蕉、菠萝、菠萝蜜、油棕、可可等。

---

[1]　海南省人民政府网站：http://www.hainan.gov.cn/code/V3/zjhn.php.

海南岛四面是海,有 1528 公里的海岸线,其最南端是曾母暗沙。在这一区域,岛屿星罗棋布,有东沙群岛、中沙群岛、西沙群岛和南沙群岛。岛屿面积共约 11 平方公里,其中最大的是永兴岛,面积 1.85 平方公里。因此,海南素有"南疆要塞"、"两广门户"之称,无论在国防建设还是中外交流上,都具有重要的战略地位。

海南岛有 2300 多平方公里的浅海地区,具有丰富的海产资源,拥有季节性明显的水资源。全岛大小港湾 60 多个,近海渔场面积近 10 万平方海里,是中国渔业和制盐业的重要基地。鱼、虾、贝、藻 800 多种,其中有石斑、马鲛、红鱼、带鱼、墨鱼、鱿鱼、鲍鱼、龙虾等 40 多种名贵海产。岛内还有 200 万亩以上的淡水水域,有鲤、鲮、鲢、鲫、河鳗等 70 多种淡水鱼。

海南岛拥有丰富的矿产资源。已经探明的各类矿产有铁、钛、锰、铜、铀、铅、铬、金、水晶等 88 种。海南矿产资源主要包括能源、黑色金属、有色金属、贵金属、稀有金属、稀有稀土分散元素、冶金辅助原料、化工原料、建筑材料、其他非金属矿物、地下水、热矿水和饮用天然矿泉水等种类。探明储量位于全国前列的优势矿产有天然气、玻璃用砂、钛铁砂矿、锆英砂矿、宝石、富铁矿、铝土矿(三水型)、饰面用花岗岩、饮用天然矿泉水、热矿水等。

海南岛还有丰富的旅游资源。奇特的热带雨林、壮丽的海滨风光、雄奇的山川河流,还有独特的民族风情、海南风味食品以及各种名胜古迹,使海南成为引人入胜的旅游胜地。

海南岛内海拔 1000 米以上的山峰 667 座,中部的五指山(海拔 1867.1 米)是海南岛的象征。沿海为平原台地,占全岛面积 2/3。独流入海的河流共 154 条,水力资源理论蕴藏量约为 100 万千瓦,可开发约 65 万千瓦,南渡江、万泉河、昌化江为全岛三大水系,分别从中部向北、向东、向南入海。

第二节　历史经纬

海南岛简称"琼",又称"琼州",因境内有"土石皆白如玉而润"的琼山而得名,先后有三种古称——"珠崖"、"儋耳"和"琼台",自三国时至今因其孤悬海外而称"海南"。[1]

在地质史上，海南岛曾经与祖国内地连为一体，后来地壳运动变化，由于雷州半岛同海南岛之间的大地发生陆沉和海平面的升降，两次出现琼州海峡，海南岛才成为孤岛。汉武帝元封元年（公元前110年），在海南岛上设置了珠崖、儋耳两郡，海南岛从此划入祖国的版图。唐朝末年，设琼州、崖州等5州22县。民国初期，设广东琼崖道，改州为县，领13个县。

1950年5月，五星红旗插上了海南岛，成立了海南军政委员会。1951年4月成立了广东省人民政府海南行政公署。1952年7月在岛的中、南部设立海南黎族苗族自治区（专署级），1955年9月改称自治州。1968年4月成立了海南行政区革命委员会。1980年恢复海南行政公署。1984年10月成立海南行政区人民政府，属副省级。1987年12月，国务院批准撤销自治州。1988年4月，经全国人大批准，设立海南省，省会在海口市。新建的海南省是我国最大的经济特区，也是我国第31个省级行政单位和第23个省。[2] 海南省辖海南岛和西沙、南沙、中沙群岛及其海域，辖海口、三亚、通什等19个市、县和县级的西沙、南沙、中沙群岛办事处。

1950年海南总人口为246.82万，1988年海南建省办特区之时，总人口为626.85万人，其中农业人口为520.88万人。[3] 有汉、黎、苗、回、壮等30个民族。少数民族占总人口的16%，其中黎族有70万人，主要分布在海南岛的中部和南部。海南岛是著名的侨乡，有约200万的华侨、外籍华人和香港、澳门、台湾同胞分布在50多个国家和地区，其中泰国、新加坡、马来西亚占100万人。岛内有归侨、侨眷100万人。

海南岛从古至今都具有重要的战略地位，曾是著名的海上丝绸之路在南海上的驿站，所以宋人楼钥曾这样形容："势须至此少休息，乘风往集番禺东。不然舶政不可为，两地虽远休戚同。"南宋赵汝适在《诸蕃志》中也说，琼州有神应港，琼州所属琼山、澄迈、临高、文昌、乐会等都有市舶抽税的地方，万安军、吉阳军等地也是海商集散之处。[4] 历史上许多有识之士对开发建设海南岛提出过许多建议和方案，清末两广总督张之洞从崇尚洋务、整治边域出发，提出在海南"开辟道路以为各种建设之张本"的主张；孙中山在其《建国方略》中力主海南建省，尽快开发宝岛；海南新中

---

[1] 陈晓星编：《中国第一大特区——海南》，陕西旅游出版社1988年版，第25页。
[2] 同上，第1—2页。
[3] 资料来源：《海南统计年鉴》。
[4] 《海南古代商贸寻迹，千年海上驿站》，《海南日报》2007年1月22日。

国成立后冯白驹主张建立海南省，但是这些主张都由于时机不成熟没能实现。改革开放后，中国共产党把海南建省办特区提上了日程，并力促其成功实现。

表5-23-1　历年海南省区内生产总值和人均区内生产总值

年份	区内生产总值（亿元）	第一产业（亿元）	第二产业（亿元）	第三产业（亿元）	人均区内生产总值（元）
1978	16.4	8.72	3.65	4.03	314
1979	17.45	9.31	3.77	4.37	327
1980	19.33	10.8	3.61	4.92	354
1981	22.23	13.02	3.47	5.74	399
1982	28.86	17.25	4.04	7.57	510
1983	31.12	18.45	4.47	8.2	540
1984	37.18	20.48	6.68	10.02	636
1985	43.26	21.8	9.3	12.16	729
1986	48.03	24.05	9.92	14.06	798
1987	57.3	28.68	10.89	17.73	939
1988	77.13	38.59	14.15	24.39	1241
1989	91.4	42.85	18.25	30.3	1444
1990	102.49	46.02	20.12	36.35	1589
1991	120.51	50.22	24.65	45.64	1836
1992	181.71	54.13	38.34	89.24	2727
1993	258.08	77.73	66.29	114.06	3815
1994	330.95	107.55	83.66	139.74	4820
1995	364.17	130.86	78.64	154.67	5225
1996	389.53	143.54	81.32	164.67	5500
1997	409.86	151.28	82.68	175.9	5698
1998	438.92	164	90.63	184.29	6022
1999	471.23	176.42	94.95	199.86	6383
2000	518.48	196.56	102.45	219.47	6894
2001	566.72	201.79	132.01	232.92	7406
2002	624.89	228.95	146.09	249.85	8071
2003	691.69	251.35	171.92	268.42	8573
2004	790.12	287.3	201.17	301.65	9704
2005	903.6	301.1	228.91	373.59	10998
2006	1052.43	344.2	287.79	420.44	12654
2007	1223.28	361.07	364.26	497.95	14555
2008	1459.23	437.61	434.40	587.22	17175
2009	1646.60	461.93	443.43	741.24	19166

资料来源：历年《海南统计年鉴》，2009年数据来自《2009年海南省经济和社会发展统计公报》，海南统计局官方网站，www.hi.stats.gov.cn。

表5-23-2 历年海南省生产总值主要行业构成

(单位：亿元)

年份	农业	工业	建筑业	运输邮电业	商业饮食业	金融保险业	房地产业	其他服务业
1982	17.25	3.07	0.97	0.94	3.06	0.81	0.48	2.28
1983	18.45	3.53	0.94	0.97	3.34	0.95	0.51	2.43
1984	20.48	4.7	1.98	1.29	4.01	1.44	0.53	2.75
1985	21.8	5.88	3.42	2.15	4.16	1.79	0.55	3.51
1986	24.05	6.67	3.25	2.57	4.59	2.03	0.65	4.22
1987	28.63	7.73	3.18	3.26	5.74	2.3	0.98	5.46
1988	38.46	10.04	4.16	4.07	8.66	3.25	1.17	7.18
1989	42.64	11.7	6.59	4.87	10.27	3.43	1.43	10.39
1990	45.71	13.17	7.03	6.21	11.41	3.96	1.65	13.28
1991	49.8	15.23	9.48	8.01	15.15	4.43	2.48	15.94
1992	53.59	20.97	17.29	11.35	29.56	6.12	20.57	25.46
1993	76.82	35.58	30.5	16.61	39.13	7.58	20.43	33.75
1994	106.12	44.57	38.76	21.93	48.36	8.05	17.2	46.99
1995	128.9	44.04	34.44	26.35	52.47	8.25	13.69	55.11
1996	141.15	49.2	32.32	29.91	55.23	8.35	11.28	62.24
1997	148.52	52.05	31.08	34.57	58.93	8.58	11.3	66.13
1998	156.05	59.1	32.32	43.76	61.9	8.78	12.91	67.31
1999	172.62	63.37	32.65	46.94	64.88	8.98	14.62	72.62
2000	192	70.46	33.51	52.45	70.3	9.27	16.62	82.2
2001	196.78	97.85	35.98	57.13	74.08	9.75	18.81	88.78
2002	222.89	111.42	37.46	61.97	78.65	10.08	21.45	98.82
2003	244.29	132.25	43.56	66.54	85.64	10.68	25.14	105.85
2004	278.76	151.56	54.04	77	96.5	11.56	30.64	119.6
2005	300.75	166.62	63.91	87.32	107.57	12.44	33.61	132.81
2006	323.48	217.55	70.31	96.69	122.18	13.76	34.41	153.47
2007	361.07	278.37	85.89	112.54	142.13	22.44	45.78	175.06
2008	437.61	321.1	113.22	127.04	172.63	26.74	57.31	203.50

资料来源：历年《海南统计年鉴》。

自1950年海南岛解放到1988年创办经济特区的38年中，海南岛的经济有了相当的发展。在20世纪50年代出现过"橡胶热"，60年代出现过"农垦兵团热"，70年代出现过"培育杂交水稻种子热"，80年代出现过"汽车热"，但是从1951年到1986年底，累计全民所有制单位固定资产投资仅89亿元。[1] 但1988之前的海南岛已

---

[1] 陈晓星编：《中国第一大特区——海南》，第23页。

经成为全国最主要的橡胶和热带作物生产基地；农业已逐步形成了以热带作物为主、农林牧副渔全面发展的农村产业结构；工业从无到有，纺织、橡胶制品、机械、电子、食品、建材等行业已有了一定的基础。

海南的社会经济十分落后，1978年区内生产总值仅为16.4亿元，人均生产总值为314元。建省办大特区前夕的1987年，区内生产总值增长为57.3亿元，比上年增长19.3%，人均生产总值为939元，比上年增长17.6%，实际利用外资911万美元，进出口总额29241万美元，其中出口额11549万美元。（见表5—23—1、表5—26—1、表5—26—2）

然而，由于海南岛地处国防前哨，一直未能把发展经济作为重要工作，潜在的优势没有得到充分发挥，致使改革开放前的海南经济体制所有制结构单一，市场封闭，发育不完善，不仅工业总产值的80%以上来自国有企业，农业也以国有农场为主体，商品零售中个体经济和合作经营的比重只占30%，没有形成开放型的市场体系。[1]

1978年党的十一届三中全会决定把全党全国的工作重点转移到社会主义现代化建设上来，给海南岛的经济建设和开发事业创造了一个良好的转机。

1979年4月，中国改革开放的总设计师邓小平在听取中共广东省委负责人习仲勋、杨尚昆的工作报告后建议：可以划出一块地方，叫做特区。从而提出了建立经济特区的设想。

---

[1] 陈晓星编：《中国第一大特区——海南》，第34页。

第二十四章
海南经济特区的酝酿与诞生

世纪伟人邓小平高瞻远瞩，下定决心创办中国最大的经济特区。经过党和国家领导人的积极关注，艰苦探索和积极酝酿，1988年，中国最年轻的省、最大的经济特区——海南，姗姗而来……

第一节 早期酝酿

党的十一届三中全会以后，海南和全国一样进入了全面建设社会主义的新时期。随着形势发展的需要，党中央和国务院决定加快海南岛的开发建设。

一、贫穷落后的沉思

海南岛一直是广东省最穷、全国经济最落后的一个地区之一，处于封闭的半自然经济状态，当中国决定改革开放和现代化建设之时，海南岛自然也需要改变贫困状态。出于对宝岛贫困现象的反思和实施改革开放战略的考虑，海南岛在改革开放之初就成为中央特别关注的地区。

1980年6月30日至7月11日，关于海南岛问题的座谈会在北京召开，会议明确了发展农业的方针。7月22日，国务院在《海南岛问题座谈会纪要》（以下简称《纪要》）中，提出加速海南岛的建设。8月30日至9月6日，海南区党委召开常委扩大会议，认真学习贯彻国务院关于加速海南建设的决定，要求做好现有热带经济作物和热带林木的管理，并对农业自然资源进行调查，做好农业发展的区划和规划，有效地提高农业生产的效率，为此必须进一步解放思想，放宽政策，把经济搞活。

海南岛问题座谈会及其会议纪要，虽然在海南经济发展问题上仍然局限于热带作物和农业的思路上，但反映出中央开始把海南岛的工作重点从国防建设为主转到开发建设为主上来。特别是《纪要》提出海南的对外经济活动可参照深圳、珠海市的办法，给予较大的权限，表明中央已在考虑开放海南岛的问题，虽然这一点后来在实践上没有得到很好的落实，但却为日后开放海南岛做了必要的准备[1]。

二、"准经济特区"政策

党的十二大后不久，中央即把开放海南岛的问题提上了议事日程，并着手进行调查研究和准备工作。1980年10月12日，国务院领导同志在关于加快开发建设海南岛问题的批示中，建议由国务委员谷牧主持召开座谈会，专门研究开放海南岛的问题。11月初，中顾委副主任王震到广州组织座谈，同广东省和海南行政区的领导探讨加快海南岛开发建设的问题，形成一个初步的思路。12月12日晚，谷牧和王震在北京召开了一个小型座谈会，讨论如何落实中央关于加快海南岛开发建设的精神。

1983年初，国务院和中央领导来海南视察，并指示海南要充分利用国内外的有利条件，进一步解放思想，实行对内搞活经济和对外开放的政策，开创海南岛开发建设的新局面。

1983年3月，国务院召集讨论海南岛的开发建设问题。4月1日，中共中央、国务院批准《加快海南岛开发建设问题讨论纪要》，指出海南岛战略地位十分重要，开发建设好这个资源丰富的宝岛，对加强民族团结，实现国家四化，巩固南海国防都有重要的意义。中央决定加快海南的开发建设，在政策上放宽，给予较多的自主权，中央各有关部门要从人、财、物上积极给予必要的直接支持，广东省和海南的党政领导机关要加强并改善对经济建设的领导，发动群众，艰苦奋斗，努力开创海南建设的新局面。中央还决定扩大海南的自主权，对外活动参照深圳和珠海的做法，争取多种方式实行优惠政策，吸引外资，引进先进技术设备，发展旅游业。

中央开放海南岛的重要举措，使海南发生了一次历史性的跨越，从一个长期处于

---

[1] 苏东斌编：《中国经济特区史略》，广东经济出版社2001年版，第398—399页。

封闭状态的海岛一跃成为当时中国开放程度仅次于经济特区的开放区域,实际上成为"准经济特区"。[1]

三、海南岛建特区的战略构想

1984年1月24日到2月17日,邓小平到深圳、珠海、厦门三个经济特区考察。面对特区取得的巨大成就,邓小平更加坚定了继续改革开放中国的决心,一个中国对外开放的战略方案在总设计师的脑海里构思着。

1984年2月24日,邓小平邀请中央负责同志一起座谈特区等问题,他指出:"我们建立特区,实行开放政策,有个指导思想要明确,就是不是收,而是放。"[2]并强调:"我们还要开发海南岛,如果能把海南岛的经济迅速发展起来,那就是很大胜利。"[3] 这表明,开发海南岛已在邓小平设计的开放战略中占有重要的地位。

四、"建省办特区"的加速酝酿

在邓小平开发海南战略思想的指导下,雷宇等海南行政区主要领导人抓住这一机遇,带领海南广大干部和群众,解放思想,利用中央给予海南的对外开放优惠政策,积极开展对外经济贸易活动,大规模展开海南历史上前所未有的开发建设,开创了海南开发建设的第一个"黄金时期"。

然而,由于缺少经验,特别是在工作指导思想上急于求成在实际工作中急功近利,1984年海南领导人利用中央给予的对外开放优惠政策,大肆非法进口汽车,在国内倒卖牟取暴利,出现了震动全国的"倒卖汽车事件"。

但是,"倒卖汽车事件"并没有改变海南继续开放的发展路线。1984年5月31日,第六届全国人大二次会议审议并通过了国务院关于撤销广东省海南行政公署、成立海南行政区人民政府的建议,通过关于海南行政区建制的决定,并实行经济特区的某些经济政策,进一步扩大了海南的自主权。1986年8月21日,国务院同意海南行政区

---

[1] 苏东斌编:《中国经济特区史略》,第400页。
[2] 中共中央、国务院关于批转《沿海部分城市座谈会纪要》的通知,http://news.xinhuanet.com/ziliao/2005—02/07/content_2558239.htm。
[3] 《邓小平文选》第3卷,人民出版社1993年版,第52页。

从 1987 年起在国家计划中单列户头，赋予海南行政区相当省一级经济管理权限[1]。

1987 年 6 月 12 日，邓小平在人民大会堂会见南斯拉夫共产主义联盟中央主席团委员科罗舍茨时指出："我们正在搞一个更大的特区，这就是海南岛经济特区。""海南岛和台湾的面积差不多，那里有许多资源，有富铁矿，有石油天然气，还有橡胶和别的热带亚热带作物。""海南岛好好发展起来，是很了不起的。"[2] 南天一隅的海南，顿时春潮涌动。海南被推到了改革开放浪潮的最前端。[3]

第二节　海南经济特区的诞生

一、"建省办特区"的可行性研究

中央在 1986 年 11 月至 1987 年 4 月几次，主要委派原深圳市委书记兼市长梁湘、原广州市委书记许士杰、原新华社香港分社社长许家屯三位到海南考察，他们听取多方面的意见后，从各自的视角向中央提出加快海南岛开发建设的见解，对海南建省办经济特区的可行性进行论证，基本意见统一为：一是海南要实行比特区更特殊的政策，二是海南建省，这些意见为中央的最后决策提供了科学依据。

中央还听取了香港实业界人士如李嘉诚先生的意见。此外，香港海南商会会长吴多泰先生 1986 年 4 月在全国政协六届四次会议上也力促开发海南岛，受到中央的高度重视。[4]

二、海南经济特区的筹建

邓小平宣布创建海南岛经济特区的决策后，六届全国人大常委会决定将国务院关于设立海南省的议案提交七届全国人大一次会议审议、批准。六届全国人大常委会第 22 次会议后不久选出海南省建省筹备工作负责人选。随后国务院提出议案，于

---

[1]　中共海南省委党史研究室编：《中国经济特区的建立与发展——海南卷》，第 9—11 页。
[2]　中共中央文献编辑委员会编辑：《邓小平文选》第 3 卷，第 239 页。
[3]　苏东斌编：《中国经济特区史略》，第 403 页。
[4]　同上，第 405—406 页。

1987年8月24日建议撤销海南行政区，将海南行政区所辖区域从广东省划出来，单独建立海南省。1987年9月5日，国务院获授权成立海南建省筹备组。在琼崖纵队建立60周年纪念日（1987年9月23日），许士杰和梁湘出席纪念大会，向海南行政区区党政军民传达了中央领导同志关于海南建省筹备工作的指示精神，宣布海南建省筹备工作开始。

1987年9月26日，中共中央和国务院发出《关于建立海南省及其筹建工作的通知》，指出：海南建省后，将给海南以更多的自主权和更为优惠的政策，使它成为我国最大的经济特区。[1]

1987年年末，建省筹备组邀请中国社会科学院选派的专家组到海南调研，写成《海南经济发展战略研究报告》，提出"海南模式"：海南起飞只能依靠特殊政策和全新体制，提出三个战略"棱角"——新经济体制，小政府、大社会和整体转轨。[2]

1988年4月13日，第七届全国人民代表大会第一次会议审议并通过关于设立海南省的决定：一、批准设立海南省，撤销海南行政区。海南省人民政府驻海口市。二、海南省管辖海口市、三亚市、通什市、琼山县、琼海县、文昌县、万宁县、屯昌县、定安县、澄迈县、临高县、儋县、保亭黎族苗族自治县、琼中黎族苗族自治县、白沙黎族自治县、陵水黎族自治县、昌江黎族自治县、乐东黎族自治县、东方黎族自治县和西沙群岛、南沙群岛、中沙群岛的岛礁及其海域。

同日，七届全国人大一次会议通过关于建立海南经济特区的决议。决议决定：一、划定海南岛为海南经济特区。二、授权海南省人民代表大会及其常务委员会，根据海南经济特区的具体情况和实际需要，遵循国家有关法律、全国人民代表大会及其常委会有关决定和国务院有关行政法规的原则制定法规，在海南经济特区实施，并报全国人民代表大会常务委员会和国务院备案。1988年4月26日，海南建省筹备工作结束，中国第一个特区省——海南省诞生，揭开了海南开放建设历史的新篇章。[3]

---

[1] 苏东斌编：《中国经济特区史略》，第409页。
[2] 陈晓星编：《中国第一大特区——海南》，陕西旅游出版社1988年版，第20—21页。
[3] 中共海南省委党史研究室编：《中国经济特区的建立与发展——海南卷》，第17—23页。

第三节　海南经济特区的初创

海南建省创办全国最大的经济特区的愿望，终于在 1988 年 4 月 26 日实现，海南岛的开发建设进入了新的历史时期。为改善海南的经济环境，中央和地方政府颁布了多项鼓励投资和加快海南建设的规定。

1988 年海南建省办经济特区后，全国各地来海南求职的人才达 10 多万人。他们被称为"闯海人"，怀着创业的激情和梦想，为海南经济特区的发展作出了不可磨灭的贡献。在当时的计划经济体制下，许多人渴望经济特区的自由空气，渴望实现自身价值，抛家弃业奔向海南，把海南当作施展拳脚的舞台，海南给了他们从来没有过的奋斗的希望。[1]

1988 年 5 月 4 日，国务院发布了《关于鼓励投资开发建设海南岛的规定》（国发[1988]26 号）[2]，共 23 条，指出国家对海南经济特区实行更加灵活的经济政策，授予海南省人民政府更多的自主权。1988 年 8 月 1 日又出台了具体条例《海南省人民政府关于贯彻国务院[1988]26 号文件加快海南经济特区开发建设的若干规定》，进一步加快了海南开发建设的步伐。1988 年 8 月 5 日，海南省政府发布《关于鼓励投资的税收优惠办法》（简称"二十条"），就有关税收优惠事项制定了具体的实施办法，并按不同行业对企业应缴纳的企业所得税给予具体的优惠照顾。

1988 年 9 月 1 日至 4 日，中共海南省第一次代表大会在海口召开，提出要尽快落实特区的运行机制、实现经济高速发展的奋斗目标就必须在海南尽快建立市场经济新秩序，发挥价值规律的协调作用，多种经济成分并存，建立完全开放的市场经济。海南从广东省划分出来组建海南省后，中央给予了海南省更多的优惠政策和措施，具体体现在每年给予海南优惠贷款和补助、扩大审批权、扩大进出口贸易配额和许可证权、外贸自负盈亏、优惠税率、优惠金融政策、扩大土地使用权、人员进出海南岛的政策。"小政府、大社会"的新体制也开始运转，在行政管理职能的机构改革方面先行一步。

---

[1]《建省办特区开创新时代》，《海南日报》2008 年 4 月 26 日。
[2]　海南省人民政府网站：http://www.hainan.gov.cn/data/news/2008/01/44714/.

第二十五章
海南经济特区初期发展战略模式探索

海南省经济特区在众人的期盼中开始起步，创立之初构建了社会主义市场经济体制、"小政府、大社会"的政治体制、"外引内联"的创新经济发展模式以及各方人士共同探索海南的发展战略模式……

第一节 社会主义市场经济体制的构建

国务院国发[1988]24号文件指出："海南省的改革可以有更大的灵活性，要在国家宏观计划指导下，建立有利于商品经济发展，主要是市场调节的新体制框架。"海南经济特区建成后，按照中央建立市场调节的新体制框架的精神，率先整体实行社会主义市场经济体制，拉开了全国建立社会主义市场经济体制改革的序幕，建立适应办经济特区和外向型经济的新经济体制，其中最主要的一个环节就是要建立统一开放的市场体系，促进资源的优化配置。[1]

一、转换价格体制

价格改革是海南经济特区的市场经济体制改革和建立开放的新型市场体系的突破口。海南省人大第一次会议明确提出："建立市场经济的新秩序，首先要以国际市场

---

[1] 陈晓星编：《中国第一大特区——海南》，第34页。

为基本导向,尽快建立起国际、国内和省内市场有机结合的、开放的新型市场体系","完善市场体系,利用市场机制调节经济,必然要求放开价格,包括商品和劳务价格以及其他生产要素价格,对工资、汇率、房租、土地使用等制度要进行彻底的改革","特别是要不失时机地有步骤地推进价格改革"。海南价格改革具体体现在:首先,进行生活资料价格改革,积极大胆推进粮食价格改革;其次,进行生产资料价格改革。

二、健全市场体系

在放开价格的前提下,海南积极采取各种有效措施,培育和发展市场体系。加强对市场的组织建设:一是制定优惠政策,动员社会力量建设市场;二是制定建立健全粮食、胡椒市场、早熟瓜菜、热带水果批发市场以及生产资料、证券、技术、劳务、房地产市场的具体方案;三是加强市场基础设施建设;四是有计划、有步骤地发展一批与物流、人流相适应的仓储设备和运输网络等等。这些措施在一定程度上促进了市场体系建设的步伐。

海南运用全国人大授予的地方立法权,率先出台《海南经济特区股份有限公司条例》、《海南经济特区有限公司条例》、《海南经济特区企业法人登记管理条例》、《海南经济特区反不正当竞争条例》和《海南省商品和收费实行明码标价制度的实施办法》等一批有利于市场发育的法规,促进了市场管理规范化。

三、建立金融市场

海南建省后,建立和发展了短期资金拆借市场、票据承兑贴现市场、证券市场和外汇调剂市场。一是改变过去单一的银行体制,发展外资和中外合资银行,积极发展各类非银行金融机构,拓展金融业务,努力增加信贷资金来源,加快各类资金融通。二是较早地实行了外汇管理体制改革,适当放宽外汇调剂范围,建立了全国第一家规范化的外汇调剂市场。三是完善短期资金拆借市场。四是大力发展证券市场,拓展证券发行和交易。

四、建立劳动力市场

海南从 1993 年开始打破国有企业内部干部与工人的身份界限,实行全员劳动合同制；全省各市县都成立了职业介绍机构；成立了海南省职业介绍服务中心；建成省人才劳务中心市场，形成全国第一家省级人才劳务一体化市场；打破各类劳动者的身份界限，体现社会公平原则，实行统一的养老、失业、工伤和医疗保险制度。

五、建立产权交易、技术、信息市场

海南的产权交易市场是从 1993 年开始建立的，1994 年 4 月省政府发布了《海南经济特区产权交易市场管理办法》，活跃了海南经济特区产权交易市场，促进了企业产权优化组合、优化配置，资本开始朝着市场引导的方向合理流动。海南建省后，技术和信息市场开始起步，通过实施"科技兴琼"战略，技术市场发展较为迅速。技术市场的兴起，为工业技术更新、改造和工程项目建设，为向农村大规模、大面积传播农业生产技术，为运用市场机制开发高新技术、建设新型产业等，传递了先进适用的技术，对各项改革事业都起到了催化作用。

通过以上措施，有力地促进了人、财、物的自由流动和生产要素市场的培育，初步形成了统一、开放、竞争和有序的大市场。[1]

第二节 "小政府、大社会"政治体制的建立

海南在中央政府的支持下建立了"小政府、大社会"体制。1987 年底召开的国务院"关于海南岛进一步对外开放加快经济开发建设"的座谈会提出：海南从建省开始，就要按照政治体制改革的要求，坚持党政分开、政企分开、精简机构、多搞经济实体。政府机构的设置，要突破其他省、自治区现在的机构模式，注重精干、高效，实现"小政府、大社会"。1988 年 5 月 4 日国务院发布《关于鼓励投资开发建设海南岛的规定》给予海南更加灵活开放的经济政策和给予海南省人民政府更大的自主权。[2]

---

[1] 中共中央党史研究室第三研究部编：《中国沿海城市的对外开放》，中共党史出版社 2007 年版，第 52—64 页。
[2] 陈晓星编：《中国第一大特区——海南》，第 28 页。

一、"小政府、大社会"的内涵

在海南的政治体制改革中,"小政府、大社会"有其特定含义,即国家行政机关要小,人的生存、生活和发展系统的整体要大。[1] 所谓"小政府",就是把大量的经济职能交还给社会,精简政府机构,转变政府机关的职能和工作方式,提高办事效率。政务类的干部通过立法手续选举产生,公务员类干部逐步经过考试选聘。海南的政府机构将比其他省的现有机构减少三分之二。所谓"大社会",就是确认和保证公民个人、企业的经济自主权,企业自主联合组成企业集团,确认和保证事业单位的独立性。政府不该管的统统交给公司管,按经济规律办事,逐步实行广泛的民主自治。[2]

二、管理体制改革

1988年建省办特区之后,尤其是党的十四大以后,海南按照"小政府、大社会"的原则大力推进行政管理体制改革,按照市场经济的要求转换政府职能,初步体现出精干高效的特点,促成海南经济社会的高速发展,为我国行政管理体制改革作了重要的尝试。

新建的海南省减少管理层次,精简机构和人员,撤销地区一级行政设置,实行省直接管理县(市)的管理体制。从1993年起,海南进一步全面加大机构改革的力度,以转变职能为核心,省级重点做好党政各部门的"三定"工作;县(市)着重解决机构臃肿、人员超编的问题;乡(镇)着力健全乡(镇)功能,统一机构设置,减少领导职位数量。改革后的省级党政机构39个,减少3个,取消了所有的非常设机构。行政人员编制3850人,缩减707人。机构改革为政府转变职能奠定了坚实的基础,为海南的对外开放奠定了基础。

三、政府职能转变

海南在转变政府职能的过程中,以削减政府权力、减少政府干预为突破口。在发

---

[1] 中共海南省委党史研究室编:《中国经济特区的建立与发展——海南卷》,第34—35页。
[2] 陈晓星编:《中国第一大特区——海南》,第33页。

展社会主义市场经济的同时初步解决了政府职能的定位问题。政府敢于从自身的权力开刀，减少政府的审批、指标、核准等权力，强化对公众和投资者的服务。同时，充分发挥社会中介组织的作用。大力发展会计师事务所、律师事务所、审计师事务所等社会中介组织，并充分发挥它们在市场经济中的作用。政府坚持依法行政，发挥"服务、保障、调节、参与"四个方面的职能作用，为海南的市场经济体系建设保驾护航，为对外开放提供机制保障。

四、人事制度改革

建省办经济特区之初，海南就遵循"政企分开"、"精干高效"的原则，进行人事制度改革。对企业单位不再规定行政级别，由行政单位转（调）到事业单位的干部保留原来的行政级别。1991年海南省委组织部下发企业人事制度改革文件，明确提出企业取消行政级别和干部职工的身份界限，统称为职工。企业内部取消终身制，实行聘任制与全员劳动合同制。1993年3月，以省长令的形式出台了《海南省国有企业经理（厂长）聘任制实施办法》。在全国率先以法规的形式规范了企业经营者的任职条件和平等竞岗、国有资产保值增值等聘任程序。

政府职能的转变和政府行为的规范化、法制化，为海南经济社会的发展创造了较好的环境和条件，人民生活水平不断提高，精神文明建设取得较大成绩。海南振兴的新局面开始形成，并为进一步发展奠定了坚实的基础。[1]

第三节 "外引内联"招商引资

海南经济特区创建之初，岛内农业和工业基础薄弱，要想在"低起点"上实现"高目标"，唯有扩大对外开放，利用海南的特殊优惠政策，引进资金，实行成片开发和外引内联的创新发展模式。为此，海南省政府采取"统一规划，成片开发，综合补偿，分期实施"一系列得力措施，让外商成片承包开发，并带动整个海南的开发和建设。

---

[1] 中共中央党史研究室第三研究部编：《中国沿海城市的对外开放》，第64—69页。

一、经济外交，招商引资

海南建省伊始，省政府领导人组织了一系列出访活动，并邀请世界各国和地区的政界人士、政府代表团访琼，大力宣传海南的地理、自然资源和特殊的政策优势，为海南吸引外资和参与国际经济合作创造条件。

组织各种招商活动，加大外引内联工作力度。海南经济特区通过定期举办对外经贸洽谈会、海交会的办法，取得了较好的招商引资效果。1992年，在创建特区四周年来临之际，又举办了首届国际椰子节，扩大招商引资。1993年，为了扩大对外开放，省政府确定该年为海南国际招商年，采取了几项重要的扩大开放、吸引外资的措施。1993年举办了第二届海南国际椰子节、中国（香港）海南介绍会、海南经济贸易洽谈会等15项大型对外招商活动。1994年，省委进一步开拓招商思路，主动到韩国、美国、加拿大、德国、新加坡、日本、阿联酋等国家和中国香港地区开展11项招商活动，签订了一批项目协议和合同，取得成效。

二、优惠的外资政策

出台一系列鼓励国内外客商来琼投资的优惠政策，吸引国内外投资者。国务院24号和26号文件明确提出海南经济特区采取比当时其他特区更加开放和更加特殊的政策，建立更加灵活的经济体制，享有更为充分的经济活动自主权和更宽的审批权限，同意海南走成片开发和吸引外资的发展道路。海南省政府相继出台了一系列扩大开放、促进经济发展、引导资金投向的政策法规和文件；设立外商投资企业管理和国内协作管理业务机构，出台《海南省外商投资企业管理办法》、《海南省内地投资企业管理办法》等规范性文件，保证外引内联企业健康发展。

外引内联的发展给海南经济特区带来了大量的资金、技术、物资和人才，极大地促进了海南的开发建设和经济发展。[1]

---

[1] 中共中央党史研究室第三研究部编：《中国沿海城市的对外开放》，第64—69页。

第四节　海南经济特区发展模式的探讨

海南建省办特区之后，面临的最大课题是发展模式的选择和发展战略的确定，这是关系到海南经济特区成败的至关重要的问题。

一、党中央和邓小平对大特区发展模式的设计

党中央和邓小平在作创办海南经济特区的决策时，就已经给这个特区设计了发展模式。在邓小平1987年6月12日谈话和国务院24号和26号文件上就有如下内容：

> 海南经济特区需要实行比现行经济特区更加灵活、更为优惠的政策和有更多的经济活动自主权，对外开放除采用经济特区等行之有效的方式外，其他国际上通行的经济技术合作的好办法，在海南省也都要试验采用。
> 海南经济特区的开发建设要大力吸引外资，尤其要吸引港澳资金，逐步建立起具有海南特色的外向型经济结构，有计划有步骤地发展外向型经济。
> 海南经济特区的发展，不要盲目照搬其他地区的模式，必须立足于自己的资源优势，探索自己的发展路径。海南应走"成片开发、开发一片收益一片"的道路。
> 海南经济特区的改革可以有更大的灵活性，在经济体制改革方面，海南要在国家宏观计划指导下，建立有利商品经济发展、主要是市场调节的新体制框架；在政治体制改革方面，海南要坚持党政分开、政企分开、精简机构，机构要小，要多搞经济实体，政府机构的设置，要突破其他省、自治区的机构模式，也要比其他经济特区的机构更精干、有效一些，实现"小政府、大社会"。[1]

二、海南经济特区人的探索

海南正式建省办大特区前后的一年中，海南的领导层和理论界在邓小平创办大特区思想指引下，积极探索海南大特区的具体模式。

---

[1] 苏东斌编：《中国经济特区史略》，第412—413页。

（一）海南领导人的探索

1988年5月，即海南正式建省办特区后不久，香港《文汇报》和旅港海南同胞庆祝海南省成立活动委员会在香港举办"海南发展计划研讨会"，许士杰和梁湘先后在会上发言，比较具体和系统地论述海南经济特区的对外开放模式、经济体制模式、行政管理模式和海南经济发展模式。具体内容是：

> 对外开放模式。提出海南比其他特区更"特"的"三个自由"，即资金进出自由、境外人员进出自由、货物进出基本自由的对外开放模式，包括免征关税、外汇自由进出境、海南产品出口不受国内配额限制、国外在海南设立的外资银行和中外合资银行经批准可经营人民币业务等内容。
>
> 经济体制模式。提出海南实行按国际惯例办事的市场经济体制，在经济运行中市场调节第一，所有制结构不以全民所有制为主，实行多元化所有制结构，海南的市场经济是外向型的市场经济。
>
> 政治体制模式。海南实行"小政府、大社会"新体制，政府将把大量的经济管理职能交给社会和企业，政府不直接干预企业的经济活动，实行间接管理方式，机构设置和人员都要少而精。
>
> 经济发展模式。提出海南经济发展既要发挥岛内资源优势，又要充分利用岛外资源；既要面向国际，努力参加国际分工和国际竞争，又要背靠内地，把各方面的优势结合起来。

从以上四点论述可以看出海南省领导同志贯彻中央精神，充分利用"活动空间"，勇于探索，大胆创新，为海南以后的发展作出了宝贵的探索。[1]

（二）海南理论界的探讨

海南理论界十分活跃，他们或举行研讨会，或发表文章，大胆发表自己的见解，为海南经济特区模式设计和选择出谋划策。例如海南建省办特区初期理论探索比较活跃的一份地方报纸《海南开发报》，就刊登了不少这一类的文章，并且把它们编纂成一本名为《一条从未走过的路》的论文集，在20多篇论文中，理论工作者各抒己见，见仁见智，对海南经济特区模式设计提出了许多颇有见地的理论观点。[2]

---

[1] 苏东斌编：《中国经济特区史略》，第413—414页。
[2] 同上，第414—415页。

三、"两会"的模式定位

经过国内外、岛内外各界人士对海南经济特区模式近一年的积极探讨，为海南经济特区创办初期选择适合自身实际的发展模式作了充分的思想理论准备。1988年8月和9月间先后召开"两会"，即海南省人民代表大会第一次会议和中共海南省第一次代表大会。"两会"是海南建省办特区之后召开的第一次最重要的会议。

"两会"给海南经济特区的模式定位具体内容是：建立以"三个自由"（即对外交往中人员进出、资金进出、货物进出自由）为基本框架，以吸引外商成片承包、综合开发工业区为主要形式，立足引进外资和发展外向型经济为主的对外开放体制，使海南成为一个由若干自由贸易港、出口加工区、经济开发区、科学工业园等组成的更加开放、更加自由的大特区，并努力创造条件，建立海南第二关税区，成为"在内地造几个香港"的先行试验区；实行适应海南地区外向型经济发展的社会主义市场经济的新型经济体制；建立和完善"小政府、大社会"的政治体制。[1]

第五节 海南经济特区发展战略的确定

一、党中央和邓小平对大特区发展战略的设计

党中央和邓小平在做海南经济特区的决策时，就为海南设计了发展战略。这一点从邓小平同志1987年6月12日的谈话和国务院24号和26号文件上可以看出：海南经济特区要紧紧把握住发展生产力这个中心。发展经济必须立足于开发利用丰富的热带自然资源、海洋资源、矿产资源和旅游资源，大力加强基础设施建设，逐步建立具有海南特色的产业结构。经济发展的战略目标是：争取在三五年内赶上全国平均经济水平，到20世纪末达到国内发达地区水平，进而为赶上东南亚经济较发达国家和地区的水平而努力[2]。

---

[1] 苏东斌编：《中国经济特区史略》，第415—416页。
[2] 同上，第416页。

二、国内外专家的论点

为了科学选择海南的经济发展战略,中央和海南建省筹备组高度重视征求国内外专家的意见。早在20世纪80年代中期,就由国家计委、国家科委、广东省国土厅倡议,邀请日本国际协力事业团帮助编制海南岛综合开发规划。1988年5月,由中日专家合作编制的《海南岛综合开发规划》全部完成。这一规划设计了海南岛经济发展的战略目标,并提出了相应的开发战略和开发框架:产业结构合理化,重点开发海口、三亚的发展模式,加快和加强基础设施的建设。

对海南经济发展战略设计和选择影响最大的恐怕是由著名经济学家刘国光主持、中国社会科学院海南调研组制订的《海南经济发展战略研究报告》,这一报告思想解放,视野开阔,立意新颖,论证严谨,较好地为未来的海南设计出了一整套经济、体制和对外开放的模式,对海南经济特区模式和经济发展战略的确立产生了直接的影响,尤其是在海南经济发展的战略目标、战略步骤、战略转换和战略布局方面,仍然是今天海南经济发展的基本思路。

国内一些社会学术团体和组织也自发组织一些调研和研讨会,国内许多知名专家、学者对海南大特区的发展提出很多真知灼见。1988年4月,中国社会科学院研究生院和《海南开发报》在北京联合举办"海南开发战略研讨会",会上于光远、季崇威等40多位专家、学者和博士生热情地为海南大特区发展模式和战略构思进行了设计。于光远提出海南应实行双轨制战略:一个是富民战略,让海南人民富裕起来主要依靠海南物产资源和人力资源;一个是起飞战略,使海南在短时间内迅速起飞成为全国、亚洲乃至世界的先进地区,必须依靠全国的支持和海南的政策优势。

1988年4月,北京大学、北京体制改革咨询研究中心和《世界经济导报》共同写出《海南发展战略第二研究报告》。这个报告提出了一个独树一帜的观点,认为海南开放的总体战略,应综合运用海南大特区优势,首先引入外向发展的国内主体,由国内企业(集团)在岛内与国外企业直接融合,充分调动国内国外、岛内岛外的多种资源,使海南成为"内向扇面聚合国内要素,外向扇面辐射国际市场的开放枢纽"[1]。

---

[1] 苏东斌编:《中国经济特区史略》,第416—419页。

三、"两会"的战略定论

1988年8、9月间,即海南省人民代表大会第一次会议和中共海南省第一次代表大会先后召开。"两会"提出海南经济发展战略的总目标是:坚持以改革、开放促开发的方针,用市场调节经济,努力发展生产力,在大力引进外资、引进技术和加快工业化的基础上,最终建成以工业为主导、工农贸旅并举、三大产业协调发展、商品经济高度发达、科学文化比较先进、人民生活比较富裕、以发展外向型经济为主的综合大特区,力争用20年或稍长一点的时间,使海南人均地区生产总值达到2000美元以上,进入东南亚经济比较发达国家和地区的行列。

海南未来的生产力配置新格局将以港口为依托,以港口城市和有港口依托的城市为枢纽,以交通网络为纽带,形成各具特色的五大经济区。

综观"两会"所作的选择,从总体上看,方向是正确的,思路是对头的,而且充满开拓创新精神,不仅使初创的经济特区有了明确的方向和工作思路,而且对十年来海南的发展和走向产生了重大的影响。但是,由于选择是在全国掀起"海南热"和缺乏办大特区实践经验的背景下作出的,因此不免带有冲动和理想化的因素,有些方面在实践中陷入步履维艰的窘况,例如"三个自由",尤其是货物进出自由,就难以逾越配额和许可证管理的坚固壁垒,而"再造香港"的努力,也仅停留在理想"王国"之中,其"建立第二关税区,成为'在内地造几个香港'的先行试验区"的设想,一次次成为"纸上谈兵"。[1]

---

[1] 苏东斌编:《中国经济特区史略》,第419—420页。

第二十六章
海南经济特区初创十年的潮起潮落

海南经济特区，改革的先驱，开放的试验田。它从诞生之日起，就掀起层层"海南热潮"。十年建设，成就显著。然而，惊人的速度伴随脆弱的基础，经济的理性遭遇人性的贪婪，大特区上演了一幕幕的痛苦之作。

第一节　初期建设热潮

海南经济特区创立的一年多时间内，按照海南省人民代表大会第一次会议和中共海南省第一次代表大会制定的发展模式和发展战略，海南掀起了第一次大规模开发建设的热潮。这次开发建设的特点是：国内外客商携带大量资金，首先投资于海南沿海重点开发的港口城市，用于基础设施的建设和开发区的开发，随后延伸至对整个海南岛的投资。[1]

一、基础设施建设

为了吸引国内外投资者，搞好基础设施建设、改善投资硬环境成为海南起步阶段开发建设的重点。主要体现在电力、通信设施建设、港口建设和公路、机场建设方面。

电力是当时困扰海南经济特区吸引外来投资和经济建设最突出的问题，早在海南

---

[1]　苏东斌编：《中国经济特区史略》，第 423 页。

建省筹备工作开始之时，建省筹备组就把电力建设放在基础设施建设的首位。作为解决当时电力严重短缺的应急措施，集中力量建设邻近海口的马村电厂四台装机总容量15万千瓦的燃汽轮发电机组。

通信设施建设是海南经济特区建立第一年中建设速度最快的项目。1988年，全省共投入7000万元，新增电话12380门，长途电话线路154条，分别是建省办特区前37年总数的68%和48%。在重点建设的海口、三亚两市，通信设施的建设以惊人的速度发展，其他市县也进入高速发展状态。

港口建设是海南经济特区第一轮开发建设中最为壮观的景象。海南建省办特区一开始，海南省委、省政府即将港口建设列为重中之重，迅速在全岛的东西南北沿海地带掀起了旧港改造和新港兴建的热浪。

公路、机场建设也全面铺开。公路运输重点抓洋浦港疏港公路建设和东干线公路改造，截至1988年底，新增通车里程75.6公里，而东线高速公路的建设，也经国家计委批准立项，于1988年6月开始兴建。民航运输增加了海口至广州、海口至香港（包机）航班，新开辟了海口到北京、海口到上海、海口到成都、海口到沈阳的航线。为了从根本上改善海南的交通条件，海南大特区着手筹建南北两端的三亚凤凰机场和海口新机场。

基础设施建设，是海南的第一轮开发建设高潮，一年多的建设，迅速改善了海南的投资环境。[1]

二、开发区设立

海南经济特区在成立之初，确立了"统一规划，引进外资，成片开发，综合补偿"的方针，大力加强开发区建设。各市县按照这一开发建设路子，开辟了大大小小的开发区，采取"筑巢引鸟"或"引鸟筑巢"的方式，掀起成片开发的热潮。几年间，海南省经国务院和省政府批准设立的各类开发区近30个。其中1988年创办的主要开发区有金融贸易区、港澳国际工业区、金盘工业开发区、海甸岛东部开发区、桂林洋开发区等。

在海南经济特区第一轮开发建设热潮中产生的大大小小经济开发区，是海南大特

---

[1] 苏东斌编：《中国经济特区史略》，第423—426页。

区开发建设模式的试验区，它们所创造的各种成片开发模式和管理模式，为海南的开发建设积累了宝贵的经验。同时，这些经济开发区实际上成为海南吸引国内外资金、技术和先进管理方法的主要基地，是海南经济发展的新的增长点和辐射源。[1]

三、初期的发展困惑

海南经济特区成立之初凭借其特殊的经济政策，开始进行大规模的基础设施建设和成片开发区建设，全岛呈现迅猛发展之势，可是好景不长，从1988年9月开始的全国治理整顿和"洋浦风波"，使海南经济特区骤然失去了迅速发展的国内国际条件，汹涌澎湃的海南潮一下子跌落下来，给新生的海南经济特区发展带来极大的困惑。[2]

（一）全国治理整顿

从1984年至1988年，在改革开放的推动下，中国经济实力飞跃发展，同时也出现了经济"过热"的现象，主要表现为固定资产投资规模过大和盲目的重复建设，导致以物价大幅上涨为主要标志的通货膨胀。

面对这一严峻经济形势的出现，中央政府决定采取果断措施，坚决遏制通货膨胀。1988年9月下旬，党中央召开十三届三中全会，决定把1989年和1990年改革和建设的重点放到治理经济环境和整顿经济秩序上来。全会指出，治理经济环境，主要是压缩社会总需求、抑制通货膨胀；整顿经济秩序，就是要整顿目前经济生活中特别是流通领域中出现的各种混乱现象。

1988年底，当治理整顿在海南到位后，许多未曾预料的矛盾和困难接踵而来，使刚刚起步的海南经济建设受到严重的影响。治理整顿使海南经济特区实施中央给予的特殊政策遇到重重障碍。在维护中央权威、压缩基本建设规模、紧缩银根的背景下，国务院赋予海南的很多特殊政策或被收回，或被取消，使海南刚刚起步的改革开放和开发建设陷入进退维谷的困境。经济活动自主权、审批权大部分被收回，金融方面的优惠政策被取消，一些进出口贸易政策不予以兑现，财政方面的某些优惠政策被取消。

---

[1] 苏东斌编：《中国经济特区史略》，第426—433页。
[2] 同上，第433页。

治理整顿使海南经济特区资金紧缺的矛盾更加突出。一是中央对海南也毫无例外地实行紧缩银根的政策，这种近乎"釜底抽薪"的紧缩政策，对于资金本来就紧缺的海南来说，无疑是雪上加霜。二是中央紧缩银根的政策使海南的银行存款急剧下降，这就加剧了信贷资金供求的矛盾。三是中央紧缩银根的政策，不仅遏制了内地向海南投资的势头，迫使许多内地投资企业抽走大量资金，而且使许多已在海南动工兴建或投产的内地投资项目因得不到后续资金补充而陷入停工停产状态。[1]

（二）洋浦风波

1."洋浦模式"

海南经济特区为实现经济快速发展而提出的"统一规划，成片承包，系统开发，综合补偿"的开发方式，简称"成片开发"，因拥有天然深水良港的洋浦成为海南开发建设的"排头兵"，故被称为"洋浦模式"。

海南岛采取由政府进行基础设施建设，再吸引投资者建项目的方式，不论中央政府还是海南地方政府，都不可能有那么大的财力来负担。国务院 24 号和 26 号文件指出，海南岛国家所有的土地实行有偿使用制度，土地使用权可以出让和转让。境内外投资者可以在海南成立合营或独立的开发公司，成片开发土地。投资开发土地，在土地使用权的有效期内可以转让。根据这一精神，海南省委、省政府首先选择了土地贫瘠但适合发展工业的洋浦作为成片出让土地给外商开发的试点地区。

1988 年 6 月，熊谷组（香港）有限公司与海南省政府达成初步协议，由海南省政府在洋浦半岛划出 30 平方公里土地作为开发区，区内土地使用权一次性出让给熊谷组，期限为 70 年。1989 年初，海南经济特区有偿（2000 元／亩）出让洋浦 30 平方公里土地使用权给熊谷组（香港）有限公司，年限为 70 年。熊谷组（香港）有限公司将对洋浦进行成片开发建设。

2."洋浦风波"

海南经济特区筹划的由外商成片承包开发的"洋浦模式"这一大胆的做法引发了轩然大波，某些思想保守人物将之与清政府割让中国香港、日本侵略中国相联系，斥为"出卖主权"、"丧权辱国"。

"洋浦风波"把海南经济特区眼看就要实施的洋浦开发推向绝境。熊谷组（香港）

---

[1] 苏东斌编：《中国经济特区史略》，第 433—437 页。

有限公司的最大股东——日本熊谷组经由日本政府表示不愿参与洋浦的投资，该公司的副董事长、总经理于元平只好把投资洋浦的计划暂时中止。"洋浦风波"的发生使新生的海南经济特区的开放和开发建设又一次受到沉重打击。

1989年4月28日，邓小平同志作出批示："我最近了解情况后，认为海南省委的决策是正确的，机会难得，不宜拖延，但须向党外不同意见者说清楚。手续要迅速周全。"肯定海南省委的决策，洋浦风波平息。邓小平有关洋浦批示的这48个字对海南人民来说意义非凡。[1]

四、困惑中的发展

面对治理整顿和"洋浦风波"等重大或突发性事件带来的消极影响和困难，海南经济特区忧心忡忡，步履维艰。从1989年起的三年中，海南是在低潮和困难中艰难前进的。[2]

（一）九字方针的提出

1989年8月23日至9月4日，海南省委在海口市召开常委（扩大）会议。会议的主题：一是总结经济工作，分析海南经济形势；二是研究摆脱困难的对策。会议的目的是：总结经验，统一思想，探索摆脱困难局面的方法和途径。会议提出：今后海南经济特区工作的指导方针是要落实和用足中央给予海南的优惠政策，在打基础中前进。这一方针在随后召开的海南省人大会议三次会议上被称为"用政策、打基础、抓落实"的"九字方针"。

所谓用政策，就是要把海南广大干部、群众的思想统一到中央23、24、26号文件（即中发[1987]23号文、国发[1988]24、26号文）上来，在用好用足政策上下工夫。所谓打基础，就是要艰苦创业，扎扎实实地做好开发建设中的各项基础性的工作，包括进一步改善基础设施，进一步加强能源、交通、通信、港口、水源等基础设施建设，在改善投资硬环境的同时，努力改善投资软环境。所谓抓落实，就是要通过有效的管理和踏踏实实的务实作风，把各项工作抓出结果来，抓出成效来。

---

[1] 苏东斌编：《中国经济特区史略》，第437—438页。
[2] 同上，第438页。

显然，海南省委、省政府希望"九字方针"能统一海南广大干部和群众的思想，克服困难，渡过难关，为日后的发展打好基础，积蓄后劲。[1]

（二）在打基础中前进

1989年9月中旬和12月初，海南省委书记许士杰先后在《海南日报》上发表《在打基础上前进》和《打基础中持续稳定协调发展》两篇署名文章，提出"在打基础上前进"的口号，并进一步阐述"打基础"的内容。海南经济特区的"打基础"工作既包括经济建设方面的基础工作，又包括体制方面的基础性工作；既有改革方面的基础性工作，又有对外开放方面的基础性工作；既有物质文明建设方面的基础性工作，又有精神文明建设方面的基础性工作。从1989年至1992年近三年的"打基础"工作实践来看，海南大特区着重抓了以下几方面的工作：进一步加强基础设施建设；着力抓好农业生产，发展创汇农业；改善投资软环境，加强特区党的建设。

（三）坚持市场经济改革

1989年以后，在市场经济遭到非议的背景下，海南经济特区在"市场经济"问题上降低了调子，提出"多种经济成分平等竞争、共同发展"的方针，主张对各种所有制经济一视同仁，积极发展非公有制经济和混合所有制经济，截至1991年底，海南的"三资"企业发展到1687家，私营企业发展到2409家，而且还出现了多种经济成分集合而成的混合所有制经济。多种所有制经济的竞相发展，使海南形成了公有制实现形式多样化和多种经济成分共同发展的基本格局，这种新的所有制结构，不仅给海南带来了大量的投资，而且培育出符合市场经济要求的平等竞争、多元化的市场经营主体。

按照建立社会主义市场经济体制的基本要求，海南经济特区在"打基础"的三年中，采取一系列措施，积极培育市场机制，体现在：粮食价格改革和生产资料价格改革，培育市场形成价格的机制；培育和发展各类商品市场和要素市场体系。[2]

（四）对外开放的新局面

"洋浦风波"之后，海南经济特区提出的"洋浦模式"得到了中央和邓小平同志

---

[1] 苏东斌编：《中国经济特区史略》，第438—439页。
[2] 同上，第444—447页。

的首肯，国内公开反对的声音也已沉寂下去，洋浦开发出现了新的曙光。1989年以后，海南把洋浦开发作为打开对外开放和开发建设新局面的关键，全力以赴地进行各方面工作：一是抓紧洋浦港一期工程建设，改善洋浦投资环境；二是加紧进行规划论证和谈判准备等技术性工作；三是做好恢复和增强外商投资洋浦的信心，尽快达成洋浦成片承包开发协议的工作。

设立特别关税区是海南经济特区为打开改革开放新局面的执著追求。1990年2月，海南省体制改革研究室提出海南大特区发展的上、中、下三种方案，其中把建立海南特别关税区作为"上案"提出来，进一步明确要求把海南从国家的海关和关税体制中划出来。单独实行特别关税制度，并在经济活动中具有相对独立的地位，由海南自行决定自己的经济建设模式、体制和政策。但是，这种创举性工作在当时的历史条件与背景下，是难以成功的。

海南经济特区"打基础"的三年在对外开放上所作的努力取得了明显的成效，尤其是洋浦开发区的引资工作迈出了实质性的一步。但是，如果没有1991年以后国际国内形势的新变化，海南单凭自己的力量恐怕难以真正打开改革开放新局面和冲出经济发展的低谷。[1]

（五）走出困境

从1990年下半年起，国际国内形势发生了有利于我国改革开放和现代化建设的新变化。一是国内环境的改善。以江泽民同志为核心的中共中央第三代领导集体，认真总结经验与教训，及时纠正各种错误思潮，大力推进中国的改革开放事业，改变市场疲软和生产低速增长的问题。1991年4月，七届全国人大四次会议批准通过了国务院根据中共中央十三届七中全会《建议》制订的十年规划和"八五"计划纲要。二是国际环境有明显转机。江泽民同志积极推行务实灵活的外交策略，打开了中国对外关系的新局面。同时，从1990年下半年以后，对中国实行"制裁"的西方国家，多数已放松或取消对中国的经济"制裁"，显示与中国合作和好的强烈愿望。

从1990年9月起，外商对海南的投资开始迅速回升，海南的"外引内联"摆脱了持续下滑的被动局面，出现了好的势头，进入1991年后，来琼考察投资的外商和内地投资企业明显增多，海南的经济建设出现全面恢复发展的趋势。

---

[1] 苏东斌编：《中国经济特区史略》，第447—449页。

海南三年的"打基础",虽然出于国内外形势的被动选择,但为海南经济特区第二次改革开放高潮的出现打下了坚实的基础。[1]

第二节　第二次发展浪潮

1992年中国发生了两件重大的历史性事件:一是改革开放的总设计师邓小平同志发表了南方重要讲话,二是中国共产党召开第十四次全国代表大会,确立了建立社会主义市场经济体制的改革目标,决定加快改革开放和现代化建设的步伐。这两件历史性事件对当代中国产生了深刻影响,同时,也掀起了中国改革开放的第二次浪潮。

这一年也是海南改革开放史上值得骄傲的一年。海南以特区所具有的"排头兵"气概,迅速采取行动,抓住机遇,用新一轮改革开放试验的浪涛迎接大发展的春天。[2]

一、"大开放、大改革和大建设"时期

1992年4月14日,正在出席七届全国人大五次会议的海南省省长刘剑锋对前来采访的《瞭望》周刊记者表示,海南经济特区的未来是"三大":大开放、大改革、大建设。同年4月25日,刘剑锋在海南省人代会六次会议上作题为"坚定不移地贯彻大改革大开放的方针,促进海南经济的超常规发展"的政府工作报告,提出了"大开放、大改革"的发展方针,同时提出了"大开放、大改革"的具体内容和"大发展"的各项经济指标。在大改革方面,重新明确提出建立和完善市场经济新体制,提出要拓宽改革面,在一些重要的、敏感的改革如股份制、价格开放等方面迈出更大的步伐;在大开放方面,提出推进成片开发、加快外引内联。开拓国际市场、扩大对外贸易、开创外事侨务工作新局面等任务。

1992年6月16日,海南省委、省政府在中共海南省代表会议上,公布了《中共海南省委、海南省人民政府关于进一步扩大开放深化改革,加快特区建设步伐的意

---

[1] 苏东斌编:《中国经济特区史略》,第449—450页。
[2] 同上,第455页。

见》（以下简称《意见》）。《意见》从 15 个方面，提出海南大特区贯彻邓小平南方重要讲话和中共中央政治局会议精神，加快改革开放和开发建设的基本思路和措施。这个《意见》，实质上是海南省委、省政府向海南大特区人民发出的加快改革开放和开发建设步伐的动员令。

1992 年 7 月 11 日，经中央有关部门批准，海南省颁布了旨在鼓励外贸放开经营的 11 条规定，进一步落实中央给予海南经济特区外贸方面的优惠政策。中国共产党第十四次代表大会后，海南省委召开一届八次全体扩大会议，会议对原来制定的"八五"计划和 10 年规划进行修改，提出更高的奋斗目标，并经 1993 年 1 月召开的海南省一届人大一次会议通过后实施，会议还提出"学广东、赶广东"的口号。[1]

（一）对外开放新局面

1992 年海南大特区第二次对外开放浪潮拉开序幕：历经波折的洋浦经济开发区终于经国务院批准正式设立，国务院又于 1992 年 10 月批准设立海口保税区。

1992 年海南新批准外引内联企业 4700 家，外商投资企业 1830 家，相当于海南前 12 年的总和，尤其是新设的外商独资企业增长最快，达 1221 家，内联企业 2890 家；协议合同外资额 25.93 亿美元，超过海南前 12 年总和的 59 倍，海南省实际利用外商直接投资 5.31 亿美元，协议省外投资 130.65 亿元，省外实际投入 19.53 亿元。（见表 5－26－1）在这股投资热中，一些大财团和大企业开始进入海南投资，如香港熊谷组、香港新鸿基集团、新加坡虎豹集团、日本东华株式会社等。

这一年海南进一步开放市场，放宽外商投资领域。国务院对海南的优惠政策进一步放宽，海南在进出口贸易、固定资产投资和建设项目审批权、借用外资以及金融、财政等方面得到了更多的照顾和优惠。从 1993 年 4 月开始，海南把港口、仓储、公路、铁路、电力、邮电、通信、航空、海运等基础设施项目作为对外招商的重点，还允许外商投资经营商业、零售业、对外贸易，以及从事金融、保险、广告、咨询、律师、会计、房地产业和医院、学校等公益事业。外商成片承包开发进一步发展。受洋浦经济开发区设立的鼓舞，一批境外客商纷纷到海南大特区投资成片开发。[2]

经过两年的"大改革、大开放"，海南的进出口贸易迅猛发展，1992 年，商品出

---

[1] 苏东斌编：《中国经济特区史略》，第 456—457 页。
[2] 同上，第 457—460 页。

表5-26-1 历年海南省实际利用外资（万美元）

年份	实际利用外资	对外借款	对外直接投资
1980	28	—	10
1981	109	—	109
1982	83	—	83
1983	438	200	192
1984	1784	313	1162
1985	2643	244	2095
1986	3259		3037
1987	911	—	893
1988	12771	526	11421
1989	16097	5153	10707
1990	18982	8911	10055
1991	22232	4570	17606
1992	53160	8000	45160
1993	128584	23800	104784
1994	126441	39000	87441
1995	145501	40000	105501
1996	118960	40000	78960
1997	112134	41000	71134
1998	109715	38000	71715
1999	84149	35700	48449
2000	61280	18200	43080
2001	57291	10600	46691
2002	99878	48700	51178
2003	61782	3720	58062
2004	66998	2655	64343
2005	70711	2310	68401
2006	79259	4381	74878
2007	112499	498	112001
2008	128468	131	128337
2009	94300	—	93800

资料来源：历年《海南统计年鉴》。2009年数据来自《2009年海南省经济和社会发展统计公报》，海南统计局官方网站：www.hi.stats.gov.cn。

口总额8.81亿美元，比1991年增长31.6%，比起海南建省办特区前37年的总和几乎翻了一番[1]；1993年，进出口贸易保持强劲增长势头，全年进出口贸易总额达25.69亿美元，比1992年增长51.7%，但出口增长速度比1992年有大幅度的下降，进口则增长1.05倍。（见表5-26-2）

---

[1]《海南年鉴（1992）》，中国统计出版社。

表5-26-2　历年海南省进出口贸易总额、出口额和进口额及其增长率和差额

年份	进出口贸易总额(万美元)	增长率(%)	出口额(万美元)	增长率(%)	进口额(万美元)	增长率(%)	差额
1987	29241	—	11545	—	17696	—	-6151
1988	66462	127.29	29496	155.49	36966	108.89	-7470
1989	109620	64.94	36082	22.33	73538	98.93	-37456
1990	93697	-14.53	47138	30.64	46559	-36.69	579
1991	134876	43.95	66964	42.06	67912	45.86	-948
1992	169450	25.63	88120	31.59	81330	19.76	6790
1993	256866	51.59	90157	2.31	166709	104.98	-76552
1994	269719	5.00	98698	9.47	171021	2.59	-72323
1995	226744	-15.93	83000	-15.91	143744	-15.95	-60744
1996	228667	0.85	84132	1.36	144535	0.55	-60403
1997	194901	-14.77	88966	5.75	105935	-26.71	-16969
1998	190913	-2.05	88463	-0.57	102450	-3.29	-13987
1999	121867	-36.17	74860	-15.38	47007	-54.12	27853
2000	128784	5.68	80289	7.25	48495	3.17	31794
2001	176238	36.85	80094	-0.24	96144	98.26	-16050
2002	186686	5.93	81930	2.29	104756	8.96	-22826
2003	227871	22.06	86916	6.09	140955	34.56	-54039
2004	340168	49.28	109252	25.70	230916	63.82	-121664
2005	259175	-23.81	102254	-6.41	156921	-32.04	-54667
2006	397358	9.81	145456	34.53	251902	-6.29	-106446
2007	735749	85.16	183697	26.29	552052	119.15	-368355
2008	1052418	43.04	186329	1.43	866089	56.89	-679760
2009	895800	14.88	190000	19.7	705800	18.51	-515800

资料来源：历年《海南统计年鉴》。2009年数据来自《2009年海南省经济和社会发展统计公报》，海南统计局官方网站：www.hi.stats.gov.cn。

（二）房地产业迅猛发展

房地产业在海南经济特区第二轮开发建设热潮中异军突起，成为海南"大发展"的主力军。1992年，国内外客商在海南进行房地产开发的投资总额达30.2亿元，占当年海南全社会固定资产投资的34.7%，海南房屋施工面积503.9万平方米，竣工面积106.1万平方米，商品房销售额236430万元。房地产业的迅猛发展，带动了商业、服务业、建筑业、建材工业、交通运输业等相关产业的发展。房地产热为海南经济特区的资本积累和开发建设起了重要作用。

表5-26-3 历年海南省房屋建筑面积和房地产开发情况

年份	施工面积（万平方米）	竣工面积（万平方米）	商品房销售额（万元）
1990	86.68	29	14720
1991	187.83	50.1	48084
1992	503.9	106.1	236430
1993	745.6	68.7	268886
1994	826.8	78.7	178650
1995	696.2	68.65	93898
1996	313.1	58.13	27653
1997	164.54	42.87	38559
1998	147.64	24.92	34358

资料来源：历年《海南统计年鉴》。

但是，房地产泡沫现象也越来越大。1993年，海南房屋施工面积745.6万平方米，竣工面积68.7万平方米，商品房销售额268886万元。1994年，海南房屋施工面积826.8万平方米，竣工面积78.7万平方米，商品房屋销售额178650万元。随后房地产市场开始萎缩。[1]（见表5-26-3）

（三）旅游业迅速崛起

旅游资源是海南最大的优势之一。建省办特区之后，特区政府就把旅游业作为海南经济发展的重点产业加以扶持大力发展。1991年，在全国旅游工作会议上，国家旅游局宣布，海南是近两年旅游业迅速崛起并跃居全国前茅的省份之一，海南旅游业开始步入大发展的时期。1992年5月初，海南省旅游工作会议提出，海南要优先超常规发展旅游业，同时，公布了海南省十大重点旅游开发区。这次旅游工作会议之后，海南已将旅游业作为经济发展的先导产业和支柱产业。

1993年，旅游业在海南经济发展中的地位进一步升级。8月，海南省政府颁布实施《海南省旅游规划大纲》，对海南省旅游业的发展作了总体的规划和部署。海南的旅游业在政府的大力扶持下，得到了迅速发展。经海南省旅游局批准立项的旅游开发项目共89项，计划投资58亿元人民币、3.9亿美元、2.4亿港元；从事旅游业经营活动的旅行社也像雨后春笋般涌现，全省旅行社发展到120多家，比海南建省

---

[1] 苏东斌编：《中国经济特区史略》，第460—461页。

办特区前增长了3.6倍。全省旅游宾馆开房率高达73.5%；接待国内外旅客为247.37万人次，比上年增长75.92%；旅游外汇总收入5715万美元，比上年增长52.60%，成为当时全国旅游业发展最快的"后起之秀"。[1]（见图5-26-1）

图5-26-1 历年海南省旅游外汇总收入

（单位：万美元）

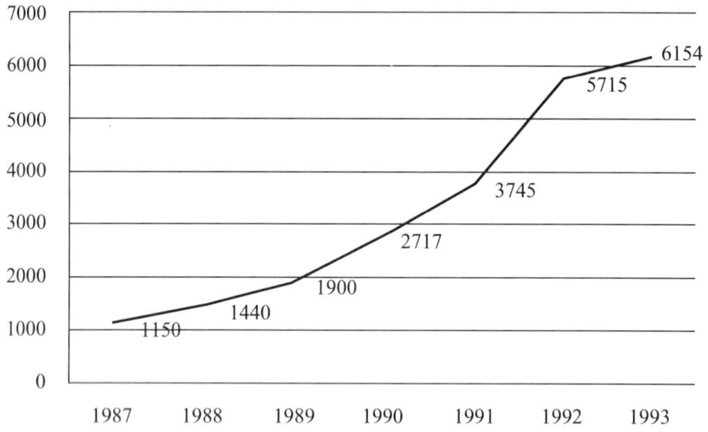

年份	旅游外汇总收入
1987	1150
1988	1440
1989	1900
1990	2717
1991	3745
1992	5715
1993	6154

资料来源：历年《海南统计年鉴》。

（四）重点工程项目建设

海南经济特区"八五"计划确定的35项重点工程项目建设全面展开，计划总投资157.5亿元，这些项目大多是基础设施和基础产业项目。1991年15个项目动工兴建，当年竣工投产3个。1992年12个续建项目的建设全面展开。1993年，重点工程项目建设步伐进一步大大加快，大广坝水利枢纽工程、东线高速公路、三亚凤凰机场等15个续建项目加快了建设速度。35项重点工程建设的全面铺开，构成海南新一轮开发建设热潮的一幅蔚为壮观的图景，同时它们为海南日后的现代化建设打下了坚实的基础。

（五）体制创新优势

海南作为全国最大的经济特区，作为中国建立社会主义市场经济新体制的省级

---

[1] 苏东斌编：《中国经济特区史略》，第462—463页。

规模的超前试验区，在开创体制优势中责无旁贷。因此，海南经济特区以超前的改革思维和思路，进一步加快建立社会主义市场经济体制的步伐，加大改革力度，全面推进各项改革。主要体现在：公路规费管理制度改革、社会保障制度改革、商贸体制改革、农村改革和农垦体制改革、现代企业制度改革、住房制度改革、金融体制改革、交通管理体制改革、电力投资与管理体制改革、糖蔗与橡胶购销体制改革、财政分配体制改革、土地使用制度改革、市场管理体制改革、省直机关后勤体制改革、人事劳动制度改革、法院审制方式改革、律师工作制度改革、教育与科技体制改革等方面。[1]

海南建省办特区以来，特别是1993年下半年以来，海南改革的主要特点：一是改革具有全面性和综合性；二是"重点突破"，敢为天下先，敢闯改革难关；三是"改革与立法同步"，重大改革措施"先立规矩后办事"；四是"从政府自己身上开刀"，削减不必要的权力。当然，其意义也十分突出："海南通过各项改革，已初步建立社会主义市场经济体制基本框架，为全国各地区、各经济特区提供了许多有益的宝贵经验。"[2]

二、第二次"海南潮"的迅速衰退

1993年6月24日，针对当时全国金融秩序紊乱、固定资产投资增长过快、房地产发展过热、通货膨胀加剧等经济生活中出现的突出问题，党中央、国务院联合发出《关于当前经济情况和加强宏观调控的意见》，作出以整顿金融秩序为重点的加强宏观调控的决定。随着中央宏观调控的到位和力度的增强，海南经济形势急转直下。[3]

（一）进出口贸易严重滑坡

1994年全省进出口总额比上一年增长5%，增幅回落了43个百分点。1995年进出口还出现了全面、大幅度下降，进出口贸易总额22.6744亿美元，增长率下降15.93%；出口额8.3000亿美元，增长率下降15.91%；进口额14.3744亿美元，增长率下降15.95%。（见表5—26—2）

---

[1] 苏东斌编：《中国经济特区史略》，第464—469页。
[2] 中国社科院调研组调研报告：《海南建立社会主义市场经济体制的实践》，1996年12月。
[3] 苏东斌编：《中国经济特区史略》，第470页。

（二）房地产迅速降温

1993年全省商品房销售面积和销售额分别是70.6万平方米和268886万元。1994年海南房地产继续大幅下跌，全省商品房销售面积和销售额分别是46.5万平方米价格和178650万元，比上年分别下降34.14%和33.56%；住宅平均每平方米下跌约25%，别墅下跌约35%，现房下跌约20%，期房下跌约35%。1995年，海南大特区房地产业惨淡经营，大量商品房闲置积压，积压率达70%以上。全省商品房销售面积和销售额分别是40.93万平方米和93898万元，比上年分别下降11.98%和47.44%。海南大特区各开发区"半拉子工程"随处可见，房地产商债台高筑，无工可开，苦不堪言。

（三）外商投资急剧减少

外商投资热潮骤降。1994年全年全省新批准设立外商投资企业802家，比1993年减少74%；合同投资总额16.74亿美元，减少70%，其中合同外资金额12.25亿美元，减少71%[1]。1995年，海南省委、省政府百般努力，组织了11项大型招商活动，如在香港进行"海交会"等。全年全省外商投资有较大增长，合同投资总额为27.81亿美元，比上年增长127%，外商直接投资总额10.6亿美元，比上年增长90.6%；实际利用外资14.55亿美元，比上年增长15.1%。但新增外资企业数目较上年大幅减少，据统计，全省全年批准外资企业（项目）389个，比上年减少51.5%[2]。1996年，外商对海南的投资又急剧减少，实际利用外资金额11.90亿美元。

（四）省内经济大幅下滑

1994年海南全省生产总值330.95亿元，比上年增长28.24%，低于全国平均36.41%的年增长率水平；1995年全省生产总值364.17亿元，比上年增长10.04%，也大大低于全国平均26.13%的年增长率水平；1996年海南本地生产总值增长速度仍不见好转，全省本地生产总值389.53亿元，比上年增长6.96%，下降为全国平均增长率水平的17.08%以下。（见表5-26-4）

---

[1]《海南年鉴（1995）》卷3，第46页。
[2]《海南年鉴（1996）》卷3，第42—43页。

表5-26-4　历年全国和海南省本地生产总值

年份	海南省本地生产总值（亿元）	增长率(%)	国内生产总值(亿元)	增长率(%)
1992	181.71	50.78	26923.5	23.61
1993	258.08	42.03	35333.9	31.24
1994	330.95	28.24	48197.9	36.41
1995	364.17	10.04	60793.7	26.13
1996	389.53	6.96	71176.6	17.08
1997	409.86	5.22	78973.0	10.95

资料来源：历年《海南统计年鉴》。

海南经济特区从1994年起进入新一轮慢增长期是一个不争的事实。事实的背后隐含着诸多惨痛的教训。经济发展的理性与人们欲望的狂热在海南大特区发展史上再一次显现无遗[1]。

第三节　"泡沫经济"时期

1995—1998年，海南经济发展趋于规范成熟，在明确了方向之后，从低谷中冲锋破浪继续前行，经济进入恢复性增长时期。

1995年随着国家宏观调控的继续，海南房地产业步入最严峻、低迷的一年，市场日趋萎缩，成交量锐减，处于吸纳、消化、调整时期，房地产业的各项指标与上年相比均不同程度下降。伴随房地产泡沫破灭而来的负面影响进一步显现，海南经济发展的各项指标迅速跌入低谷。此时的海南需要总结经验，努力"增创新优势，更上一层楼"，继续发挥全国改革开放的示范、辐射和带动效应。[2]

一、"一省两地"的产业发展战略

海南建省办大特区以来，有关产业发展战略的探讨不断进行。例如，对海南主导产业的选择，就有"工业主导"、"贸易兴省"、"第三产业主导"、"旅游主导"等等。

---

[1] 苏东斌编：《中国经济特区史略》，第470—472页。
[2] 《1995年海南低谷中破浪前行》，《海南日报》2008年4月27日。

这些意见和争论，是对海南产业发展战略的有益探讨。但是，此时的海南非常需要明确的产业发展战略来带动整个经济发展。

1996年1月31日，海南省委二届四次全会总结了几年来产业发展的经验教训，明确提出了"九五"期间把海南建设成"一省两地"，即中国的新兴工业省、热带高效农业基地和度假休闲旅游胜地的产业发展战略。

1996年2月10日，海南省一届人大四次会议第三次全体会议通过决议，批准《海南省国民经济和社会发展"九五"计划和2010年远景目标纲要》（以下简称《纲要》），《纲要》提出的"一省两地"产业发展战略得到正式确认。"一省两地"战略的确立，使海南产业发展的指导思想、道路和目标更加明确。同年2月，时任国务院总理的李鹏来到海南考察工作强调："以工业项目带动洋浦开发，以洋浦开发带动海南经济。"同年3月6日，江泽民总书记充分肯定了海南刚刚确立的"一省两地"发展战略，并鼓励海南特区要"增创新优势，更上一层楼"。

自1996年提出"一省两地"，新兴工业、热带农业、海岛旅游"三足鼎立"的产业格局和产业方针一直是推动海南经济十多年来持续、健康以至快速发展的支撑点。

海洋经济内容的引入，以及工业产业集群、热带特色的现代农业、以旅游为龙头的现代服务业这些全新概念，丰富、深化和提升了"一省两地"的内容，对引领海南培育和形成具有较强竞争力的特色产业，有着深远的影响。[1]

二、"信息智能岛"建设

自1993年以来，海南信息化方面除建设了覆盖全省的主干通讯网外，还建设了有线电视网、公共安全监控网、金融信息网、公共信息网等四大基础应用网络。1997年4月，省委、省政府正式提出海南建设"信息智能岛"的目标，确定把信息产业作为新的经济增长点来培育，力争在21世纪初，将信息产业发展成为海南的主导产业和支柱产业，以信息化带动工业化，实现海南社会经济跨越式发展。1997年全省又启动一批信息产业建设项目；省政府成立正厅级主管信息化工作的职能部门——信息化办公室，努力建立相应的行政、法律、技术、教育支撑体系，为信息产业的发展创造条件。在这一背景下，海南信息产业出现良好的发展势头。1998年4月，海南省二届人大一次会议

---

[1] 《1996海南辨明航向续征程》，《海南日报》2008年4月27日。

通过的《政府工作报告》明确提出，要加快海南"信息智能岛"的建设步伐。[1]

三、积极推进体制改革

（一）医疗保险制度改革

1995年7月1日，海南省人大常委会颁布了《海南省经济特区城镇全部从业人员医疗保险条例》，在全国率先以社会立法的形式，在全省城镇从业人员中实施个人账户与社会统筹相结合的医疗保险制度。这是我国省一级立法中第一个囊括城镇所有从业人员的医疗保险立法。作为全国唯一的医保改革试点省份，海南经济特区担负起了"改革实验场"的重任，率先进行探索试验。

海南医疗保险改革的基本思路是：将旧的由财政和企业共同负担的公费医疗和劳保医疗费用分为两块：其中一部分用于建立社会医疗保险统筹基金，集中调剂使用，用于职工大病医疗开支；另一部分用于建立个人医疗账户，职工个人再定期由工资中缴纳适当部分，充实个人账户，用于一般医疗开支。

在海南等地区改革试点经验的基础上，1998年底，国务院颁布《关于建立城镇职工基本医疗保险制度的决定》，城镇职工医疗保险制度改革在全国各地迅速推开。[2]

（二）农村社会养老保险

1991年起开始在琼海等市县农村进行农村社会养老保险试点。1995年11月，省政府发布《海南省农村养老保险规定》，明确农村养老保险坚持自愿参加原则，实行基金统筹，以个人缴费为主，集体补助为辅，农村养老保险制度很快在全省19个市县全面推开。1996年5月，省民政厅将海口市定为全省开展农村社会养老保险规范化管理示范市。截至1996年底，全省19个市县有307个乡镇的2506个委会开展此项工作，投保者达24万人，养老保险基金积累1.03亿元，比上年增长61.2%；当年有7577人领取养老保险金共567.42万元。此外，1997年开始，海南农村合作医疗试点也取得一定进展，逐步铺开，并于2000年基本实现人人享有初级卫生保健。[3]

---

[1] 《1997海南不会忘记》，《海南日报》2008年4月27日。
[2] 《1995海南低谷中破浪前行》，《海南日报》2008年4月27日。
[3] http://yjs.hainan.gov.cn/web/1997/main/08/8-63.htm。

(三) 国有资产管理改革

海南经济特区在全国率先实施国有资产委托运营制度创新。国有资产委托运营是海南经济体制改革中一项大胆的制度创新。1995年5月，为提高企业国有资产运营效率，确立行之有效的、以产权关系为纽带的国有资产管理运营新体制，省人大常委会在全国率先颁布实施《海南经济特区企业国有资产条例》。该条例明确规定，国有资产管理部门对企业国有资产的运营方式采取"委托运营制"和"授权管理制"。企业国有资产委托运营，是指国有资产管理部门将公司制企业的国有资产通过招标议标和合同方式委托给其他企业进行运营，并由受托企业承担保值增值责任。1996年5月，海南南方饲料厂、琼州宾馆等首批5家企业的国有资产实行委托运营，国有资产委托运营进入实质运作阶段。

(四) 省海洋厅的设立

海南是中国陆地面积最小，海洋面积最大的省。为了充分利用海洋资源，1995年3月25日，我国第一个由省级人民政府管理海洋的厅级职能机构——海南省海洋厅挂牌成立。同年2月，经中共中央、国务院批准的海南省机构改革方案确定，撤销海南省海洋局，设立海南省海洋厅，省海洋厅由地方管理。省海洋厅的成立，标志着全国七届人大一次会议通过的授予海南省人民政府管辖广阔海域和岛礁的权力的加强，把海南海洋综合管理和海洋经济开发工作推向了一个新的阶段。[1]

四、对外开放和旅游业的发展

(一) 对外贸易改革

1994年2月，海南省人民政府发布《关于进一步放开我省企业从事进出口贸易及其有关问题的通知》，实施了以"外贸经营主体放开"为特征的第二阶段外贸体制改革。1994、1995年分别调整和递补了46家和49家企业的进出口经营权，1994年3月率先在全国外贸同行业中组建进出口企业的行业协调自律组织"海南省进出口商会"，以"协调、服务、咨询、展销、互助合作"为宗旨，作为企业与政府的"桥梁"促进外贸工作的发展。

---

[1] 《1995海南低谷中破浪前行》，《海南日报》2008年4月27日。

为了适应特区扩大开放的要求，改变过去口岸查验方法手续烦琐、环节多、效益低的状况，1994年3月，海南按照国际通行做法，对口岸管理体制进行重大改革，实施新的口岸管理办法，简化手续方便出入。1997年3月，省人大常委会颁布《海南经济特区口岸管理条例》，把几年来的改革成果固定下来，其主要内容是：口岸查验工作实行现场联合办公制度，为业主提供一条龙服务；进一步简化货检办法，提高办事效率，海关对进口货物采取申报、信任放行、先放行后缴税的办法；简化旅客查验手续，方便旅客出入；改革登轮联检制度，方便船舶出港。这些改革措施，简化了人员、货物进出口手续，改善了口岸服务质量，受到中外客商、货主欢迎。口岸开放是对外开放的重要组成部分。

（二）"度假休闲在海南"

海南经济特区在"一省两制"中提出度假休闲旅游胜地的产业发展战略。1994年，经过海南的争取，国家旅游局同意将海南作为"'96中国度假休闲游"的重点地区。为迎接"'96中国度假休闲游重点在海南"活动，提高全省旅游接待硬件水平，随后两年，三亚亚龙湾国家旅游度假区、南山文化旅游区、海口万绿园、假日海滩、万宁兴隆热带花园、兴隆华侨旅游度假城、通什中华民族文化村、五指山国际度假寨等一大批旅游项目加快建设步伐，形成蔚为壮观的海南旅游开发大潮。

1996年1月1日，举行由国家旅游局和海南省政府主办的"'96中国度假休闲游重点在海南"活动，并提出"椰风海韵醉游人，休闲度假在海南"的口号。这一系列重大旅游活动，极大地提高了海南旅游的知名度，对海南旅游业的发展影响重大而深远，以此为契机，使海南旅游硬件设施水平提升到了一个新的档次。[1]

五、农业改革与发展

（一）完善农村土地制度

继续完善农村土地制度，促进土地的流转和集中。1996年10月，省政府发布《海南省第二轮土地承包若干规定》，进一步明确发包权，稳定承包权，放活经营权。省人大常委会为此还颁布了《海南省农村集体经济承包合同管理条例》。较之第一次承

---

[1]《1996海南辨明航向续征程》，《海南日报》2008年4月27日。

包，此次承包更加注重承包土地的集中连片、合理流转，允许农户相互调换过于分散的土地，并相应变更承包合同，从而促进了土地的相对集中和适度规模经营。截至1996年底，全省已流转土地面积30多万亩。在此基础上，为把土地管理推上法制化道路，1998年3月海南农村土地登记发证工作在临高县美台乡获试点成功后，又在全省拉开了该项工作的序幕。[1]

（二）开通"绿色通道"

1996年12月19日，"两部一办"在海口召开"保障海南绿色通道畅通"会议时要求：沿线省市区对海南瓜菜车，除省级政府批准的收费站外，交通部门一律不再检查、收费、罚款；公安交管部门不得随意拦车检查，随意罚款，发现轻微违章的，依法纠正后放行；对严重违章的，尽快处理后放行，不准扣车、扣证，不得给予两次以上罚款等等。持有"绿卡"的海南瓜菜车从此畅通大江南北。继海口至北京绿色通道开通后，海口至上海、海口至哈尔滨等陆上绿色通道以及海上、空中绿色通道也相继开通，形成了海陆空"三翼"齐飞的新格局。"绿色通道"的开通给海南农业和农民带来了新的生机。[2]

六、洋浦开发带动海南经济

1995年洋浦开发区基础设施已具备大规模建设的条件。开发区累计投资40亿元，其中开发商投入基础设施建设资金36亿元。完成18平方公里土地平整，11.4公里长的海关隔离网全部完工，区内主干道贯通成网，地下管网配套齐全，31.55万千瓦电厂与省电网并网发电，三都、干冲、新英湾三个居民安置区已安置居民。

1996年2月11日至15日，时任国务院总理的李鹏在海南考察时，对洋浦经济开发区的建设尤为关注。他强调，在中央和地方的支持下，经过开发商和洋浦管理局的共同努力，洋浦开发区的基础设施建设有了很大的进展，投资环境不断改善，具备了大规模开发建设的条件。李鹏为洋浦经济开发区题词："以工业项目带动洋浦开发，

---

[1] 海南省人民政府网站：http://www.hainan.gov.cn/data/news/2008/01/45073/。
[2] 《1996海南辨明航向续征程》，《海南日报》2008年4月27日。

以洋浦开发带动海南经济。"

到 1998 年，开发区建设累计投资 50 亿元，其中开发商投入 40 亿港币进行基础设施和市政公用设施建设。主要建成项目有 31.55 万千瓦电厂一期工程及油码头、43 公里的区内道路、中心区基础设施、18 平方公里已平整的土地、11.4 公里长的海关隔离网、3 座海关检查站、邮电通讯一期工程、洋浦港一期工程（年吞吐能力 120 万吨）。开发区已具备了大规模发展工业的条件。1998 年开发区生产总值 1.96 亿元，工业总产值 3.02 亿元（当年价），农业总产值 1.17 亿元（当年价），地方财政收入 4664 万元，增幅百分点均是两位数。[1]

第四节　成立十年的成就

回顾 1988 年海南经济特区成立至 1998 年的发展路径，建省办特区之初提出贸、工、农的发展方针，随后提出以旅游为主导，后来又提出以农业为主导，最后提出建立"信息智能岛"。总结十年的发展实践，海南的经济发展起伏涨落、徘徊攀升，走过了三个阶段：1988—1991 年为第一个阶段，这一阶段海南建省办大特区，实施更加开放灵活的政策，经济发展处于"打基础"时期；1992—1994 年为第二个阶段，这一阶段邓小平同志发表南方重要讲话，海南经济超常规发展，创造了全国经济增长之最；1995—1998 年为第三个阶段，这一阶段因房地产泡沫，海南全面进入"泡沫经济"的困难时期，经济进入恢复性增长时期。[2]

一、"科教兴琼"战略

海南经济特区始终加快推进"科教兴琼"战略。1993—1997 年，全省引进了一批优秀的科技人才，继续实施国家级、省级"火炬计划"和"星火计划"，取得重大科技成果 371 项，其中获国家和省级科技奖励 157 项；紧紧围绕着经济建设这个中心，多形式、多层次地进行科技推广，形成科技成果产业化。1993 年 1 月，国务院

---

[1] http://yjs.hainan.gov.cn/web/1999/main/jj_14.htm.
[2]《1998 海南经济恢复性增长》，《海南日报》2008 年 4 月 27 日。

批准海南国际科技工业园为"国家高新技术产业开发区",作为海南科技企业的辐射源。1997年,科技进步对经济增长的贡献额为37.6%,比1992年提高9.2个百分点。[1] 1997年一名科技工作者(原华南热带作物研究院院长、省科协主席黄宗道教授)获中国工程院院士称号,结束了海南无院士的历史。

二、产业结构优化

海南建省办特区前是以农业为主的地区,其他产业特别是工业十分落后。1987年海南生产总值中一、二、三产业比例为50.05:19.01:30.94,第一产业占1/2以上,以农业为主导的传统经济格局十分突出。海南经过两次潮起潮落的发展,房地产飞速发展,从而带动第三产业迅速发展,并完成了对第一产业在国民经济中主导地位的替代。1992年海南的三次产业结构比例演变为29.79:21.10:49.11,即从1987年的"一、三、二"结构变成"三、一、二"结构,表明海南已打破了以传统农业为主导的经济格局,实现了产业结构的一次历史性跨越。1993年以后,海南抓住国家实施宏观调控的机遇,加快产业结构调整和产业升级步伐,从海南实际出发,确定"一省两地"的产业发展战略,大力发展热带高效农业、新兴工业、海岛旅游三大优势产业,探索出一条具有海南特色的产业发展新路子,三次产业结构比例变为30.12:25.69:44.20。截至1998年底,海南的三次产业结构继续优化,虽然第一产业的比例不断上升,是因为发展热带高效农业所带动。1987年大特区成立之初本地生产总值57.28亿元,到成立10年后的1998年本地生产总值上升为442.13亿元。(见表5-23-1、表5-23-2)

三、文化建设卓有成效

海南建省办特区以来,十分注重文化建设。一是加强思想理论和道德建设,树立良好的特区精神风貌和公民形象。1993年,全省范围内开展了颇有影响的"解放思想大家谈"、"特区形象和特区意识大讨论"等活动。1994年特区政府组织12人的"弘扬时代精神报告团"赴各地巡回报告先进事迹。目的是想通过宣传教育,使艰苦创业、无私奉献的精神在特区人民群众中树立起来,成为特区精神的重要组成部分。同

---

[1] 汪啸风:《政府工作报告》,1998年4月23日,http://www.hq.xinhuanet.com/news/2003—01/17/content_152426.htm。

时,海南经济特区还进行职业道德、社会公德等教育。

二是大力发展特区社会主义文化事业,丰富人民的精神文化生活。逐步认识到宣传文化基础设施对发展精神文明建设的重要性,加大投入加快建设。其中突出地抓了"海南千里环岛文化长廊"这一带有战略意义的文化建设工程,形成了一条集政治、文化、科技、娱乐、旅游、商贸等六大功能为一体的文化长廊。(见表5-26-5)

三是把"五个一工程"作为繁荣文化的重点来抓,每年都出现很多优秀精神产品。在全国精神产品"五个一工程"评奖中,1993年海南拍摄的电视连续剧《太阳河》获得了该项奖。1993—1996年间,海南共有8件作品获全国"五个一工程"奖励,其中2部电视剧、3本图书、2篇论文入选作品奖,1部电视剧获提名奖。

表5-26-5 历年海南省文化事业基本情况

年份	艺术表演团体(个)	文化馆(个)	公共图书馆(个)	图书出版数(万册)	杂志出版数(万册)	报纸出版数(亿份)
1987	23	18	18	—	—	—
1988	22	22	19	—	—	—
1989	22	20	19	—	—	—
1990	22	17	19	945.9	169.83	5565
1991	23	17	19	2001.75	103.38	8037
1992	23	17	19	2885	168.81	7841
1993	23	17	19	2136.9	254.46	10475
1994	23	17	19	—	241.78	12417
1995	23	17	19	2432.53	281.74	11398
1996	22	18	19	2971.96	257.63	10596
1997	23	18	19	3014.53	343.53	10675
1998	22	18	19	2908.42	410.87	10486

资料来源:历年《海南统计年鉴》。

四、教育体制改革

海南经济特区逐步落实国家优先发展教育的政策,深入进行教育体制改革,实行办学主体多元化、办学形式多样化,鼓励兴办民办学校,初步建立与社会主义市场经济体制相适应的教育体制的基本框架,教育结构趋于合理,基础教育得到加强。1987

年全省在校学生人数 122.95 万人，其中普通高等学校有 0.61 万人，中等学校 33.3 万人，小学生 89.04 万人，小学毕业生升学率 72.26%；专职教师 55692 人。到 1998 年基本上实现了扫除青壮年文盲的目标，高等教育稳步发展，职业教育、成人教育有较大发展，教育质量不断提高。全省在校学生人数 154.03 万人，其中普通高等学校有 1.35 万人，中等学校 45.49 万人，小学生 107.19 万人，小学毕业生升学率 83.5%；专职教师 78445 人。（见表 5－26－6）

表5－26－6　历年海南省教育基本情况

年份	在校学生数（万人）				小学毕业生升学率（%）	学龄儿童入学率（%）	专职教师数（人）			
	普通高等学校	中等学校	中等学校中的普通中学	小学			普通高等学校	中等学校	中等学校中的普通中学	小学
1987	0.61	33.3	32.57	89.04	72.26	—	1104	17964	16995	36624
1988	0.91	31.17	30.33	90.35	71.56	—	1222	18961	17868	37296
1989	0.95	27.42	26.42	91.89	72.78	—	1199	18853	17845	37451
1990	0.77	26.48	25.2	96.47	78.83	—	1215	19378	18034	39002
1991	0.76	26.16	24.76	101.05	80.7	98.8	1236	19378	17993	40656
1992	0.85	27.78	26.17	103.61	81.56	98.2	1146	19623	18209	41261
1993	1.02	29.28	24.71	106.73	81.6	99	1201	19390	17891	41682
1994	1.17	31.71	29.57	110.23	73.28	99	1280	19810	18125	42216
1995	1.2	34.16	31.71	111.75	74.13	99	1334	20674	18958	42583
1996	1.25	36.94	34.28	111.36	76.94	99	1379	22252	20294	43606
1997	1.28	39.65	36.75	109.08	79.31	99.39	1380	23635	21565	49470
1998	1.35	45.49	38.35	107.19	83.5	99.28	1362	27215	21970	49868

资料来源：历年《海南统计年鉴》。

第二十七章
1998—2009年海南经济特区的发展

1998年,海南大特区在持续3年的低迷后实现经济恢复性增长,GDP增长率实现8%的目标。1998年4月13日,海南省举行建省办经济特区10周年庆祝大会,李岚清副总理高度评价了海南建省办经济特区10年来取得的巨大成绩,并重申:中央对发展经济特区的决心不变,中央对经济特区的基本政策不变,经济特区在全国改革开放和现代化建设中的历史地位和作用不变。[1]

第一节 恢复性增长时期

一、经济恢复性增长

1998年,海南大特区GDP增长率在持续多年的低迷后首次突破8%,海南经济开始进入恢复性增长期。1999年,国民经济继续呈现稳健快速发展的良好态势。全省实现生产总值471.23亿元,比上年增长8.6%,比全国增长率高1.5个百分点。2000年虽遇特大洪灾,但海南省全年生产总值却完成518.48亿元,比上一年还增长8.8%,增幅比全国高0.5个百分点。步入新千年,海南大特区已完全走出"泡沫经济"的阴影。[2]

---

[1] 《1998海南经济恢复性增长》,《海南日报》2008年4月27日。
[2] 《2000我们跨进新千年》,《海南日报》2008年4月27日。

二、生态省建设

1998 年海南提出生态省建设的概念。同年 9 月，海南省政府有关部门制定了 2002 年前建设成全国第一个生态省的发展目标。1999 年 1 月 1 日，"'99 中国生态环境游"海南开幕式在三亚市南山举行。同年以海南省人民代表大会决定的形式确立建设的战略与目标，海南获得了国家环保总局的批准，成为全国第一个生态省建设试点省份。这一年 7 月 30 日，省二届人大常委会第八次会议审议批准了《海南省生态省建设规划纲要》，它成为海南生态省建设的序幕。《海南省生态省建设规划纲要》提出总体目标是：用 30 年左右的时间，建立起发达的生态经济，形成布局合理、生态景观和谐优美的人居环境，使经济综合竞争力进入全国先进行列，环境质量保持全国领先水平。规划把生态省建设分为近期、中期和远期三个阶段。[1]

三、大项目发展

1999 年，海南环岛高速全线贯通、美兰机场通航、粤海铁路加快建设、东线高速公路陵水至三亚段加紧扩建，海南省交通设施日臻完善，一些大项目也开始上马。2000 年，海南省继续加大基础设施建设，新建西线环岛高速公路洋浦、昌江、白沙、八所和九所出口路，扩建东线高速琼海至陵水段，新建嘉积至博鳌公路，建设海文高速公路，当年全省全社会固定投资 193.45 亿元，比上年增长 1.7%。[2]

四、精简机构

1998 年 5 月，为了贯彻中央关于机构改革的精神，进一步完善"小政府、大社会"体制，海南省政府决定将 27 个部门调整为 22 个。此次党政机构改革，是按照中央的统一部署，自上而下地开展的。主要目标是：转变政府职能，调整组织机构，健全政府区域经济调节职能和监督机制，实行精兵简政，建立办事高效、运转协调、行为规范的行政管理体系，完善国家公务员制度。2002 年初，海南省实施市县乡党政

---

[1] 《海南生态省建设规划纲要》，《海南日报》2001 年 2 月 27 日。
[2] 《2000 我们跨进新千年》，《海南日报》2008 年 4 月 27 日。

机构改革。改革后市县乡党政机构由 1381 个减为 752 个，精简了 45.55%；市县乡行政编制由 22382 个减为 17870 个（不含垂直管理部门行政编制），精简了 20.16%，实现了向社会公开承诺的精简 20% 的目标。[1]

五、洋浦经济开发区

1999 年 8 月，海南省政府发布《海南省洋浦经济开发区优惠政策》，内容涉及投资、税收、进出口及关税和金融四个方面。这是省政府在参考国务院、海关总署等有关洋浦的文件后，在保持政策连续性的基础上，在地方政府权限范围内尽量给予企业优惠政策，重新整理、补充所制订的投资、税收、进出口贸易及关税和金融四个方面的最新优惠政策。[2]

六、农业经济结构调整

1999 年 12 月 9 日至 12 日，时任国务院副总理的温家宝同志考察海南热带农作物的生产经营情况，并对如何发展海南农业提出三点要求：一要推进农业和农村经济结构的战略性调整；二要加强农业基础设施和生态环境建设；三要千方百计增加农民收入。

2000 年海南省积极推进农业经济结构战略性调整，当年全省农业增加值达到 196.56 亿元，比上年增长 10.2%；工业企业改革取得阶段性成果，当年工业增加值 65.76 亿元。当年海南省对旅游市场进行全面整治，成功举办了第四届"岛屿观光政策论坛"等会议，当年旅游接待人数突破千万大关。[3]

第二节 快速发展的"十五"时期

2001 年 1 月 22 日，海南"十五"计划纲要经海南省第二届人民代表大会第四次会议讨论通过。按照该计划纲要，"十五"期间，海南战略性调整经济结构，继续实

---

[1]《2000 我们跨进新千年》，《海南日报》2008 年 4 月 27 日。
[2] 中国招商引资网：http://www.zsyzw.cn/news_show_137.htm。
[3]《2000 我们跨进新千年》，《海南日报》2008 年 4 月 27 日。

施"一省两地"产业发展战略,巩固提高第一产业,加速发展第二产业,全面提升第三产业。同时,把海洋资源开发和信息产业发展作为主攻方向,加快培育新的经济增长点,不断壮大全省综合经济实力。"十五"期间前两年是经济继续稳定恢复发展时期,后三年经济呈现快速发展。

2002年4月25日至28日,中国共产党海南省第四次代表大会在海口举行,提出了抓住改革开放、调整结构、扩大需求、优化环境四项重点工作,积极实施优势产业战略、城市化战略、科教兴琼战略和可持续发展战略"四大战略"以及"南北带动,两翼推进,发展周边,扶持中间"十六字思路等一系列重大部署。

这五年海南大特区继续坚持"一省两地"产业发展战略,着力打造环境、产业和体制三大特色,实施大企业进入、大项目带动战略,不断夯实发展基础,成功抗击"非典"、禽流感疫情,战胜干旱、台风等重大自然灾害,成功打造"健康岛"、"长寿岛"和"无疫区"品牌。

2000年与2005年比较,全省生产总值由518.48亿元增加到903.6亿元。人均生产总值由6894元增加到10998元,首次突破万元大关。(见表5-23-1)

一、结构优化

从1999年开始,海南经济步入了缓慢的复苏时期,经济增长水平高于全国平均水平。(见图5-27-1)

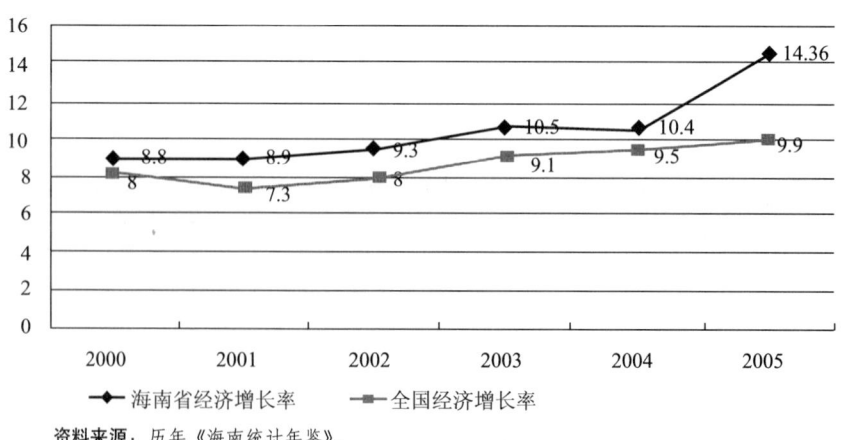

图5-27-1 2000—2005年海南省与全国的经济增长比较(%)

资料来源:历年《海南统计年鉴》。

(一) 所有制结构优化

"十五"期间,新的国有资产监管体系初步建立。引进国有大企业参与海南省国企改革重组,引进一汽集团重组海汽,推动了海南省汽车工业的发展。海南电网并入南方电网,启动了海南省与大陆输电联网工程。转让中海能源、大广坝水电、洋浦电厂、八所港等股权,分别引进了华能、国电、中海油等大企业,扩大了在海南能源、港口等领域的投资。整合省内资源,组建了省港航控股有限公司、省水利电力发展有限责任公司、省文化投资管理公司,成立省发展控股公司,构建政府投资主体,搭建了项目投融资平台。重组洋浦土地开发公司,洋浦开发实现了由外商主导向政府主导的转变。个体、私营等非公有制经济有了长足发展,增加值已占全省生产总值的42%左右。

(二) 产业结构优化

海南经济特区开始打造特色产业,实现了新兴工业的发展和优势产业的成长。但是由于历史原因,海南省的产业结构中,第二产业一向比较薄弱。"十五"期间,海南省通过"按照以存量换增量、以增量促发展的思路,实施大企业进入、大项目带动战略",促进了产业结构的调整和优化。

1. 继续优化产业结构

第一、三产业稳步增长,第二产业增长加速,比重明显提升,三次产业结构从2000年的37.9∶19.8∶43.3调整到2005年的33.3∶25.2∶41.5。2004年海南第二产业的比重达到25.5%,说明海南的工业增加值在全省生产总值中的比重还不到20%,工业化程度远落后于全国平均水平,而且三大产业的发展水平总体上仍比较低。

2. 增强基础产业和基础设施建设

电力工业取得长足发展,洋浦电厂、清澜电厂油改气工程竣工投产,海口电厂"以大代小"技改工程顺利推进;交通基础设施逐步完善,美兰机场二期扩建工程已投入试运行,凤凰机场二期扩建工程进展顺利,海航集团成长壮大为我国第四大民用航空运输企业,粤海铁路建成营运,洋浦港二期、琼州大桥、世纪大桥顺利建成,改建、续建高速公路300公里,完成县际及农村公路改造2000公里,全省公路网密度居全国前列;解决全岛工程性缺水问题取得重大进展,毛拉洞水库、大隆水利枢纽工程已经建成,截至2010年5月底,大广坝二期已建设完成80%。

3. 发展新兴工业

东方1-1气田和富岛化肥二期建成投产,120万吨甲醇和12万吨三聚氰胺项目于2006年开工，天然气与天然气化工产业将初具规模；海汽二期扩建工程顺利完成，整车生产能力扩大到8万辆，15万台发动机及相关配套项目大部分于2006年建成投产，汽车制造工业正在实现新的跨越；海口"药谷"一期顺利建成，制药工业稳步发展；年产200万吨的华盛水泥和国投100万吨水泥项目竣工投产，水泥、玻璃制造等建材产业将成为海南省新的经济增长点；三星光通信项目顺利投产，高新技术产业发展实现良好开端。2005年全省工业增加值达到166亿元左右，比2000年增长1.15倍，年均递增16.5%，超过了"十五"计划增长12.5%的预期目标。

4. 发展热带高效农业

积极发展科技和绿色农业。海洋渔业和畜牧业也快速发展。扩大海洋捕捞和海水、淡水养殖规模，水产品加工出口量从2000年的0.82万吨增加到2005年的5万吨左右，增长5倍多。无规定动物疫病区建设顺利推进，畜禽总肉量从2000年的39.73万吨增加到2005年的64万吨左右，年均递增9.9%。全省农业增加值从2000年的192亿元增加到2005年的301亿元左右，年均递增8.3%。

5. 建设旅游产业

作出建设旅游强省的战略部署，《海南省旅游发展总体规划》进入了全面实施阶段。南山文化旅游区二期、博鳌水城一期等一大批景区景点相继建成，万豪度假酒店、红树林度假酒店等13家五星级酒店建成营业，旅游产业规模不断扩张，旅游产品结构明显改善，来琼游客持续增加。2005年全省接待过夜旅游1508万人次左右，年均递增8.4%，旅游总收入123亿元左右。

（三）城乡结构优化

海南城乡居民收入分配关系尚处于相对合理状态，但差距正在加速拉大，特别是城乡差距已经拉得过大。2000年农村人均纯收入为2231元，城镇人均可支配收入为5358元，城乡收入差距为2.40。到2005年，农村人均纯收入为3004元，城镇人均可支配收入为8124元，城乡收入差距拉大为2.70。（见图5－27－2和5－27－3）

"三农"工作得到切实加强。取消农业特产税，比全国提早一年免征农业税，海南省种地农民提前进入"无税时代"，省财政对市县农村税费改革的减收部分实行全额或超额转移支付，2005年补助资金达到6.42亿元。实施良种补贴、渔民造大船补贴和购置农机具直接补贴政策，农民受惠资金达到1126.2万元。大力发展打工经济，2005年全省农民外出务工8万多人，成为大灾之年农民收入增加的重要来源。

图5-27-2 历年海南省城乡人均收入差距纵向比较

(单位：元)

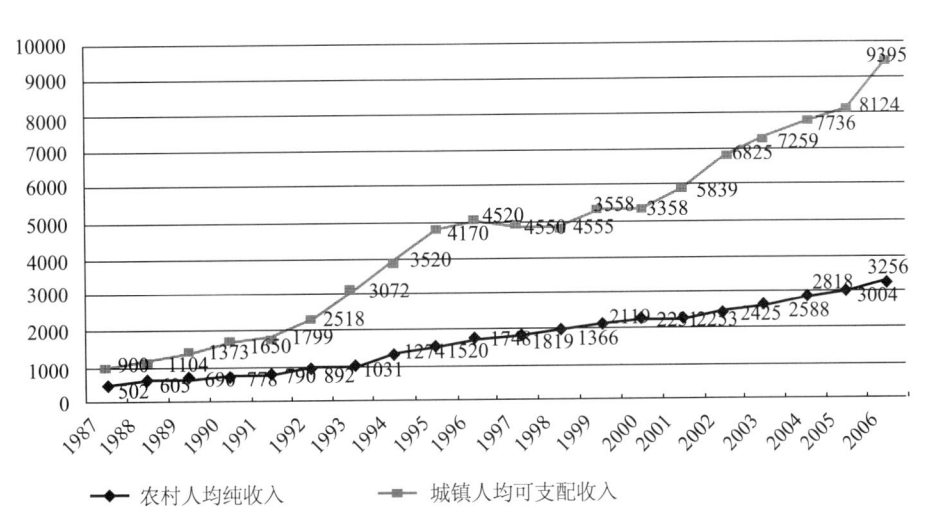

——◆—— 农村人均纯收入　　——■—— 城镇人均可支配收入

资料来源：历年《海南统计年鉴》。

图5-27-3 历年海南省城乡人均收入差距

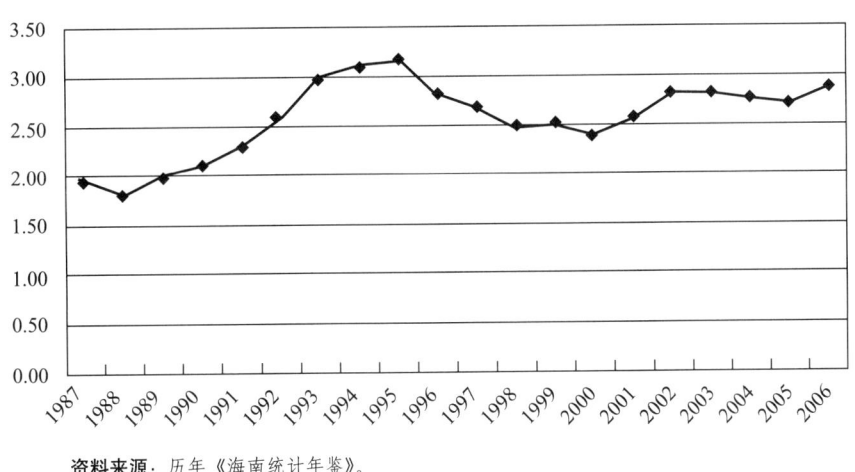

资料来源：历年《海南统计年鉴》。

农村和农垦改革取得新进展。农村税费改革基本到位。农村土地确权和第二轮土地承包的换证工作基本完成。在琼海市开展了全省农村综合改革试点。启动了失地农民养老保险制度建设，新型农村合作医疗受益农民扩大到103.67万人，农村居民最低生活保障制度建设全面展开。成立了海南天然橡胶产业集团股份有限公司，农垦职工基本养老保险纳入全省统筹并实现了养老金按时足额发放,农场代管的乡镇正在移交地方政府管理。

(四)社会事业优化

"十五"时期,省政府用于科技、教育、文化、卫生、体育事业的基本建设和国债资金达到7.26亿元,社会事业发展取得明显进步。作出优先发展教育的决定,全面实施《农村教育十年发展规划》,在全国率先实行对全省义务教育阶段学生全部免收杂费、对农村学生和城镇困难家庭中小学生免费提供课本、对少数民族寄宿班学生补助生活费,确保了全省城乡贫困家庭子女都能上得起学;人才工作和科技创新能力建设进一步加强。公共卫生体系建设取得新进展;人口和计划生育工作实现了"三年打基础、五年上水平"的目标,进入了低生育水平阶段;文化体育重点设施建设迈出新步伐。[1]

二、以开放促发展

外贸进出口总额和外商直接投资大幅增长。博鳌亚洲论坛已成为国际著名、有重要影响力的国际性会议品牌。航权开放试点吸引了14家外国航空公司直飞海南国际航班,新开通国际航线28条。贯彻落实《中共海南省委关于加强投资环境建设若干问题的决定》,开展"投资环境建设年"活动,全省一大批久拖不决的重大投资历史遗留问题得到了妥善处理,共清还政府机关拖欠工程款1亿多元,基本解决了侨房历史遗留问题。推进"大通关"工程建设,通关效率和服务质量明显提高。实施"大特区与大都市互动合作计划",积极参与"泛珠三角"、"长三角"等区域经济合作,开展了大规模的经济交流和招商引资活动,一批国内外知名大企业已经来琼投资,新一轮开发建设热潮正在形成。[2]

三、"健康岛"战略

2005年与2000年相比,全省自然保护区总面积扩大到280.9万公顷,增长了

---

[1] 卫留成:《海南省第十一个五年规划纲要报告》,http://www.hainan.gov.cn/data/news/2006/03/8650/。
[2] 同上。

76%；天然林面积达到 65.9 万公顷，增长了 7.5%；新增造林面积 18.5 万公顷，森林覆盖率达到了 55.5%，提高 4.4 个百分点。陆地自然保护区的面积到 2005 年达到国土面积的 8.1%，接近全国平均水平，生物多样性指数为全国之首；积极防治土地退化和荒漠化，2005 年全省退化土地恢复率达到 20%；2005 年海南省水环境质量总体继续保持良好，82.3% 的监测河段、87.5% 的监测湖库水质达到或优于可作为集中式饮用水源地的国家地表水Ⅲ类标准；2005 年近岸海域以一、二类海水为主，86.4% 的监测海域水质符合水环境管理目标要求，海岸仍然是原汁原味的蓝色海洋和洁白沙滩；2005 年环境空气质量总体优良，基本保持国家一级水平。

坚持"不污染环境、不破坏资源、不搞低水平重复建设"的原则发展新兴工业，对新上工业项目做到了环保设施与项目同步设计、同步施工、同步投入使用。实施了松涛水库、昌化江沿岸的工业污染源治理，关闭、搬迁了一批污染企业，查处了一批破坏生态环境的案件。

四、体制机制优化

按照中央部署，完成了省、市县和乡镇的机构改革，将行政管理体制改革不断向深层推进。深化行政审批制度改革，取消省属机构行政许可事项 217 项，推行联合审批等快捷有效的审批方式。深化投资体制改革，对企业不使用政府性资金建设的项目实行核准制或备案制。推进财政管理体制改革，建立了比较完善的国库集中支付和非税收入管理、政府采购等制度。加强政府行政能力建设，转变政府职能取得新进展。高度重视和全面加强规划工作，发挥规划在经济社会发展中的龙头作用。倡导政府执行文化，实行行政首长问责制、部门牵头负责制、重点项目领导联系负责制和省政府决定事项、省政府领导批示事项跟踪督办制，强化了政府机关的执行理念，促进了行政服务效能的提高。

五、人民生活水平改善

国有企业下岗职工基本生活费和城镇离退休职工养老金按时足额发放，城镇"低保"对象做到了应保尽保，农村"五保户"全部改由地方财政转移支付供养。海南省委、省政府坚持每年开展为民办实事活动，投资 11.13 亿元改造农村电网，新增和更新线路4667公里。实施农村饮水解困工程,解决了农村130.83万人的饮水困难。五年完成茅草房改造4.93万户、新建沼气池14.7万户。完成了中部地区村村通广播工程。为市县工资调标转移支付5.14亿元,比预定时间提前一年实现了全省财政供养人员工资调整到"海南统一加浮动70%"的水平。[1]

第三节 黄金发展的"十一五"时期

2006年海南进入了黄金发展时期,GDP超千亿元,地方财政收入突破百亿元,比原计划提前一年实现这一目标,地区生产总值为1052.43亿元,其中第一产业为344.2亿元,第二产业为287.79亿元,第三产业为420.44亿元,人均地区生产总值为12654元。2007年海南省第五次党代会胜利举行,党代会发出"生态立省、开放强省、产业富省、实干兴省"的时代强音,号召全省人民"重塑特区意识,重振特区精神",突出经济特区的"特"字。这一年海南地区生产总值1223.28亿元,其中第一产业为361.07亿元,第二产业为364.26亿元,第三产业为497.95亿元,人均地区生产总值为14555元;海南经济已经步入一个健康、稳定、较快的发展新阶段。2008年海南省积极应对国际金融危机的冲击,保持经济平稳较快发展,人均生产总值首次突破2000美元大关,地区生产总值1459.23亿元,其中第一产业为437.61亿元,第二产业为434.40亿元,第三产业为587.22亿元,人均地区生产总值为17175元。2009年地区生产总值为1646.60亿元,第一产业为461.93亿元,第二产业为443.43亿元,第三产业为741.24亿元,人均地区生产总值为19166元。(见表5-23-1)

一、"一省三地"的发展目标

海南在"十五"期间,坚持"一省两地"的产业发展目标,在指导海南产业发展中起到了积极的意义,但是也存在许多问题。"一省两地"发展目标的问题在于:第一,"一省两地"局限于产业发展定位;第二,不能把发展新型工业同"新兴工业省"画上等号。海南提出"一省三地"发展的基本内涵是:"一省"是指生态文明省,即建

---

[1] 卫留成:《海南省第十一个五年规划纲要报告》,http://www.hainan.gov.cn/data/news/2006/03/8650/。

设我国独具特色的生态文明省;"三地"是指南海油气资源开发基地、国际性休闲度假基地、热带绿色农业基地。"一省三地"的主要特点是:1.突出海南的发展优势,并由此形成有海南特色和吸引力的发展环境;2.符合科学发展观,以科学发展观为指导的发展定位;3.发展目标清晰,对经济发展具有较强的指导性。"一省三地"发展目标是在产业定位基础上的经济发展定位。将环境保护与新型工业的发展联系起来,突出海南的环境优势。[1]

二、"海南市"规划探索

2006年4月,海南省政府批准的《海南城乡总体规划2005—2020年》提出,要把海南全省当作一个城市来规划。民间由此称为"海南市"。把全省作为一个整体的地理单元进行统筹规划目前在国内还没有先例,这是海南省又一次有益的探索。《规划》强调将全省作为一个整体的地理单元进行统筹规划。这是从海南岛屿省的特点出发,将各部门和各市县规划、行业规划落实在具体的空间区位上并加以协调,作为指导全省城乡建设和各项事业发展建设的依据。该规划是对海南省域的整体性空间规划,对海南省域内的资源开发、产业发展、城乡建设、设施建设作出整体性的综合部署。《规划》主要包括海南的区域定位与发展目标、产业发展规划、生态资源与环境规划、城乡空间发展规划、重大基础设施与社会服务设施规划、城乡空间管制、近期建设规划等。[2]

三、洋浦保税港区

2007年10月11日,省政府对外宣布:洋浦保税港区已于同年9月24日获国务院批准设立。海南再次迎来"以洋浦开发带动海南经济"的重大发展机遇。这是我国继上海洋山保税港区、天津东疆保税港区和大连大窑湾保税港区之后设立的第四个保税港区,也是我国在华南地区设立的首个保税港区。根据国务院批准的洋浦保税港区建设规划,洋浦保税港区位于海南省洋浦经济开发区内,占地面积为9.2063平方公

---

[1] 迟福林:《确立"一省三地"的发展目标——对"十一五"时期海南经济发展目标定位的建议》,http://theory.people.com.cn/GB/68294/119982/120084/7105552.html。
[2] 《2005海南风雨兼程》,《海南日报》2008年4月27日。

里，将分三期开发建设。[1]

四、文昌航天城的建设

2007年9月，经国务院、中央军委批准决定在海南省文昌市建设新航天发射场，占地20余平方公里。2008年11月5日，中国（文昌）新一代运载火箭发射场项目与当地经济社会发展高峰论坛在文昌开幕，航天科技领域的顶级专家学者和国际一流策划机构的高层管理人员汇集一堂，就如何建设航天发射场和促进海南经济社会发展展开讨论。2009年9月14日，文昌航天发射场破土动工。预计2013年航天项目建成使用。航天项目将会给文昌和海南带来新一轮的投资和旅游热潮。

文昌航天产业链首先发展的产业是文昌的房地产业和旅游服务业。詹长智领衔的海南人力资源开发研究院课题组在题为"海南和文昌适应航天发射基地建设的发展对策研究"的报告中，建议海南和文昌打造完整的航天发射基地产业链，并指出，航天发射场的建设将引来大量国际资本和民营资本进入，改善海南的投资结构。"文昌需要认识到，这种航天效应可能辐射到海南省。文昌在海南未来的经济发展中将处于举足轻重的地位，在全省的经济格局中的地位也将得到很大改变。将来的海南将形成两大板块，琼北板块很可能就以文昌为中心，主要是教育、科研、文化等产业；而琼南板块则以三亚为中心，仍是现在发展得比较好的休闲旅游业。将来游客就不一定只在三亚登岛，很可能也在文昌登岛，这样使海南的旅游框架更加深化。"[2] 海南大学三亚学院经济管理分院饶雪玲和徐新指出：航天发射基地建设将对海南旅游业、高新技术产业、房地产业、制造业、交通运输业、现代农业、教育产业起到带动作用，并优化产业结构。[3]

第四节　海南经济特区20余年的成就

大浪淘沙，光阴似箭。海南建省办大特区已经20余年，其间历尽风霜雨雪，但

---

[1]　《2007海南站上新起点，发展迎来新机遇》，《海南日报》2008年4月27日。
[2]　《海南文昌航天发射场带动当地经济嬗变》，《广州日报》2009年9月18日。
[3]　中国改革论坛网站：http://www.chinareform.org.cn/cirdbbs/index.asp?boardid=25&page=。

也业绩辉煌。当年的闯海人或扎根海南建功立业，或离岛各自奔走天涯，他们曾经提出建立信息岛、健康岛和确立从"一省两地"到"一省三地"的发展目标，留下了宝贵的闯海精神，并为今后推进海南大特区的发展打下了坚实的基础。

一、海南经济特区之"特"

作为沿海经济特区之一，海南省的陆地面积是深圳等早期四个特区的数十倍；资源十分富饶，生态环境优越。海南建省办经济特区20年来，在风雨、曲折中艰辛开拓奋进，实现了从计划经济到社会主义市场经济的转变，从封闭半封闭经济到开放型经济的转变，从一个贫穷落后的边陲岛屿到初步繁荣昌盛的经济特区的转变，它已经成为全国充满活力和特色的大经济特区。回顾20年的风雨，海南在发展战略上一直保持着"特"字。建省办大特区之初力主发展热带经济作物和热带珍贵林木，农业发展的规划，立足于开发利用丰富的热带自然资源、海洋资源、矿产资源和旅游资源，大力加强基础设施建设，逐步建立具有海南特色的产业结构。中央自始至终给予海南比特区更"特"的政策、更多的自主权和更加优惠的政策。

二、跨越式的经济发展

建省办大特区20余年来，海南坚持从"一省两地"到"一省三地"的产业发展路线，大力实施"大企业进入、大项目带动"的发展思路，实现了经济的快速发展。海南从一个封闭落后的边陲海岛跨入中国改革开放的最前沿，创办了中国最大的经济特区。

2009年与1987年相比，海南省本地生产总值由1987年的57.3亿元增长到2009年的1646.60亿元；人均本地生产总值由1987年的939元增长到2009年的19166元；工业增加值由1987年的7.73亿元增长到2009年的300.63亿元；农业增加值由1987年的28.63亿元增长到2009年的461.93亿元；服务业增加值由1987年的17.74亿元增长到2009年的741.24亿元[1]；进出口贸易由1987年的29241万美元增长到2009年的89.58亿美元（含中石化海南炼油厂）。[2]（见表5－23－1、5－23－2）海南生

---

[1] 2009年数据为第三产业增加值。
[2] 海南省统计局网站：http://www.hi.stats.gov.cn/tabid/185/InfoID/10898/Default.aspx。

态环境保持全国一流水平,海南经济特区取得跨越式发展。

三、特色体制创新

海南建省办经济特区 20 余年来,取得多项在国内外产生较大影响的改革突破。海南率先在全国提出并基本建立社会主义市场经济体制;率先实行"小政府、大社会"的省级机构改革试验;率先实行"四费(公路养路费、客运附加费、货运附加费和运输管理费)合一(燃油附加费)";率先实行粮食购销同价改革,推行全民所有制企业股份制试点,全面推进企业股份制改革;海南率先实行省级统筹的社会养老、失业、工伤、医疗保险制度,初步建立新型的社会保障体系框架;率先改革企业登记制度;率先取消了农业特产税,比全国提前一年取消了农业税;在全国率先实行城乡九年义务教育"两免一补";海南省率先提出将基本公共服务向基层延伸、向农村延伸,争取用 10 到 15 年的时间,逐步实现基本公共服务均等化。

这些先行一步的改革探索,有的已经推广到全国,有的继续成为海南独有的体制优势。中国(海南)改革发展研究院执行院长迟福林认为:大特区未来的发展,希望和出路在于尽快创办自由贸易区。海南的实践说明,"以开放促改革,以改革开放促发展"的方针是符合海南实际的,充分发挥海南的"特",才能保证海南经济发展步入持续增长之路。[1]

---

[1] 海南改革发展研究院编:《突出"特"字——构建具有海南特区的经济结构和更具活力的体制机制研究报告》,2007 年。

第二十八章
海南经济特区的未来展望

新时期海南将彻底打破"框框"和束缚，突出"特"字，做到四个放开，即放开眼界、放开思路、放开胆量、放开手脚（杜青林语）[1]，始终如一地坚持"发展才是硬道理"的思想和"三个有利于"的根本标准，并牢记邓小平教导："没有一点闯的精神，没有一点冒险的精神，没有一股气呀，劲呀，就走不出一条好路，走不出一条新路，就干不出新的事业。"[2] 但海南的未来前景和未来命运又如何呢？……

卫留成省长对海南未来发展提出四点展望：一是进一步解放思想、扩大开放，最大限度放大保税港区对洋浦经济开发区、对海南发展的辐射带动作用，同时以建设国际旅游岛为载体，全面推进旅游对外开放，带动产业开放。在此基础上，争取在中央的支持下，逐步在海南岛建立自由贸易区，为我国实施自由贸易区战略、加强双边多边经贸合作探索新经验，作出新贡献；二是统筹城乡发展，加快推进基本公共服务均等化和城乡一体化，每年把财政增收的主要部分用于改善民生，集中解决民生问题；三是加大体制创新力度，进一步完善省直管市县管理体制，科学划分两级政府职权，努力构建具有海南特色、更具活力的体制机制；四是建设生态文明，把建设生态文明、保护生态环境放在经济社会发展的首要位置，建设资源节约型、环境友好型社会，努力创建生态文明示范省。[3]

---

[1]《海南日报》1998年3月8日第1版。
[2]《邓小平文选》第3卷，第372页。
[3]《我省举办改革开放发展高层论坛，卫留成发表演讲》，《海南日报》2008年4月25日。

第一节　新时期经济发展战略

海南大学王毅武教授在《海南特区经济发展战略与区划功能设计》一文中指出：海南经济发展的"五大战略"及区划功能设计的"五大区块"与海南区域发展模式"一省三地"的选择是有机统一的，与海南"三大支柱"产业（海洋产业、热作及轻加工业、热带海洋生态文化旅游业）结构也是有机统一的，把这些构想与概念"组装"起来，即为"133551工程"："一省三地"、"三大支柱"、"五大战略"、"五大区块"、建设自由贸易区。

一、海南经济发展的五大战略

1. 生态立省战略。生态是海南的最大资本和根本优势，是海南经济发展的生命线。生态经济特区规范了海南绿色产业格局和生态化发展的方向。在经济快速发展的同时，生态环境也将得到有效的保护，从而破解经济建设和生态保护两难选择的世界性难题。海南的未来，经济发展应该由绿色GDP领衔，生态环境质量保持全国最优，由国家森林公园、文明生态村、生态保护区、网络化园林城镇为主体构成的花园式热带海岛特色将日益突出，一个以省为建制的城乡一体的和谐社会与生态示范区定将呈现在世人面前。

2. 优势产业战略。海南有丰富的热带气候资源和海洋油气与海产资源，还有丰富的具有热带海岛特色的旅游资源。实施优势产业战略符合海南实际，是加快海南经济社会发展的重大举措，是加快海南发展的必然要求。海南的优势产业主要有：（1）海洋及"蓝色产业"；（2）热作农业及其轻加工业；（3）以热带、滨海、生态为特点的商务、会展、休闲、度假旅游业。

3. 城镇化战略。加快城镇化建设是海南全面建设小康社会的重要任务，是海南现代化建设的客观要求，是经济社会发展的必然趋势。城镇化建设主要包括：（1）科学规划，突出重点，着力推动小城镇体系升级；（2）发展网络，强化功能，着力优化小城镇经济结构。

4. 科教优先战略。海南的教育事业相对落后，要加强对教育的扶持与投入力度，重视基础教育和高等教育的质量提升，发展适合海南经济社会发展需要的职业教育。鼓励海南有条件的科研机构和大专院校以不同形式进入企业或同企业合作，走产学研结合的道路，解决科技和教育体制上存在的条块分割、力量分散的问题，鼓励创新、竞争和合作。要有一整套有利于人才培养和使用的激励机制，稳定与吸引优秀人才；鼓励留学人员来琼工作或以适当方式为海南经济社会的发展服务。

5. 可持续发展战略。可持续发展战略要求以实现人口、资源、环境协调为前提，把环境保护、资源合理开发利用与"三大支柱产业"的发展有机结合起来，促进全省国民经济和社会的持续、稳定、健康发展，为城乡居民创造适宜、殷实、安全的生活环境，逐步走上经济、社会、人口、资源、生态相互协调和相互促进的发展道路。可持续发展战略是以生态合理性、多样性、永久性为准则，鼓励有利于资源、环境和生态保护的思想观念和社会经济活动，使海南人民永续拥有良性循环的热带海岛生态系统，这是实现经济可持续发展的物质基础。可持续发展战略以人为本，强调满足人的生存和发展需求，尽快消除贫困。强调经济发展与社会、文化发展的同步性、系统性、关联性与一致性。

二、区划功能设计的"五大区块"

依据海南经济发展"五大战略"，考虑海南资源优势的分布以及地理位置与行政区划，海南经济特区可以划分为"北、南、东、西、中"五个区块，即：北部以海口为中心，南部以三亚为中心，东部以琼海为中心，西部以洋浦和东方为中心，中部以五指山为中心，五个区块共同构成海南经济社会发展的"五大抓手"。抓住这五个区块构建与各区块优势资源相适应的产业结构，并以"东、西、中"区块为"体"，"南、北"区块为"翼"，形成"一体两翼"的发展格局。[1]

第二节 建立海南自由贸易区

目前，我国正在建设的自由贸易区已有 6 个，包括正在商谈的自由贸易区共涉及 29 个国家和地区，涵盖我国对外贸易总额的四分之一。另外，还有一些国家提出与中国组建自由贸易区，其中有的正在学术层面上进行探讨。中国的自由

---

[1] 王毅武：《海南特区经济发展战略与区划功能设计》，《琼州学院学报》2008 年第 6 期。

贸易区建设已进入快速发展阶段。显然，现在建立海南自由贸易区机遇最佳。[1]

海南建省办特区20余年来，扩大对外开放一直是海南发展进程中的主要战略之一。2008年1月28日中国现代化战略研究课题组、中国科学院中国现代化研究中心发布《中国现代化报告2008——国际现代化研究》。报告建议：建立海南岛自由贸易区，提升中国与亚洲国家的合作水平和互动能力。2008年3月4日，中国现代化战略研究课题组组长、中国科学院中国现代化研究中心主任何传启说，报告中首次提出中国实现国际现代化的"和平鸽"战略构想，并提出了以博鳌亚洲论坛、亚洲合作对话、东南亚国家联盟和南亚区域合作联盟为基础组建亚洲国家联合会。并建议，如果亚洲国家联合会的秘书处选择设在海南岛，则可以考虑将海南岛建成一个自由贸易区。[2] 提出建立海南自由贸易区的设想，符合海南经济特区发展的特点，也是海南发展的必要选择。

一、建立海南自由贸易区的可能性

中国（海南）改革发展研究院执行院长迟福林在《自由贸易区走向与海南未来》中指出：走向大开放，是海南建省办经济特区的目标选择；争取建立自贸区，是海南走向大开放的路径依赖。并提出，在海南建省办经济特区20年后，再提建立自贸区，是新阶段海南进一步解放思想、重振特区精神、谋划海南未来发展的重大课题；是从20年后变化了的形势出发，采取一系列新的制度安排，做到货物、资金、人员进出自由，逐步使海南成为国际上最开放的地区之一。他提出新时期下海南创建自贸区的条件：首先博鳌亚洲论坛将海南更密切地同世界各国，尤其是亚洲国家和地区联系在一起；二是海南是我国距东盟各国最近的省份之一，是东盟与内地市场的重要桥梁，海南在东盟"10+1"自由贸易区中的地位越来越突出；三是随着我国的能源战略由陆地走向海洋，海南对外开放的战略地位将全面提升。把创办自由贸易区的目标落到实处可采取以下具体措施：一、以推进国际旅游岛建设为重点实现全面的产业开放；

---

[1] 陈文敬：《关于全面实施自由贸易区战略的思考》，http://www.cird.org.cn/kxwk/Library_Read.asp?type_id=1&text_id=767。

[2]《把海南建成自由贸易区》，《海南日报》2008年3月5日。

二、以洋浦保税港区建设为契机，加快建设洋浦自由工业港区；三、抓住机遇，争取建立琼台自由贸易区；四、争取建成国家第一个环境保护特区，成为亚洲甚至世界重要的生态岛。

商务部国际贸易经济合作研究院副院长陈文敬认为："海南四面环海，不需要物理围网的巨大投入。"海南具有建立自由贸易区的区位优势。海南海关监管可参照港澳模式，以实现早年邓小平同志曾设想的"再造一个香港"、胡锦涛总书记提出的"突出经济特区的'特'字"以及温家宝总理关于把海南岛建设成"开放之岛"的期望。海南要周密策划，做好自贸区可行性研究和具体实施方案。可设计分步推进的先行先试方案，如先将洋浦保税港区的某些政策向内延伸，或将某些审批权下放给海南，以发挥海南在新一轮开放中的特色和创新作用。[1]

二、建立海南自由贸易区的意义

中国科学院中国现代化研究中心主任、研究员何传启在《海南岛自由贸易区的战略定位》中提出：建设海南自贸区，是深化改革开放的需要，也是落实自由贸易区战略和国际化战略的需要。自贸区的建设，将是海南腾飞的历史性机遇和海南发展的第二个春天。海南特区 20 年的建设，也为建立海南自贸区积累了良好的政策环境。

海南大学王毅武教授在《全面提升开放型经济水平与海南"自由贸易区"建设》一文中指出了海南建立自由贸易区的意义：（1）海南经济的发展对于我国改革开放具有重要意义；（2）海南是我国连接国际市场的最好中间环节；（3）海南最具建立自由贸易区的基本条件；（4）南海是开发、开放的前进基地；（5）有办特区 20 年的经验与教训。

第三节　建设国际旅游岛

一、国家战略层面的国际旅游岛建设

2009 年 4 月，温家宝总理视察海南时，要求海南把建设国际旅游岛作为深化改革

---

[1]《自由贸易区：海南走向大开放的必经之路》，《海南日报》2008 年 4 月 25 日。

开放、促进经济增长的制高点和突破口。2009年12月31日《国务院关于推进海南国际旅游岛建设发展的若干意见》(国发〔2009〕44号)(以下简称《意见》)发布,将海南国际旅游岛建设提升为国家战略,海南自1988年建省办特区以来,面临着第二次重大历史性发展机遇。《意见》指出:海南建省办经济特区20多年来,经济社会发展取得显著成就。但由于发展起步晚,基础差,目前海南经济社会发展整体水平仍然较低,保护生态环境、调整经济结构、推动科学发展的任务十分艰巨。充分发挥海南的区位和资源优势,建设海南国际旅游岛,打造有国际竞争力的旅游胜地,是海南加快发展现代服务业,实现经济社会又好又快发展的重大举措,对全国调整优化经济结构和转变发展方式具有重要示范作用。

《意见》提出了九个方面的意见:1.海南国际旅游岛建设发展的指导思想、战略定位和发展目标;2.加强生态文明建设,增强可持续发展能力;3.发挥海南特色优势,全面提升旅游业管理服务水平;4.大力发展与旅游相关的现代服务业,促进服务业转型升级;5.积极发展热带现代农业,加快城乡一体化进程;6.加强基础设施建设,增强服务保障能力;7.推进以改善民生为重点的社会建设,加快形成人文智力支撑;8.充分利用本地优势资源,集约发展新型工业;9.加强组织协调,落实各项保障措施。

二、省级层面的国际旅游岛建设

国务院《意见》发布之后,海南省各部门积极展开认真学习和落实《意见》的内容。海南省省委书记卫留成在省委五届六次全会上要求各级领导干部要加强学习,沉下心来认真研究国务院有关文件精神,提高理解政策、用活用足政策的能力和水平,做好各项政策的对接工作,真抓实干务求实效。

海南省发改委将着力推进三个方面的工作:1.抓好规划,引入先进的发展理念,按照"国际化、高品位、有特色"的要求,会同有关部门编制国际旅游岛建设规划和各专项规划,确保各项建设在科学规划指导下有序进行,并积极和国家有关部委衔接沟通,争取将我省更多的重大项目列入国家"十二五"规划和其他部委专项规划;2.用好用足西部大开发政策和其他投融资政策,高标准、高水平推动一批重点项目建设;3.深化改革,构建具有海南特色的体制机制。

2010年是国际旅游岛建设的开局之年,海南省委五届六次全会提出海南要实施一批带有标志性、代表性的大事实事，包括：1.举办首届博鳌国际旅游论坛；2.抓紧落实境外旅客购物离境退税政策和离岛旅客免税购物政策；3.创新旅游产品；4.启动一批大型旅游项目的前期工作和招商工作；5.建立旅游公共服务体系；6.组建旅游开发投融资平台；7.策划组织开展高质量的旅游宣传促销活动；8.改造提升海南欢乐节；9.加快旅游管理体制改革；10.继续深入开展城乡卫生环境综合整治行动，全力营造与国际旅游岛相适应的社会环境。[1]

---

[1] 《国际旅游岛建设开局之年：海南主抓十件大事》，《海南日报》2010年1月14日。

第六篇
上海浦东新区史
——中国改革开放的龙头、窗口

浦东的开放不是一城一域之事。浦东是上海建立全球金融、贸易、经济和航运中心的载体，旨在成为中国连接世界的桥梁，服务长三角和全国，带动长三角和全国的经济发展。20年间，在中央政府、上海市政府的倾力支持下，借势中国经济的腾飞，浦东新区不负众望，取得了举世瞩目的成就。2008年浦东新区生产总值是1990年的32倍；2009年聚集在浦东的金融机构达603家，跨国公司总部135家；2009年上海证券交易所在交易额和融资额上位居全球第三；2009年上海期货交易所交易量世界第一；洋山港和外高桥港集装箱吞吐量、浦东国际机场货物吞吐量皆为世界第三。浦东新区的世界经济中心、金融中心和航运中心的功能区已具雏形。其作为中国改革开放龙头和窗口的地位也不可撼动。

　　但也要看到，与世界的金融、航运、经济中心相比，浦东仍差距悬殊。浦东新区的上述功能形成人为扶持的因素过多，其作为金融、航运和经济中心的能级、辐射力和集聚力仍然不够，浦东缺乏一套成熟、稳定的促使经济发展的制度体系，政府管制水平和服务效率仍需提高，与服务全国的目标相比，其能力仍相距遥远。

　　[按：为便于纵向比较，除特别注明外，本篇有关浦东新区的信息均不包括已经并入浦东新区的原上海市南汇区。在下文中，将称并入南汇区后的浦东新区为"新浦东"或"新浦东新区"。在本篇中，有关浦东新区2009年的数据皆包含原南汇区。]

第二十九章
浦东新区开发前的概况

  浦东新区位于黄浦江以东的上海市东部，是长江三角洲东缘的一方扇形土地。浦东新区地处我国黄金海岸线与长江黄金水道组成的"T"字形结构的结合点，面对太平洋，濒临东海，北枕长江，背靠经济发达的长江三角洲，腹地广阔，地理位置优越，是世界经济进入中国经济的主要门户，也是连接中国与世界的桥梁。浦东新区自然资源、人文资源丰富。

  在开发浦东以前，浦东经济一直落后于浦西。浦东和浦西面积大体相当，但在开发前浦东的人口和生产总值只有上海的十分之一左右。民间有"宁要浦西一张床，不要浦东一间房"的说法。导致浦东落后于浦西的原因有很多，但究其主要原因是由于浦东交通不便。黄浦江把上海分成浦东和浦西两半，而且黄浦江江宽水深，由于技术和经济发展水平的约束，使得两岸架桥和开凿隧道都难以成行。

  随着技术的进步，制约浦东发展的交通瓶颈逐渐消失，浦东地理位置和空间优势开始显现；同时，浦东以我国历史悠久，经济、科技、文化力量雄厚，交通发达的大城市上海为后盾，为其开发提供了物质资源、人力资源、技术资源的支撑，因此浦东在自然、经济和人文上具有中国其他城市无可比拟的战略优势。

第一节 浦东新区概况

一、地理条件

  在 2009 年南汇区并入浦东新区以前，浦东新区位于北纬 30°8′20″ 至 31°23′22″ 和东经 121°27′18″ 至 121°48′43″ 之间，面积 533.45 平方公里。浦东新区东濒长江口，南与南汇区（2009年并入浦东新区）、闵行区接壤，西和北分别与徐汇、卢湾、黄浦、虹口、杨浦、宝山6区隔江相望。区内有长江口岸线46.43公里，黄浦江沿岸线长43.5公里。2009年4月24日，国务院批复上海市《关于撤销南汇区建制将原南汇区行政区域划入浦东新区的请示》，同意撤销上海市南汇区，将其并入浦东新区。南汇划入浦东后，新浦东新区区域面积达到1210.41平方公里，南临杭州湾，与浙江省宁波市隔海相望。

浦东新区地层为长江冲积层。地势东南高，西北低。地面高程约为3.5—4.5米，少数地区达5米以上，平均海拔高度4米左右，是坦荡低平的江海平原的一部分。浦东新区境内河流纵横密布，有大小河道9400多条，河面面积约占全部面积的10%—12%。境内主要河流为黄浦江、川杨河、白莲泾、高桥港、浦东运河等11条干河，其中境内黄浦江长80公里，宽约400米，深7—9米；川杨河长28.8公里，宽44—45米，深约3米。[1] 并入浦东新区的原南汇区全境为冲积平原，海拔4—4.5米。海岸线长59.5千米，境域内主要河流有大治河、浦东运河、渤马河等。

浦东新区和原南汇区都地处东亚季风盛行的海滨地带，属海洋性气候。浦东新区夏季多东南风，冬季多西北风，四季分明，雨量充沛，光照充足，温度适中。主要气候特征是：春天温暖，夏天炎热，秋天凉爽，冬天阴冷，全年雨量主要集中在气温较高的季节，雨热同季。

二、浦东新区的起源与行政区划

浦东新区的大部分地区成陆时间比较晚，大概只有1300年。公元4世纪以后，随着长江从上游夹带来的泥沙在江海交汇的地方被海浪冲顶而加速沉降，沉积下来的泥沙不断增加滩地的面积，也就自然推动海岸线向外延伸，同时，沿海居民为了生存和发展，也不断地在海滩上筑堤，使海岸线逐渐向东推移。从公元4世纪到10世纪的600年间，上海地区的海岸线向东推进了约20公里。浦东的一些地区也就是在这段时间里形成的，而且还出现了一些早期的移民村落。

浦东新区（准确地说是川沙）最早的历史沿革可追溯到南北朝时的梁大同元年（535），那时设有昆山县，隶属于信义郡；古代的川沙是戍卒屯垦的海疆，唐天

---

[1]《上海市浦东新区统计年鉴》，中国统计出版社2000年第1版，第12页。

宝十年（751）属华亭县；清雍正三年（1725）后分隶南汇和上海两县；嘉庆十五年（1810）开始由上海、南汇两县划出，设川沙抚民厅；辛亥革命（1911）时改厅为县，隶属江苏省；1950年由南汇划入29个乡；1958年川沙从江苏省划出，改属上海市管辖；1961年，成立才两年的浦东县的农村部分全部划入川沙，并将沿黄浦江边的高庙地区划归杨浦区；1984年再将沿黄浦江的塘桥、陆家嘴、洋泾一带划归黄浦区，把周家渡至杨思等沿江地区划归南市区。到1985年县境的面积已是新中国成立前的2倍。

1992年10月11日，根据国务院（国函[1992]145号）的批复，撤销川沙县，设立上海市浦东新区。浦东新区的行政区域包括原川沙县、上海县的原三林乡和原黄浦区、南市区、杨浦区的浦东部分地区。1993年1月浦东新区正式成立。1993年3月，原杨浦区歇浦路街道、原南市区浦东地区的周家渡、塘桥、南码头、上钢新村4个街道及杨思镇、原上海县的三林乡及原黄浦区的浦东部分正式划归浦东新区。1999年5月，经上海市人民政府批准，浦东国际机场范围内的南汇县部分的10.7平方公里的土地划归浦东新区管辖，浦东新区法定陆地面积由522.75平方公里增至533.45平方公里。2003年，将人民塘外滩涂面积计入浦东新区区域，由此全区区域面积由533.45平方公里扩大至569.57平方公里。至2003年底，浦东新区辖11个街道、13个镇[1]。2009年4月24日，国务院批复上海市《关于撤销南汇区建制将原南汇区行政区域划入浦东新区的请示》，同意撤销上海市南汇区，将其行政区域并入上海市浦东新区。行政区划调整后的浦东新区，面积为1210.41平方公里，辖13个街道、25个镇。

三、浦东的人文资源

浦东不仅是块黄金宝地，而且人杰地灵。在这片土地上曾涌现了成批的杰出人才，既有抗倭英雄乔镗、明末儒将乔一琦、民族英雄孙员化、效忠边疆的赵文哲等一代将才，也有明代大学士陆深、清代诗人孙致弥和大书法家张照、吴中、才子黄文莲、书画鉴赏家沈树镛、朴学大师张文虎等饱学之士；另外，浦东还孕育了一大批著名的科学家，如天文学家贾步伟、地质学家朱庭祜等。浦东这块土地还涌现出了著名的实业家，如朱其品、叶惠钧、汤学钊等。

浦东一直有重视教育的传统，教育家更是不胜枚举。如毁家兴学的杨斯盛、职业

---

[1] 行政区划网：http://www.xzqh.org/html/sh/0106.html。

教育家黄炎培、师范教育家杨保恒、医学教育家陆渊雷……众多的教育家培育了浦东的人才，也促进了浦东文化的发展。

很多政治人物也与浦东有着很深的渊源。比如，浦东是宋庆龄的诞生地；另外，宋蔼龄、宋美龄、宋子文、宋子良、宋子安也都诞生在浦东。可以说，浦东是宋氏家族的摇篮。

浦东地区设置的历史虽然并不算久远，但仍然发现和保存了很多名胜古迹。在浦东新区，名胜古迹多集中在高桥一带。这个地方有名胜古迹老宝山城、东炮台、余园（余园原为镇绅陆良家园，创建于康熙至雍正年间）、胡苑（原胡氏居屋的一部分）、海滨浴场、法昌寺、大圣寺、康熙年间建立的玛弟亚堂等。

在众多古迹中，严桥遗址最为引人注目。严桥遗址位于浦东严桥乡郑湾村，历史上是唐、宋村落，如今是浦东地区保存下来的最早的人类活动遗址。另外，筑于明代的浦东川沙城也非常有名。川沙城1925年才被拆除，但至今仍保留着东南一角。近代的名胜古迹也不少，比较有名的有太平天国烈士墓、张闻天故居和黄炎培故居等。[1]

第二节　开发前的浦东地区经济

一、开发前的浦东社会经济概况

1840年至1842年，西方殖民主义者发动了鸦片战争，用武力打开了中国的大门。1842年8月英国逼迫清政府签订了《南京条约》，上海成为五个通商口岸之一。1845年开始，英、法、美等国在黄浦江西岸先后强占了大片土地，辟为租界，于是外国的资本大量涌入上海，开办了一些现代企业。国外资本的活动客观上促进了上海经济的发展，改善了上海的投资环境，也促进了民族资本主义的兴起。但与浦西的发展相比，浦东的经济比较落后，在1900年以前仍处于自给自足的自然经济状态。

1949年上海解放，在新中国成立后的前40年中，浦东地区虽然在经济上有了一定的发展，但与浦西相比，终究比较落后。从某种程度上讲，上海只是开发了一半。进入20世纪80年代后，和全国一样，上海的经济和科技都取得了很大的发展，横跨

---

[1] 本节第三部分参考唐国良主编：《话说浦东》，上海三联书店1994年版，第1—56页。

黄浦江的大桥和穿越江底的隧道陆续修建，制约浦东经济发展的交通问题得到解决，对浦东的开发也进入了议事日程。

1990年4月中共中央和国务院批准了上海的浦东开发计划，同年6月由国务院正式批复了浦东新区的开发方案。根据1990年的统计，浦东新区人口为133.94万人，地区生产总值、社会固定投资总额、社会商品零售额、人均地区生产总值分别为60.24亿元（当年价格）、14.15亿元、14.28亿元、4498元，上述指标占上海的比重分别为10.4%、8.1%、6.2%和77.13%。在1990年浦东新区地区生产总值的构成中，第一、二、三产业的产值分别为2.22亿元、45.89亿元和12.13亿元，占浦东新区地区生产总值的比重分别为3.7%、76.2%和20.1%。1990年上海市第一、二、三产业占地区生产总值的比重分别为4%、65%和31%。与上海市相比，浦东新区的第二产业所占比重明显高于上海市的水平，而第三产业的比重低于上海市的平均水平。[1]

图6-29-1　1990年浦东新区GDP三次产业构成

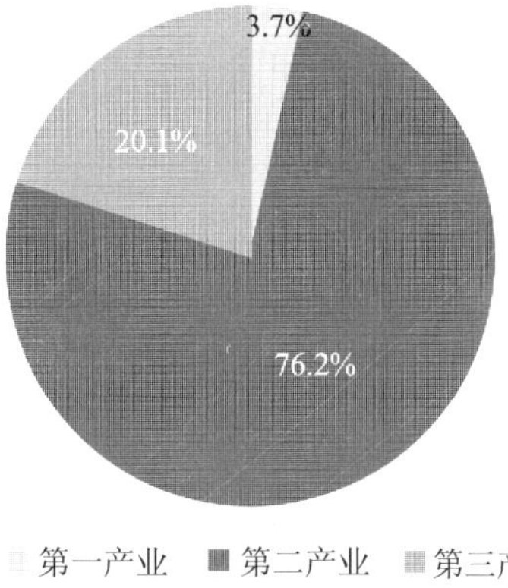

资料来源：《上海浦东新区统计年鉴》，中国统计出版社1994年版。

二、开发前的浦东农业

根据1990年的统计，浦东新区陆地面积为522.75平方公里（2000年以前），其中耕地面积231.98平方公里，占全部陆地面积的44%，是整个上海市土地面积的

---

[1] 本节第一部分的资料来源于《上海浦东新区统计年鉴》（中国统计出版社1994年版）和《上海统计年鉴》（中国统计出版社1991年版）。

7.2%。浦东新区平均每个农村人口占有耕地 0.74 亩，平均每个农村劳动力占有耕地 1.26 亩，分别低于当年上海市 1.16 亩和 1.94 亩的平均水平。在 1990 年浦东新区的第一产业的产值为 2.2 亿元，占全市生产总值的比重为 3.7%，低于上海市 4% 的平均水平。

1990 年浦东新区的农村人口为 47 万人，其中从业人员 27.7 万人，农村人口中从事农业的劳动力为 68339 人，分别占上海市农村人口、农村人口从业人员和农村人口中农业劳动力的 11.2%、11% 和 9.1%。1990 年浦东新区农村人口占总人口的比例以及从事农业的劳动力占从业人员的比例分别为 35%、5.2%，而同期上海的农村人口为 417.91 万，农村人口中农业从业人员为 75.04 万，分别占上海市总人口和总从业人员的 33%、9%。从上述分析可以看出，在浦东新区开发前，其农村人口和农业劳动力的构成和上海市的平均水平相当。

在开发前，浦东农业以畜牧业和种植业为主。按 1990 年价格计算，浦东新区农业的总产值约为 5.5318 亿元，其中种植业、林业、牧业、副业和渔业的总产值分别为 2.3685 亿元、0.0234 亿元、2.9528 亿元、0.033 亿元和 0.1541 亿元，分别占农业总产值的 42.8%、0.4%、53.4%、0.6%、2.8%。和上海市的平均水平相比，浦东新区农业总产值的构成中牧业所占的比重明显比较高，因此浦东新区在开发前牧业是相对发达的。

在开发前，浦东新区的畜牧业和渔业相对比较发达。1990 年畜牧业产值占农业总产值的 53%，远高于种植业的比重和上海市的平均水平。在 1990 年浦东新区的生猪上市量为 48.34 万头、肉禽上市量为 283 万只、鲜蛋 14706 吨、牛奶 34908 吨、水产品 3372 吨，分别占同期上海市相应产品产量的 13%、3.8%、10%、15%、1.2%。

在开发前，浦东农业的一个重要特点就是具有较强的外向性。[1] 从农副产品出口占整个商品出口的比重来看，浦东新区开发前农业的外向性特别强。整个上海市在 1990 年的农副产品出口额为 6.61 亿美元，占商品出口总额的 12.5%。而原川沙县（现浦东新区的主要组成部分，后撤县划归浦东）1990 年的农副产品出口收购额为 2554 万元，其中种植业 65 万元，牧业为 2440 万元，渔业为 32 万元。[2]

---

[1] 陈龙庭、孙仲彝：《上海浦东新区创汇农业的发展战略和规划构想》，《上海农业科技》1994 年第 2 期。
[2] 本部分的资料来源于《上海统计年鉴》（中国统计出版社 1991 年版）和《上海浦东新区统计年鉴》（中国统计出版社 1994 年版）。

三、开发前的浦东工业

浦东的现代工业兴起于 1900 年以后。根据《川沙志》记载，1900 年，沈毓庆在浦东川沙城厢开办了浦东第一家现代机织毛巾厂。随后，浦东又开办了 10 余家机织毛巾厂，其产品除供应本地外，还外销到上海市和近郊。到 1937 年，川沙地区创办的现代毛巾厂就有 202 家，机器 5371 台，工人 8695 人，年产毛巾 260 万打，产品不仅畅销国内，而且进入了新加坡、菲律宾等东南亚国家和地区[1]。20 世纪 20 年代到 30 年代，浦东地区毛巾业和纺织业的发展带动了服装业、刺绣工业的发展。与此同时，现代酿造业、食品加工业和建筑业等也得到了一定发展。

1949 年上海解放后，国家于 20 世纪五六十年代在浦东的沿黄浦江地区投资兴建了一批以重工业为主的骨干企业，形成了石油化工、造船修船、冶金、建材、机械、轻工、纺织等支柱产业。20 世纪 70 年代末，随着改革开放，浦东的乡镇企业异军突起，以川沙地区为例，1978 年，全县有乡镇企业 531 家，年工业总产值达到 1.91 亿元。到 1989 年，乡镇企业达到 3850 家，职工人数 22 万人，年工业总产值 29 亿元。

经过新中国成立后多年的建设，浦东新区的工业已经具备了一定的基础。1990 年浦东新区工业总产值达到 176.85 亿元，占浦东新区社会总产值的 86.1%，占全市工业总产值的 10.8%。到 1990 年浦东开发时，浦东有工业企业 1272 家，按隶属关系可分为中央直属企业、市属企业和其他企业，数量分别为 34、235、1003 家，其产值分别占工业总产值的 24%、50%、26%；按登记注册类型可以分为国有、集体、港澳台和外商投资及其他企业，数量分别为 383、729、36、124 家，它们占工业总产值的比重分别为 62.3%、27.8%、4.0%、5.9%；按轻、重工业类型划分，轻、重工业企业的数量分别为 708 和 564 家，占工业总产值的比重分别为 40.8%、59.2%；按企业规模划分，大型、中型和小型企业的数量分别为 29、46、1197 家，占工业总产值的比重分别为 46.0%、12.1%、41.9%。

经过长期的发展，浦东地区的工业到 1990 年形成了自己的特点，主要表现在以下几个方面：第一，工业化程度比较高，工业总产值占浦东新区社会总产值的 86.1%；第二，重工业比重较高，占工业总产值的 59.2%，在重工业中原材料工业所占比重高于加工工业比重；第三，石油加工业、钢铁工业、纺织业和交通运输设

---

[1] 赵启正主编：《新世纪新浦东》，复旦大学出版社 1994 年版，第 51、52 页。

备制造业是开发前浦东的支柱行业，这四个行业的产值占工业总产值的比重分别为17.04%、14.05%、11.1%和9.93%，合计达52.12%；第四，行业集中度高，在大多数行业中少数企业处于主导地位。

浦东地区虽然经过新中国成立后几十年的建设，具备了一定的工业基础，但工业结构不合理，而且与浦东新区后来的定位不协调。首先，浦东地区的重工业相对发达，重工业产值占全区工业产值的比重为59%，大大高于上海市当年48.15%的平均水平，而现代制造业和高科技企业落后；其次，按照上海经济发展的战略目标，上海市的定位是国家经济、贸易和金融中心与长江流域经济起飞的"龙头"，浦东开发前的产业结构与上海市的目标定位不协调，因此需要大幅调整。

四、开发前的浦东第三产业

在浦东开发前，第三产业的发展严重滞后，特别是现代服务业更是落后。例如，金融业是现代经济的核心，而开发前的浦东金融保险业则处于刚刚萌芽的阶段。全区金融业网点只有131个，其中银行系统的84个，信用社32个，邮政储蓄点13个，保险公司1个，其他经营机构1个。到1990年底，全区从事金融、保险的人员仅有1600人，只占上海市金融、保险从业人员的5.1%。事实上，开发前的浦东没有一家大的金融机构，主要金融业务均需通过浦西的金融机构运作。1990年年底，全区的存贷款余额分别约为37亿元和28亿元，只占上海全市的几十分之一。

浦东第三产业中，商业、饮食与服务业所占的比重比较大，但辐射的范围较小，仅仅局限在浦东，而且规模和质量远远落后于浦西。浦西商业辐射的范围大，比如，与浦东仅仅一江之隔的南京路素有中国"第一商业街"的美誉，服务对象不仅有国内的顾客，更有国际的顾客。

五、开发前的浦东基础设施

基础设施的建设对于一个城市的发展有着非常重要的作用，在开发前，浦东的基础设施相当落后，无法满足当时浦东经济发展的需要，更无法适应浦东开发的要求。1990年浦东城市基础设施投资为7.5亿元，其中用于电力建设的投资为3.7亿元，公用基础设施建设的投资为3.8亿元。

在开发前，浦东的交通运输设施比较落后。首先，水路交通相对发达，其他对外交通运输通道非常薄弱。浦东新区没有空港、铁路，只有通过水路和外界进行物资的运输。浦东新区的岸线长度达到 43 公里，占全市岸线长度的 32.1%，港口设施在整个上海港中占有相当重要的地位，全港码头泊位 186 个，1990 年货物吞吐量达 6827 万吨。此外在内河运输方面浦东新区有 11 条通航 20 吨级以上的船舶航道，码头泊位 160 个，年吞吐量 460 万吨。

跨越黄浦江的交通设施严重制约浦东经济发展。浦东的经济发展要求与浦西经济一体化，进而要求加强浦东和浦西的交通设施建设，为浦东和浦西之间的人员往来和物资运输提借保障。但在开发前，连接浦东和浦西的交通设施严重滞后于经济发展的需要。1990 年底，黄浦江上有客运轮渡线 16 条，年过江人次达 3.46 亿，但在交通高峰时期仍然非常紧张；跨江的车辆轮渡线有 4 条，年过江车辆 399 万辆次；越江隧道有 2 条，分别是打浦路隧道和延安路隧道。当时的跨江交通设施处于超负荷状态，严重滞后于当时经济发展的需要。

区内交通基础落后。到 1990 年底，浦东新区道路面积 379 万平方米，道路长 411 公里，单就数量来看高于浦西，但从质量来看，明显低于浦西的水平。浦东的道路大都按郊县标准设计修建，路面较窄、等级较低，根本没有形成现代化的交通体系。公共交通基础更是薄弱。1990 年底，全区共有公交线路 48 条，占上海市公交线路总数 390 条的 12.3%。1990 年底公交营运车 576 辆，全年客运总量 4.15 人次，远远低于全市的平均水平。

通讯设施落后。到 1990 年底，浦东新区的市话交换机容量为 2.41 万门，仅占全市 74.2 万门的 3.2%；新区市内电话用户不足 2 万，仅占全市的用户量 39.3 万户的 5%。而现代的 DDN 数据专用网、互联网高速接入、服务器托管、宽带数据网接入、ISP 国际互联网增值业务服务等在内的各类 IT 信息服务更是空白。

公用基础设施也比较落后。到 1990 年底，浦东新区拥有 3.91 公里长的自来水管道，自来水日供应能力为 43 万吨，为全市日供水能力的 9.3%，人均拥有量比较低。煤气管道长度为 190 公里，管道煤气用户仅占上海市的 2.8%，普及率非常低。

六、开发前的浦东对外经济联系

开发前的浦东新区经济有一定外向性特征。1990 年浦东新区有生产出口产品的工业企业 240 家，此外也有一定数量的乡镇企业为市区出口工业从事加工装配作业，全年出口产出总值 30.0 亿元，占当年工业总产值的 17%，占上海市 53.2 亿美元（按当年汇率约为人民币 303 亿元）的出口产品总额的 9.9%；农副产品出口以畜牧、水产品为主，全年外贸收购额 124 万元。

在开发浦东之初，浦东新区有一定的外国直接投资。到 1990 年底，已经批准的外商直接投资项目 84 个，协议总投资额 3.2 亿美元，其中外商投资 1.2 亿美元。1990 年，"三资"企业有 51 家投资开业，其中工业企业 48 家，运输业 1 家，实现销售收入 7.71 亿元，出口创汇 7787 万美元，实现利税总额 1.25 亿元。[1]

第三节　浦东开发的优势

一、优越的地理位置

从全球看，中国上海位于亚洲最有活力的"经济走廊"之上。这条"经济走廊"起于东京，经首尔，到中国上海，向南是中国台北、中国香港、曼谷、吉隆坡，落脚新加坡。[2] "经济走廊"上的每一个城市都是富有活力的区域经济中心，是带动区域发展的引擎和连接内外的枢纽，而上海正处于亚洲"经济走廊"的中间点上。从国内看，中国经济最发达的地区是沿海和沿江地区的结合部，而上海恰好位于这个"T"字形的黄金交叉点上。从区位上看，上海有可能成为中国与世界交流的主要城市，成为长江流域的区域经济中心，而浦东开发就是振兴上海、发挥上海这一独特功能的关键之举。

浦东新区紧靠上海市中心，外临长江，内依黄浦江，为长江的重要门户，有良好的建港条件和水运条件；区内地势平坦，且处于上海市区的上风向，生态环境较好；平均人口密度低，开发前，浦东新区人口密度约为每平方公里 2562 人左右，优越的人文地理条件为浦东新区的开发奠定了良好的基础。

---

[1] 除特别说明外，本节数据皆来源于《上海统计年鉴》（中国统计出版社 1991 年版）、《上海浦东统计年鉴》（中国统计出版社 1994 年版）、《浦东研究论丛：产业发展论》（茅芜等著，上海远东出版社 1997 年版）。
[2] 赵启正主编：《新世纪新浦东》，复旦大学出版社 1994 年版，第 3 页。

二、广阔的地域空间

浦东新区的面积为 569.57 平方公里，是上海老市区面积 149 平方公里的三倍以上。浦东新区临海，有不断增加的滩涂资源，可以弥补浦东开发占用的土地。浦东与浦西隔江相望，临长江和大海，使浦东适合发展外向型经济，在全球一体化的背景下依靠世界资源进行开发，进而成为中国经济与世界经济交流的枢纽。

三、良好的建港条件

港口建设对上海的城市发展非常重要。浦东地区除沿黄浦江东岸港区外，位于长江南岸的外高桥港区，西距吴淞口 15 公里，陆上隔黄浦江与市中心相距 25 公里，岸滩比较稳定，负 10 米线离岸平均距离约 1.5 公里。因此浦东地区建港的条件非常好。

四、相对较强的经济基础

在开发前，浦东地区的经济已经取得了一定的发展，为今后浦东新区的开发奠定了一定的经济基础。和农业和第三产业相比，工业比较发达。1990 年，上海市第一、二、三产业占全市生产总值的比重分别为 4%、65% 和 31%，浦东新区的第二产业所占比重明显高于上海市的水平。经济的外向性特征比较明显。无论是对外贸易，还是利用外资，浦东新区在开发前都取得了一定的成绩，为日后对外开放打下了一定的基础。

五、强大的后盾

浦东与上海市区仅一江之隔，与中心区紧密相邻，是上海市的一部分。浦东的开放开发是振兴上海战略的一个组成部分，而上海强大的经济、技术和文化基础将为浦东提供强大的后盾。上海在历史上曾是远东最大的国际金融中心，有着对外开放的传统。1860 年到 1930 年期间，上海平均控制着中国出口总量的 68%。截止到 1947 年，上海共有 14 家外国银行、128 家国有或私有国内银行、13 家信托投资公司和 79 家交易所。

上海解放后，上海的经济也取得了一定的发展。1990年上海市地区生产总值达到756.45亿元，其中第一、二、三产业的比重分别达到4%、65%和31%，第二产业占据主导地位，第三产业开始上升，上海已经进入了工业化中期。

上海的教育和科研力量雄厚。1990年上海有科技机构1053个，其中科研单位300个、大中型工业企业383个、高等院校370个，当年的科研经费收入总额为21亿元，专利申请量为1526个。

上海经济对外联系比较紧密。1990年上海外贸进出口商品总额达到74.31亿美元，约占当年全市生产总值756.45亿元的47%（按1美元=4.7832元人民币计算）。除了经济上的对外联系外，上海还有着众多驻外机构，也是国外旅游者来华旅游的重要目的地。[1]

---

[1] 本节数据主要来源于《上海统计年鉴》（中国统计出版社1991年版）和《上海浦东新区统计年鉴》（中国统计出版社1994年版）。

第三十章
浦东新区的建立

1990年4月18日,时任国务院总理的李鹏代表中共中央和国务院正式向中外宣布,在浦东实行经济技术开放区和某些特区的政策,从此浦东的经济发展跃升到了一个新的轨道,也标志着中国的对外开放进入了一个新的阶段和历史时期。[1]浦东开放开发在空间上正好处于我国改革开放战略布局由南到北、由东到西展开的历史交汇点上,浦东开发开放标志着我国区域发展空间布局的重大调整;从时间上看,浦东开放开发正好处于我国由20世纪80年代尝试打开国门到90年代的全面开放的历史关节点上,开发开放浦东向世界显示了我们坚定地进行改革开放的决心。因此上海浦东开放开发在国家的发展战略中有着重要地位和意义,标志着我国改革开放进入了新的阶段,是我国改革开放深入的必然,具有深刻的时代背景。经过18年的发展,浦东新区发生了天翻地覆的变化,已经变成了一个闻名世界的外向型、多功能、现代化的新城区。在2007年,浦东新区的GDP是1990年的45倍,自开发以来,保持了年均18%的经济增长率。浦东新区以上海1/8的人口、1/10的土地面积,创造了上海近1/4以上的GDP、近1/2的外贸进出口总额和1/3以上的合同利用外资金额[2]。

---

[1] 《人民日报》1990年4月19日第1版。
[2] 《2007年上海市国民经济和社会发展统计公报》,上海统计网:http://www.stats-sh.gov.cn/2005shtj/index.asp;2007年12月《浦东新区统计月报》,http://www.pudong.gov.cn/website/govOpen/InfoContent.jsp?sj_dir=XX2007&ct_id=172325。

第一节　浦东新区建立的历史背景

一、中国的改革开放和浦东开发

（一）20世纪80年代的经济发展为浦东开发奠定了坚实的基础

在20世纪70年代末，党的十一届三中全会确立了以经济建设为中心，坚持四项基本原则，坚持改革开放的基本路线。中国的改革从农村扩展到城市，从经济领域扩展到科技、教育、文化和卫生等各个领域；对外开放向广度和深度发展，初步形成了一个"经济特区—对外开放城市—经济开发区—内地"的有层次、有重点的开放格局。在改革开放的推动下，我国的经济发展取得了举世瞩目的成就，国家经济实力明显增强，人民温饱问题基本解决，提前实现了第一步战略目标。

（二）经济体制改革的深入为浦东开发创造了良好的政策环境

自20世纪70年代末改革开放以来，中国的经济体制改革不断引向深入。我国的经济体制改革可以划分为五个阶段：以计划经济为主、市场调节为辅的第一个阶段（1979年3月—1984年10月）；实行有计划商品经济的第二阶段（1984年10月—1987年10月）；"国家调节市场、市场引导企业"的第三阶段（1987年10月—1989年1月）；市场经济和计划调节相结合的第四阶段（1989年1月—1992年10月）；确立社会主义市场经济的第五阶段（1992年至今）。

经过20世纪80年代的发展与改革，我国的经济和政治环境都发生了很大变化，这就为浦东的开放开发提供了良好的环境和经济基础。我国的改革采取的是"摸着石头过河"的探索式渐进改革思路，为改革进行探索的试验田——经济特区大都设在起始经济不发达、国有经济比重低的南方。经过多年的探索，要求改革向纵深发展，浦东位于国有经济比重高、经济相对发达的上海，它的开放和开发就是这一要求的具体体现。总的来说，20世纪80年代的改革和发展为浦东的开放和开发奠定了坚实的基础，创造了十分有利的环境和机遇。随着我国经济改革的深入，改革开放的战略中心也逐步向相对发达的长江流域推进，为浦东的开放开发提供了宝贵的契机。

（三）浦东开发开放是中国对外开放区域推进战略的具体体现

早在20世纪80年代初，也就是我们实行对外开放的初期，中央就确定了重点开放沿海地区，并逐步向内地开放的对外开放区域推进的方针。根据这一方针，我国将对外开放的区域分为经济特区、沿海开放城市、沿海经济开放区和内地四个层次。

1979年7月，中央政府首先选择在广东和福建两省实行特殊政策，主要是在对外开放方面授予两省较大的自主权。1980年5月首先选择了深圳、珠海、汕头、厦门作为经济特区先行开放，进行试点。之所以选择这四个城市进行试点都有着特殊原因：深圳紧邻香港，珠海紧靠澳门，厦门与台湾隔海相望，汕头是著名侨乡，都有着对外开放的独特优势。在此后的10年中，逐步形成了以珠三角为核心的经济发展和对外开放区域。在对这4个城市进行试点的基础上，1984年中央又对外开放上海、天津、青岛、烟台等14个城市。1985年7月，中央又决定把长江三角洲、珠江三角洲和厦门、漳州、泉州三角地区划为对外经济开放区。1988年3月，国务院又决定把沿海经济开放区的范围扩大到辽宁、河北、天津、山东、江苏、浙江、福建、广西的若干沿海市县。至此，中国形成了从北到南长达万里的沿海对外开放地带，完成了由点到线，再到面的逐步开放的战略布局。

东部沿海地区的经济发展战略的实施支撑着中国整个20世纪80年代的经济发展。在改革开放之初，对外开放的中心过分向以珠江三角洲地区为核心的华南地区倾斜，导致了我国东部、中部、西部和沿海地区南、中、北等区域经济发展水平差距快速扩大。这种带有实验性质和局部优先发展的特区政策在一定时期有着一定的历史意义，但这种政策也有很大的局限性。首先它会影响市场的公正和公平，最终影响资源的配置效率，不可能保持经济的可持续增长；其次，这种政策形成的区域竞争优势造成区域经济发展的不均衡，会不利于政治的稳定。因此，开放开发浦东是党中央实施把对外开放重心从珠江三角洲向长江三角洲转移的战略的一个重要组成部分。事实也证明了这一点，自浦东1990年开放开发后，到1993年，长江三角洲引进外商直接投资额在全国引进外商直接投资总额的比重由10.4%上升到25.0%，出口额占全国出口总额的比重从17.0%上升到19.4%，工业总产值在全国工业总产值中所占的比重从24.5%上升到28.4%。

在我国对外开放重心的转移中，上海以其独特的地理位置、历史传统和在物质、技术、人才资源上的优势成为了对外开放的"领头羊"和重心中的中心。从而使上海有可能成为全国或全世界的经济、贸易、金融中心，发挥国外和国内市场结合点的优势。上海的开放开发归根结底就是要使其成为全球的经济活动中心，经济活动都发生在一定的空间，而与上海市区或新中国成立前旧上海金融机构聚集地——外滩仅一江之隔的浦东当然是吸引全球经济活动集聚的不二的选择。[1]

（四）浦东开放开发的时机有着特定的历史背景

1990年中央对浦东进行开放和开发，之所以选择这个时机与当时特定的政治经济环境有着密切的联系。1989年的"六四"风波后，许多国家对我国实施了经济制裁，出于政治或经济的原因以及对我国政治经济政策连续性的怀疑，一些已经引进的外资开始撤离中国，新的外资也不愿意进来，引进外资的数量开始减少。根据统计，1988年我国签订协议利用外资额为160.4亿美元，而1989年协议利用外资额下降为114.79亿美元，1990年协议利用外资额虽然有所上升，达到120.66亿美元，但仍然低于1988年的水平。[2]外资的引入给中国带来了资本、技术和先进的管理理念，而且推动了国有企业的改革，外资是我国改革开放初期经济增长的重要推动力，外资引进的停滞直接影响了我国的经济发展。

为消除外国人对中国改革开放政策持续性的怀疑，必须采取相应的措施。当时的中国领导人邓小平就曾说过这样一段话："现在国际上担心我们会上收，我们就要做几件事情，表明我们改革开放的政策不变，而且要进一步地开放。"[3]为消除世界对中国改革开放政策的疑虑，向世界发出的信号必须足够强，让世界能够认识到我们改革开放的政策不会变。邓小平高瞻远瞩，审时度势，把握历史的机遇，把进一步改革开放投向了长江三角洲，投向了中国经济中心——上海，投向了浦东。[4]1990年初，邓小平视察上海，对浦东开发的准备工作表示了极大的关怀。回到北京后，他对当时的中央领导说："我已经退下来了，但还有几件事，我要说一下，那就是上海的浦东开发，你们要多关心。"[5]邓小平还提到，如果能在20世纪80年代初把浦东设为经济特区，早一些开发浦东，"这个影响就大了，不只是浦东的问题，是关系上海发展的问题，是利用上海这个基地发展长江三角洲和长江流域的问题"。从经济发展战略上看，

---

[1] 本部分的资料参考姚锡棠等著：《创造辉煌——浦东开发开放五周年理论概述》，上海社会科学院出版社1995年第1版，第7页。
[2] 《中国统计年鉴》，中国统计出版社1995年版，第554页。
[3] 《邓小平文选》第3卷，第313页。
[4] 《浦东逻辑——浦东开发与经济全球化》，上海三联书店2007年版，第8、9页。
[5] 《浦东开发开放十年》，上海远东出版社2000年版，第3页。

浦东开放开发是我国区域发展空间布局的重大调整；从政治上看，开发开放浦东，是向世界显示我国坚定进行改革开放的决心，具有标志性的意义。

二、上海的经济发展与浦东开发

上海自1843年开埠成为国际通商口岸以来，凭借其地理位置和自然条件的优势，从一个小渔村一跃成为远东最大的经济、贸易和金融中心。1931年外商在上海投资总额达11.12亿美元，占在华投资总额的34%[1]。1864年到1894年期间，上海平均控制着中国出口总量的50%以上[2]。自1847年第一家外国银行东方银行在上海开设分支机构，到上海解放前夕，共有中外金融机构200多家，其中官僚资本银行7家，省、市银行6家，其他官僚资本金融机构7家，官商合办银行5家，私营银行115家，钱庄80家，信托公司5家，外商银行15家。另外有保险公司238家，其中官僚资本24家，私人资本149家，外商资本63家，中外合资2家[3]。

新中国成立以后，上海担负起了建设中国最大工业基地的使命，逐步成为门类齐全的加工工业城市，再加上特定的经济体制背景，上海世界贸易中心、金融中心、经济中心的功能被削弱了。在1984年上海成为中国14个沿海开放城市之一时，它占据了国内生产总值的5.69%，工业总产值的9.6%。在1984年，上海第二产业占上海全市生产总值的70.5%。在中国所有的省、自治区、直辖市当中，上海当年是轻工业产品的第一大产地，重工业仅次于东北的辽宁省，排在第二位。1984年，第三产业占到上海全市生产总值的25.1%，略高于当年全国22%的平均值。

开放城市的地位刺激了上海经济的发展。1985年到1989年间，上海的地区生产总值增长率平均每年为7.7%。出口量从1985年的33.6亿美元增长到1989年的50.3亿美元。1989年出口对地区生产总值的比率由23%上升到27%。实际利用外商直接投资由1984年的一片空白，累积增加到37亿美元。在此期间，经济结构发生了一些变化，地区生产总值中的第二产业所占比率由1985年的69.8%降低到1989年的

---

[1]《上海对外贸易志》，上海地方志办公室网站：http://www.shtong.gov.cn/node2/node2245/node74728/node74731/index.html。

[2] 同上。

[3]《上海金融志》，上海地方志办公室网站：http://www.shtong.gov.cn/node2/node2245/node75491/node75494/index.html。

66.9%，而第三产业的比例却由 26% 增长到 28.8%。

上海的经济虽然在新中国成立后取得了一些成就，但也存在非常严重的问题。一是工业结构和产品结构落后，技术进步对工业发展的贡献非常有限。工业集中在传统领域，新兴的工业较少。上海的工业布局不合理。工业集中在中心城区，这种布局严重污染城市环境，影响企业自身发展，增加交通压力，阻碍了第三产业发展。二是第三产业相对落后。经过改革开放，到 1989 年上海的第三产业虽然取得了一定发展，占全市生产总值的比重有所提高，但与发达国家和地区相比仍比较落后，金融、商业、信息、技术和房地产行业尤其落后，严重制约上海经济的发展。三是上海的经济结构没有反映上海的比较优势。上海在历史上是国际经济中心，有着对外开放的传统和历史积淀，而浦东开发前的上海在国际上的影响力非常有限。上海是高校和科研院所的集聚区，各种人才汇集，为人才密集型的现代服务业发展提供了人才储备，但人才的潜在优势没有得到发挥，上海的现代服务业几乎为零。

再从总体上看，新中国成立后上海为全国的经济发展作出了巨大贡献，但其自我发展能力受到了损害。在 20 世纪 80 年代，上海的经济发展落后于南部开放城市，严重制约上海经济的进一步发展。一是上海经济结构不合理，特别是产业结构间比例失衡，第三产业长期萎缩。同时，作为经济主体的工业结构不合理。加工业粗放经营，轻重工业比例失调。二是城区狭小，交通拥挤，人口稠密，住房紧缺，环境污染严重，城市亟待改造。虽然 20 世纪 80 年代已经开始解决城市改造问题，但由于城市建设历史欠账太多，致使上海城市综合功能无法发挥，而改造原来的城区可能需要的费用超出了上海市政府和中央的预算。三是体制约束。虽然上海已经摆脱了旧体制的约束，但新的体制还没有建立起来。新旧体制不可避免地产生严重摩擦。上海是国有经济比重大、大中型企业多、计划经济最集中的地方，因而体制转轨面临严峻挑战。四是对外开放不足。尽管改革开放以来上海在引进外资、引进技术、建设开发区和扩大外贸方面取得了一些发展，但外向型经济发展缓慢，对外开放度不足。五是上海承担着繁重的财政、外汇上缴任务，负担相当沉重。

进入 20 世纪 80 年代以来，随着中国改革开放的深入，上海的发展又一次面临着重大的转机。在这样的条件下，上海的经济发展要想走出困境，重现历史上的辉煌，必须重新思考自身的发展目标和功能定位，找出一条新的发展思路，引导上海全面的改革、调整。上海最终把发展目标定位于国际经济、贸易、金融中心，而建设上述中心的空间就选择了具有诸多优势的浦东，所以浦东的开发开放不仅仅是一个拓展城市空间的新城区建设问题，它是为实现上海经济转型、功能转型，振兴上海，带动长江三角洲地区经济发展和经济转型的一个重要举措。[1]

第二节　浦东新区的创立历程

在历史上，很多政治人物都思考过浦东开发问题，提出了很多富有远见的设想，并作出了许多尝试，但由于当时特定的经济、政治局限性，浦东的开发只能是一种美好的愿望。浦东真正意义上的开发始于20世纪的90年代。1990年4月15日至18日，国务院总理李鹏在上海视察工作期间，在上海大众汽车公司创建五周年的庆典会上庄严地向世界宣布："最近中共中央、国务院决定，要加快上海浦东地区的开发，在浦东实行经济技术开放区和某些特区的政策。这是我们深化改革、扩大开放作出的又一重大部署。我们欢迎外国的企业家以及港澳同胞和海外侨胞投资参与浦东的开发，我们将为此提供优惠的合作条件和日趋完善的投资环境。"[2]

一、新中国成立前开发浦东的设想和实践

20世纪初，浦东当地的士绅李平书、黄炎培等提出在浦东兴建铁路以谋求浦东开发的愿望。后来，孙中山先生比较明确和系统地提出了浦东开发的设想。他曾亲自到浦东作过考察，并注意到浦东优越的地理位置。早在1919年，孙中山先生在他的《建国方略》一书中就描绘了开发浦东的宏伟蓝图，设想把浦东建成东方大港。在孙中山先生提出把浦东建成东方大港的十年后，他又制定了"大上海计划"，并再次将浦东开发列入计划当中。

国民党当局中的有识之士也注意到了对浦东的开发问题。当时的国民党上海市政府制定的"大上海计划"就提出，在吴淞口的浦东地区建设一个大港区，在浦东的东南地区和沿黄浦江的南边，建成一个30平方公里的新城区，在陆家嘴东北东南的扇面，建设一个60平方公里的新城区。1945年，国民党政府还成立了都市计划委员会，

---

[1] 本节第三部分数据除特别说明外皆来源于相关年份的《上海浦东新区统计年鉴》和《上海统计年鉴》。
[2] 《人民日报》1990年4月19日第1版。

其中专设越江委员会设计穿越黄浦江的方案，解决浦东开发的交通问题。该委员会曾花了三年时间，提出了三种越江工程方案。当时的国民党政府曾拨款2亿元作为建桥的方案规划和设计费用，不过这一计划因为国民党发动内战和国民党政权的垮台而没有付诸实施。

二、新中国成立后至十一届三中全会时期开发浦东的设想

1949年5月，上海解放，新上海的第一任市长陈毅也曾经有过开发浦东的设想。陈毅曾动情地说过："浦东是块处女地，一江之隔，就变成了遥远的地方，多可惜啊。"[1] 但由于刚刚取得政权，新政权还不稳固，当时最重要的事情是恢复经济和建立新的政治、经济秩序，新的政权无暇顾及浦东的开发问题。在新中国成立后，随着经济的不断发展，上海市城市规划部门的专家也多次提出开发浦东的问题，曾先后于1953年、1958年和1963年制定过上海城区越江向东扩展的蓝图，但由于发展生产的现实要求压倒了发展城市的长远利益而只能作罢。由于在计划经济体制下，长期鞭打快牛和不断的挖潜，上海自我发展能力开始降低。在浦东开发前的若干年里，上海作为中国的经济重镇，每年需向国库提供近六分之一的财政税收，却无力进行自己的城市建设，使浦东开发一直没有得到有效实施，浦东依然比浦西落后几十年。

三、十一届三中全会后的浦东开发的设想

十一届三中全会后，中央将工作重心转移到经济建设上来，实行改革开放的政策，中国摆脱了封闭和半封闭状态，开始重新走向世界。20世纪80年代初在深圳、珠海、汕头和厦门建立了4个经济特区。随着人们思想的解放和发展思路的调整以及深圳等特区改革开放的示范效应的凸现，再次激发了人们开发开放浦东的激情。从此，浦东的开发被重新提上议事日程，上海开始酝酿重新改造大上海的地方战略。

1980年2月，上海市人民政府建设委员会的内部简报《基建情况》上登载了上海市规划局工程师陈坤龙关于在浦东建设新市区的建议。该建议就浦东建设新市区的必要性、新城区基本形态、过江交通、资金筹集、组织机构和开放战略等问题明确地

---

[1] 苏东斌编：《中国经济特区史略》，广东经济出版社2001年版，第521页。

阐述了自己的意见。1980年12月，上海市社会科学院的《社会科学》杂志又发表了陈坤龙的论文《向浦东广阔地区发展》，该论文提出在浦东陆家嘴和外滩建立越江交通和发展浦东新市区的建议。[1] 陈坤龙的观点和建议立即引起了上海各方面人士和上海市委、市政府的高度重视。后来，众多专家学者纷纷撰写文章，呼吁对浦东进行开发，一些在政府机构工作的人员也加入到这场浦东开发的研究和讨论中来，形成了新一轮的浦东开发研究热。

20世纪80年代中期，关于浦东开发的研究思路有了重大进展。有些学者从制度创新的角度提出了在浦东创办经济特区，把外高桥港区建成自由港区的设想。他们提出，发展经济特区以及开放城市势在必行，上海可以利用得天独厚的条件，在外高桥14平方公里的土地上建设一个经济特区，使其发挥"两块跳板"的功能。第一块跳板就是从里到外，即从内地到沿海，从国内到国外，要做到"开发、改革、内联、外挤"；第二块跳板是从外到里，即从国外到国内，从沿海到内地，要做到"引进、消化、吸收、推广"。1986年7月，上海城市规划院总工程师黄富厢提出了"上海的新外滩——陆家嘴开发构想"。1986年9月，上海经济研究中心于品浩在全国开放城市研究会的一次讲座上提交了一篇题为"上海辟建自由港区的探索"的论文，提出了在上海辟建具有综合功能的自由港区。

在民间对浦东开发的研究日趋升温的同时，政府对浦东开发的研究和论证也在紧锣密鼓地进行。在1984年9月举行的上海经济发展战略研讨会上，国务院改造振兴上海调研组和上海市政府联合制定了《关于上海经济发展战略的汇报提纲》，提出了南下、北上和东进的三种振兴上海的方案：南下就是开发吴泾、闵行、金山一带直到杭州湾；北上就是开发吴淞、宝山，与建设中的宝钢连为一体；东进就是开发浦东，重塑现代国际大都市。

这个纲要在1985年2月就获得了国务院的正式批准。1986年，开发浦东的构想开始深化，上海市政府于1986年4月2日向中共中央、国务院上报了《上海市城市规划方案》。当年的4月14日，审议上海市的城市规划方案，当时的上海市市长江泽民、副市长倪天增、市城市建设规划委员会副主任张绍良作了汇报。经过审议，中共中央书记处原则上同意该方案，同时提出了重要的修改意见。随后上海市政府根据中央精神，对方案作了综合修改。在当年的7月22日，将《上海市的总体规划方案（修

---

[1] 陈坤龙：《向浦东广阔地区发展》，上海《社会科学》1980年第5期。

改稿)》上报中共中央和国务院。国务院批复了这一修改稿,并再一次强调,在指导思想上应当从长远考虑,高瞻远瞩,面向世界,面向21世纪,面向现代化。要把上海建设成为太平洋西岸的经济、贸易、金融中心之一。"当前特别要注意有计划地建设和改造浦东地区,要尽快建设黄浦江大桥和隧道工程,在浦东发展金融、贸易、科技、高教和商业服务设施,建设新居住区,使浦东地区成为现代化的新区。"[1] 国务院的批复充分肯定了上海的城市发展方向,以及东进,即开发浦东的设想。

为了贯彻国务院重要批示的精神,上海市政府于1987年6月成立由中外专家参加的开发浦东联合咨询小组。中方小组组长由当时的上海市副市长倪天增担任,副组长由当时的上海市建设委员会副主任、上海市城市建设规划管理局副局长张绍良担任,外方组组长是国际著名建筑、桥梁专家,美籍华人林同炎教授。并且由原上海市领导陈国栋、胡立教和汪道涵等出任高级顾问,其中汪道涵任联合咨询组总顾问。九三学社上海市委、同济大学、上海城市设计规划设计院等受上海市政府委托,相继提交了《浦东新区建设方略》、《现代化浦东地区发展形态的专家综合报告》、《浦东新区经济、科技、社会、文化发展纲要》三份大型研究报告。同年,上海市规划局在咨询研究小组工作的基础上编制完成了《浦东新区规划纲要(草案)》和相应的初步方案。

1988年5月2—4日,上海市人民政府在上海西郊宾馆召开"上海市浦东新区开发国际研讨会",140多位中外专家参加了这一会议[2]。当时的中共上海市委书记江泽民、上海市市长朱镕基联袂出席了开幕式。会上江泽民从总结历史经验的高度,阐明了开发浦东的必要性,强调指出,"上海是世界闻名的都市,在本世纪30年代(20世纪30年代——引者)已经成为亚洲最大的国际贸易中心和金融中心。解放30多年来,我们重视了经济的发展,特别是工业的发展,但由于种种原因,来不及相应地进行城市改造和建设,以致丧失了经济中心的功能和对外对内枢纽的功能。这种情况当然不允许再继续下去。我们先后采取多种办法来改造老市区,但耗资巨大而困难较多。所以又提出了结合老市区的改造,建设一个现代化新区的方针","上海作为全国最大、位置最重要的一个开放城市,应该更进一步改革、开放,所以开发浦东,建设国际化、枢纽化、现代化的世界一流新市区,是完全符合党的十三大精神的,我们表示坚决支持,一定要把这件事办成"。在本次会议上,40多位中外专家也进行了精彩的发

---

[1] 唐国良主编:《话说浦东》,上海三联书店1994年版,第66、67页。
[2] 苏东斌编:《中国经济特区史略》,第524、525页。

言，对浦东开发提出很多建设性的建议，对浦东的开发和研究有很多积极的作用。这次会议最终提出了"结合老城区的改造，建设一个现代化新区"的方针。[1] 中外记者对这次会议进行了广泛的报道，使浦东的开发引起了世人的关注。

此次会议后，浦东开发的前期研究工作不断加速。上海市政府成立了由两位副市长任正副组长的开发浦东新区领导小组，时任市长的朱镕基多次在浦东召开现场会议，进行实地考察。1988年6月20日，朱镕基在北京举行的中美工业、贸易和经济发展研讨会上向美国客商发出了重要信息："从今年起，上海将陆续兴建第二座黄浦江大桥等工程，进一步改善交通及通讯设施，将浦东新区建设成以吸引投资为主的经济贸易中心和出口加工区，给予到那里投资的企业较大的优惠。"1989年10月，朱镕基在会见上海市国际企业家咨询会议的代表时再次表示，要加速开发浦东，欢迎外商前往浦东投资。1988年7月21日，当时的上海市委书记江泽民在听取市政府浦东开发研究组的汇报后提出，现在就要着手建立开发浦东的筹备班子，边作可行性研究，试点……现在看来，浦东所有的土地都由自己包下来开发，或者都由自己人去开发，都是不现实的，可以考虑联合开发的办法，黄金地带的开发自己搞。

1988年9月，江泽民、朱镕基、汪道涵等上海市领导向中央专门汇报了浦东开发的准备情况，获得了中央的原则同意和一系列具体指示。三位领导回到上海后，立即组建了开发浦东领导小组办公室，并委派了两位副市长任正副组长。1989年初，上海市城建规划部门遵照朱镕基市长的指示，把浦东若干重点开发地区的局部规划工作列入工作计划，并投入了必要的力量，从而加快了浦东开发规划工作的进度。同年8月，朱镕基在巡视上海建设东方大港的水陆域条件时指出，要加快开发浦东，首先要开发外高桥地区，新港口一搞，电厂建立起来，再加上南码头、宁国路等越江工程，整个浦东就活了。

1990年2月26日，中共上海市委、上海市人民政府正式向中共中央、国务院提交了《关于开发浦东的请示》。同年3月28日—4月8日，姚依林副总理受江泽民总书记和李鹏总理的委托，率国务院特区办、国家计委、财政部、中央人民银行、经贸部、商业部、中国银行的领导等来到上海，对浦东开发问题进行专题研究、论证。从3月29日下午开始，上海方面分成特区、投资、财政、外贸、商业、金融六个专题组，向国务院有关部门作了详细汇报。经过连续五天的紧张工作，浦东开发的设想、

---

[1] 苏东斌编：《中国经济特区史略》，第524、525页。

政策设计、资金筹措等方面取得了重要的进展。经过深入研究和交换意见，由北京来的中央领导起草了向党中央、国务院汇报的《关于上海开发几个问题的汇报提纲》。姚依林返回北京后，李鹏总理于4月10日主持国务院常务会议，听取了姚依林关于开发开放浦东的专题报告，并对开发开放中的若干问题逐个进行了研究。12日，中共中央总书记江泽民主持政治局会议，原则同意国务院提交的浦东开发开放方案。

1990年4月15—18日，李鹏总理来上海视察工作。15日上午，李鹏视察了浦东新区，下午听取了上海市的工作汇报和开发浦东的设想。听完汇报后，李鹏总理就开发浦东问题作了重要讲话。他指出，"依林同志到北京后，向国务院常务会议做了汇报，我们开了一次会，后来政治局常委会上也作了汇报。大家原则上都同意'开发浦东，对外开放'八个字……在今后十年，党中央、国务院觉得应该把上海这个地方作为全国发展的重点。从上海本身来讲，不发展浦东也不行，因为浦西已经饱和了，再不发展怎么办……开发浦东应该走什么路子呢？首先，要利用上海本身的优势，就是基础工业比较好，技术力量比较强，经营管理水平比较高，科技力量比较强，发展起点高；另外，发展外向型经济，尽可能吸收外资，然后把市场放到国外去"[1]。

1990年4月18日，经过反复论证，中共中央和国务院正式作出了开发开放浦东的重大决策。在4月18日上海大众汽车公司成立5周年的大会上，李鹏对外宣布，在浦东实行经济技术开发区和某些经济特区的政策，并且强调，这是我们为深入改革、扩大开放作出的重大部署，中央和各个地方都会对浦东的开发开放给予支持。浦东的开发使上海的经济发展和中国的改革开放进入了新的阶段。

第三节　浦东开发的战略定位、思路和意义

一、浦东开发的战略定位

浦东开发的定位与20世纪80年代的经济特区有着本质不同。[2] 费孝通就认为，

---

[1] 1990年4月18日《解放日报》第1版。
[2] 本部分参考了周禹鹏：《回顾思源，展望思进——谱写新世纪浦东开发开放新篇章》，见杨周彝主编：《浦东发展报告》(2001)，第1—10页。

浦东地区的开发应该和过去的经济特区开发具有本质上的不同，他认为："浦东开发后，上海究竟是要变成深圳式的上海，还是变成香港式的上海呢？我认为，上海决不能走深圳的老路。……上海应该更上一个台阶，成为全国的贸易、金融、信息、运输、科学技术等方面的中心。也就是说，上海应该在经济上成为江苏、浙江以及长江沿岸各城市的工农业商品的总集散基地或总服务站。它将成为拥有广大后备地区的'香港'"。[1] 费孝通认为，开发浦东后，上海的目标不是谋求过去经济特区型的发展，而是旨在向香港学习。

深圳、珠海、汕头等经济特区都带有试验的性质。在 20 世纪 70 年代末的改革基本思路是"摸着石头过河"，带有很大的探索性。改革基本上是先试点，然后总结经验教训再进行推广，当时搞特区就是搞试验。另外，当时的经济特区都被赋予了期望。深圳特区目的是使中国广东经济与比邻的香港经济实现"一体化"，而且在 1997 年香港回归后，使香港向内地靠拢，最后实现中国化；同样，厦门特区和福州也同样被寄予了期望，希望能使福建经济和对岸的台湾经济一体化，进而使台湾向祖国大陆靠拢。也就是说，当时希望能够实现同时同化香港和台湾的两个愿望。但是，就香港的中国化问题而言，经济特区所起到的作用和当初的设想截然相反，不但没有同化香港，反而出现广东经济、华南经济的香港化。

正因为如此，费孝通主张今后上海应该成为江苏、浙江、长江沿岸各城市等拥有有广大后备地区的'香港'。浦东地区以及位于黄浦江西岸的上海市区决不能发展成被外部（香港和台湾）同化而远离中央的经济特区。即要把上海及浦东建设成为和香港一样，不仅拥有国内周边地区的市场，而且对国际市场也具有强大的经济吸引力的特区。当然，浦东地区和香港又不同，必须在中央政府的统一领导下进行发展。

1990 年 4 月，党中央、国务院决定开发浦东，将其列为国家今后十年中国改革开放的重点，期望通过浦东开发走出一条大城市改革的新路子，并带动上海的改造振兴，实现"一个龙头、三个中心"的宏伟目标，即把上海尽快建设成为我国的经济、金融、贸易中心，并带动我国最富经济实力的长江流域的经济腾飞。

1991 年邓小平在上海视察时曾对上海浦东开发的定位作过精辟的论述。他说："开发浦东，这个影响就大了，不只是浦东的问题，是关系上海发展的问题，是利用

---

[1] [日]加加美光行：《浦东开发的构想及实施》，见俞可平、田赛男主编：《海外学者论浦东开发开放》，中央编译出版社 2002 年版，第 47、48 页。

上海这个基地发展长江三角洲和长江流域的问题。""金融很重要，是现代经济的核心，金融搞好了，一着棋行，全盘皆活，上海过去是金融中心，是货币自由兑换的地方，今后也要这样搞。中国在金融方面取得国际地位，首先要靠上海，那要好多年以后，但要从现在就要做起。"[1]

从邓小平的论述可以看出，开发开放浦东的目的并不是简单地建设一个新城区或振兴上海的经济，而是通过浦东的开发开放，充分利用上海的地理、人才、技术、人文优势和国际经济、贸易和金融中心的传统，来恢复上海在中国和国际上的中心地位，把上海建成国际金融、贸易中心，进而带动长江三角洲和长江流域的经济发展。因此，浦东开发开放的定位必须同进一步扩大开放和社会主义市场经济发展需要出发，推动上海成为国际经济、金融、贸易中心之一，带动长江流域经济发展。浦东开发的这一目标定位，体现了邓小平等中国领导层从战略的高度对浦东开发推动上海发展所寄予的厚望，也是改革开放以来经济发展到20世纪末和21世纪初特定历史阶段后的客观需要。

根据浦东开发的上述战略定位，浦东开发开放的重点是着重发展以金融、贸易为核心的第三产业和吸引以跨国公司投资为主体的高新技术产业，打造金融、贸易等第三产业群为支柱的现代化国际中心城市功能。要把浦东建设成具有现代经济城市功能的新城区，使上海充当国际中心城市的角色，服务全国，面向未来。浦东的开发，不仅要在经济建设上成为龙头，而且在率先建立社会主义市场经济体制、两个文明建设和社会全面进步等方面也要起带头示范作用。党的十四大明确提出以上海浦东开发为"龙头"，把上海建成国际经济、金融、贸易中心之一，并带动长江流域经济新飞跃的经济发展战略。在党的十五大报告中，江泽民总书记再次要求进一步搞好经济特区和浦东新区，"在体制创新、产业升级、扩大开放等方面继续走在前面，发挥对全国的示范、辐射、带动作用"。

浦东开发的规模是世界级的，新区成立之初确立的近期发展目标是要在2000年前把100平方公里的农村地区城市化。日本前首相宫泽称之为20世纪末世界上最大的开发。这样大规模的开发不仅仅是项目开发、土地开发，而是要争取社会全面进步的综合开发。许多国家发展的经验表明：要实现这样的开发，一定要面向世界经济进行开发。面向世界的浦东开发，不仅是指浦东的地理位置，而且是指浦东的开发规模

---

[1]《邓小平文选》第3卷，第366、367页。

必须是 21 世纪世界级的；浦东开发的规划必须是达到世界标准的；浦东开发的资金来自世界各地，开发智力源于五大洲四大洋；浦东开发的运作方式与国际接轨，浦东开发的目标是融入世界经济特别是亚太地区经济的发展进程。所谓运作方式与国际接轨，很重要的内容就是利用国际、国内两种资源，对国际、国内市场的双向介入。浦东开发首先要带动中国长江流域的经济发展，在此基础上面向世界广泛地吸收经验、智慧和资金，并凭借上海的地理、经济、人才、文化等方面的优势，有条件地实现面向世界的开发。

二、浦东开发的战略思路

上海浦东的开发开放，是在我国的一个特大型国际大城市里进行的，具有全方位、多领域、高起点的特点。浦东新区开发的战略定位是塑造以金融、商贸等第三产业群为支柱的现代化国际中心城市功能，因此，浦东必须推行超常规的发展战略。浦东经济发展水平和战略目标定位要求浦东新区的开发要多元化地筹措资金，保证社会和经济高速发展的需要；要制定和推选一系列符合国际惯例的政策环境，使国内外投资者较快地适应办事程序，便于对投资的回报作出基本预测；要处理好新区建设和上海旧城改造的关系，以便开发和管理，充分发挥土地的开发效益。下述五个方面是浦东开发带有战略性的重大问题，也是浦东开发战略研究的对象和实施主体。根据浦东所处的国际和国内经济环境的背景分析，浦东推出了浦东开发开放的具体思路，概括起来是"两个联动"、"三个先行"、"四张牌"、"一个集中"、"两张答卷"等五个方面。

两个联动：邓小平指出，开发浦东不只是浦东的问题，是关系到上海发展的问题，是利用上海这个基础发展长江三角洲和长江流域的问题。[1] 从城市发展规律的角度来讲，上海老城区的人口密度太高和规模过大，严重制约了上海的发展；而浦东有大片可供开发的土地，可以将仅一江之隔的浦西一部分人口和工业疏散进来，以此来带动浦西的改造和浦东的发展；从社会资源流动的角度来讲，浦东和浦西各有所长，也各有所短，将两者结合起来联动发展，有利于实现黄浦江两岸的优势互补，促进两岸经济共同发展。

---

[1] 《邓小平文选》第 3 卷，第 366 页。

三个先行：就是基础设施先行、金融贸易先行和高新技术产业化先行的发展战略。基础设施战略重点解决浦东的越江交通、通讯、能源问题。将浦东和浦西连成一体。另外，在开发之前，浦东地区的基础设施较差，有些甚至是空白。浦东在初期的基础设施建设以城市形态开发为主，从而为招商引资创造了必要的环境条件。在后期由形态开发为主逐步转向以功能开发为主，通过功能开发建立自我累积的开发资金良性循环机制。对于优先发展金融中心，邓小平同志曾指出，金融是现代经济的核心，中国在金融方面取得国际地位，首先要靠上海。[1] 他又指出，中国必须发展自己的高科技，在世界高科技领域占有一席之地。浦东开发要构造现代化国际大都市的产业结构，尤其是接受知识经济、高科技时代的挑战，必须对原有的产业进行重整和升级，确立以基础设施、金融贸易和高新技术产业为牵引的产业升级战略。

四张牌：就是要打出"上海牌"、"长江牌"、"中华牌"和"世界牌"，不断扩大对内对外的全方位开放。上海浦东的开发，必须首先依托上海，并且对长江流域的需求也是十分必要的，继而依靠全国的力量，除此以外，还要面向世界。浦东的开发是面向21世纪的开发，是一项规模宏大的工程，起点高，难度大，要把浦东建成一个现代化的国际新城区，需要大量的资金投入，而这些资金的筹集，必须采取多元化的战略。

一个集中：就是先集中力量进行"点"的开发建设，由"点"及"面"，慢慢拓展。建设浦东这项面向21世纪的、高起点的世纪工程，不可能一下子全面铺开，只能在重点开发小区建设的过程中，坚持"开发一片、建成一片，投产一片、收效一片"滚动开发的方针。对此江泽民总书记也曾作过重要指示：一定要集中力量把浦东开发开放这件大事办好。

两张答卷：邓小平指出，上海浦东及广东深圳要回答一个问题，搞的姓"社"还是姓"资"？而且在两个方面都要做标兵：一个方面要讲综合国力，第二个方面就是精神文明，也就是坚持"两手抓，两手都要硬"的方针，应实现物质文明建设和精神文明建设同步发展，这也是浦东开发开放必须遵循的一条重要原则。[2] 这一条重要原则的指导思想就是要注重经济与社会的协调发展。浦东开发不仅仅是项目开发、产业

---

[1]《邓小平文选》第3卷，第366、367页。
[2] 中共上海市浦东新区工作委员会、上海市浦东新区管理委员会编：《浦东开发开放十年》，上海远东出版社2000年版，第5页。

开发，而且要争取社会的全面进步，一开始就必须注重经济与社会的协调发展，注重社会事业的建设和社会管理的强化，注重精神文明建设。

三、浦东开发的意义

开发开放浦东是几届市委、市政府多年的意愿，是党中央、国务院根据20世纪90年代我国改革开放和经济建设的总体部署作出的重大战略决策。开发浦东、开放浦东，是在我国经济体制改革由计划经济体制走向市场经济体制时期的重大决策，是我国的改革开放进入新阶段的重要标志，必将对我国的经济体制改革和对外开放产生深远的影响。

（一）浦东开发开放是我国进一步深化改革的标志

自党的十一届三中全会以来，我国的改革开放从农村走向城市，从沿海发展到内地，从第二产业拓展到第三产业，从中小城镇推进到特大型中心城市，逐步探索出了一条有中国特色的社会主义发展道路。如果说，改革开放之初所设立的4个经济特区和随后设立的海南经济特区，是在不发达的、对国民经济基础影响不大的城市或地区进行，其主要功能是为中国的对外开放和经济体制改革做试验的话，那么，20世纪90年代上海浦东的开发开放，则是在总结以前改革开放经验的基础上即将全面开放和改革，以特大型中心城市为龙头，以更大的气魄，更高层次，更"特"的开发开放，是20世纪90年代我国的改革开放在区域改革开放和产业开放两个坐标上，循序渐进，不断向纵深发展的一座里程碑。上海浦东的开发开放，虽然不叫"经济特区"而叫"新区"，但浦东的开发开放政策，不仅拥有已经成立的五大经济特区和其他国内开发区的全部优惠政策，而且还有比特区和各开发区更优惠的经济政策。因此，从表面上看上海浦东虽然不叫"经济特区"，但实际上浦东仍然是"经济特区"，而且是比其他几个经济特区更"特"的"经济特区"。

从操作的角度来看，我国的改革开放具有在不同阶段确定若干重点区域和部门的特点。为了减少风险和易于推进，改革开放之初选择了从经济落后地区和部门逐步向其他地区和部门推进的路线。广东、福建地区和农业部门是改革开放的起始重点，经过十余年的大胆探索，取得了经济发展的巨大成功。到20世纪80年代末，国民生产总值已超出了十年倍增的目标，大部分人民的生活水平迅速提高，摆脱了贫困和不得温饱的桎梏。这一阶段的改革开放，是在全国基本上保留旧的计划经济体制条件下，仅在几个经济特区逐步率先实现市场经济体制而演进的，主要是带有试验性的功能。而上海浦东开发所处的时期，正是当今中国历史发展的突破性时期：经过多年的经济建设，我国的经济发展即将进入新的阶段；多年的改革和特区试验已经证明市场经济体制是经济体制改革的目标模式；中国的对外开放事业，已经取得了长足的进展，全方位的开放格局已基本形成。在这个经济发展和改革开放的历史关节点，浦东开发既是中国改革开放深入推进的必然，又必将有力地推动改革开放迈向新的发展阶段。因此，上海浦东的开发开放是我国改革开放事业进入新阶段的标志，意味着以市场经济为导向的中国改革和开放更上了一个新的层次，即20世纪80年代的局部试点阶段就此终结，90年代的改革和开放将以面上的全面推进和质上的规范化发展为基本特点。中国政府领导人一再表示，"党中央、国务院关于开发、开放浦东的决策坚定不移，政策坚持不变。开发、开放浦东不仅关系到上海的发展，并且是中国改革开放的重要标志"。[1]

从产业结构的角度来看，我国在20世纪80年代的开放，主要是以第二产业为主，这从五个经济特区的开放中都可得到体现。在这一开放过程中，我国商品市场的构架已有了比较规范的轮廓。但从建立市场经济体制的要求看，我国的资本、土地、房产、产权、劳动力等生产要素市场尚未取得关键的突破，经济运行的货币化程度仍然很低。从对外开放并与国际经济接轨的要求看，除了工农业生产部门对外开放程度较高外，服务部门的大多数行业还处于对外封闭的状态。显然，这都不利于社会主义市场经济体制的培育。而20世纪90年代浦东的开发开放，则是以开放第三产业为主的。1990年初中央宣布开发开放上海浦东后，国务院给浦东的10条优惠政策中，有4条直接涉及利用外资开放第三产业。这些优惠政策主要体现在了开放商业、贸易及金融证券等第三产业方面，它说明20世纪90年代我国的对外开放领域已经扩展到第三产业，开放的层次向更高的方向深入，中国的改革开放迅速进入了一个以社会主义市场经济体制为目标的新阶段。

（二）浦东开发开放对上海、长江流域和全国经济的影响

开发开放浦东，不仅使上海改变了以往沉闷的发展状态，为上海的发展造就了新

---

[1] 中共上海市浦东新区工作委员会、上海市浦东新区管理委员会编：《浦东开发开放十年》，上海远东出版社2000年版，第8页。

的政策环境和拓展了新的空间，成为上海再度崛起的巨大动力和上海经济迈入快车道的契机，而且可以带动长江流域和整个中国经济的高速发展。1992年邓小平在上海考察时，曾经不无惋惜地说："回过头看，我的一个大失误就是搞四个经济特区时没有加上上海。要不然，现在长江三角洲，整个长江流域，乃至全国改革开放的局面，都会不一样。"[1]

20世纪90年代初，上海面临着国际和国内竞争的双重挑战。在严峻的挑战面前，上海既充满希望，又困难重重。一方面，上海作为全国最大的经济中心和太平洋西岸有影响的国际城市，经过40年来特别是近10年来的发展，经济实力有了新的增强，而且有地理位置优越、工业基础较好、科技实力较强、对外联系广泛等优势，在经济发展和改革开放等方面完全有条件走在全国前列；另一方面，上海作为一个传统的加工工业城市，基础设施落后，城市改造受到空间和财力的制约，经济发展受到技术装备陈旧、资源短缺等因素带来的严重影响，兄弟省市与上海经济结构趋同带来了市场压力，国际政治和经济环境变化带来了新的困难，上海原来的优势正在逐步削弱。因此，上海要摆脱困境，走向振兴，必须走发展外向型经济的道路，这是历史的选择。

在这种双重挑战面前，上海面临着两种选择：一种是现有的综合优势继续削弱，经济日益萎缩，在全国的地位不断下降；另一种则是充分发挥自身的综合优势，利用投资环境正在逐步改善的有利条件，进一步深化改革，扩大开放，加速外向型经济发展，走出振兴的新路子，争取把上海建设成为外向型、多功能、现代化的国际城市。上海市委、市政府经过反复研究后认为，上海作为中国最大的经济中心和太平洋西岸有影响的国际化城市，特别是上海在地理、工业、科技、人才等方面所具有的优势，决定了上海在经济发展和改革开放中应当走在全国前列。为此，党中央、国务院决定开发上海浦东新区，把上海浦东开发开放作为国家今后十年建设的重点，正是想把握住这转折性的机遇，以浦东的开发为契机，来带动整个上海市经济的全面提高和发展。这是党中央、国务院对上海的殷切期望，也是上海应尽的职责。

事实上，开发浦东的意义还远远超出了上海本身。中央领导一再强调，开发浦东不仅是面向上海的问题，而且还可以促进江、浙地区，以至带动长江两岸经济的发展。因此，开发开放浦东，不仅对上海，而且对全国来说都是一件具有重要战略意义的大事。

---

[1] 《邓小平文选》第3卷，第376页。

"开发浦东"这一跨世纪的创新举措，为我国的社会主义现代化建设提出了一种发展的新战略，一种对外开放的新格局。世界现代经济发展史证明：一个国家增长势头旺盛的主导部门和有创新能力的行业往往聚集于某些城市和地区；这些城市和地区所具有的人才、资金、商品、技术、信息发散功能和创新功能，往往是影响和带动其周边地区的"发展极"。开发开放浦东的根本意义就在于，把浦东迅速培育成一个具有强大吸引力、辐射力、竞争力的经济、金融、贸易的"发展极"，从而带动其周边地区经济的发展，并进一步带动全国的经济发展。

上海经济的突出优势，来自它的特殊的地理位置和强大的经济实力。浦东开发以后，会有大量国外资金和国外先进技术的进入，从而更进一步充实上海的龙头优势。上海经济的龙头优势对长江流域和全国经济的推进作用，主要表现为以下几个方面：一是导航作用。上海的产业结构总体上要比国内其他地区高一个层次，这些高层次的产业，将有力地引导和支持各地产业的更好发展。浦东开发推动了上海市金融、贸易等第三产业的巨大发展，确立起上海金融和贸易中心的地位，使上海更易发挥它对各地产业的导航作用。二是扩散作用，包括产品扩散、技术扩散、资金扩散、企业扩散等，是上海作为中心城市的最基本的职能。随着浦东开发的逐步进行和上海作为金融、贸易中心地位的形成和发展，上海的资金扩散功能必然进一步强化。同时，作为全国最大工业中心的上海，也必然会将大批工业生产点逐渐转移到全国各地，正如20世纪八九十年代香港将大批生产企业扩散到广东等地一样。三是吸纳功能。上海是一个强有力的磁场，它对国内外的资金、技术和企业具有无限的吸引力。特别是浦东开发以后，会吸纳来自全国各地的大量人才、资金、技术，因为它们要牢牢抓住上海这个国内外经济、金融和贸易中心的重要窗口。

第三十一章
浦东新区开发的特殊政策和战略

经济特区就是实行特殊政策的地区，它是实行特殊政策的产物[1]。浦东新区的名称中尽管没有出现"特区"二字，但浦东新区实际上享有特区的所有特殊政策，而且除此之外，浦东新区还享有一些特区没有的特殊政策。浦东新区享有的特殊政策的性质，大体分三类：前期偏重于促进区域开发的对各个行业具有普适性的优惠政策；中期针对浦东开发的战略定位而制定的具有针对性的优惠政策；后期侧重于给予浦东新区实现社会全面转型的优先改革权的政策。

浦东新区在开发战略上注重塑造以金融、商贸等第三产业群为支柱的现代化国际中心城市功能，为此就要多元化地筹措资金，就要制定和推行一系列符合三陵国际惯例的政策环境，使国内外投资者较快地适应办事程序，便于对投资的回报作出基本预测；要处理好新区建设和上海旧城改造的关系，以东西联动等方式把城市建设推上新的台阶，要搞好土地的规划、开发和管理，充分发挥土地开发的效益。上述几个方面是浦东开发带有战略性的重大问题，也是浦东开发战略研究的对象和实施主体。

第一节 浦东新区的特殊政策

一、特区特殊政策的内涵及其演变

经济特区就是实行特殊政策的地区，它是实行特殊政策的产物。浦东新区的名称

---

[1] 苏东斌：《中国经济特区发展的理论问题》，《深圳大学学报》（人文社科版）2001年第5期。

中尽管没有出现"特区"二字,但浦东新区实际上享有特区的所有特殊政策,而且除此之外,浦东新区还享有一些特区没有的特殊政策。中国特区的设立有着特定的历史背景,是一个发展中的大国在实现经济发展和体制转型过程中的一种特殊现象。首先,从地域和人口方面看,中国是一个大国,在经济发展过程中不可能在起飞阶段实现区域的均衡发展,因此,在经济起飞阶段有必要实施非均衡发展战略,在某些具有特定竞争优势的区域实行特殊的政策,让这些区域先发展起来。邓小平说:"我们坚持社会主义道路,根本目标是实现共同富裕,然而平均发展是不可能的。过去搞平均主义,吃'大锅饭',实际是共同落后,共同贫穷,我们就是吃了这个亏。改革首先要打破平均主义,打破'大锅饭',现在看这个路子是对的。"[1] 邓小平还认为:"要让一部分地方先富裕起来,搞平均主义不行,这是个大政策,大家要考虑。"[2] "一部分地区有条件先发展起来,一部分地区发展慢点,先发展起来的地区带动后发展的地区,最终达到共同富裕。"[3] 搞特区就是邓小平非均衡发展思想的具体体现。其次,中国处在一个由计划经济体制向市场经济体制转型的特殊时期,由于没有现成的成功的、可借鉴的转型模式可供参考,中国的体制转型具有很强的探索性,所以在某些区域实行特殊政策,并在这些区域进行试验和探索,可以为全国的改革提供有效的经验和教训,降低转型的成本。邓小平曾针对特区在经济体制转轨过程中的作用指出:"在中国建设社会主义这样的事,马克思的本本找不出来,列宁的本本上也找不出来,每个国家都有自己的情况,各自的经历都不同,所以要独立思考。"[4] 在谈到深圳特区时,邓小平认为:"深圳的重要经验就是敢闯。没有一点'闯'的精神,没有一点'冒'的精神,没有一股气呀劲呀,就走不出一条好路,走不出一条新路,就干不出新事业。"[5]

经济特区的产生有着特定的历史背景,也承担着特定的历史使命,但随着中国的经济发展和经济体制改革的深入,特区外部环境也会随之变化,特区承担的使命也会因之有所不同。首先,由于国家对东部沿海的诸多优惠政策,大量的资源流向东部沿海地区,经过多年的改革和开放,东部沿海的经济有了很大发展,而中西部地区由于

---

[1] 《邓小平文选》第 3 卷,第 155 页。
[2] 同上,第 52 页。
[3] 同上,第 373、374 页。
[4] 同上,第 260 页。
[5] 同上,第 372 页。

地理位置、历史传统和国家的政策等因素的原因而滞后于沿海地区的经济发展速度，并且这种不平衡有拉大的趋势。如果东部与中部、西部的经济发展水平差距进一步拉大，必将最终影响到经济发展，甚至政治和社会的稳定。胡鞍钢在1995年就提出要抑制地区经济差距过分拉大，发达地区应靠技术创新实现经济增长，而不应该靠"优惠政策"。"任何地方不得享有法律和制度之外的经济特权，即使是经济特区也不能再单纯追求享有或保留经济特区。今后不再批准任何新办特区和开发区"。[1]

自1999年起，中央在区域发展政策方面作出了很大调整，先后提出了西部开发、东北振兴和中部崛起的经济发展战略，其实质就是一种在政策上向经济欠发达地区倾斜的标志。其次，当时搞特区是带有一定的试验性质，即为避免由政府主导的经济改革大面积推行的高风险所带来的成本，政府先在某些特定地区进行试验，进而总结经验教训，再向全国推广。随着经济体制改革的深入，理论界和中央对中国经济体制改革的目标模式和改革路径都有了比较清晰的认识，特区作为经济体制改革试验场的功能也逐渐被淡化了。特别是1992年邓小平南方重要讲话和党的十四大以后，理论界和中央对中国改革的目标模式有了清晰的认识。党的十四大报告明确提出："计划经济不等于社会主义，资本主义也有计划；市场经济不等于资本主义，社会主义也有市场。计划和市场都是经济手段。计划多一点还是市场多一点，不是社会主义与资本主义的本质区别……我国经济体制改革的目标是建立社会主义市场经济体制，以利于进一步解放和发展生产力。"同时，明确了特区的性质，肯定了特区对中国经济发展的贡献。报告指出："兴办深圳、珠海、汕头、厦门四个经济特区是对外开放的重大步骤，是利用国外资金、技术、管理经验来发展社会主义经济的崭新试验，取得了很大成就。实践证明，经济特区姓'社'不姓'资'。在兴办经济特区之后，又相继开放沿海十几个城市，在长江三角洲、珠江三角洲、闽东南地区、环渤海地区开辟经济开放区，批准海南建省并成为经济特区。对外开放不断扩大，两亿人口的沿海地带迅速发展，有力地推动了全国的改革开放和经济建设。"1994年6月，江泽民同志在视察深圳时提出，中央发展经济特区的决心不变，中央对经济特区的基本政策不变，经济特区在全国改革开放和现代化建设中的历史地位和作用不变，但他同时也提"增创和充分发挥特区的新优势来发展特区的新特色"[2]。也就是说，特区要在新的历史时期

---

[1] 胡鞍钢：《中国地区发展不平衡问题研究》，《中国软科学》1995年第8期。
[2] 《人民日报》1994年6月23日。

明确自己新的历史地位和功能。

中国加入WTO后，特区的外部环境已发生很大变化，其地位和功能也受到了很大的冲击。2001年，中国加入WTO，根据中国对外的承诺，中国一是要开放本国的市场，二是要遵守国际规则[1]。根据WTO的原则，WTO协议适用于包括特区、经济技术开发区等在内的整个规化领土，也就是说即使我们可以利用WTO规则的例外条款仍对特区内的企业实行特别的优惠政策，但随着过渡期的结束，这种优惠政策也会大大弱于以前。中国对世贸组织承诺开放市场，意味着宽限期一结束就面临全境开放，而不是沿海沿边首先开放。2002年将开始对外商投资企业实行国民待遇，这意味着对外商和外资投资行业来说，领域和地理区域将没有限制，等同于中国内地企业，对世界来说，中国经济无"特区"，对中国的企业和资本来说，在中国向WTO承诺的各个领域内更无"特区"。况且外商和外资企业已经在中国境内遍地开花，经济特区的"窗口"作用消失，经济主体之间进行公平的竞争。中国在改革开放之初，为吸引外国直接投资中国在企业所得税方面实施了内外资有别的原则。根据1994年通过的《中华人民共和国企业所得税条例》，内资企业统一所得税税率为33%，外资企业所得税税率为24%和15%，内资企业所得税为外资企业的两倍。对于特区而言，特区内的企业享受了更优惠的税收优惠，特区内企业的所得税税率根据情况分别为10%—15%。随着中国加入WTO，按照WTO的原则和市场经济的要求，制定统一、公平、规范和透明的企业所得税原则势在必行。2007年3月16日，在十届全国人民代表大会第五次会议上，旨在将内、外资企业所得税两税统一的《中华人民共和国企业所得税法》得到通过。根据《中华人民共和国企业所得税法》，内、外资企业所得税基础税率统一设定为25%。根据新的税法，特区仍然享有税收优惠，但优惠的程度已经下降。

经过多年的改革开放，特别是在中国加入WTO和在十四大明确了我国的经济体制改革的模式是市场经济以后，我国社会经济发展已经进入了新阶段。与外界的环境变化相对应，特区的功能和地位也要随之发生变化。改革开放后的很长一段时间里，特区的功能是为中国改革和对外开放提供经验。在改革开放以来特区对中国的经济发展作出了很大贡献，我国的改革开放也取得了举世瞩目的成就，但20多年的快速发展也掩盖了诸多问题和矛盾。特别在改革开放以来一直强调经济增长和经济体制改

---

[1] 唐任伍、雷晓宁：《加入WTO，经济特区使命的终结》，《改革》2001年第1期。

革,而与经济体制改革相配套的政府体制改革等领域却没有跟进,严重威胁了中国经济的可持续发展问题。随着改革的深入,行政体制改革势在必行。根据我国改革开放以来经济体制改革的经验,在一些重大改革上,要在某些区域或部门进行试点,在总结经验和教训的基础上进行推广。以行政管理体制为核心的社会改革也应该如此,可以选择具备条件的地方进行改革试点,为全国的改革提供经验和教训,这对行政管理体制的改革的推进有着战略意义。

特区曾是经济体制改革和对外开放的先锋,在新一轮的改革中,特区应该主动承担行政管理体制改革的先锋,在中央的授权或领导下积极探索行政管理体制改革的模式和路径。2005年6月21日温家宝总理主持召开国务院第96次常务会议,批准浦东新区进行综合配套改革试点,标志着中国正式拉开了行政管理体制改革的序幕。之后,天津滨海新区、重庆等先后获得授权进行综合配套试点。

基于上述分析可知,建立特区不仅仅是在某特定区域实行特殊政策以促进区域经济发展的经济发展战略,而且是一种改革模式,是一个国家,特别是大国进行改革的路径模式。一个国家可以在某些区域率先进行改革,并通过这个区域改革的成果,特别是制度创新的外溢效应来推进全国的改革。一项改革一定会面临两项问题:一是改革的目标模式,即改革的方向问题;二是改革的路径选择,即怎么达到目标模式的问题。这两个问题往往都是不确定或面临着多个选择。究竟选择什么样的目标模式和改革路径往往不是单纯的理论分析所能完全解决的,它更多地需要通过实践来发现不同模式和路径所存在的问题以及各种模式的优劣。特区为实践不同改革模式和路径提供了"试验田",设立特区,给予特区更多的自主权力,允许和鼓励他们进行各种制度创新,探索改革的目标模式和路径,为全国的改革提供经验和教训。因此,赋予特区的特殊政策会随着时代背景的变化而发生变化,但特区始终是实行特殊政策的区域,是富有创新精神的区域,是改革的先锋,它的上述功能始终不会变。

二、浦东新区开发开放早期实行的特殊政策(1990—1995)[1]

在1990年至1995年,中央政府给予浦东新区的优惠政策主要包含在三个文件中:1990年中共中央、国务院《关于开发和开放浦东问题的批复》(中委[1990]100号);

---

[1] 本部分主要参考了黄奇帆:《谈浦东开发的政策、战略及其管理》,上海人民出版社1995年版,第69—85页。

1990年9月8日国家财政部颁布的《国家财政部关于上海浦东新区鼓励外资投资减征、免征企业所得税和工商统一税的规定》；1992年国务院《关于上海市进一步开发开放浦东和搞活国有大中型企业有关问题的通知》（国函[1992]5号）。[1] 根据这三个文件浦东新区享有经济开发区的优惠政策、经济特区的优惠政策和独有的优惠政策。

（一）经济开发区的10项优惠政策

1990年4月18日，李鹏同志代表党中央、国务院在上海向国内外正式宣布了浦东的对外开发开放。同年6月，中央又明确了一系列政策措施，支持浦东加快基础设施建设和改善吸引外商投资的政策体制环境。浦东新区具有经济技术开发区的全部优惠政策和一些比特区还新的政策。1992年，为进一步支持浦东开发，提高浦东新区审批项目的效率，进一步加快基础设施建设的速度，增加浦东开发的资金来源，国务院又给予浦东新区扩大五类项目的审批权限，增加五个方面的资金筹措渠道。与经济开发区有关的10项优惠政策包括5项所得税政策和5项免关税政策。

1. 区内生产性的"三资"企业，其所得税减按15%的税率计征；经营期在10年以上的，自获利年度起2年内免征，第三年减半征收。

2. 允许外商在区内投资兴建机场、港口、铁路、公路、电站等能源交通项目，从获利年度起，对其所得税实行前5年免征，后5年减半征收。

3. 凡当年出口产值达当年企业产值70%以上的，减按10%征收所得税。外商投资高新技术产业，在减免税期满后，可以延长3年按10%征收所得税。

4. "三资"企业将税后利润再投资于开发区，期限5年以上的，退还40%的再投资部分已纳税税款。

5. 外商将开发区企业分得利润汇出境外，免征所得税。

6. 区内企业进口自用的生产和管理设备、建设材料、生产用燃料、合理数量的生产用车辆、交通工具、办公用品及上述机器设备车辆所需进口的维修零配件予以免税。

7. 区内企业为制造外销产品而进口的原材料、零配件和元器件、包装物件、旅游饮食业的餐料予以免税。

8. 区内行政机关、事业单位等机构进口自用合理数量的建筑材料、办公用品、管

---

[1] 徐全勇：《浦东新区开发开放中政策的推动作用与演变路径》，http://www.kalf.or.kr/new_kalf/data/datafile/07.pdf。

理设备，予以免税。

9. 区内企业生产的出口产品，免征出口关税。

10. 建设开发区基础设施所需进口的机器、设备和其他基建物资，予以免税。

其中十项优惠政策中提到的"区内企业、区内单位"都可享受优惠，这不仅是指外资企业，也包括中资企业，不仅是指企业单位，也包括事业、行政单位。

（二）九项经济特区的优惠政策

特区的优惠政策是覆盖经济技术开发区的，也就是说，特区享有上述经济技术开发区的两方面十项优惠政策。除此之外，特区还具有一些经济开发区不具有的特殊政策，主要针对中资企业的税收、出口渠道、投资规模、信贷指标、外汇留成等方面的特有的优惠政策。这些更特殊的政策表现在以下九个方面，这九项优惠政策保证了浦东新区在政策方面与深圳等早期的五个特区处于公平的地位。

1. 在特区内，中资企业所得税减按15％计征。浦东新区已公布的《上海市鼓励外地投资浦东新区的暂行办法》，即内联政策，也明确规定外地来浦东新区投资的企业所得税可减至15％计征。

2. 允许特区内企业具有较高的留汇比例，同时企业可以有现汇账号和额度账号。这不仅提高了区内企业的外现汇留成，而且有权自主使用。在这方面，上海市外汇管理局已制定了优惠政策的具体操作办法。

3. 从非特区收购的半成品、原材料，在特区加工增值20％以上的，视同特区产品，享受出口关税免征和外汇留成优惠等特区政策，浦东新区也享有此优惠政策。这就为本国企业到浦东新区投资提供了优惠。

4. 外贸经营权限上，除了三资企业都有自营产品的进出口权外，特区内的国有企业也可以有自营产品的进出口经营权。国务院已授权上海市自行审批浦东新区内的国有大中型生产企业自营产品的进出口经营权。

5. 在特区兴建固定资产投资项目，可以免征投资方向税。上海市财政局亦已正式在浦东新区采取了实施免征的措施。

6. 在特区投资规模另加一块，信贷指标另加一块。各部、各省在特区投资项目不必占本系统、本部门的投资规模信贷指标。《上海市鼓励外地投资浦东新区的暂行办法》明确了在浦东实行该政策。

7. 特区内从事金融行业的外资企业，企业所得税按15％计征，并从获利年度起，实行"一免二减半"。浦东新区内允许外商投资兴办第三产业。其中，外资银行、外资银行分行、中外合资银行以及财务公司等金融机构，缴纳15％的企业所得税，并实行"一免二减半"。

8. 开办特区的头五年，新增财政收入全部留于特区建设。为加快浦东新区建设，提供必要的开发资金，中央〔1990〕100号文规定，浦东新区新增财政收入，将用于浦东新区的进一步开发。

9. 在户口进入、物价制订等管理办法上，内外商到浦东新区来投资，跟到深圳等早期的五个经济特区所享受的优惠政策是基本相同的。

（三）浦东新区独有的五项特殊政策

浦东新区除了享有特区的优惠政策外，另外还有开发区和特区没有普遍实行的优惠政策，这主要有以下五个方面：

1. 允许外国企业在浦东新区开办百货商店、超级商场等第三产业。这是一项突破性很大的政策，展开来至少有五条，即给外资商业企业零售权、百货品进口权、收购出口权、外汇调剂权以及酌情减征关税和企业所得税优惠等。

2. 允许外资在整个上海范围内开办银行、财务公司、保险公司等金融机构。在部分特区也开设了外资银行分行，但是经营地域很有限。厦门特区的外资银行不能在福州市或福建省开展业务，深圳特区的外资银行不能在广州市或广东省经营。上海的外资金融机构可以在浦江两岸开办业务。

3. 允许上海设立证券交易所，为浦东开发自行审批发行人民币股票和B种股票。这一条政策，实际上是给了上海发展证券市场，形成资本交易中心的权力和收益，其经济效应和推动改革的积极效应将是十分重大的。

4. 在浦东新区外高桥设立了中国开放度最大的保税区，也就是自由贸易区。在这个区域里，实行免关税、免许可证、允许设立国际贸易机构、从事国际转口贸易、企业外汇全额留成、各国货币流通以及设立保税区生产资料交易中心等特别优惠政策。

5. 扩大上海市有关浦东新区项目审批五个方面的权限：（1）授权上海市自行审批外高桥保税区内设立中资、外资从事转口贸易的外贸企业。这里指的是对企业建立、进驻和有权从事国际贸易的审批。（2）授权上海市自行审批浦东新区内国有大中型企业自营产品的进出口经营权。（3）扩大上海市有关浦东新区内非生产性项目的审批权限。(4) 扩大上海市对浦东新区内总投资在 2 亿元以下生产性项目的审批权限。(5) 授权上海市在中央核定的额度范围内自己发行股票和债券，具体发行事宜由上海市自行决定。同时允许全国各地发行的股票在上海上市。

三、浦东中期实行的特殊政策（1995—2005）

在早期浦东新区享有的特殊政策大都缺乏针对性，具有一定的普适性，即适用于所有行业和企业。从 1995 年开始，浦东开发开放转入基础开发和功能开发并举的阶段，这一阶段也是浦东新区的第二次创业时期。为了支持上海国际经济中心城市建设和促进浦东形成金融、贸易等功能，1995 年 6 月 20 日国务院颁发《关于"九五"期间上海浦东新区开发开放有关政策的通知》，赋予浦东一系列新的功能性政策。中央为了更快促进浦东新区功能开发和发展给予浦东的五项政策包括：1. 经外经贸部批准的有进出口经营权的年出口额在 1 亿美元以上的外贸企业、出口额在 2000 万美元以上的自营生产企业，可以在浦东新区设立子公司，授权上海市审批；2. 允许在浦东新区选择有代表性的国家和地区，试办 3—4 家中外合资的外贸企业，由上海市出具具体方案，经外贸部核定经营范围和经营金额，报国务院审批；3. 外高桥保税区内可以开展除零售业以外的保税性质商业经营活动，并逐步扩大到服务贸易；4. 一旦中央政府同意银行经营人民币业务，将允许首先在浦东试点，进入浦东新区的外资银行将获得优先权；5. 在具备条件后，经中国人民银行审批，在陆家嘴注册的外资金融机构可以在浦西和外高桥保税区内设立分支机构，可以在浦东新区再设立若干外资和中外合资保险机构。

1996 年 1 月 4 日，中国人民银行为了落实国务院《关于"九五"期间上海浦东新区开发开放有关政策的通知》的精神，印发《在华外资银行设立分支机构暂行办法》的通知，决定允许上海等四个城市符合条件的外国银行分行设立支行；允许符合标准的在华外资、独资和合资银行设立分行。

四、浦东新区中后期实行的特殊政策（2005年至今）

（一）从优惠政策到优先探索权

在浦东开放开发早期，国家实行的是非均衡的区域发展政策，即先让一部分区域发展起来，随着先行地区的经济发展到一定阶段后，国家转向了均衡区域发展的战略。随着国家区域发展战略的改变，对特区的政策也从早期优惠政策向优先探索权改变。2005年6月21日，国务院常务会议正式批准上海浦东新区进行综合改革试点。浦东新区是第一个综合配套改革试验区。以此为分界点，标志着浦东新区的发展模式、角色和定位和以往有了很大不同。以前特区之所以"特"主要是享受比其他地方更优惠的财税政策，而综合配套改革不涉及任何财政上的补贴和优惠，也就是说没有优惠政策。浦东获得的唯一特殊政策就是"优先权"，即优先进行综合配套改革的试验权。浦东的综合配套改革是国家级别的，是新的形势下作出的重大战略安排。浦东综合配套改革试点得到了中共中央、国务院和中央有关部门的高度重视和大力支持。中共中央总书记胡锦涛提出了四个"率先"的新要求，其中之一就是希望上海率先推进改革开放，要求浦东综合配套改革试点有力推进。温家宝总理指出，上海浦东新区进行综合配套改革试点，是改革开放以后，创办经济特区、推进浦东开发开放进入一个新阶段的新的部署。在2009年4月国务院下发的《国务院关于推进上海加快发展现代服务业和先进制造业建设国际金融中心和国际航运中心的意见》中进一步对浦东新区的综合配套改革提出了新的要求。文件指出，浦东要深入推进综合配套改革，使上海成为全国行政效能最高和行政收费最少的地区，成为中介服务最发达的地区。

（二）浦东的综合配套改革

1. 浦东综合配套改革是国家战略

在浦东进行综合改革试点，不仅是浦东、上海实现新发展的重要历史机遇，更是国家以试点积累经验、全面推进新一轮改革、扩大开放的重大战略举措。浦东综合配套改革试点是我国改革开放进入新阶段的重要标志。经过20多年的改革开放，我国进入了市场经济体制的关键时期，改革面临着更深层次的社会矛盾和更加复杂的利益关系，系统地推进改革对巩固经济发展的成果和实现可持续发展非常重要。浦东综合配套改革试点将对全国的改革和发展产生重大影响。浦东要通过综合配套改革率先建立符合社会主义市场经济要求、与国际通行做法相衔接的经济运行规则体系和制度环境，发挥改革先行地区的示范带动作用。

2. 浦东新区综合配套改革方案

浦东新区综合配套改革方案的内容主要包括四个方面。（1）总体要求。方案明确提出，浦东综合配套改革试点从国家要求和上海浦东实际出发，围绕加快推进"四个中心"的国家战略，全面推进改革试点。立足创新、大胆探索、精心设计、周密安排，着力建设与市场经济体制相协调的政府管理体制、完善市场经济体制、打破城乡二元经济与社会结构等深层次体制性障碍，全方位推进和深化改革。力争率先建立完善的社会主义市场经济体制和全方位、宽领域、多层次的开放型经济体系，把浦东建设成为改革开放先行先试区、自主创新示范引领区、现代服务业核心集聚区，为全国深化改革开放积累经验。(2)指导方针。浦东综合配套改革试点应全面把握"四个结合"：把改革和发展有机结合起来，把解决本地实际问题与攻克面上共性难题有机结合起来，把实现重点突破和整体创新有机结合起来，把经济体制改革和社会其他方面的改革有机结合起来。同时，注重发挥市场的基础性作用，注重先行先试和按照国际惯例办事，注重统筹协调与整体设计，注重体现示范作用。(3)基本目标。经过5到10年坚持不懈的努力，力争在全国率先建立制度比较完备、运行比较高效的社会主义市场经济体制。基本形成比较完善的社会主义市场经济体制、充分激发自主创新活力的有效机制、有利于实现统筹协调发展和构建和谐社会的制度环境、与经济全球化趋势和开放经济相适应的经济运行规则体系、制度创新和扩大开放的示范引领优势。(4)主要任务。浦东综合配套改革试点主要任务有三个：转变政府职能，构建从事经济调节、市场监管、社会管理和公共服务的责任政府，注重制度环境建设和改造的服务政府，依法行政的法治政府；转变经济运行方式，构建符合社会主义市场经济要求、与国际通行做法相衔接的经济运行法规体系和体制环境；改变城乡二元经济与社会结构，构建社会主义和谐社会。

3. 浦东综合配套改革试点取得的初步成果

上海在推进浦东综合配套改革试点过程中，聚焦重点，在一些重点领域和关键环节上取得了积极进展。(1)以转变政府职能为重点，推进行政管理体制改革。转变政府职能是行政管理体制改革的重点，浦东新区从实际出发，以推进政府体制改革为核心。在政府体制改革方面重点是以下几个方面：一是加强制度建设，提高政府行政效能。浦东新区制定和实施了《浦东新区行政效能投诉暂行办法》、《浦东新区行政首长问责暂行办法》、《浦东新区行政效能评估暂行办法》和《浦东新区行政审批电子监察暂行办法》，建立体制内外的监督机制和评估机制。进行绩效预算改革。浦东新区制定和实施了《浦东新区绩效预算改革试点方案》，加强预算资源分配与政府部门绩效之间的联系，使政府财政开支更加科学，更加节约。二是加强依法行政，探索执法管理新机制。先后制定了《浦东新区市场准入审批制度改革方案要点》、《招拍挂建设项目基本建设程序审批改革方案》、《内外资企业投资项目审批改革方案》、《浦东新区行政审批和服务收费改革方案》，推进行政审批制度改革，进一步减少审批事项，积极探索"一口式"综合审批，建设项目联合验收、企业年检申报备案等审批机制创新，进一步优化了审批流程，提高了审批效率。(2) 按照促进社会和谐的要求，深化社会领域改革。在加强政府公共管理和社会管理的过程中，围绕解决好人民群众最关心、最直接、最现实的就业、教育、医疗、社会保障等利益问题，深化社会领域改革，不断促进社会和谐。(3) 转变经济运行方式，深化金融、科技、涉外经济体制改革，提高参与国际竞争的水平。浦东新区按照"着力转变经济增长方式，与国内外通行规则接轨"的要求，以推动调整产业结构升级、增强自主创新能力、提高国际竞争能力为重点，深化金融、科技和涉外经济体制改革。(4) 以统筹城乡协调发展为重点，推进消除城乡二元结构体制障碍改革。浦东新区从建设社会主义新农村的实际出发，重点围绕城市支持农村、工业反哺农业，推进农村综合改革，着力改变城乡二元结构。[1]

（三）赋予浦东更大的改革自主权

为了转变政府职能、着力转变经济运行方式，配合中央对浦东新区综合配套改革试点提出的要求，上海计划通过进一步下放原先属于市级政府部门的事权，赋予浦东更大的自主发展权、自主改革权和自主创新权。[2] 主要根据三条原则进一步向浦东新区下放事权：(1) 有利于"东事东办、特事特办"，凡是属于上海本市权限的，原则上都要下放给浦东新区政府，浦东自己可以定的事情，上海市各有关部门都要尽可能让浦东自己去做；(2) 有利于浦东新区发展和创新，凡是国家法律法规没有禁止的，上海市各有关部门都要鼓励和支持其先行先试；(3) 有利于推动上海全局发展，全市要形成合力，争取中央改革试点在浦东先行先试。

改革后，规划、土地管理、投资项目审批、自主创新、人口管理、价格、文化市场管理等一系列事权都将下放到浦东。浦东区域内鼓励类、允许类外商投资项目的审批权限原先在上海市外经贸委，改革后就将授权浦东自行审批，外资项目涉及的其他上海市相关审批部门的权力也将同步下放。

---

[1] 本部分主要参考蒋应时：《全力开展上海浦东综合配套改革试点——率先推进改革开放》，《宏观经济研究》2007年第3期。
[2] 新华网：http://news.xinhuanet.com/fortune/2008-06/06/content_8323016.htm。

（四）继续支持浦东新区的功能建设

在浦东新区优惠政策减弱的同时，中央继续采取其他方式加大力度推动浦东新区的功能建设，尤其是在上海的国际金融中心建设上给予扶持。为进一步推动上海市金融中心建设和完善中央银行决策和操作体系，发挥金融市场一线的优势，提高中央银行宏观调控的水平和效率，经中央有关部门批准，设立中国人民银行上海总部。2005年8月10日，上海总部正式挂牌成立。上海总部成立初期与中国人民银行上海分行合署办公，并逐步与上海分行整合。上海总部将设立在上海浦东新区陆家嘴中心区域。上海总部是人民银行总行的有机组成部分，在总行的领导和授权下开展工作，其职能定位是总行的货币政策操作平台、金融市场监测管理平台、对外交往重要窗口，主要承担公开市场操作、金融市场监测、金融信息分析研究、金融产品研发和交易、区域金融合作等职责。

为进一步推进上海加快发展现代服务业和先进制造业，加快建设国际金融中心、国际航运中心和现代国际大都市的建设。国务院分别于2008年和2009年下发了《国务院关于进一步推进长江三角洲地区改革开放和经济社会发展的指导意见》和《国务院关于推进上海加快发展现代服务业和先进制造业建设国际金融中心和国际航运中心的意见》。该文件进一步明确了上海的发展目标以及在区域和全国的经济定位，并明确了其下一步发展的具体举措，把上海的发展放到了区域乃至全国经济社会发展和竞争力提升的关键位置。同时建立了由发展改革委员会牵头、有关部门参加的协调机制，加强对上海国际金融中心和国际航运中心建设的指导、协调和服务。而浦东新区是实现上海上述发展目标的核心载体，中央政府对上海经济发展的定位为浦东金融中心、航运中心建设、现代服务业和先进制造业发展提供了政策保障和有力后盾。

为进一步提升浦东新区功能区的能级，在中央政府和上海市政府的支持和推动下，一批国家级、战略性、高层次、辐射广的装备项目落户浦东。2009年中国商用飞机有限责任公司下属大飞机项目总部及其生产和研发中心落户浦东。除了大飞机项目，风电、核电、太阳能等研发和生产项目都相继落户浦东。浦东新区的临港产业区正式集聚了德国西门子、上海电气、华仪电气三家国内外领先的风电设备制造企业，成为中国最大的风电设备生产基地之一。在国内核电制造业首屈一指的上海电气重装备也落户浦东。

为推动上海金融中心和航运中心的建设，为发挥浦东在制度、产业上的优势，提升浦东经济能级及其对上海、长三角和全国的带动和辐射作用，国务院在2009年4

月正式批复同意撤销上海市南汇区,将其行政区域并入上海市浦东新区。行政区划调整不仅意味着土地面积的扩大,更有利于浦东整合资源,推动功能建设。新浦东几乎囊括上海金融、航运、贸易等各个领域建设的所有核心资源,进一步强化了新浦东国家战略目标建设的核心区的地位。比如,南汇区并入浦东后,新浦东就可以整合外高桥和洋山这两大港口资源,为推进浦东国际航运中心建设打下坚实的基础。

第二节　浦东新区的开发

一、基础设施、金融贸易和高新技术产业化先行战略

根据浦东所处的龙头地位,上海市制订了浦东新区开发"三个先行"的发展战略,即基础设施先行、金融贸易先行和高新技术产业先行。并计划在"八五"期间,按 4∶3∶3 的比例投入近 900 亿元资金进行建设。

(一)基础设施先行

浦东开发是从基础设施开始的,截止到 2008 年,浦东开发累计投资约 2209.3 亿元进行基础设施建设[1]。基础设施是一个区域所有经济活动的基本条件,也是区域最重要的投资环境。浦东新区在开发前,基础设施落后,是一个有待发展的区域。开发浦东新区,头等重要的基础设施是以解决越江交通、通讯、能源等问题为重点。把浦东、浦西连为一体。"八五"期间(1991—1995),浦东新区完成了杨浦大桥、南浦大桥、内环线、杨高路、外高桥电厂、凌桥水厂、煤气二期工程等十大基础设施工程,极大地改善了投资环境和城市面貌。"九五"期间(1996—2000),浦东在功能开发的同时,继续加大基础建设投资,完成了浦东国际航空港、深水港、信息港、地铁三号线浦东段、外环线为主的新十大基础建设。在进行基础建设时,强调了建设的前瞻性,大量引进了国际先进技术。浦东国际机场和外高桥港区的建设就体现了浦东新区基础设施建设的国际化、高科技化的理念。

自 1990 年浦东开发到 2008 年间,浦东新区累积固定资产投资达到 8368.58 亿元,

---

[1] 《上海浦东新区统计年鉴》,中国统计出版社 2009 年版,第 56 页。

重点是城市基础设施建设。2000年以后，浦东新区的固定资产投资力度进一步加大，投资综合累积达到5618.9亿元，超过了前十年的规模[1]。浦东新区在开发以来，建成了南浦大桥、杨浦大桥、徐浦大桥、卢浦大桥4座越江大桥，延安路隧道、大连路隧道等5条越江隧道，轨道交通3号线、磁悬浮线等一批重大工程把浦东沿江铁路联系起来，浦东的交通从连接黄浦江两岸、东西联动到走向世界的航空、地铁和港口建设，浦东城市化面积大幅度增加。

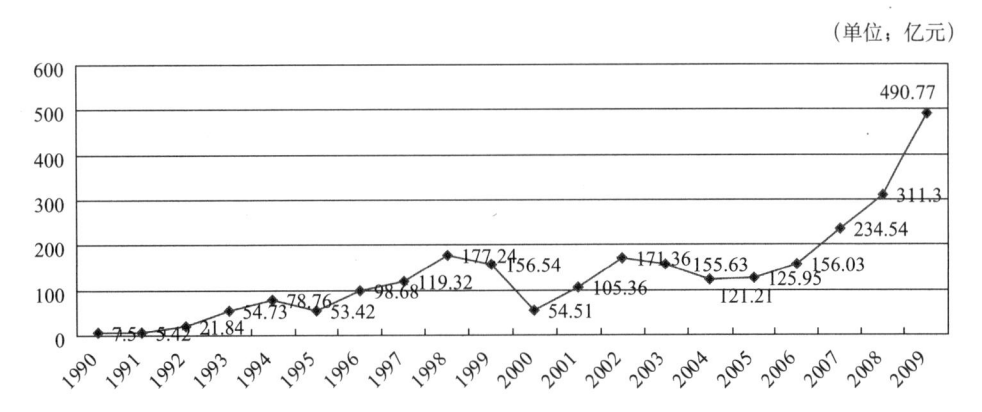

图6-31-1　浦东新区城市基础设施投资额

（单位：亿元）

年份	投资额
1990	7.5
1991	5.42
1992	21.84
1993	54.73
1994	78.76
1995	53.42
1996	98.68
1997	119.32
1998	177.24
1999	156.54
2000	54.51
2001	105.36
2002	171.36
2003	155.63
2004	121.21
2005	125.95
2006	156.03
2007	234.54
2008	311.3
2009	490.77

资料来源：《上海浦东新区统计年鉴》（中国统计出版社，1993—2009）、上海浦东新区网站，http://www.pudong.gov.cn/website/html/shpd/XX200912/Info/Detail_298607.html。

说明：2009年浦东新区城市基础设施投资额含2009年并入浦东新区的原南汇区数据。

（二）金融贸易先行

金融是现代经济的核心，要振兴上海，使之成为长江三角洲或长江流域的龙头，发挥对外开放的平台作用，就要发展上海的金融业，恢复上海昔日的国际金融中心的地位。邓小平指出："金融很重要，是现代经济的核心。金融搞好了，一着棋行，全盘皆活。上海过去是金融中心，是货币自由兑换的地方，今后也要这样搞。中国在金融方面取得国际地位，首先要靠上海。那要好多年以后，但现在就做起。"[2] 浦东开发是一个金融贸易中心的发展过程，一个助推上海成为国际金融中心的过程。20世纪以来，国际中心城市功能发挥的母体，早已从大规模的集中的工业产业群演变到

---

[1]《上海浦东新区统计年鉴》，中国统计出版社2009年版，第52页。
[2]《邓小平文选》第3卷，第366页。

了极其发达的金融、商贸等服务型的第三产业上。先行发展上述产业，一方面可以为浦东开发创造良好的金融环境，为新区建设提供资金来源，为上海成为金融中心奠定基础；另一方面，通过建设中央商务区、商业中心，开展转口贸易等，使上海成为全国各地产品的大贸易市场和亚太地区的商品集散地之一。为此，浦东把金融贸易确定为浦东开发的重点产业之一，给予重点发展。浦东开发开放以来，浦东金融业由弱到强，不断发展壮大，已成长为浦东的核心产业，为上海国际金融中心建设作出了重要贡献。截止到2009年，已经有603家金融机构和135家跨国跨地区公司总部落户浦东，浦东已经成为国际金融机构的集聚地。[1] 浦东新区目前集聚着证券、期货、金融衍生品、产权等国家级和市级金融要素市场，市场层次丰富，市场容量不断增大，金融要素市场体系在国内最为完善，是金融交易的主要场所，形成了比较完备的产业链条和金融商品服务体系，对内、对外发挥着重要的桥梁作用。

（三）高新技术产业先行

为使产业结构更趋科学合理，浦东注重发挥综合优势、比较优势、梯度优势，已经形成在全市举足轻重、各具特色的新兴产业群。浦东在大力发展金融贸易等现代服务业的同时，大力发展高科技产业，提升制造业层次。从1999年上海市委、市政府实施"聚焦张江"的战略以来，政策、产业、科技、人才等各种资源不断在张江聚集。据不完全统计，2006年长江园区入驻企业3606家，以晶圆制造业、芯片设计为龙头的集成电路产业已经占据国内半壁江山；软件方面仅浦东软件园入驻企业就超过200家，软件从业人员超过40000名；园区已经形成国内最密集的生物医药研发创新高地，医药销售额排名世界前20位的企业中近一半已入驻张江；文化创意产业方面，以盛大、九城为龙头的张江园区网络游戏产值占全国的70%以上。[2] 在2009年，浦东新区高技术产业产值完成1767.18亿元，占新区工业产值比重为25.1%；研发机构总数达到340家，高新技术企业总量超过600家；研发投入占生产总值比重预计达到3%左右；专利申请总量达到14645件，发明专利占36.7%[3]。

---

[1] 资料来源：《2010年浦东新区政府工作报告》。
[2] 方玉婵：《海纳百川创新为本》，《中国高新区》2007年第6期。
[3] 资料来源：《浦东新区2010年政府工作报告》。

二、浦东新区开发的战略步骤

在浦东开发之初,浦东新区的面积有 544 平方公里左右,其中大部分属于尚未开发状态,所有浦东的开发开放是一个浩大的系统工程,它的开发开放必须分步骤进行。从浦东正式开发算起,根据开发的重点,浦东的开发可以分为三个步骤:形态开发阶段(1990—1995)、形态开发和功能开发并举阶段(1995—2004 年下半年)、全面建设外向型、多功能、现代化新城区阶段。

(一)形态开发阶段

浦东开发开放的不同阶段有着不同的目标。在浦东开发开放启动后到 1995 年下半年,浦东开发的重点是城市的形态建设。所谓形态建设就是指城市的基础设施建设,其中主要有造路、造桥、造房、造绿、造河、造湖。[1] 具体来讲,造路包括高架路、地面道路和地下交通的建设;造房包括住宅、厂房、商住楼的建设及旧城改造、新区开发中的房屋建设等;造绿包括公园绿地、小区绿地、沿河和沿江绿地、沿路绿地和苗圃绿化。由于浦东新区的土地在开发前处于待开发状态,所以前期形态开发的任务比较重。以基础建设为例,在"八五"期间浦东新区在基础设施建设上的投资高达 220 亿元,其中约 100 亿元用于第一轮十大项目建设。第一个阶段浦东新区城市基础设施建设重点项目的安排采取了先环线、后轴线的原则,即:首先建设连接浦东和浦西的综合交通体系,其次建设沿东西轴线有关的各项工程。上述建设原则既体现了东西联动的城市形态建设规划的基本指导思想,又符合东西联动阶段性发展的实际需要,从而对促进浦东社会经济的发展起了重要作用。推动形态开发的内部机制是"土地滚动"的开发模式;推动形态开发的外部机制是中央政府对浦东开发的财政性政策支持;推动功能性开发启动的内外联动机制是大规模的基础设施建设和房地产业的超常规发展。大量土地批租净收益和中央政府的财政资金被注入公共基础建设。"土地滚动"开发模式又带动浦东新区的功能开发。包括由大规模基础设施建设和房地产开发的融资需求及进口需求所形成的金融功能和贸易功能以及大规模的人口集聚形成的城市社会功能。[2]

---

[1] 朱建江:《形态开发、产业开发、功能开发的实践和探索》,《综合经济》2004 年第 4 期。
[2] 浦东改革与发展研究院:《浦东发展报告》(1995—1996),上海社会科学院出版社 1996 年版,第 2—4 页。

（二）形态开发和功能开发并举阶段

1995年后浦东的开发开放进入了形态开发和功能开发并举阶段。经过几年的形态开发，浦东的基础设施已经有了很大提高，浦东进一步开发需要着重于功能开发。"九五"期间，浦东基础设施投资达595亿元。高强度的投入加快了城市化进程和城区面貌的巨变。集中城市化面积由1995年的70多平方公里扩大到目前的100平方公里，建成了以浦东国际机场一期、外高桥港区二期、上海信息港浦东枢纽和地铁二号线一期为代表的新一轮十大基础设施骨干工程，新建了机场快速干道、世纪大道等区内主要干道，基本形成了沟通海外、连接内地的交通、通讯网络构架。新区开发和旧区改造同步推进，沿江中心城区矗立起现代化智能性楼群。环境建设和城市管理显著加强，新增公共绿化面积1046.4万平方米，人均公共绿地面积10.66平方米，绿化覆盖率达到35%。以川杨河、张家浜为重点的河道整治成效明显，环卫环保取得新的成绩。新区先后被命名为上海市"国家卫生城区"和全国第一个"国家园林城区"。农村城镇建设力度加大，集镇面貌发生明显变化，中心村建设和自然村改造取得重大进展，初步展示了社会主义现代化新农村形象。

在大力投资基础建设等形态投资的同时，浦东也加强了功能开发。按照浦东"面向世界，面向21世纪，面向现代化"和"振兴上海，开发浦东，服务全国，面向世界"的开发开放总体目标，以及把上海建设成为国际经济、金融、贸易中心之一和现代化国际大都市的战略构想，浦东功能开发的定位是：以形成高新技术产业群为核心的土地功能开发和培育发展金融、贸易产业为核心的服务功能开发，以支撑综合性、多功能都市型经济发展为核心的社会功能开发。在该阶段，推动形态开发的内部机制从"土地滚动"的开发模式转向"税收滚动"的开发模式；推动形态开发的外部机制将从中央对浦东开发的财政性政策支持转向功能性政策支持。

在这一阶段，国务院赋予了浦东新区一系列加快功能开发的新政策。1995年9月，经外经贸部批准"有进出口经营权的年出口额在1亿美元以上的外贸企业、进出口额在2000万美元以上的自营生产企业，可以在浦东新区设立子公司；允许在浦东新区选择有代表性的国家和地区，试办3到4家中外合资的外贸企业；外高桥保税区可以开展除零售业务以外的保税性质的商业经营活动，并逐步扩大了服务贸易；中国人民银行总行批准部分在浦东设立分行的外资银行可以经营人民币业务试点，经中国人民银行审批，在陆家嘴注册的外资银行可以在浦西和外高桥保税区设立分支机构，可以在浦东新区再设若干外资和中外合资保险机构等"[1]。中央的功能性政策是浦东功能性开发的助推剂。

在"十五"发展规划中提出:"浦东城市化进程由大开发阶段进入重功能、重管理、重环境的新阶段;产业发展由奠定基础进入重点提高创新能力的新阶段;发展动力主要由依靠中央财政政策优惠支持和投资拉动,进入主要依靠体制创新和扩大开放的综合优势的新阶段;城市功能由能量积聚进入增强示范、辐射和带动作用的新阶段。"[2]随着浦东开发开放的深入,浦东的功能定位也日渐明晰。在"浦东新区经济发展三年行动纲要"中提出:"新世纪新阶段的浦东开发开放,必须继续坚持'开发浦东、振兴上海、服务全国、面向世界'的方针,服从服务于全国发展大局,服从服务于上海建设国际经济、金融、贸易和航运中心的目标,抓住世博会的机遇,着力加强功能建设,努力成为上海建设'四个中心'的核心功能区。"

"十五"期间,浦东新区以四个国家级开发区为主要载体,深入推进功能开发,城市综合功能不断提升。截止到 2009 年底,以陆家嘴金融贸易区为主集聚中外资金融机构 603 余家。中国人民银行上海总部、证监局、市再担保公司、期货保证金监控中心上海总部、新华 08、支付宝、联通支付等功能性机构相继入驻浦东。2009 年底,浦东新区外资法人银行 17 家,资产约占全国外资法人银行资产总额的 80% 以上。2009 年底,浦东新区的基金管理公司 28 家,约占全国的一半;基金管理公司管理的资产约 9000 亿元,占全国的 36%。浦东新区的洋山港、外高桥港集装箱吞吐量 2009 年预计完成 2100 万标箱,浦东国际机场货邮吞吐量完成 254 万吨(下降 2.4%),均占全市的 85% 左右。成为长三角乃至全国的重要口岸和物流枢纽。证券、期货交易量持续放大,资产定价在全球的影响力持续提升。随着中国金融交易所的设立与股指期货的启动,浦东新区的要素配置能力日趋增强。[3]

2008 年,金桥出口加工区工业产值达到 1608.23 亿元,其中高新技术产业产值 732.46 亿元。经认定的高新技术企业 97 家,在全国经济技术开发区中名列前茅,成为全市先进制造业高地。"聚焦张江"战略成效显著,"一江三桥"高科技产业带技术创新、研发孵化和产业化能力快速提升,截止到 2008 年底,授权专利 3218

---

[1] 赵启正:《浦东逻辑》,上海三联书店 2007 年版,第 67 页。
[2] 《浦东"十五"发展规划》(http://www.pudong.gov.cn/website/understandPudong/infoContent.jsp?sj_dir=PUDSWFZGH&pardir=understandPudong#link1)。
[3] 《上海浦东新区统计年鉴》,中国统计出版社 2009 年版,第 294 页。

件，申请专利 14233 件，一批具有自主知识产权和高成长潜力的创新型中小企业脱颖而出。[1]

（三）全面建设外向型、多功能、现代化新城区阶段

经过 15 年的开发，浦东新区又进入了全面建设外向型、多功能、现代化新城区的新阶段。2004 年 7 月，中共中央总书记胡锦涛在上海视察期间，指出："要继续搞好浦东开发开放，加快体制创新，不断提高外向型经济层次，努力在更高的起点上实现快速发展。"在"十一五"发展规划中提出："'十一五'时期浦东经济社会发展的总体目标是：到 2010 年，率先基本实现现代化，率先全面建成小康社会，向着全面建成外向型、多功能、现代化新城区的奋斗目标迈进。"实现上述目标的主要标志体现在五个突破上：在经济发展方面取得新突破，基本形成与上海现代化国际大都市新城区水平相适应的经济规模和综合实力；在构建和谐社会方面取得新突破，基本形成与现代化相适应、促进人的全面发展为核心、多层次多样化的社会事业服务体系、社会保障体系和人民生活水平稳定提高机制；在科技创新方面取得新突破，基本形成具有国际竞争力的科技创新体系；在制度创新和扩大开放方面取得新突破，基本形成制度比较完善、运行比较高效、与国际通行做法相衔接的社会主义市场经济体制；在城市建设和功能提升方面取得新突破，基本形成东西一体、贯通国内、连接世界的现代化基础设施体系、城市服务体系以及人与自然和谐融合的生态环境。

三、浦东新区开发的区域和功能规划

浦东的区域规划是根据浦东新区"开发浦东，振兴上海，服务全国，面向世界"的指导方针，结合浦东的实际情况，借鉴国内外城市开发新区成功经验，坚持"规划先行"的理念，有序推进浦东开发，力争把浦东新区建设成为布局合理、综合交通网络先进、基础设施完善、通讯系统发达、自然环境良好的外向型、多功能、现代化新城区。浦东新区的开发规划始终坚持上海市委、市政府确定的"依托浦西、开发浦东，以东带西、东西联动"的战略方针，浦东新区的区域和功能规划是上海市整体区

---

[1]《上海市浦东新区国民经济和社会发展第十一个五年规划纲要》（http://www.pudong.gov.cn/website/understandPudong/infoContent.jsp?sj_dir=govOpenJHGHSY1W&pardir=understandPudong）。

域和功能规划的有机组成部分。

规划先行。浦东开发是把上海建设成为国际经济、金融、贸易和航运中心战略的重要组成部分。为保证浦东开发开放战略目标的实现，浦东开发开放过程中始终坚持"规划先行"的指导方针。在 20 世纪 80 年代，也就是浦东开发的酝酿阶段就开始浦东开发的规划研究。在浦东开发开放之初，按照把浦东建设成为外向型、多功能、现代化新城区的目标，在上海市整体规划的框架下，坚持"先规划，后开发"的原则，贯彻高标准、高质量的要求制定浦东新区开发的规划。首先从点和线上规划出现代化国际大都市的功能框架，然后再向平面拓展。

基于上述规划理念，浦东规划改变了过去"摊大饼"的城市规划模式，而是以市中心区的浦东部分为中心，采用敞开式的布局结构，先后规划形成若干各有侧重、相对独立的综合分区，即：陆家嘴金融贸易区、金桥出口加工区、外高桥保税区、张江高科技园区、孙桥农业区、三林世博功能区、川沙功能区。浦东新区规划坚持产业发展与小区功能开发建设密切结合。小区的功能开发结合了产业发展，使各开发小区成为上海金融贸易、现代大型制造业、高科技产业、现代农业和其他现代服务业发展的重要基地。在浦东开发开放初期，重点建设的小区是陆家嘴金融贸易区、金桥出口加工区、外高桥保税区、张江高科技园区，后来又根据浦东新区的战略定位和实际发展的需要确立了新的开发区。

浦东开发紧靠杨高路这根轴线。外高桥保税区、金桥出口加工区、陆家嘴金融贸易区全部在杨高路两侧，唯有张江高科技园区在杨高路南侧约 5 公里处。由于浦东国际机场的建设，浦东新区发展布局有所调整。根据《上海市城市总体规划（1999 年至 2020 年）》，遵循统筹区域发展、优化空间布局的原则，浦东新区在"十一五"规划中明确了新发展阶段的发展布局和功能定位。[1]

在发展布局上可以概括为"一轴三带"。一轴：即上海市总体规划确定的从虹桥机场至浦东国际机场的东西向发展轴，其东段为浦东新区小陆家嘴—世纪大道—浦东国际机场。以"一轴"为纽带，东西联动；以"一轴"为中枢，南北辐射，揭示了浦东新区未来的发展走向，是浦东现代化城区景观标志轴的集中体现和现代服务业走廊。三带：即以陆家嘴金融贸易区为核心的沿黄浦江综合发展带，依托黄浦江两岸综

---

[1] 《上海市浦东新区国民经济和社会发展第十一个五年规划纲要》（http://www.pudong.gov.cn/website/understandPudong/infoContent.jsp?sj_dir=PUDSWFZGH&pardir=understandPudong#link1）。

合开发，重点发展金融保险、专业服务、商业贸易、旅游会展产业和生态居住功能，集中体现中心城区的繁荣繁华和现代服务功能；以"一江三桥"等国家级开发区为主体的中部发展带，重点发展高新技术产业和生产性服务业，集中体现产业实力和研发创新功能；以外高桥港区和浦东国际机场为依托的滨江临海发展带，重点发展现代物流等临空临港产业以及都市旅游、现代农业，集中体现现代物流功能和发展后劲。

在布局功能上确定了六大功能区域。以功能开发为主导，促进功能区域一体化发展，推进城市综合功能的提升，规划建设六个功能区域，即陆家嘴功能区域、张江功能区域、金桥功能区域、外高桥功能区域、三林世博功能区域、川沙功能区域。

四、浦东新区的小区开发战略

浦东的小区开发是浦东开发的一项创新，它具备两个非常重要的创新之处：一是实现了小区形态开发与产业开发相统一，也就是首先在作好城市整体规划的前提下，把开发土地分解成不同区域，然后根据区域的竞争优势确定该区域的功能，即确定特定区域要重点发展的产业，使其成为某一种或几种产业的聚地；二是在小区的具体开发上采用了商业开发模式，在政府的指导下由商业企业按照商业化的原则完成土地的基础设施建设，并经营经过形态开发的土地。

（一）形态开发与功能开发相结合

浦东新区的小区开发是形态开发和功能开发或产业开发并举的一种区域开发战略。浦东新区按照"振兴上海，开发浦东，服务全国，面向世界"的战略思想，提出了把浦东建设成具有一流水平的外向型、多功能、现代化的新城区，为把上海建设成为国际经济、金融、贸易中心奠定基础。要完成浦东开发的上述使命，浦东新区无疑要按照既定的目标和战略做好开发的区域和产业规划。浦东新区的开发思路是按照建设一个世界一流水平的外向型、多功能、现代化新城区目标的要求，先从点和线确立现代化大都市的城市框架，然后再向面拓展，重点开发四个有明确功能界定的小区。这四个重点开发小区分别是：具有综合性自由贸易区功能的外高桥保税区；具有金融、贸易等第三产业功能的陆家嘴金融贸易区；具有资本和技术密集型出口加工功能的金桥出口加工区；具有高新技术产业开发功能的张江高科技园区。这四个重点功能开发小区区位布局上，放在浦东新区总体形态规划框架所规定的各功能区域的中心区，目的是通过重点开发小区的延伸发展，最终实现浦东新区范围内的开发。后来浦东新区又根据新的形势，分别于1994年、2005年规划了上海孙桥现代农业园区和三林世博功能区域，前者是全国第一个综合性的现代农业开发区，后者是以会展旅游和现代居住为主导功能，辖区面积80.11平方公里，世博场馆规划浦东部分在该区域内。浦东新区在城市规划上实现了在城市形态规划目标或城市形态开发和产业或功能开发目标的统一。

（二）浦东新区小区开发的具体实现形式

浦东新区的小区开发形式是一种独特的创新。它从一开始就摒弃了传统体制下由政府投资开发、承担全部开发成本的旧模式，采取了组建公司进行商业性开发、由政府进行宏观调控的新模式。一般来说，开发区每开发一平方公里土地，所需要的基础设施投资大约需要1亿美元。[1] 浦东新区的开发是在一个人口密集、收入水平相对比较高、规划档次高的土地上进行的，而且浦东新区的开发定位比较高，而浦东新区原有的基础设施与浦东的开发目标相去甚远，浦东的开发需要巨额投资用于建设与其功能定位相配套的航空、地铁、隧道、大桥、港口、通讯等基础设施，因此，浦东新区的开发成本肯定是比较高的。基于当时的背景，中央政府、上海市政府和浦东新区都不可能提供如此大的投资。1993年浦东新区财政收入只有12亿元，是典型的"吃饭财政"，根本无力承担浦东开发的巨大投资。基于当时的实际情况，浦东新区的领导提出了"以土地吸附资金，以资金开发提升土地价值，再以土地吸附更多的资金，并以此推动更大规模土地开发"的方式，即"空转启动，滚动开发"的土地开发方式。

政府出面组建各个小区的开发公司，然后政府把土地作为对重点小区开发公司的资本投入。政府首先估算出土地出让金额，把这些土地作为政府的股本注入重点小区的开发公司，等土地增值后，按照政府投入的比例参与分红。其实在这个环节上政府投入的资金是"空"的，是一张不能提取现金的支票，要等土地出让合同生效后才能变成"实"的。重点小区开发公司在得到政府以土地出让金总额为股本的资金支票后，向土地管理部门申请受让土地使用权，合同签署后，把刚从政府那里得到的支票交给土地管理部门，作为土地出让金。此时，小区开发公司就正式得到了土地的使用权。土地管理部门在收到土地受让金支票后把它交给政府财政部门。这种土地开发

---

[1] 赵启正：《浦东逻辑》，上海三联书店2007年版，第197页。

策略被形象地表述成为"财政空转，土地实转"。从运作上可以看出，政府对小区开发公司的投入是一种现金投入，而这种投入又马上被小区开发公司用来交付土地出让金，也就是说政府没有支付任何现金而向小区开发公司注入了现金，而开发公司也没有拿出任何现金而交付了土地出让金。

与土地划拨相比，"财政空转，土地实转"的开发形式有着很多优点，前者容易使开发公司产权不清、成本核算混乱，而且划拨的土地不能有偿转让、出租和抵押；而后者明确了政府的投资主体地位，而且有利于小区开发公司建立完善的现代公司治理制度，而且经过开发后的土地可以进入土地二级市场。在开发之初，浦东新区政府组建了陆家嘴、金桥、外高桥、张江四大开发公司，作为新区土地开发组织的主体，由这些公司根据区域功能性质的规划，划分地块，进行土地开发，然后进入二级土地市场，并运用土地转让所获得的收入再进行新的土地开发，如此循环往复，直至小区开发完成。

小区开发是浦东新区土地开发的主要形式。据统计，截止到2001年"财政空转，土地实转"制度基本结束时，浦东共计转入了土地88.6平方公里，占同时期转让土地总面积的80%左右。政府资本投入61亿元人民币，使开发公司引进200多亿元的土地合资开发资金，同时开发公司获得了120多亿元的土地转让收入，吸引了800多家中外资房地产公司和总量400多亿元的房地产开发资金，为整个浦东的开发建设创造了有利条件。

（三）浦东新区的重点小区

陆家嘴金融贸易区与外滩隔江相望，是浦东的黄金地段。该地区将统筹规划，积极调整现有的结构布局，腾出土地，大力发展金融、贸易、商业、对外服务、房地产业和信息、咨询等现代服务产业，作为浦西外滩功能的延续。《上海浦东金融核心功能区发展"十一五"规划》首次提出"陆家嘴金融城"概念，在陆家嘴金融贸易区的基础上，"金融城"将向东扩展版图，并在未来担负起类似伦敦金融城的功能定位。到"十一五"末期，浦东金融核心功能区的金融机构将高度集聚，达到国际新兴区域性金融中心水平；"金融城"将成为国内资金运用中心和高端金融人才高地，以及金融业务标准、信息标准、执业标准等的制定中心。量化指标则是：到2010年，浦东金融机构数量力争超过600家，金融从业人员超过20万，金融业占全区生产总值的比重超过18%。为给金融业长期发展预留空间，将加速推进陆家嘴金融城东扩计划，形成"一道三区"（世纪大道、陆家嘴金融贸易区、竹园商贸区、花木生态文化区）的发展布局；扩大空间先行启动的范围将包括：世纪大道以北、浦东大道以南、浦东南路以东、崂山西路以西。[1]

上海外高桥保税区是 1990 年 6 月经国务院批准设立的全国规模最大、启动最早的保税区，集自由贸易、出口加工、物流仓储及保税商品展示交易等多种经济功能于一体。上海外高桥保税区批准时规划面积为 10 平方公里，位于上海浦东新区，濒临长江入海口，地处黄金水道和黄金岸线的交汇点，紧靠外高桥港区，是全国第一个，也是目前全国 15 个保税区中经济总量最大的保税区。外高桥保税区依托港区开发建出口加工区和外商投资区，吸收国外投资，尤其注重吸收国外跨国公司的投资，集中发展技术先进、产品档次较高的出口产品，并配合出口加工区的建设，设立保税区，发展保税仓库和相应的公共服务设施，形成转口、储运中心。保税区内，可允许外国贸易机构从事转口、储运业务。截至 2006 年 12 月底，保税区累计批准来自 87 个国家和地区的 9550 个项目，其中，世界 500 强企业中有 104 家入驻保税区。累计吸引投资总额 130.5 亿美元，合同外资 58.3 亿美元，实际利用外资 38.6 亿美元。区内企业从业人数达 17 万，其中外籍工作人员 8600 余人。[2]

根据《上海市浦东新区国民经济和社会发展第十一个五年规划纲要》，在"十一五"期间浦东依托外高桥保税区，发挥现代化港口优势，加快推进区港联动国际物流园区建设，大力发展国际贸易、国际物流等现代服务业，不断提升国际中转、配送、采购、转口贸易四大功能，同时积极推进以微电子产业为核心的先进制造业发展，在上海建设国际航运中心过程中发挥重要作用，与洋山深水港一起努力建设成为亚太地区乃至世界最大的物流园区之一，建设综合功能完善的国际化港口重镇。

上海金桥开发区是 1990 年 9 月经国务院批准设立的国家级经济技术开发区，2001 年 9 月经国家海关总署批准设立金桥出口加工。金桥开发区位于上海浦东新区中部，西连陆家嘴金融贸易区，北接外高桥保税区，南接张江高科技园区，规划面积 27.38 平方公里，其中北区 19.94 平方公里，南区 4.61 平方公里，出口加工区 2.83 平方公里（目前出口加工区一期已封关 1.55 平方公里）。金桥开发区规划中工业产业用地 16.1 平方公里，占总面积的 59%；生活生产配套用地 4.65 平方公里，占总面积

---

[1] 《上海提出"陆家嘴金融城"概念》，《城市规划通讯》2007 年 11 期。
[2] 外高桥保税区网站：http://www.waigaoqiao.gov.cn/SysAdmin/WebViewPublic/item_page.aspx?parentId=2&id=3.

的17%；不可经营的市政绿化河流用地6.57平方公里，占总面积的24%。目前，金桥开发区开发建设初具规模，形成三大版块。北区形成东、西两个区域：西部为生活区——碧云国际社区，面积约4平方公里；东部为工业区，面积为16平方公里，其中包括金桥汽车城、金桥现代科技园和上海浦东软件园金桥分园；南区为工业区和海关监管区，重点发展面向出口的零部件加工业、利用国内元器件组装出口及来料加工的整机工业。

上海市张江高科技园区成立于1992年7月，位于浦东新区中部，规划面积25平方公里，分为技术创新区、高科技产业区、科研教育区、生活区等功能小区。1999年8月，上海市委、市政府颁布了"聚焦张江"的战略决策，明确园区以集成电路、软件、生物医药为主导产业，集中体现创新创业的主体功能。自此，张江园区步入了快速发展阶段。2008年，张江功能工业总产值达66.87亿元，出口交货值完成244.03亿元；全社会固定资产投资完成128.88亿元。全年吸引外资项目149个，合同外资12.95亿美元；园区最终将建设成为国家自主创新示范基地，具有国际竞争力的科学城。

上海孙桥现代农业园区成立于1994年9月，是全国第一个综合性的现代农业开发区，已先后被批准为首批21个国家农业科技园区之一、国家引进国外智力成果示范推广基地、农业产业化国家重点龙头企业、国家级绿色蔬菜温室栽培标准化示范区、上海市现代农业园区重点建设单位。上海孙桥现代农业园区以现代科技武装的工厂化、设施化农业为基础，以高科技生物工程以及与设施农业相关的农产品加工业为主导，以内外贸为纽带，走产加销一体、农科游结合的农业产业化道路，发挥生产示范、推广辐射、旅游观光、科普教育和出口创汇五大功能，实现社会、生态、经济效益三统一。

三林世博功能区域成立于2005年9月。三林世博功能区域以会展旅游和现代居住为主导功能，辖区面积80.11平方公里，世博场馆规划浦东部分在该区域内。三林世博功能区域将以围绕世博、服务世博、依托世博、延伸世博为重点，推进形态建设，加快经济发展，提升市民素质，凸现区域功能，实践"城市，让生活更美好"的世博主题，实现让环境更优美、居民更文明、社会更和谐的目标。

川沙功能区域成立于2005年12月，位于浦东新区东南隅，濒临东海，南接南汇，北与唐镇、合庆镇接壤，西挨孙桥现代农业开发区，面积139.83平方公里（其中42.96平方公里在浦东国际机场区域）。川沙功能区域有浦东国际机场之利，交通畅达，区域内文化旅游资源众多，土地储备充分，发展潜力巨大，是中外客商投资兴业的热土。功能区域坚持以"空港物流、现代居住和文化旅游"为功能定位，高起点形态规划和发展规划，努力实现功能区域一体化规划、一体化建设、一体化发展和一体化管理的良好格局。

2009年南汇区并入浦东，原属南汇的临港产业区成为浦东新的功能区。临港产业区成立于2004年，毗邻东海，地处上海东南长江口与杭州湾交汇处。从功能上看，临港划分为主城区、重装备产业区、物流园区、主产业区、综合区五大城市片区。各片区分合有致，定位明确，结构科学。临港新城产业发展目标为：以现代装备产业为主体的国家级现代制造业基地、以物流产业为核心的国际生产服务业枢纽和以海洋文化为特色的城市生活服务业集聚区。形成集先进制造、现代物流、研发服务、出口加工、教育培训、城市生活等功能为一体的综合性产业体系。

第三十二章
浦东新区的社会经济发展和展望

自1990年4月18日党中央、国务院正式向世界宣布开发开放浦东以来，迄今浦东已走过了20年开发开放历程。20年来浦东抓住了难得的历史机遇，迅速崛起。浦东的崛起，不仅对上海和长江三角洲地区的迅速发展产生了重大影响，而且在国际上被视为中国改革开放进程中最为引人注目的大事之一。与开发前相比，浦东发生了翻天覆地的变化。如今，一个外向型、多功能、现代化的新城区，已经展现在世人的面前。浦东开发开放不只是经济发展，更是社会各个方面的全面进步。

第一节 浦东新区社会经济发展的概况

一、经济持续快速增长，综合经济实力迈入新台阶

在浦东开发开放后，浦东的经济社会取得了巨大的发展。经济持续快速增长，浦东新区已经成为了上海和长江流域经济发展中新的增长极。浦东新区的地区生产总值由1990年的60.24亿元增加到2008年的3150.99亿元，增加了约52倍。在浦东开发开放的20年中浦东新区地区生产总值的年均增长速度超过18%，远远高于上海市地区生产总值增长的平均指标。浦东新区地区生产总值占上海市生产总值的比重由1990年的10%提高到2008年的23%。在其他经济领域上浦东新区也取得了巨大进步。1990年浦东的社会固定投资额、社会商品零售总额分别为14.15亿元和14.28亿元，而到2008年分别增长到872.68亿元、526.89亿元，分别增加了约62倍和37倍，占上海市的比重也由原来的8%、6%提高到2008年的约18%、12%。在"十五"期间，

浦东新区全社会固定资产投资五年累计完成 2951 亿元，占浦东开发开放以来固定资产投资总量的近一半。浦东新区的财政实力迅速增强。2008 年浦东新区的财政总收入为 1042.44 亿元，是 1993 年的 93 倍多，占上海市财政收入的 13%。[1]

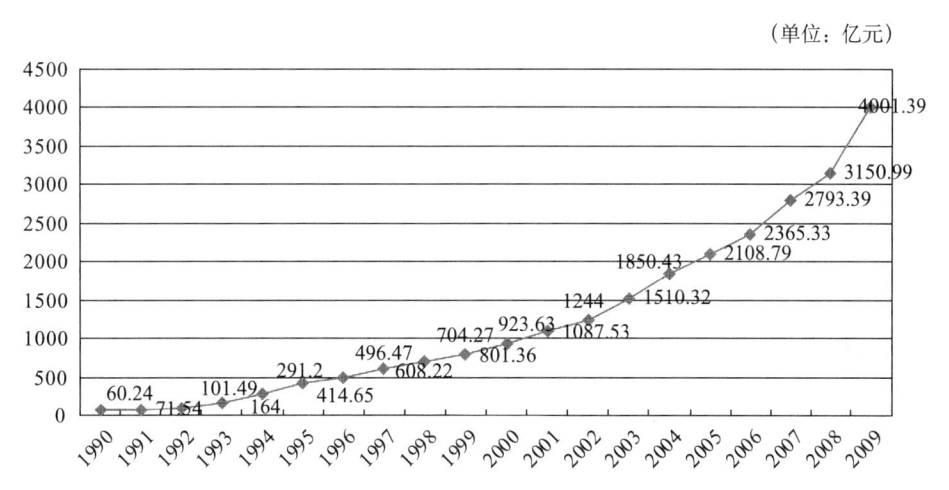

图 6-32-1　浦东新区各年份 GDP

（单位：亿元）

年份	GDP
1990	60.24
1991	71.54
1992	101.49
1993	164
1994	291.2
1995	414.65
1996	496.47
1997	608.22
1998	704.27
1999	801.36
2000	923.63
2001	1087.53
2002	1244
2003	1510.32
2004	1850.43
2005	2108.79
2006	2365.33
2007	2793.39
2008	3150.99
2009	4001.39

资料来源：《浦东统计年鉴》（中国统计出版社，1993—2009）、上海市浦东新区人民政府 2009 年统计月报（http://www.pudong.gov.cn/website/html/shpd/XX200912/Info/Detail_298609.htm）。
说明：浦东新区 2009 年 GDP 含原南汇区数据。

产业结构体现了浦东新区的功能定位。上海浦东的开发开放具有全方位、多领域、高起点的特征，它肩负着推动上海成为国际经济、金融、贸易中心之一，带动长江流域经济腾飞的重要使命。这些都决定了浦东新区在开发战略上要大力发展现代服务业，注重塑造以金融、商贸等第三产业群为支柱的现代化国际中心城市功能。与浦东新区开发开放前相比，三次产业的量都有了空前的进步。浦东新区三次产业的变化不仅体现在绝对量的变化上，更重要的是体现在三次产业的构成比例上。经过 20 年的开发开放，浦东新区的经济结构基本体现了浦东新区的功能定位。以现代服务业为主要内容的第三产业迅速增长，第三产业增加值由 1990 年的 12.13 亿元增加到 2008 年的 1714.86 亿元，增加了约 141 倍，第三产业在地区生产总值的比重由 1990 年的 20% 提高到 2008 年的 54.40%。第一产业和第二产业占地区生产总值所占的比重分别

---

[1] 《上海浦东新区统计年鉴》，中国统计出版社 2010 年版；《上海统计年鉴》，中国统计出版社 2010 年版。

由 1990 年的 3.70%、76.20% 下降到 0.20% 和 45.40%。[1]

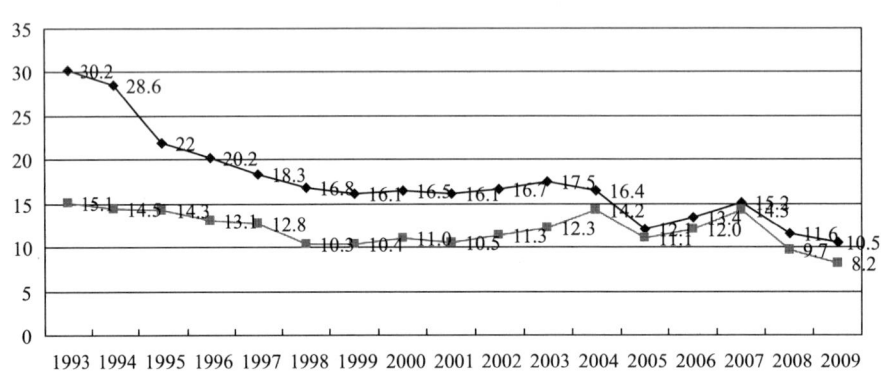

图6-32-2　浦东新区和上海市GDP增长率比较（%）

资料来源：《浦东新区统计年鉴》（中国统计出版社 2009 年版）、《上海统计年鉴》（中国统计出版社 2009 年版）、《2009 年上海市国民经济和社会发展统计公报》、《2009 上海市浦东新区人民政府公报》。
说明：浦东新区 2009 年 GDP 增长率含南汇区数据。

图6-32-3　1990、2009年浦东新区和上海市GDP比较

（单位：亿元）

资料来源：《浦东新区统计年鉴》（中国统计出版社 2009 年版）、《上海统计年鉴》（中国统计出版社 2009 年版）、《2009 年上海市国民经济和社会发展统计公报》、《2009 上海市浦东新区人民政府公报》。
说明：2009 年浦东新区的 GDP 含原南汇区。

---

[1] 资料来源：《上海浦东新区统计年鉴》，中国统计出版社 2009 年版。

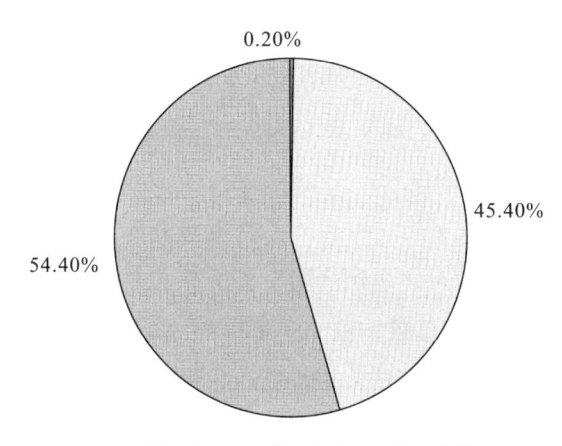

图 6-32-4　2008 年浦东新区地区生产总值三次产业构成

0.20%
45.40%
54.40%

■第一产业　□第二产业　■第三产业

资料来源：《上海浦东新区统计年鉴》，中国统计出版社 2009 年版。

在产业结构调整的同时，浦东新区也实现了产业升级，现代制造业已经崛起。浦东开发初期，石油化工、黑色金属冶炼及压延加工、纺织、交通运输设备制造、建材五大行业的产值占全部产值的 63.58%。主导产业是钢铁、石化和纺织业。根据罗斯托的起飞理论，浦东新区的产业形态和生产水准均相当于工业化前期。而目前的主导产业是汽车、电子信息产品、成套设备制造等产业，对应于罗斯托理论中所说的由"高度群众消费阶段"向"追求生活质量阶段"过渡的阶段。轻重工业的比重已从 1996 年的 1∶1.45 调整为 2008 年的 1∶4.28，浦东已迅速地从工业化的初级产品阶段进入传统工业化末期阶段。自浦东开发开放以来，通过对内对外开放，加快了金融、贸易、会展、旅游、现代物流等传统服务业和现代服务业的发展，为将上海建成国际经济、金融、贸易和航运中心奠定了基础。在浦东开发开放以前，浦东服务业比较落后，以商业、贸易、餐饮、娱乐等传统服务业为主，而金融保险、会展、旅游、现代物流等现代服务业几乎是空白。经过若干年的开发开放，浦东的现代服务业已经取得了很大的发展。以现代服务业为核心的第三产业占 GDP 的比重已经达到 22% 以上。[1] 其中金融、物流和会展等现代服务业最为突出。

---

[1]　《上海浦东新区统计年鉴》。

二、现代化城市综合功能不断增强

浦东新区自开发开放以来一直贯彻小区开发和产业开发相结合的战略，着重提升浦东的功能定位。自开发以来，浦东新区以四个国家级开发区为主要载体，深入推进功能开发，城市综合功能不断提升。

"金融聚焦"战略加快实施。中国外汇交易清算所、中国人民银行上海总部、中国外汇交易清算所、证监局、中国金融交易所等重大功能性金融机构相继入驻浦东，2009年中外资金融机构总数达到603家左右，外资法人银行17家，约占全国的一半，资产总量约占全国外资法人银行资产总量的80%；金融发展环境优化，陆家嘴金融城建设加快，上海金融仲裁院成立，规划并启动"金融城"扩容和二层步行连廊建设。"聚焦张江"战略不断深化。创新资本集聚，在2007年以近5.1亿元政府引导基金引导带动了71亿元风险投资，推进了19家共20个项目开展知识产权质押融资担保试点；创新成果日益显现，2009年高技术产业产值完成1767.18亿元，增长9.0%，占新区工业产值比重25.1%。研发（R&D）投入占生产总值比重预计达到3%左右。专利申请总量达到14645件，发明专利占36.7%。张江科学城中区建设启动，医疗器械产业园一期工程完成。物流口岸功能进一步拓展。空港和海港基础设施及物流园区建设积极推进，第三方物流企业集聚，外贸进出口额和外高桥港区集装箱吞吐量大幅增长。商业会展旅游功能联动发展。重大会议、展览、旅游活动等使商务客流不断增加，促进了新上海商业城等主要大型商场、主要景点、宾馆、旅行社以及餐饮企业营业额增长，2009年商品销售总额和社会消费品零售总额分别为5905.20亿元、859.63亿元。2009年会展总面积和旅游总收入分别达到370万平方米和65亿元。[1]

三、外向型经济能级全面提升

浦东新区自开发以来着重发挥对外开放的先行优势，内外资投资强劲，内外贸易增长迅猛，外向型经济层次全面提升。外贸进出口额由1993年的25.92亿美元增加到2009年的1389.89亿美元，增加了48倍。与1993年相比，浦东新区的外向型经济在

---

[1]《2010上海市浦东新区人民政府公报》。

上海市的地位也大幅提高。以对外贸易为例,浦东新区的进出口额占上海市进出口总额的比重由 1993 年的约 20% 上升到 2009 年的 50%。在招商引资方面,浦东新区也成效显著。截止到 2007 年底,浦东新区注册外资企业 10914 家,注册资本 228 亿美元。

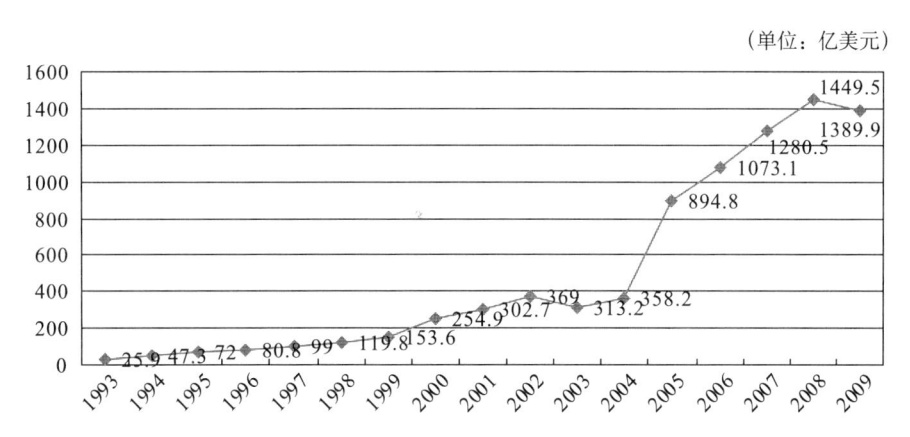

图 6-32-5　浦东新区进出口总额

(单位:亿美元)

年份	金额
1993	25.9
1994	47.3
1995	72
1996	80.8
1997	99
1998	119.8
1999	153.6
2000	254.9
2001	302.7
2002	369
2003	313.2
2004	358.2
2005	894.8
2006	1073.1
2007	1280.5
2008	1449.5
2009	1389.9

资料来源:《上海浦东新区统计年鉴》(中国统计出版社,1994—2009)、《2009 上海市浦东新区人民政府公报》。

其中在"十五"期间,浦东新区共吸引外商直接投资项目约 7000 个,累计吸引合同外资超过 164 亿美元,占全市的 30% 左右,外商直接投资实际到位资金超过 108 亿美元,占全市的 40%。招商引资层次提升,"总部经济"大量集聚。2007 年引进通用汽车亚太总部、马自达(上海)管理总部、国家外包服务研究中心等一批国内外企业总部,截止到 2009 年末,经认定的跨国公司地区总部达到 135 家,占全市的一半以上。同时,国内经济合作取得丰硕成果,"十五"期间累计引进国内大企业总部 28 家,国内投资项目 3600 多个,注册资金 360 多亿元。到"十五"期末,累计有 9000 多家国内企业入驻,并以浦东为"窗口"和平台,扩大国内市场,走向国际市场。在 2009 年吸引合同外资 55.29 亿美元,约占全市的 42%,其中第三产业合同外资比重达到 80%,企业增资比重达到 80%。实际到位资金 39.08 亿美元,占全市的 36% 以上。[1]

---

[1]《2009 年上海市国民经济和社会发展统计公报》、《2009 上海市浦东新区人民政府公报》;《浦东统计年鉴》(中国统计出版社 2007)、《浦东新区政府工作报告》(http://www.pudong.gov.cn/attach/infoattach/2008-06-0594097/2008-06-05620.doc# 二)。

图6-32-6 浦东主要年份外商合同投资额

(单位：亿美元)

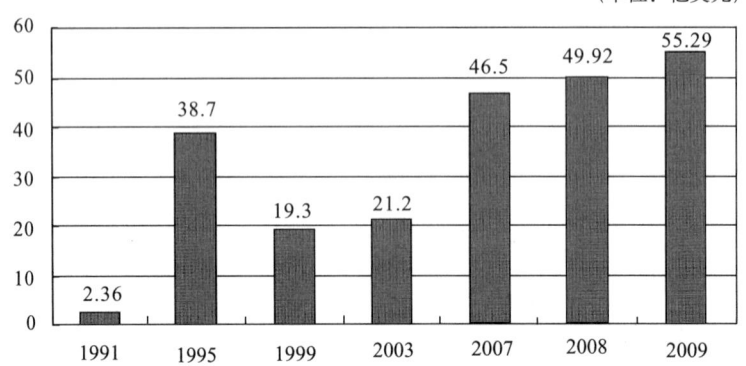

年份	1991	1995	1999	2003	2007	2008	2009
金额	2.36	38.7	19.3	21.2	46.5	49.92	55.29

资料来源：《上海市浦东新区统计年鉴》（中国统计出版社，1993—2009）、《上海市浦东新区人民政府公报》2010年第1期，http://www.pudong.gov.cn/website/html/shpd/201001/list/list_0.htm。

四、现代化城区形态初步形成

在开发开放前浦东新区基础设施落后，在开发开放后浦东新区一直保持城市建设高强度、大规模投入，至2008年已经累计基础设施投资达2209.34亿元。以"三港"、"四网"为核心的城市功能性、枢纽型、网络化基础设施体系不断完善。浦东国际机场成为全国唯一拥有两条跑道的机场，外高桥港区完成五期建设，复兴东路隧道、大连路隧道、卢浦大桥等越江工程建成通车，轨道交通建设不断加快，区内道路系统日趋完善。城市生态环境进一步优化，2008年园林绿地面积达到8923.84万平方米，城区绿化覆盖率达37%以上，人均公共绿地达24.25平方米，成功创建国家园林城区、卫生城区、全国无障碍设施建设先进区，顺利通过国家环保模范城区检查验收，九段沙被列为国家级湿地自然保护区。为推动新区航空港、轨道交通网、世博重点区域道路网的全面建设，2008年浦东新区城市基础设施投资加大，全年城市基础设施完成投资311.3亿元，同比增长32.7%；2009年浦东新区城市基础设施投资490.77亿元，同比增长33%。其中，2008年和2009年完成各类世博基础设施项目固定资产投资额23.33亿元和21亿元。[1]

---

[1] 资料来源：《浦东统计年鉴》，中国统计出版社2009年版；《2009年浦东新区全社会固定资产投资情况》（http://www.pudong.gov.cn/website/html/shpd/XX200912/Info/Detail_298607.htm）。

图6-32-7 浦东新区基础设施累积投资额

(单位：亿元)

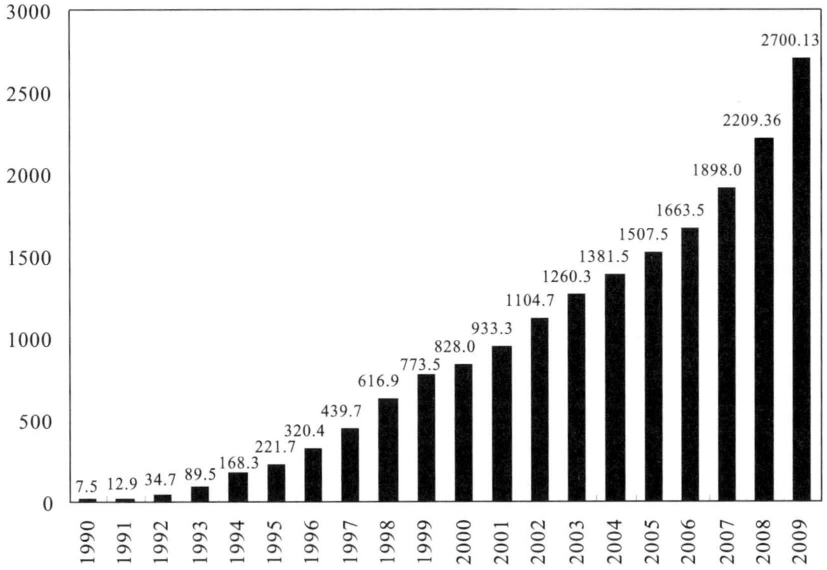

年份	金额
1990	7.5
1991	12.9
1992	34.7
1993	89.5
1994	168.3
1995	221.7
1996	320.4
1997	439.7
1998	616.9
1999	773.5
2000	828.0
2001	933.3
2002	1104.7
2003	1260.3
2004	1381.5
2005	1507.5
2006	1663.5
2007	1898.0
2008	2209.36
2009	2700.13

资料来源：《上海浦东新区统计年鉴》（中国统计出版社，1994—2009）、《2009年浦东新区社会固定资产投资情况》，http://www.pudong.gov.cn/website/html/shpd/XX200912/Info/Detail_298607.htm。

第二节 浦东新区的金融业的发展

一、发展金融产业与浦东开发开放

恢复上海的国际金融中心地位是浦东开发开放的一个重要战略目标。开发前的浦东金融保险业则处于刚刚萌芽阶段，因此。发展浦东的金融业，把浦东建设成为金融机构的集聚地和金融交易中心具有很强的挑战性。在浦东开放之初，邓小平就说过："金融很重要，是现代经济的核心。金融搞好了，一着棋活，全盘皆活。上海过去是金融中心，是货币自由兑换的地方，今后也要这样搞。中国在金融方面取得国际地位，首先要靠上海。那要好多年以后，但现在就要做起。"[1] 1992年10月，江泽民同志在党的十四大报告上专门提到了要以上海浦东开发开放为龙头，进一步开放长江沿

---

[1]《邓小平文选》第3卷，第366页。

岸城市，尽快把上海建成国际经济、金融、贸易中心之一，带动长江三角洲和整个长江流域地区经济的新飞跃。这实际上是在党的代表大会上确定了浦东开发和上海振兴的战略目标。在党的代表大会报告中具体部署一个城市的经济建设，这还是第一次。

二、建设金融中心核心功能区的战略思路

全球金融中心的形成都有其特定的地理、经济、政治和文化背景，但它们的一个共同特征就是它们都是金融机构或金融机构主要客户总部或运营中心的集聚地。从全球主要金融中心形成的路径看，首先是从事金融机构服务的公司的总部或区域总部先在某一空间集聚，然后金融机构进驻后又会进一步引来全球性公司的核心机构。金融机构集中在一起，能够促进金融交易的集中和金融机构之间与金融机构的服务对象之间信息的流动，以及在各种机构之间信息流动和交易中形成具有影响力的金融商品价格。

国际金融中心的命运基本上取决于金融业务与金融机构的空间集聚效应，集聚程度越高，金融中心在未来胜出的可能性越高。时至今日，欧洲金融专家还坚持认为，金融中心的集聚效应主要体现在跨地区支付效率的提高和金融资源跨地区配置效率的提高。因为单一金融中心的效率类似于增加单一法币的效用，每个地区在对外收付时，并不分别与其他地区进行结算，而是与单一金融中心进行结算。如此一来，银行业和金融中心履行着交易媒介功能和跨区域的价值储藏功能。

中国是一个发展中国家，与发达国家相比，金融市场很不完善，市场化程度比较低，现代的金融业非常落后，因此单靠市场自发的作用很难在短时间内建设成一个具有全球影响力的金融中心。政府一方面要积极地培育金融市场，更多地发挥市场对金融资源的配置作用，另外一方面要采取非均衡的发展战略，在金融中心的建设上采取在具有特定竞争优势的某一空间优先发展的战略，对该区域的金融中心建设给予积极的扶持。

为促进浦东的金融中心核心功能区的建设，中央采取了各种扶持政策。早在浦东开发开放的初期，四大国有商业银行就在浦东设立了分行，同一个城市拥有两家分行，这在全国范围内也是唯一的。在"九五"和"十五"期间，中央还给予浦东部分金融功能开放政策。例如，允许外商投资金融服务业；允许外资金融机构在上海浦东经批准经营人民币业务；允许浦东和深圳先行试点离岸金融业务；批准上海期货交易所创新交易品种。中心扶持浦东新区金融中心核心功能区的政策提高了浦东对外开放

的层次，为浦东金融业建设注入了无穷的活力。上海市和浦东新区也积极创造条件，改善软硬环境以适应浦东金融功能开发的需要。在硬件上面，鼓励银行和保险公司投巨资加快基础设施建设，建设机构办公的大厦和通讯设施。在软件上，发挥中央给予的先试先行的政策优势，进行了一些制度创新，如创新金融工具。

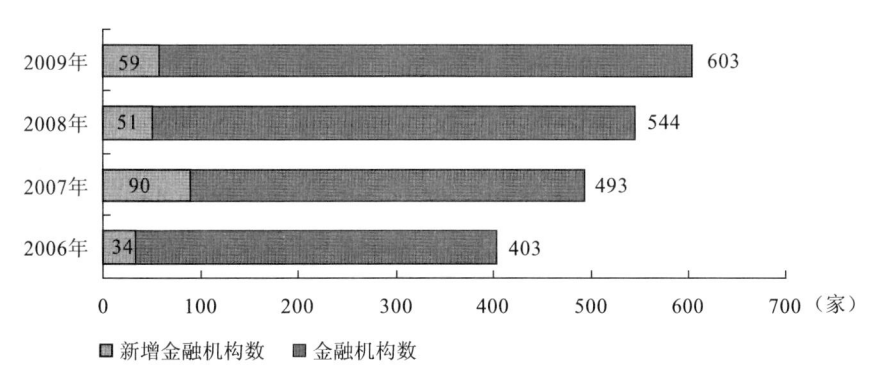

图6-32-8 浦东新区金融机构数增情况

年份	新增金融机构数	金融机构数
2009年	59	603
2008年	51	544
2007年	90	493
2006年	34	403

资料来源：《上海市浦东新区人民政府公报》2010年第1期，http://www.pudong.gov.cn/website/html/shpd/201001/list/list_0.htm。

表6-32-1 2009年浦东新区金融机构集聚情况

机构类型	集聚情况
外资法人银行	●外资法人银行17家，约占全国的一半；资产总量约占全国外资法人银行资产总量的80% ●南洋商业银行迁入浦东，日本三井住友和法国东方汇理法人化改制完成
资产管理机构	●基金管理公司28家，约占全国的一半；基金管理公司管理的资产约9000亿元，占全国的36% ●纽银梅隆西部基金、富安达、英杰华等三家基金公司落户工作积极推进 ●平安等五家保险资产管理公司管理近万亿资产，占全国保险业资产的43%
券商直投企业	●国泰君安、申银万国、中银国际和国元证券四家券商先后在浦东设立直投公司
功能性机构和配套机构	●证监局进驻浦东，市再担保公司、期货保证金监控中心上海总部、新华08、支付宝、联通支付等功能性机构相继设立

资料来源：《上海市浦东新区人民政府公报》2010年第1期，http://www.pudong.gov.cn/website/html/shpd/201001/list/list_0.htm。

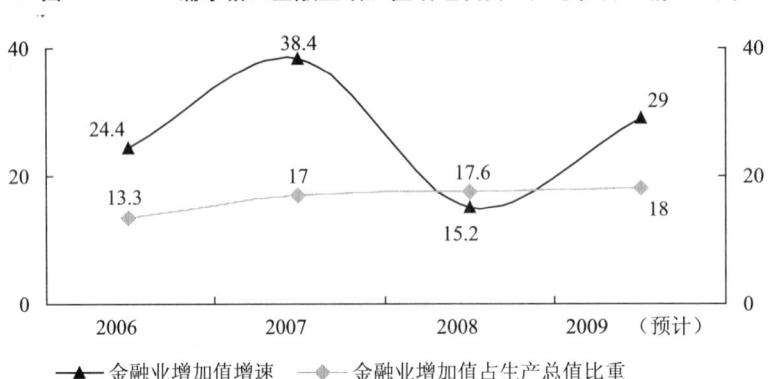

图6-32-9 浦东新区金融业增加值增速及占生产总值比重情况（%）

资料来源：《上海市浦东新区人民政府公报》，2010年第1期，http://www.pudong.gov.cn/website/html/shpd/201001/list/list_0.htm。

积极吸引金融机构入驻。1995年，中国人民银行上海分行应浦东新区管委会的要求，在陆家嘴建立分行大厦。在中国人民银行于浦东设立分行的影响下，富士银行、汇丰银行、花旗银行、瑞士丰泰保险等外资相继入驻浦东。1997年上海证券交易所入驻浦东，极大地促进了浦东金融业的发展，各种证券服务行业大量迁入浦东。特别是在1999年《证券法》实施后，许多证券公司把总部迁往浦东新区。2005年8月10日，中国人民银行上海总部正式挂牌成立，上海总部设立在上海浦东新区陆家嘴中心区域，先期在浦东新区陆家嘴181号的现人民银行上海分行大楼办公。截止到2009年，浦东拥有603家金融机构，约占上海金融机构总数的80%。[1] 其中包括花旗银行、汇丰银行、渣打银行、劳合社等一批知名的跨国金融机构，也包括中国工商银行、中国银行、中国建设银行、国家开发银行、交通银行、浦东发展银行、太平洋人寿、东方证券等一批重量级中资金融机构。浦东拥有人民银行征信中心、建设银行信用卡中心、交通银行数据处理中心等20多家金融机构总部级的业务中心，还拥有指数公司、货币经纪公司、汽车金融公司等一批新型金融机构。在新兴金融产业领域，15家外商投资股权投资管理公司获批注册，全球前十大私募基金中的黑石、贝恩和安佰深相继落户。陆家嘴金融城建设抓紧推进，上海船厂地块、上海中心等一批功能性项目加快建设。2007年5月，《上海浦东金融核心功能区发展"十一五"规划》中首次出现

---

[1] 上海浦东新区人民政府网站：http://www.pudong.gov.cn/attach/infoattach/2008-06-0594097/2008-06-05620.doc# 三。

"陆家嘴金融城"概念。"国家战略、上海聚焦、浦东实施"成为陆家嘴金融城的官方定位，并通过小陆家嘴东扩规划将这一功能区的地理面积从 1.7 平方公里最终扩大至 28 平方公里。

三、浦东的金融体系日趋完善

自开发开放以来，浦东就非常重视金融市场体系建设，浦东充分利用"先试先行"的政策优势、开放活跃的市场环境，吸引了多家国家级金融交易所入驻浦东，使浦东成为金融资金交易的主要场所，浦东新区目前集聚着证券、期货、金融衍生品、产权等国家级和市级金融要素市场，市场层次丰富，市场容量不断增大，金融要素市场体系在国内最为完善。具体来讲，这些证券交易所包括：上海证券交易所、上海期货交易所、中国金融交易所、上海联合产权交易所、上海钻石交易所以及上海华通铂银交易市场等。上述提供金融交易服务的机构以"立足上海、服务全国、面向世界"为宗旨，在规范运作、功能开发方面进行了积极且富有成效的探索，为上海建设国际金融中心作出了很大贡献。

2009 年上海 IPO 金额与证券交易额超过伦敦处于全球第三位。2009 年上海证券交易所股票市值达 27047.8 亿美元，证券交易额达 50619.8 亿美元，超过东京证券交易所、伦敦证券交易所、香港证券交易所、新加坡证券交易所，成为美国纽约证交所和美国纳斯达克证交所之后的世界第三大证券交易所[1]。

与此同时，上海期货交易所成交量也在 2009 年达 4.35 亿手，同比增幅 210%，处全球第一位。

2009 年 4 月 8 日，股指期货正式在中国金融交易所启动，此举是中国适应国民经济发展内在需要，对资本市场体系的一次重大制度创新。股指期货上市有助于完善浦东的金融市场体系和结构，建立多层次的资本市场体系，增强浦东金融中心的服务能力，有助于加快浦东的金融集聚，吸引金融机构、人才、资金和信息汇集，进一步巩固和增强浦东作为金融中心区的竞争力和国际影响力。

---

[1] 李茜：《上海凸现国际金融中心竞争力，话语权仍待加强》，《上海金融报》2010 年 4 月 9 日。

四、上海金融中心建设面临的威胁和机遇[1]

浦东开发开放以来，浦东金融业由弱到强，不断发展壮大，已成长为浦东的核心产业，为上海国际金融中心建设作出了重要贡献。首先，浦东新区已经成为与国际金融业接轨的重要窗口和金融功能充分发挥的平台。随着市场的完善和金融机构的集聚，浦东提供的金融服务和产品种类不断增加，从个人理财产品到再保险服务，门类非常齐全。浦东的金融机构可以提供投资基金、信托基金、境外投资产品（QDII）等个人理财产品，股票、债券、资产证券化产品、指数期货产品等直接投资产品，人寿保险、财产保险、农业保险、再保险等保险产品，能为企业融资提供包括贷款服务、上市服务、风险投资、中小企业政策性贷款服务等在内的全面金融服务。浦东成为金融功能最全面，展示最集中的平台。其次，浦东新区已经是金融前后台联动的先发区。除了金融机构总部在陆家嘴金融贸易区集聚外，浦东在张江地区建设了银行卡产业园，目前已引入了中国银联产业发展基地、平安保险全国后援中心、交通银行数据处理中心、中国银行信息中心、招商银行信用卡中心、中国人民银行支付系统上海中心、上海期货交易所数据中心和金融衍生品研发中心等项目，金融后台优势逐步显现，与陆家嘴金融贸易区遥相呼应，形成了金融前后台较为完整的产业链条。在金融服务方面，为积极促进金融机构及其功能在浦东的集聚，新区与金融监管部门、金融机构建立了密切联系，及时跟踪与了解金融机构对金融服务的需求。2006年新区为金融监管部门、劳合社、中保控股等多家机构的选址、办公楼宇建设、改扩建、自主确定工资水平等方面提供了全面服务。新区还积极配合外资银行法人化，做好协调服务工作。2006年12月11日，中国银行金融服务业向外资银行全面开放，中国银监会鼓励外资银行根据在华机构和业务发展需要，将原来在我国设立的分行转制到新设立的法人银行之下。这项政策是浦东集聚金融资源的重大机遇，新区积极配合中国银监会和市有关部门做好外资银行的调研、沟通和协调工作。

浦东具备加快发展金融业的有利条件。世界经济格局变化正在对国际金融中心布局产生重要影响，亚太地区主要金融中心的不确定性，形成了上海、香港、新加坡等城市互相竞争的局面。在此形势下，我国经济持续较快发展，资金需求和供给

---

[1] 本部分资料来源于相关地区和部门的统计年鉴。

快速增长，总体经济规模迅速扩大，为上海崛起成为国际金融中心和浦东金融核心功能区加快发展提供了现实支持；金融体制改革进一步深化，人民币汇率形成机制改革和利率市场化改革稳步推进，宏观调控和金融监管手段逐步市场化，为市场体系完善、市场化程度高、市场竞争力强的浦东金融核心功能区提供了巨大发展空间；对外开放进一步扩大，参与全球经济一体化的进程加快，进出口贸易持续较快增长，以跨国产业转移为目标的外国直接投资方兴未艾，为浦东扩大资金集聚效应和加速国际金融业务增长提供了宝贵的发展机会；国务院批准浦东进行综合配套改革试点，允许浦东就我国金融体制改革的难点问题先行先试，人民银行上海总部落户浦东，金融监管部门对浦东金融业发展的大力支持，为浦东金融核心功能区加快发展提供了良好的体制环境。

上海国际金融中心建设虽然取得了一定成效，但是，与纽约、伦敦、香港、新加坡等国际金融中心相比，浦东金融核心功能区的发展水平仍然处于初级、低水平阶段，基础还不牢靠，发展还不全面。无论是金融机构的集聚数量、规模、能级，还是金融服务功能，尤其是金融产品和市场功能的开发，同纽约、伦敦等国际金融中心城市相比，均有很大差距。以香港为例，作为亚洲第二的国际金融中心，香港实施低税制，法制健全，拥有庞大的高素质国际金融人才库，营造出自由、灵活、安全、方便的金融环境，外资金融机构进入数量和参与程度更是超过东京，居亚洲首位。

浦东金融核心功能区发展面临诸多体制机制性障碍，其中金融税收的分配体制、引进人才的管理体制、优质教育资源的使用机制等方面存在的问题，客观上制约着浦东对金融业发展的扶持力度。金融发展环境的瓶颈制约逐步显现，陆家嘴地区现有楼宇供应不能满足金融机构快速增长的需要，供需矛盾短期内难以解决，商务运营成本相对偏高等，削弱了浦东金融业发展的竞争力，金融法制建设和金融信息环境还需要进一步强化和改善，高端金融人才资源稀缺，难以为金融创新提供智力支持。浦东金融核心功能区发展的推进机制亟待改进，政府负责协调促进金融业发展的职能部门在定位层次、资源配置和功能设置等方面存在很多不足，在一定程度上影响金融业的快速发展。同时，上海建设国际金融中心的国内竞争压力加大，国内金融资源在区域之间的流动和配置加快。

北京最大的优势是天然拥有上海无法比拟的金融资源。北京是全国的金融决策监管中心和全国的资金调度中心，中国人民银行、银监会、保监会的总部都设在北京，更重要的是中国银行、工商银行、建设银行、农业银行和国家开发银行、中信银行、民生银行、华夏银行、光大银行等银行的总部都集聚在北京,目前各银行正分别着手建立统一数据库。以后各银行逐步将资金集中到总部统一运行,中国银行业资金总量有近八成集中到北京,这笔巨大的资金量将仅次于东京,居亚洲第二。中国人寿、中国人保、中国再保险三大保险公司的总部设在北京,使中国保险业有三分之二的资金在北京运作。此外,总部设在北京的国有企业控制着全国国有资产总量的一半以上,这些企业运作的庞大资金流,增强了北京的金融资源优势。

在发展规划上,北京市提出以金融街建设推动北京金融中心城市的形成,依靠雄厚的金融资源优势,构建全国性金融管理控制中心、支付结算中心、批发业务中心、资金调度中心、信息中心、中介服务中心。北京市金融业的发展规划和上海的金融中心建设存在很强的竞争性。上海建设国际金融中心虽然是一项国家战略,但并不意味着上海对全国金融资源享有优先权,上海必须紧紧抓住机遇,充分利用自身的优势。中国是一个大国,有一个金融中心是不够的,最理想的未来是,北有北京,中有上海,南有香港。它们能在不同的地理位置上服务不同的国际对象,并形成不同的金融特色,使它们互补共生。

上海的优势主要是市场优势和经营优势。上海已形成较为成熟完善的金融市场和生产要素市场体系,拥有一大批熟悉业务的金融经营与管理人才,金融市场运作管理较规范而且同国际接轨,国有商业银行的优质资产也主要集中在上海,上海曾经是远东地区的国际金融中心,在当代又处于中国经济发展最快的长江三角洲的核心地位,有着巨大的市场空间与发展腹地。另外,上海还具有潜在的优势。浦东作为中国改革开放的前沿,在制度创新、功能性政策先行先试方面,始终得到中央政府的大力支持。这也是上海巩固国内金融中心地位,稳步地向国际金融中心迈进的强大引擎。为了加快推进上海金融业发展,2003年,上海市政府制订了《推进上海国际金融中心建设行动纲要》,确定了"五年打基础、十年建框架、二十年基本建成"的战略部署,即2005年进一步巩固国内金融中心的地位,2010年形成国际金融中心的框架体系,2020年基本建成国际金融中心之一,明确提出2020年将上海基本建成亚太地区国际金融中心之一,并开始向世界级国际金融中心迈进的战略目标。《行动纲要》在对上海国际金融中心建设面临的形势作基本判断的基础上,对上海国际金融中心建设的战略途径、金融业发展的主要行动进行了规划与部署。

上海推进国际金融中心建设,浦东的地位和作用至关重要。浦东陆家嘴金融贸易区作为目前我国唯一以"金融贸易区"命名的开发区,是上海国际金融中心的核心功能区，这一功能区金融业的发展规模和水平，将直接影响到上海国际金融中心建设的进程。2005年4月6日，新区政府公布了《2005—2007年浦东新区发展现代服务业三年行动纲要》，提出了以金融业带动现代服务业发展的纲领性总体思路。

在《浦东金融核心功能区发展"十一五"规划》中进一步明确了浦东建设上海国际金融中心核心功能区的战略目标："建设金融中心的国家战略和上海金融业发展'聚焦浦东'的重大部署，'十一五'期间，浦东金融核心功能区发展的总体目标是：'三个集聚、三个先行'，即金融机构、金融资金、金融人才集聚的核心地区，金融创新、金融标准制定、金融生态环境的先行地区。通过五年的努力，使浦东金融核心功能区金融机构高度集聚，达到国际新兴区域性金融中心水平；相对完善的金融体系基本形成，多层次的金融市场进一步发展，成为国内资金运用的中心；高素质金融人才队伍进一步壮大，成为国内高端金融人才高地；金融创新的活力和动力显著提升，成为中国金融业改革和创新的主要发源地；金融生态发展环境更加优化，基础设施持续改善，金融服务水平全面提升，成为中国金融的标志性品牌；各类金融业务平台、信息平台、研究平台集聚，成为金融业务标准、信息标准、执业标准等的制定中心。2010年，浦东金融核心功能区金融机构数量力争超过600家，金融从业人员超过20万，金融业占全区生产总值的比重超过18%。"

与此同时，一个由央行、银监会、证监会、保监会、上海市政府和浦东新区政府共同参加的"5+1"磋商机制正在紧张酝酿之中。其目的是构建地方政府与国家各金融管理部门之间顺畅的沟通渠道，统筹考虑上海金融中心建设与当前分业经营、分业监管的关系，按照国际通行惯例弥补上海金融市场所缺少的基本要素，对上海国际金融中心建设的功能定位与发展模式等进行明确的规划，定期研究与安排相关金融政策与试点改革方案。

第三节 浦东新区工业及服务业的发展

一、浦东新区的工业发展

（一）浦东工业的发展概况

经过近20年的开发，浦东依靠外资的导入和高新技术的渗透，工业体系的层次和质量都有了很大提高。和深圳、海南等早期建立的特区相比，浦东新区开发前已经有了一定的工业基础，开发开放又使浦东新区的工业取得了长足的发展。2008年浦东新区的工业总产值为5649.22亿元，约为1990年的32倍。浦东新区工业生产保持如此高速的增长，主要依靠内外资的大量引进。内资主要来自中央、部属及上海市属企业的东迁。

表6-32-2　浦东新区主要年份工业总产值及其构成

（单位：亿元）

类别	1990	2000	2004	2005	2006	2007	2008
总计	176.85	1635.77	3519.71	4242.47	4758.76	5188.12	5649.22
轻工业	72.08	514.58	764.94	825.40	878.66	952.26	1070.62
重工业	104.77	1111.19	2754.77	3417.07	3880.10	4235.86	4578.6
国有	110.18	275.85	358.04	550.18	573.84	662.21	679.71
集体	49.09	70.91	49.09	38.67	36.87	34.89	31.60
外商投资	7.07	1012.34	2461.66	2632.70	2980.46	3001.98	3088.54
其他	10.51	266.67	650.92	1020.92	1167.59	1489.04	1849.37

资料来源：《上海浦东新区统计年鉴》（中国统计出版社2009年版）。

伴随浦东新区产业结构的调整和优化，工业在GDP中的比重不可避免地下降。浦东制造业发展的轨迹基本符合产业演变的规律，在制造业在已有基础上，内部结构的层次有了很大提升。表现为：1.轻重工业的比例变化比较合乎经济规律，重工业比重上升，而且重工业中加工业和装配业的比例大幅上升；2.以纺织、食品为代表的早期工业化产业占全部工业总产值的比重不高，代表现代制造业的电子信息设备制造、交通运输设备制造等产业所占的比重较高；3.随着加工工业的发展，机电类产品的出口比重增长，原料产品的出口比重下降；4.高新技术产业等创新经济发展比较快。[1]

（二）浦东传统产业的逐渐萎缩和现代制造业的兴起

浦东开发开放以来，第二产业的总量与结构均发生了巨大的变化。现代制造业在第二产业中的比重有了大幅度的提高。先进制造业是制造业吸收信息技术、新材料技术、自动化技术和现代管理技术等高技术，并与现代服务业互动的新型产业。在1990

---

[1]　上海浦东新区人民政府网站：http://www.pudong.gov.cn/website/understandPudong/infoContent.jsp?sj_dir=2007zhjjl&ct_id=174361.

年浦东新区的工业主要以传统工业为主，石油加工业、钢铁工业、纺织行业、交通运输设备制造业是开发前浦东的支柱行业，这四个行业的产值占工业总产值的比重分别为 17.04%、14.05%、11.1% 和 9.93%，共计达 52.12%。2009 年高技术产业产值完成 1767.18 亿元，占新区工业产值比重为 25.1%。

（三）产业集群化发展

浦东新区的工业基本上是以集群的形式发展。目前已经粗略形成以下几个产业集聚区。1. 内外环之间核心制造业发展带。重点是先进制造业及高新技术产业集群。以张江高科技园区为主，形成了微电子及信息产业（国家级）、生物医药及中药产业（国家级）、光电子产业（市级）等三大高科技产业基地；以金桥出口加工区为主，形成汽车及零部件产业基地（市级）、半导体装备产业基地（市级）；以外高桥保税区及周边地区为主，形成以电子信息、造船等现代装备业为主的产业基地。2. 外环配套制造业发展圈层。围绕核心制造业发展带，发挥浦东空港优势，形成了国际业务流程外包服务集聚区。依托国家级开发园区，形成了为六大产业基地提供服务的配套制造业，即曹路镇、金桥镇的汽车及零部件配套，唐镇、合庆镇及张江镇的高科技产业配套，川沙镇、机场镇的精密电子、物流装备、航空设备及零部件配套，高桥镇、高东镇及高行镇的微电子、石油化工、船舶等装备制造业配套。3. 内环都市工业发展簇群。内环线以内及沿江地区形成了有特色、有亮点、较成熟的都市工业簇群，如时装、包装及广告设计、钻石设计加工、工艺美术旅游纪念品设计制造、印刷、食品加工等。

（四）对浦东发展现代制造业的一些建议

1. 产业选择遵循的原则。浦东制造业的发展要遵循可持续发展的原则、创新的原则、国际化的原则、市场化的原则。根据产业选择的基本原理，坚持"有所为，有所不为"的方针，结合国际制造业转移和发展趋势、浦东制造业发展的目标、在长三角和上海市的功能定位、自身的比较优势，筛选出一批带有先导性、全局性、应该优先发展的产业，继续发展一批具有竞争优势、产业关联度高的产业，确定一批发展前景不大，需要逐步淘汰或转移的产业。

2. 优先发展的产业。（1）电子信息产品制造业。浦东的电子信息产品制造业在短短的几年内已经成为第一支柱产业，对浦东产业结构的调整和经济增长发挥了重要作用。但由于该领域的技术进步很快，产品的生命周期比较短，而关键设备核心技术被引进的可能性很小，已经出现了高技术企业低附加值的情况。因此，浦东电子信息产品制造业发展的目标是消化吸收技术，稳定现有基础，适度扩大规模，加强自主创新能力。(2) 生物医药制造业。随着社会的进步和发展，人类对疾病的认知和自身健康需求，对生物医药产业不断提出更高的要求；而生命科学和生物技术的进步和广泛利用，为生物医药制造业的发展开辟了广阔的空间。世界各国都把生物医药产业视作前沿技术，张江也将其列为重点发展的产业，并已集聚了一批研发机构和具有高新技术的制造公司，具备了发展生物医药制造业的基础和条件。

3. 继续发展的产业。(1) 汽车船舶等成套设备制造产业。以信息技术改造提升传统产业，提高装备智能化水平，优化工艺流程。重点提高汽车产业核心竞争力和国际经营能力。以上海通用等整车生产企业为核心，形成集整车与零部件生产、汽车研发与技术服务等为一体的汽车产业集聚区。支持汽车配套产业的发展，形成高起点、大批量、辐射力强的乘用车产业链。重点发展中级、中高级和豪华系列乘用车，继续发展汽车零部件产业，提升汽车零部件开发、汽车装备开发、汽车模具开发等高端研发设计能力。以外高桥等造船基地为主体，继续加大技术改造力度，提高大型船舶制造能力，适度发展船舶配套工业，逐步发展高附加值游艇制造业，形成造船综合实力，进一步提升浦东船舶产业基地的竞争力和影响力。大力发展半导体装备产业，力争初步建成国家半导体装备产业基地。争取建设汽车集成计算工程平台，重点发展清洁能源汽车电子产品、车载信息系统、汽车电子芯片、传感器、车身附件电子等基础器件等。(2) 石化及精细化工产业。依托高桥石化、巴斯夫等重点石化企业，不断提升石化行业国际竞争力。注重原油加工结构调整和设备升级换代，在降低成本和能耗的同时提高产品质量，减少对环境的污染。同时，利用现有优势，加强技术研发，大力发展市场前景好、附加值高、成本低、污染少的精细化工产品。

4. 逐步转移或淘汰的产业。(1) 污染、治污效果不好、治污成本太高的产业：如纺织印染、漂洗业、农药、化工、一般造纸加工业等。(2) 原材料能耗大，土地使用效率低的产业：如低档竹木加工业、铁合金冶炼业、一般建材加工业等。(3) 设备简陋、技术含量低、无市场竞争力的产业：如部分木材加工业、普通机械制造业、食品加工业等。(4) 随着市场饱和、成本上升，失去进一步发展空间的产业，如一般家电制造业、低档信息产品制造业等。

二、浦东新区的房地产业发展

自开发开放以来，浦东新区的房地产业发展很快。房地产业对推动浦东新区的城市建设、城市化以及国民经济增长作出了重要贡献。自开发开放以来，房地产开发投资的增长很快，占固定资产的比例不断上升。1995年浦东新区的房地产开发投资额为18.26亿元，而到2008年房地产开发投资额上升到279.97亿元，是1995年的15.3倍左右。房地产投资占固定资产投资的比重也上升很快，房地产开发投资占固定资产投资的比重由1995年的6.4%上升到2008年的32%。另外在房地产投资资金来源中，外商投资占的比重高。2008年浦东新区房地产开发投资资金来源总计为554.55亿元，其中外商资金为279.79亿元，占50%。

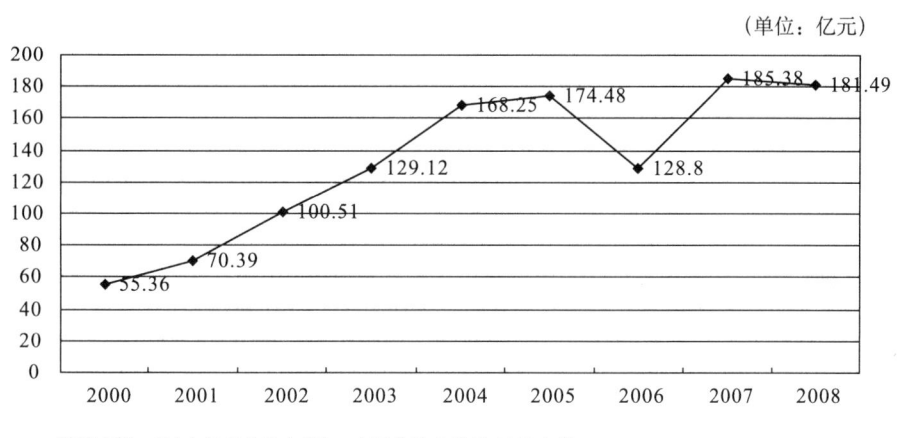

图6-32-10　浦东近年房地产业生产总值

（单位：亿元）

年份	生产总值
2000	55.36
2001	70.39
2002	100.51
2003	129.12
2004	168.25
2005	174.48
2006	128.8
2007	185.38
2008	181.49

资料来源：《浦东新区统计年鉴》，中国统计出版社2009年版。

随着经济的发展以及居民收入的提高，居民对住房的需求不断增加，特别是近些年来，由于大量的贸易顺差，我国的外汇储备年年增加，导致经济流动性过剩，由于投资渠道缺乏，大量的资金流向了楼市，实际住房的需求和投资需求一起推高了楼市价格。地方政府以发展房地产求政绩，并从土地出让金中获取了财政收入。客观地讲，房地产开发对浦东的开发作出了重要贡献，特别是在开发初期，浦东进行基础设施投资的资金困难，依靠土地的出让，浦东新区政府筹措了大量资金，并依靠筹措的资金再进行基础设施投资。但也应该看到，随着浦东可开发土地的减少，依赖土地出让和房地产开发来获取经济增长是不可持续的，而且也容易受经济周期和政府宏观调控政策的影响。从长远来看，浦东经济的发展应该更多地依赖金融、物流等现代服务业以及现代制造业的发展。

三、浦东新区的其他现代服务业发展

（一）浦东新区物流商贸业

浦东开发开放以来，坚持"金融贸易先行"的战略，商业贸易发展迅速。社会消费品零售总额增长很快，由 1990 年的 14.28 亿元增加到 2008 年的 526.89 亿元，是 1990 年的 36.7 倍。[1] 商业按照"总体布局、多层安排、区域定位"的原则，出现了布局日趋合理、结构日益完善的良好发展态势，初步形成了浦东新区的三个商业圈：城区商业圈、社区商业圈和街镇商业圈。浦东中心商业区位于陆家嘴金融贸易区，即以小陆家嘴地区、新上海商业城、竹园商贸区为代表的沿江区域；这一地区是上海中央商务区和"四个中心"建设的核心区域，也是浦东开发开放以来最具象征性、集聚力和辐射功能的地区。浦东新区中心镇的商业发展将以各自镇的区位优势、产业优势、交通优势为依托，以满足多层次、全方位、综合性消费和商务服务为宗旨，商业发展的功能定位要体现城市化建设的形象功能，实现吸纳辐射的产业功能，满足消费需求的服务功能，提升生活质量的休闲功能。总的来说，以满足与现代居住环境相适应的中高层次消费为主要方向的多层次社区商业的主要功能是服务功能、休闲功能、文化功能。

浦东新区现代物流产业自开发以来经历了快速的发展。在"十五"期间，浦东将现代物流产业定位为积极培育的四大新兴产业之一，并制定了一系列的扶持政策。经过几年的努力，浦东新区物流发展的环境逐步形成：基础设施、信息、政策三大平台建设取得显著成效；四大重点物流园区建设工作积极推进；国内外物流企业包括美国 UPS 和 Fedex、德国邮政、荷兰 TNT 等全球十大物流企业，以及丹麦马斯基、英国 P&O、美国总统轮船和香港东方海外等公司已全部进驻上海，不断促使上海现代物流整体水平的提升。现代物流产业对浦东经济增长的贡献率不断提高。从物流相关行业发展来看，近年来浦东物流业相关行业增加值不断增长，特别是 2000 年以来，物流业增幅超过新区 GDP 增幅，物流业增加值占 GDP 的比重逐年提高，对经济增长的贡

---

[1] 《上海浦东新区统计年鉴》，中国统计出版社，1991，2009。

图6-32-11 浦东新区历年社会消费品零售额

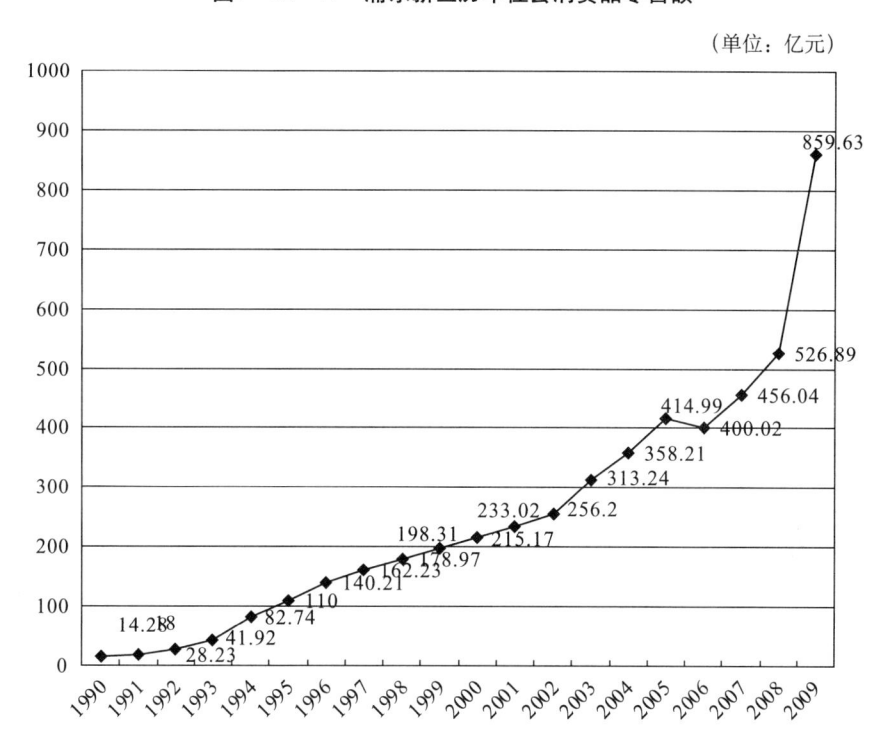

（单位：亿元）

年份	零售额
1990	14.28
1991	18
1992	28.23
1993	41.92
1994	82.74
1995	110
1996	140.21
1997	162.23
1998	178.97
1999	198.31
2000	215.17
2001	233.02
2002	256.2
2003	313.24
2004	358.21
2005	414.99
2006	400.02
2007	456.04
2008	526.89
2009	859.63

资料来源：《上海市浦东新区统计年鉴》，中国统计出版社 2009 年版，《上海市浦东新区人民政府公报》2010 年第 1 期，http://www.pudong.gov.cn/website/html/shpd/201001/list/list_0.htm。

图6-32-12 浦东新区近年集装箱吞吐量（万标箱）

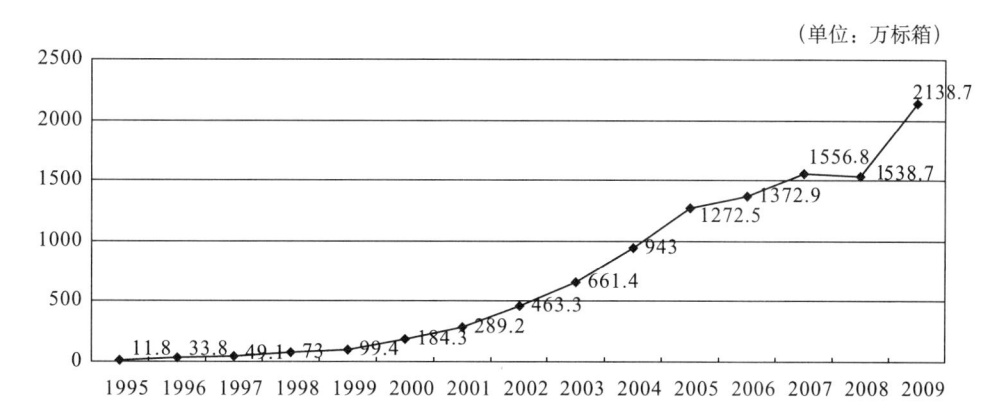

（单位：万标箱）

年份	吞吐量
1995	11.8
1996	33.8
1997	49.1
1998	73
1999	99.4
2000	184.5
2001	289.2
2002	463.3
2003	661.4
2004	943
2005	1272.5
2006	1372.9
2007	1556.8
2008	1538.7
2009	2138.7

资料来源：《上海市浦东新区统计年鉴》，中国统计出版社，1996—2009，《上海市浦东新区人民政府公报》2010 年第 1 期，http://www.pudong.gov.cn/website/html/shpd/201001/list/list_0.htm。

献率不断提高。2009年洋山港、外高桥港集装箱吞吐量全年预计完成2100万标箱，浦东国际机场货邮吞吐量完成254万吨，均占全市的85%左右。

（二）旅游和会展业

为贯彻把上海建设成"四个中心"的国家战略，作为上海改革开发的龙头，浦东新区把旅游和会展业确立为重点发展产业。自开发开放以来会展业呈现出高速发展的势头。亚行年会、APEC会议和上海国际工业博览会等系列重大会展在上海浦东的成功举办，在很大程度上凸显了上海浦东会展业的"品牌效应"。浦东新区会展的规模不断扩大而且发展速度也比较快。2010年世博会在上海浦东举办，据专家估计在世博会期间参观人数可望超过7000万人次，仅世博会门票、餐饮、旅游纪念品等的直接收入就将达到90亿元左右，而世博会对上海和周边城市的旅游、房产、广告、商业等行业的带动效应将会非常大。全年举办展览约105次，实现展出面积370万平方米，占全市55%左右。2009年景点、宾馆和旅行社三大行业预计接待游客2150万人次，实现营业收入65亿元。同时，迪斯尼项目获批，必将进一步推动浦东新区旅游业的发展。[1]

第四节　浦东新区未来发展的展望

一、浦东新区社会经济发展展望

经过20年的开发开放，浦东新区取得了举世瞩目的成就。中共中央总书记、国家主席胡锦涛在2004年7月底视察上海期间，对上海和浦东的发展作出了重要指示，强调"要继续搞好浦东开发开放，加快体制创新，不断提高外向型经济层次，努力在更高的起点上实现快速发展。"[2] 2005年6月21日，国务院常务会议批准浦东在全国率先进行综合配套改革试点。浦东也为此提出了建设"创新浦东"、"和谐浦东"和

---

[1]《上海市浦东新区人民政府公报》2010年第1期，http://www.pudong.gov.cn/website/html/shpd/201001/list/list_0.htm。

[2]《回望浦东十五年》，《第一财经日报》2005年4月18日。

"国际化浦东",为全国深化改革进行探索、为长三角和全国的经济发展服务的新目标。2009年国务院正式批复将南汇区并入浦东,由此开启了大浦东的时代,浦东新区的改革开放又进入了新阶段。浦东新区要用好世博会举办、"两个中心"建设、综合配套改革试点、大项目落地等重大机遇,加快建成科学发展的先行区、"四个中心"的核心区、综合改革的试验区、开放和谐的生态区。

在经济方面就是要推进"两个中心"核心功能区建设,加快形成以服务经济为主的产业结构;着力完善综合服务功能,提高航运、金融、贸易能级水平,加快推动城市高端化发展;加快新区高新技术产业化,推动制造业向高端高效发展,不断提高自主创新能力和产业国际竞争力,加快向以创新驱动为主导的发展模式转变。在南汇并入浦东新区后,浦东新区将南汇和浦东的空间融合,实现了优势互补,整合洋山港和外高桥两个港口的资源推进国际航运中心建设。

在制度创新方面要实现新的突破。坚持先行先试,率先营造有利于科学发展、与国际惯例接轨的经济运行环境,通过政府、市场、社会领域的综合配套改革,破解深层次瓶颈问题、制度障碍,打造浦东在制度层面的优势和竞争力。

在对外开放上要实现新的提升。主动顺应和融入经济全球化的大趋势,不断提高汇聚全球资源、配置全球资源的能力和水平,在赶超国际先进城市的过程中不断深化对国际经验的学习借鉴,在扩大开放中为改革发展提供新的动力,更好地服务长三角、长江流域和全国发展。

在社会活力上要实现新的迸发。从各个层次、各个领域扩大公民的有序政治参与,推进社会主义核心价值建设,使广大人民群众享有更加充分的民主权利、具有更高的文明素质和精神追求,通过保证人民当家做主、促进人的全面发展激发全社会的创新创业活力。[1]

二、政府管理体制改革展望

在浦东开放开发之初,浦东新区政府就根据中央对浦东新区的功能定位,积极探索建设与市场经济相适应的政府管理体制模式。中国共产党的十五大报告明确指出:

---

[1] 上海浦东新区人民政府网站:http://www.pudong.gov.cn/website/html/shpd/pudongNews_YWYQ/Info/Detail_272617.htm.

要鼓励浦东新区"在体制创新、产业升级、扩大开放等方面继续走在前面，发挥对全国的示范、辐射、带动作用"。为了充分发挥浦东新区经济上的龙头带动功能，赋予了浦东新区在经济体制、政治体制和行政体制改革方面的先行先试和综合创新功能。而政府创新则恰好处于这三大体制改革的结合部和关节点。浦东新区政府充分吸收人类文明在经济管理、行政管理和社会管理方面的先进经验和最新成果，结合国情、市情和区情，创造既具有国际先进水平又具有中国特色和上海浦东新区特点、能够兼容改革中的国内政府体制的新的体制和制度模式。浦东新区在创立伊始就积极探索建立"小政府、大社会、大服务"的行政管理模式，并据此根据市场经济需要配置政府职能、设置管理机构。自 1993 年 1 月 1 日浦东新区管理委员会挂牌起，标志着浦东新区"小政府、大社会"行政管理体制模式初步确立。在机构设置上，浦东新区实行东西一体、相对独立的行政管理新体制；在党政关系上，实行党政有分有合、政企彻底分开的新尝试；在机构管理上，浦东新区管委会为了保持机构精简，从而能够高效运作，实行了"分、放、转、派"四字方针，即政企分开、明责放权、转换职能和派出机构。强化综合管理职能，实行大系统管理的新模式，浦东新区管委会是新区开发和开放的组织者、领导者。

（二）浦东的综合配套改革

2005 年 6 月 21 日，国务院常务会议正式批准上海浦东新区进行综合配套改革试点，这标志着浦东新区的发展模式、角色和定位与以往有了很大不同。

浦东综合配套改革主要任务之一就是建立与市场经济体制相适应的政府管理模式。浦东新区综合配套改革方案明确提出，浦东综合配套改革试点从国家要求和上海浦东实际出发，围绕加快推进"四个中心"的国家战略，全面推进改革试点。立足创新、大胆探索、精心设计、周密安排，着力建设与市场经济体制相协调的政府管理体制，完善市场经济体制。浦东综合配套改革试点主要任务之一就是转变政府职能，构建从事经济调节、市场监管、社会管理和公共服务的责任政府，注重制度环境建设和改造的服务政府，依法行政的法治政府。

上海在推进浦东综合配套改革试点过程中以转变政府职能为重点，推进行政管理体制改革。转变政府职能是行政管理体制改革的重点，浦东新区在政府体制改革方面重点是以下两个方面：一是加强制度建设，提高政府行政效能。浦东新区制定和实施了《浦东新区行政效能投诉暂行办法》、《浦东新区行政首长问责暂行办法》、《浦东新区行政效能评估暂行办法》和《浦东新区行政审批电子监察暂行办法》，建立体制内外的监督机制和评估机制，在绩效预算改革方面，浦东新区制定和实施了《浦东新区绩效预算改革试点方案》，加强资源分配与政府部门绩效之间的联系，使政府财政开支更加科学，更加节约。二是加强依法行政，探索执法管理新机制，推进行政审批制度改革。浦东新区启动了第四轮行政审批制度改革，进一步减少审批事项，积极探索"一口式"综合审批、建设项目联合验收、企业年检申报备案等审批机制创新，进一步优化了审批流程，提高了审批效率。

第七篇

天津滨海新区史
——中国经济的第三只引擎

翻开天津滨海新区的历史，位于渤海湾岸边的这座新区，1994年在一片荒芜的盐碱地上悄然起步。经过16年的发展，天津滨海新区今非昔比。目前，滨海新区已经形成了电子信息、石油开采及加工、海洋化工、现代冶金、汽车及装备制造、食品加工和生物制药七大主导产业。同时，大批国际资本通过新区进入腹地，必将加速新区的现代金融服务体系和金融创新基地的建立，并为其进一步开发开放和成为北方经济中心创造条件。随着纳入国家总体发展战略，天津滨海新区新一轮开发建设正强势启动。

从未来发展来看，滨海新区建设确立了新的目标。滨海新区与当年深圳和浦东开发的起步不同，滨海新区开发是在中国融入经济全球化新形势下启动的，其发展模式不能再纯粹以追求GDP为目标，必须遵循科学发展观，走新型工业化协调发展的道路。以加快发展现有的保税区、经济技术开发区和新技术产业园区为重点，抓紧建设以出口加工和国际贸易为主的滨海开发带；以重化工业、高新技术产业、金融和信息等为主的中心区，通过各开发开放地带的辐射与联合，带动产业结构的调整和老企业的改造与发展，形成全区、全面、全方位的开放格局，带动环渤海地区的经济崛起，届时将成为名副其实的中国经济增长第三只引擎，并将在中国改革开放和自主创新中发挥重大而深远的影响。

第三十三章
天津滨海新区的战略定位及条件基础

改革开放 30 年,中国走的是一条"极点牵引"的经济发展路径。无论 20 世纪 80 年代中国选择开发的深圳,还是 90 年代选择开发的浦东,都是牵引中国经济增长的极点之一。然而,珠三角地处中国大陆东部的南端,长三角地处中国大陆东部的中端,就中国整体经济而言,这两极还远不足以带动全国,其扩散效应难以"达则兼济天下"。而西部和东北地区在很长的一段时间内都处于打基础的阶段,要促进中国经济的全面腾飞,必须在北部地区构建一个辐射力更强的新增长极。而天津滨海新区作为带动此区域经济增长的强力引擎,随着它的开发开放被纳入国家总体发展战略,综合配套改革试验总体方案逐步落实,必将对中国经济进一步协调发展和全面腾飞发挥至关重要的作用。

第一节 天津滨海新区与环渤海经济圈的战略考量

一、环渤海经济圈基本情况

改革开放以来,珠三角、长三角跃升为中国经济最活跃的"两极",与此同时,中国经济发展日益呈现出两个"不平衡":从东部看,南北发展不平衡,"南快北慢";从全国看,东西部发展不平衡,"东高西低"。处于这两个"不平衡"结合部的环渤海地区整体发展仍较慢,不仅辐射作用难以充分发挥,而且也直接影响中国参与东北亚区域经济一体化程度。环渤海区域内合作自提出后一直处于构想和酝酿阶段,十几年来走走停停，并没有形成有区域发展特点的发展模式。环渤海区域一体化的口号提得早，但进展一直缓慢。20世纪90年代以来，环渤海地区越来越明显地落后。这么大的区域如果长期发展缓慢，必将影响中国经济社会的稳定和总体的协调发展。现在，中央又把目光投向了环渤海地区，着力把这一区域培育成为中国经济增长的第三极[1]。从地理、区位和人口等自然状况看，环渤海地区包括辽宁、河北、北京、天津、山东五省市，广义上还包括山西和内蒙古，这一区域总面积185万平方公里，占全国国土的19.3%，人口2.79亿，占全国人口的21.4%。环渤海经济腹地涵盖华北、东北、西北地区以及华中的内陆地区河南，约4.9亿人，占全国人口的37.88%。

二、天津滨海新区基本情况

天津滨海新区恰好处于环渤海经济圈的核心位置，地处环渤海经济区和京津冀城市群的交会点，由天津港、天津经济技术开发区、天津港保税区三个功能区以及原塘沽、汉沽、大港三个行政区和东丽区、津南区的部分乡镇组成，规划面积2270平方公里，海岸线153公里，常住人口152万。改革开放以来，这里发生了翻天覆地的变化，经济迅猛增长，外资蜂拥而入，成为中国北方区域发展的火车头。该区域依托北京、天津两大直辖市，方圆500公里内还分布着11座100万人口以上的大城市，拥有极具潜力的消费市场和完善的城市配套设施。对外，滨海新区位于环渤海经济圈的核心位置，与日本和朝鲜半岛隔海相望，直接面向东北亚和迅速崛起的亚太经济圈，发展潜力不可限量。

十几年来作为中国最有潜力、最具活力的现代经济新区之一，天津滨海新区，经济持续、快速、健康地发展（参见图7-33-1）：地区生产总值由1993年的112亿元增长到2009年的3810.67亿元，同口径增长34倍，年均递增20%以上；截至2009年，外贸出口由5亿美元增长到245.27亿美元，增长49倍；累计实际利用外资192亿美元，世界500强中82家跨国公司在新区投资兴建了203家企业。滨海新区已经成为外商在中国投资回报率最高的地区之一。2009年，滨海新区生产总值增长率23.5%，工业生产总值增长率30.1%，固定资产投资增长率49.2%，是国内外公认的发展现代化工业的理想区域。

---

[1] 宋有洪：《中国经济第三极的强力引擎》，《经济论坛》2006年26期。

图7-33-1 滨海新区各年份GDP

(单位：亿元)

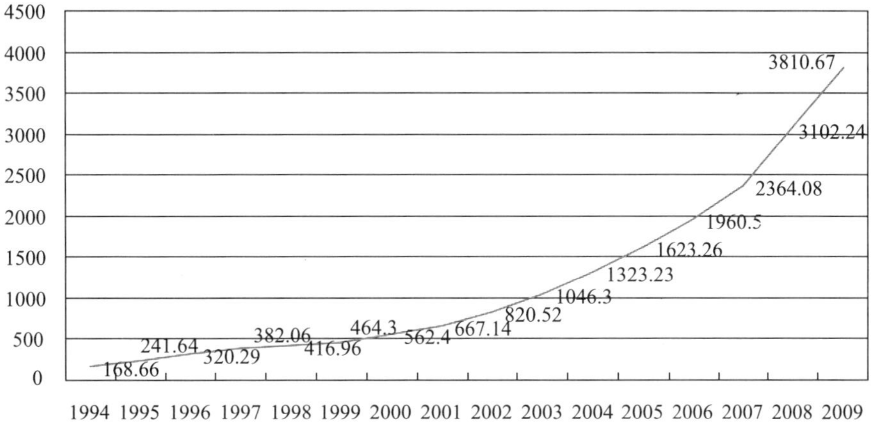

1994年：168.66；1995年：241.64；1996年：320.29；1997年：382.06；1998年：416.96；1999年：464.3；2000年：562.4；2001年：667.14；2002年：820.52；2003年：1046.3；2004年：1323.23；2005年：1623.26；2006年：1960.5；2007年：2364.08；2008年：3102.24；2009年：3810.67。

资料来源：《滨海新区统计年鉴（1994—2009）》，滨海新区网。

目前，天津滨海新区开发开放已列入国家《国民经济和社会发展第十一个五年规划纲要》，成为继深圳经济特区、浦东新区之后，又一带动区域发展的经济增长极。滨海新区的定位是：立足天津，服务环渤海，辐射"三北"，面向东北亚的现代化制造研发基地、中国北方国际航运中心和国际物流中心，成为天津现代化国际港口大都市的标志区和生态宜居海滨新城。新区的总体空间布局为"T"字形结构（参见图7-33-2），沿京津塘高速公路和海河建设"高新技术产业发展轴"，沿海岸线和海滨大道建设"海洋经济发展带"。在"轴"、"带"的交汇处，建设国际港口大都市标志区和生态宜居的海滨新城，构成滨海新区的核心区。同时，滨海新区要建设和形成七个产业功能区，即高新技术产业区、现代冶金产业区、空港物流加工区、海洋产业及循环经济示范区、海港物流区、化学工业区和休闲旅游区。未来，天津滨海新区将建设成为我国北方国际航运中心和国际物流中心，逐步成为经济繁荣、社会和谐、环境优美的宜居生态型新城区。

基于天津滨海新区的特殊地理位置和经济发展现状，国家在未来15年这个战略机遇期内，要像20世纪80年代开发深圳、90年代开发浦东一样，在新世纪开发滨海新区，从而带动环渤海区域经济发展，进而改变我国经济"南快北慢"的局面。"南快北慢"、"东高西低"，是我国经济发展的两个"不平衡"，环渤海地区恰恰在这两个不平衡的结合点上。滨海新区既是京津冀城市带和环渤海经济带的交汇点，也是"东中西"板块与"南中北"板块在环渤海地区的连接点。

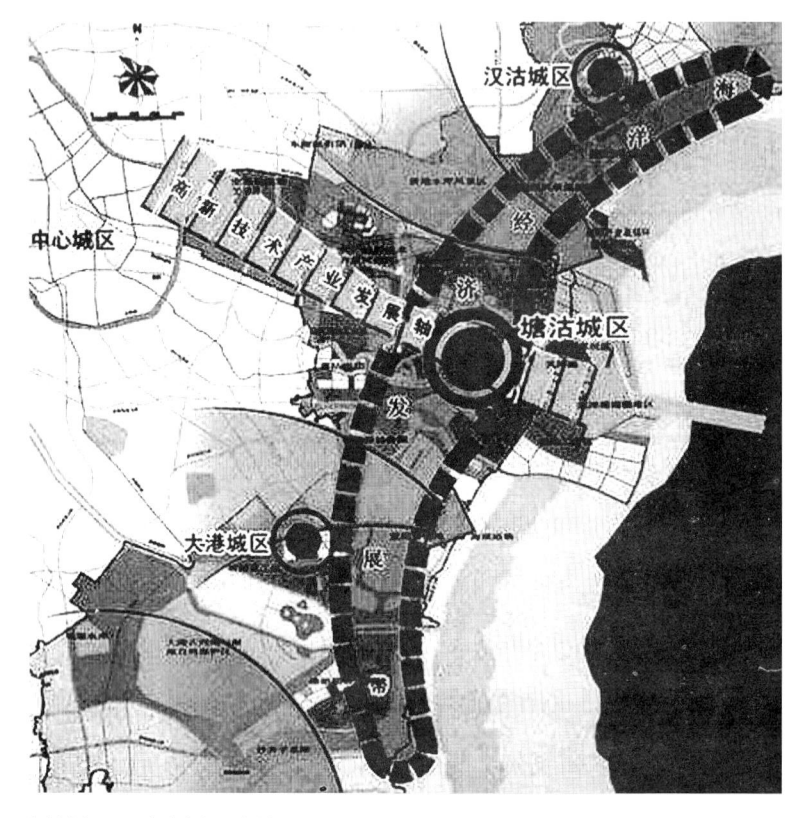

图7-33-2　天津滨海新区规划：空间布局为"T"字形结构

资料来源：天津滨海新区规划，http://news.tj.soufun.com/2006-03-30/674689.htm。

三、滨海新区成为环渤海经济圈引擎的理论依据及现实考量

（一）天津滨海新区成为区域引擎的理论基础[1]

从区域经济非均衡发展理论来分析，在区域经济发展理论上，历来有非均衡发展理论与均衡发展理论之争。就区域经济发展而言，非均衡是绝对的、长期的，而均衡是相对的、短暂的。在区域经济非均衡发展理论上，主要以冈纳·缪尔达尔的循环累积因果论和佩鲁的增长极理论为核心。缪尔达尔认为，经济发展进程在空间上并不是同时产生和均匀扩散的，而是从一些条件较好的地区开始，一旦这些区域由于初始优势而比其他区域超前发展，这些区域就会基于既得优势，通过累积因果过程，不断

---

[1] 宋有洪：《天津滨海新区的辐射带动作用》，《区域经济学》2006年第6期。

积累有利因素继续超前发展，从而进一步强化和加剧区域间的不平衡，导致增长区域和滞后区域之间发生空间相互作用，由此产生两种相反的效应：一是回流效应，表现为各生产要素从不发达区域向发达区域流动，使区域经济差异不断扩大；二是扩散效应，表现为各生产要素从发达区域向不发达区域流动，使区域差异得到缩小。在市场机制的作用下，回流效应远远大于扩散效应，即发达区域更发达，落后地区更落后。基于此，缪尔达尔提出了区域经济发展的政策主张。在经济发展初期，政府应当优先发展条件较好的地区，以寻求较好的投资效率和较快的经济增长速度，通过扩散效应带动其他地区的发展，但当经济发展到一定水平时，也要防止累积循环因果造成贫富差距的无限扩大，政府必须制定一系列特殊政策来刺激落后地区的发展，以缩小经济差距。佩鲁认为，增长并非同时出现在各个部门，而是以不同的强度首先出现在一些增长部门，然后通过不同渠道向外扩散，并对整个经济产生不同的终极影响。增长极概念有两种含义：一是经济意义上特指推进型主导产业部门，二是地理意义上特指区位条件优越的地区。

作为整个中国经济而言，也正是在不知不觉中按照以上经济规律来发展的。第一极、第二极都是中国整体经济的增长极之一，每一极也都是先有回流效应，现在在每一极内部也都已形成扩散效应。但就整个中国经济而言，这两极还远不足以扩散到全国，珠三角地处中国大陆东部的南端，长三角地处中国大陆东部的中端，扩散效应难以"达则兼济天下"。而中国西部和东北地区在很长的一段时间内都处于打基础的阶段。要促进中国经济的全面起飞，必须在北部地区构建辐射力更强的新增长极。从战略决策角度看，天津滨海新区开发的一个重要主旨，就是通过这一"战略极点"来激活中国大陆东部的北端增长极——环渤海地区，辐射和驱动中国北部地区、东北地区的经济发展，解决南北经济发展差距问题。

（二）天津滨海新区成为中国北部经济的极点有其现实性

经过十几年的建设和发展，滨海新区也确实在环渤海区域具有举足轻重的重要地位。纵观我国乃至世界区域经济发展的进程，中心城市和龙头地区的辐射带动作用明显。长久以来被誉为中国经济第三极的环渤海，在历经区域经济发展20多年的破冰之旅后，由谁来引领？这一区域中的城市可谓"强手如林"，各擅其长，但不可否认，天津滨海新区在其中发挥着独特的重要作用。

首先，区位优势不可替代。在经济全球化和区域经济一体化的新形势下，东北亚已经成为全球经济中最具活力和发展潜力的地区之一,这一区域的 GDP 约占世界的五分之一,占亚洲的 70% 以上。中国环渤海区域濒临日本、韩国,处于东北亚经济圈的中心地带,是中国参与东北亚区域合作的前沿阵地。在东北亚未来的合作中,中国参与的主要地区是环渤海。从东北地缘和西部、北部地缘看,提升环渤海区域和中国北部综合竞争力,成为中国参与周边区域合作的迫切需要。天津滨海新区作为欧亚大陆桥东部的主要起点,地处大陆桥经济带与东北亚经济圈两大国际经济区域的结合部,也是西部、北部地区走向世界最宽敞的东大门。天津滨海新区开发将有力地拉动环渤海区域发展,辐射带动西北开放,加快西北部地区融入全球化进程,形成开放性经济。从而实现中国北部地区"走海路与通陆路并举",迎来"左右逢源"的光明前景。如此一来,中国北部这盘棋就下活了。

其次,北方经济中心的地位已经形成,内资外资纷至沓来。一个区域的发展需要拥有一个具有强大辐射功能的中心。环渤海地区天然的中心是首都北京,北京在成为政治中心的同时,也在大力向经济中心靠拢。但北京在具有强大吸聚效应的同时,却缺乏对周边乃至"三北"地区的经济辐射效应。北京经济中心的角色定位,在一定程度上抑制了天津作为北方经济中心的发展。天津滨海新区的开发牢固地确立了天津作为北方经济中心的战略地位。这一战略在实践中的具体展开,将加大市场要素供给,加速打破环渤海地区行政区域壁垒,并通过其在欧亚大陆桥和"三北"地区出海口的核心位置,辐射北方大部分地区,使整个北部地区逐渐成为开放前沿。这种开放意味着经济的交融、市场的开拓,意味着文化心态、生活方式的变革,从而加速北部地区市场经济的发展。正因为如此,滨海新区继续吸引着跨国公司和世界 500 强企业的目光,国际国内的资金、人才、信息正以不断增强的加速度向这里聚集,使得新区的集聚效应更加明显。

最后,新区的功能优势不断提升。滨海新区具有集港口、经济技术开发区、高新技术园区、出口加工区和保税区于一体的功能聚集优势。天津港是中国北方最大的国际贸易港口,货物吞吐量居世界十强。天津经济技术开发区主要经济指标多年来一直在全国各开发区中处于领先地位。天津保税区已成为服务华北、西北地区乃至整个北方的最大的保税通道,进出口货物总值中 60% 以上是外省市创造的,被国家批准为区港联动试点区。目前,新区已与国家民航总局签署共建国家民航科技产业化基地协议,国际贸易与航运服务中心大楼也即将落成,这些重大项目都围绕提升滨海新区功能优势进行谋划和实施,必将对提升滨海新区国际贸易与航运功能,完善投资环境,吸引更多国内外企业前来投资发展创造更好的条件。

第二节 滨海新区开发开放的条件和基础

开发开放滨海新区是培育中国新经济增长点，实现跨世纪蓝图的重大举措，也是加快环渤海地区崛起、带动北方经济发展、协调东西南北关系、完善我国对外开放总体格局的战略选择。在新区建设过程中，着力分析新区基本特征、自然条件、资源、产业结构现状，系统探讨优化新区产业结构的基本思路，对于新区的长远发展，实现新区开发建设的特殊功能，具有十分重要的意义。

一、区位条件

从国内区域经济发展的角度看，新区紧临北京，2007年12月全线竣工、2008年6月投入运营的京津城际高速铁路，实现了京津两市半小时内通达。滨海新区内陆腹地广阔，以新区为中心，方圆500公里范围内分布着11座100万人口以上的城市，是我国西部、北部地区走向世界的重要出入口岸，拥有东北、华北、西北辽阔的"三北"辐射空间。

从国际经济合作角度看，滨海新区地处当今世界经济发展最活跃的东北亚地区的中心位置，与日本、韩国隔海相望，与韩国首都首尔直线距离仅900公里。目前，亚洲的重要经济城市已经形成了一条亚太经济走廊，包括了东京、首尔、上海、台北、香港、曼谷、科伦坡、新加坡等，这一走廊的GDP约占世界的27%；天津通过滨海新区的开发开放，必将成为这个走廊上的一颗新星，它将和各大城市相映成辉，为亚洲乃至世界的经济发展作出贡献。同时，滨海新区又是欧亚大陆桥的东起点，是中国与蒙古国签约的出海口岸，也是哈萨克斯坦等内陆国家可资利用的出海口。

二、新区资源

土地资源充足。滨海新区有1214平方公里盐碱荒地，可作为生态和建设用地的空间很大，这在国内沿海大城市中是绝无仅有的，在世界上也是不多见的。滨海新区拥有海岸线153公里，陆域面积2270平方公里，海域面积3000平方公里。水面、湿地有700多平方公里，占总面积的35%以上，自然生态环境良好。未来这里将成为我国首个生态工业示范区。滨海新区的开发开放也为改善和优化生态环境做出了积极的探索和努力。

自然资源比较丰富。已探明渤海海域石油资源总量100多亿吨，其中已探明石油地质储量40多亿吨，天然气储量1937亿立方米；年可开采地热2000万立方米；原盐年产量240多万吨。

人力资源有一定优势。滨海新区依托天津市，教育科研实力雄厚，天津市拥有43所高校，230个学科专业，24万多名在校生，每年约有4万多名本科以上毕业生。各类中等职业技术学校230余所，18万多名在校生，每年有约6万名毕业生。159所科研院所，8个国家级的实验室，27个国家级、部级测试中心，10个国家级工程技术研究中心。现有工程技术中心31家，企业技术中心70家，外商投资研发中心41家和博士后工作站52个，还拥有一大批掌握国际先进技术和现代管理经验的高级人才。

三、政策优势

国务院批复的《天津滨海新区综合配套改革试验总体方案》，赋予新区在聚积资源、配置资源、制度创新等方面先行先试的权力，以探索区域发展的新模式。根据《总体方案》，综合改革涉及十个方面的内容，即企业改革、科技体制改革、涉外经济体制改革、金融改革创新、改革土地管理制度、城乡规划管理体制改革、农村体制改革、社会领域改革、资源节约和环境保护等管理制度改革、行政管理体制改革。当前国家重点支持滨海新区的综合配套改革主要集中在四个领域，即金融体制改革、土地管理体制改革、涉外经济改革以及行政管理体制改革。这些改革正在积极筹备、积极推进，有的改革已经取得了初步成效，为滨海新区创造了先发优势。

如何通过改革解决深层次的制度障碍，构建新的区域发展模式？如何依靠制度创新和机制创新破解发展过程中的难题？以"综合改革、先行先试"为重要特征的滨海新区，一边探索实践，一边总结经验，改革创新，破冰前行，为全国发展改革提供经验和示范。

四、产业基础

经过长期的发展，滨海新区已具备了一定的实力。地区生产总值已达3810.67亿元，三次产业增加值结构比为0.2：67.4：32.4。（参见图7—33—3）新区的产业结构具有以下特点：

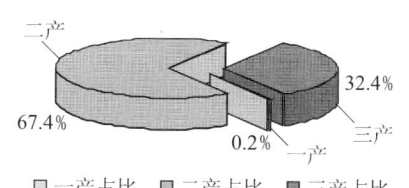

图7-33-3 滨海新区2009年产业结构比

二产 67.4%
三产 32.4%
一产 0.2%

□ 一产占比 □ 二产占比 ■ 三产占比

资料来源：滨海新区统计年鉴、滨海新区网（2010）。

（一）第二产业是经济的主体

由于天津市十分重视新区工业发展。改革开放初期就提出了工业重心东移的发展战略，在新区安排建设了一批重大基础原材料项目，使新区的第二产业保持着强劲的发展势头和经济主体地位。50万吨无缝钢管、14万吨乙烯都成为全市行业发展的龙头项目，对行业的带动作用较大。以外向型工业为主的经济技术开发区发展势头强劲，早在1996年地区生产总值就达到131.01亿元，占新区生产总值的40%，成为国民经济的重要支撑。期间，天津市确定四大支柱产业，而电子、化工、冶金等三大支柱产业大都集中在滨海新区，进一步确立了以工业为主的地位。第二产业在国民经济中的比重不断提高，第二产业对新区的经济发展起着举足轻重的作用。

（二）外向型经济成为主导

随着对外开放逐步扩大，新区的外向度不断提高，成为天津市外向型经济的主体。累计签约"三资"企业6218家，占全市的64%；累计协议外资总额占全市的53%。开发区"三资"企业完成工业总产值370.32亿元，占新区工业总产值的52.76%；保税区进出口货物总值年增长65%。

（三）重化工业发展势头强劲

新区化学工业基础较好，近几年又发展了冶金工业，展望今后，重化工业仍是发展的重点。化学工业在以"三大化"为主体的海洋化工基地和以大港为主体的石油化工基地的基础上又将兴建临港化学工业基地，一些跨国集团前来合资建设大型石化项目，从而使天津成为全国四大石化基地之一。冶金工业也有巨大发展潜力，钢管公司实现达产，30万吨海绵铁项目如期建成，配套能力进一步提高。这片土地还迁入特殊钢厂、天津钢厂,并将建设第二套无缝钢管工程,成为天津市重要的优质、高效钢材生产基地。

(四)港口运输业形成气候

经过多年发展,港口的吞吐能力连上台阶,装卸、运输、仓储、多式联运、船舶代理、货运代理、船舶供应等综合服务功能全面提高,已成为北方十几个省市的重要出海通道。其中,天津市占口岸进出口总值的38%,比上年增长32.2%;华北、西北等十几个省市区占口岸进出口总值的62%。港口辐射范围的扩大,不但使港口运输业成为新区第三产业的支柱,而且对推进北方省区外向型经济的发展起到了十分重要的促进作用。[1]

滨海新区的现有产业增长速度较快。产业结构以工业为主,平均比重达到了71.7%,其次为以服务业为主的第三产业,平均比重为28%,农业在整个国民经济的构成中只占很小比重。从增长率来看,工业增长率平均在21.8%,以服务业为主的第三产业的增长率平均保持在16.1%。从行业来分析,滨海新区集中有电子信息、石油化工、汽车和装备制造、生物医药,海水养殖产业、远洋捕捞、石油钢管和优质铜材、新型能源和新型材料,新型冶金工业等门类齐全的行业,发展基础良好。

十几年来,滨海新区经济保持了持续快速发展。滨海地区通过各开发开放地带的辐射与联合,带动产业结构的调整和老企业的改组、改造与发展,形成全面、全方位的开放格局。滨海新区的开发开放,站在了一个新的历史起点上,同时也被赋予了新的历史任务。滨海新区站在这个新的起点上,与当年深圳开发、浦东开发相比,今天滨海新区开发开放所处的发展环境、条件和要求已不同了。因此,有必要从滨海新区的起始点出发,考察分析它的发展历程,从而科学、客观地评判它的未来走向。

---

[1] 陈质枫:《天津滨海新区产业结构优化思路》,《中国国情国力》1997年第6期。

第三十四章
天津滨海新区的创立及发展历程

在中国的南方，凸显中国经济腾飞奇迹的"深圳速度"和"浦东速度"比翼齐飞，正书写着中国改革开放的历史篇章。与此同时，位于渤海湾岸旁的这座新区，在一片荒芜的盐碱地上也已悄然起步了。

第一节 滨海新区诞生

1986年，邓小平视察天津，对天津发展寄予厚望。他说："你们在港口和城市之间有这么多荒地，这是个很大的优势，我看你们潜力很大，可以胆子大点，发展快点。"并挥毫写下"开发区大有希望"。

表7-34-1 滨海新区行政建制（1998）

地区	城区面积（平方公里）	乡村面积（平方公里）	人口（万人）
塘沽区	188.00	513.70	45.80
汉沽区	20.12	344.14	16.75
大港区	41.28	930.00	31.99
经济技术开发区	33.00	—	—
保税区	6.40	—	—
东丽无瑕街	5.77	16.10	30.25（东丽区）
葛沽镇	1.70	43.04	36.21（津南区）
合计	296.27	1846.98	161

资料来源：《天津统计年鉴》，中国统计出版社1999年版。

但是，天津经济发展相对滞后。1979年至1992年，天津GDP年均增长只有6.5%，远远低于全国9.5%的平均水平。天津市决定将工业东移，把工业转移到滨海地区来。1993年天津市提出把这个地方叫做滨海新区。

1994年，滨海新区正式设立。最初的规划只有350平方公里，包括天津开发区、天津港、保税区和汉沽、塘沽、大港一带，比浦东新区面积要小。那一年，滨海新区生产总值168.8亿元，固定资产投资108.03亿元，外贸出口只有5.9亿美元，远远落后于深圳和浦东；其GDP仅仅是浦东新区的45%，深圳的19.8%。回顾这段历史，谈起创业的艰辛，曾任开发区管委会主任的叶迪生感慨万千。当时，在全国14个开发区中，选址长芦盐场的天津开发区条件最为恶劣。缺钱，缺项目，不熟悉国际经济，一无所有的开发区万事开头难！1994年元旦，时任天津市长的张立昌第一次面对天津市民发表新年祝词，提出"三五八十"四大目标，其中最为亮眼的就是"十"，即用十年左右的时间，基本建成滨海新区。天津市决定将工业东移，把工业转移到滨海地区来。

到2004年，滨海新区地区生产总值达到1608.6亿元，占天津市的43.9%；外贸出口总值由1993年的5亿美元增长到184.7亿美元，占天津市的65%，实现了10年前既定的目标。14年间，滨海新区GDP以年均20.6%的速度增长，综合经济实力迅速壮大。[1]

第二节　政策优势与新区发展

一、国家战略

按20世纪90年代的思路，中国的改革开放将有三个主要的经济支撑区域：长三角、珠三角和环渤海经济圈。不过，20年间长三角、珠三角经济长足进展，而环渤海却还在各自为政，各自为战的旋涡里徘徊，更多地停留在概念之上。滨海新区也从未被当作"核心"提起。

但进入21世纪后，源于新时期我国经济体制改革已经进入攻坚阶段的现实需

---

[1] 胡佳恒：《天津引资排头兵是怎样炼成的》，《财经时报》，http://financel.jrj.com.cn/nwes/2008-02-14/000003285247.html。

要，这种状况逐渐改变。从 2004 年 5 月开始，国家发改委开始介入指导滨海新区的"十一五"规划方案，方案几易其稿，最终将滨海新区定位为"依托京津冀、服务环渤海、辐射'三北'、面向东北亚的北方对外开放门户、高水平的现代制造业和研发转化基地、北方国际航运中心和国际物流中心"。这时的滨海新区，面积已经由原来的 350 平方公里，扩大到 2270 平方公里。

2004 年 10 月，中国共产党十六届五中全会把推进天津滨海新区的开发开放纳入重要议事日程。滨海新区从一个城市的发展战略，升级为国家战略。2006 年春，滨海新区被批准为全国综合配套改革实验区，正式纳入国家发展整体战略布局。获得这一殊荣的只有两个地方，一个是浦东，另一个正是滨海新区。

随后，新区综合配套改革试验总体方案逐步落实。2008 年 3 月 13 日，国务院批复了《天津滨海新区综合配套改革试验总体方案》。根据《总体方案》，综合改革涉及十个方面的内容，即企业改革、科技体制改革、涉外经济体制改革、金融改革创新、改革土地管理制度、城乡规划管理体制改革、农村体制改革、社会领域改革、资源节约和环境保护等管理制度改革、行政管理体制改革。规划和建设好天津滨海新区，不仅关系天津的长远发展，而且对于振兴环渤海区域经济有着重要作用。同时，滨海新区的发展在推动我国区域经济协调发展、引领国家产业升级、增强自主创新能力方面有重大作用。

二、高速发展

随着被纳入国家总体发展战略，天津滨海新区新一轮开发建设开始强势启动。基础设施建设 80 个核心项目现已开工 47 个，其中 25 万吨级深水航道、30 万吨级原油码头等工程相继开工。滨海新区已经形成了电子信息、石油开采及加工、海洋化工、现代冶金、汽车及装备制造、食品加工和生物制药七大主导产业。全国上千家企业为新区的产品配套，大批国际资本通过新区进入腹地。2009 年，滨海新区金融业实现增加值 62.05 亿元，同比增长了 18.0%。按照滨海新区金融业发展规划，新区将努力创建与北方经济中心和滨海新区开发开放相适应的现代金融服务体系和金融创新基地。到 2010 年，金融业增加值达到 150 亿元。

表7-34-2　1994—2009年滨海新区经济发展状况

年份	生产总值(亿元)	固定资产投资(亿元)	实际利用外资(亿美元)	财政收入(亿元)	外贸出口(亿美元)	服务业总产值(亿元)	从业人员(千人)
1994	168.66	108.03	16.04	7.93	5.90	50.75	500.3
1995	241.64	152.40	18.41	7.82	10.10	70.00	558.1
1996	320.29	157.05	18.67	12.77	17.46	90.67	583.1
1997	382.06	155.83	21.12	20.43	24.33	114.42	598.1
1998	416.96	178.76	18.47	28.23	28.09	146.81	553.1
1999	464.3	173.50	19.25	30.87	30.01	163.26	565.3
2000	562.4	184.34	14.23	39.13	44.62	183.09	553.1
2001	667.14	243.45	24.49	46.53	54.31	225.43	561.6
2002	820.52	280.89	8.23	53.04	72.01	280.30	552.5
2003	1046.30	464.08	12.15	57.73	89.38	341.34	589.3
2004	1323.23	565.47	17.44	100.02	136.99	436.50	647.8
2005	1623.26	534.99	25.31	83.11	184.69	517.12	676.2
2006	1960.5	747.59	33.45	107.88	226.20	582.21	701.1
2007	2364.08	1144.98	39.24	140.87	245.27	662.09	757.40
2008	3102.24	1650.52	50.77	596.80	541.42	848.46	—
2009	3810.67	2502.66	57.64	—	—	1234.66	—
增长率(%)	23.1	23.3	8.9	33.4	35.2	23.7	2.8

资料来源：《天津滨海新区年鉴》，天津人民出版社2000年版；《天津统计年鉴》，中国统计出版社2001年版；天津滨海新区网。

经过16年的发展（见表7-34-2），滨海新区生产总值由1994年的168.66亿元上升到2009年的3810.67亿元，增长了22.6倍。第二、三产业增长较为迅速，滨海新区第二产业从1994年的114.6亿元上升到2009年的2569.87亿元，增长了22.4倍。与之相配套的第三产业发展势头也很迅猛，从1994年的50.8亿元上升到2009年的1234.66亿元，增长了24.3倍。这主要与滨海新区加大对固定资产的投资，加大相关服务业的发展等密不可分，这些投资和发展为滨海新区今后的经济发展奠定了坚实的基础。同时，滨海新区这样超常规发展的关键也同它所经历的一些重大历史事件息息相关。

第三节　新区发展历程大事记

1986年8月21日，邓小平同志视察天津开发区时指出："你们在港口和市区之间有这么多荒地，这是个很大的优势，我看你们潜力很大。可以胆子大点，发展快点。"

1992年，党的十四大作出了加速环渤海地区开放和开发的决策，1994年3月，天津市委、市政府提出用十年时间基本建成滨海新区，并将其定位为"将成为中国北方最有增长力的经济中心和高度开放的标志性区域"。

2004年3月，全国政协十届二次会议的52名天津全国政协委员联名向大会递交了《关于请国务院批准天津滨海新区整体发展规划的建议》的提案。2004年4月，在全国政协人口资源环境委员会主任陈邦柱的带领下，政协组成考察团，先后两次就天津滨海新区发展进行专题调研，最后形成了《关于进一步发挥天津滨海新区在振兴环渤海区域经济中的作用》的报告。国务院总理温家宝在这份报告上批示："规划和建设好天津滨海新区，不仅关系天津的长远发展，而且对于振兴环渤海区域经济有着重要作用。"

2004年10月，中国共产党十六届五中全会把推进天津滨海新区的开发开放纳入重要议事日程。滨海新区从一个城市的发展战略，升级为国家战略。

受滨海新区管委会委托，一个由国家发改委、中国社科院、南开大学以及天津发改委的20多名专家组成的"天津市滨海新区发展战略研究课题组"正式组建。2005年3月27日，课题组起草的报告及准备材料在专家委员会审议通过以后，上交到天津市委、市政府，此后通过不同渠道上交到国家发改委和国务院。

2005年5月15日，国家发改委主任马凯和副主任刘江、张国宝带领13个司局的负责人深入滨海新区进行调研，并对正在制定中的《天津滨海新区国民经济和社会发展"十一五"规划纲要》提出了14个方面的38条意见。6月初，天津市发改委向国家发改委上交汇报材料："建议国务院像当年规划和建设深圳特区、浦东新区一样，规划和建设滨海新区，并给予相应的政策扶持。"

6月下旬，国务院总理温家宝带着国务院15个部委负责人到天津滨海新区进行考察。温总理在视察时指出，滨海新区在新形势下必须明确的发展思路之一是"坚持突出特色，充分发挥比较优势"。[1]

---

[1] 景体华：《2006年中国区域经济发展报告》，社会科学文献出版社2007年版，第120页。

坚持突出特色，充分发挥比较优势。第一，滨海新区拥有的多是"比较优势"，而非绝对优势。这些优势在环渤海其他省市并不鲜见，有些如海域、油气资源、腹地等都是共享。在战略机遇期内，比较优势会充分体现，但随着开发布局的条件和国际市场波动，比较优势多会弱化乃至消失。珠三角和长三角地区一度出现的产业结构老化、腹地萎缩、商务成本增加等问题，应在天津滨海新区的创新发展中引以为戒。第二，滨海新区虽有多种优势共存的特色，但也有能级整体较低的不足。就港口这一核心战略资源来看，就存在距市区较远、航道等级低、集装箱化率低等问题。要改变现状，利用好国家政策，借打造区域经济中心之势，以加大投入、加快建设、延伸服务范围和提高服务质量来做大规模、提升等级，增强港区一体化的核心竞争力。

6月27日，新华社发的通稿中说："加快天津滨海新区开发开放是环渤海区域及全国发展战略布局中重要的一步棋，走好这步棋，不仅对天津的长远发展具有重大意义，而且对于促进区域经济发展、实施全国总体发展战略部署、实现全面建设小康社会和现代化宏伟目标，都具有重大意义。"接着，滨海新区正式向中央申请，想成为国内第二个国家综合改革试验区。2006年5月，国务院国发[2006]20号文件即《国务院推进滨海新区开发开放有关问题的意见》出台，文件中连续用了13个"推进天津滨海新区开发开放"的字句。中央对滨海新区给予了五条扶持政策："批准天津滨海新区为全国综合配套改革试验区；鼓励天津滨海新区进行金融改革和创新；支持天津滨海新区进行土地管理改革；设立天津东疆保税港区；给予天津滨海新区一定的财政税收政策扶持。"

《国务院推进滨海新区开发开放有关问题的意见》赋予滨海新区开放开发"先行先试"的特殊支持政策。主要体现在以下四个方面：[1]

1. 强调鼓励天津滨海新区进行金融改革和创新，在金融企业、金融业务、金融市场和金融开放等方面进行重大改革，在产业投资基金、创业风险投资、金融业综合经营、多种所有制金融企业、外汇管理政策、离岸金融业务等方面进行改革试验。

2. 鼓励进行土地管理改革，开展农村集体建设用地流转及土地收益分配的改革。

3. 给予天津滨海新区海关特殊监管区域管理制度创新的政策空间，重点发展国际

---

[1] 陈济军：《天津滨海新区第一调研》，《首席财务官》（*CFO WORLD*），2006年8月。

中转、国际配送、国际采购、国际转口贸易和出口加工等业务，给予其根据自己的情况进行制度创新的政策空间。

4. 给予天津滨海新区财政税收政策扶持，主要体现在企业所得税优惠，企业固定资产和无形资产予以加速折旧的优惠；在此方面的特殊之处为，对天津滨海新区的内资企业予以提高计税工资标准的优惠，对中央财政在维持现行财政体制的基础上，在一定时期内对天津滨海新区的开发建设予以专项补助。其中对内资企业的优惠和中央对滨海新区的专项补助尤其值得关注。

2007年11月18日，中国和新加坡两国总理共同签署了两国政府关于在中国天津建设"生态城"的框架协议。随后，中新两国副总理在天津滨海新区共同参加中新生态城联合协调理事会第一次会议，中新生态城突出的自然和谐、生态环保理念得到了两国高层的肯定和赞许。生态城位于滨海新区范围内，毗邻天津经济技术开发区、天津港、滨海旅游区，地处塘沽区、汉沽区之间，总面积30平方公里，规划居住人口35万。按照发展定位，生态城将建设成为综合性的生态环保、节能减排、绿色建筑、循环经济等技术创新和应用推广的平台，国家级生态环保培训推广中心，现代高科技生态型产业基地，参与国际生态环境建设的交流展示窗口，"资源节约型、环境友好型"的宜居示范新城。努力实现"三和三能"，即人与人、人与经济活动、人与环境和谐共存，能实行、能复制、能推广，成为中国其他城市可持续发展的样板。[1]

2008年春节，胡锦涛总书记来津考察时提出：希望天津在贯彻落实科学发展观、推动经济社会又好又快发展方面走在全国前列，在保障和改善民生、促进社会和谐发展方面走在全国前列，希望滨海新区成为深入贯彻科学发展观的排头兵。

2008年3月13日，国务院批复《天津滨海新区综合配套改革试验总体方案》。根据《总体方案》，综合改革涉及企业改革、科技体制改革等十个方面的内容。国务院的批复要求，用5至10年时间，在滨海新区率先基本建成完善的社会主义市场经济体制，为全国发展改革提供经验和示范。

2008年3月，天津滨海新区综合配套改革方案获得国家批复，包括金融改革试验、土地管理体制改革、行政管理体制改革、科技体制改革、涉外经济体制改革、土地管理制度改革、城乡规划管理体制改革、社会公共服务改革、农村体制改革、循环经济试验等重要内容。意味着设立柜台交易市场（OTC）在内的重大改革创新举措

---

[1] 滨海新区政府网：http://www.bh.gov.cn/bhxw/system。

可在天津滨海新区迅速推开。

2009年9月4日，经国务院同意，国家发展和改革委员会对天津市上报的《天津滨海新区综合配套改革试验金融创新专项方案》[1]作出批复，原则同意按照该方案开展工作。其中，《专项方案》主要内容包括：深化投融资体制改革，开展综合经营试点，整合及设立金融机构，搞好外汇管理改革试点，改善金融发展环境，完善金融风险防范体系等。通过在金融企业、金融业务、金融市场和金融开放等方面的先行先试，努力建设与北方经济中心相适应的现代金融体系和全国金融改革创新基地，为全国提供借鉴和示范。《专项方案》具体包括六个方面30个重点改革创新项目，这六个方面是：一、深化投融资体制改革，多渠道扩大直接融资规模，搞好产业投资基金试点和建立符合产业发展要求的人民币基金，开展商业物业投资信托基金试点，增强国际化直接投融资服务平台功能，发展证券期货业，支持天津股权交易所发展，支持天津产权交易中心和北方产权交易市场增加交易品种；二、开展综合经营试点，健全金融服务功能，搞好滨海新区保险改革试验区建设，探索金融控股公司金融业综合经营模式，争取银行开展综合经营试点，搞好排放权交易综合试点；三、整合及新设金融机构，健全金融机构体系，深化农村金融改革，解决中小企业融资问题，支持设立和引进法人机构，发展担保业和各种金融业务；四、搞好外汇管理改革试点，研究探索离岸金融业务，进行跨境贸易人民币结算和人民币境外投资试点，设立货币经纪公司；五、扎实做好设立天津滨海新区柜台交易市场的前期准备，逐步健全多层次资本市场；六、改善金融发展环境，提升金融服务水平，加强金融监管和服务，发展信用服务业和商事仲裁，搞好金融教育和规划建设金融服务区。

2009年10月滨海新区开始进行管理体制改革，从2009年10月下旬开始到2010年1月底分为四个阶段有序推进。

滨海新区管理体制改革包括四项内容：一、建立统一的行政架构，撤销滨海新区工委、管委会，撤销塘沽、汉沽、大港现行建制，建立滨海新区行政区，辖区包括塘沽区、汉沽区、大港区全境。东丽区和津南区的部分区域不划入滨海新区行政区范围，仍为滨海新区产业规划区域。二、构建精简高效的管理机构，建立滨海新区区委、区人大、区政府、区政协，同级机构比原有三个行政区大幅度精简。三、组建两类区委、区政府的派出机构，一类是城区管理机构，成立塘沽、汉沽、大港三个工委

---

[1] 中国政府网：http://www.gov.cn/jrzg/2009-10/29/content_1451690.htm。

和管委会，主要行使社会管理职能，保留经济管理职能。一类是功能区管理机构，成立九个功能区党组和管委会，主要行使经济发展职能。四、形成"新区的事在新区办"的运行机制，赋予新区更大的自主发展权、自主改革权、自主创新权。

可见，在中国这一轮改革中，国家给予滨海新区的最大政策支持无疑是"综合配套改革试点"，综合配套改革是个试验权，核心问题就是试错权。以前的试点只能按照既有的政策框架执行，而综合配套改革试点则给予了一定的突破政策框架的权力。其精髓在于改革是在"规定动作"内完成更多"自选"。但从具体的细节来看，同是全国综合配套改革试点，与上海浦东不同的是支持力度的不同，天津滨海新区的先行先试的重点被国务院明确予以规定并配以相应的政策，而浦东获批的是十大改革试点方向，涉及各大领域，但中央未给浦东任何政策。同时滨海新区获批的是"全国综合配套改革试验区"，而上海浦东则是"综合配套改革试点"，一个为"试验区"，一个则为"试点"，相对来说前者改革范围更大，先行先试的内容更加丰富。[1] 国家综合配套改革试验区的选择，一方面是源于新时期我国经济体制改革已经进入攻坚阶段的现实需要，另一方面是源于长期以来我国区域经济发展的不平衡。区域经济发展的不平衡是一种客观存在，这种客观存在决定了设立国家综合配套改革试验区必须具备一定的条件，包括地理位置、经济区位、市场区位和交通区位等内容。

---

[1] 余典范：《上海浦东新区与天津滨海新区、深圳特区的比较研究》，《上海经济研究》2007年第3期。

第三十五章
天津滨海新区经济现状和结构转变

经过不懈努力，滨海新区在市场培育、经济发展和交通设施等方面都已取得很大进步，昔日的荒滩如今已初步建成了以外向型为主的经济新区。形成了电子通讯、石油开采与加工、海洋化工、现代冶金、机械制造、生物制药、食品加工等七大主导产业，建立起多层次科技创新体系和科技人才创业基地，一大批国际知名的企业落户新区，一栋栋的高楼和工厂不断建成，基础设施和公共设施正在迅速完善，一个现代化海滨城市的面貌正在展现。

第一节 新区概况与特色

一、大港区

大港区是天津市滨海新区的重要组成部分。土地面积 1113.83 平方公里，人口 40 万，拥有丰富的自然资源及劳动力资源，是天津市工业发展基地。大港区是一个以石油、石油化工、海洋化工、精细化工为主体，兼有农业、渔业、牧业、商业、旅游业的新兴卫星城；是中国石油化工基地之一，拥有众多国家大型、特大型企业，其中大港油田年产原油 510 万吨，天然气 5 亿立方米，天津石化公司原油加工能力 600 万吨，并生产聚酯切片和涤纶长短丝，天津联化公司年产乙烯 14 万吨及聚乙烯、聚丙烯等塑料产品。

20多年来，经过不断开拓创新，大港实现区属GDP和区级财政收入年均增长率超过20%，使大港成为天津发展最快的地区之一，被评为国家可持续发展实验区、全国环保模范城区、全国园林绿化先进城区。区内的大港开发区于1992年经天津市政府批准建立，以举办中外合资合作和独资企业为主，是享有国家级经济技术开发区优惠政策并独具灵活措施的经济区域。开发区初期规划面积2平方公里，经过几年的滚动发展已初具规模，入区企业有国际知名的韩国大宇集团、德国可耐福兄弟管理公司等80余家，来自韩、日、美、德等国家和中国台湾地区，生产产品涉及电子、机电、纺织、铝型材、石膏板材、机械等领域。

大港区交通十分便利。大港处于环渤海经济带中部，背靠京、津，毗邻港口、机场、铁路、高速公路网，内连华北平原腹地，具有参与国际分工和竞争的基础条件。

二、汉沽区

汉沽区位于天津市东部，是天津通往东北三省的门户。东距河北省唐山市50公里，西距天津市中心区60公里，距天津新港和经济技术开发区20公里，距石油产地天津市大港区90公里。南濒渤海湾，北接宁河县，蓟运河由北向南流经区内，地理位置得天独厚。辖区面积441.5平方公里，其中城区面积20平方公里。

汉沽区有充裕的土地资源。现有两处共38平方公里连片荒地：一处在西南部，东近海岸，怀抱蓟运河，紧贴塘汉公路，邻近京山铁路，南有营城水库和工业污水处理设施，北有城市公用设施；另一处在东北部，汉南铁路横贯其中，水源条件好。两处均系发展工业的理想投资区域。汉沽有丰富的海淡水资源。现有滩涂333公顷；河水年平均排海量7.2亿立方米，地表蓄水能力7200万立方米。汉沽还有丰富的地热资源、石油资源。太阳能居天津市之首，海洋能、风能也具备开发的条件。地热资源开发和反季节种植、养殖等方面已有了良好的起步，仍具巨大的开发潜力。汉沽是"大城市，小农村"的二元经济结构，西北部为农业区，东南部为工业区和海洋渔业区。

汉沽区的农渔业是农林牧渔综合发展的城郊型经济。"三水"（水稻、水果、水产品）是汉沽农渔产品突出的特色。汉沽区的工业基础较好。汉沽有大量的海洋化工资源。辖区海岸线长32公里，盐业生产已有千余年历史。现有盐田13933公顷，约为全区耕地面积的3倍。驰名中外的长芦盐色白、粒大、质坚、味醇，自古即有"芦台玉砂"之誉，氯化钠平均含量高达96.8%，是理想的海洋化工生产原料。现在汉沽已经形成了以海洋化工为主、综合发展的滨海工业体系。在国民收入中，工业占80%。主要工业门类14个：盐业、化工、轻纺、服装、机械、加工、冶金、造纸、家电、家具、电子、建筑材料、食品、制鞋。汉沽工业生产规模较大、设备和技术力量最为雄厚的是盐业、海洋化工、纺织、机械加工、冶金等。汉沽盐场是著名的长芦盐区四大盐场之一，原盐生产能力较强，具有精制盐、化工方面的系列产品，质量优良，多有出口。天津化工厂是国家大型重点氯碱化工企业，年产优质"天工牌"烧碱12万吨，有盐酸、三氯乙醛、聚氯乙烯等30余种产品，远销十几个国家和地区。汉沽是随着海盐业和海洋化工的发展而逐步形成的滨海工业区，现已初步形成以海洋化工为主导，石油化工、精细化工、轻工纺织、机械加工、工程塑料等综合发展的工业体系。

此外，汉沽区交通十分便利。京山铁路横贯全区，还有汉南线和本区工业专线。有4个火车站，年货物吞吐量500万吨以上。有7条（芦汉、塘汉、津汉、汉榆、汉南、汉北、芦堂）公路通往天津市中心区、天津经济技术开发区、天津新港和北京、唐山、东北等地。

三、塘沽区

塘沽距天津市中心45公里，距北京140公里，素有"京畿门户"之称。塘沽区面积859平方公里、总人口56万，拥有92.16公里海岸线，盛产近百种海产品，可供开发的土地120平方公里，滩涂188.66平方公里，宜于工业、仓储开发，具有广阔的发展前景。

塘沽拥有丰富的海洋化工资源。海水含盐量3.5%，宜于制盐，并可提取钾、锂、溴、硝等90多种化工原料。过去的塘沽，是中国北方近代工业的发祥地。百里盐田是闻名世界的长芦盐生产地。以生产"红三角"著称的天津碱厂，是近代亚洲最早的大型制碱工厂，现已发展成电子计算机控制生产的国内最大纯碱生产企业之一。除制盐、化工、造船、石油等工业门类外，以电子工程、海洋生物工程等为代表的海洋高新技术产业正在迅速崛起。石油、天然气资源丰富，坐落于此的渤海石油公司是中国最大的海洋石油企业，渤西油田是中国第一个海上油气田，兴建的天然气管道和渤西天然气配套工程，使天然气供应量达到1721万立方米。

现阶段的塘沽，强化区域发展意识，积极整合地区综合优势，着力打造"一个中心、五大基地"："一个中心"是以天津港为依托，构建东北亚国际港口航运中心；

"五大基地"是以渤海石油和渤海化工集团为依托，构建我国北方最大的海洋石油与海洋化工基地；以海洋园区为依托，构建海洋高新技术产业基地；以新港船厂、勤美达公司等企业为依托，构建北方重要的现代修造船和机械制造业基地；以海洋珍品养殖工厂化设施和现代渔业技术工程中心为依托，构建环渤海地区重要的海产品繁养与加工基地；以塘沽港城地位和基础设施为依托，构建滨海新区现代商务、物流与旅游服务基地。同时，塘沽区把发展商贸业作为兴区之策、强区之道，紧紧围绕建设天津滨海新区商贸中心的战略目标，已构筑起大商贸、大流通、大发展的现代化商贸经营格局。其中，成为滨海新区商贸中心区标志的建筑——塘沽解放路商业街，全长1350米，工程总投资3.9亿元，商业设施总建筑面积12.76万平方米。以其服务功能完善、设施先进、完备和充满时代气息的环境，构成一道精彩的人文景观，被人们誉为"滨海新区金融街"。

此外，塘沽交通便捷，与170多个国家和地区的300多个港口有业务往来，是亚欧大陆桥国际运输线的起点之一。华北、津晋等高速公路将塘沽与中国东北、华南、西北相连。京津塘高速公路将北京、天津、塘沽连成一线，从塘沽驱车90分钟即可到达北京。轻轨、津滨高速公路等现代化交通设施齐全，大大缩短了塘沽与天津的距离。塘沽城市内部交通网络纵横交错，上海道、河北路、杭州道、铁西路、海防路等道路保证了城市交通的快捷、畅通。目前，塘沽内环线已经贯通，中环线和外环线建设正在抓紧建设。三条环线建成后将进一步提升塘沽城市功能，改善滨海新区投资环境，促进整个区域经济持续、快速发展。同时，塘沽区新建的10余座城市立交桥和拓宽改造的85条骨干道路，构成了塘沽四通八达的现代化交通网络。

四、天津港

天津港是中国大陆最早开展国际集装箱运输业务的港口，天津港分为北疆、南疆、东疆和海河四大港区。1952年10月17日天津新港重新开港，当年货物吞吐量不足74万吨。1974年货物吞吐量突破1000万吨，用了22年时间。1980年，天津港建成中国第一个集装箱码头。1988年全港货物吞吐量突破2000万吨。自1993年以来，天津港生产连上台阶，保持平均每年以千万吨级的速度递增，10年净增吞吐量1亿吨。2001年成为中国北方第一个亿吨国际大港，实现了历史性的跨越。2009年天津港完成货物吞吐量3.56亿吨，集装箱吞吐量850万标准箱。

天津港是中国最大的人工港。由海港和河港两部分组成，港区水陆域面积达 200 平方公里，其中现有陆域面积 72 平方公里，港口规划陆域面积 100 平方公里。新港由南、北防波堤环抱而成，航道长 44 公里，主航道底宽 315 米，水深 19.5 米，25 万吨级船舶可全天候进出港，30 万吨级船舶可乘潮进出港。天津港拥有各类泊位 140 余个，岸线总长 2.15 万米，其中万吨级以上泊位 53 个，总能力为 1.17 亿吨，其中集装箱能力为 905 万标准箱。同时，从国内区域经济发展的角度看，天津港内陆腹地广阔，包括天津、北京两大直辖市和河北、山西、内蒙古、陕西、甘肃、青海、新疆、宁夏等八省区及河南、山东二省的部分地区，总面积达 450 万平方公里，占全国面积的 46.9%。腹地内自然资源丰富、三大产业发达、外向型经济活跃、信息和高科技产业发展势头强劲，是我国经济发展较快的区域之一。

目前，天津港的自主创新找到了发展的定位，再夺两个世界第一。既是国内外第一家采用"双箱和边装边卸同步作业"的集装箱码头，又是世界上第一个拥有"堆场集装箱三维动态实时模拟控制中心"的集装箱码头。到 2010 年，天津港货物吞吐量将突破 4 亿吨，集装箱吞吐量达到 1000 万标准箱，将成为航道等级达到 30 万吨级、陆域面积达到 100 平方公里、拥有全国最大保税港区的北方国际航运中心，成为规模化、国际化、现代化的世界一流大港。

此外，天津港交通十分便利。与港口发展有紧密联系的交通干线有京津塘高速公路、京津塘公路（103 国道）、津沽二线（津晋高速）公路、海防公路、丹拉高速公路及京山、津浦干线铁路、津霸铁路联络线、李港地方铁路等。这些交通通道沟通了天津港与北京、天津及华北、西北地区各主要城市，并通过国道网和国家铁路干线网连接广大腹地，构成了天津港四通八达的内陆集疏运网络系统。

五、天津港保税区

天津港保税区坐落在天津港港区之内，地处环渤海地区的中心位置，背靠京津两大城市，面向东北亚。天津保税区于 1991 年 5 月经国家批准设立，是我国北方规模最大的保税区，华北、西北地区唯一的保税区。

作为高度开放的特殊经济区域，天津保税区有着良好的体制优势。在国际物流方面，国际货物在保税区与境外之间自由进出，仓储时间不受限制；实现 24 小时快速通关，检验检疫高效便捷；海港、空港至保税区直提直放，货物可集中进区、分批出区、即时配送、集中报关，在最大限度上缩短了国际市场与国内市场的距离，减少了交易时耗，加快了资金周转，降低了交易成本，使保税区成为国际货物大进大出的绿色通道。在国际贸易方面，作为两个市场的汇接点，保税区在国内超前实行市场准入，采取较为宽松的贸易政策，在保税区注册的企业均可开展包括进出口贸易、转口贸易和过境贸易的国际贸易业务。在加工制造方面，保税区的加工企业使用境外的机器设备、基建物资、办公用品以及为加工出口产品所需的原材料、零配件，不征关税及增值税、消费税，不实行配额、许可证管理。企业在保税区内加工出口产品，不设保证金台账，不领取加工手册；产品在保税区内销售免征生产环节增值税；采用部分境外料件的产品内销时，只交纳境外料件关税及增值税，使保税区成为从事加工制造与加工贸易的最佳区域。

建区 19 年来，保税区以建设服务中国北方的国际物流中心为目标。现代物流、国际贸易和工业加工三大产业全面发展，主要指标保持年均 30% 以上的增长速度，位居全国保税区前列，在环渤海和中国北方发展中发挥了重要的服务辐射和带动作用。吸引了美国美林、加拿大玛格纳、荷兰飞利浦、瑞士名门、日本川崎、丰田通商、香港嘉里、东方海外和中集集团、九三集团、金威啤酒等一批跨国企业和国内上市公司。建成了国内最大的粮油加工基地和番茄制品出口加工基地，形成了电子信息、生物制药、机械及汽车零部件、金属制品、高新纺织、绿色食品等产业集群。先后开发建设了空港物流区、空港加工区和保税物流园区，设立了全国第一家空港保税区，实现了海港政策功能向空港的延伸，形成了"三个区域、五种形态"联动发展的格局。随着天津滨海新区纳入国家总体发展战略，保税区作为滨海新区的重要经济功能区，也迎来了加快发展的历史性机遇。保税区"十一五"发展的总体目标是：坚持以科学发展观统领发展全局，以高新技术产业为引领，以优势产业为重点，以现代服务业为支撑，走开放型、科技型、集约型、生态型的路子，把天津港保税区建成高水平的现代物流标志区，空港加工区和空港物流区建成高标准的临空产业核心区。通过五年的努力，显著提升区域综合实力、服务能力、创新能力和国际竞争力（见表 7-35-1），预计到 2011 年，经济总量比 2005 年翻两番，地区生产总值达到 500 亿元；工业总产值突破 800 亿元，力争实现 1000 亿元；财政收入突破 100 亿元，万元生产总值综合能耗达到国际先进水平，形成产业特色鲜明、主体功能突出、国际化程度较高的全国一流开放区域。

表 7-35-1　天津保税区历年经济指标

年份	地区生产总值（亿元）	工业总产值（亿元）	固定资产投资（亿元）	进出保税区货物总值（亿美元）	实际直接利用外资（亿美元）
1995	1.694	1.500	7.18	6.77	1.101
1996	3.393	4.680	2.51	12.78	1.803
1997	7.750	7.001	1.56	27.01	2.031
1998	12.169	6.971	2.32	40.97	3.004
1999	23.184	4.848	10.61	46.97	3.051
2000	28.436	4.144	14.66	46.48	3.533
2001	34.621	11.292	12.22	47.00	3.550
2002	44.385	16.945	12.57	50.01	5.508
2003	61.511	22.540	15.50	65.00	2.350
2004	83.019	41.814	31.20	92.31	4.018
2005	115.150	91.004	52.82	131.25	5.636
2006	153.584	162.275	62.06	187.61	7.666
2007	202.557	255.014	71.56	254.25	9.242
2008	289.450	395.870	105.80	330.60	11.550
2009	385.880	467.120	150.54	417.02	15.178

资料来源：《天津统计年鉴》，中国统计出版社，滨海新区网：http://www.bh.gov.cn/bhyx/system/2010/02/12/010021650.shtml。

六、天津经济技术开发区

天津经济技术开发区于 1984 年 12 月 6 日经中华人民共和国国务院批准建立，为中国首批国家级开发区。很难想象，这座外向型现代化工业新城，25 年前曾是一片寸草不生的盐碱荒地。如今开发区已成为致力于吸引国内外投资、主要发展高新技术产业的现代化国家级开发区。

天津开发区主要经济指标连续 7 年位居国家级开发区首位，并成为天津市最重要的经济增长点，发挥了辐射和带动作用，为天津市经济发展作出了贡献。许多跨国公司将其中心工厂设立在开发区，形成了四大主导产业，包括以摩托罗拉、三星集团、三洋、松下为代表的电子通讯产业，以丰田、艾默生为代表的机械制造产业，以田

表 7 - 35 - 2 天津经济技术开发区历年主要经济指标

年份	地区生产总值(亿元)	工业总产值(亿元)	实际利用外资(亿美元)	出口总额(亿美元)
1996	80.11	266.46	7.22	9.01
1997	131.01	370.11	7.57	14.50
1998	153.63	470.24	7.56	20.04
1999	180.11	540.22	10.13	20.81
2000	208.45	608.55	10.01	25.54
2001	256.44	731.83	10.10	32.67
2002	312.03	865.11	18.01	40.35
2003	380.09	1031.24	4.10	57.06
2004	445.23	1251.40	6.33	68.86
2005	530.22	1822.15	9.50	111.75
2006	642.29	2305.19	12.85	139.71
2007	780.56	3030.16	16.00	171.45
2008	939.40	3350.67	19.31	185.00
2009	1066.33	3730.00	25.12	171.31

资料来源：《天津统计年鉴》，中国统计出版社；滨海新区网。

边、诺和诺德为代表的医药化工产业；以可口可乐、雀巢、大冢为代表的食品饮料产业。"这些年变化最大的是我们的引资观念。"天津开发区管委会副主任倪祥玉说："低消耗、低投入、高产出项目招商思路得以显现。""过去我们是随机式引进项目，被动地接受产业形成，现在我们是主动地、有规划地培育和引导优势产业的形成。过去我们简单依靠大企业的龙头作用，自发形成产业集群，现在我们是根据产业发展规划有意识、有步骤地积极培育和完善产业配套环境，着力延伸和强化产业链条。"[1] 引资，从过去的饥不择食，到现在的精挑细选，这个变化给开发区带来了发展的思路、发展的质量，更带来了发展的自信。倪祥玉说："更重要的是，天津开发区正在重点打造自己的产业集群。"一、要把开发区建成双高特征更为突出的区域：一是高科技产品的生产基地，一是高科技成果的转化基地或者叫产业化基地。二、重点产业要不断取得新的突破，为生物产业的高速发展创造必备的良好条件。三、自主知识产权的培育。从被动式的科技进步转向主动式的科技进步，从随机的产业构成转向政府引导下的高新技术产业构成，从原来由外商投资企业进入而自发地形成一个产业链转向能够主动地

---

[1] 国家级开发区：《从新理念到新优势》，《光明日报》2007年9月6日。

引导和构筑的产业链。这推动着开发区粗放式发展模式逐渐向集约化方向发展。在转变经济增长方式、提高自主创新能力、发展节约型经济等方面，天津经济技术开发区进行了成功的探索。开发区正发挥着新的"窗口"和"示范"作用。

七、葛沽镇

葛沽镇位于天津津南区，总面积44.1平方公里，是滨海新区冶金工业基地和副食品供应中心之一；同时，葛沽镇还肩负着滨海新区的海滨休闲旅游、生态宜居等重要职能。

目前，葛沽镇已形成以工业为主、商业为辅、农业补充的城镇发展格局。2009年1—10月，全镇完成工业总产值187.71亿元，财政收入1.18亿元，经济重镇地位日渐巩固。2008年，全镇现有各类企业116家，其中三资企业10多家，初步形成了大滩锅炉厂、津南化肥实验厂、葛沽服装厂等骨干企业，正在兴建的天津渤海冶金工业公司，年产铁40万吨，将为葛沽镇经济发展注入新的活力。

以先进制造业和民俗文化旅游业为特色是葛沽镇今后一个时期的发展蓝图。未来的葛沽镇将建成空间布局合理、基础设施和公共设计完善、人居环境适宜的现代化都市型城镇。根据滨海新区经济发展的总体规划，葛沽镇将在充分发挥自身优势的基础上，引进外资，建设三资企业开发小区、国有企业改革试验区、高新技术产业园区、新型工业区、旅游观光服务区和仓储区等六大功能区。同时，综合发展商贸、房地产、农业、农村运输业、建筑业等，把葛沽镇建成以冶金、化工、电子、服务等出口创汇型产业为主体的新型改革开发综合试验基地。

八、东丽区无瑕街

无瑕街地处东丽区东南部，南隔海河与津南区葛沽街相望，北依京山铁路线，西靠军粮城镇，东临塘沽区中心庄乡。总面积25平方公里，人口近3万。

辖区内现有工业企业70多家，其中天津钢管公司是天津市特大型工业企业，与之配套的30万吨海绵铁项目已动工兴建，投资800万元的轧钢厂已竣工投产，列入天津市重点工程的第三煤气厂正在加紧规划。此外，辖区内现有仓储场地20多处，外贸冷库近10座，津塘公路两侧还有丰富的土地资源，是发展仓储的理想场所。同时利用紧临天津钢管公司和即将兴建第三煤气厂等各种优势，无瑕街将大力兴办餐饮、娱乐、服务设施，积极发展第三产业，力争建成多种行业综合发展的经济新区。

此外，无瑕街交通十分便利，距天津国际机场 19 公里，距天津港 13 公里，距京津塘高速公路 6 公里，是连接市区与滨海新区的金色走廊。根据天津市总体规划，津塘公路将建成为汽车专用路，规划的轻轨交通线、津塘二线、铁路东南环线以及天津天铁炼焦化工有限公司专用线也经过无瑕街，未来无瑕街的交通条件将更为方便快捷。也为无瑕街筹措资金发展外向型经济提供了强有力的吸引力。

综上所述，滨海新区的自然区位、经济区位和交通区位等条件具备作为国家综合配套改革试验区应该具备的区域综合优势突出、经济腹地广阔的条件，必将成为地区经济发展的强劲增长极。

第二节　新区现阶段产业结构的总体考察

经过 16 年的开发建设，滨海新区已成为支撑天津经济发展的重要力量，并在总体上表现出经济"增长极"的诸多特征。生产总值由 1994 年的 168.8 亿元上升到 2009 年的 3810.67 亿元，增长了 22.6 倍，同时产业结构发生了很大的变动。通过对滨海新区产业结构变动的实证分析发现，滨海新区自身经济发展水平、区位禀赋以及城市定位等因素都决定着现阶段产业结构优化目标在于大力发展工业，利用工业引导第三产业发展，从而推动整体产业结构不断升级，或者简而概之——"以工业发展为重，优化第三产业，稳定第一产业"。

一、新区产业结构变动的基本趋势

产业结构变迁有着其自身发展规律，经济发展水平、区位禀赋、政策措施、制度安排以及以往的产业结构等种种因素都影响着一个地区合理的产业结构及其变迁路径。为了确定滨海新区产业结构优化目标，有必要先研究其产业结构现状并从中发现存在的问题，从而有效把握产业结构升级调整的方向。

表7-35-3 滨海新区1994—2007年三次产业构成及比例

（单位：亿元）

年份	1994	1995	1996	1997	1998	1999	2000	2001
第一产业	3.4	6.7	7.3	6.2	5.4	4.9	5.2	5.7
第二产业	114.6	145.6	177.5	216.5	264.0	299.1	382.1	452.3
第三产业	50.8	112.7	122.3	134.0	147.5	160.4	175.1	209.2
一产占比	2.0	2.5	2.4	1.7	1.3	1.0	0.9	0.9
二产占比	67.9	54.9	57.8	60.7	63.3	64.4	67.9	67.8
三产占比	30.1	42.5	39.8	37.6	35.4	34.5	31.1	31.4
各产业	2002	2003	2004	2005	2006	2007	2008	2009
第一产业	6.2	7.3	7.9	7.3	7.5	7.2	7.5	7.4
第二产业	567.7	697.7	878.9	1098.9	1370.8	1694.8	2246.3	2569.9
第三产业	246.7	341.3	436.5	517.1	582.2	662.1	848.5	1233.4
一产占比	0.8	0.7	0.6	0.4	0.4	0.3	0.2	0.2
二产占比	69.2	66.7	66.4	67.7	69.9	71.7	72.4	67.4
三产占比	30.1	32.6	33.0	31.9	29.7	28.0	27.4	32.4

资料来源：历年《滨海新区统计年鉴》、滨海新区网、北方网。

由表7-35-3可知，滨海新区的第二、三产业在16年间增长较为迅速，其中，第二产业居于主导地位。滨海新区第二产业产值从1994年的114.6亿元上升到2009年的2569.87亿元，增长了22.4倍。与之相配套的第三产业发展势头也很迅猛，产值从1994年的50.8亿元上升到2009年的1233.37亿元，增长了24.3倍。这主要与滨海新区加大对固定资产的投资，加大相关服务业的发展等密不可分，这为滨海新区今后的经济发展奠定了坚实的基础。

虽然滨海新区第一、二、三产业的绝对值逐年增长，但是产业结构基本保持稳定，第一产业比例有所下降。如图7-35-1所示，1994—2009年间，第二产业比例一直保持在50%以上；其次是第三产业，比例基本保持在30%左右；第一产业所占比重最小。2009年，第二、三产业对滨海新区经济增长的贡献率分别为45.67%、54.33%，这与滨海新区将来作为京津冀乃至环渤海地区重要的世界性加工制造基地和国际物流中心等功能定位相符合。

图7-35-1 滨海新区三次产业比例构成及其变化

年份	第一产业	第二产业	第三产业
1994	2	67.9	30.1
1995	2.5	54.9	42.5
1996	2.4	57.8	39.8
1997	1.7	60.7	37.6
1998	1.3	63.3	35.4
1999	1	64.4	34.5
2000	0.9	67.9	31.1
2001	0.9	67.8	31.4
2002	0.8	69.2	30.1
2003	0.7	66.7	32.6
2004	0.6	66.4	33
2005	0.4	67.7	31.9
2006	0.4	69.9	29.7
2007	0.3	71.7	28
2008	0.2	72.4	27.4
2009	0.2	67.4	32.4

资料来源：历年《滨海新区统计年鉴》、滨海新区网。

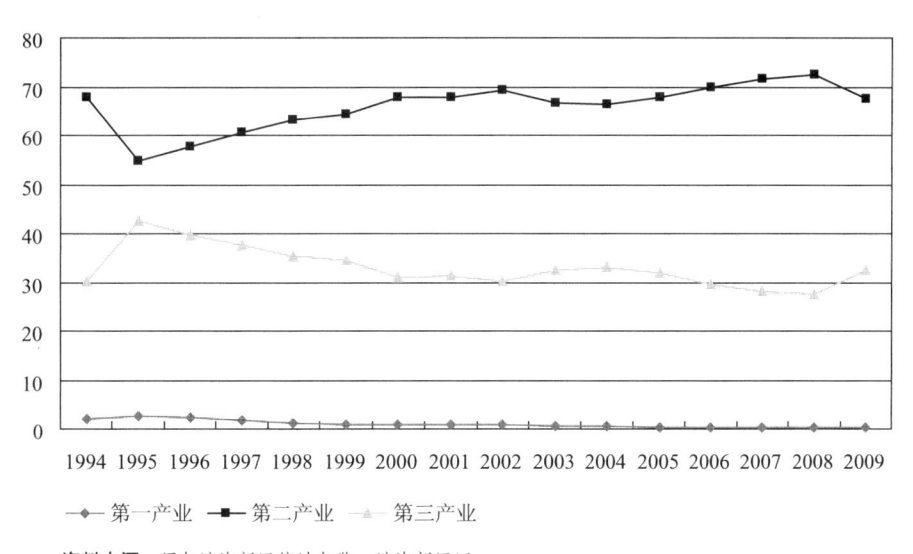

图7-35-2 各产业实际产出的构成比率（％）

资料来源：历年滨海新区统计年鉴、滨海新区网。

总体而言，从滨海新区在1994—2009年间第二产业在GDP结构中所占比重的变动趋势来看（结合表7-35-3和图7-35-2），第二产业在GDP的构成中占据核心位置，表现出发展的势头，在GDP结构中所占比重呈现不同程度的上升。新区设立以来，产业结构发生了显著的变化，产业优化程度有了明显的提高，产业结构大体上遵循了随着经济发展产业结构不断升级的发展规律。滨海新区自1994年设立以来，以"现代工业化"为发展目标，16年来第二产业的产值比率和第三产业的产值比率均高于第一产业的产值比率。并且，按可比价格计算第一产业的产值比率以平均10.68%的速率下降，第二和第三产业的产值比率逐年上升。

1994—2009年滨海新区第一产业对全区GDP的贡献率平均下降了11.76%，第二产业对全区GDP的贡献率平均增加了0.09%，第三产业对全区GDP的贡献率平均增长了1.76%。

二、产业结构变动对新区发展的考察

经济社会的产业结构是在一定的技术条件下，由专业化和社会分工的生产方式决定的，经济增长在一定意义下取决于产业结构。为了保持经济稳定、快速增长，有必要从产业结构的角度来研究经济增长。

(一) 模型

由各产业部门和技术及制度因素确定的生产函数为：

$$Y = F(x_1, x_2, \ldots, x_n, A) \tag{1}$$

式中：Y为总产出；x_n $(i=1, 2, \cdots, n)$ 表示第i产业部门的产出；A为技术及制度等因素。式（1）对时间求导可得：

$$\dot{Y} = \sum_{i=1}^{n} \frac{\partial Y}{\partial X_i} \dot{X}_i + \frac{\partial Y}{\partial A} \dot{A} \tag{2}$$

为变量X对时间的导数。再变形：

$$\frac{\dot{Y}}{Y} = \sum_{i=1}^{n} \frac{\partial Y}{\partial X_i} \frac{X_i}{Y} \frac{\dot{X}_i}{X_i} + \frac{\partial Y}{\partial A} \frac{A}{Y} \frac{\dot{A}}{A} \tag{3}$$

式中：左端为总产出的增长率，标记为 y；$\frac{\partial Y}{\partial X_i}\frac{X_i}{Y}$ 为第 i 产业部门的产出弹性，标记为 a_i；而 $\frac{\dot{X_i}}{X_i}$ 为第 i 产业部门的产出增长率，标记为 x_i；右端最后一项表示技术和制度等因素对总产出增长的贡献，标记为 a_0；因此，可以使用如下线性回归模型来分析各产业部门对于经济增长的贡献：

$$y = a_0 + \sum_{i=1}^{n} a_i x_i + \varepsilon \qquad (4)$$

（式中：ε 为随机扰动项）

（二）各产业对经济增长贡献的实证分析

采用 1994—2009 年的 GDP 作为总产出样本值，以及第一产业、第二产业和第三产业的样本观测值，并对各个样本观测序列应用公式：

$$x = x_t / x_{t-1} - 1 \qquad (5)$$

计算得到经济变量的同比增长率 x，使用所得到的同比增长率数据对式（4）进行普通最小二乘法（OLS）估计，得到最终结果如下：

$$y = 0.07x_1 + 0.562x_2 + 0.406x_3 \qquad (6)$$
$$(19.68)\quad (13.78)\quad (10.23)$$

该回归方程的调整 R-squared 为 0.98，F 统计量为 487，从各个参数的 T 统计量来看各参数是显著的，Durbin-Watson 统计量的值为 1.92，不存在序列相关，因此，可以使用式（6）作为各个产业产出与经济增长关系的分析。

由回归方程（6）可知，第一、二、三产业的产出弹性分别近似为 0.07、0.562 和 0.406，即第一、二、三产业产出 1 个百分点的增长，分别可以引起总产出增长 0.07、0.562 和 0.406 个百分点。由于第一、二、三产业产值线性和等于 GDP 的这种关系，所以有 Y/x_i（i=1，2，3），即第一、二、三产业的边际产出均为 1。所以被估计的参数为第一、二、三产业平均占总产出的百分比估计值，分别为 7%、56.2% 和 40.6%。

那么，总产出的增长分别由第一、二、三产业增长所拉动的比例大约为 7%、56.2% 和 40.6%。由此可见，第二产业的增长对经济增长的拉动能力较大，因此，发展第二产业对于全区的经济建设是有益的。

采用 1994—2009 年的 GDP，第一产业，第二产业中的工业、建筑业，第三产业中的运输邮电、批发零售贸易餐饮业的样本观测值，以及第三产业中非运输邮电和批发零售贸易餐饮业的样本值，并取其增长率数据，最后一项的增长率用 x_{33} 表示，再一次对模型（4）进行普通最小二乘法估计，得到方程：

$$y = 0.0876 x_{11} + 0.5876 x_{21} + 0.209 x_{31} + 0.065 x_{32} + 0.099 x_{33} \qquad (7)$$
$$(17.56) \quad (12.71) \quad (5.32) \quad (5.09) \quad (2.66)$$

式（7）的调整 R-squared 为 0.97982，F 统计量为 169.372，Durbin-Watson 统计量为 1.8193，整体拟合效果很好，不存在序列相关，而且各个变量的显著性检验 T 统计量表明各个变量都是显著的。因此，可以使用其分析各产业部门对全区经济增长的贡献。

由式（7）可知，工业产出的产出弹性为 0.5876，即 1 个百分点工业产出的增长将引起总产出增长 0.5876 个百分点。运输邮电业的产出弹性为 0.209，即 1 个百分点的运输邮电业的产出增长会带来 GDP 0.209 个百分点的增长。批发零售贸易餐饮业的产出弹性为 0.065，即该产业部门产出 1 个百分点的增长会带来总产出增长 0.065 个百分点。由于这几个解释变量线性和与总产出近似相等，因此，各变量的边际产出近似为 1，被估计的参数分别近似为第一产业、工业、运输邮电业、批发零售贸易餐饮业产出在总产出中平均所占的比例。说明了工业产出在全区经济 GDP 中占有重要位置，工业增长对全区经济增长将起到很大的拉动作用。因此，有必要进一步分析第二、三产业特别是其投入要素和结构转变角度与全区的经济增长之关系。

第三节 高速增长的可持续性和新区结构转变的经济评价

产业结构与分配结构、资源结构、需求结构等共同构成了国民经济结构系统。从一定意义上来说，产业结构在整个国民经济结构中，居于主导地位。产业结构的合理变动是经济稳定增长的必要基础，也是经济增长保持持续的必然要求。在现代经济发展中，经济增长表现为总量和结构都不断变动演化，并且相互作用。可以说，在一定的条件下，产业结构的转换率越高，经济总量的增长就越迅速。经济增长是"经济总量和能力的持续增长、经济结构的转变和制度的相应调整"[1]。

一、对现代经济增长理论的反思

经济增长是社会经济生活中影响范围极广且为人们所普遍关注的一种经济现象。尽管许多经济学家都曾经对经济增长的内涵做出过各种各样的解释，但其最基本的定义则是"生产总量的增加"。经济增长包含在经济发展之中，持续、稳定的增长是促进经济发展的基本动力，是一切社会进步的首要的、必要的物质条件。如果没有产出量的一定增长，一个国家或地区的经济发展便失去了相应的物质基础。因而一般来说，没有经济增长就不可能有经济发展。

关于经济增长根源的分析，传统经济增长理论一般认为是资本积累、劳动力增加和科技进步长期作用的结果。其实，这种观点早在古典经济学中就有所反映。亚当·斯密、李嘉图、穆勒等人都曾经仔细论证过经济增长问题，其基本思路如下：经济增长表现在国民财富的增长上，国民财富的剩余导致资本积累，资本积累引起对劳动力需求的增加，劳动就业人数的增加则带来生产规模扩大和产出量增加，此时剩余将再次出现，新一轮增长又重新开始。这里姑且不论古典增长理论中的收益递减规律、相对成本递增规律等是否正确，但就其模型本身而言显然没有考虑结构变化与调整对经济增长的影响。

哈罗德—多马模型的诞生推动了经济增长理论研究的发展。该模型认为，投资是经济增长的原动力，且投资可以起双重作用，既可以创造收入，也可以增加生产能力。在假定生产技术和资本—产出率不变的前提下，经济增长必然取决于储蓄率的高低，而全部储蓄亦必须转化为投资，投资再通过乘数作用引起收入增长和生产能力增加。这里姑且不论这一模型的假定是否合理以及实现稳定增长的条件犹如在"刀刃"上走路，仅就其对经济增长来源的解释看它显然过分强调了资本积累在增长

---

[1] 西蒙·库兹涅茨：《各国的经济增长》，商务印书馆1985年版，第107页。

中的决定性作用，而相对忽略了技术进步、劳动力增加以及结构因素对经济增长的贡献。

索洛、斯旺、米德等人对哈罗德—多马模型作了修正和补充，把它发展为新古典经济增长模型。索洛—斯旺模型认为，产出是资本和劳动投入的函数，产出的增加取决于资本和劳动的增量以及边际生产能力。索洛—斯旺模型通过资本—产出比率可变的新假定和给模型中引入市场机制克服了哈罗德—多马模型中资本—产出比率不变所产生的"刃锋"问题。但这个模型以技术不变为假定前提，忽视了技术进步对经济增长的巨大贡献。针对这一缺陷，索洛和米德又在模型中引入了技术进步和时间因素，从而将其发展为索洛—米德模型。显然新古典经济增长模型对于揭示经济增长源泉比以往大大前进了一步。此后一些经济学家如罗宾逊、卡尔多、丹尼森等对经济增长的影响因素进行了越来越细致的分析，但非常遗憾的是，他们始终把结构变动与调整排斥在经济增长的源泉之外。

因此，传统经济增长理论之所以排斥结构分析，是由于为其理论奠定基础的假设是竞争均衡，即整个社会的完全竞争可以长期维持市场供求均衡，从而无论从生产者还是消费者的角度来看社会资源配置都存在着帕累托最优。这就意味着社会所有部门的生产要素的边际收益都相等，因而在任何时点上，部门之间资源流动与转移都不能带来总产出的增加。在这种情况下，传统增长模型自然就把增长因素局限在资本积累、劳动力增加和技术进步的狭小范围内，而不会考虑结构变化的影响。显然传统增长理论的这一假定前提具有严重缺陷。事实证明，社会资源配置的帕累托最优从来都只是一种美妙的幻想。现实经济运行中不仅存在着市场供求的短缺与过剩，而且存在着不同部门间劳动和资本使用的收益差别。在利益驱动下，生产要素的合理转移与流动无疑会带来总产出的增加，由此，产业结构的变动与优化无疑会促进经济增长。

（一）现代经济增长的本质要求：结构协调

随着对传统增长理论的反思，对于增长因素分析的视野已大大拓宽。事实上，在此之后的许多经济学家都在新古典增长模型的基础上加入了结构变量来研究经济增长。库兹涅茨运用经过改善的研究方法，对57个国家和地区的原始数据进行了处理，分别作了截面分析和历史分析，从而充分揭示了现代经济发展中总量增长与结构变动的联系，并得出结论，"如果不去理解和衡量生产结构中的变化，经济增长是难以理解的"。[1]钱纳里等人在进行了范围更广、信息量更大的统计分析后指出:"即使各国的增长和发展经历将由其特殊特征所支配,但是,如果不存在各国间的结构转换特征,那么至今已有的比较分析方法将很难有助于解释增长和发展产生的方式。"[2]并且认为:"把发展中国家的增长进程理解为经济结构全面转变的一个组成部分最恰如其分。"[3]

当然,对于现代经济增长过程的分析描述,经济学家们并不一致。库兹涅茨认为,"经济增长是一个总量过程",罗斯托不同意这一点,他说:"现代经济增长本质上是一个部门的过程。"[4]其实两种观点的不一致是基于分析问题的角度不同,库兹涅茨实际上是在总量增长的框架内把结构变动描述为一种连续的渐进的过程,且这一过程中的动态结构将趋于稳定与均衡。罗斯托则是以动态结构的非均衡变动为基础,把总量增长描述为一种自我持续的增长过程,且这种增长将不断加速。如同库兹涅茨无意要否定结构因素一样,罗斯托也无意否定总量概念,而只是更强调离开了部门分析,将无法解释增长为何会发生。那么,由于经济增长要求在不平衡的过程中达到平衡的目的,因而经济增长实际上是部门过程与总量过程有机统一,如果这种统一能够顺利实现那就是协调增长。

的确,日益成为世界性进程的现代经济增长所提出的本质要求是结构协调。这里,可以从以下四个方面来论证这一必然逻辑。

1. 随着社会生产力的发展,社会分工日趋专业化,产业部门日益增多,部门间的商品交易频繁,交易的内容和规模日趋扩展。在整个社会的中间产品需求日益增多、产业部门之间彼此依赖度日益增大的情况下,结构效益的权重亦在日益上升,以至于成为现代经济增长的一个基本支持点。在现代经济增长过程中,这种来自结构聚合的经济效益,其意义已大大超过个体劳动生产率提高对效益增长所带来的影响。

2. 现代经济增长不仅仅取决于资本、劳动力等资源的投入,而且取决于资源的合理配置,而结构状态则在很大程度上决定了资源配置的效果。如果产业结构合理,能充分利用资源供给不断满足消费者需求,则资源配置就是有效的,它会带来经济的持

---

[1] 西蒙·库兹涅茨:《各国的经济增长》,第107页。
[2] 拉尼斯等:《发展经济学的新格局——进步与展望》,经济科学出版社1987年版,第18页。
[3] 钱纳里等:《工业化和经济增长的比较研究》,上海三联书店1989年版,第56页。
[4] 罗斯托:《从起飞进入持续增长的经济学》,四川人民出版社1988年版,第2—5页。

续稳定增长。如果产业结构扭曲，无效投入就会增大，资源配置的效果则会降低，此时由于结构性障碍的存在，经济的持续、稳定、协调增长将不可能实现。

3. 技术进步对现代经济增长的巨大贡献是显而易见的，而且技术进步的连续性也会导致产业结构的变动与调整。但是，技术创新不可能在所有部门、所有环节之间同时平均展开，科学技术要转化为现实生产力，它必定首先被某个特定生产部门所吸收，然后再向别的部门扩展，产生波及与放大效应。由此，技术进步对经济增长的作用也是通过结构关联实现的。如果产业结构不合理，结构关联将发生扭曲，那么技术创新的波及与放大效应必然会受到严重限制。

4. 世界经济发展的历史已经表明，经济的高速增长总是与产业结构的适时调整相伴而行，产业结构转换能力的强弱将决定着经济体的兴衰，决定着各经济体之间经济实力的对比。第二次世界大战后日本的迅速崛起与英国的衰退已清楚地说明了这一点。因此，积极推动产业结构向合理化和高度化演进，增强产业结构的转换能力，以结构优化求速度，以结构协调求效益，应成为当今世界各国尤其是发展中国家普遍追求的目标。

二、新区全要素生产率与要素再配置的数量分析

（一）投入要素的增长与经济增长关系分析

与经济增长和发展有关的主要投入要素有投资和劳动等。首先取得各产业的投入要素增长与经济增长的相关系数，GDP 增长与各产业的投入要素增长之间的相关系数见表 7—35—4。

表7－35－4　投入要素与GDP增长率间的相关系数

第二产业投资增长率	0.64985
第三产业劳动增长率	0.71225

由表 7—35—4 可知，与 GDP 增长关系最大的投入要素是第二产业投资增长率和第三产业劳动增长率，第二产业对于经济增长的拉动作用主要依赖于投资增长，而第三产业对于经济增长的拉动主要是由于产业结构调整过程中所分流的人员的增加，即投入劳动的增加。

GDP增长率与第二产业投资和第三产业劳动三者之间的影响关系见表7—35—5。

表7—35—5　GDP增长与投入要素增长的影响关系

时间区间	零假设	F—统计量	相伴概率	滞后阶数
1994—2009	第二产业投资增长非Granger影响GDP增长	8.347	0.041	一阶
1994—2009	GDP增长非Granger影响第二产业投资增长	1.59	0.25	一阶
1994—2009	第三产业劳动增长非Granger影响GDP增长	48.19	0.00128	五阶
1994—2009	GDP增长非Granger影响第三产业劳动增长	5.35	0.019	五阶
1994—2009	第二产业投资增长非Granger影响第三产业劳动增长	8.59	0.035	一阶

从表7—35—5可以看到，第二产业投资能够即时、快速地促进GDP的增长，而由产业结构调整造成的第三产业劳动的增长对GDP增长的促进作用是持久性的，同时，GDP的增长也能够促使就业于第三产业的劳动人员的增长。对于第二产业的投资与第三产业的劳动之间，前者对后者单向的影响关系可以解释为第二产业投资增长的带动作用。从投入要素角度来看，第二产业固定资产投资的增长能够即时、快速地促进经济增长，但仍缺乏持久性，所以更应该注意投资的"质量"，以增强经济增长的潜能。第三产业劳动的增长与全区经济增长之间具有长期的相互促进作用。

（二）全要素生产率对经济增长的贡献率分析

GY_i、GL_i、GK_i分别代表各产业部门的产出、劳动和资本的增长率；GT代表各产业部门的TFP（全要素生产率）的增长率，被定义为GY_i和投入增长加权总和的差额；w_i代表劳动投入系数；I_i、K_i和d_i分别代表各产业部门的实际投资额、资本存量和资本折旧率。

(1) $GY_i = \omega_i GL_i + (1-\omega_i)GK_i + GT_i$ 　　（产业部门的增长账户等式）

(2) $GK_i = I_i/K_i - \delta_i$ 　　（产业部门的资本积累等式）

从表7—35—4中可以看出，新区各产业对经济增长的贡献率发生了很大变化，第一产业的贡献率呈现出下降的趋势，第二产业的贡献率显著提高，第三产业的贡献率变动不大，这基本上和我国的产业结构变动趋势相一致，说明滨海新区的产业结构变动和经济增长有着极为密切的联系，产业结构的变化对经济增长有显著的影响作用。

表7-35-6 TFP对全区经济增长的贡献率（%）

1994—2009	全行业	第一产业	第二产业	第三产业
年产出增长率	3.1	-1.92	5.26	3.0
TFP 增长率	2.5	2.49	3.4	1.36
TFP 贡献率	68.7	-6.42	75.8	42.8

说明：计算公式为：$G_{j,t} = In(Y_{j,t}/Y_{j,t-1}) - \sum \bar{S}_{j,f,t} In(X_{j,f,t}/X_{j,f,t-1})$

另一方面，从表中还会发现，滨海新区的经济增长对第二产业特别是工业的依赖性过高，而第三产业对经济增长的贡献率偏低，农业对经济增长的贡献率也过于低下，结合前面的分析，从经济增长的贡献率方面来看，滨海新区农业和第三产业的发展已远远落后于第二产业的发展，表明滨海新区各产业发展过程中存在结构性失衡及产业结构变动的不合理性。天津滨海新区的产业结构不合理，特别是第三产业发展不够快、第三产业内部结构不够均衡、技术创新能力不够强等问题，影响了经济的整体素质和竞争力。在未来的一段时期内，滨海新区要以扩大消费和增强区域功能为重点，突出发展现代物流、环保、金融、信息服务等现代服务业，加快第三产业的发展。同时，进一步优化第三产业的内部结构。

三、新区结构转变和路径优化的选择

推进经济增长方式转变中的产业结构优化，涉及一个至关重要的路径选择问题。

滨海新区经济增长与产业结构的变动，以及滨海新区自身经济发展水平、区位禀赋等因素都决定着现阶段产业结构优化目标在于大力发展工业，利用工业引导第三产业发展，从而推动整体产业结构不断升级。

首先从滨海新区经济发展水平看，目前滨海新区仍处于工业化中后期阶段，继续完成工业化仍然是滨海新区现代化进程中重要而艰巨的历史性任务。滨海新区2009

年 GDP 为 3810.67 亿元，三次产业增加值结构比为 0.2∶67.4∶32.4，三次产业就业结构比为 10.2∶49.8∶40，如果以非农产业增加值比重、非农就业比重和城市化率指标衡量，滨海新区已完成工业化。但综合其他因素考虑，滨海新区工业化任务尚未完成，突出表现在：产业结构层次仍较低，竞争力不强，工业特别是制造业的技术水平还不高；服务业的比重和水平同发达国家相比还有很大差距。因此，滨海新区工业化仍处于中级阶段向高级阶段过渡时期，即工业化中后期阶段，继续完成工业化仍然是滨海新区现代化进程中重要而艰巨的历史性任务。

其次从世界经济发展的情况和全球化进程中的全球产业分布情况来看，现代服务业的增长，是以生产性服务业的增长为主要表征的。工业体系基础部分的生产性服务业，通过在产前、产中和产后为工业生产提供服务支持，如产品的研发、金融和保险、产品的现代物流、产品的营销与售后服务、企业的管理和法律咨询等等，已经成为工业体系不可或缺的组成部分，其发展越来越代表着工业经济的现代化程度。因此，滨海新区要推动第三产业稳定健康发展，首先必须重视工业的基础地位，特别是要重视工业的高加工度化和高技术化，即提高工业高度化水平。

总之，工业制造业在滨海新区经济社会发展中的作用，不仅表现在它是国民经济的基础产业，是科技创新的重要载体，是劳动就业的主要部门，而且表现在它是区域经济高速增长的发动机。因此，滨海新区现阶段产业结构优化目标只能是大力发展工业，利用工业引导第三产业发展，从而推动整体产业结构不断升级。

明晰了滨海新区产业结构优化目标，即大力发展工业，利用工业引导第三产业发展，从而推动整体产业结构不断升级，政府应该随时关注产业结构的动态，对产业结构不合理的地方及时调整，使滨海新区产业结构由低度水准的协调向高度水准的协调不断演进，最终达到产业结构的高级化、高度化，促进滨海新区经济的健康、稳定和持续发展；针对滨海新区产业结构的现状，促进产业结构调整与优化。

1.重点发展第二产业，使第二产业内部各行业协调发展，并使其与第一、三产业更加协调发展。具体来说，第二产业应向以下方向调整：

首先，应该继续加强基础设施和基础工业建设，集中力量高质量、高效率地建设一批重点工程，避免盲目发展。在战略性调整中，要更加重视滨海新区的比较优势，努力形成具有竞争力、能带动更多关联产业发展的支柱产业；加快技术创新，力争取得突破，形成特色和竞争力，形成重要的经济增长点。

资源具有稀缺性，必须进行选择和决策，以把有限的资源配置到最经济、最有效益的产业和部门,这是任何经济活动都要解决的根本问题。资源的有效倾斜配置,是实现产业结构优化目标的必要条件。经济增长和产业结构调整在很大程度上离不开主导产业部门的带动,倾斜就要向主导产业部门倾斜。这些部门迅速成长,并形成对其他产业部门的强有力带动。与此同时,资源配置还要向基础产业部门倾斜。由于向主导产业部门倾斜配置资源,随着主导产业部门的发展,造成基础产业部门的某种瓶颈状态,以构成对基础产业部门的投资刺激,进而使基础产业部门有所发展。由于滨海新区近年来的经济增长速度一直较高,加工工业增长很快,因而必须对基础产业部门适度倾斜配置资源,为经济增长提供必要的基础。

其次,要适应新经济的需要和发展趋势,大力发展新兴产业,走科技含量高、经济效益好、资源消耗低、人力资源优势得到充分发挥的新型工业化道路。要充分运用高新技术和先进适用技术,尤其要运用信息技术,改造传统产业。延伸原材料基础产品的产业链,提高产品增值水平,扩大工业深加工产品的比重,逐步减少工业产品粗加工份额,提高工业的加工程度和科技含量。此外,还可以通过完善风险投资机制,使重大科技成果迅速转化为现实生产力,并在滨海新区形成产业集群。

最后,要大力推进第二产业的产业技术进步和产品结构调整,提高产业组织集中度。而要做好这一点,政府在政策上所给予企业的扶助和鼓励就至关重要。比如对需要进行技术改造、技术更新和技术开发的企业,政府在贷款、税收等方面给予优惠政策,这一方面体现了政府对企业产业结构调整和产业技术更新换代的支持力度,另一方面也切实影响到企业能否有效筹措到技术进步所需要的资金以增强企业自我发展能力。

2. 推进第三产业的结构调整,形成合理的规模和结构,提高质量和效益,逐步增加其在国民经济的比重,并提高其对外辐射力。

在继续发展港口贸易、生活、社会服务等传统行业的同时,大力发展现代服务业,重点是现代物流业、环保业、金融保险业、信息咨询业等新兴服务行业。

滨海新区政府应按照竞争优势理论,有针对性地制定战略性产业的扶持政策,目的是为了使战略性产业形成新的比较优势,提升产业结构,增强在国际市场上的竞争力。因此,积极发展高新技术产业,努力缩小与发达国家及地区的差距,是发展的战略性任务。目前,滨海新区高新技术产业存在的主要问题是:具有自主知识产权的核心技术开发能力不强,高新技术产业的技术主要依靠从国外引进,缺乏完善的高新技术风险投资支持体系;大中型企业还没有真正成为高新技术研究与开发的主体。发展高新技术产业,必须突出重点,选择对全局经济发展和技术进步有重要影响的关键技术的产业，集中人力、财力进行攻关。

要进一步完善技术创新机制，优化与提升滨海新区产业。在税收、信贷、经费投入、人才培养和引进等方面制定扶持政策，大力提高滨海新区企业的技术创新能力，尤其是增强技术装备工业的自主开发研制能力，培养拥有自主知识产权的名牌产品，大幅度提高产品的科技含量和附加值，实现对外贸易由数量扩张向集约增长的转变，推动滨海新区经济朝着优质、高效方向发展。

第三十六章
天津滨海新区未来发展的思考

从未来发展看，滨海新区建设确立了新的目标。滨海新区与当年深圳和浦东开发的起步不同，滨海新区开发是在中国融入经济全球化的新形势下启动的，其发展模式不能再纯粹以追求 GDP 为目标，必须遵循科学发展观，走新型工业化协调发展的道路。以加快发展现有的保税区、经济技术开发区和新技术产业园区为重点，抓紧建设以出口加工和国际贸易为主的滨海开发带；以重化工业、高新技术产业、金融和信息业等为主的中心区，应通过各开发开放地带的辐射与联合，带动产业结构的调整和老企业的改造与发展，形成全区、全面、全方位的开放格局，带动环渤海地区的经济崛起。

在世界科技迅猛发展和经济一体化加快的今天，滨海新区既有新的发展机遇，也面临着许多新的考验。

第一节 发展优势

目前，国家区域战略下天津滨海新区所集合的发展优势有：

一是政策优势，国务院20号文件《国务院推进滨海新区开发开放有关问题的意见》赋予滨海新区开放开发"先行先试"的特殊支持政策。主要体现在以下四个方面：[1]

1. 强调鼓励天津滨海新区进行金融改革和创新，在金融企业、金融业务、金融市场和金融开放等方面进行重大改革，具体在产业投资基金、创业风险投资、金融业综

---

[1] 陈济军：《天津滨海新区第一调研》，《首席财务官》2006年8月。

合经营、多种所有制金融企业、外汇管理政策、离岸金融业务等方面进行改革试验。

2. 鼓励进行土地管理改革，开展农村集体建设用地流转及土地收益分配的改革。

3. 给予天津滨海新区海关特殊监管区域管理制度创新的政策空间，重点发展国际中转、国际配送、国际采购、国际转口贸易和出口加工等业务，给予其根据自己的情况进行制度创新的政策空间。

4. 给予天津滨海新区财政税收政策扶持，主要体现在企业所得税优惠，企业固定资产和无形资产予以加速折旧的优惠；在此方面的特殊之处为，对天津滨海新区的内资企业予以提高计税工资标准的优惠，对中央财政在维持现行财政体制的基础上，在一定时期内对天津滨海新区的开发建设予以专项补助。其中对内资企业的优惠和中央对滨海新区的专项补助尤其值得关注。

二是交通优势，海、空、铁和公路综合网络发达。天津港是中西部重要的海上大通道，滨海国际机场是我国重要的干线机场和北方航空货运中心。这使其成为连接海内外、辐射"三北"的重要枢纽。

三是资源优势，拥有1199平方公里可供开发建设的荒地、滩涂和少量低产农田。其中，天津滨海新区内有海岸线153公里，生态湿地510平方公里，海域面积2万平方公里。渤海油气资源富集。

四是工业基础优势，新区石油和海洋化工发展历史悠久，电子信息业名列全国前茅，出口领跑全国。近些年，滨海新区能够大量承接来自欧美日韩的先进制造业项目，并促使许多外企不断追加投资，一个基础优势是由于新区依托的天津市曾作为中国老工业基地，拥有高素质的技术人员和产业工人队伍。此外，天津市区工业战略东移等战略举措，进一步夯实了其发展先进制造业的基础。

五是体制创新优势，滨海新区拥有国家级开发区、保税区、海洋高新区、出口加工区等一批功能经济区，已经建立了适应经济快速发展的政府管理体制和与世界经济接轨的市场经济运行机制，在利用国际国内两种资源和两个市场方面积累了丰富经验。解读天津的这些优势，多数是以时间序列的纵坐标为参照，在天津纳入国家区域发展规划之后，特别要从区域整体发展的角度多做横向比较，才会进一步发现和把握天津的现实与潜在优势。滨海新区的快速发展，不仅对天津，而且对推动中国北方乃至全国经济发展都具有全局性战略意义。

六是人才优势，天津滨海新区周边的京津冀地区拥有众多的著名高等院校和科研机构，为该地区的发展提供了强有力的人才和科技支撑。滨海新区相继成立了国家干细胞研究中心、国家纳米技术研究中心等41家科研机构，以及摩托罗拉等39家大型企业研发中心，每年开发上百种具有自主知识产权的新产品。

七是区位优势，滨海新区地处当今世界经济发展最活跃的东北亚地区的中心地带和欧亚大陆桥的东起点，滨海新区位于欧亚大陆桥最近之东端，是中亚多个内陆国家的出海口，具有较大的国际影响，在国际经济一体化重心不断向亚太转移的趋势下，其巨大潜力正逐渐显现出来。天津滨海新区的开发为环渤海地区带来了更加开放的政策，加之环渤海地区丰富的资源，使得环渤海经济圈的区位优势更加明显，从而会吸引国际上大量的资金、技术、人才不断流入环渤海地区，为我国经济的发展注入新的活力。

滨海新区依托京津冀、服务环渤海、辐射"三北"、面向东北亚，建设成为我国北方对外开放的门户、高水平的现代制造业和研发转化基地、北方国际航运中心和国际物流中心，逐步成为经济繁荣、社会和谐、环保宜居的生态型新区。

第二节　制约因素

一、体制和管理上的制约

表7-36-1　滨海新区对环渤海经济圈经济增长的作用

年份	滨海新区对环渤海经济圈GDP增长的贡献率(%)	滨海新区对环渤海经济圈GDP的增长弹性
1995	2.78	0.59
1996	3.38	0.55
1997	3.19	0.66
1998	2.45	0.91
1999	3.43	0.65
2000	4.10	0.57
2001	4.52	0.55
2002	6.21	0.43
2003	4.03	0.75
2004	3.85	0.82
2005	4.02	0.82
2006	4.25	0.89
2007	4.22	0.84
2008	5.5	0.66

资料来源：根据历年经济区的统计年鉴，周立群：《跨越式发展与新一轮竞争——环渤海地区经济发展新格局》，李靖宇、刘阳：《全球经济危机形势下的环渤海经济圈整体开发方略论证》计算编制。

滨海新区所在环渤海经济带是分离格局、诸侯经济，存在着严重的市场分割；对内在资源开发、共享不利。而且滨海新区辐射环渤海经济圈也要依托天津来辐射相应的经济带，其影响相对间接，影响程度或多或少地会因行政体制和管理上的冲突而受到制约。环渤海经济圈的市场分割和一体化的行政阻力较大，滨海新区的极点作用并不显著，在过去的一段时间其辐射作用也相应较弱（见表7－36－1）。因此，滨海新区的管理体制还要进一步理顺，在新的发展阶段，也有必要统筹规划，形成有利于新区再上几个台阶的良好环境。

二、市场观念和氛围相对落后

计划体制对经济、社会各层面的影响仍然较大，是北方地区普遍存在的经济发展制约因素。中国"北部问题"的实质就是市场力量不足。包括环渤海地区，大部分北部地区受计划经济传统影响较深，对外开放的程度尚处于初级阶段，市场化程度低，人们的思想观念、企业的市场经营意识，远不能完全适应市场经济的要求。

表7－36－2 滨海新区限额以上工业企业主要财务指标及比例

	企业单位数	所占比例	工业总产值（亿元）	所占比例	工业增加值（亿元）	所占比例	资产总计（亿元）
国有企业	132	0.107	283.53	0.072	59.86	0.054	616.51
集体企业	149	0.121	50.15	0.013	17.57	0.016	31.32
私有企业	167	0.135	126.90	0.032	24.30	0.022	98.47
港澳台企业	147	0.119	182.67	0.047	45.38	0.041	219.25
外商投资企业	446	0.361	2279.52	0.583	472.23	0.427	1364.83
其他	202	0.164	989.87	0.253	487.01	0.440	735.47
总计	1234	1.000	3912.64	1.000	1106.35	1.000	3065.84

资料来源：《历年天津滨海新区统计年鉴》。

事实上，前20多年的对外开放触角在这些地区并没有深度潜入。民营经济弱小，远远落后于外资经济和国有经济。滨海新区的私有经济相当不发达，表现在企业规模小、技术水平低，对产业的发展没有起到主导作用。如表7－36－2所示，滨海新区限额以上私有企业为167个，占工业企业总数的13.5%，其工业总产值和工业增加值仅分别占总值的 3.2% 和 2.2%。滨海新区形成的六大产业群全部是以外资企业或国有企业为主，最具有发展活力的私有企业没有起到带动作用。相反，私有企业大多集中在技术含量不高的建筑业、交通运输仓储业、批发零售贸易业、餐饮业等行业，其中批发零售贸易业企业占到了滨海新区私有企业总数的 45%。选择滨海新区，加大改革力度，推动市场意识的提高，营造出非国有经济蓬勃发展的环境，显然是《国务院推进滨海新区开发开放有关问题的意见》的重要考虑。对于滨海新区而言，用好中央给予的政策，广泛吸引各种市场化的资金、项目，包括民营的、外资的，在鼓励和支持非国有经济上给北方地区闯开一条路子，就是一个伟大的成绩。

三、结构调整滞后

服务业尤其是新兴服务业的比重明显偏低，尤其是现代物流业、环保业、金融保险业、信息咨询业等新兴服务行业，比重一直处于低水平状态。产业关联度不强，主导产业对相关产业的带动作用不明显，具有自主知识产权的高技术产业也还没有形成一定的规模。新区内部功能区布局仍有待改善，大进大出行业未能紧靠港口，高技术产业远离人才基地，集聚效应得不到有效发挥。一些传统行业技术水平不高，规模偏小，达不到规模经济。

第三节 未来规划及发展

一、滨海新区未来的发展规划[1]

按照中央要求，滨海新区编制完成了"十一五"发展纲要、城市总体规划和土地利用规划。规划确定滨海新区的功能定位为：依托京津冀、服务环渤海、辐射"三北"、面向东北亚，努力建设成为中国北方对外开放的门户、高水平的现代制造业和研发转化基地、北方国际航运中心和国际物流中心，逐步成为经济繁荣、社会和谐、环境优美的宜居生态型新城区。

---

[1] 王二林：《天津滨海新区的开发开放与发展》，《中国发展》2007 年第 4 期。

发展目标为：到 2010 年，新区生产总值达到 3500 亿元以上；工业总产值达到 8500 亿元；地区财政收入达到 700 亿元以上；城市化水平达到 90%；单位生产总值能源消耗比"十五"末期下降 20% 以上。产业发展的空间布局为："一轴"、"一带"、"三个城区"、"八个产业功能区"。一轴：即沿京津塘高速公路和海河下游建设"高新技术产业发展轴"。一带：即沿海岸线和海滨大道建设"海洋经济发展带"。三个生态城区：即建设以塘沽城区为中心、大港城区和汉沽城区为两翼的三个宜居生态型新城区。八个产业功能区为：一是先进制造业产业区，规划面积 97 平方公里，重点发展电子信息、汽车制造、现代冶金、生物制药等先进制造业。二是滨海高新技术产业园区，规划面积 36 平方公里，重点建设生物技术、高端信息技术、纳米及新材料、新能源和可再生能源等研发与转化基地。三是滨海化工区，规划面积 80 平方公里，重点发展石油化工、海洋化工和精细化工。四是中心商务商业区，规划面积 10 平方公里，重点发展金融保险、商务商贸、文化娱乐、会展旅游。五是海港物流区，规划面积 100 平方公里，重点创建东疆保税港区，发展海洋运输、国际贸易、现代物流、保税仓储、分拨配送及与之配套的中介服务业。六是临空产业区，规划面积 102 平方公里，重点发展航天航空、加工物流、民航科技等。七是海滨休闲旅游区，规划面积 75 平方公里，重点发展滨海旅游、休闲度假和湿地生态旅游。八是临港产业区，规划面积为 170 平方公里，重点结合建港造陆发展物流加工等临港产业。

滨海新区"十一五"发展纲要中指出，滨海新区要倡导人与自然和谐，发展循环经济，建设资源节约型和环境友好型社会。新区积极建设开发区生态工业园区和大港生态化工园区，建立石油、汽车、钢材、电水盐联产四条循环经济产业链，综合利用水源，节约利用能源，集约利用土地。按照"减量化、再利用、资源化"的原则，以节水、节能、节地、节材和综合利用为基础，调整产业布局和产品结构，全面推进循环经济与清洁生产，使滨海新区在节约资源和发展循环经济方面走在全国前列。

二、面临新一轮高速增长[1]

滨海新区 16 年来的艰苦创业，取得了相当好的发展业绩。亲身经历者都深有感

---

[1] 陈济军：《天津滨海新区第一调研》，《首席财务官》2006 年 8 月。

触,前有天津开发区,后有滨海新区第一发展阶段。此后,按照天津市原来的想法,还只是借"十一五"搞个规划,请求中央批一下,给一些支持。但报告递到中央后,国务院开会讨论后,专门为滨海新区发展问题发了文件,那就是国发[2006]20号文,中央决定将原滨海新区的地方发展战略性质上升为国家战略层次。现在,轮到天津滨海新区充当国家发展战略的领头羊角色,同时中央又提供了超出期望的支持,天津滨海新区高速发展的号角已经吹响。滨海新区在实现第一阶段发展目标之后,面对西部大开发、振兴东北老工业基地、中部崛起等全国各地的发展新形势,天津对滨海新区的继续发展进行了深入思考。如何让滨海新区更好地成为环渤海地区的一个发展亮点和龙头?

发展要资金,国家今后每年会给天津100亿元财政返还,用于基础设施建设,而"十一五"期间,天津的投资规模可能达到5000亿元,其中基础设施建设规模1200亿元以上,中间的资金缺口不能说不大。但是,利用好国家赋予的政策优势,解决的途径、办法就多了。渤海产业基金成为国内获批的首只产业基金。渤海银行,成为十年来首家获国家批准的全国性商业银行。

渤海新区还在积极筹划离岸金融中心等金融改革试点,争取为滨海新区的发展创造更好的融资环境。市政债券、土地债券等也进入了新区改革试验的视野。有优越的政策支持、良好的发展基础,滨海新区必将迎来新一轮高速增长。

况且,中央今后在国家级大项目的布局上,将充分考虑滨海新区的需求。这在100万吨乙烯项目、空客总装厂项目上,已经表露无遗。据悉,各部委、地区对新区的项目安排,也在紧锣密鼓地进行之中。

按滨海新区的最新规划,2010年地方生产总值要翻一番,相当于年均增长15%,2020年滨海新区的地方生产总值将达到1万亿元,以2005年为基数,每年需增长13%,这两个数字都远高于全国的增幅。从新区以往的发展业绩和未来的发展条件来看,这可能还是一个保守的规划。

(一)新区开发开放还将直接刺激、加快周边大城市的发展

滨海新区的开发开放,对环渤海相关地区的经济推动,将呈现出一个梯次扩散的格局。

首先,力度最强的当然出现在新区本身,可以期望即将出现高速发展。

其次,是对周边的中心城市发展有直接的激励和推动,使它们开发开放的进程明

显加快，包括天津、北京、沈阳、青岛和大连等。

再次，才是滨海新区的开发开放积极影响向周边一般地区、向腹地延伸的全面"溢出"效应，其中，也包括前述大城市的"溢出"效应。这种"溢出"效应成规模地出现，尚需时日。

（二）预计各个行业受益情况

滨海新区对国家来说代表着一种新的理念、新的模式、新的尝试。解读国发20号文，就会发现国家的战略是"以点带面"：探寻新增长模式和发挥滨海的区域带动作用。如前所述，国家的扶持政策是滨海新区加速发展的最大优势。但是，滨海新区的各个行业受政策的利好影响将会不同。那些符合国家发展战略意图、市场扩张较为容易、从事基础设施建设的行业比如与自主创新、环境保护工程、新型材料等相关的产业将是最大的受益者，而那些具有垄断地位、实力雄厚的公司，其业绩上涨可能会挑战人们的想象力。

天津滨海同时连接华北、西北和东北，因而充分利用其自身地理优势帮助"三北"地区的企业开拓海外市场、促进物流运输，也在国家的战略考虑之中。这不仅有利于天津滨海新区成为北方的开放窗口、重要的国际航空中心和物流中心，也会降低区域发展的成本，提供更多的经济机会。就是说，航空、港口、运输、公路等行业有望是这一战略规划的直接受益者。

1. 行业基础和业绩

单有国家铺路搭桥，行业自身发展跟不上也不会成为此次规划的受益者。行业自身的发展基础以及行业扩张的可行性，将决定哪些行业会从潜在的受益者成为实际的受益者。这个基础既包括产业自身的发展景气程度，也包括其在产业链中所处的位置。

经过十余年的发展，滨海新区已经形成了电子通讯、石油开采与加工、海洋化工、现代冶金、机械制造、生物制药、食品加工等七大主导产业。由于滨海新区在一两年内会通过投资来拉动经济增长，所以这七大支柱产业整体上在滨海新区的起跑中将会起到领跑的作用，而消费类行业目前并不符合滨海新区现阶段的发展，因为根据城市化阶段论，滨海新区目前还无法在短期内形成大量人口聚集的城市化发展轨道。

2. 垄断行业

垄断性企业将有望先拔头筹，在短期内独占新一轮开发开放的先机。但从长期看，市场的发展和壮大会使得滨海新区内的市场竞争机制逐渐建立起来，而且发挥重要作用。那些能够凭借已有的实力，加强自主创新、完善公司治理的垄断型企业则有望继续保持垄断地位不变，甚至加强自身地位。相反，靠垄断坐吃山空的投机者估计会在新一轮开发中遭遇困境，甚至举步维艰。

如天津港这样的垄断性公司被看好。天津港集装箱码头有限公司完成包括获国家专利的科技项目 500 多项，其中 21 个项目分别在部、市、集团公司级获奖，创造经济效益近 2 亿元人民币。在这样的背景下，天津港成为国内外第一家采用"双箱和边装边卸同步作业"的集装箱码头，又是世界上第一个拥有"堆场集装箱三维动态实时模拟控制中心"的集装箱码头。

（三）谨慎看待新区的"溢出"效应

1. 民营经济基础差

滨海新区的开放开发成果要"溢出"到周边经济欠发达地区，还有较长的一段路要走。

滨海新区要实现龙头的带动效应，需要具备一定的条件，一是该区域成为资金、人才聚集的热点；二是为周边区域提供可模仿的示范效应。天津滨海新区的发展，如果还是国家资金、外商资金堆积促成的，没有民营经济的快速增长来配合，其对周边的可全面推广的示范效应就相当有限。毕竟周边的欠发达地区，它们经济发展的基础还是比较差的。

从目前来看，天津，包括滨海新区，民营经济的基础都比较薄弱。尤其是与浦东和江浙相比较，滨海新区的民营基础相当薄弱，在地方经济中所占的份额，对 GDP 的贡献都具有一定的局限性。

2. 竞争加剧，后发劣势

新区在政策支持下，取得了迅猛发展基本可以肯定。而整个环渤海地区要在新区开放开发的带动下，经济发展再次腾飞，重返多年前北方作为重要产业基地的地位，面对的竞争环境要比当初浦东开发时激烈得多。

滨海新区的定位，"20 号文件"中有"对外开放的门户"的功能赋予。应该说，还是要走外向型经济的路子，要发展面对世界的制造业。中国现在已经被冠以"世界工厂"的帽子，主要来自"珠三角"、"长三角"已经相当发达的加工制造能力。环渤海再走这样的路子，涉及与两个"三角"的竞争，无论是在引资上，还是在市场上，发展的黄金时段显然已经为前两个"三角"占据了，后发者如环渤海，要把滨海新区的全面、成功扩散至周边地区，难度增加了，时间上可能也会更长一些。

浦东及其所代表的长三角之所以能在上世纪90年代高速发展，和开发区模式有密切的关系。开发区模式的特点就是政府强力引资，从而实现超常规发展。招商引资一贯就被视为浦东发展的"生命线"。投资，特别是特大型项目的外商投资，对浦东发展尤为重要，现在对GDP发挥顶梁柱作用的，都是1995年以后跨国公司投资的特大型项目。这些项目包括通用汽车、华虹、NEC、克虏伯、柯达、索尼等，平均投资超过10亿美元。1990—2007年，浦东新区生产总值保持了19.6%的年均增长速度的发展。而在浦东开发开放过程中，政策实为第一推动力。在中央的支持下，当时浦东新区不仅有全国各大经济技术开发区和经济特区的全部优惠政策，而且在第三产业方面实行了一系列浦东特有的新的开放政策。例如允许外国企业在浦东新区开办百货商店、超级商场等第三产业；允许外资在整个上海范围内开办银行、财务公司、保险公司等金融机构；允许在上海设立证券交易所，为浦东开发开放自行审批发行人民币股票和B种股票；允许在外高桥设立中国开放度最大的保税区，也就是自由贸易区。在这个区域里，实行免关税、免许可证，允许设立内资、外资国际贸易机构，从事国际转口贸易，以及设立保税生产资料交易市场等优惠政策。正是在中央这些政策的支持下，在浦东新区率先进行了外资银行经营人民币业务，建立了中外合资保险公司、外贸公司和零售商业企业等试点，把对外开放扩展到金融、贸易、电讯、会展、旅游以及律师、会计、咨询、教育、医疗等服务贸易领域。

长江三角洲地区的另外两个地区则选择了以发展乡镇企业、家庭私营工商业为突破口，选择了走内向资本积累型区域经济发展模式，即"苏南模式"和"温州模式"两种。"苏南模式"主要是以地方政府和社区政府为主要推动力量，以集体所有制乡镇企业为主体，推动区域经济的发展，而"温州模式"则是以私人企业为推动力量，以家庭私营工商业为主体，以市场为导向，发展民营经济。

而以深圳为代表的珠三角的发展则主要依靠的是发展外向型经济。这是珠江三角洲各地市经济发展中最普遍的特征。从"三来一补"起步，推动工业化，改变以农业为主的经济结构。发展以劳动密集型产业为主的加工贸易，加工贸易的收入构成了启动区域经济发展的投资资金源泉。

而滨海新区与浦东为代表的长三角相比，在政策方面，在主要的大项目带动的投资方面已经处于不利的地位。许多优惠政策和大量的项目已经被深圳和浦东所采用，滨海新区在相对滞后的发展中明显处于劣势地位。而在发展民营经济的方面，滨海新区采用"苏南模式"和"温州模式"又存在着一定条件的局限。而以深圳为代表的珠三角发展加工贸易的经营模式因其对国民经济存在的不良影响逐渐显现、增加值偏小等因素，也不宜采用。

此外，滨海新区与当年深圳和浦东开发的起步不同，滨海新区开发是在中国融入经济全球化的新形势下启动的，其发展模式不能再纯粹以追求 GDP 为目标，必须遵守科学发展观，走新型工业化协调发展的道路。

3. 试验到可推广需要过程

滨海新区将尝试多种改革试验，从中摸索出适合北方地区情况的经济发展模式，创造出与深圳模式、东莞模式、苏南模式、温州模式都有所区别的新的发展经验。

滨海新区首先会把其他地区以往改革开放的好经验拿过来借鉴，根据北方地区的市场基础、市场环境等不同的情况进行有针对性的移植。但是，还有许多问题，蕴含北方地区目前的一些特殊因素，可能需要新区充分发挥"综合配套改革试验区"的功能，摸索出行之有效的新的解决道路，最终达到促进南北经济平衡发展的初衷。

改革在一个小范围内取得经验，相对比较容易，但是，要将改革的经验推广，特别是在环渤海这样一个内部发展本身就不平衡、各地差距较大的区域内推广，难度较大。推广有比较大的阻力，需要时间，需要过程。

因此，滨海新区的全面"溢出"效应，不仅有产业的联动，还包括市场的培养、改革经验的推广。只有这些方面都取得成功，"溢出"效应才有可能发挥作用，拉动周边经济加快发展，并形成既有相互配合，又有自主发展特点的区域经济合作格局。而要做到这个程度，绝非一两年就能够实现的。如果到 2010 年，新区的全面溢出效应能够有所表现，2020 年能够充分表现、扩散到环渤海整个区域，并对"三北"有明显的拉动、示范作用，天津滨海新区将成为名副其实的中国经济增长第三只引擎，将在中国改革开放和自主创新中发挥重大而深远的影响。

第八篇

成渝全国统筹城乡综合配套改革试验区史
——城乡和谐发展的实验田

成渝地区之所以被确定为统筹城乡发展试验的先行地区，是因为成渝城市群具有带动区域经济发展的优势和条件，能够发挥增长极效应，而且其拥有与全国二元经济基本结构类似的典型特征。如果成渝能在重点领域和关键环节率先突破，尽快形成统筹城乡发展的体制机制，就能为推动全国深化改革，实现科学发展与和谐发展，发挥示范和带动作用。

成渝统筹城乡综合配套改革试验区肩负着特殊的历史使命。它以两个中心城市为单元进行改革试验，着眼于公平和共同富裕，而非效率优先，更多的是借助于制度创新来实现和谐发展。正因为如此，它面临着其他特区所没有的崭新课题。严重的二元经济结构、庞大的农业人口、行政区划分割带来的高协调成本、中心城市较弱的辐射，都是制约其目标实现的藩篱。可喜的是，成渝两地围绕城乡统筹进行的一系列试点，已经积累了许多宝贵而新鲜的经验。围绕农村土地制度这个关键环节进行改革的破冰之旅也已启动，并已取得了实质性的进展。统筹城乡综合配套改革是一项系统工程，改革正在继续，相信通过这一和谐发展试验田的探索和摸索，成渝统筹城乡发展的改革能够取得巨大成功，实现其西部地区增长极的目标定位，为全国缩小城乡差距，实现城市化、工业化和农村的现代化改革提供宝贵的经验。

第三十七章
成渝试验区诞生的历史背景

2007年6月7日,国家发展和改革委员会下发《国家发展改革委关于批准重庆市和成都市设立全国统筹城乡综合配套改革试验区的通知》(以下简称《通知》)。《通知》要求成渝两市从实际出发,全面推进各个领域的体制改革,并在重点领域和关键环节率先突破,大胆创新,尽快形成统筹城乡发展的体制机制,促进城乡经济社会协调发展,为推动全国深化改革,实现科学发展与和谐发展,发挥示范和带动作用。成渝统筹城乡综合配套改革试验区(以下简称"成渝试验区")正式成立。这是中国在新的历史阶段深入推进西部大开发、促进全国区域协调发展的重大举措。它正确把握了我国经济社会发展的新趋势、新矛盾、新挑战,对于促进城乡统筹、工农协调发展,完善我国改革布局,把改革开放向内陆和纵深推进,具有重要意义。它的成立和运行,将大大推动中国改革开放和区域经济发展的进程。

第一节 成渝试验区的诞生

一、从经济区到试验区

经济区是指在一定地理空间范围内,由一组经济活动相互关联、组合而形成的经济地域单元,是一种区域经济的空间组织实体。[1] 从理论上讲,一种经济活动所包括

---

[1] 王方:《成渝经济区的地域范围研究》,《经济师》2006年第10期。

的各种资源和要素分布在地理空间上必然占据一定的空间，这个空间就是其活动的场所。同时，它又通过经济和技术等方面的联系而与相关的其他经济活动连接在一起，构成一个经济系统或体系，同样也占据着相应的地理空间。经济区是社会生产力水平不断提高，商品经济持续发展的产物。它具有客观性与动态性、地域性与层次性、整体性与差异性、联系性与开放性等特征。每个经济区都是由经济中心、经济联系、产业结构和腹地范围等四个要素构成的。

经济区的类型有三种：第一是经济类型区。第二是部门经济区，又包括综合部门经济区和单项部门经济区两大类。第三是综合经济区，又包括经济协作区、经济行政区和城市经济区三种类型。综合经济区是相对完整的地域经济系统，是国民经济大系统中的子系统。研究协调各大经济区的经济发展是国民经济持续、健康、快速发展的根本保证。

成渝试验区是一种新型的综合试验经济区，它以省级行政区为单元，地理范围上比理论界研讨的成渝经济区、川渝经济区的范围要小。试验区围绕统筹城乡发展的核心目标，突出单元内部各要素的优化和配置，同时又要求单元之间政策和方针的协调，甚至要求打破单元之间的行政区划，实行一定程度的行政融合。试验区目标明确，就是围绕城乡协调发展来改革和探索，而不是单纯追求经济增长速度。如果试验区改革成功，必然会在一定程度上突破地理界限，发挥强大的极化效应，从而发展成为一个区域性的综合经济区，在西部地区发展中起领头羊作用。

二、成渝试验区诞生大事记

20世纪80年代，四川省提出"依靠盆地、开发两翼"的战略布局设想。

20世纪90年代，四川省把这一战略设想改称为"两点"、"两线"、"两翼"战略。"两点"指成都和重庆；"两线"即以成都为中点的向北向南延伸，包括成都、德阳、绵阳、乐山等市在内的川西纵向一条线和沿成渝铁路、成渝高速公路的横向一条线；"两翼"指重庆以东包括万县、涪陵、黔江、达州等地市在内的"川东一翼"和包括攀枝花、西昌以及宜宾等在内的"川西南一翼"。

2001年12月21日，成渝两地政府达成共识，签订一系列合作协议，双方提出近期合作方向，包括强化基础设施建设方面的合作、联合开发旅游资源、积极推进统一市场建设、建立产业化分工体系、建立两市间交流沟通机制等。

2003年"西三角"（重庆、成都和宜昌三市的腹地）经济区概念首次提出，当时专家预言，它将是继珠三角、长三角、环渤海经济圈后，中国又一个经济增长极。

2004年国家发展改革委员会将成渝经济圈列入"十一五"前期规划。

2004年2月3日，川渝两地高层签署《关于加强川渝经济社会领域合作共谋长江上游经济区发展的框架协议》，以及关于川渝在重大交通能源基础设施项目建设、文化合作、农业和农村经济合作等六个方面的合作协议。"1+6"合作协议的签署，表明川渝合作进入了实质性的操作层面。

2004年2月5日，签订《四川、重庆两省市道路运输发展框架协议》，川渝携手共同打造两地道路运输无障碍快速通道。

2004年7月，西南六省区市七方经济协调会第19次会议，重点商讨打造西南特色经济区。六省七方都将共同把发展西南特色经济区域纳入"十一五"发展规划，并联合上报国家有关部门。在西南特色经济区的框架下，成渝两地将处于核心地位。

2005年2月27日，川渝确定实行高层联席会，川渝两地建立两省市党委、政府高层领导定期联系机制，每年定期召开两省市高层领导联席会议，就双方合作中的重大问题进行协商沟通。

2006年，国家发展和改革委员会将成渝经济区纳入了国家"十一五"前期规划，成渝经济区首次进入了中央政府的视野。

2007年6月7日，国家发展和改革委员会下发《国家发展改革委关于批准重庆市和成都市设立全国统筹城乡综合配套改革试验区的通知》。成渝试验区正式诞生。

三、成渝试验区的新特点

成渝统筹城乡综合配套改革试验区不仅使命重大，而且任务特殊。它与中央在东部沿海地区已经设立的特区和试验区相比，有着鲜明的时代特征。

第一，从地域范围来看，东部一般是在一个省市范围内选择部分行政区进行改革试验，而成渝统筹城乡综合配套改革试验区是以两个中心城市为单元进行改革试验，其中成都是副省级行政区，重庆是省级行政区。

第二，从基本要求来看，以往的改革主要着眼于"效率优先"，主要是优先发展生产力，调动和激发人民群众追求财富的积极性，让一部分人、一部分地区先富起来。而成渝试验区的改革目标主要是着眼于"兼顾公平"，即通过城乡统筹、城乡协调发展来促进城乡共同富裕。

第三，从改革的路径和目的来看，以往是要通过改革促进高密度开发、高速度发展，迅速形成对国力的强大支撑，而重庆的改革是通过制度创新，探索科学发展、社会和谐的路子。

第四，从保障条件来看，以往的经济特区国家都给予了资金、税收、土地甚至立法权方面的优惠政策和扶持，而国家并没有给成渝资金和特殊政策，只是鼓励试验区在一些重点领域大胆创新、探索实践，为区域乃至全国积累好的发展经验。在试点具体实施方案的制定上，也是由国家、省、市共同商讨的。

第二节　成渝试验区诞生是改革开放向纵深推进的必然结果

一、改革深化与西部开发的难题

从整个进程来看，中国的改革开放明显具有由东部向中西部、由沿海沿江向内陆地区深入的渐次推进的特征。1980 年，深圳、珠海等四个经济特区成立；1984 年，大连、秦皇岛、宁波等 14 个沿海城市对外开放；1985 年，长江三角洲、珠江三角洲被列为经济开放区；1988 年，海南经济特区成立。我国沿海地区对外开放的格局基本形成。1990 年，中国政府作出开发开放上海浦东新区的战略决策。此后，党中央和国务院相继决定把九江、武汉、重庆、合肥、南昌等省会城市列为开放城市。90 年代中期，我国全方位对外开放的格局基本形成。

沿海和东部地区的改革开放，给这些地区的经济和社会发展带来了良好的机遇和激励。作为我国改革开放前沿的珠三角、长三角地区，成为我国经济最先腾飞的地区，也是迄今为止我国经济总水平最高的地区，被称为中国经济增长的两大发动机。2009 年，中国国内生产总值为 335353 亿元[1]，而珠三角、长三角两个区域的国内生产总值就达 91812 亿元[2]，占全国的 27.3%（其中长三角占 17.8%，珠三角占 9.5%）。

---

[1] 国家统计局：《2009 年国民经济和社会发展统计公报》。
[2] 长三角 2009 年 GDP 数据（59706 亿元），来自各城市统计公报中 2009 年 GDP 数据的加总；珠三角 2009 年 GDP 数据（32106 亿元），来自 2009 年广东省国民经济和社会发展统计公报。

东部地区的快速发展，使我国的综合国力大为提升。但同时东部地区城镇居民收入水平及增速均明显高于中西部地区，地区差距逐年扩大。从 1981 年至 1999 年，按现价折算，东部地区城镇居民人均收入增长了 15.01 倍，中部地区增长了 12.2 倍，西部地区增长了 9.5 倍，以中部地区收入为 1 来计算，东、中、西三大地带的收入比例从 1981 年的 1.20∶1∶1.80 改变为 1.48∶1∶1.10。[1] 数据表明，此前的改革虽然在激发人民群众致富热情，提高经济效率方面发挥了积极作用，但没有实现公平的目标，这和邓小平同志的"两个大局"[2] 思想是不相符合的。邓小平期望沿海地区较快发展起来以后，能够带动和帮助内地发展，最终实现共同富裕。共同富裕的目标，要求我们在发展市场经济、提高综合国力的过程中，高度重视城乡之间和地区之间的发展差距，在保持效率的过程中尽力维护社会公平。经过近 20 多年的改革开放，我们积累了大量的财富，国家也有能力采取措施，支持和帮助落后地区加快发展。因此，以江泽民同志为核心的党中央面向 21 世纪作出了"西部大开发"的重大战略决策。国家对西部实行扶持性的优惠投资、财政金融和外资政策，同时注意加强生态环境的保护和建设。

西部大开发战略实施以来，国家对西部投入和支持的力度不断加大。但西部地区与中东部的差距不仅没有缩小，反而继续拉大。实践表明，西部地区地域广阔，内部各地区之间经济发展不平衡，脆弱的生态环境、严重的二元经济结构制约其发展步伐，因此，单纯靠复制东部地区的高资本投入和城市化模式并不能解决区域经济发展问题。如何探索出一条打破区域行政封锁、统筹城乡发展，同时利用某些地区的优势走城市化带动乡村的道路，是摆在决策层面前的重要问题。历史的重任落在了具备良好改革条件的成渝地区身上。成渝试验区的诞生，是我国改革开放向纵深阶段推进的又一重大举措。

目前，东部地区业已确立起在全国经济版图中的比较优势，珠三角、长三角、京津冀发展势头不减，振兴东北老工业基地战略实施以来，东北三省正联手掀起一轮发展狂飙，中部省份也在快速崛起。在这种状况下，如果西部大开发不进一步突出重点，让人口密集、城市密集、产业密集的川渝两地的核心地区在战略层面携手开发，西部在大开发中就可能远远落后于东部，甚至中部地区。成渝试验区的提出，可以说是中央在西部大开发中的一次重要战略调整。优先发展成渝地区，继而带动整个长江

---

[1] 崔红娟:《中国地区收入差距现状及原因分析》,《中国水运》(学术版) 2006 年第 11 期。
[2] 《邓小平文选》第 3 卷, 第 277 页。

上游的经济发展,最终使成渝试验区成为西部以至全国的经济增长极,辐射大西部,这从总体上有利于区域经济的协调发展。

二、成渝试验区的增长极效应

经验表明,城市化的发展和城市群的崛起,是世界各国实现工业化过程中必然伴随的现象。目前,发达国家的城市化水平已经达到 70% 以上。2008 年,中国的城市化水平已经达到 45.68%[1],根据美国地理学家诺瑟姆概括的城市化发展的 S 形曲线,中国目前正处于城市化的中期阶段,是城市化的加速发展时期。大城市的规模将更大,而发展大城市有利于实现国家的可持续发展战略。[2]

纵观国内已经初步形成的区域增长极,一般有以下几个特点:

一是区位条件非常优越。区内城市之间在地理位置方面相距较近,且有发达的交通网络相连,水路、铁路运输系统发达,对外交通极为顺畅。如长三角和珠三角城市群都有黄金水道相连,区域内交通系统非常发达,形成了航空和管道等多种运输方式相互补充的立体化交通网络。

二是经济和人口高度聚集。如长三角经济区,以占全国 1.0% 的国土面积（100242 平方公里）,养育了占全国 5.9% 的人口（2002 年末为 7570.58 万人）,分布着占全国 7.6% 的城市（50 座）,创造了占全国 17.8% 的 GDP。

三是特大中心城市发挥龙头作用。一个城市群中一般有一个或一个以上的特大城市,它会在区域经济中发挥强大的辐射作用,成为区域经济增长的发动机和领头羊。比如,在珠江三角洲香港的作用极为突出,香港是区域内资金的来源地、产品的出口通道、信息和技术的中心。在长三角经济区中,上海的龙头作用无可替代,上海、南京、杭州三个城市共同支撑起三角洲的经济。对于京津塘环渤海城市群,京津显然发挥主导作用。

在西部地区城市群中,成渝试验区能够担负起区域经济增长极的带头作用:

首先,成渝试验区拥有西部地区最大的双核心城市群。它包括成都和重庆两个特大城市。成都是四川省省会,重庆是中国的直辖市,这使得该城市群具备了与三大城

---

[1] 中华人民共和国国家统计局:《新中国 60 周年系列报告之十:城市社会经济发展日新月异》,http://www.stats.gov.cn/was40/gjtjj_outline.jsp。

[2] 蔡继明、周炳林:《小城镇还是大都市:中国城市化道路的选择》,《上海经济研究》2002 年第 10 期。

市群相似的构成。长三角城市群包含了一个直辖市（上海）和两个省会城市（南京、杭州）；珠三角城市群包含了一个特区城市（深圳）和一个省会城市（广州）；京津冀城市群包含了两个直辖市（北京、天津）。在政治资源和社会地位上，成渝城市群已经具备了和三大城市群共同发展的条件。

其次，从经济实力和工业基础上看，据统计，2009年成都和重庆两市的GDP总量为11031亿元[1]，占全国GDP总量的3.28%，引进外资和经济增长速度都位于西部各地区前列，具备在西部地区优先发展、快速发展的经济条件。成渝城市群还拥有良好的工业、交通和科技基础。工业基础雄厚，门类齐全，综合配套能力强。特别是国防科技工业和成套机械装备制造业，是成渝试验区具有全国领先地位的重要优势行业。

再次，从发展阶段上看，2009年成渝人均GDP均超过3000美元，地区生产总值构成中，重庆三次产业的结构是9∶53∶38，成都三次产业比例关系为6∶44∶50。[2]按照经济学家钱纳里提出的标准，成渝城市群已经跨越了传统的农业阶段，总体上处于工业化的中期，面临着工业化和城市化的双重任务。如果能在成渝地区顺利完成工业化和城市化的目标，对整个西部地区的工业化和城市化进程就能起到良好的示范作用，带动和推动西部地区完成这两大目标。

正是因为成渝城市群能够在西部经济发展中发挥示范带头作用，发挥增长极效应，所以国家在这里建立试验区，希望成渝地区探索一条新型的城乡和谐发展的路径，并通过这种方式扩大西部的改革开放，为西部开发和全国改革开放摸索和积累经验。

第三节 设立成渝试验区是统筹城乡发展、促进社会和谐的需要

一、统筹城乡发展：内涵和意义

统筹城乡经济社会发展，简单地说，就是充分发挥工业对农业的支持和反哺作用、城市对农村的辐射和带动作用，建立以工促农、以城带乡的长效机制，促进城乡协调发展。统筹城乡经济社会发展的实质是给城乡居民平等的发展机会，通过城乡布

---

[1] 根据2009年成都市和重庆市《国民经济和社会发展统计公报》相关数据加总得出。
[2] 2009年成都市和重庆市《国民经济和社会发展统计公报》。

局规划、政策调整、国民收入分配等手段,促进城乡各种资源要素的合理流动和优化配置,不断增强城市对农村的带动作用和农村对城市的促进作用,缩小城乡差距、工农差距和地区差距,使城乡经济社会实现均衡、持续、协调发展,促使城乡分割的传统"二元经济社会结构"向城市为主的现代"一元经济社会结构"转变。

统筹城乡发展的内涵包括以下几个方面：一是统筹城乡发展思路。首先要转变发展战略和发展思路,从城乡分割、差别发展转向城乡互通、协调发展,把工业化、城市化与农业农村现代化紧密结合起来,走生产发展、生活富裕、生态良好的文明发展道路。二是统筹城乡产业结构调整。统筹搞好产业发展规划,以工业化支撑城市化,以城市化提升工业化,加快工业化和城市化进程,促进农村劳动力向第二、三产业转移,农村人口向城镇集聚。三是统筹城乡规划建设。把城乡作为一个整体,搞好城乡布局规划和建设规划,着力形成中心城市、中心镇、中心村一体化规划体系。四是统筹城乡配套改革。突破城乡二元经济社会结构,纠正体制上和政策上的城市偏向,消除计划经济体制的残留影响,保护农民利益,建立城乡一体的劳动力就业制度、户籍管理制度、教育制度、土地征用制度、社会保障制度等,给农村居民平等的发展机会、完整的财产权利和自由的发展空间,遵循市场经济规律和社会发展规律,促进城乡要素自由流动和资源优化配置。五是统筹国民收入分配。根据经济社会发展阶段的变化,调整国民收入分配结构,改变国民收入分配中的城市偏向,建立城乡一体的财政支出体制。[1]

统筹城乡经济社会发展,具有极为重要的战略意义：

首先,统筹城乡经济社会发展,是从根本上解决现阶段"三农"问题、全面推进农村小康建设的客观要求。随着城市化、工业化的推进,农业比较利益低的问题越来越突出,城乡差距、工农差距、地区差距扩大趋势尚未扭转,其深层次原因在于城乡二元结构没有完全突破,城镇化严重滞后；城乡分割的政策、制度还没有得到根本性纠正,城乡经济社会发展缺乏内在的有机联系,致使工业发展与城市建设对农村经济社会发展带动力不强；过多的劳动力滞留在农业,过多的人口滞留在农村。在全面建设小康社会的新阶段,必须把"三农"问题作为全党工作的重中之重,摆到更加突出的位置；必须打破城乡分割的传统体制,以城带乡,以工促农,以工业化和城市化带动农业农村现代化,形成城乡互补共促、共同发展的格局,推动农村全面小康建设。

其次,统筹城乡经济社会发展,是保持国民经济持续快速健康发展的客观要求。

---

[1] 吴晓华:《实施城乡协调发展政策加快二元经济结构转换》,《宏观经济研究》2009年第1期。

全面建设小康社会，最根本的是坚持以经济建设为中心，不断解放和发展社会生产力，不断提高人民生活水平。我国国内需求持续不足，根本的原因就是我国占 7/10 的人口处在农村，他们收入低下，购买力不强，消费水平远远低于城镇居民。这要求我们要积极推进城市化进程，同时还要千方百计增加农民收入，不断繁荣农村经济，提高农民购买力，启动农村市场。只有统筹城乡经济社会发展，加快农村劳动力向第二、三产业和城镇转移，不断发展农村经济，提高农村消费水平，才能保持国民经济持续快速健康发展。

二、成立成渝试验区是统筹城乡发展、促进社会和谐的需要

我国城乡之间均衡增长的良性互动机制一直没能建立起来，城乡分割的经济结构没有从根本上得到改变。一是城乡公共品供给失衡，城乡居民的生存和发展环境差距越来越大；二是农村经济发展缓慢，城乡经济发展水平差距越拉越大；三是资源要素流动和农村劳动力转移失衡，城乡就业差距在扩大；四是城乡居民收入增长失衡，农村消费品市场份额持续萎缩；五是城乡经济体制改革失衡，各种相关制度不能很好地适应农村经济的发展要求。[1] 这些突出矛盾和问题都表明，城乡二元结构体制是影响和谐社会建设的重要体制障碍，不从根本上破除城乡二元结构体制，就难以实现社会和谐。而二元结构改革涉及城乡利益的调整，改革也将是复杂艰难的，所以有必要先在局部地区探索，积累经验。

中央批准设立成渝试验区，是成渝地区发展的重大历史机遇。试验区的设立，对于进一步发挥成渝经济优势、科技优势、市场优势和生态优势，强化中心城市的辐射带动作用，加速与长三角、珠三角和环渤海三大经济区的呼应，完善国家发展战略的空间布局，促进区域间协调发展，都将起到重大作用。统筹城乡综合配套改革试验区的要义在于，统筹城乡发展是全面建设小康社会、促进社会和谐的关键。按照科学发展观的要求，要实现五个统筹，其核心是城乡统筹。全面建设小康社会的难点和重点在农村，试点如果能实现城乡统筹发展，就可为全国范围内实现全面小康目标提供有益的借鉴和经验。可以预见，随着成渝两地创新和改革的实践成果不断累积，未来的成渝试验区就是全国小康社会的新样板，其示范意义非同寻常，责任也十分重大。

---

[1] 陈映：《成渝试验区统筹城乡综合配套改革比较研究》（上），《城市发展研究》2007 年第 5 期。

第三十八章
成渝试验区自然历史条件和优劣势分析

成渝试验区之所以如此得名,是因为重庆和成都是该经济区的两座中心城市,自然地理条件相同,经济结构和产业结构相近,经济和社会联系十分紧密。相近的二元经济特征,使得它们在统筹城乡发展上有相似的优势和劣势,有相同的经验和体会。

第一节 成渝自然历史概貌

一、成都概况

成都位于四川省中部,四川盆地西部,介于东经 102°54′至 104°53′和北纬 30°05′至 31°26′之间,总面积 12390 平方公里。辖 9 区 4 市(县级市)6 县。户籍人口 1139.6 万人,约占四川全省人口的 13.9%[1],是四川省省会、国务院确定的全国首批历史文化名城,西南地区科技、商贸、金融中心和交通、通信枢纽。

成都地处川西平原腹心地带,属亚热带湿润季风气候,年平均气温摄氏 15.5 度,雨量充沛,四季分明,土地肥沃,农副产品丰富,被誉为"天府之国"。成都具有深厚的文化底蕴和丰富的自然资源,是中国优秀旅游城市。拥有世界文化遗产青城山—都江堰,有驰名中外的武侯祠、杜甫草堂等 17 个国家级重点文物保护单位,有大熊猫、小熊猫、金丝猴等珍稀动物,有世界上唯一建在大城市的大熊猫繁育研究基地,

---

[1] 根据《2009年成都国民经济和社会发展统计公报》以及《四川省2009年国民经济和社会发展统计公报》计算得出。

更有百姓喜爱的美味佳肴——川菜。

成都历史悠久。早在2500多年前，古蜀王开明九世就在成都平原的腹心地带建都，取"一年成聚，二年成邑，三年成都"之意而名成都。公元前310年建城以来，成都就一直是四川盆地的政治、经济、文化中心，在中国历史上曾经有过"五大都会"、"扬一益二"的辉煌，先后被著名政治家诸葛亮誉之为"天府"，被唐代大诗人李白比喻为"锦绣"之邦。东汉（25—220）时期，成都织锦业发达，故有"锦官城"（简称"锦城"）的美誉。五代十国后蜀时期（933—965），城墙上遍植芙蓉，花开时花团锦簇，蔚为壮观，又有"芙蓉城"之称。

1949年12月27日，成都解放，始为川西行署所在地。1952年，撤销行署，恢复四川省建制，此后成都市一直为四川省省会。1989年2月，经国务院批准，成都市的经济和社会发展计划在国家计划中实行单列，享有省一级经济管理权限。

成都现为中国西南交通枢纽，拥有西南最大航空港——双流国际机场。宝成、成渝、成昆、成达铁路在成都交汇。成渝、成绵、成乐、成雅、成灌、成南、成温邛等7条省内高速公路建成通车，市区形成了环状加放射状城市立体交通网络，市域内区（市）县1小时交通已成现实。

成都市牢牢把握坚持科学发展、构建和谐成都的主题，紧密结合成都实际，从2003年开始在全市实施了以城乡一体化为核心、以规范化服务型政府建设和基层民主政治建设为保障的城乡统筹、四位一体科学发展总体战略，全市综合经济实力明显增强，城乡面貌发生重大变化。2007—2009年三年间，地区生产总值年均增速超过14%。2009年全市经济总量占四川全省的31.8%。

二、重庆概况

重庆市简称渝，位于中国西南地区东部，长江上游。新中国成立后一直隶属四川省。1997年以原四川省重庆、万县、涪陵三个地级市和黔江地区组成中央直辖市重庆，目前是我国面积最大、行政辖区最广、人口最多的中央直辖市。全市面积8.3万平方公里，人口2859万人（2009年底重庆市统计公布数字），有汉、回、苗、土家等民族。

重庆位于东经105°17′至110°11′、北纬28°10′至32°13′之间的青藏高原与长江中下游平原的过渡地带。气候属亚热带季风性湿润气候，年平均气温在18℃左右。冬暖夏热，无霜期长、雨量充沛、温润多阴、雨热同季，常年降雨量1000—1400毫米，春夏之交夜雨尤甚，素有"巴山夜雨"之说。重庆幅员辽阔，域内江河纵横，峰峦叠翠。地形大势由南北向长江河谷倾斜，起伏较大。地貌以丘陵、山地为主，坡地面积较大，成层性明显，分布着典型的石林、峰林、溶洞、峡谷等喀斯特景观。主要河流有长江、嘉陵江、乌江、涪江、綦江、大宁河等。长江干流自西向东横贯全境，流程长达665公里，横穿巫山三个背斜，形成著名的瞿塘峡、巫峡、西陵峡，即举世闻名的长江三峡。嘉陵江自西北而来，三折入长江，有沥鼻峡、温塘峡、观音峡，即嘉陵江小三峡。重庆中心城区为长江、嘉陵江所环抱，夹两江、拥群山，山清水秀，风景独特，各类建筑依山傍水，鳞次栉比，错落有致，素以美丽的"山城"、"江城"著称于世。特别是美丽迷人的"山城夜景"，每当夜幕降临，城区万家灯火与水色天光交相辉映，灿若星河，蔚为壮观，堪称奇观。最负盛名的立体画廊长江三峡奇峰陡立、峭壁对峙，以瞿塘雄、巫峡秀、西陵险而驰名，千姿百态，各具魅力。唐代大诗人李白以"朝辞白帝彩云间，千里江陵一日还。两岸猿声啼不住，轻舟已过万重山"放歌三峡，留韵千秋。

重庆市是一座著名的历史文化名城，乃巴渝文化的发祥地，有文字记载的历史已达3000多年。早在公元前11世纪，这里就是古代巴国的首都江州。因流经重庆的嘉陵江古称渝水，隋开皇三年（583）在此设置渝州，是为重庆简称"渝"的由来。南宋淳熙十六年（1189），因这里曾是当朝天子宋光宗赵惇的潜藩之地，便循例于此置府，号曰"重庆府"，以志双重喜庆。其地以"重庆"为名，距今已有800余年。重庆曾是古代巴国国都、农民革命政权大夏国国都，抗日战争期间是国民政府的陪都，有"三都之地"之称。

1949年11月30日，重庆解放，重庆市人民政府成立。1950年，中央人民政府决定撤销四川省建制，设置川东、川南、川西、川北四个省级行署区。同年7月，西南军政委员会定原重庆市为西南行政区直辖市。1952年8月，川东、川南、川西、川北四个省级行署区撤销，恢复四川省建制。1953年3月12日，原重庆市由大行政区直辖市改为中央直辖市，由西南行政委员会代管。1954年6月，原重庆市由中央直辖市改为省辖市，7月正式并入四川省。1983年，中央决定对原重庆市实行计划单列。1997年3月14日，重庆升级为中央直辖市，管辖原重庆市、万县市、涪陵市和黔江地区所辖行政区域，共43个区（县）市。[1]

---

[1] 有关重庆历史沿革的介绍请参见赵公卿主编：《中国西部概览·重庆》，民族出版社2000年版，第1—5页。

重庆市拥有丰富的生物资源、矿产资源、水能资源和独具特色的三峡旅游资源，具有极大的开发潜力。自然风光与人文景观相互交融，旅游资源丰富。重庆是中国西南地区和长江上游的经济中心城市、重要的交通枢纽和内河口岸，拥有汽车、机械、电力、化工、轻纺等综合性工业基地。拥有较为雄厚的经济和科教实力，在我国中西经济发展中具有十分重要的战略地位和作用。直辖以来，重庆经济年均增速超过10%。2009年实现地区生产总值6528.72亿元，城镇居民人均可支配收入15749元，农村居民人均纯收入4621元，城乡居民收入比为3.4∶1。[1]

第二节 成渝试验区的优势与劣势

一、成渝试验区的范围界定

如果以国家发展和改革委员会下发的《通知》来界定成渝试验区的范围，试验区范围很清晰，只包括重庆和成都两市。如果要发挥区域经济领头羊地位，在更宽广的范围来探索统筹城乡发展的道路，试验区的范围就应该大一些。理论界关于成渝经济区的划分不尽相同，有的从自然地理和铁路走向的角度进行划分[2]，有的是从流域和交通的角度进行划分[3]，还有学者根据成渝地区城镇的具体分布和经济特征进行划分。划分方法虽然不同，但成渝经济区的地理范围是基本一致的，即东起重庆市的万州和涪陵，西至成都市以北到绵阳、向南至宜宾这一区域范围。

就在国家发展和改革委员会《通知》下发前的两个月，2007年4月2日，当时的四川省省长蒋巨峰和重庆市市长王鸿举就坐在一起共同划定经济区的范围。两人在成都共同签署了《关于推进川渝合作共建成渝经济区的协议》，首次确定了"成渝经济区"的地理范围，确定建立统一的工作和协调机制，并就基础设施建设、一体化市场体系、产业协作、共建生态屏障等一系列问题达成协议，这标志着川渝开始自觉携手打破行政藩篱。根据该协议，川渝共同确定成都及绵阳等14个沿高速公路、快速铁

---

[1] 根据重庆市2009年国民经济和社会发展统计公报计算得出。
[2] 《有竞争，更要合作：谋发展，互动双赢中国地产第四极横空出世》，《中国房地产报》2004年5月10日。
[3] 《西部大开发中的点、线、带、轴》，中国科学院《中国区域问题发展》研究组；《川渝合作共建长江上游经济带的繁荣》，《中国城市经济》2004年2月25日。

路、黄金水道的市和重庆1小时经济圈的23个区县进入"成渝经济区"的范围；确定老成渝高速公路经济带、黄金水道经济带和川东北经济带三条区域经济发展轴心，经济区幅员15.5万平方公里，常住人口8000多万人。

由此我们看出，从经济政策演进的角度，成渝试验区的范围应该有狭义和广义之分，狭义的试验区就是指成渝两市，广义的则是指川渝协议上确定的范围。地方政府更倾向于后一种划分，这种划分从经济上看也更合理。

二、成渝试验区的优势

成渝试验区地处中国西部的核心地带，是西部地区开发历史最悠久、经济最发达、人口最稠密、城市最密集、科技文化实力最强大、最具有发展潜力的经济区，具有以下几个方面的优势：

一是区位优势。从中国经济发展的地域空间来看，成渝试验区位于中国的中心地带，它北接陕甘，南连云贵，西通西藏，东邻湘鄂，处于东西结合、南北交汇的中间地带，经济较四周发达，具有较强的辐射力和吸引力。从东中西三大区域看，它通过长江可以贯通中东部，直至沿海最发达地区。这使得成渝试验区能够利用长江黄金水道，接受东部龙头上海的辐射。从国家安全战略角度看，无论战争怎样变化，成渝试验区始终是祖国的战略后方和国防安全基地，这使得它的发展比较平稳，不容易受外部环境的影响。

二是资源优势。成渝试验区是我国水能资源最为丰富的地区之一，年平均降水量在1000毫米以上，河流均属长江水系，多年平均流量为13680米/秒，年径流量为4233亿立方米。是世界级的水能"富集区"，蕴藏着巨大的水能资源。成渝试验区是我国矿产资源最密集的地区之一，已探明的能源、矿产资源中，除石油资源短缺外，其他多居全国前列，天然气储量占全国的60%。成渝地区钒钛储量占世界的90%，稀土居全国第二，铝土矿、硫铁矿储量分别占全国的1/4以上，铜矿储量占全国的1/3，磷矿储量占全国的2/3，锰矿、铅锌矿储量分别占全国的1/5，且多种资源的组合配套好、空间分布相对集中，为相关加工工业的发展提供了有利条件。[1] 成渝试验区森林资源丰富，生物种类繁多，仅重庆就有动植物资源600多种。此外，成渝试验区也是

---

[1] 付实：《中国未来经济增长第五极——成渝试验区优劣势分析》，《西部论丛》2006年第1期。

我国自然和人文景观最为丰富、受到联合国保护的遗产最多的旅游资源富集带。

三是优良的农业生产自然条件。成渝试验区处于中亚热带湿润季风区，无霜期长，具有丰富的水资源，农业自然条件良好，劳动力成本和土地资源成本比较低，能源和水资源的保障程度高，生产要素组合条件较好，复种指数高，是我国粮食、生猪、柑橘、蔬菜、中药材等的重要生产基地。

四是国防科技工业发达，战略后方优势明显。"军工出身"是成渝试验区不同于珠三角、长三角、京津冀的重要特点。成渝试验区的国防科技工业，在总量、产业领域、科技含量诸方面，居均在全国突出地位。

五是工业基础较好，有一定的互补性，具备成为区域增长极、带动本地区经济发展的产业条件。根据学者对成渝工业结构的研究，成渝地区和长三角地区一样，产业呈现一定的同构化现象。产业的同构虽然会造成一定的资源浪费，但在工业化初中期，地区内不同城市之间产业的同构，客观上促进了竞争，有利于提升产业的竞争力。一定程度的产业同构不能都理解为重复建设和浪费。除了部分产业的同构外，两地在产业发展上也各具优势，成都地区优势主要体现在电子工业、重型机械制造业、飞机制造业和航空仪表工业上；而以重庆为中心的渝西经济的优势则主要体现在汽车摩托车产业、大型输变电设备、船舶研发生产上。只要规划得当，完全有条件实现两地的优势互补、协同发展。

六是劳动力资源丰富，可以支撑区域经济持久增长。人力资本是经济发展的必要条件，经济发展过程表明，在一个国家和地区的工业化启动后相当长一个时期，劳动密集型产业都占主导地位，因此要求源源不断的劳动力供给。如果劳动力出现短缺，劳动力成本上升，将削弱产品的竞争能力。成渝试验区工业化和城市化起步晚，实现工业化和人口的城镇化还需要相当长的时间，因此，要保持区域产品的成本优势，必须保证劳动力成本的稳定。成渝地区有丰富的劳动力资源，区域总人口接近1亿，人口规模大，且农业人口多，这将为区域工业化和经济的持久增长提供稳定的低成本劳动力供给。

七是教育和科研基础好，实力较强。成渝试验区内现有高等学校67所，中等专业学校200多所，有各类科研院所1766个，有两院院士50名，科技人员达20多万人。重庆、成都、绵阳共有6个国家级高新技术开发区、国家级经济技术开发区和国家级出口加工区。这些指标都在西部居首位。此外，由于产业发展基础较好，产业体系较完备，成渝试验区已形成了庞大的熟练产业工人群体。

三、成渝试验区的劣势

制约成渝试验区发展的因素也很多，主要有以下几点：

第一，农业人口比重大，二元结构明显。这是制约该地区发展的最重要因素。成渝地区虽然总体上已进入工业化中期阶段，但城市发展水平相差悬殊，整体城市化水平低。从农业人口所占比例来看，成渝试验区农业人口比例大。成渝经济区总面积为20多万平方公里，占四川、重庆两省市总面积的35%左右，总人口超过8000万人，占四川、重庆两省市总人口的85%，其中农业人口占总人口比例超过70%。2009年，重庆市人口城镇化率为51.59%，成都市为64%[1]，均高于全国平均水平，但仍大大低于珠三角和长三角地区的城市化水平。可见，成渝试验区农业人口向第二、第三产业转移的压力很大，实现工业化道路还非常漫长。

第二，第一产业比重大，产业结构层次低。2009年，全国第一、二、三次产业的比例构成为11.3:48.6:40.1[2]，重庆为9:53:38，产业结构总体上与全国平均水平相接近，第一产业比重略低于全国，但高于长三角和珠三角。从农民人均收入水平看，2009年成都市农民人均纯收入为7129元，比同期全国农村人均纯收入5153元高出1976元，而重庆全年农村居民人均纯收入4621元，低于全国平均水平。如果考虑到广义的经济区范围，成渝试验区的农业发展水平只是大致相当于全国平均水平。由于绝大部分人口收入偏低，不能为区内工业化创造足够的需求，使得工业化的路程更长。无论按照霍夫曼的产业演进阶段评价标准还是按库兹涅茨统计分析模型，都可以看出长三角和珠三角均已进入工业化的中后期阶段，成渝试验区则刚刚进入工业化的中期阶段。

第三，从人口素质来看，成渝试验区农村人口不仅比例大，而且人口素质较低。根据统计资料，成渝经济区小学文化程度人口占总人口的46.57%，初中文化人口占总人口的33.30%，初中以下文化人口就占了总人口的79.87%[3]。在地区产业工人中，初级工和中级工所占的比例超过了95%以上，农村富余劳动力主要是初中以下文化程度。这些数字的背后隐含的意义非同寻常，它表明成渝试验区和全国其他地区相比，

---

[1] 根据成都市统计局《关于反馈2009年各区（市）县常住人口及城镇化率统计数据的通知》相关数据计算得出。
[2] 中国国家统计局：《2009年国民经济和社会发展统计公报》。
[3] 邵平桢：《论二元经济结构对成渝经济区发展的影响》，《中共四川省委省级机关党校学报》2005年第3期。

人力资本的质量偏低，发展经济所需要的高素质劳动力更加缺乏。在人才流动的障碍日渐消除的今天，要留住区域内的高素质劳动力，需要投入更高的成本。它也表明，要提高区域整体人口素质，在教育上要投入更多的资源。

第四，成渝试验区的发展面临体制性的制约，主要表现在行政区划的分割体制不利于资源的优化配置。成渝试验区跨四川省和重庆市两大行政区，区内的政府部门，企、事业单位分别隶属于中央、省、市等不同等级的政府部门。在各地政府主要以发展地方经济为第一要务、以 GDP 为政绩主要考核指标的现实背景下，两地必然会设置行政壁垒，阻碍要素的自由流动和资源的跨区域配置，导致重复建设和资源的浪费。从暴露出来的重庆和四川建设港口的竞争上，就已经说明行政区划分割带来的协调成本的提高。像土地利用政策、户籍政策和附着在户籍上面的福利安排、异地社会保障等问题，都会成为摆在两地政府面前的需要协调解决的问题。城乡协调发展所需要的消除道路运输壁垒、产业的配套建设等问题，都需要有一个好的体制来解决协调成本高的问题。

四、成渝试验区与全国水平的比较

作为我国西部地区重要的区域性中心城市，其经济社会发展水平和整个西部以及全国相比如何，可以通过下表的相关数据反映出来。

表8-38-1　成渝经济发展水平与西部及全国的简要比较（2007）

地区	面积(万平方公里)	人口(万人)	GDP(亿元)	人均GDP(元)	第二产业比重(%)	城市居民人均可支配收入(元)	城市化水平(%)
成都[1]	1.24	1139	4502	39526	44.5	18659	63.91
重庆[2]	8.3	2859	6528	22833	52.8	16990	51.6
西部十二省区[3]	685	35944	39295	10932	42.7	9545	34.5
全国[4]	960	133474	335353	25125	48.6	17175	53.7

资料来源：[1]《2009年成都国民经济和社会发展统计公报》，2009年统计数据，见《成都市统计年鉴》，中国统计出版社2009年版；[2]《2009年重庆市国民经济和社会发展统计公报》；[3] 庞智强、云发：《重庆工商大学学报》（西部论坛），2007年第3期；[4]《中华人民共和国2009年国民经济和社会发展统计公报》。

从上表可以看出，从总体实力来看，成渝两地明显高于西部 12 省区的平均水平，但和全国平均水平相比，成都人均 GDP 高于全国，重庆则低于全国。除此之外，成渝两地在第二产业比重、城市居民人均可支配收入上都比较接近，成都的城市化水平比重庆和全国要高出许多。总的来说，成渝试验区和全国的经济社会结构大体相似，但相关指标高于西部地区的平均值，经济发展水平居西部地区前列。

需要着重指出的是，通过观察表中数据我们发现，成渝的人均经济和社会发展水平指标和全国的平均值相比相当接近，从这方面看，成渝的经济和社会结构很具有代表性，是全国的一个缩影。如果成渝在统筹城乡发展方面有所突破，对整个国家改革具有极为重要的借鉴意义和参考价值。

第三十九章
成渝试验区发展的难题及挑战

对发展中国家来说，城乡关系涉及产业结构、社会结构、政治结构和文化结构。如果处理不好，就可能出现"拉美化"现象，其重要的表现是：大量失地、无地和贫困农民涌入城市，构成一个庞大的贫困人口群体，贫富差距始终不能缩小，影响一个国家现代化目标的实现。但城乡关系又是极为复杂的，统筹城乡发展任务艰难。成渝试验区和以往的经济特区相比，既没有国家政策的优惠，也没有国家资金的支持，主要依靠成渝内部发挥协作优势，创新发展模式，探索一条新路。统筹城乡发展的实践必然面临许多难题和挑战，其中主要是二元经济障碍、中心城市经济实力的强化以及生态环境的保护。

第一节 成渝试验区的功能定位

一、区域功能定位

区域功能定位是通过分析宏观背景和区位条件来明确其未来发展的主导功能与地位，具有全局性和指导性，是区域规划中的重要组成部分。城市（镇）是区域生产要素的汇聚中心，是区域经济活动的基本地域单元。城镇体系是一定地域范围内一个国家或地区一系列规模不等、职能各异、相互联系、相互制约的有机整体，集聚—辐射是其内在发展机制。

科学的经济区功能定位对区域建设和发展至关重要。首先，它使得区域开发在宏观层面上思路明晰，有利于统一认识，协调行动。只有在总体上进行科学的定位，才能根据资源环境承载能力、现有开发密度和发展潜力，对下一个层面的不同区域进行主体功能划分，逐步形成不同区域主体功能清晰、发展导向明确、开发秩序规范，经济发展与人口、资源环境相协调的区域发展格局，从而有利于保护环境，逐步缩小地区差距。其次，科学的经济区功能定位是制定区域政策和完善评价体系的重要基础。长期以来，我们对区域经济发展的评价基本上是按各级行政区划进行的。这虽然有利于调动行政区的积极性，便于区域政策操作，但很容易导致不同发展条件的地区之间盲目攀比，并使对地区发展的评价和区域政策有失客观。对经济区，必须评价其经济发展的情况；对生态区，则不能把增加 GDP 放在第一位，主要应该评价生态环境保护的情况。按功能区划构建区域发展格局，据此制定相应的政策和评价指标，有利于打破按行政区制定区域政策和评价地区经济发展成效的传统做法，把官员的目标函数调整到区域整体的可持续发展上来，真正落实科学发展观。

二、成渝试验区的功能定位

区域的功能定位主要根据区域在全国的功能分工，以及区域资源、环境承载能力与发展基础和发展潜力确定。[1] 确定成渝经济区的功能定位，应综合考虑三大因素：

一是国家对成渝经济区发展的总体要求。自 2000 年西部大开发以来，国家对成渝经济区应当承担的功能有了新的要求。在总体功能定位上，成渝经济区是西部大开发的重点地区，是按主体功能划分的重点开发区，应建成西部主要、全国重要的经济增长极。

二是成渝经济区发展面临的环境态势。国际金融危机后，东部发达地区将进一步优化产业结构，逐步向外转移一般加工制造业，从而腾出有限的空间和紧缺的生产要素发展技术含量和附加值更高的产业。这为中西部大力发展制造业，加速工业化进程提供了机遇。中西部各省市在区域分工协作方面的潜力，将得到进一步发挥。

三是成渝经济区的发展基础和条件。成渝经济区已经具备较为雄厚的发展基础，并具有良好的发展条件，既有经济相对发达、优势产业突出、科技人才众多、劳动力总量大、要素保障高、资源潜力足、制造成本低、市场需求广、承载能力强等单项优

---

[1] 盛毅：《建设成为国家新的重要增长极》，《四川日报》2009 年 6 月 1 日。

势，又有各种生产要素在空间、时间和数量上高度聚集、组合配套的优势，面对未来十年的国内外产业大转移和区域分工大变动，加快腾飞的条件已经具备。

理论界和政府部门围绕成渝经济区的功能定位，一直在进行研究和探讨，对经济区的功能定位有一个逐步深入和达成共识的过程。2007年4月，时任四川省副省长的王怀臣表示："成渝经济区的定位是：将以成都、重庆两个特大城市为龙头，共同争取成渝经济区列为国家重点开发区，共同争取国家编制成渝经济区发展规划，共同争取国家加大投入特别是基础设施的投入，在生产力布局上加大对这个地区的倾斜和支持，进一步承接国外及东部优先开发区的产业转移，共同将成渝经济区建成国家新的增长极。"这个定位描述只是总体性的，显示出争取国家优惠政策的取向，以及接受发达地区产业转移的意愿，并没有对区域发展方向进行实质性的剖析。

2007年8月川渝合作高层论坛首次清晰地将成渝经济区的功能定位为"五个基地一个屏障"——国家重大装配制造业基地、高技术产业基地、清洁能源基地、国防科研产业基地、优势农产品加工基地，共建长江上游生态屏障。[1]这个定位充分考虑到了区内资源实际，从经济、生态和可持续发展角度对区域未来发展方向进行了细化，有利于指导该区域进行中长期的整体规划，制定区域发展战略，并协调行动。"五大基地"的产业定位，体现了保护环境和实现可持续发展的观念。

2009年4月，四川省政协《推进成渝经济区建设研究报告》出炉，把成渝经济区的总体功能定位为：国家新的重要增长极。其主要内涵是：引领西部大开发大开放的核心区，国家统筹城乡改革发展的试验区，长江上游生态文明建设的示范区。提出核心区是为了发挥其在西部地区经济较发达的优势，具备又好又快发展的良好条件和较强的辐射带动能力。提出试验区是基于二元结构突出、城乡差别的现实，希望通过深化改革努力破除体制障碍，推进新型工业化、新型城镇化、农业现代化和城乡基本公共服务均等化，努力缩小城乡差距，在我国和谐社会建设中，发挥典型示范作用。示范区是按照人与自然和谐相处的现代生态文明理念，转变经济发展方式，使成渝经济区成为资源节约、环境友好、经济发达、适宜人居的生态文明建设示范区，为生态环境相对脆弱的西部地区提供科学发展的成功模式。

遗憾的是，无论是"五个基地一个屏障"还是"国家新的重要增长极"的区域定位都不是国家期待的定位。国家期望成渝两地通过对城乡经济和社会发展进行创新型

---

[1]《川渝合作新格局：成渝经济区定位五大基地》，《21世纪经济报道》2007年9月1日。

试验，为全国摸索出来一条可行的城乡协调发展道路，而成渝地区的政府部门期待的是通过国家层面上的认定和支持，来全面规划本地区经济和社会发展，实现区域经济的腾飞，可见地方政府和中央政府的目标函数存在一定的差异，但二者在总体上还是存在契合的。统筹城乡发展的试验，其基本目标是解放农民和富裕农民，实现城乡协调和可持续发展，这个目标离不开社会保障、基础设施建设、工业化、生态环境保护等目标的实现情况，经济社会发展的各项子目标是相互关联的。统筹城乡发展最终还要落实到工业化发展和地区经济实力增强和环境改善上面，所以这两种定位都有一定的进取性。需要注意的是目前必须围绕统筹城乡发展来行动，而不能偏离城乡协调发展这个关键目标。

需要指出的是，直到现在成渝经济区的官方规划依然没有确定。2010年3月，四川省人民政府副省长王宁表示，在国家发改委的直接组织下，成渝经济区规划正在编制之中。

第二节　成渝试验区发展的难题和挑战

一、如何克服二元经济结构对经济区发展的制约

可以预见，在今后一个比较长的历史时期之内，成渝地区的发展都要受到二元经济结构的影响。成渝地区经济社会的二元特征极为明显。

一是农业人口比重过大。2009年，重庆市总人口2859万人，人口城镇化率为51.6%，仍有1400多万人生活在乡村。[1] 如此高比例的农业人口如何实现向城市化的转化，是经济发展中的一个难题。

二是农村社会事业发展严重滞后，这是城乡二元结构矛盾最为突出的问题。农业人口不仅庞大，而且平均受教育年限偏少。据报载，2006年四川省25岁以上的人口人均受教育年限比城镇少3.5年，占总人口70%的农村所配置的卫生资源不到20%。[2]

---

[1] 重庆市统计局：2009年重庆市国民经济和社会发展统计公报。
[2] 解洪：《推进城乡统筹发展促进成渝经济区建设》，新华网重庆频道：http://www.cq.xinhuanet.com/2007/2007-08/31/content_11015151.htm。

三是农村基础设施建设十分薄弱，这是城乡二元结构矛盾最现实的表现。城市基础设施投入不论从绝对量还是从人均额上看都大大高于乡村地区，农村"行路难、上学难、就医难、饮水难"等问题突出。

四是城乡收入差距扩大。国际经验表明，在工业化中期阶段，城乡居民收入的正常差距应控制在2倍以内，而2006年重庆市城乡居民人均纯收入差距达到4.03倍[1]，2009年这一数字仍然达到3.41。过大的收入差距虽然有利于推动农民离开土地奔向城市，但也使农业凋敝，农民收入增长迟缓，城乡一体化的建设缺乏合力。城乡间客观存在的强烈反差和可能扩大的趋势，已经成为影响经济发展和社会和谐稳定的严重障碍，也是构建成渝试验区的难点。

根据市场经济中资本的趋利性，以及工业化初期运动规律，资本和生产要素总是从不发达地区流向发达地区，从内地流向沿海，从农村流向城市。由于成渝试验区二元经济结构矛盾突出，在未来的发展中，有可能出现一系列问题，比如，特大城市进一步膨胀，小城市逐步萎缩，城市贫富分化严重；农业经济停滞不前，广大农村萧条冷落；城乡差距进一步拉大，两极分化更加严重；贫困人口增多，社会不稳定，等等。这些情况并非不可能出现，世界许多发达国家和新兴工业化国家在工业化过程中都出现过，我们要十分警惕这些情况的出现。

二、如何打破行政区划藩篱，实现资源优化共享

川渝本是一家，自然、地理、资源、产业、社会、历史、文化等方面都一脉相承。后来随着重庆计划单列特别是直辖后，川渝逐渐走向分治，竞争大于合作。竞争有利于效率的提高，也有利于获得更多的中央支持。重庆三峡库区的经济重建、老工业基地振兴等，获得了中央和全国人民的支持。但竞争也导致两地分割、封锁，两地在交通、流通、产业配套和市场准入等方面都给对方设置了不少障碍，两个"中心"之争不利于资源的合理流动和优化配置。

1993年，国务院文件明确成都是"西南地区重要的科技中心、商贸中心、金融中心和交通通信枢纽"，成都的中心自豪感大大增强。重庆的发展也得到了中央的支持，三峡的建设提升了重庆的城市地位，1994年江泽民同志到重庆视察时题下"努力把重

---

[1] 根据《2006年重庆市国民经济和社会发展统计公报》计算获得。

庆建设成为长江上游的经济中心"的口号，使得重庆人的中心意识逐渐成长。中心之争表现在区域关系上，是两地在制定经济发展战略时，只从自身的利益角度出发，各自选择能够提升本地竞争力的战略产业，不考虑产业的分工和合作，甚至给区域内的资源流动设置人为障碍。成渝中心之争是两地出于本位主义考虑时的理性选择。

但这种理性选择并不会给两地带来利益的最大化。成渝经济的互补性很强，如果资源整合得好，完全可以实现"1+1>2"。成渝试验区的发展离不开川渝合作，离不开两个中心的协作和辐射作用的发挥。从依托行政区发展经济到依托经济区发展经济，是一个长期的发展理念、体制、机制的变革过程，既需要有国家的坚强领导和统筹规划，也需要经济区内各省市的密切合作，更要有强有力的改革举措。川渝两地顺应国家调整经济发展模式的大势，合作共建成渝试验区，不仅为川渝两省市的更好更快发展提供了新的机遇，更为重要的是，为撬动我国经济社会全面、协调、可持续发展在西部创建了一个更为有力的支撑点。

川渝两地学者普遍认为成渝两地应该借着成为试验区的机会，大力开展地区间的合作，不应该只搞资源的争夺和扩张，争当区域内的主角。重庆工商大学副校长黄志亮认为，成渝两地具备良好的合作基础，问题是缺乏协同与错位发展。[1] 打破行政区划藩篱要求川渝超越中心之争，在更高的境界和平台推动一体化进程和成渝地区繁荣。这需要高层的推动和上下一致的共识，需要建立一个有效合作的制度机制来保障。

首先，成渝试验区的建设需要两地高层达成一致的认识和共同推动。目前，成渝两地的经济发展规划和改革探索，仍然依赖于两地各自的努力，如果高层不能达成一致，依然像过去那样各行其是，并不能达到资源整合的目的，甚至也不能有效地约束各个职能部门为具体的业务合作开绿灯。令人欣喜的是两地的高层已经认识到了合作的重要性，并采取了若干行动来推动合作的进程。2007年4月，时任四川省委书记的杜青林表示："川渝地域相邻、人缘相亲、经济相融、文化相通，我们衷心希望进一步深化合作，促进双赢互利。"[2] 原重庆市委书记汪洋也认为："我们必须要淡化行政区域概念，增强经济区域观念，自觉打破行政藩篱和体制机制障碍，促进人流、物流、资金流在经济区域更加畅通和融合。"[3]

---

[1] 《成渝联手促西部大开发走向深入》，中国社会科学院网站：http://www.cass.net.cn/file/2006022455512.html。
[2] 《共商发展大计推进川渝合作共建成渝经济区》，《四川日报》2007年4月3日。
[3] 黄冬等：《打破行政区划藩篱 "成渝经济区" 力创第四增长极》，《中国经济周刊》（数字版）2007年第14期。

其次，成渝内部和成渝之间要进行城乡行政区划改革，这是解决城乡空间混乱问题的重要途径。通过改革城乡行政区划，改变设市标准，扩大城市范围，实行新的行政管理体制，以达到大、中、小城市以及乡（镇）、村等建制单位的合理规模结构体系和空间结构体系。两地政府要尽可能推动区划的调整和融合，为我国城市化的进一步深入以及统筹城乡发展铺平道路。

三、如何发挥中心城市的辐射作用，让城市带动乡村发展

根据发展经济学相关理论，区域经济的增长主要是由一个和几个具有强大辐射力的增长极带动的。增长极概念最初是由法国经济学家弗朗索瓦·佩鲁提出来的，他认为，如果把发生支配效应的经济空间看作力场，那么位于这个力场中的推进性单元就可以描述为增长极。[1] 增长极是一组有活力的高度联合的产业，也就是产业集群，这些产业是围绕具有推进性的主导工业部门而组织的。它不仅能迅速增长，而且能通过乘数效应推动其他部门的增长。因此，经济增长并非出现在所有地方，而是以不同强度首先出现在一些增长点或增长极上，这些增长点或增长极通过不同的渠道向外扩散，对整个经济产生不同的终极影响。美国经济学家盖尔在研究了各种增长极观点后，指出影响发展的空间再组织过程是"扩散—回流"过程，如果"扩散—回流"过程导致的空间影响为绝对发展水平的正增长，即是扩散效应，否则是回流效应。由此可认为，增长极理论有几个基本点作为支撑：第一，其地理空间表现为一定规模的城市；第二，必须存在推进性的主导工业部门和不断扩大的工业综合体；第三，具有扩散和回流效应。

增长极的理论非常适合解释成渝试验区目前所面临的难题。成渝统筹城乡发展配套改革的难易，一方面取决于二元结构的具体特点，一方面取决于中心城市的实力。如果成渝两个城市有强大的经济实力、迅速的经济增长和以劳动密集型工业为主的就业结构，那么就很容易把广大农村剩余劳动力吸纳到城市就业队伍中来，城市实力强大，也就有能力解决大量有地农民以及在城市化转轨中失地农民的社会保障问题。但是我们发现，相比于国内其他区域的中心城市，试验区的成都和重庆两个中心城市，无论在经济规模、工业化发展水平以及对外开放程度等方面都显得较为落后。成渝和

---

[1] [法]佩鲁著，张宁、丰子义译：《新发展观》，华夏出版社1987年版。

国内其他城市的比较见下表。

表8-39-1 中国主要经济区中心城市经济指标对比（2009）

地区	GDP(亿元)	人均GDP(元)[1]	第二产业增加值(亿元)	进出口总额(亿美元)	出口总额(亿美元)
北京	11866	71310	2743	2147	483
天津	7501	63784	4110	639	299
上海	14901	78919	5940	2777	1419
无锡	4992	81151	2390	439	260
深圳	8201	93619	3429[2]	2701	1619
武汉	4560	50167	2142	115	58
重庆	6528	23051	3447	77	43
成都	4502	35457	2002	178	105

资料来源：表中各数字系根据各个城市2009年国民经济和社会发展统计公报计算得出。
说明：[1] 根据各城市2009年GDP总量和常住人口统计数字相除得出。
[2] 规模以上工业增加值。

从表8-39-1中的数据可以看出，在经济实力方面，成渝试验区两个特大型城市成都和重庆与全国三大主要经济区中心城市相差较大，经济实力比较弱小。成渝加在一起的经济规模只和北京相当，落后于上海。成渝单个城市的经济规模只和长三角的非中心城市无锡相当，甚至某些指标上落后于它，人均GDP的差距更是巨大，而无锡在长三角中实力还排在苏州、杭州的后面。从工业化水平看，成都和重庆的第二产业增加值也落后于三大经济区的主要城市，这表明成渝地区工业化水平不高，大企业发展不足，对地区经济的带动性不强。从对外经济方面看，成渝的出口远远落后于其他经济区的中心城市，表明成渝还是内需为主的中心城市，对外开放的程度不高。成都总体上与武汉的实力比较相当。

由于成渝整体实力落后于长三角、珠三角和京津地区的中心城市，这使得成渝试验区要发挥增长极的功能，带动整个地区的开发和建设，任务更加艰巨。首先，中心城市辐射功能的发挥，依赖于发达的市场体系、一体化的基础设施和合理的产业布局。中心城市经济实力弱小，必然影响区域基础设施建设的规模、速度和水平。其次，中心城市的优势产业落后和分散，也使得产业间关联度不强，产业带动能力弱小，对区域内成员提供的工作机会也不足。成渝试验区的剩余劳动力大多数还是选择在区外（主要是东南沿海城市）打工就业。如果不能较好地发挥对区内的经济辐射和带动作用，成渝要改变城乡二元结构，提升工业化水平，任务就相当艰巨。

除了加快中心城市的规划建设之外，在成渝之间的广大地区还缺乏具有一定产业支撑和经济规模的中等城市。目前成渝地区的现状是，超大城市人口集中度高，特大城市之间有断层，大城市少且规模偏小，中小城市特别是小城镇数量多、规模小，导致城镇体系规模和结构失衡。要充分发挥城市经济的辐射带动作用，必须着力培育一批中等规模的城市，引导产业、人口向中等城市聚集。这要求成渝地区要在户籍政策、土地政策、产业政策等方面进行创新，推动人口向城镇和中等城市集中。

四、如何保护生态环境，建设秀美山川

每一块土地在一定时期承载的人口和经济活动是有限的，如果超过了这个限度，势必对当地资源和生态环境带来巨大的压力，甚至造成破坏。国内外区域发展的历史经验和教训表明，生态环境系统是区域可持续发展的支持系统，生态环境系统功能的弱化，必将导致区域发展的不可持续性。在中国部分相对发达的地区，各种环境灾害已经显现出来，如珠三角地区的灰霾、长三角的太湖水污染事件、京津地区的沙尘暴等。

成渝试验区是长江上游的核心区，也是长江上游工业化、城市化水平最高的区域。该区域的最大特点是它所具有的独特的生态区位，是长江上游的核心区和生态屏障的重要组成部分。生态环境问题是一个全局性的问题，上游影响下游。上游的生态质量如何，直接关系到三峡库区，甚至影响到下游居民的生产和生活用水，影响中下游地区的水污染治理成本。2000年三峡库区接纳废水44.08亿吨、COD（化学需氧量）135.55万吨，其中四川的排放量就分别占了53.70%、77.72%。[1] 可见，三峡库区水环境质量与上游有着密切关系。随着成渝城市化和工业化的迅速推进，还会有更多的污染物进入长江，这将使库区和长江中下游的水体受到影响。此外，成渝试验区山地面积比例大，林地和水能资源丰富，是长江上游重要的生态屏障，如果盲目地开发，无论是城市化还是农业耕作，都容易造成森林资源的破坏和水土流失，危害区域内外的

---

[1] 丁任重、郭岚：《加强成渝经济区生态环境保护的对策思考》，《四川日报》2005年11月28日。

生态安全。相关研究已经表明,成渝地区是我国生态环境脆弱省份[1],成渝试验区生态环境的保护、治理以及建设具有特别重要的意义。

独特的生态环境必然形成对经济发展的制约。首先,在发展模式上,高能耗高污染的重化工业项目在成渝行不通,成渝地区应重点发展清洁能源和能耗低的工业项目,这对成渝地区可选择的产业项目是个很大的制约。随着东部地区产业结构的升级,出于降低成本的考虑,部分劳动密集型和污染大、能耗高的项目将向中西部地区转移,给这些地方的发展带来机遇。中西部地方政府官员出于政绩考虑,也有意愿接纳这些项目,但这是对保护生态不利的,成渝地区可能不得不舍弃。中央政府从全国生态一盘棋的角度考虑,也会对成渝地区的产业布局加以限制。这样,成渝试验区为了生态利益,就必须牺牲一部分经济利益,中央政府应对此给予补偿。

其次,城市环境压力沉重,治理污染的任务艰巨。今后20年将是成渝地区快速城市化时期,城市人口的增加,必然增大城市压力,增加城市生活污水排放量,加重城市河流有机污染。城市大气环境则面临煤烟型和汽车尾气污染的双重压力,城市垃圾将成为困扰城市环境的一个重要问题。城市环境压力将迫使我们加大城市基础设施、环保设施的投资力度,而成渝地区在一般资本形成方面都显得不足,用在环保上面的资金将会非常紧缺,这样城市环境质量的下降将不可避免。成渝地区城市的发展会不会重蹈东部地区城市的覆辙,对城市管理者是个挑战。

成渝试验区的环境问题不仅需要区域内部统一思想,相互协调,采取有约束力的行动,而且需要国家的支持和帮助,在国家层面的规划上予以体现。比如退耕还林还草的政策,应该具有一定的连续性,应保护农民的积极性和对政府的信任,防止二次毁林开荒问题的发生。对成渝地区重大的治污项目的投资,国家应承担一部分责任。由于流域开发治理不是一个单独的行政区域能够完成的,需要全流域的统一规划协调。

---

[1] 赵跃龙:《中国脆弱生态环境类型分布及其综合治理》,中国环境出版社1999年版,第101页。

第四十章
统筹城乡发展：目标与展望

一直以来，我国城乡之间未能建立起均衡增长的良性互动机制，经济持续增长的同时也产生了严重的社会失衡。重庆和成都是典型的大城市带大农村，二元结构矛盾突出，城乡差距大，集合和叠加了我国东部现象与西部现象。早在《通知》下发之前，成渝两地就已经在进行城乡统筹的试验，取得了不少宝贵的经验。试验区的设立体现了中央对两地的关心和期待，也极大地激发了成渝两地的探索和改革热情。成渝试验区会为整个国家打破城乡二元结构、缩小城乡差距、促进城乡协调发展探索出新的道路，成为引领西部经济和社会发展的又一个增长极。

第一节　统筹城乡发展的目的和任务

统筹城乡综合配套改革试验的工作必须全面谋划，明确目标，抓住重点环节，创新突破。建立统筹城乡发展的体制机制，根本的目的在于以此推动发展，通过改革和发展来实现城乡协调。

一、科学发展，和谐发展

统筹城乡综合配套要全面贯彻科学发展、和谐发展的理念，在改革中加快发展和率先发展。

科学发展观的第一要义是发展，核心是以人为本，基本要求是全面协调和可持续发展，根本方法是统筹兼顾。统筹城乡综合配套改革一定要秉持要义，把握核心，体现基本要求，遵循根本方法，将统筹兼顾贯穿于发展和改革的始终，通过开展综合配套改革，让一切促进发展的生产要素充分集聚，从而实现经济社会又快又好的发展。

统筹城乡发展不是简单地在城乡之间搞加权平均，而是城乡一盘棋，统筹考虑，同时抓住重点，取得突破，提升区域的核心竞争力。只有城市经济总体实力增强了，"蛋糕"做大了，统筹才有基础，才有底气，才有更大的空间。成渝要加快经济结构战略性调整。大力发展现代农业，积极推进新农村建设。把汽车、装备制造、资源加工、医药化工等现有的支柱产业做大做强。大力提高金融、中介、物流、房地产、旅游等服务业的发展水平。要深入实施科教兴市战略，发展教育、科技事业，强化自主创新能力建设，把成渝建设成西部地区重要的教育中心和科技中心，这是提升城市核心竞争力的主要着力点。

科学发展要求合理利用和节约资源，把握好发展过程的分寸。统筹城乡综合配套改革要促进建设资源节约型、环境友好型社会，不能逞一时之快，牺牲环境换取发展。成渝地区要逐步淘汰一些环境压力大的中小企业，在招商过程中也要进行项目的环境甄别。发展既要讲效率，又要讲公平。要通过强化政府的社会管理、公共服务职能，在城乡之间、社会成员之间兼顾公平。

二、围绕小康，切实推进

统筹城乡发展与全面建设小康社会的内在要求和重大举措是一脉相承的。综合配套改革的根本任务是解放和发展社会生产力，不断激发创新、创造和创业的活力，为全面建设小康社会注入强大动力。城乡统筹不能理解为城乡一体化，不能把统筹城乡综合配套改革试验理想化，要立足本地具体情况，分阶段逐步推进城乡均衡和协调发展，不能急于求成，更不能搞面子工程。

根据 2009 年《国务院关于推进重庆市统筹城乡改革和发展的若干意见》，重庆试验区的目标是建设成为西部地区的重要增长极、长江上游地区的经济中心和城乡统筹发展的直辖市，在西部地区率先实现全面建设小康社会的目标。统筹城乡综合配套改革目标分两个阶段实施：第一阶段，到 2012 年，重要领域和关键环节改革取得重大进展，统筹城乡发展的制度框架基本形成。第二阶段，到 2020 年，各项改革全面深化，形成统筹城乡发展的制度体系，在西部地区率先实现全面建设小康社会的目标。

根据 2009 年国务院批复的成都市统筹城乡综合配套改革试验总体方案，成都试验区建设的主要目标是成为全国深化改革、统筹城乡发展的先行样板、构建和谐社会的示范窗口和推进灾后重建的成功典范，带动四川全面发展，促进成渝经济区、中西部地区协调发展。把成都建设成为西南物流和商贸中心、金融中心、科技中心及交通枢纽、通信枢纽；同时把成都建设成为中国重要的高新技术产业基地、现代制造业基地、现代服务业基地和现代农业基地。

由此可见，从国家对成都和重庆两个试验区的目标定位看，总体上是围绕小康目标，进行统筹城乡发展改革试验，但具体的侧重点不同。国家更多的是希望重庆成为西部地区重要的增长极，带动整个西部地区发展，对于成都，则是期望其成为全国深化改革、统筹城乡发展的先行样板。

三、关键环节，率先突破

统筹城乡综合配套改革是个系统，必须抓住主要矛盾和影响城乡协调发展的关键因素，选取重点和关键环节取得突破。成渝两地已经对今后一个阶段的工作重点作了部署。

图 8-40-1　重庆"一圈两翼"示意图

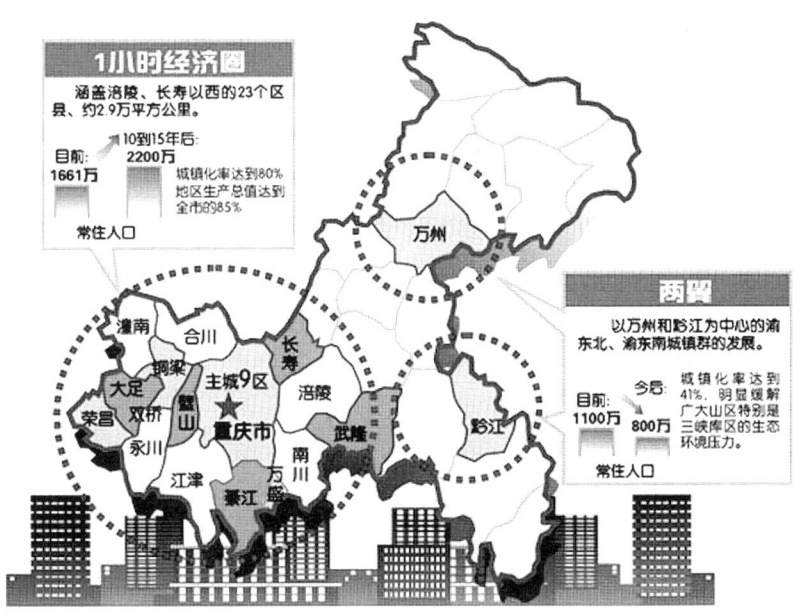

资料来源：《"314"总体部署解读：让 3100 万重庆人民富足安康》，《重庆日报》2007 年 4 月 2 日。

重庆市发展战略重点包括五个方面[1]：

——实施"一圈两翼"开发战略。着力打造以重庆主城区为核心、一小时通勤距离为半径的经济圈（"一圈"），加快建设以万州为中心、三峡库区为主体的渝东北地区和以黔江为中心、少数民族聚居的渝东南贫困山区（"两翼"），形成优势互补的区域协调发展新格局。

——实施扩大内陆开放战略。以重庆北部新区及保税港区为龙头和平台，把重庆建设成为长江上游地区的综合交通枢纽和国际贸易大通道，以及内陆出口商品加工基地和扩大对外开放的先行区。

——实施产业优化升级战略。实现一、二、三次产业协调发展，形成城乡分工合理、区域特色鲜明、资源要素优势充分发挥的产业体系。

——实施科教兴渝支撑战略。加快建设长江上游的科技创新中心和科研成果产业化基地。

——实施资源环境保障战略。

成都市则重点选定八个方面来取得突破。[2]

一是推进规划管理体制改革。完善城乡一体化的规划体系，实现市域范围内各类规划全覆盖。统筹编制好各类规划，加强与成都经济区、成渝经济区的规划对接。

二是探索耕地保护和土地集约利用的新机制。健全土地承包经营权流转市场，支持采取转包、出租、互换、转让等方式流转土地承包经营权，组建农村土地承包经营股份合作社，建立农村新型集体经济组织，推动规模化经营。

三是健全城乡金融服务体系。发展农村金融机构，推进农村信用合作社改制，加快组建成都农村商业银行，推动建立村镇银行、贷款公司和农村资金互助社及小额信贷组织。探索建立农业保险体系和农业灾害转移分摊机制。开展农村信用体系建设，在农村全面建立农户信用档案。

四是探索农民向城镇转移的办法和途径。健全促进农民转移就业的优惠政策，帮助农民解决好进城后的就业问题。扶持农民进城居住，让农民享受城市居民同质化生活待遇，使其真正转变为市民。深化一元化户籍制度改革，探索城乡人口新的管理办法。

---

[1]《国务院关于推进重庆市统筹城乡改革和发展的若干意见》，国发［2009］3号，中央人民政府网站：http://www.gov.cn/zwgk/2009-02/05/content_1222355.htm。
[2]《成都试验区建设总体设想解读》，《华西都市报》2007年12月18日。

五是创新统筹城乡的管理体制机制。将执行、服务、监管等职责的重心下移到区（市）县。探索将部分县级行政管理职能、社会管理权限、行政执法职能向乡镇延伸的有效方式。

六是健全城乡一体化的就业和社会保障体系，完善覆盖城乡的养老保险制度，逐步提高农民养老保险待遇水平。

七是推动城乡基本公共服务均等化。逐步把义务教育延伸到高中阶段，大力发展职业教育，加强对新生代农民的培训。确保每个建制乡镇（村）建好一所公立卫生院（站），推动医务人员和医疗技术的城乡互动。

八是建立促进城乡生态文明建设的体制机制。

四、共建覆盖城乡互连共享基础设施

基础设施是经济发展的基础保障。包括交通、水利、能源在内的各种基础设施，是经济区形成的前提条件。作为典型的内陆型经济区，成渝经济区要成为国家新的重要增长极，就必须建立起与此相适应的强大而完善的基础设施体系，强化要素保障，让成渝两地各种要素快速流动。这些因素包括交通、信息、物流、水利、能源等方面。

成渝经济区已初步形成铁路、公路、内河航运、航空和管道运输相结合的综合运输体系，但标准和水平偏低，两地正在建设内畅外联、通江达海抵边的多层次综合运输体系，有机结合水、陆、空交通线路形成现代立体快速交通网络。就交通基础设施来说，主要是强化铁路对外通道建设，提升现有线路技术等级，发展城际及客运专线。成渝高铁已于2010年3月20日动工，全长308.59公里，设计最高时速350公里。成渝高铁将成都和重庆的时空距离缩短到一个小时之内。它的开通将充分发挥成都、重庆区域中心城市的辐射作用，加快沿线城镇化进程，并成为连接川渝地区的重要城际交通通道，促进成渝经济圈的可持续发展。通过3至5年努力，以成都为核心的四川省铁路枢纽将初步建成，新建出川通道设计时速都在200公里以上。未来十年，重庆将投资1.16万亿元，实施30项具有战略意义的重大项目[1]，其中工业、交通、城市基础设施及社会民生4大类项目是2010年重点建设的骨干支撑，4类项目总投资

---

[1] 重庆市人民政府网：http://www.cq.gov.cn/today/news/181057.htm。

7375亿元，2010年度投资1435亿元。

在信息基础设施建设方面，主要建设完善覆盖经济区，以光缆为主，数字微波、卫星通信相协调的干线传输网；建立基本完备、面向政府和公众的公益型数据库体系和面向微观经济活动的商用型数据库体系；建成规模容量大、技术层次和服务水平高的信息通信网络和大型动态数据网络平台。

在物流基础设施建设方面，加快建设物流园区和支撑物流体系的交通运输设施平台。建立便捷的配送分发体系，构筑完善的物流网络平台。建立区域物流公共信息平台。

在水利和能源基础设施建设方面，加快武都二期引水工程、亭子口、向家坝水利枢纽工程等重大水利工程建设。加快推进金沙江、雅砻江、嘉陵江、乌江水电梯级开发。发展风能、太阳能等新型能源项目，强化电网、输气管道、输油管道的改造建设。

第二节　进行统筹城乡综合配套改革试验，探讨城乡和谐之路

成都从2003年就开始进行城乡统筹试点，积累了不少经验，也提出了许多需要进一步研究和解决的问题。重庆直辖13年，在完成百万移民的艰巨任务中，也积累了许多有关城乡统筹的经验。两个核心城市围绕城乡统筹这个大目标一起发力，就容易取得比较显著的成果。

一、重庆统筹城乡发展的实践

重庆城乡经济社会发展一体化面临以下问题：一是大工业与大农业并存，"小马拉大车"，使得城市"大"而不"强"，不能发挥区域经济中心应有的作用。二是大城市、大农村，工业化、城市化水平低，城区难以拉动县区经济发展。三是主城区偏居"人"字形轮廓一侧，加上被东北和西南部山脉以及长江干支流阻隔，经济辐射难以到达所辖区县。四是外来型工业化道路的"飞地型"产业对区域经济发展带动有限。

为寻找破解城乡二元结构难题的有效途径，重庆不断深化大城市带大农村战略的内涵和思路，循序推进城乡发展一体化，其第一阶段综合配套改革是重点实施

"33366"的改革试验行动计划。[1]

一是按照三大群体分类定位。对农民工,着眼于从"离土务工"向"定居城镇"或"返乡创业"转化;对农村居民,着眼于从"传统务农"向"现代务农"或"离土务工"过渡;对城镇居民,着眼于完善制度、提升素质、促进公平,逐步形成多个层次、相互衔接的制度体系。

二是推动三级城镇群分级吸纳人口。以就业为指向,在促进人口有序转往市外的同时,着力完善主城区、区县城、小城镇三级城镇群功能和空间布局,以户籍为工具合理引导人口梯度转移。主城区重在完善功能、提高素质,进一步增强核心竞争力和辐射功能;区县城重在做大做强、扩大容量,增强带动和传输能力;小城镇重在优化布局、完善配套,吸引劳动力就地转移。

三是围绕三个方面分路突围。从构建"一圈两翼"区域发展格局、促进农民工转化、搞好新农村建设三个方面推动改革分路突围。推进城镇化和新型工业化,构建区域发展新格局;着力解决"壮有业、居有房、少有教、老有养"四大关键问题,推动农民工向城镇居民转化;以"生产发展、生活宽裕、乡风文明、村容整洁、管理民主"为目标,加快建设社会主义新农村。

四是抓住农民工转化的六大关键环节创新体制。按照个人自愿、政策引导与市场选择相结合的原则,抓住技能培训、就业指导、安居扶持、社保解忧、服务均衡、转户进城六大关键环节,逐步打通农民工转化的制度通道。

五是推进六项配套改革。突出改革的系统配套性,推进城乡规划、土地管理、公共财政、金融支撑、行政管理、社会管理六项相关改革。

综合起来,重庆市探索城乡发展的实践可以总结为以下几个方面:一是初步建立起了城乡统筹的就业体系。二是加快农村社会事业发展和社会保障体系建设,努力缩小城乡基本公共服务差距。三是加快农村基础设施建设,将建设重心逐步由城市转向农村。按照城乡基础设施一体化、网络化、共建同享的要求,推动基础设施不断向农村延伸,改善了农村用电、通信、出行、饮水安全等条件。四是改革行政管理体制,初步构建起了行政层次少、运行成本低、管理效率高的新型行政管理体制。五是调整国民收入分配格局和优化财政支出结构,初步建立起了统筹城乡的公共财政框架和城

---

[1] 杨顺湘:《欠发达地区城乡经济社会发展一体化的实践道路——以成渝改革试验区为例》,《科学社会主义》2009年第6期。

市反哺农村的扶贫机制。

二、成都统筹城乡发展的探索

从2003年开始，成都市探索并实施了以推进城乡一体化为核心、以规范化服务型政府建设和基层民主政治建设为保障的城乡统筹、"四位一体"科学发展总体战略，开创了城乡同发展共繁荣的可喜局面。

首先是大力实施以"三个集中"为核心的城乡一体化发展战略。一是强力推进工业集中发展，促进资源集约节约利用，提升新型工业化水平，进一步增强工业引擎。将原规模小、布局散的116个工业开发区，通过规划调控和政策引导，归并为21个主导产业突出的工业集中发展区，目前入驻企业1470户，工业集中度达65%。二是引导农民向城镇集中，走新型城镇化道路。有组织分层次地引导农民多种形式地向城镇和第二、三产业转移，促进农民生产生活和居住方式的转变。按照"宜聚则聚、宜散则散"的原则，因地制宜建设农民新居工程，5年来新建城乡新型社区602个，38万多农民入住，全市城镇化率提高到63%。2008年4月，成都市出台《促进进城务工农村劳动者向城镇居民转变的意见》，首度将"成都籍农民工"纳入了经济适用房与限价房的申购人群。三是稳步推进土地适度集中规模经营，加快现代农业发展。推进土地向农业龙头企业、农村集体经济组织、农民专业合作经济组织和种植大户集中，目前全市43%的耕地面积实现了规模经营，培育规模以上龙头企业615家、农民专业合作经济组织1911个，带动农户面达65%。[1]

其次是推进以规范化服务型政府建设为重点的各项改革，努力构建适应科学发展的体制机制。一是稳步推进市和区（市）县行政管理体制改革。采取撤并、重组、延伸等办法，先后实施了30多个部门的行政管理体制改革，促进公共管理、公共行政、公共服务向农村覆盖。二是积极推进县乡财政管理体制改革。调整市、县、乡三级财政支出结构，扩大公共财政覆盖农村的范围和领域，加大了市级财政对困难区（市）县的转移支付力度，实行了"乡财县管"。三是全面实施乡镇综合配套改革。撤乡（镇）并村，精简乡镇机构各类人员。实施了"村改居"的农村社区管理办法。

---

[1]《城乡统筹之成都实践》，《瞭望》2008年第40期。

再次，推进公共服务体制机制改革，建立城乡均衡的社会事业发展机制。率先在全国提出"实行一元化户籍制度"，将全市户籍人口统一登记为居民户口。建立了城乡一体的劳动力市场、就业培训、就业优惠政策、就业援助、就业工作责任等体系。基本实现了城乡社会保险制度全覆盖；推进教育体制改革，促进城乡教育均衡发展。推进医疗、卫生体制、科技、文化事业等改革。

成都市统筹城乡改革的探索目前进展顺利，各项改革都取得了不错的成效，被理论界誉为"成都模式"，获得了诺贝尔经济学奖得主詹姆斯·莫里斯的高度认同。

三、土地制度改革，探索中前行

在统筹城乡发展的改革实践中，土地问题是核心问题。土地作为决定城乡发展的一个重要资源，如何科学地进行规范，引导资源合理配置，使土地开发既能满足城市化和工业化的要求，又能节约和保护耕地资源，促进土地的有序流转，同时使农民从土地流转中获得和增进自己的利益，是一个相当大的难题。成渝在这方面进行了艰辛的探讨，取得了一定的收获，但离成功还有相当的距离。

土地问题有几个基本层面。一是土地的所有权。《中华人民共和国宪法》第十条规定，城市土地属于国家所有，农村和城市郊区的土地，除由法律规定属于国家所有的以外，属于集体所有。国家为了公共利益的需要，可以依照法律规定对土地进行征用。因此，农地变成城市建设用地，必须通过土地征用这个关键环节。二是土地用益权。在家庭联产承包责任制度下，农户对承包土地有实际的支配权，享有土地使用、经营和剩余索取权，农户在不改变土地用途的前提下，还可以实现土地使用权的流转，土地流转受《农村土地承包经营权流转管理办法》规范和保障。三是土地的级差收益。土地的价值取决于利用土地的机会成本，机会成本不高的土地即使建立了完善的流转制度价值也不大，农户拥有流转权并不能从土地流转中获得巨大利益。而在现行的市场环境下，土地转变用途后能获得倍增的利益。从重庆市土地改革探索中暴露的一些案例看，围绕高机会成本土地价值的争夺，反映了现行土地产权制度和宏观政策的冲突。

海龙村是重庆市九龙坡区白市驿镇所辖的一个行政村。2006年之前，它还是因负债累累而远近闻名的一个村庄。统筹城乡综合配套改革试验区获得批准后，重庆市决心做好土地经营权流转这篇大文章，通过多种途径和方式，把土地经营权流转起来，盘活统筹城乡的棋子[1]。海龙村的村民也期待分享土地流转带来的效益，虽然这种收益获取的方式有些冒险。海龙村开始"大跃进"，与东部率先富裕起来的农村一样，通过土地出租，兴建厂房，让这个面积不过3.4平方公里的小村，吸引了138家企业入驻。海龙村的农田，一边连接着中国现行严格的土地制度，一边是农村的工业化冲动。2007年12月，国土资源部派员来海龙村检查，直指其"用地违规"。一份出自重庆市九龙坡区国土资源管理分局的处罚通知书送达海龙村。处罚通知称，海龙村五社未办理相关用地手续，所建工业园厂房占地710平方米，处罚款10650元。海龙村1400亩耕地的流转也被认为违法。海龙村并非个案，2007年底，在与海龙村毗邻的地方，一开发商在九龙区金凤镇白鹤村租用1000亩耕地，以建蔬菜温室大棚为名修建别墅销售。随后国土资源部派员对其九龙坡土地流转项目进行了大调查。随后重庆市及各区县国土局同时开展全市范围的国土百日大执法活动。紧接着，九龙坡许多土地流转项目被叫停，包括海龙村。[2]

成都市土地制度方面的改革主要围绕农地整合和流转来进行。[3]由于"三个集中"都涉及农地的重新配置，所以农地整合、流转是各项改革的核心部分。成都各地农地整合、流转的具体措施不尽相同，主要有三种方式。一是进行土地整理，产业化经营。土地整理有各种方式，如改造坡地、荒地，归并零碎地，或将分散于农户的小块承包地经营权整合、集中到村社的土地流转中心，或通过建设集中居住小区，将节约的宅基地转入土地流转中心，等等。整合按照依法、自愿、有偿的原则进行。整合集中起来的土地主要用来发展产业化项目。二是土地入股，合作经营。集体建设用地或林地、荒山等非耕地的使用权、农户的土地承包经营权等都可以作价入社（股），然后引入资金组成农业合作社或公司。农户可以选择在合作社（公司）工作，或自谋职业。三是"两放弃"、"两保障"。"两放弃"是指农民放弃耕地的承包权和宅基地使用权，"两保障"是农民因此获得城镇居民社会保障和在城镇优价购得住宅保障。"两放弃、两保障"的农地流转模式彻底解决了农民对土地的依赖，实现了从农民向城市居民的转变，土地养老、家庭养老向社会养老的转变。

2008年初，成都出台"一号文件"。农村集体土地和房屋的"确权登记"、耕地保

---

[1] 土地承包经营权流转是2007年制定的《重庆市统筹城乡综合配套改革试验总体工作方案》中四个重点领域之一。见《重庆统筹城乡方案10月上报中央》，《重庆晨报》2007年7月13日。
[2]《重庆统筹城乡综改加减法：坚守改革底线（1）》，《21世纪经济报道》2008年6月12日。
[3] 严冰：《城镇化的土改路径——以成都统筹城乡改革实践为例》，《城市发展研究》2009年第1期。

护、农地流转等重要内容都被列为改革重点。"确权"是在不改变农村土地集体所有权的前提下，将集体财产权利在成员之间进一步细化、量化，通过登记造册、核发证书明确农户与集体各自的产权。经过"确权"，农村集体经济组织的土地和房屋所有权、农户的房屋所有权、土地承包经营权、林地使用权、宅基地使用权都获得了政府颁发的权利证书。确权使得农村各项产权被"量化"到了具体的权人，为权人行使财产的使用、收益、转让权提供了法律依据。2008年10月13日，成都农村产权交易所正式揭牌。农村产权自主流转、市场定价的制度及技术平台初步建立，成都农地流转向城乡土地"同证、同权"方向取得了实质性推进。

目前，关于农民土地使用权的流转，全国各地还都在探索之中，基本思路是在不改变土地承包关系的前提下，大胆探索土地流转的新模式。重庆通过承包权作价入股，让农民承包的土地变成了资本，农民变成了股民。成都的"确权"登记，农地产权交易市场的建立，也是让土地这个农民手中静止的东西变成资本化的资源。农地产权的界定和流转，使农民可以分享到土地要素流转增殖的部分收益，甚至使农民在土地产权和使用权壁垒突破后，分享到土地要素工业化的收益。这将引导土地资源合理配置和价值的合理分配，从根本上改变农民在工业化城市化进程中的不利地位，使他们分享工业化和城市化的果实。

统筹城乡综合配套改革是一项全面的改革，涉及的领域很广，需要解决的问题很多。要取得成功，必须抓住关键环节，率先突破，其他问题则可迎刃而解。关键环节是农村土地制度的改革。如何能在不触动法律的前提下，把农村土地搞活，既能缓解工业化、城市化用地的矛盾，又能为发展现代农业、实现规模经营创造条件，这是伟大的举措。相信成渝在此方面的探索还会继续，如果能够成功，必将极大地提高成渝地区人民的福利水平，大大推进成渝地区改革的进程。成渝的成功经验也必将为全国解决城乡差距、实现城市化、工业化和农村的现代化的改革提供宝贵的经验，促进整个国家城乡统筹发展、社会全面进步，人民生活达到普遍的小康和富裕状态。

附录
《中国经济特区史论》书评

当代中国改革开放的一个缩影
——《中国经济特区史论》简评

顾海良

陶一桃、鲁志国主编的《中国经济特区史论》（社会科学文献出版社出版）一书，是中宣部、国家新闻出版总署推荐的"纪念改革开放30周年"重点图书之一。该书对改革开放以来我国经济特区发展的历史作了系统的回顾与总结，是献给改革开放30周年和经济特区成立30周年的一份厚礼。

史料翔实、观点鲜明、论述准确，是该书的显著特色。作者在掌握大量第一手史料的基础上，对深圳、珠海、汕头、厦门、海南五大特区和上海浦东新区、天津滨海新区两个开发区等的发展历程作了详细梳理，从一个侧面反映了30年来我国改革开放和社会主义现代化建设的伟大历史进程。从中可以看出，我国先后成立的各种类型的经济特区，本质上都是要在我国逐步实现由高度集中的计划经济体制向充满活力的社会主义市场经济体制转变。如果说没有改革开放的政策就没有经济特区的产生，那么，没有经济特区的试验和实践也就没有社会主义市场经济体制在全国范围的确立与发展，就没有改革开放的深入。因此，经济特区的建立和发展是当代中国波澜壮阔的改革开放的一个缩影。

把历史进程记录与相关理论探索融于一体，是该书的重要特色。该书注重从体制变革的角度审视历史。从一定意义上说，我国的改革开放是从在计划经济的瀚海中创立市场经济的"绿洲"开始的。深圳、珠海、汕头、厦门作为计划经济较为薄弱的地方，凭借着地理位置的优势首先成为"绿洲"。因为当时我们面临的严峻挑战之一，就是如何在一个经济濒临崩溃边缘的大国全面实现现代化。实践证明，面对高度集中的计划经济体制以及与之相适应的平均主义分配制度，唯一的出路就是实行改革，走一条非均衡的发展道路。这就是邓小平同志所说的"让一部分人、一部分地区先富起来"。该书认为,建立经济特区不仅大大降低了制度创新的阻力和成本,而且成功地规避了改革的风险,从而使制度创新的绩效迅速显现出来并辐射全国。所以,建立经济特区不仅仅是一项特殊政策,更是适合中国国情、具有中国特色的制度创新之路,因而成为改革和发展的中国模式和中国道路的一部分。

(《人民日报》2009年11月4日理论版)

历史的天空
——读《中国经济特区史论》

苏东斌

在中国改革开放的时代蓝图上，中国经济特区的出现与发展无疑是浓墨重彩的一笔。而修一部信史，不仅会体现出历史的觉悟，更能承担起历史的责任。由陶一桃、鲁志国主编的《中国经济特区史论》之所以能够被中宣部、国家出版总署列入纪念改革开放30周年的35本重点书之一，我想，其根本原因也就在这里。

全书真实地记录了中国经济特区发展的历史进程，准确地总结了中国经济特区的历史贡献。

30年前，面对走向崩溃边缘的中国经济，邓小平曾多次沉痛地说：我们对不起人民。当他以"贫穷不是社会主义"的判断来否定传统计划经济体制时，便开始了中国社会转型的战略思考。其中一个重要的问题就是在一个计划经济的封闭牢笼里，在一个非均衡发展的二元结构中，如何去寻找一个"突破口"。据于光远回忆，早在1978年年底召开的一次中央工作会议上，邓小平就提出了一个新鲜的观点："让一部分城市先富起来。"他当时一口气列举了十来个城市，第一个就是深圳。在这里，邓小平提到的是"深圳"，而不是人们常说的"宝安"。我以为，中国经济特区的创办，是邓小平一个伟大的理论发明，是开启中国社会全方位转型的关键之举，是最具"中国特色"的伟大的创造性实践。书中引出的叶剑英对谷牧讲"计划经济不行了，你去搞特区，也许是一条出路"，这段话就有力地印证了中国经济特区的由来。

而当国际上东欧剧变，国内关于"反和平演变"和"两种改革观"的大议论形成一股潮流之时，中国的改革开放大业顿时出现了危机，书中以充分的篇幅描述了1992年邓小平的南方重要讲话。

对此，邓小平就是邓小平。作为中国改革开放的总设计师，作为新中国第二代领导集体的核心人物,这个在中国政治舞台上曾经传奇式"三起三落"的"钢铁"巨人,他不甘心,也不允许,阴影造成弥漫,逆浪冲垮潮流。他有胆略、有智慧去力排众议,去扭转乾坤,去洗涤留在心灵上的污霾。于是才有了那幕激动人心的春天的故事。

书中精练地概括了南方重要讲话的两个重要判断:经济判断,市场经济不等于资本主义,社会主义也有市场;政治判断,中国要警惕右,但主要是防止"左"。据接待人员回忆,邓小平痛斥那些反对改革开放的人"尽讲屁话",让他们"快睡觉去吧"。(公开发表时就是大家所熟悉的"谁反对三中全会以来的方针路线政策,人民就打倒他")这句炮打"左"的思潮的话,当时就像原子弹爆炸一样震动了中国大地。

我以为,邓小平的南方重要讲话从根本上瓦解了计划经济这块传统体制的基石,为党的十四大确立社会主义市场经济的改革方向扫清了实质性障碍,使中国改革开放的航船驶向了文明世界市场经济的汪洋大海中去了。

我以为,中国经济特区有三大历史性贡献。

第一,对中国"改革"的贡献,它探索到一个从计划经济体制走向市场经济体制的转型模式,为经济社会发展提供了基础制度上的保障。

第二,对中国"发展"的贡献,它寻找到从区域性一般城市走向现代化、国际化的中心城市的发展道路,这条道路,达到了从普遍贫穷走向共同富裕的根本目标。

第三,对中国"精神"的贡献,它形成了特有的创新精神。这种创新精神集中反映在思想解放和由此引发的结构调整与升级上。

本书并没有停留在"就特区而论特区"的一般性表述上,而是着力探寻促进中国经济社会发展的深层因素。为此,书中阐述了建设制度文明的必要性,明确写道:"国与国之间的竞争说到底是制度的竞争。有什么样的制度安排,就会有什么样的人的选择行为。因此,竞争并不是简单的经济指标的对比和赶超,指标的背后是社会规制,经济主体永远是制度约束下的人。打开国门引进的不能仅仅局限于资金和设备,还应该包括理念、思想和规则。中国特色绝不应该是对国际惯例的否定,而应该是对独特发展路径的一种表述。对人类普世价值的接受和认同,是社会真正走向富裕与文明的理性选择。"

我以为,中国经济特区30年的辉煌成就说明了中国特色的发展道路的正确性。但是,我们必须同时看到,这条道路在本质上所体现的仍然是符合国际社会的普遍价值,符合市场经济的基本原则,而这一切又都是对人类社会发展的一般规律的发现与揭示。

我关注 2009 年诺贝尔经济学奖获得者威廉姆森这位新制度经济学的代表人物的著名观点：一个经济体的表现不仅仅是价格，不仅仅是政策，基本的经济制度非常非常重要。对于纯竞争的"有效市场"的经典假说，实际上洋溢着对经济和谐的渴求。我认为，关于制度的核心内容，说到底，就是对自由的程度的不同表达。如深圳经济特区，这个几乎 95% 以上的移民城市构成了生产力最基本的要素——人的自由流动；大力引进香港以及海外资金构成了生产力最强大的要素——资本的自由流动。从上世纪 90 年代兴起的农民工进城，从特殊的意义上看，正是在共产党领导下的伟大的农民"起义"，矛头直指束缚他们人身自由的二元结构，其意义也首先在于人的解放，人的自由。"以自由看待发展"，是印度裔诺贝尔经济学奖获得者阿玛蒂亚·森在 20 世纪末提出的一种新的发展观念：自由不仅是发展的首要目的，而且也是促进发展的首要条件。在这里，发展的标准不仅主要不是以 GDP 指标，而是以自由的程度看待发展的水平，更主要的还是把发展过程视为拓展自由的过程。我想，这正是符合了以人为本的核心价值理念。从这个意义上讲，中国经济特区在实际上就享有了较多的自由空间。

    可以说，有一分自由，就能释放五分潜力，就能形成十分发展。有了自由，也就有了财富。邓小平讲，"让一部分地区先富起来"，田纪云说："中国人民一旦得到了追求财富的自由，将表现出伟大的创造力"。中国经济特区一反"要使资本主义绝种、小生产也绝种"的传统计划经济法则，对于股票证券，对于土地经营，对于深度资本市场，按着邓小平"坚决地试"的指令，坚定不移地开展起来。于是，才有了波澜壮阔的一系列"财产性收入"的历史突破。

    可见，以自由看待发展、以发展去拓展自由就是中国经济特区以及中国社会近 30 年巨大进步的深层奥秘所在。

    作者以高度的思想自觉和深邃的文化内涵，接受着时代的挑战。书中写道："市场经济体系在中国已经普遍确立的今天，中国经济特区的新使命到底还有没有？如果有，又是什么？在严格意义上说，经济特区是特殊政策的产物，当特区政策不复存在时，经济特区也就不存在了。同时，邓小平同志创办经济特区的初衷就是要使经济特区成为中国制度变迁的突破口，市场经济的试验田。30 年后的今天，经济特区已经很好地完成了这一最初使命，星星之火，早已燎原。但是，由此我们就说经济特区可以光荣地走进历史博物馆了，又未免太短视或缺乏历史责任感了。如果说还存在着经济特区的新使命，那么这个使命，就是要把这场关乎中国命运的改革开放大业推向深入，进行到底。从这个意义上说，中国经济特区将贯穿于中国改革开放的全过程。"

书中进一步展示出，特区创业难，发展更难，而科学发展就难上加难的历史规律。显然，走出"一言兴邦"、"人亡政息"人治社会的周期率，以分权反对集权，以监督反抗专断，进行法治社会的建设既是科学发展的一项重要内容，又是科学发展的必要前提条件。对全国是这样，对一个地区也是这样。对此，特区的决策者深感"负有一份特殊的责任"，至此，特区把大力推进民主政治建设作为完成新鲜使命的一项战略安排。

书中归纳："经济特区作为最早实践市场经济的地方，她不仅拥有 30 年改革开放的物质财富积累，还拥有 30 年改革创新的精神财富积累，更有在向国际惯例学习的过程中积累下来的良好的社会规制和法律环境的积淀，这一切都将成为经济特区完成新的历史使命的得天独厚的物质与政策资本。"而面临世情、国情的深刻变化，特区又必须接受新的考验。这样，增强忧患意识、恪尽兴市之责，敢于变革，勇于创新，也就成了人民的重托。书中警示："经济特区要完成新的历史使命，还需要具备某些特殊的品质，如坚持改革的勇气、深化改革的魄力、实现改革的智慧、实施改革的艺术等等。当然，毫无疑问，最重要的还是拥有承担改革风险的大无畏精神。"

我坚信，无论是从传统的人治社会走向现代的法治社会，也无论是从传统的工业地区转向现代的绿色家园，中国经济特区作为"中国改革开放的一面旗帜"将绚丽地飘扬在历史的天空。

（《学习时报》2009 年 11 月 16 日第 6 版）

《中国经济特区史论》简评

蔡继明

由陶一桃、鲁志国教授主编的《中国经济特区史论》(社会科学文献出版社2008年版)是一部详细记载中国经济特区产生、发展、演变历程的史书。它的出版不仅向人们展示了一个国家的经济由起步到飞速发展的神奇的历史进程,更向人们展现了一个转型社会制度变迁的路径与轨道。书中许多思想与论述对人们研究特区,探寻中国特色的社会主义道路具有重要的参考和借鉴意义。

1. 高度评价了经济特区的意义。30年前开始的改革开放,是从中国这样一个计划经济的汪洋大海中,创立市场经济的"绿洲"开始的。深圳、珠海、汕头、厦门作为计划经济最薄弱的地方,凭借着地理位置的优势(或比邻港澳,或远离计划经济中心),首先成就了这块"绿洲"。回顾历史,30年前当中国改革开放的总设计师、中国制度变迁的思考者、发轫者邓小平同志第三次复出时,他所面临的最严峻的挑战与考验就是,如何在一个社会经济已经走到"崩溃边缘"的大国里,全面实现现代化。在一个落后的由计划经济下的平均主义维系着的国度里,摆脱贫穷的唯一出路就是打破僵硬的制度机制,走一条非均衡的发展道路,这条非均衡的发展道路就是邓小平所说的:"只能让一部分人先富起来。"

2. 充分肯定了特区在中国制度变迁中的重要作用。该书认为建立特区作为一种充分体现科学发展观的强制性制度安排,不仅打破了传统体制下的一般均衡状态,而且还使非均衡的社会变革成为中国社会最佳的制度变迁的路径选择,使中国这个历经了近半个世纪计划经济的大国,能在一个较短的时间里开始由计划走向市场。如果说,幅员辽阔、人口众多是中国社会改革开放的大背景,那么普遍存在着的区域之间、城乡之间的经济发展水平的不平衡,则是中国社会制度变迁的最严重的社会资源约束。

建立特区作为一种自上而下的正式制度安排,不仅大大减少了在传统意识形态占主导地位的情况下制度变迁的阻力,降低了在传统体制占支配地位的情形下制度创新的成本,而且还成功地规避了改革的风险,从而使制度变迁的绩效在短期内就能迅速显现出来,并卓有成效地示范全国。30年后的今天,当我们从制度安排的角度来研究特区时,当我们把非均衡增长引入我们的研究视野时,特区就不仅仅是特殊政策,而且还是适合中国国情的、具有中国特色的制度变迁的必由之路。因此,对经济特区的肯定,应该理解为实践科学发展观的伟大成果,理解为对中国社会制度变迁选择路径的高度认同。

3.高度概括了经济特区的历史使命。该书认为经济特区作为特殊政策的产物,它的主要功能就是在计划经济的体制中率先完成市场经济的实践,并在全国范围内推动市场经济体系的确立。然而,经济特区作为中国制度变迁的必由之路,它不仅要以自身的实践促进市场经济体系的形成,而且还要以自身的发展来完善市场经济体制,推动中国社会的改革开放向纵深发展。

总之,《中国经济特区史论》寓分析于历史,寓历史以理性,在为人们了解、研究中国经济特区提供了珍贵的史料的同时,也为人们留下了具有启发与探寻意义的思想、见解与判断。

在新中国诞生60周年、中国改革开放历经30周年之际,特向读者推荐这部生动客观全面地记载了中国特区乃至整个中国改革开放历程的史论,我相信,读者一定会从中追溯到发生在中国大地的各项改革开放的源头,引发对中国未来社会发展方向的深入思考。

(《经济学动态》2009年第11期)

Cornell University
College of Arts and Sciences

Chen Jian
Director
Michael J. Zak Professor of History
for US-China Relations
China and Asia-Pacific Studies
132 McGraw Hall
Ithaca, New York 14853-4601

October 5, 2009

Re: Review Report on Tao Yitao and Lu Zhiguo eds. *Zhongguo Jingji Tequ Shilun* （陶一桃、鲁志国主编：《中国经济特区史论》）

To Whom It May Concern:

I write in very strong and enthusiastic support to the project of translating **Tao Yitao and Lu Zhiguo eds. *Zhongguo Jingji Tequ Shilun*** into English and publishing it overseas. I believe that the project, if completed, is of major academic significance and important contemporary relevance. In particular, it will provide foreign scholars who are incapable of reading Chinese with a much needed source to understand how China's great enterprise of "reforming and opening to the outside world" has emerged, developed and succeeded.

Few events, if any, have played as significant a role as China's "reform and opening-up" process in transforming China and the world-in the most positive senses-since the late 1970s. The emergence and development of the Special Economic Zones（经济特区）, as unique and crucial bridges between China and the outside world, have occupied a central position in the grand historical process through which China's economy, society, state and international outlook have been translated. The volume by Tao Yitao and Lu Zhiguo provides a comprehensive and in-depth narrative of the rise and development of all major SEZs that have been established in China in the reform and opening age, which represents the first such successful effort b scholars of China on this extremely important and meaningful subject. Reading this volume, I am deeply impressed the very solid and extensive research on which the discussions of the volume is based. Professor Odd Arne Westad of the London School of Economics and I have been conducting a project on "China's Great Transformation in the Long 1970s." Both he and I find that this volume by Tao and Lu provides us with the much needed information and insights to understand SEZ as a crucial component of China's "great transformation." Indeed, I find that the scholarly value of this volume is of no comparison in the existing academic literature. There absolutely exists no doubt in my mind that the volume, if translated into English, will offer international scholars-as well as the thirsty general public-an informative, truthful, and highly valuable opportunity to establish a better and more comprehensive understanding of why and how China's reform and opening-up process has been such a challenge and, as a result, great success. Therefore, to translate the volume into English and introduce it to international readers fulfils exactly what the "Facing the World" series ("推向世界丛书") have aimed to accomplish.

Translation and publication are no easy matters. While I support the volume's translation strongly and enthusiastically, I also urge that the translation work should be down by the best translators (most desirably, by English-speaking scholars with knowledge of China and Chinese) and should be published by prestigious international press. As a member of the Board of Cornell University's East Asia Book Series, for example, I believe that the volume, if translated into English through ways truthfully reflecting its original high scholarly value, should be a good candidate for publication by the series. In addition to financially support the volume's translation, it is important to make certain that the translation will be conducted at the highest possible standard.

If you have any question concerning the scholarly value of the volume by Tao and Lu, please let me know, and I will be more than happy to provide further response.

Sincerely,

CHEN Jian
Michael J. Zak Professor of History for US-China Relations and Former Director of China and Asia-Pacific Studies, Cornell University
Senior Scholar, Woodrow Wilson International Center for Scholars
Philippe Roman Professor of History and International Affairs, The London School of Economics (2008-2009)
Distinguished Visiting Research Professor, University of Hong Kong (2009—2013)
Zijiang Distinguished Visiting Professor, East China Normal University

LSE

the London School of **Economics** and **Political Science**

Department of international History
Professor O.A. Westad
Houghton Street
London WC2A 2AE

05 November 2009

Letter of reference for Mrs. Tao Yitao

It is an honour for me to recommend the new book by Mrs. Tao, a brief history of the Special Economic Zones in the PRC, which is very important book not just for Chinese scholars but for foreign scholars as well. It is the first book of this kind that appeared in China and it deals with a particularly important period in Chinese history, namely the start of the opening up process.

The book, which Mrs. Tao has edited, gives a very good overview of the whole history of the economic zones from the beginning in the early 1980s and up to the 2000s. The number of scholars who have contributed to the project is in it's self witness to the significance of research in this area in China. The book will be particularly useful for foreign scholars and policy makers because it explains in depth the many strugglers that China had to go through before the new economic system was in place, and by highlighting special economic zones the book explains the interaction between Chinese and foreign counties in the creation of China's economic policy.

The initiative to have books on contemporary Chinese history translated in English is very valuable. There is far too little information available abroad on China's recent history, particularly in social and economic terms. Mrs. Tao's book will provide very useful information in this field and I recommend it whole heartedly for inclusion in the series.

Professor Odd Arne Westad

推薦状

[日] 薛進軍

陶一桃、魯志国氏の共著本《中国経済特区史論》は大量の歴史的資料、経済データ、政府の文献を利用し、深圳・珠海・汕头・廈門・海南・上海浦东・天津濱海新区などの経済特区を対象として1978年以降中国の改革開放と経済発展の歴史を考察し、中国経済成功の経緯、要因、およびその経験と教訓を分析している。この本は中国の経済特区研究に限りではなく、中国経済の発展全体の研究にも参考の価値がある。

経済特区は中国特有の経済改革・対外開放のやり方であり社会主義の計画経済と資本主義の市場経済の完璧な仕組みともいえ、旧ソ連式の経済パターンから現代市場経済への転換の成功例として世界に注目されている。いまやロシア、インド、北朝鮮、ベトナムなどの国も中国の経済を学び、経済特区を建設している。資本主義経済体制の日本でも近年中国の経験を参考し、「経済特区」、「教育特区」、「行政特区」をつくり、経済・政治の改革を推進している。この意味で中国の経済特区は国際的意味を持ち、世界経済の発展にも影響を与えていると思われる。《中国経済特区史論》は中国経済のこの貴重な経緯を経済理論、経済史、統計資料、教科書の角度から総括し、中国の経済史および世界経済史の研究に大きく貢献をしているので私が高く評価したいと思う。

アメリカ発の世界金融危機はアメリカ式の発展モデルの破綻を宣言し、日本モデルの弱さ、EUモデルの幼稚さを呈露している。とともに中国経済の急速的発展により国際的影響を広き、中国モデルは新しい発展のパターンとして注目されている。しましい、中国モデルはまだ試練中であり、理論的分析やモデル自身のまとめは十分とは言えない。その意味でこの本は、経済史と経済理論で中国モデルをまとめ、学術価値があると思われる。

　Joseph Needha は『中国の科学技術史』、Angus Maddison は『中国の長期的経済発展』の本の中で中国の科学技術歴史・経済史をまとめ、「何故近代中国の経済、科学技術発展は停滞したのか」という「謎」を示し、その要因は中国の特有の官僚体制にあるとし指摘している。《中国経済特区史論》は中国経済の問題点を指摘し、何故「特区」を設置し、経済・政治の体制を改革するのか。何故中国は20世紀の後半から経済発展が成功したのかなどの「謎」を解けている。これだけで《中国経済特区史論》は研究の価値があるので、ここで高く評価し、強く推薦したいと思う。

　どうぞ宜しくお願いいたします。

2009 年 10 月 16 日
日本名古屋大学薛研究室

后记

新编的《中国经济特区史要》是由《中国经济特区史论》改写而成的，而编写《中国经济特区史论》（以下简称《史论》）的想法则在七年前就有了。随着中国社会改革开放的深入和市场经济体系的普遍确立，作为特殊政策产物的经济特区在很好地完成了她的最初使命——充当计划经济向市场经济转型的"试验田"的同时，其自身功能和在转型社会的定位也不可避免地发生着变化。经济特区作为中国制度变迁的体制上的突破口，她的产生和发展的轨迹正是中国社会制度变迁的发轫与演进的轨迹。同时，随着改革开放之初作为制度变迁的一种尝试的"特殊政策"，经济特区已经不再单纯地发挥着当初的"试验田"和"示范区"的功能了，她除了作为一个厚重的历史符号，标志着一个时代的开始；还作为一个深远的精神力量，意味着一个民族的觉醒，还将承载着更深刻的制度变革使命，并将在中国社会真正完成市场经济体系的营建上发挥自己的作用。

由于经济特区产生的时间和地理区域各不相同，以及不同的经济特区在具体的战略定位上有所差别，所以在《史要》的撰写中，我们是以每一个具体的特区作为独立的研究主体，分别记录其从产生到发展的历程。同时，我们遵循时间与历史相统一的逻辑，在书中按照时间的序列确定每个特区的位置，对于同一时间产生的特区，如深圳、珠海、汕头、厦门特区，我们按照其在中国制度变迁中的地位的重要性，把深圳无可争议地放在了首位。把珠海、汕头两个特区放在厦门之前，而在深圳之后，则更多地考虑到了区域经济的因素。

展现在读者面前的《中国经济特区史要》（以下简称《史要》），与2008年出版的《中国经济特区史论》相比，全书的文字由原来的80万字，缩减到50余万字，内容更加精炼、浓缩，更加便于阅读。文字精练的同时，史料则更加丰富、准确、翔实：体现历史进程与时间序列的基础性史料，由 2008 年 12 月 30 日扩展到 2009 年 12 月 30 日；对各特区、开发区的重大事件进行了重新梳理，以力图准确、真实地反映历史面貌；对所有资料的来源都进行了再次核实与确定，以更好地符合学术规范。我以为最值得一提的是，《史要》对每一个特区和开发区都增加了一个概括性的整体描述，这不仅有利于读者把握各特区、开发区的历史发展脉络及特点、特征，同时也赋予历史的研究基于史料而又超越史料的理性思考。

《史论》与《史要》是同一支学术创作团队共同完成的学术著作。可以说，《史要》的完成是友善合作的结果，更是团队精神的收获。参加《史要》撰写的是一些充满探索热情和创造精神与能力的年轻的博士们，刚刚加盟深圳大学经济学院，就加入了《史要》课题组，甚至对学院的熟悉和对同仁的认识与了解也是从课题组开始的。课题组对于所有参与者而言是一个学术探讨的平台，也是一个志同道合者的精神家园。

《史要》的第一篇"深圳经济特区史"中的第一章到第六章由伍凤兰博士撰写、修订。她是我的博士生，是一个勤奋好学、认真刻苦的人。她不仅具有较为扎实的经济学理论功底，是一个很有发展潜质的年轻学者，而且还是一个随和谦逊，善于与人合作并具有奉献品格的人。《史论》出版时，她以优异的表现通过了博士论文答辩，《史要》改写时，她也由一位博士生成长为副教授。我相信由于这个巧合，《史论》和《史要》不仅对于她的学术生涯，甚至对于她的人生都有着特别的意义。

第一篇的第七章由鲁志国教授撰写、修订。鲁志国教授是一个具有很好的学术素养与研究能力的优秀学者，他完成过多项省部级课题，目前，正与我一起承担着国家社科重点项目——"经济特区与中国道路"的工作。同时，鲁志国教授又是一个做事踏实严谨、为人正直真诚的人。他对本书的贡献更在于他独自承担了全书的文字统稿和体例安排等繁杂而又艰巨的任务。他以良好的学术作风，严谨的治学态度，友善的学者风范和宽容的处世原则兢兢业业地工作，踏踏实实地校正，不厌其烦地沟通，从而保证了书稿按时交付出版，为《史要》画上了一个完美的句号。

《史要》的第二篇"珠海经济特区史"由杨燕风副教授撰写、修订。杨燕风是香港大学毕业的博士，是一个非常儒雅的学者，也是一个做事从不张扬、非常低调的人。同时，他还是一个做事严谨与做人严谨高度统一的人。随和的性格，严谨的作风，儒雅的外表，使他一看上去就很有学者风范。

《史要》的第三篇"汕头经济特区史"由王晓玲博士撰写、修订。汕头是她的故乡，这为她的研究提供了不可多得的地域和语言上的方便。王晓玲博士是一个做事认真、柔中带刚的人，即使在身怀六甲的时候，她也一丝不苟，勤恳创作。在本书完成的同时，她的女儿也伴随着经济特区30周年的脚步，从从容容地来到了特区这块充满生机与美丽的大地上，为《史要》平添了一份温馨。

《史要》的第四篇"厦门经济特区史"由张继海博士撰写、修订。张继海是山东大学毕业的博士，他是一个思想活跃、乐于探讨、敢于创新，具有进取精神的青年学者。同时他还是一个性格直爽，做事踏实的人。他在完成《史要》的同时，承担了大量的《西方经济学》等本科生专业基础课教学任务，是活跃在教学第一线上的优秀的教学骨干。当《史要》改写、修订完成时，他也晋升为副教授。

《史要》的第五篇"海南经济特区史"由刘伟丽副教授撰写、修订。刘伟丽是东北财经大学毕业的博士，她是一个非常要强，有强烈的进取心和学习热情的年轻学者。她做事很执著，很有毅力，她的执著与毅力又突出地表现为学术研究上的难能可贵的探寻精神和坚定的意志。她曾利用假期多次奔赴海南收集史料，并参加了各种有关海南经济特区的学术研讨会，这些努力都为本书的撰写增添了史料上的分量。当《史论》完成的时候，刘伟丽博士也顺利地进入北大研究生院，同样带着她的执著与毅力开始了她的博士后的研究经历，继续走着她的要强之路。当然，伴随着《史要》的改写完成，她也在要强和坚毅中收获着家庭和爱情。

《史要》的第六篇"上海浦东新区史"由王赛德博士撰写、修订。王赛德是上海财经大学毕业的博士，他具有较好的经济学基础理论的训练和素养，同时还有较突出的英语语言优势和数学优势，这些不仅为他的研究提供了不可或缺的工具意义上的帮助，同时也提供了超越工具意义的方法论和思维方式上的帮助。王赛德博士同样也是一位活跃在教学第一线上的优秀的青年教师，并且同样在收获、完善着《史要》的同时，收获美丽的生活。

《史要》的第七篇"天津滨海新区史"由李猛博士撰写、修订。李猛博士是日本名古屋大学毕业的博士，他具有较好的教学基础和运用教学工具进行经济分析的能力。他的这一专业素养上的特长，在他所撰写的那部分内容中，都从不同的地方有所体现。李猛博士是一个非常谦厚的人，做事不急不躁，有板有眼，大有举重若轻的超然与从容。

《史要》的第八篇"成渝全国统筹城乡综合配套改革试验区"由张克昕副教授撰

写、修订。张克听副教授是清华大学毕业的博士，又是一个拥有近20年军旅生涯的大校。军人的性格形成了他的豪爽、大气、利落的独特的治学风格，同时也铸就了他在科研合作中的良好的合作意识和坚定的执行力。张克听副教授拥有较为厚实的经济学理论基础，是一个优秀的老师。

我们希望我们的研究能客观真实地记录并反映中国经济特区的成长、发展的历程；我们希望我们的研究能为有兴趣研究经济特区的学者提供有价值的史料或资料；我们希望我们的研究能为记录和记载中国改革开放的历史留下一份有保存价值的东西。我们留下的遗憾也一定会成为未来研究者批评的内容。

陶一桃

2010年6月于深圳

深圳大学学术著作出版基金资助
Subsidized by Shenzhen University Foundation for the Production of Scholarly Monographs